长安学十年学术论著选集

長安學

十年学术论著选集

总 主 编○萧正洪

副总主编○贾二强 石晓军

超越文本迷雾

考古学视野

主 编◈毕经纬 张 寅

副主编◈李鹏飞 康 晨

陕西师范大学出版总社

图书代号　SK23N2022

图书在版编目（CIP）数据

超越文本迷雾：考古学视野 / 毕经纬，张寅主编. — 西安：陕西师范大学出版总社有限公司，2024.1

（长安学十年学术论著选集 / 萧正洪总主编）

ISBN 978-7-5695-3950-9

Ⅰ. ①超…　Ⅱ. ①毕…　②张…　Ⅲ. ①长安（历史地名）—文化史—文集　Ⅳ. ①K294.11-53

中国国家版本馆CIP数据核字（2023）第201641号

超越文本迷雾——考古学视野

CHAOYUE WENBEN MIWU——KAOGUXUE SHIYE

毕经纬　张　寅　主　编

李鹏飞　康　晨　副主编

出 版 人 / 刘东风

责任编辑 / 刘存龙

责任校对 / 庄婧卿　刘　畅

装帧设计 / 飞铁广告

出版发行 / 陕西师范大学出版总社

（西安市长安南路199号　邮编710062）

网　　址 / http://www.snupg.com

印　　刷 / 中煤地西安地图制印有限公司

开　　本 / 787 mm × 1092 mm　1/16

印　　张 / 30.25

插　　页 / 4

字　　数 / 545千

版　　次 / 2024年1月第1版

印　　次 / 2024年1月第1次印刷

书　　号 / ISBN 978-7-5695-3950-9

审 图 号 / GS（2024）0202号

定　　价 / 168.00元

读者购书、书店添货或发现印装质量问题，请与本公司营销部联系、调换。

电话：（029）85307864　85303629　传真：（029）85303879

总序

基于整体性思维的长安学研究：历史回顾与前景展望

贾二强 黄留珠 萧正洪

陕西师范大学国际长安学研究院（陕西省协同创新中心）至今年已经组建10年了。以此为契机，我们试图通过编辑一套学术回顾性文集，为学界反思相关学术发展的历程、推进未来的研究工作提供参照。文集分专题汇集特定领域内有代表性的论文（也有少量著作中的篇章）。选编工作得到了相当多学者的支持与鼓励，我们均深铭感，于此谨致谢忱。然而，因为眼界有限，很可能有遗珠之憾，为此亦深表歉意。

有一种看法，认为长安学的学术实践活动是从21世纪初开始的。但在我们看来，它很早就已经存在，只是人们一直没有清晰地将其作为一个具有相对独立性的学科或专门研究领域加以定义。黄留珠先生曾撰文，记述其源流，称2000年初，即有学者提出"长安学"研究的必要性。而2003年，荣新江教授撰《关于隋唐长安研究的几点思考》一文，指出，那个时候的一个遗憾，是并没有建立起像"敦煌学"那样的"长安学"来，但关于长安的资料的丰富性与内涵是不逊于敦煌的。其后，2005年左右，陕西省在省文史研究馆的牵头下，成立了长安学研究中心。至2013年，陕西师范大学组建了陕西省协同创新平台"国际长安学研究院"。

这一系列事件的发生表明，人们对于长安学作为一个学科或具有独立性的专门领域的认识，到21世纪初开始变得清晰了。这是长安学发展史上的重要标志，是一个理性认知新阶段到来的标志。严格说来，以长安研究的本体论，它并不是一种突然发生的创设，而是自中古甚至更早以来人们对于长安的兴趣、关注、记忆与反思在学术上的体现，且是经长期积累所形成的结果。这同敦煌学是有一些不同的。敦煌学以敦煌遗书为起始，而逐渐扩大到史事、语言文字、文学、石窟艺术、中西交通、壁画与乐舞、天文历法等诸方面。它是一个历史性悲剧之后的幸事。长安学则不是，它有着悠久的渊源和深厚的基础，因长安（包括咸阳等在内）作为统一王朝之都城而引发的关于政治制度、经济发展与文化建设的反思而产生，从一开始就同礼法制度等文明发展重大问题紧密关联。事实上，人们关注、研究长安，起源甚早，而历时甚长。我们完全可以写出一部以千年为时间单元、跨越不同历史时代的《长安学史》来。这是长安学的历史性特点。

在空间性方面，它也颇有特色。关于这一点，如我们曾经撰文所指出的那样，其以汉唐“长安”之名命名，研究对象虽以长安城、长安文化、长安文明为主，但却不完全局限于此，而扩展至建都关中地区的周秦汉唐等王朝的历史文化，另在地域上亦远远超出长安城的范围而扩大至整个关中以及更广泛的相关地区。尽管我们对长安学的空间边界问题还可商讨，但它一定是有明确范围与目标的。然而，长安的地理空间并不等同于关于长安的学术空间。简言之，长安学诚然是以古代长安为核心，以文化与文明为主体的研究，一些同古代长安相关的问题也应当包含在内，但其学术空间要大得多。其基本原则是：若有内在关系，罗马亦不为远；若无关系，比邻亦仅是参照。显然，它在学术空间边界上具有显著的开放性。

长安学的内涵也极为丰富。以地域为名的世界级学问皆有其特定意义与内涵。如埃及学，指关于古代埃及的语言、历史与文明的学问。它是从18世纪才开始发展起来的国际性古典文明研究。埃及学研究对象的时间范围是从公元前4500年到公元641年，所涉及的学科相当广泛，如考古、历史、艺术、哲学、医学、人类学、金石学、病理学、植物学和环境科学等，其研究方法，除了文献与语言文字分析外，还利用了现代测年技术、计算机分析、数据库建设甚至DNA分析等手段。长安学亦是如此。长安学具有学科群的意义，它要超出一般意义上的学科范畴。它综合了哲学、历史、考古、文学、宗教、地理、科学技术、文献研究等多个方面和多个层次，有着极为丰富的内涵。它既为我们研究人类文明的进步提供了一个不可或缺的样本，也提供了一个我们看世界、世界看我们的独特视角。

历史发展给我们提供了一个重要的机遇，也赋予我们重大的历史使命。我们现在的重要任务，是在新的历史条件下，以追求人类文明进步为基本价值观，对长安学作为具有独立性的学科和专门研究领域进行重新定义，并阐明其现代价值与意义。正是以此为基本宗旨，陕西师范大学联合校内外学术力量，组建了国际长安学研究院，此举得到陕西省教育厅的大力支持，并成为陕西省最早的协同创新中心之一。

历史上的长安研究，有官方叙述与私人撰述两类，但皆属于在传统的、旧的观念指导下对于长安的理解与解释，从形式上看，基本上是碎片化的。当下陕西师范大学和若干合作的大学、研究机构，共建国际长安学研究院，试图坚持科学与理性的原则，以系统化、整体性的思维，对历史发展中的某些重要问题提出基于历史事实的严谨而合理的解释。为实现这一目标，我们组建了学科咨询委员会、学术委员会、学术期刊编辑部、海外事务部、长安学理论研究中心、古都研究中心、长安与丝绸之路研究中心、长安文化遗产研发中心、数字长安新技术研发中心和长安文献整理与研究中心，以融合方式推进相关研究工作。

历史上的长安给我们留下了足够丰富的资料，能够让我们通过扎实的研究，总结文明进步的成就，特别是反思其中的曲折与艰辛。我们希望，长安学研究能够有助于社会进步，而不是相反。令当下人们的观念与感慨停留于帝制时代的荣耀，不是我们的追求。

为此，我们确定了建设工作的基本原则：历史起点、当代情怀、世界眼光。我们要使长安学成为具有世界性的学问，而不只是陕西的学问或中国的学问。长安学应当具有现代精神，应当是中华民族精神家园建设的重要组成部分。我们秉持这样的宗旨，并对此持有信心。我们将努力把国际长安学研究建设成一个开放的平台，联系各方学者和学有专长的同仁，为大家的研究工作提供便利与条件。

显然，长安学不是单纯基于现代城市空间的研究，而是以历史上的长安为核心，以探索中国历史渊源与文明发展的曲折历程为研究对象的独特领域和学科。以世界范围论，以地域为名且为国际学术界所公认的专门学问（学科）是不多的。比较著名的只有埃及学，而类似的希腊古典文明、罗马古典文明等，亦是某个地域引人注目、曾经深刻影响历史发展进程的重要的人类文化遗产，是特定地域优秀传统文化的标志性象征。

从学科属性上说，长安学既是古典的，也是现代的。长安的历史具有极为丰富的内涵，长安学则以独特的视角阐释中华民族优秀文化绵绵不绝的特性，因而不能简单化地以古代或近代等时间尺度加以定义。同时，如前所述，其学术空间边界具有显著的开放性，而不为特定地域所限。所以，我们在“历史起点、当代情怀、世界眼光”的建设原则中，特别重视世界眼光的目标定位。

世界眼光是我们将长安学命名为“国际长安学”的一个重要依据。其原因有二：一是历史上的长安具有世界上其他历史名城少见的国际性。从某种意义上说，长安从来不只是中国的长安，它也属于全世界。作为古都的长安，它曾经具有的以开放包容为特征的精神气质，乃是中华民族对于全世界文明进步的杰出贡献，而其历史的艰难曲折亦为人类发展提供了宝贵的借鉴。二是关于长安的研究从来具有国际性。在漫长的历史中，长安一直是外部世界关注的焦点。人们之所以对于长安有极大的兴趣，有着诸多的理由与原因。其中之一是它作为丝绸之路的东方起点，在东西方文明交往中具有最为突出的表征性。正因如此，并不是只有国人关注长安，它有着世界范围的学术文化吸引力。从某种意义上说，古代地中海沿岸及印欧大陆认识中国这个东方国度，正是从认识长安所在的地域开始，且在一个相当长的时段中，以长安为中心。而近数百年来，关于长安的研究著述不胜枚举，其中相当一部分出自海外人士之手。如此独特的性质与丰富的内涵决定了长安学研究必然要超越长安的空间范围。这个国际性是其原发的、内生的属性，并不是我们刻意赋予。正是基于这种思考，我们在英译“长安学”名称时，没有采用通常的做法将其译为the study of Chang’an，而是译为 Changanology，其用意就是从基础定义起，将其解释为一个内涵丰富且外延性显著的学术空间，而不为特定地域的边界所束缚。

长安学的主体内容当然是关于中国历史的，但它不能离开世界文明整体发展的视角。长安学研究包含了中国历史上政治、经济、社会、文化、民族与宗教信仰、地域关系、国际文化交流等各个方面。所以，长安学是中国史学科中的一个独特领域。它以长安为主题词和核心概念，将中国历史各个阶段和各个门类的研究综合在一起，试图提出关于中国历史发展的一种地域类型学解释。然而，当下学术发展的实际情形是，任何一个学科或专门研究领域，若不重视其外部性联系，将不会具有很强的解释力，即使它自身具有综合性的特征。基于单一的视角或特定区域的理解，不能解释文明发展的多元与多样性。中国地域辽阔，不同地区的发展本就存在着差异，遑论宏大的世界？以全球论，文明与文化发展的道路选择与存在形态具有极为丰富的多样性，所以，在研究长安的同时，也必须研究世界上其他文明之都。提供以长安为基础的具有典型意义的样本，将其同其他文明类型进行比较，必将极大地丰富我们关于世界文明发展的整体认识。在我们看来，长安学的价值只有置于世界文明发展的体系之中，方能得到充分的体现。

正是出于这样的认识，我们对国际长安学研究院的建设前景有一种期许：作为开放的平台，它将为中国以及海外相关专业人士提供共享的学术资料库，特别是创造相互交流的机会，为不同的思想与观点提供讨论的空间。我们特别期待将长安学研究的成果介绍给世界，将海外人士关于长安的研究与评论介绍给国人，也期待了解、学习世界其他地区文明与文化发展中的体验与思考，以在不同认知之间构建桥梁，以增进不同类型文明之间的相互理解与尊重。

目　　录

周都选址丰镐的奥妙

徐良高

在中国历史上占有重要地位的周秦汉唐王朝都选择了关中的西安一带作为自己的建都地点。虽然从周的丰镐到秦的咸阳、阿房宫，再到汉长安城、唐长安城，都城的具体位置略有不同，呈由西向东位移的趋势，但基本都集中在一个毗邻的区域内。

为什么历代都将西安一带作为自己建都的首选之地呢？

前人的论述基本上都着眼于整个关中的形胜地貌和丰富物产方面，如战国时期苏秦称颂关中“田肥美，民殷富，战车万乘，奋击百贸，沃野千里，蓄积多饶”，“此所谓天府，天下之雄国也”。汉代张良用“金城千里，天府之国”来概括关中的优势以劝说刘邦定都关中。

关中确实具有这两方面的优势。首先，“被山带河，四塞以为固”。南面有秦岭连绵，隔绝南北；北面有北山，阻隔了西安与北方的交通；东面有崤山纵列，作西安的屏障；西面有汧山、陇山相接，抵挡了西方少数民族的侵扰。其次，关中平原为黄土堆积，疏松肥沃，又有泾、渭等河流提供水源，十分适宜耕作。《禹贡》把雍州即关中地区的黄壤土，定为上上等，即最适宜种植农产品的土地。经过周、秦、汉三朝的开发，以及秦、汉政府在关中兴修水利，关中平原沃野千里，为大量的都城人口需要提供了基本经济保障。汉代司马迁描述当时关中的富裕，称“故关中之地，于天下三分之一，而人众不过什三；然量其富，什居其六”。

因此，从关中盆地整体来看，确实具有建都的优越条件。

但具体到关中盆地内，为何周秦汉唐都选择西安一带建都呢？在这方面，前人的分析甚少。在此，笔者选择最早建都于此的西周都城——丰镐为分析对象，结合自己的考古调查与研究，谈一点心得。

周人为何迁都于丰镐？一般所认识到的原因有以下两条。

第一，商末周初政治形势的需要。随着周人的兴起，至商末，周人已经在关中及其以西、以北地区形成了自己稳定的统治区。灭了商人在西方的重要据点——

崇后，周人必须将政治中心东移，以便谋划伐商。《诗经·大雅·文王有声》载："文王受命，有此武功，既伐于崇，作邑于丰，……考卜维王，宅是镐京。维龟正之，武王成之。"这记载的是文王建丰、武王都镐这一历史事件。至于丰镐的具体位置，郑玄笺："丰邑在丰水之西，镐京在丰水之东。"《史记·周本纪》记"明年伐崇侯虎而作丰邑"，裴骃集解云"徐广曰：丰在京兆鄠县东，有灵台，镐在上林昆明北，有镐池，去丰二十五里，皆在长安南数十里"，等等。

第二，丰镐一带自然地理环境优越。从地貌地势看，丰镐一带地势较高，台塬较开阔，适宜于大量人居。历代以来，丰镐遗址内有鄗坞岭、官梁、高阳原等称呼，可见其地势较高。迄今这一带地势仍较高。从河流水系看，丰镐一带水系发达，河流水道能满足大型聚落都城的需要。《管子》云："凡立国都，非于大山之下，必于广川之上，高毋近旱而水用足，下毋近水而沟防省。"笔者也曾经专文讨论水系在古代都城中的重要地位①。丰镐一带，沣河穿丰镐而过，北侧有渭河，东侧有昆明池，西侧有灵沼河，南侧有海子等水域。丰镐遗址内也有池苑分布，如丰京的灵台与灵沼、镐京东南的昆明池。

关于丰京的灵沼，《诗经·大雅·灵台》有记载，描述当时是"鹿鸣鸟翔，鱼跃池中"。

关于镐京的昆明池，据文献记载，汉武帝修昆明池时，破坏了镐京遗址。李吉甫《元和郡县志》记载："自汉武帝穿昆明池于此，镐京遗址沦陷焉。"然而，中国社会科学院考古研究所汉城队通过对昆明池遗迹的钻探、研究，认为紧靠镐京遗址的汉代昆明池是利用以前的湖泊水面修整而成，对周边西周镐京遗址虽有所破坏，但可能并不是很严重。在昆明池东岸和池内岛屿上均发现有西周文化遗存堆积，推测昆明池在周代即已存在，不排除被周王用作池苑的可能。《诗经·小雅·鱼藻》就记载："鱼在在藻，有颁其首。王在在镐，岂乐饮酒。"

正是由于有如此优良的自然环境，自新石器以来，人们就选择在此居住。经考古发现，沣西客省庄一带发现有各个时期人类留下的遗存。这说明经历仰韶文化、客省庄二期文化、西周时期、东周时期，直至秦汉以后，一直有人类居住于此，并留下了大量不同时期的文化遗存。

在此特别就笔者所提出的第三条理由进行讨论。

第三，从关中盆地微地貌、古人在关中盆地的居住模式与聚落分布特点以及古代关中交通体系看，丰镐一带是关中的聚落核心和交通枢纽。

---

① 徐良高：《先秦城市聚落中的水与水系》，见中国社会科学院考古研究所夏商周考古研究室编：《三代考古》（3），科学出版社，2009年，第153—162页。

从关中盆地内微地貌看，渭河平原或渭河盆地，系地堑式构造平原，介于秦岭和渭北北山（老龙山、嵯峨山、药王山、尧山等）之间。西起宝鸡，东至潼关，海拔325—800米，长约300公里。南北宽窄不一，东部最宽达100公里，西安附近约75公里，眉县一带仅20公里，至宝鸡逐渐闭合成峡谷，形似新月。面积约3.4万平方公里。渭河由西向东横贯渭河平原，发源自北山和秦岭的诸多河流经由山前台塬汇入渭河，如源自南侧秦岭的灞河、浐河、沣河、黑河等，源自北山的洛河、泾河、漆水河、渭河、千河等。

渭河平原形成后，不仅有黄土堆积其间，更重要的是渭河及其两侧支流携带大量泥沙填充淤积其中，在第四纪时松散沉积，最大厚度达7000余米。因地壳间歇性变动和河流下切，形成高度不等的阶地。一二级阶地组成关中平原的主体，当地称“原”，自上而下如阶梯状，称头道原、二道原、三道原。三道原相当于二级阶地。原面受渭河南北支流切割而破碎。渭河以北，从西向东有西平原、和尚原、周原、积石原、始平原、毕原、美原、许原等；渭河以南，从西向东有五丈原、细柳原、神禾原、少陵原、白鹿原、铜人原、阳郭原、孟原等。渭河以北的原分布于关中西北部，渭河以南的原分布于关中东南部。两大原分布区隔渭河交汇于西安一带。

关中地区，古人选择居址主要在东西这两大台塬之上，沿河边而居。如果我们翻看《中国文物地图集·陕西分册》中的关中地区古代遗址分布图之图1至图3可以明显看出，自新石器时代以来，人类主要居住于东西这两大片山前的台塬上，沿各渭河支流分布。一些著名的遗址，如半坡遗址、姜寨遗址、老牛坡遗址、丰镐遗址、周原遗址、秦雍城遗址、秦汉唐诸朝代皇陵等均散布于这两大台塬上。渭河河谷和洛河、泾河下游河谷地带，古代少见人类居址。究其原因，可能是因为当时大的河流水流量大，河床摇摆不定，人类掌控它的能力有限。

看关中地区古代遗址分布状况，一目了然，东西两大人类聚居区的交汇处正在今天的西安一带，因此，我们可以说西安一带不仅是关中地理的核心，也是古人聚落群的核心地带。从东西两大人口聚居区的联系来看，西安一带是关中交通的枢纽，沟通两大聚居区的物资人员流通。

据文献记载和当地民俗调查，丰镐遗址核心区的郿坞岭高地、花园村一带自古以来就是关中东西要道的必经地，直至现代贯穿关中东西的北、中、南几条高速公路和国道的修建，经由丰镐的道路的重要性才被取代。

关中自古号称“四塞以为固”，四周群山环绕，沟通内外主要依赖由几座关隘控制的几条干道。向东有经过函谷关、潼关的干道，向东北有经过蒲津关的干道，向东南有经过武关、峣关的干道，向西有经过萧关、散关的干道，向南有经过险峻的秦岭山谷的子午道、褒斜道、傥骆道、陈仓道等连通汉中、安康以及成都平原。这些交通干道均汇聚于地处关中盆地中部的丰镐一带。比较而言，周原位置显然过于偏西北一隅了。即使到了今天，关中的交通仍是以西安为中心向四周辐射。

以上几方面或许能让我们略窥周人选址建都丰镐的奥妙，同时有助于我们理解秦汉唐为何同样选择建都于此。

原载中国社会科学院考古研究所、陕西省考古研究院、西安市周秦都城遗址保护管理中心编著：《丰镐考古八十年·资料篇》，科学出版社，2018年

（徐良高，中国社会科学院考古研究所研究员）

丰镐手工业作坊遗址的考古发现与研究

徐良高

中国古代社会虽然是一个农业社会，但工商业同样发挥着重要的作用，人们的衣食住行、国家的战争与祭祀都离不开手工业生产和物品的交流。《周礼·考工记》记述周代至少存在木工、金工、皮革、染色、刮磨、陶瓷等六大类三十个工种，各工种分工细密，涉及制车、兵器、礼器、钟磬、练染、建筑、水利等不同生产行业。

由于文化遗存的残缺性和考古发现的局限性，考古发现的手工业作坊遗存是有限的、片面的。比如，许多手工业行业，如制车、髹漆等作坊迄今尚未发现，一些已发现的手工业作坊遗存，如铸铜、制陶等，也仅是某些生产活动环节的遗存，我们难以从中直接看到每种手工业活动过程中的全部细节和古代工匠的行为、观念。对手工业生产的组织、管理和产品的分配、流通情况，物质形态的手工业作坊遗存更是难以直接呈现，需要我们从多个角度结合其他史料和学科理论进行研究。

下面，以丰镐遗址为例来看，西周时期的手工业作坊考古都有哪些发现？这些遗址反映出手工业作坊与聚落是一种怎样的关系？今后的城市手工业考古应该如何推进？

一、手工业作坊遗址的主要发现与研究成果

丰镐遗址由丰京和镐京两部分组成，两者以沣河为界，镐京遗址位于沣河以东，丰京遗址位于沣河以西。迄今为止，丰镐遗址范围内发现的手工业作坊遗址包括以下几大类。[①]

（一）铸铜作坊遗存

迄今，丰镐遗址内发现的铸铜遗存只有沣西马王村和张家坡两个地点，沣东镐京遗址范围内的铸铜作坊迹象仅有花园村东钻探时发现的铜炼渣（图1）。

① 中国社会科学院考古研究所、陕西省考古研究院、西安市周秦都城遗址保护管理中心编著：《丰镐考古八十年》，科学出版社，2016年。

1956—1957年，在张家坡早期居址中发现了4件陶范和1件铸口余铜，均为车马器范，包括1件“十”字形四通铜泡的内模，1件长方形铜泡的内模，2件小铜泡的外范。

1960年春，在马王村H10出土26块铜器陶范，可以辨出器形的有簋的外范1块，花纹以夔龙纹为主题，雷纹为地，时代为西周早期（图2）。

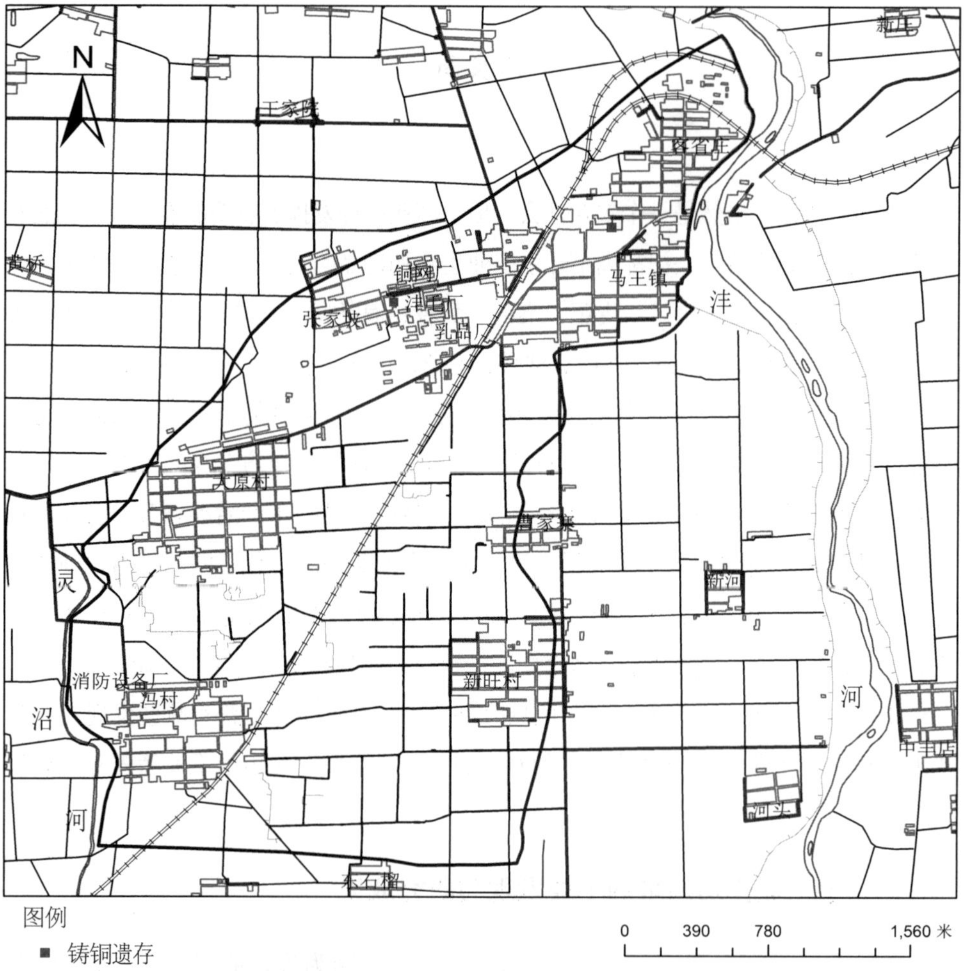

图1　丰京遗址铸铜遗存分布图

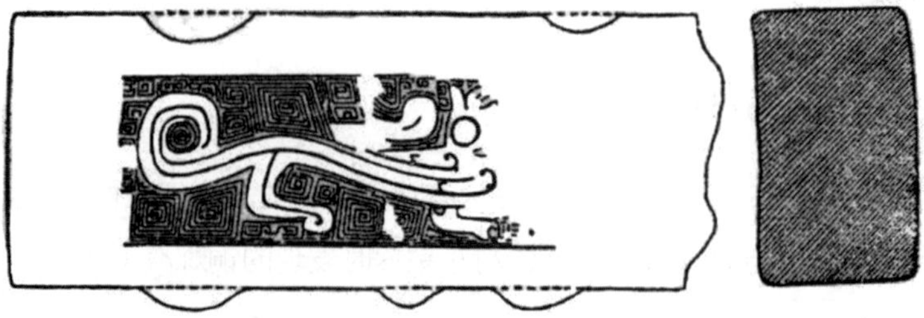

图2　马王 H10 出土铜簋外范

从目前资料看，以上两个地点的铸造铜器种类似有不同，张家坡地点主要为车马器，马王村地点为礼器，似乎反映出某种作坊之间的分工。

（二）制骨作坊遗存

丰京遗址内共发现5处制骨作坊遗存，分别位于马王村东、曹寨东北、张家坡村东、新旺村西南和冯村北（图3）。

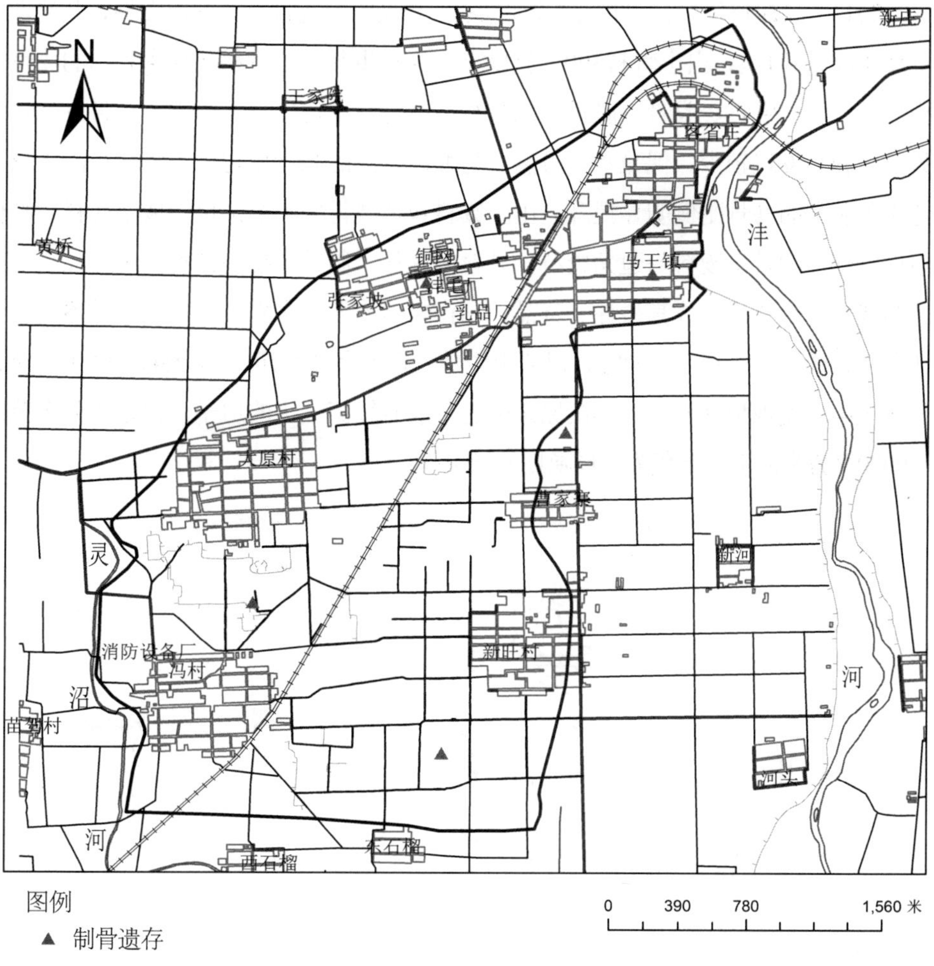

图 3　丰京遗址制骨作坊遗存分布图

1956—1957年，在张家坡村东第一发掘地点早期居址及其附近发现制骨遗存，出土骨角器成品、半成品、废品以及大量作为原料用的鹿角和兽骨等，制骨工具有磨石。加工的骨器产品主要是骨角镞和骨笄，以及骨针和骨锥等。

1957年秋和1959年秋，在长安、鄠县考古调查中，在马王村东和曹家寨北发现数处西周骨料坑，具体资料不详。2012年，在丰京遗址调查过程中，在这一带也发现有骨料。

1990年秋，在新旺村西南约650米处，紧靠冯村砖瓦厂北取土区的东边缘清理灰坑3座，出土骨料约150千克，主要为牛骨，另外还有鹿角、猪骨和马骨等。骨料以废料为主，还有坯料、下脚料、骨器半成品、成品残件和成品等。制骨工具发现有铜凿。骨器产品以骨笄最多，另有骨针、骨镞、骨铲和骨锥等。时代为西周晚期。

2011年和2013年，在冯村北约200米的土壕及其附近进行了两次发掘，共清理灰坑15座和墓葬1座，出土骨料300千克以上。经初步鉴定，骨料包括牛和马的肱骨、桡骨、尺骨、掌骨、股骨、胫骨、跖骨和肩胛骨，以黄牛骨骼为主，马骨占一定的数量，鹿角发现较少，偶见水牛骨骼。与晚商时期的制骨作坊出土骨料相比，该作坊用于制骨的马骨比例明显提升。出土废料包括肢骨的关节部位、取下坯料后其他不规则部位的骨干废料与边角废料、坯料的残件。制骨遗物包括骨器半成品与半成品的残件、骨器成品或其残件、废品。制作骨器的工具有砺石和铜锥。骨器产品包括骨笄、锥、镞、签、耳勺等，但从半成品来看大宗是骨笄。①（图4、图5）另外，在灰坑中还发现板瓦残片，推测原来附近可能有较高等级的房子。遗址的分布范围在9000平方米以上，年代为西周晚期偏早阶段。

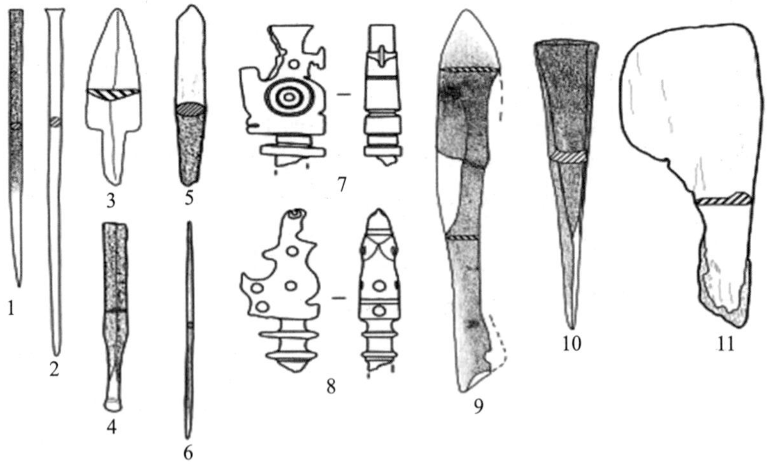

1、2. 笄（13H：2；13H3：1） 3、5. 镞（11H4：7；11H1：12） 4. 耳勺（11H1：14）
5. 签（11H1：19） 7、8. 笄头（13H1：5、9） 9. 匕（11H4：16） 10. 锥（11H1：18）
11. 刀（11H4：13）

图4 冯村北制骨作坊遗址出土骨器

① 中国社会科学院考古研究所丰镐队：《西安市长安区冯村北西周时期制骨作坊》，《考古》2014年第11期。

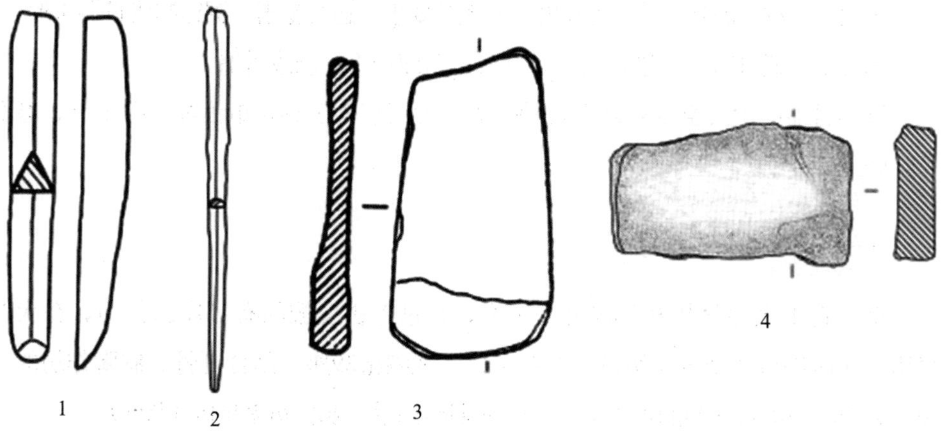

1. 铜凿（新旺 H3：1） 2. 铜锥（冯村 11H1：20） 3. 磨石（张家坡 H169：2：20）
4. 磨石（冯村 13H1：10）

图 5 张家坡、新旺和冯村出土制骨工具

镐京遗址内发现的制骨遗存包括白家庄北、落水村西、落水村北一带西周文化堆积层中的制造骨器遗存。①除磨石以外，主要是大量的有锯痕、锉痕或削痕的骨头和骨料，多是牛骨，也有少许鹿角和其他种类的兽骨。半成品骨器只有锥一种，不过堆积层内出土了铲、镞、锥、簪等骨器。

通过对以上制骨作坊内各种遗迹、遗物的分析，我们可以看出，骨器生产大致包括选材、取料、坯料成形、坯料细加工和制成成品等一整套制骨工序。②

第一步，选料。所取骨材一般是大型动物的四肢骨，如股骨、肱骨、尺骨和桡骨等，及鹿角、肩胛骨等。这些骨材一般粗壮顺直、壁厚，骨质紧密，易加工且利用率高。

第二步，初步裁割骨料。根据骨骼形状不同，裁割方式略有不同。总的原则是留下规则顺直的密质骨部分，裁割掉不规则或含松质骨较多的部分。四肢骨一般是除去两端关节的部分，留下骨干部分。鹿角一般是锯掉根部、枝叉和尖部，留下中间部分。肩胛骨一般是裁切边缘部分，留下骨质厚的部分。

第三步，在初级坯料的基础上切割为成器需要的坯料，再根据需要制作器物的形状、尺寸将初级坯料切割成需要的坯料，有时候需要几次裁切。

---

① 中国科学院考古研究所丰镐考古队：《1961—1962年陕西长安沣东试掘简报》，《考古》1963年第8期。

② 中国社会科学院考古研究所丰镐队：《陕西长安县沣西新旺村西周制骨作坊遗址》，《考古》1992年第11期；付仲杨：《丰镐遗址的制骨遗存与制骨手工业》，《考古》2015年第9期。

第四步，按照需制作骨器的长度、粗细等要求，通过刮削、锯锉制成骨器雏形。

第五步，通过对坯料进行钻孔、打磨等精细加工，制成骨器。

制作骨器的工具至少有以下几种：锯、刀等切割工具，铜锥等钻孔工具，磨石等打磨工具。

（三）制陶作坊遗存

迄今在丰京部分共发现陶窑70余座，经过考古发掘的有15座。其中，在大原村南，东距冯村北制骨作坊遗址百余米处发现陶窑29座。结合制骨、制陶作坊的发现，大原村与冯村之间的地带似为西周晚期丰镐手工业作坊聚集区（图6）。

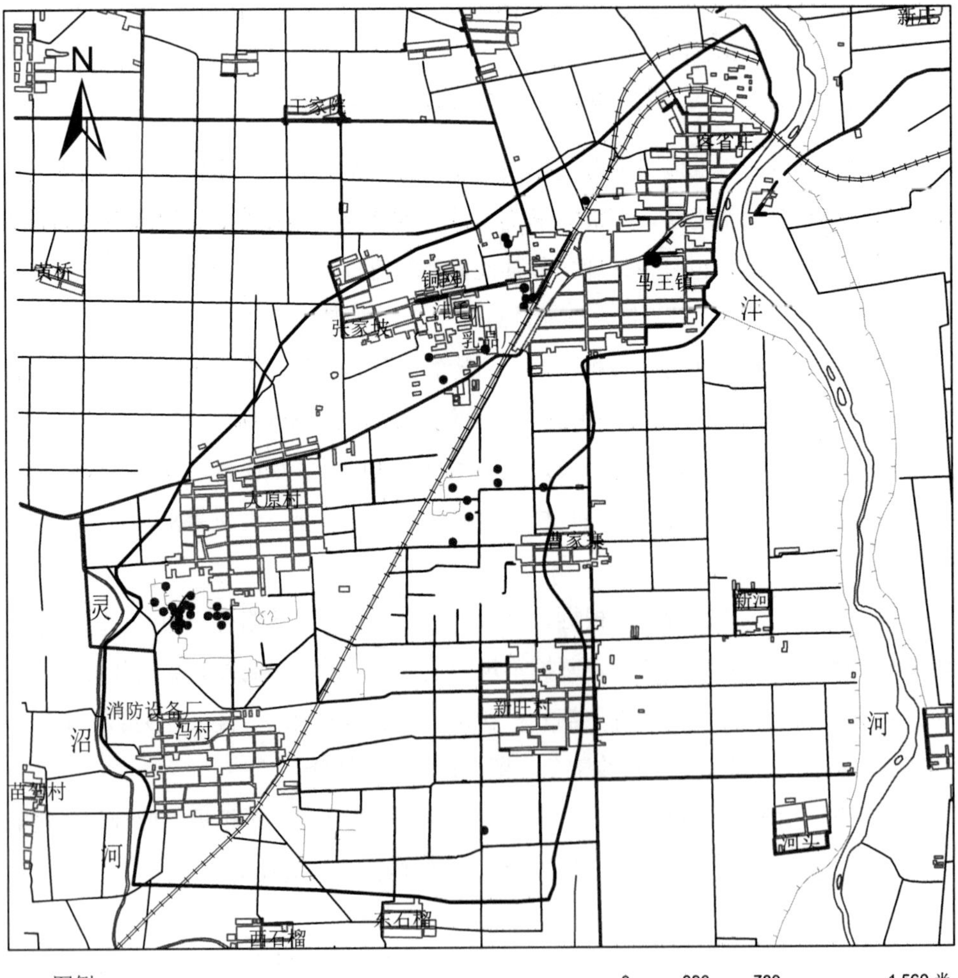

图例

● 陶窑遗存

0 390 780 1,560 米

图 6　丰京遗址陶窑分布图

1955年，在客省庄西周晚期地层中曾发现一些残瓦片，还发现一些尚未烧制的瓦坯，发掘者认为这里有专门烧制陶瓦的手工业作坊。1955—1957年，在张家坡村东晚期居址中发现陶窑7座和陶压锤13件。①1982—1984年，在客省庄西南、马王村北的十一号、十二号夯土基址周围钻探发现西周陶窑6座，并清理了其中3座。1987年，在张家坡村东南沣河毛纺厂排污渠旁边发掘陶窑1座。1992年，在西户铁路马王镇火车站西南发掘陶窑4座。其中，Y4为竖式陶窑，由火门、火膛、窑箅、窑室四部分组成；Y1为横式陶窑，由火门、火膛、窑室、火道、出烟口几个部分组成（图7）。②1986年，在客省庄铁路以北七队砖厂钻探发现陶窑1座。1987年，在张家坡沣河毛纺厂清理西周晚期陶窑Y1，其操作坑内陶片绝大多数是夹砂灰陶绳纹鬲，其中有一些烧流的残器，仅以三足为一件陶鬲计，至少有陶鬲83件，这座陶窑应该主要烧制陶鬲。③1991年，在马王村宅基地钻探发现陶窑8座。1991年，在马王火车站以北土壕钻探中发现陶窑5座。1995年，在马王新兴造纸厂钻探发现陶窑1座。2012年，在大原村东和新旺村南各发现陶窑1座，在大原村西南钻探发现陶窑29座，在沣河毛纺厂和畜牧站之间土壕东崖发现陶窑2

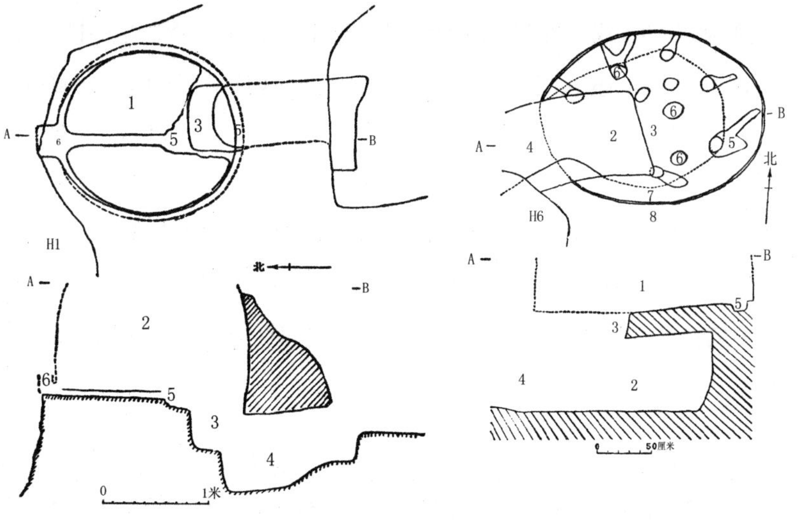

1. 窑底　2. 窑室　3. 火膛　4. 火门　5. 火道
6. 出烟口

1. 窑室　2. 火膛　3. 窑箅　4. 火门
5. 火道　6. 火眼　7. 窑口线　5. 窑底线

图7　1992 年马王火车站西南陶窑 Y1 和 Y4 平剖面图

① 中国科学院考古研究所编著：《沣西发掘报告》，文物出版社，1962年，第26、27页。

② 中国社会科学院考古研究所丰镐队：《1992年沣西发掘简报》，《考古》1994年第11期。

③ 中国社会科学院考古研究所沣西队：《1987、1991年陕西长安张家坡的发掘》，《考古》1994年第10期。

座，在马王健身广场东北土壕7北角发现陶窑1座。2013年，在大原村东南钻探发现陶窑2座，在曹寨西北钻探发现陶窑6座。

2017年至今，在大原村西南大型制陶作坊遗址发掘了陶窑10余座，发现大量细砂石、泥坯、陶垫、纺轮、陶丸等与制陶相关的遗物。从产品看，都是夹砂褐陶疙瘩鬲。可以初步确定这是一处西周晚期专门烧制夹砂红陶疙瘩鬲的制陶作坊遗址。①

在镐京遗址，陶窑址的分布也很广泛，迄今在上泉村东、普渡村北、白家庄村北、洛水村等6个地点共发现陶窑47座（图8）。其中，在洛水村西暴露出陶窑十几座，发掘了6座，应是西周晚期的陶窑群。在Y5等6座陶窑中，窑室和操作坑的灰土中包含大量陶片，其中有很多废品残片以及少许未经烧制的器皿陶坯。陶片种类最多的是盂和罐，其次是豆和瓦，最少的是鬲和瓮。此外，陶窑中还有大量烧结的板瓦碎片。该窑址群北距洛水村西边的西周大型夯土基址约100米，表明镐京的宫室建筑用瓦是在宫室所在地附近制作生产而不是从较远的地方运来的。②1980—1981年，在斗门公社砖瓦厂高地局部钻探出古窑址15处，从窑的结构和出土器物的残件看，有折腹盆等。③1983、1985年，在上泉村东、普渡村北清理Y1、Y2、Y3、Y4、Y5共5座陶窑，以西周晚期为多，少数属于西周中期或偏早。Y1和Y2两窑中，包含物以盆、罐最多，豆最少，还间出有盆焙烧之前的泥坯残片。④2012年，普探发现陶窑6座，调查发现3座窑址。2013年，勘探发现陶窑3座。⑤2018年，在花园村东街地点发掘陶窑3座。⑥

总的来说，丰镐遗址的陶窑可分为升焰窑和半倒焰窑两种类型，而且这两种类型的陶窑有共存于同一制陶作坊的现象。比如大原村南大型制陶作坊遗址即可见到升焰窑与半倒焰窑共存一处，甚至共享一个操作间的现象，这显示出丰镐都城内多种烧陶技术和传统共存。

---

① 付仲杨、王迪、徐良高：《丰镐遗址近年考古工作收获与思考》，见中国社会科学院考古研究所夏商周考古研究室编：《三代考古》（8），科学出版社，2019年，第68—74页。

② 中国科学院考古研究所丰镐考古队：《1961—1962年陕西长安沣东发掘简报》，《考古》1963年第8期。

③ 陕西省文物管理委员会：《西周镐京附近部分墓葬发掘简报》，《文物》1986年第1期；陕西省考古研究院编：《镐京西周宫室》，西北大学出版社，1995年，第7页。

④ 郑洪春、蒋祖棣：《长安沣东西周遗存的考古调查》，《考古与文物》1986年第2期。

⑤ 中国社会科学院考古研究所、陕西省考古研究院、西安市周秦都城遗址保护管理中心编著：《丰镐考古八十年》，科学出版社，2016年，第124页。

⑥ 岳连建、杨磊：《西安镐京遗址花园村地点发掘收获》，见国家文物局主编：《2018中国重要考古发现》，文物出版社，2019年，第72页。

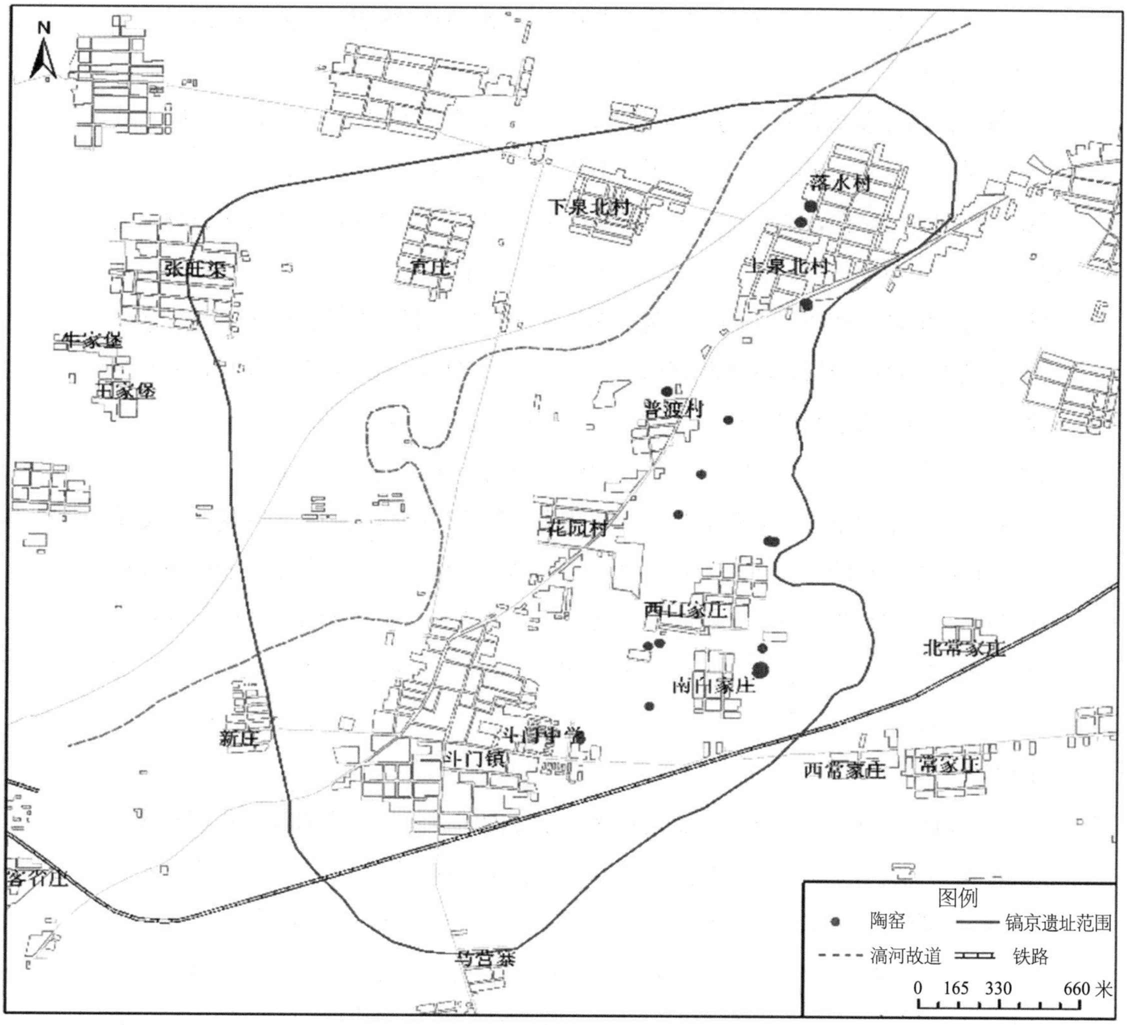

图 8　沣东镐京遗址陶窑分布图

二、初步认识及其启示

通过以上的考古发现与研究，我们对丰镐城市内的铸铜、制陶、制骨等手工业作坊的分布及制陶、制骨手工业的工艺流程和技术水平有了基本的了解。

我们对丰镐手工业作坊遗址与都城聚落的关系也有了一些初步认识。其中，铸铜作坊虽然仅在马王村与张家坡村东的灰坑内发现有少量陶范碎片，但从其位置来看，均位于丰京遗址北部宫殿基址区附近。同样，宫殿等高等级建筑用瓦的生产也是就近烧制。如在镐京遗址落水村西南发掘的烧制板瓦的陶窑和在丰京客省庄一带发现的制瓦遗存，这一点与汉唐时期相似。它们的分布位置与一般制陶、制骨作坊遗址不同，这种现象说明这类特殊手工业作坊可能的官营性质，以满足所谓“宗器不鬻”的需要。

制骨作坊和制陶作坊一方面发现多，分布广，基本位于灰坑密集区，似是从属于各居民区。这一现象可能暗示了制造骨器、烧制陶器等满足人们日常所需的手工业为各家族所掌握，或者是由家族内的个人经营，主要是满足各居民区自身的需要，与青铜铸造业不同。另一方面，在西周晚期，丰镐遗址内的大型手工业作坊也有集中分布的现象存在，如冯村北制骨作坊和大原村南制陶作坊分别是丰镐遗址内最大的制骨、制陶作坊，两者毗邻而居，分布在相对集中的区域内。同时，大原村南制陶作坊的产品还有单一化、专业化生产现象。这种既有分散存在又有集中分布的现象，显示了丰镐都城遗址内手工业作坊生产与管理的复杂性。

此外，丰京内常见夹砂陶器生产而镐京内常见泥质陶器生产的差异现象所反映的是两地原料优势的差异还是专业化分工的不同？我们认为，一些手工业作坊的位置应与产品使用场所和产品消费者，以及原料产地优势有关。如烧瓦的陶窑分布于大型建筑基址附近，便于产品的运输、使用；生产夹砂分裆陶鬲为主要产品的大原村南制陶作坊位于灵沼河道边，便于获得烧制夹砂陶鬲所需的原料——河底淤泥。

尤其值得注意的是，通过丰镐遗址制陶手工业的考古发现与研究，我们看到，西周时期同一文化区域内不同遗址的制陶作坊的产品及其消费范围存在差异，不同遗址的制陶作坊有自己的产品特色和生产传统，显示出当时已经存在某种“窑系”[①]现象。比如，大原村南大型制陶作坊的主要产品为红色夹砂分裆陶鬲，与之相应，丰镐遗址地层、灰坑中所出土陶鬲与墓葬随葬的陶鬲中就常见这种陶鬲，而同为西周时期重要政治中心和超大型遗址的周原遗址的陶鬲却以灰色夹砂联裆鬲为基本陶鬲品种，红色夹砂分裆鬲很少见。例如，1983—1986年，在张家坡西周墓地共发掘西周墓葬390座，出土陶鬲182件，其中分裆袋足鬲达40件以上。[②]而周原姚家墓地共发掘西周墓葬45座，出土陶鬲全为灰色夹砂联裆鬲和仿铜鬲，不见红色夹砂分裆袋足鬲。[③]这类地域与遗址之间的差异也表现在其他陶器的生产与消费上。有学者通过研究关中地区不同西周遗址出土陶器的形制特征，发现：“整个关中地

① 这种不同制陶作坊各具自身产品特色和生产传统的现象有点类似后来瓷器生产中的窑系，故在此借用这一名词来称呼这一现象。

② 中国社会科学院考古研究所编著：《张家坡西周墓地》，中国大百科全书出版社，1999年。

③ 陕西省考古研究院、北京大学考古文博学院、宝鸡市周原博物馆编著：《周原遗址东部边缘2012年度田野考古报告》，上海古籍出版社，2018年。

区西周时期陶器的特征和变化趋势虽然有较强的一致性，但在诸多细节特征上存在较大的差异。在陶鬲的乳丁、扉棱、旋纹、沿部特征、足部特征，陶簋和盆的纹饰特征，陶豆的纹饰特征等多个方面，丰镐和少陵原都表现出比较明显的一致性，却与关中西部的周原等遗址表现出较大的差异，应该是一种地域差异的表现。”“地域性的差异既存在于大的地理范围，又存在于不同的聚落之间。”“不同聚落的制陶工匠在自己主观意愿、所在聚落使用者意愿的共同影响下，逐渐形成和巩固了自身的风格。”“陶器制作层面的差异在西周时期的关中地区是广泛存在的，导致这种差异的原因可能非常复杂，地域、族群、等级、性别以及其他原因导致的生产者和使用者主观意愿导致的差异从不同的层面影响着陶器自身的特征。”①

这种陶器之间的差异反映的应是两个都城内的居民各有自己的制陶产业和生产传统，属于不同的“窑系”。每个“窑系”及其制陶作坊的产品各有自己的消费范围和使用人群，即主要在自己所在的聚落及其附近地区。正是因为这种“窑系”的存在，以陶器的异同作为辨别、区分古代民族认同体或国家政治体的标准是缺乏科学依据的，我们不能以不同“窑系”的瓷器产品为标准来区分历史时期的不同民族与王朝政权。

三、新探索：从操作链到聚落考古与社会史视野下的城市手工业考古

手工业考古操作链研究思路将手工业考古由具体遗迹现象的发掘、研究发展到手工业作坊遗址的整体发掘与研究，即研究手工业的各个操作环节以及与各操作环节相关的遗存现象。操作链研究思路要求我们仔细收集各种遗物，如陶坯、残次品、陶片等，区分各种灰坑的原始功能和灰坑内堆积的性质与形成原因，分析整个作坊区每一处遗迹的功能、性质及其在作坊区的作用，通过分析不同灰坑内遗物的异同来分析其产生的不同原因和人类行为，重建手工业生产的全过程。

操作链工作理念改变了过去仅仅以单个遗存，如陶窑、灰坑及其堆积为目标的发掘，不仅重视每个具体遗存的发掘与研究，同样关注不同遗存之间关系的探讨，将每一处遗迹、每一件遗物放在古人手工业活动过程中去理解，探讨整个作坊区内遗迹与遗迹之间、遗物与遗物之间、遗物与遗迹之间的关系，进而探讨手工业工人的行为过程。

我们认为，在操作链工作理念的基础上，城市手工业考古下一步应该向聚落

① 马赛：《随葬陶器形制所见西周时期关中社会的多样性》，《考古与文物》2019年第2期。

考古与社会史视野下的城市手工业考古方向展开新探索，至少应在以下几方面开展研究。

首先，从聚落考古的视角，将手工业作坊遗址置于聚落结构布局中去研究手工业与城市聚落的关系，即手工业作坊遗址在聚落中的地位与作用，手工业生产与聚落居民日常生活、经济活动以及社会政治活动之间的关系等，进而从考古资料研究商品生产和流通在古代城市中的作用与地位。

柴尔德、张光直等学者曾总结中国与西亚、埃及、欧洲的古代城市在特征和社会作用上的差异。例如，张光直说："中国初期的城市，不是经济起飞的产物，而是政治领域中的工具，但与其说它是用来压迫被统治阶级的工具，不如说它是统治阶级用以获取和维护政治权力的工具。""中国早期城市一出现就是带有政治性的，经济不是其主要内容。这是中国早期城市的一个特点，与欧洲的不一样。"他的观点是否合理？在中国古代不同时期、不同区域文化的城市聚落中，作为商品生产基地和流通中心的功能到底如何？手工业生产到底占据着怎样的位置，发挥着怎样的作用？从手工业生产与商品流通的角度看，不同的古代城市的功能有何差异？古代社会的政治与经济关系到底如何，反映出一个怎样的社会特征？这些问题都有赖于新理念指导下的城市手工业考古发现与研究成果来提供答案。

其次，由个别的具体的遗迹现象发掘到聚落考古思维下的作坊遗址整体性发掘，如从单纯的制陶技术与工艺过程研究到社会环境背景下的制陶工业及其社会角色、运行过程的全方位探索。利用多学科手段探索工匠的生产生活状况，并进而探讨手工业生产的社会组织、管理和原料的来源、产品的分配与交换等各方面情况，实现由物见人，由考古现象探讨古人的行为、社会组织与观念等史学目标，而不仅仅局限于工艺技术层面的研究。比如，可以从制陶作坊区产品与一般遗址区、墓葬出土陶器的器形、岩相等的异同来研究陶器产品的服务对象、流通情况；从坯料看陶泥、夹砂等辅料的来源；从生活遗存探讨工匠身份是业余生产抑或专业化生产，是季节性生产抑或全年生产，工匠日常生活如何，制陶、制骨与铸铜工匠是一样还是各有不同；如何组织、管理生产，是官营还是民营，是家族组织还是社会化生产；陶器、骨器生产与青铜器生产的异同何在，产品消费与覆盖范围多大；如何流通，是市场化的自由交换还是组织化的分配与赏赐，物物交换还是通过特定中介物，如货币的交换；等等。

要实现这些目标，我们所关注的对象与信息来源就不能仅仅限于物化的古代遗迹、遗物上，还应包括遗迹遗物之间的时空关系分析和更深层次、更全面的多学科整合研究。我们不仅要弄清楚与作坊有关的各种可见的遗迹、遗物，更要分析遗迹遗物形成过程和它们彼此之间的行为关联，进而分析其背后的人类行为及其目的。

再次，与上述目标相对应的是手工业作坊遗址考古发掘报告在形式、内容上的创新，即必须突出问题意识和学术思考，真正体现多学科合作从提出问题、假说，到通过田野考古获取材料与得到解释，再到验证或修正假说与解释的整个过程。

原载《南方文物》2021年第2期

（徐良高，中国社会科学院考古研究所研究员）

聚落与地貌：老牛坡遗址研究的新角度

李彦峰

西安灞桥老牛坡遗址从20世纪70年代发现伊始就成为学界关注的焦点。作为商代关中区域社会的中心聚落，学者已从遗址的分期、文化属性及其与中原商王朝的互动关系等方面进行了深入探讨并取得了颇为丰硕的成果[①]，为认识关中地区商代社会奠定了基础。结合前贤研究成果，梳理已有考古材料，不难发现老牛坡聚落的出现和发展，除受中原商王朝势力的影响外，商以前的文化发展和经营基础、便利的地理区位和优越的河谷阶地条件等，都对其区域性中心聚落地位的形成和确立有一定的促进作用。从地貌与聚落的关系出发进行探讨，对全面认识老牛坡聚落及整个关中社会应有所补益。近年来，以地貌、水系等地理环境为视角考察聚落的布局及变迁等研究渐成趋势，诸多学者的个案实践为我们提供了思路[②]。

鉴于老牛坡遗址的研究现状，本文根据以往发掘材料和新考古工作收获，从聚落变迁历程和商时期聚落功能分区方面进行分析，在此基础上，尝试从地貌的视角出发讨论其在聚落变迁及内部功能分区中的作用。

一、聚落变迁历程

老牛坡遗址文化内涵丰富，延续时间长，发现有仰韶、龙山、夏、商时期及秦汉以后的历史时期遗存，尤其以商时期遗存最为丰富。通常而言，从较长的时间阶段考察，更利于分析聚落的整体变化。现从以下几个大的发展阶段来考察老牛坡聚落的变迁情况（图1）。

---

① 宋新潮：《试论老牛坡商文化分期及特征》，《文博》1992年第2期；张天恩：《关中商代文化研究》，文物出版社，2004年（以下凡引此书，版本均同）。以上仅列出部分代表性研究成果。

② 张海、王辉、邹秋实等：《商代盘龙城聚落地貌演变的初步研究》，《江汉考古》2018年第5期；宋江宁：《关中盆地史前到秦汉时期的中心区转移现象考察——兼论周原与丰镐遗址内涵差别巨大的原因》，《南方文物》2017年第4期；王辉、兰玉富、刘延常等：《后李文化遗址的地貌学观察》，《南方文物》2018年第4期。

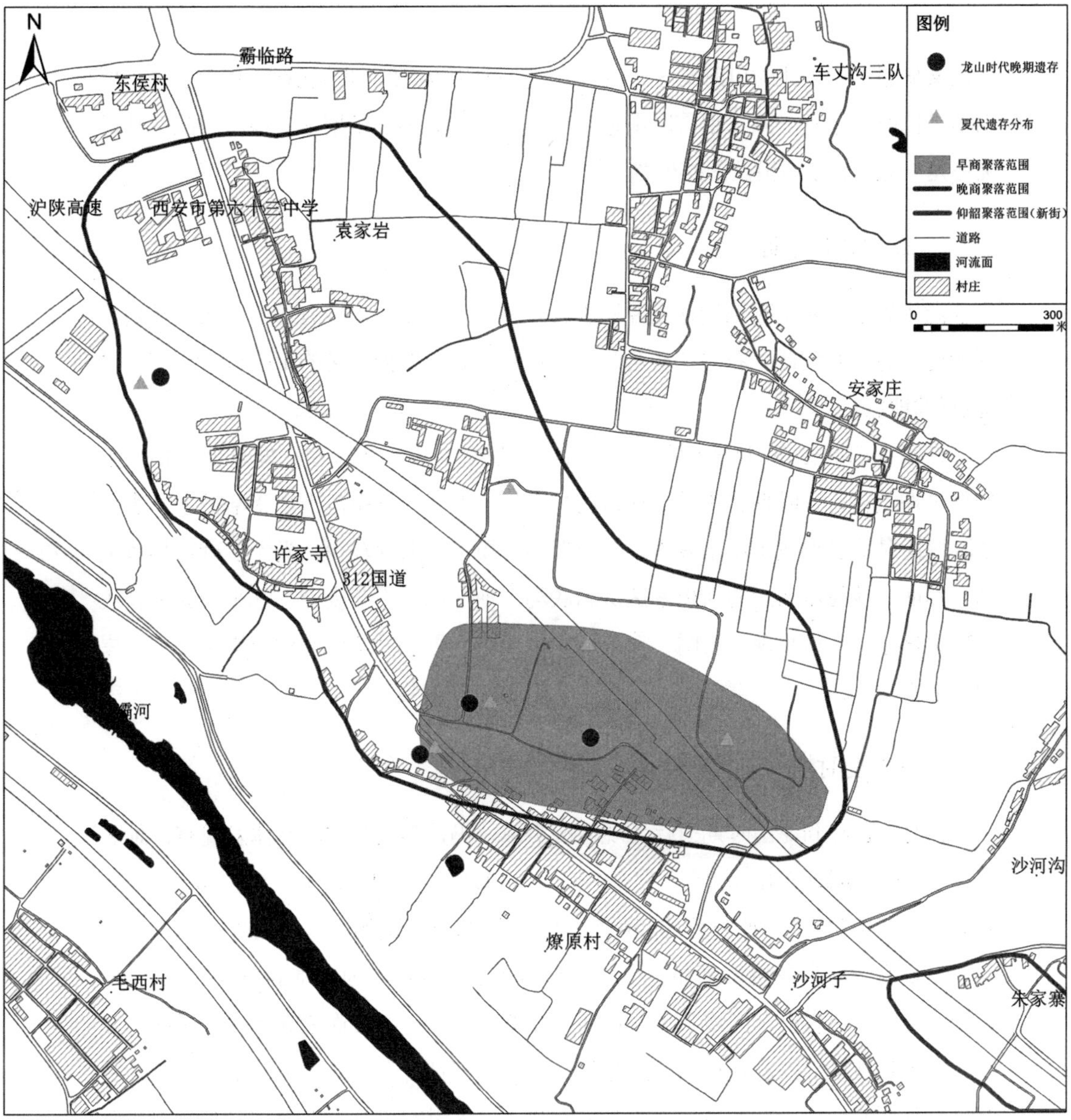

图1 聚落内各时期遗存分布图

（一）仰韶时期

老牛坡遗址仰韶时期遗存发现极少，仅在个别商代遗迹下发现有灰坑，遗物零星发现于晚期堆积中，发现陶片破碎较甚。据此情况，发掘者曾认为这里可能是沙河沟南岸下家寨附近规模较大的仰韶时期遗址的外延部分。①后经发掘，沙河沟南岸附近的新街遗址是一处面积约30万平方米且以仰韶时代晚期和龙山时代早期庙底沟

① 刘士莪：《老牛坡——西北大学考古专业田野发掘报告》，陕西人民出版社，2002年，第23页。本文有关老牛坡发掘材料除单独注明外，其他均引自该报告，下文不再逐一注释。

二期文化遗存为主体的史前聚落。[①]老牛坡遗址所见仰韶时期遗物在文化面貌上与新街遗址同时期遗存一致，但该时期遗存分布较少，尚不具备聚落特性。因此，其可能还是一处附属于新街聚落的小型居住点。

（二）龙山时期

老牛坡遗址龙山时期遗存主要属于客省庄二期文化，发现有房址、灰坑及墓葬等遗迹，遗物有陶器、石器和骨器等。分布地点有原发掘分区的Ⅰ区1地点、Ⅱ区1地点和2地点。

许家寺西北分布有该时期遗存，遗迹有规整的袋状灰坑和小型墓葬。相较于仰韶时期遗存，该时期遗迹种类和遗物数量开始增多，分布范围也逐渐扩大，表明该区域此时或已形成了小型聚落。至于聚落规模，因遗存较少，尚无法确定具体范围。然而，沙河沟南岸的新街聚落从庙底沟二期文化后逐渐废弃，几乎未见客省庄二期文化遗存，这种现象表明，该区域的聚落中心可能已从沙河沟南岸转移至北岸的老牛坡一带。

（三）夏时期

该时期遗存同龙山时期遗存发现情况类似，仍是零散分布。具体发现有：Ⅲ区1地点商代晚期墓地中灰坑2个、墓葬4座，Ⅰ区1地点墓葬2座，Ⅰ区2地点灰坑1个、墓葬1座，2010年在燎原村北约250米处发现墓葬3座、灰沟1条。[②]另外，在许家寺东北发现有该时期灰坑、墓葬及小型房址等较以往发现更为丰富的遗存。[③]从发现来看，除袁家岩村以东区域未见遗物外，在遗址最东南端及许家寺西北区域都有分布。特别是许家寺附近，该时期遗存种类相对丰富且有一定的集中分布范围，其可能是该时期的一处小型聚落点。在文化面貌上，这里的遗存虽然与二里头文化存在一定的相似因素，但大量花边口沿器和随葬石璧的习俗具有地域特色，因此学者多将此类遗存命名为“老牛坡类型”。因过去遗存发现较少，该类型又被归入分布在丹江流域的“东龙山文化”[④]。

---

① 陕西省考古研究院编著：《蓝田新街——新石器时代遗址发掘报告》，文物出版社，2020年，第4、585、586页。

② 陕西省考古研究院：《2010年陕西省考古研究院考古调查发掘新收获》，《考古与文物》2011年第2期；陕西省考古研究院：《陕西西安老牛坡遗址2010年夏时期墓葬发掘简报》，《考古与文物》2021年第3期。

③ 陕西省考古研究院：《西安老牛坡遗址聚落范围调查简报》，《中原文物》2021年第1期。

④ 张天恩：《论关中东部的夏代早期文化遗存》，《中国历史文物》2009年第1期。

（四）早商时期

从区域范围看，这一时期二里冈文化势力已进入关中东部，出现了华县南沙村①、耀县北村②、西安灞桥老牛坡和蓝田怀珍坊③等早商时期遗址。在这样的背景下，老牛坡聚落开始扩大，早商时期遗存发现有Ⅰ区1—3地点，Ⅱ区1、2地点及调查发现的少量地点。根据遗存点分布情况推断，该时期聚落面积近30万平方米。在文化面貌上，关中东部的早商遗址同郑州地区早商文化面貌高度一致，学者将之归入早商文化的“二里冈型”④。南沙村和怀珍坊遗址的主体年代均属二里冈时期，聚落规模分别为30万平方米和5万平方米。

耀县北村遗址整体范围约18万平方米，其中第一、二期为早商时期。在聚落内部，南沙遗址发现有灰坑、陶窑及墓葬，北村遗址发现有灰坑和墓葬，怀珍坊遗址发现有灰坑和属于冶炼工人的小型墓葬。老牛坡遗址早商时期聚落面积虽近30万平方米，但仅发现少量灰坑遗迹，这可能是受限于发掘面积或晚商遗存破坏所致。在聚落内部，这里可能存在着高等级的夯土建筑和青铜冶铸作坊等，如Ⅱ区2地点的晚商三期二号夯土基址下就发现有一层较早的建筑面和一些柱洞，这可能是早商时期大型建筑的线索。一些灰坑中还发现有炼渣和陶范，表明可能存在铸铜作坊。整体而言，老牛坡早商遗迹种类发现虽少，但聚落面积已达到关中东部区域内同时期聚落的最大规模且可能已出现高等级建筑和青铜冶铸作坊，这些表明其区域性中心聚落雏形已初露端倪。

（五）晚商时期

晚商时期是老牛坡聚落发展的重要阶段。在文化面貌上，该时期遗存与殷墟商文化虽保持一定联系，但有较明显的差别且具有自身特色。对该阶段遗存的文化属性，有研究者将该时期遗存作为晚商文化的一个地方类型，称之为“老牛坡类

---

① 北京大学考古教研室华县报告编写组：《华县、渭南古代遗址调查与试掘》，《考古学报》1980年第3期；西安半坡博物馆、陕西师范大学历史文化学院：《陕西省华县南沙遗址1983—1984年发掘报告》，见中国社会科学院考古研究所夏商周考古研究室编：《三代考古》（7），科学出版社，2017年。

② 北京大学考古系商周组、陕西省考古研究所：《陕西耀县北村遗址1984年发掘报告》，见北京大学考古系编：《考古学研究》（2），北京大学出版社，1994年。

③ 西安半坡博物馆、蓝田县文化馆：《陕西蓝田怀珍坊商代遗址试掘简报》，《考古与文物》1981年第3期。

④ 张天恩：《关中商代文化研究》，文物出版社，2004年，第152页。

型”[①]。有研究者认为老牛坡遗址在第三期之后业已脱离了商文化系统，是一支独立的土著文化，并称之为“老牛坡遗存”[②]。文化属性的认识虽不同，但该阶段遗存具有独特的地方文化特色毋庸置疑，这应是商文化势力从关中地区逐渐退缩的结果。然而，不同于其他地区性中心聚落在晚商时期被废弃的境况，老牛坡聚落表现出明显的扩张态势。在以往工作基础上，我们通过调查全面摸清了晚商遗存的分布范围，并借助GIS系统最终测算出该时期聚落面积（也是遗址的整体面积）约140万平方米。[③]相对于早商时期，该时期聚落向外扩张趋势和规模明显。在聚落内部，该时期遗迹种类丰富，有大型夯土建筑基址、灰坑、墓葬、车马坑、陶窑、炼炉等，遗物有青铜礼器、兵器、车马器、玉器、陶器、陶范、炼渣、卜骨及石器等。高等级建筑及青铜礼器墓葬的发现表明，聚落内部存在明显的等级分化，陶窑、陶范及炼渣等性质明确的遗存表明，聚落内部应有明显的功能分区。无论在聚落规模还是在文化内涵上，老牛坡聚落的发展水平远高于关中地区其他晚商聚落。因此，有学者认为老牛坡遗址在晚商时期是关中地区一个重要的区域性中心聚落。[④]大致在商末周初之际，在周人率诸部族灭商的社会背景下，老牛坡商人遭遇了灭国绝祀之灾，墓地被毁，聚落覆灭。此后，遗址范围内第五期遗存仅有零星的文化层堆积，散见于发掘区内打破第三、四期遗存的小型墓葬和采集到的遗物，远没有聚落鼎盛时期的遗存丰富。

二、晚商时期的聚落功能分区

聚落内部功能分区是聚落结构研究的基础和核心，性质明确的遗迹或遗物是划分功能区的依据。在早商时期，老牛坡聚落内部可能存在不同性质的功能分区，诸如小规模的冶铸作坊等，但根据现有材料，尚不能明确该阶段各功能分区的具体情况。晚商时期，随着聚落规模的日渐扩大，内部功能分区趋于完备，而且此时期遗存材料发现丰富，可以明确划分出包括高等级建筑、贵族墓葬和手工业作坊在内的不同功能分区（图2）。

下面重点讨论晚商时期的聚落内部功能分区情况。

---

① 张天恩：《关中商代文化研究》，文物出版社，2004年，第154页。

② 雷兴山：《对关中地区商文化的几点认识》，《考古与文物》2000年第2期。

③ 陕西省考古研究院：《西安老牛坡遗址聚落范围调查简报》，《中原文物》2021年第1期。

④ 宋江宁：《区域社会的形成与发展——商代关中的考古学研究》，花木兰出版社，2018年，第202—207页。

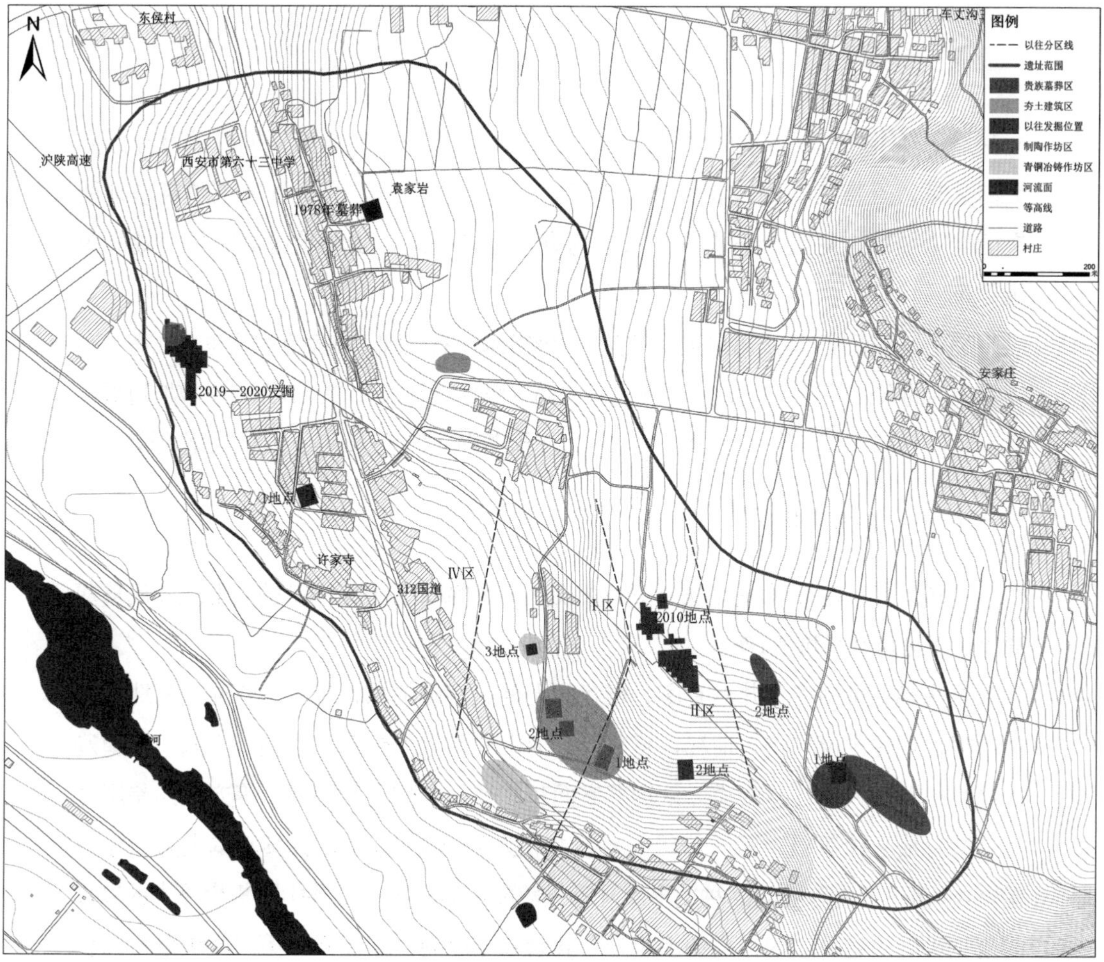

图 2　晚商时期聚落内功能分区图

（一）高等级建筑区

目前老牛坡聚落内已揭露出2座晚商时期的大型夯土建筑基址，分别位于老牛坡坡道（报告中Ⅰ、Ⅱ区的分界线）的两侧。一号基址位于Ⅰ区2地点，长约30米、宽15米，夯基厚约1米。基址上残存房基3座，规模较大的F3（87XLI2F3）为一座面阔4间、进深2间的中型房址，长11.3米、宽5.8米；东、西、北三面残留有夯土墙，墙上及中间有柱洞，共3排，排列整齐，两个门道位于东墙靠两端。二号夯土基址位于Ⅱ区2地点，南北长23米、东西宽约12米，夯基厚约1米；表面残存有15个卵石柱础坑，直径约30厘米，排列规律，南北3排，东西7行，间距2.5—3.5米。在二号基址以北3米处，还探出一排东西向的3个石柱础，其深度与二号基址的柱础处于同一平面，且间距亦与之相近，因此应属于二号基址。发掘者依据残存基址和柱础情况推断，在基址西侧还应有南北并列且相互对应的两排柱础。可见，该基址应属于一座有南北5排、东西8行，至少40根立柱的大型建筑。1988年春，在Ⅰ区2地点发掘期间，还发现了多处夯土和石柱础，因被破坏严重，规模和结构不清。在二号夯土基址下还叠压有更早期的建筑基址，该区域内至少在晚商第三期以前就开始有大型建筑，且持续时间较长。依上述线索，可知在一、二号大型夯土建筑基址所在的老牛坡坡道附近分布有一定数量的夯土建筑基址，表明该区域应是一处高等级建筑区。

另外，在袁家岩村东南附近发现有直径约1米的石柱础，许家寺附近也发现有分布较为集中的石柱础[①]，说明这些区域也应有高等级建筑基址分布。因距老牛坡坡道附近的大型夯土建筑基址有一定距离，后者可能是聚落向北扩张过程中出现的大型建筑区。

（二）贵族墓葬区

1986年春，在Ⅲ区1地点发掘墓地一处，在约5000平方米的范围内发现商代墓葬38座、车马坑和马坑各1座。

这些墓葬排列密，井然有序，相互间无叠压打破关系，应是一处独立墓地。发掘者根据墓葬规模和殉人情况，将墓葬分为中型殉人木椁墓、中型殉人墓、小型殉人墓和小型单人土坑墓四类。依据墓室面积、葬具、殉人和随葬品等方面的差别可将墓葬分成三个等级。第一等级的墓室面积为6—17平方米，葬具基本上为一椁一棺，殉人6—12人，随葬品种类丰富且等级较高。第一等级墓葬中除规模最大的M41的墓主可能为老牛坡的最高统治者外，其余墓主应为高级贵族。第二等级墓室面积为2—5平方米，葬具为一棺，殉人1—3人，随葬品种类较丰富，墓主人应为低等级贵族或平民中的上层。第三等级墓室面积为2—4平方米，葬具为一棺，无殉人，随葬品种类和数量较少，墓主可能是平民中的下层。[②]以上分析表明，该批墓葬是聚落内的一处贵族墓葬区，除高等级贵族墓葬外，还分布有少量平民墓葬。

另外，1976年在袁家岩（简报称“袁家崖”）村发现出土青铜礼器的高等级墓葬。[③]对于该墓的时代和性质，学者指出可能属于周初时期的“殷遗民”贵族墓葬。[④]我们前面已指出袁家岩村附近的商代遗存是老牛坡聚落向外扩张的结果。这座可能属于殷遗民的贵族墓葬在这里发现，说明该区域也许分布着一处从晚商延续至周初的贵族墓地。

---

① 陕西省考古研究院：《西安老牛坡遗址聚落范围调查简报》，《中原文物》2021年第1期。

② 宋江宁：《区域社会的形成与发展——商代关中的考古学研究》，花木兰出版社，2018年，第202—204页。

③ 巩启明：《西安袁家崖发现商代晚期墓葬》，见文物资料委员会编：《文物资料丛刊》（5），文物出版社，1981年。

④ 雷兴山：《西安袁家崖墓葬年代为西周说》，《华夏考古》2008年第1期。

（三）手工业作坊区

在老牛坡遗址商代遗存中，发现有各类能够反映手工业经济部门面貌的相关遗物，有与制骨业有关的各类骨器，有与青铜冶铸业有关的铜器、陶范、炼渣等，有与制陶业相关的各类陶器、陶拍等，还发现陶窑。根据现有资料，我们能初步辨识出青铜冶铸作坊区和制陶作坊区。

（1）青铜冶铸作坊区。遗址内商代二期的个别灰坑（如88XLⅠ2H18）发现有少量铜镞、铜戈、陶范和炼渣遗物，显示老牛坡聚落在早商二里冈文化时期就开始出现了青铜冶铸业。到了商代晚期，老牛坡聚落规模扩大，相应发现了更加丰富的青铜冶铸遗物。同样位于灞河中游且属于早商时期的怀珍坊遗址，距老牛坡遗址较近，也发现有炼炉残块、铜饼等与冶铜有关的遗物。通过对两遗址发现的炼渣进行铅同位素检测分析，二者的数据几乎重合，说明使用铜矿的来源应当相同。[①]通常情况下，冶炼遗址位于采矿遗址附近有利于节约运输成本。怀珍坊和老牛坡遗址紧邻秦岭山脉的北部边缘，有学者认为冶炼矿石的来源就在秦岭中，特别是秦岭北麓[②]，由此推测遗址所在的灞河流域一带应是商人冶炼铜矿的中心。

根据遗物的种类和分布位置的不同，可将聚落内的青铜冶铸作坊分为冶炼区和铸造区。冶炼区大致位于Ⅰ区靠西南的1地点附近，现312国道及旁边台地区域。在1990年道路拓宽前，路西南断崖上曾暴露一处以炼渣为主的堆积坑。该堆积坑范围长约18米、深0.5—2米，坑内除夹杂少量的红烧土及陶片外，还包含有丰富的炼渣堆积。目前在国道西南台地地表仍可见到炼渣，且断崖上还暴露有炼炉。大量的冶炼遗物和相应遗迹的存在，表明该区域应是聚落内的一处青铜冶炼区。研究者在遗址的两个灰坑堆积剖面和黄土台地的表层进行了系统采样，通过磁化率和重金属等指标分析，对该区域表土层进行了重金属污染评估。研究结果表明，现地表层的土壤确曾受到重金属砷和铜的不同程度污染。[③]冶炼区的炼渣类遗物检测分析结果显示，老牛坡聚落内的青铜冶炼生产中存在冶炼砷铜的情况。[④]

---

① 长孙樱子、吴晓桐、金正耀等：《关中东部地区商代冶金遗物的科学分析研究》，《文物》2020年第2期。

② 张天恩：《关中商代文化研究》，文物出版社，2004年，第179页。

③ Wu M., et al., "Heavy Metal Pollution from Copper Smelting during the Shang Dynasty at the Laoniupo Site in the Bahe River Valley", *Journal of Geographical Sciences*, 2021, 31 (11), pp.1675-1693.

④ 长孙樱子、吴晓桐、金正耀等：《关中东部地区商代冶金遗物的科学分析研究》，《文物》2020年第2期。

铸造区大致位于Ⅰ区偏北部的3地点，高等级夯土建筑区的西北部。1976年发掘时，在150平方米的范围内出土了一批与铜器铸造有关的残陶范、炉渣等遗物。其中陶范22块，有人面形饰范、牛面形饰范、戈范、钺范、圆形泡饰范及少量容器范。通常情况下，陶范集中出土地点及周边应分布有铸铜作坊区。聚落内既有青铜冶炼遗存，还有铸造作坊，说明老牛坡商人完全具备独立生产青铜器的能力。另外，发掘报告将编号为86XLⅠ3T2③：2、86Ⅰ3T1③：4和8886XLⅠ2H14：36的3件器物也归入铸造类遗物，但将之称为陶模并认为有可能是铸造袋状足类器的范模的认识值得商榷。这类器物为尖锥状，中间为空腔，尖端有孔，外饰绳纹，个别器物表面留有铜液凝固斑点。对于此类器物，有学者根据周公庙、孔头沟等遗址内发现的同类器与其他铸铜遗物共存的出土背景，分析认为应是先周晚期开始出现在“周人文化系统”遗址内的一种铸铜工具，而非中原商人的发明。[①]若此判断无误，这类属于先周文化的周原地区诸作坊的铸铜工具及铸铜工艺，应是来自以老牛坡遗址为代表的晚商文化，而非直效殷墟。[②]

（2）制陶作坊区。老牛坡报告中公布有晚商三期的陶窑6座。Y1和Y2位于Ⅲ区1地点贵族墓地的北部，两者相距约10米，其中Y1旁边的H21可能是其操作坑。Y3—Y5位于Ⅲ区2地点的中心位置，三者前后相连。发掘者根据其相互关系认为Y3废弃后修建Y4，Y4废弃后再修建Y5。Y6同样位于Ⅲ区2地点，东北距Y3—Y5约80米。Y6南侧1.6米处有灰坑H7，其内出土有与制坯工序有关的陶垫。发掘者根据Y6与Y3—Y5处于Ⅲ区2地点的同一台地上且南北相距仅约50米，推断此区域应是当时的制陶作业区。在此基础上，研究者发现制坯工具中的陶垫均出土于Ⅲ区，根据陶窑附近出土制坯工具的原则，判断Y6处存在一个制陶作坊。根据中心聚落陶窑集中分布的原则，判断Ⅲ区存在一个商代三期的制陶作坊区。[③]

我们的调查还新发现3座陶窑，其中1座大致位于原发掘区的Ⅲ区2地点附近，2座位于Ⅲ区1地点附近且距离较近。这些陶窑的存在表明，在以往发现陶窑数量较多的Ⅲ区两个地点附近还有陶窑分布。按照制陶作坊区陶窑集中分布的原则，进一步说明了该区域制陶作坊的存在。考虑到两个区域相对分离，中间暂未发现陶窑，或可划分成两个制陶作坊区。

---

① 雷兴山：《论新识的一种周系铸铜工具》，《中原文物》2008年第6期。

② 张天恩：《商周之际青铜制造重心徙移的观察》，见《金玉交辉——商周考古、艺术与文化论文集》，台湾“中央研究院”历史语言研究所，2013年。

③ 王迪：《中国北方地区商周时期制陶作坊研究》，科学出版社，2016年，第49页。

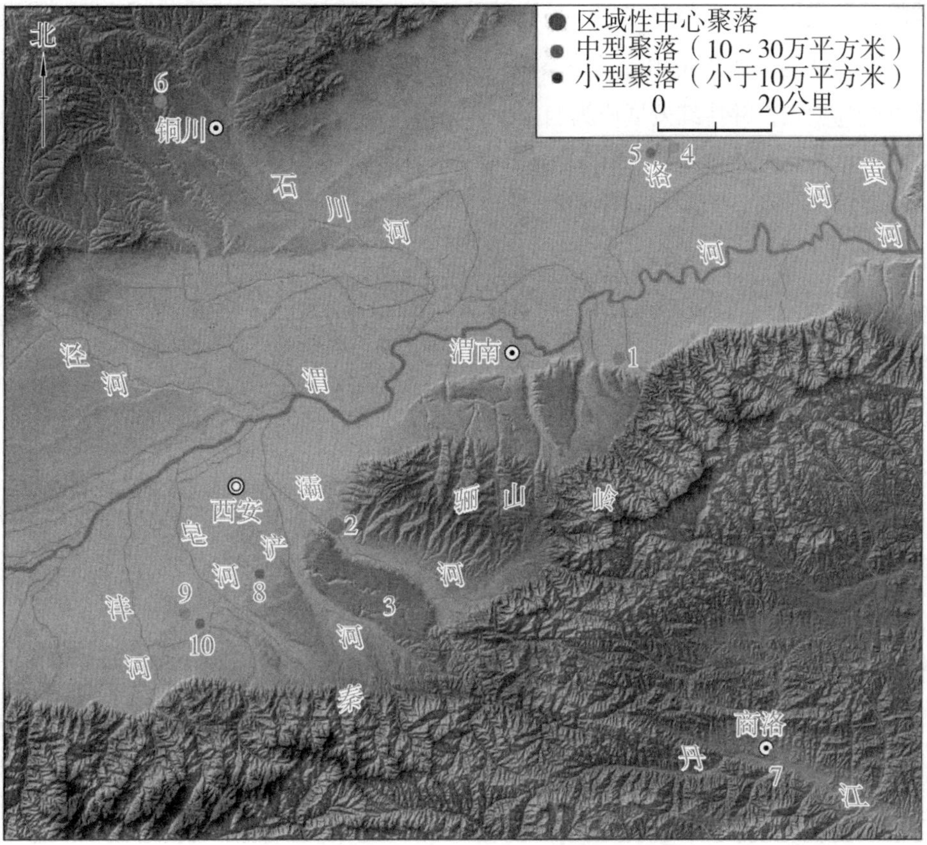

1. 南沙遗址　2. 老牛坡遗址　3. 怀珍坊遗址　4. 赵庄遗址　5. 东白遗址　6. 北村遗址

7. 东龙山遗址　8. 长安 206 所遗址　9. 羊元坊遗址　10. 赤栏桥遗址

图 3　老牛坡聚落与关中东部商时期主要遗址分布图

三、地貌视角下的聚落观察

地理环境往往是构成一个社会特点的决定性因素之一。[①]尤其在古代社会，地理区位、交通及地貌条件等在聚落布局和社会发展中的主导地位更高。作为商王朝经营“西土”的重要据点，老牛坡聚落从出现到发展成一处区域性中心聚落与其所在的地理环境密不可分（图3）。

在秦岭山体强烈抬升和渭河谷地沉降的相互作用下，西安以东的秦岭北麓地势陡峻，河流多短流发育，河道直且水流急。灞河作为渭河南岸最长的一条支流，河谷深入秦岭腹地，纵深长，且与汉江最大支流丹江相对，共同在秦岭东段切开一条狭长的低谷地带，成为沟通关中和秦岭山区乃至汉江流域的重要通道。从战国时期开始形

① 王笛：《跨出封闭的世界——长江上游区域社会研究》，北京大学出版社，2018年，第5页。

成的武关道出秦岭后就是沿老牛坡遗址所在的灞河东岸经灞桥进入长安城的。[①]

通常认为，商人是出于获取秦岭山区的铜矿及其他资源的需要，从早商时期开始以此为据点，并持续发展成为西部的一个地区性中心。[②]据研究，秦岭山区中的洛南附近分布有铜矿资源。[③]由东而来的商人欲进入秦岭山区，除从洛阳盆地出发沿南洛河谷地西行外，北侧只能从老牛坡遗址出发沿灞河谷地进入，两者之间约300公里内似乎再无其他重要通道。老牛坡遗址以西的商文化遗址规模小且分布稀疏，无力深入秦岭腹地。灞河两岸除老牛坡遗址外，在怀珍坊遗址也发现了与冶铜有关的遗存[④]，表明这一带应是商代在西部冶炼铜矿的中心区域。老牛坡遗址位于灞河中、下游的交界处，占据河谷和秦岭山区的咽喉之地，符合商人获取铜矿等资源并保持与商文化中心区联系的战略需要。

从人地关系视角来看，一个遗址尤其是一个区域性中心聚落的发展往往与地貌有密切关系。从宏观地貌上看，老牛坡遗址所在区域位于秦岭北麓，为秦岭余脉骊山周围黄土台塬西北端的铜人原（又称横岭原）外缘的灞河河谷阶地。阶地作为河谷中最突出的地貌类型之一，是古代聚落的主要分布区域。受骊山隆起运动的影响，灞河中游东岸阶地发育成熟，部分区域甚至能发育出五级阶地[⑤]，且阶面较宽，适宜人类活动。灞河西岸阶地发育较差，多为陡坡，易发生滑坡等地质灾害，非人类活动的理想场所。研究者早就注意到灞河沿岸的古遗址多分布在东岸而很少在西岸，并认为这种现象是对地理环境选择的结果。[⑥]老牛坡遗址所在灞河东岸的二、三级阶地距河流水源近且高于低平的一级阶地，适宜人类居住。再向上为山前的黄土台塬，地势较高，距水源较远，并非生产力水平低下社会的理想活动区域。遗址范围内地势东南高，西北低，虽受后期平整土地影响，但整体上从河谷向上呈缓坡状，沿河分布宽约1公里的阶面为聚落的形成和扩张提供了充足的地理空间。

从微观地貌上看，老牛坡遗址南侧的沙河沟南岸的地势较高，北岸较低，而遗址所在区域的河谷阶地则发育良好，二、三级阶地横向较宽，纵向较长，地势整体

---

① 史念海主编：《西安历史地图集》，西安地图出版社，1996年，第43页。

② 刘莉、陈星灿：《中国早期国家的形成——从二里头至二里冈时期的中心和边缘之间的关系谈起》，见北京大学中国考古学研究中心、北京大学古代文明研究中心编：《古代文明》（第1卷），文物出版社，2002年。

③ 霍有光：《试探洛南红崖山古铜矿采冶地》，《考古与文物》1993年第1期。

④ 西安半坡博物馆、蓝田县文化馆：《陕西蓝田怀珍坊商代遗址试掘简报》，《考古与文物》1981年第3期。

⑤ 中国科学院地理研究所渭河研究组编：《渭河下游河流地貌》，科学出版社，1983年，第54页。

⑥ 张彦煌：《浐灞两河沿岸的古文化遗址》，《考古》1961年第11期。

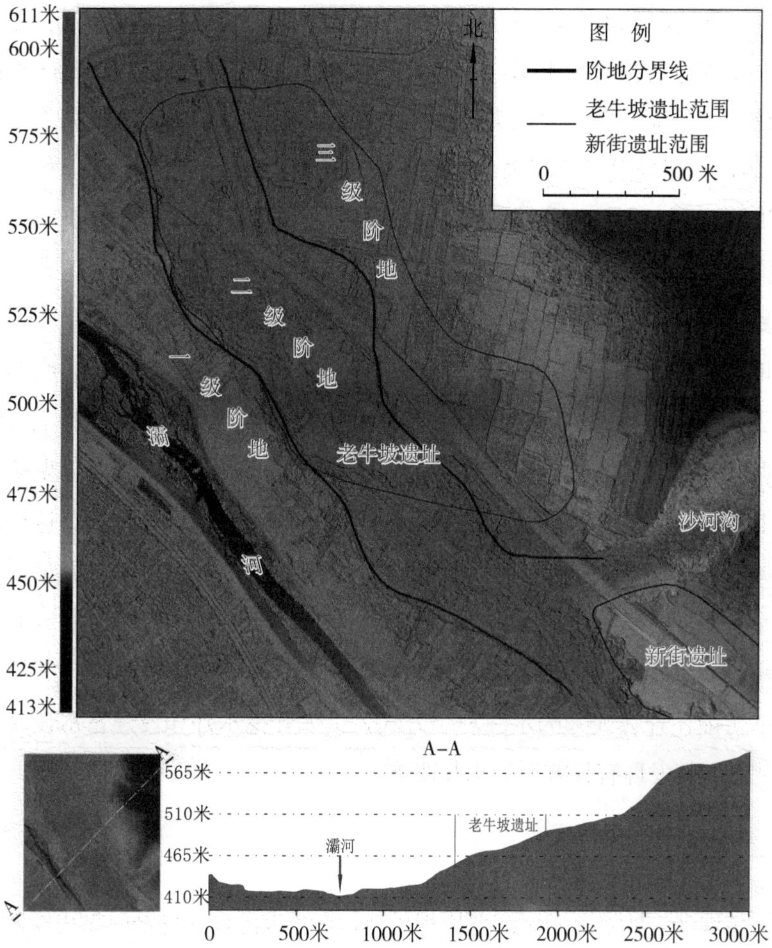

图4 老牛坡遗址与周边地貌数字高程图

较平坦（图4）。前文提到，大致在龙山时代晚期，聚落中心从沙河沟南岸的新街遗址转移至老牛坡一带，这可能是地貌变化的结果。研究表明，灞河两岸的一级阶地形成于距今8800±1160年以来①，说明在仰韶时期及以前，现今的一级阶地可能还是河床及河漫滩发育，河道尚未下切至现河床的深度，其内及沙河沟的水位都应较高，能满足居住在地势较高区域的仰韶居民的用水需要。随着河床的下切，水位下降，沙河沟南侧的新街遗址距水面可能越来越高，用水不再方便，聚落开始向低处接近水源的老牛坡附近转移。经过龙山时期和夏时期的开发，商人出于获取铜矿的需要，从早商时期开始以此为据点。早商时期的聚落位于最南端的燎原村以北区域，紧邻沙河沟汇入灞河的河口处（见图1），这里地势低平，可能是当时聚落的主

① 雷祥义、屈红军、岳乐平：《灞河阶地黄土——古土壤系列及其年代意义》，《西北大学学报》（自然科学版）1992年第2期。

要水源地。晚商时期聚落规模增大，向外扩张趋势明显。结合聚落内各时期遗存分布及遗址和周边地貌情况（图1、图3），顺河发育的阶地地貌为聚落向外扩张提供便利，使其顺阶地走向主要朝袁家岩一带扩张。向南虽在新街遗址内零星发现有晚商时期遗存①，但受限于沙河沟，聚落总体上无明显向南扩张的趋势。向东，安家庄至车丈沟一带，现地表高出灞河河床逾100米，地势较高且距河流稍远，制约了聚落的东向扩张。

在聚落内部，Ⅲ区的贵族墓葬区位于遗址的东南端，远离高等级建筑区，是聚落中地势最高区域，应是规划时有意为之。在墓地内部，属第一等级的墓葬主要分布在靠东侧地势稍高的区域，以彰显墓主身份的尊贵，属于第二、三等级的墓葬则靠近西侧稍低区域。位于老牛坡坡道附近的夯土建筑区，大致处于聚落的中间位置，虽属于靠近河流地势较低的二级阶地，但较周边的地势仍稍高，这可能是出于利用水源目的而做出的选择。通常情况下，手工业生产过程中需要大量用水，近水区域应是手工业作坊的理想场所。用水较多的青铜冶炼作坊就位于靠近河流水源的遗址边缘，而反观制陶作坊却分布在地势较高区域，这表明当时除了利用自然河流水源外，可能还存在人为的水源利用方式，诸如开挖水井和修建蓄水设施等，在许家寺西北区域就发现有长方形的水井遗迹。

四、结语

通过梳理老牛坡聚落发展演变历程可知，老牛坡遗址在仰韶时期可能附属于沙河沟南岸的新街聚落，而龙山时代晚期至夏时期，聚落虽有发展，但规模较小。直到早商时期，在中原二里冈文化势力的影响下，这里开始具备中心性聚落的雏形。晚商时期，老牛坡聚落不同于其他地区性中心聚落被废弃的境况，反而日渐发展成为一个面积约140万平方米的区域社会中心。在晚商时期，聚落内部功能分区明显，但囿于资料，我们仅划分出少数功能区。在上述基础上，我们从地貌角度出发，尝试分析了地貌在聚落形成和扩张过程中的影响程度，特别是河谷阶地地貌类型对聚落的影响。当然，以上对老牛坡遗址的考察分析，是在聚落考古的视野下梳理线索，从地貌的角度出发形成了一些初步认识，希望为后续的考古发掘和研究提供帮助。

原载《考古》2022年第8期

（李彦峰，陕西省考古研究院助理研究员）

---

① 陕西省考古研究院编著：《蓝田新街——新石器时代遗址发掘报告》，文物出版社，2020年，第498—501页。

从墓葬材料看丰镐地区西周时期的人群构成

张礼艳

文献记载和考古发掘资料证实，位于今陕西省西安市长安区的丰镐地区是西周时期的都城所在地，该地区从20世纪50年代始经历大小规模的发掘20余次，目前已经发掘了1000多座西周墓葬，为学界深入了解西周时期都城地区的文化面貌提供了丰富的资料。但目前的研究中尚未有学者根据这些墓葬资料系统地分析和梳理西周都城地区的人群构成情况，仅有几位学者在论述其他问题时提到丰镐地区可能存在殷遗民。如张学海在论述“周人是否实行过人殉制”时提到“长安地区西周早期存在着比较普遍的人殉现象……我们认为这些墓的主人，未必都是周人……这里的殉人墓主要属于西周初期，当时可能有些殷人和夷人贵族曾在此居住”[①]。张明东认为俯身葬的葬俗不是姬姓周人的葬俗，“采用俯身葬的墓主不能排除是殷遗民的可能性”[②]。这两位学者都只是在相关研究中提到丰镐地区可能存在殷遗民，缺乏系统的论证。本文旨在充分利用丰镐地区目前已经发掘的墓葬资料系统论证西周都城地区的人群构成情况，从丰镐地区西周墓葬中区分出殷遗民墓葬。

一、丰镐地区西周墓葬的分布

丰镐地区已发掘的西周墓葬主要分布在沣河以西的大原村、张家坡村、马王村、客省庄、新旺村，沣河以东的花园村、普渡村。历次发掘的西周墓葬在分布地点上有的相邻或相连，可以认为原本属于一个墓区；有的相互之间有较远的空白地带，无法归为同一墓区。[③]根据历次发掘的西周墓葬的分布地点与墓葬本身的空间集结情况，结合墓葬形制，可以将沣西地区已发掘的西周墓葬

① 张学海：《试论鲁城两周墓葬的类型、族属及其反映的问题》，见中国考古学会编辑：《中国考古学会第四次年会论文集　1983》，文物出版社，1985年。

② 张明东：《商周墓葬比较研究》，博士学位论文，北京大学，2005年。

③ 本文主要根据墓葬的空间集结情况进行分区，不能排除其中有些区原本属于一个墓区，只是由于中间地带没有发掘而未能连成一片。

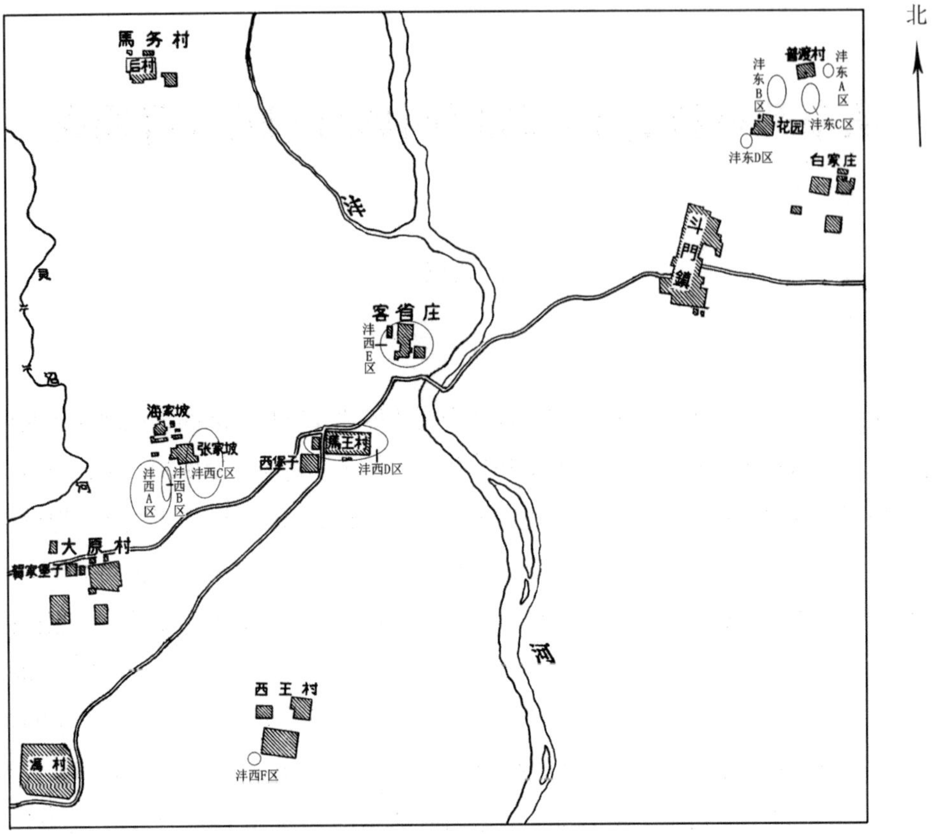

图 1　丰镐地区西周墓葬分区示意图

（据《沣西发掘报告》图 1 改绘，图中的西王村现一般标为新旺村）

分为A、B、C、D、E、F六区，沣东地区的西周墓葬分为A、B、C、D四区。（图1）

沣西A区：张家坡村西至大原村北的郿坞岭岗地，历年发掘的墓葬共计393座，车马坑4座，马坑25座。①

沣西B区：张家坡村西，位于沣西A区的东部，与沣西A区有所交叉，发掘的墓

① 1967年，发掘区的西区发掘42座墓葬、3座马坑（中国社会科学院考古研究所沣西发掘队：《1967年长安张家坡西周墓葬的发掘》，《考古学报》1980年第4期）；1976—1978年，在张家坡西南发掘1座墓葬（中国社会科学院考古研究所沣西发掘队：《1976—1978年长安沣西发掘报告》，《考古》1981年第1期）；1983—1986年，在张家坡村西发掘4座带墓道的大型墓、340座中小型土坑竖穴墓，3座车马坑、22座马坑（中国社会科学院考古研究所编著：《张家坡西周墓地》，中国大百科全书出版社，1999年）；1997年，在大原村北发掘3座西周墓葬（中国社会科学院考古研究所丰镐工作队：《1997年沣西发掘报告》，《考古学报》2000年第2期）；1998年，在井叔墓地南约300米的大原村北发掘3座大型残墓、1座车马坑（中国社会科学院考古研究所丰镐发掘队：《陕西长安县沣西大原村西周墓葬》，《考古》2004年第9期）。

葬主要是21座西周周室墓。[①]

沣西C区：张家坡村东北、张家坡村东、张家坡村东南、张家坡村南一带，历年发掘的墓葬共计394座，车马坑19座，牛坑4座。[②]

沣西D区：马王村附近，共计49座墓葬。[③]

---

① 中国社会科学院考古研究所编著：《张家坡西周墓地》，中国大百科全书出版社，1999年。

② 1955—1957年，在张家坡村东发掘131座墓葬、4座车马坑，另钻探出3座车马坑，未发掘（中国科学院考古研究所编：《沣西发掘报告》，文物出版社，1963年）；1955年11月，陕西省文管会在张家坡东南发掘5座墓葬（陕西省文物管理委员会：《长安张家坡村西周遗址的重要发现》，《文物参考资料》1956年第3期；陕西省文物管理委员会：《陕西长安沣西张家坡西周遗址的发掘》，《考古》1964年第9期）；1960年秋，在张家坡村东发掘4座墓葬、1座车马坑（中国科学院考古研究所沣西发掘队：《1960年秋陕西长安张家坡发掘简报》，《考古》1962年第1期）；1961—1962年，在张家坡东及东南发掘31座墓葬（赵永福：《1961—1962年沣西发掘简报》，《考古》1984年第9期）；1964年，在张家坡东北抢救发掘1座墓葬（中国科学院考古研究所沣西发掘队：《陕西长安张家坡西周墓清理简报》，《考古》1965年第9期）；1967年，北区发掘74座墓葬、5座车马坑，南区发掘8座墓葬、4座牛坑（中国社会科学院考古研究所沣西发掘队：《1967年长安张家坡西周墓葬的发掘》，《考古学报》1980年第4期）；1972—1975年，西安市文物考古小组在张家坡村东铜网厂南的宿舍楼与配件厂间基建区发掘了80余座墓葬和3座车马坑（王长启：《西安丰镐遗址发现的车马坑及青铜器》，《文物》2002年第4期）；1976—1978年，在张家坡东南发掘9座墓葬（中国社会科学院考古研究所沣西发掘队：《1976—1978年长安沣西发掘报告》，《考古》1981年第1期）；1979—1981年，在1955—1957年第四地点东南发掘7座墓葬、1座车马坑，在第三地点西北发掘1座墓葬（中国社会科学院考古研究所沣西发掘队：《1979—1981年长安沣西、沣东发掘简报》，《考古》1986年第3期）；1983年，在张家坡东南发掘4座墓葬，其中2座属于先周时期（中国社会科学院考古研究所丰镐发掘队：《长安沣西早周墓葬发掘记略》，《考古》1984年第9期）；1984—1985年，发掘的44座墓葬中部分位于张家坡村，2座车马坑位于张家坡村东（中国社会科学院考古研究所丰镐工作队：《1984—1985年沣西西周遗址、墓葬发掘报告》，《考古》1987年第1期）；1987、1991年，在张家坡东南共发掘23座墓葬（中国社会科学院考古研究所沣西队：《1987、1991年陕西长安张家坡的发掘》，《考古》1994年第10期）；1992年在张家坡村南发掘9座墓葬（中国社会科学院考古研究所沣镐队：《1992年沣西发掘报告》，《考古》1994年第11期）；1996年，在张家坡村东南的沣西毛纺厂内发掘4座墓葬，在张家坡村南发掘3座墓葬（中国社会科学院考古研究所丰镐工作队：《1997年沣西发掘报告》，《考古学报》2000年第2期）。

③ 1963年，在西户铁路马王村站东约40米的断崖上清理了残存的1座西周墓葬（梁星彭、冯孝堂：《陕西长安、扶风出土西周铜器》，《考古》1963年第8期）；1984—1985年，发掘的44座西周墓葬中有一部分在马王村（中国社会科学院考古研究所丰镐工作队：《1984—1985年沣西西周遗址、墓葬发掘报告》，《考古》1987年第1期）；1992年，在马王村车站西南发掘22座西周墓葬，马王镇粮站东土壕发掘4座墓葬（中国社会科学院考古研究所沣镐队，《1992年沣西发掘报告》，《考古》1994年第11期）；1996年，在马王镇粮站东土壕发掘5座墓葬；1997年，在马王村西发掘17座墓葬（中国社会科学院考古研究所丰镐工作队：《1997年沣西发掘报告》，《考古学报》2000年第2期）。

沣西E区：客省庄附近，共计53座墓葬，1座车马坑。①

沣西F区：新旺村附近，共计5座墓葬。②

沣东A区：普渡村东，共计6座墓葬。③

沣东B区：普渡村西、花园村北的高地，共计12座墓葬，5座车马坑。④

沣东C区：普渡村南，共计39座墓葬，2座车马坑。⑤

沣东D区：花园村西南，共计5座墓葬。⑥

上述各区已发掘的墓葬数量并不均衡，数量最少的沣西F区和沣东D区各有5座墓葬，沣东A区只有6座墓葬，而数量最多的沣西C区和沣西A区则分别有394座和393座墓葬。考虑到墓葬数量少的墓区，其间的空白地带有些可能是未经发掘，且因难以少量墓葬为据进行墓葬特征的统计分析，故本文在比较墓区间的差异时，主要从墓葬数量较多的沣西A区和沣西C区入手。

二、墓葬主要特征的墓区差异

（一）墓葬形制与结构

土坑竖穴墓是丰镐地区西周墓葬的主要形制。除沣西B区以外，其余各区均为土坑竖穴墓或以土坑竖穴墓为主。沣西A区与沣西C区的区别在于：带有一条或两条墓道的土坑竖穴墓分布在沣西A区，瓮棺葬集中分布在沣西C区。

---

① 1955—1957年，在客省庄发掘51座墓葬（中国科学院考古研究所编：《沣西发掘报告》，文物出版社，1962年）；1984—1985年，发掘的44座中有一部分在客省庄（中国社会科学院考古研究所丰镐工作队：《1984—1985年沣西西周遗址、墓葬发掘报告》，《考古》1987年第1期）；1976—1978年，在客省庄发掘1座车马坑，客省庄西南发掘1座墓葬（中国社会科学院考古研究所沣西发掘队：《1976—1978年长安沣西发掘报告》，《考古》1981年第1期）；1983年，在客省庄西南发掘1座墓葬（中国社会科学院考古研究所丰镐发掘队：《长安沣西早周墓葬发掘记略》，《考古》1984年第9期）。

② 中国社会科学院考古研究所沣西发掘队：《1979—1981年长安沣西、沣东发掘简报》，《考古》1986年第3期。

③ 1953年和1954年在普渡村东门外无量庙的东边清理2座墓葬（石兴邦：《长安普渡村西周墓葬发掘记》，《考古学报》1954年第2期）；1954年10月在上述2墓的西南95米清理1座墓葬（陕西省文物管理委员会：《长安普渡村西周墓的发掘》，《考古学报》1957年第1期）；1984年，春秋两季在普渡村东发掘3座墓葬（中国社会科学院考古研究所沣西发掘队：《1984年长安普渡村西周墓葬发掘简报》，《考古》1988年第9期）。

④ 陕西省文物管理委员会：《西周镐京附近部分墓葬发掘简报》，《文物》1986年第1期。

⑤ 中国社会科学院考古研究所沣西发掘队：《1984年长安普渡村西周墓葬发掘简报》，《考古》1988年第9期。

⑥ 郑洪春、穆海亭：《长安县花园村西周墓葬清理简报》，《文博》1988年第1期。

从挖建腰坑情况看，沣西A区和沣西C区形成鲜明对比：沣西A区仅有44座有腰坑，约占总数的11%；沣西C区（该区能统计出墓葬信息的共计300座墓）有114座有腰坑，约占总数的38%。说明沣西A区与沣西C区相比，不流行挖建腰坑。

（二）墓向

沣西A区中南北向墓葬数量占绝对优势，共计353座，约占墓葬总数的90%，东西向墓葬40座，仅占总数的10%。沣西C区中能够判明墓向的墓葬数量为293座，其中南北向墓葬100座，约占总数的33%，东西向墓葬193座，接近南北向墓葬的两倍，约占总数的64%，说明沣西C区是东西向墓葬的集中分布区。

（三）葬式

沣西A区能判明仰身直肢的墓有158座，俯身直肢的墓有11座，二者比值为14∶1；沣西C区能判明为仰身直肢的墓有97座，俯身直肢的墓有52座①，二者比值约为2∶1。通过比值上的差距可以看出，虽然两个墓区都是以仰身直肢葬为主要葬式，但所占比重却相去甚远，沣西C区比较流行俯身葬。

（四）随葬品

1.陶器

本文讨论陶器的墓区差异主要从陶器种类、数量、陶器组合入手。从陶器种类上看，沣西A区与沣西C区的主要陶器种类相同，均为鬲、簋、罐、豆、盂。从陶器数量上看，沣西A区出土鬲181件、簋32件、罐102件、豆77件、盂37件，沣西C区出土鬲278件、簋109件、罐229件、豆103件、盂75件。可见，沣西A区的陶器数量远远少于沣西C区，二者的数量对比见图2。虽然从墓葬盗扰情况看，沣西A区被盗情况较沣西C区严重，但陶器并非盗掘者的主要盗掘对象，因而二者在随葬陶器数量上的悬殊差距，反映出沣西C区以陶器随葬的普遍性较高，并且该区单个墓葬中随葬陶器的数量多于沣西A区。从陶器组合上看，沣西A区主要陶器组合有：鬲，86座；罐，19座；鬲+罐，23座；鬲+豆，10座；鬲+簋+罐，12座；罐+豆+盂，9座。沣西C区主要陶器组合有：鬲，51座；鬲+罐，22座；鬲+簋+罐，53座；鬲+罐+豆+盂，31座；鬲+簋+罐+豆，5座。可见，沣西A区仅以鬲随葬的墓葬数量最多，其

---

①《沣西发掘报告》中对葬式的介绍只说明是仰身还是俯身，未说明是直肢还是屈肢。从发表的几座墓的照片看均是直肢，本文暂将这些墓葬都归为直肢。

次为鬲＋罐，还有一定数量的墓葬单以陶罐随葬；而沣西C区以单鬲随葬虽然也是主要的形式，但鬲＋簋＋罐的组合在数量上与单鬲相当，两种形式同为数量最多的组合形式，另外还流行鬲＋罐，鬲＋罐＋豆＋盂的组合，不流行单以陶罐随葬的形式。

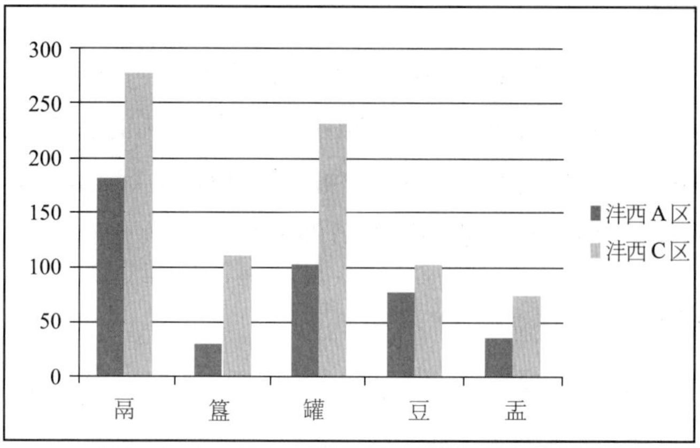

图2　沣西A区与沣西C区出土陶器数量对比图

2.铜容器

丰镐地区共有86座西周墓葬出土青铜容器，其中沣西A区39座墓，沣西C区28座墓。（表1）

表1　沣西A区与沣西C区出土铜容器墓葬统计表

沣西A区出土铜容器的墓葬			沣西C区出土铜容器的墓葬		
墓号	铜容器组合	备注	墓号	铜容器组合	备注
张M294[①]	鬲1		67SCCM82	鼎1	
张M145	鼎1		SCCM162	鼎1	
张M260	鼎1		61M403	鼎1	
张M167	鼎1		87M18	鼎1	
张M257	鼎1		67SCCM91	鼎1	
张M271	鼎1		67SCCM80	爵1	
67SCCM103	鼎1		61M107	鼎1	
67SCCM105	鼎1		61M308	鼎1	

① 本文对不同简报、报告中发表的墓葬编号前使用文字、字母或发掘年份加以区分，以示区别。如《张家坡西周墓地》中报道的墓葬，在墓号前加“张”字；“67SCCM×”表示《1967年长安张家坡西周墓葬的发掘》中报道的墓葬；“61M×”表示《1961—1962年沣西发掘简报》中报道的墓葬。

续表

沣西A区出土铜容器的墓葬			沣西C区出土铜容器的墓葬		
墓号	铜容器组合	备注	墓号	铜容器组合	备注
67SCCM115	鼎1、盂1		SCCM219	鼎1	
张M166	爵1、觯1		SCCM420	鼎1	
张M234	鼎1	被盗扰	76M5	罩形器	
张M355	鼎1	被盗扰	SCCM178	鼎1、簋1	
张M123	鼎1	被盗扰	67SCCM54	鼎1、簋1	
张M62	鼎1	被盗扰	76M3	鼎1、簋1	
张M203	鼎1	被盗扰	87M19	鼎1、爵1	
张M233	鼎1	被盗扰	67SCCM16	爵1、觯1	
张M51	鼎1	被盗扰	61M307	爵1、觯1	
张M73	鼎1	被盗扰	61M404	爵1、觯1	
张M248	鼎足	被盗扰	67SCCM85	簋1、爵1、觚1	
张M349	簋盖	被盗扰	87M1	尊1、爵1、觯1	
张M319	鼎1	被盗扰	67SCCM87	鼎2、簋1、爵2、觚1、尊1、卣1、斗1	
张M374	鼎1	被盗扰	61M106	鼎1、簋1、尊1、觚1、爵1、觯1	
张M126	簋1	被盗扰	60M201	爵1	被盗扰
78M1	甗1	被盗扰	83沣毛M1	鼎1、簋1	被盗扰
张M315	簋1	被盗扰	60M101	鼎1、簋1	被盗扰
张M37	簋耳	被盗扰	67SCCM28	爵1、觯1	被盗扰
张M193	簋片	被盗扰	79M2	觚1、爵1、觯1	被盗扰
张M211	簋1	被盗扰	1964年清理的墓葬	鼎3、盨4、壶2	被盗扰
张M198	簋1	被盗扰			
张M197	觯1	被盗扰			
张M320	鼎2、簋2	被盗扰			
张M301	鼎1、簋盖1	被盗扰			
张M311	鼎1、簋1、鼎耳	被盗扰			
张M390	鼎1、簋1	被盗扰			
张M152	鼎2、鼎耳1	被盗扰			
张M170	方彝1、匕1、斗3、盉盖1、鼎足1	被盗扰			

续表

沣西A区出土铜容器的墓葬			沣西C区出土铜容器的墓葬		
墓号	铜容器组合	备注	墓号	铜容器组合	备注
张M253	鼎2、簋2、甗1	被盗扰			
张M304	鼎1、壶盖1、盉盖1	被盗扰			
张M163	牺尊1、尊1、爵1、牺尊盖1、卣盖1、鼎耳1、鼎足1、簋片、盘片、簋耳、罍片	被盗扰			

上述目前能统计的数据（这个数据也有可能是因为两区盗掘情况不均衡所致，沣西A区墓葬盗扰尤其严重）表明，沣西A区和沣西C区出土青铜容器的墓葬数量相差不大，但从随葬铜容器的种类和组合上看，墓区间则存在一定的差异。

沣西A区铜容器种类有鼎、鬲、甗、簋、爵、觯、尊、方彝、匕、斗、壶、盉、牺尊、卣、盘、罍、盂，其中鼎34件、簋15件、爵2件、觯2件。从组合上看，随葬鼎、簋或鼎＋簋的墓葬有30座；随葬觯者1座，爵＋觯者1座。沣西C区的铜容器种类有鼎、簋、爵、觯、觚、尊、壶、盨、卣、斗、罩形器，其中鼎21件、簋8件、爵13件、觯7件、觚4件。从组合上看，随葬鼎、簋或鼎＋簋的墓葬有14座；随葬爵、觯、觚，或爵＋觯、爵＋觯＋觚的墓葬有7座。沣西A区与沣西C区在随葬铜容器上的区别主要体现在：沣西A区绝大多数以鼎、簋随葬，极少见爵、觯，不见觚；而沣西C区以鼎、簋随葬虽然从墓葬数量上多于以爵、觯、觚随葬，但后者墓葬数量与前者的比值达到1：2，远远大于沣西A区的1：15；从铜容器数量上看，沣西A区爵、觯合计出土4件，鼎、簋合计出土49件，二者比值约为1：12，沣西C区爵、觯、觚合计出土24件，鼎、簋合计出土29件，二者比值约为1：1.2。可见，沣西C区在随葬铜容器种类上体现出浓郁的重酒器的风尚。

3.青铜武器和工具

丰镐地区共有120座西周墓葬出土青铜武器和工具，其中沣西A区70座墓，占出土青铜武器和工具墓葬总数的57%，沣西C区27座墓，占23%，说明随葬青铜武器和工具是沣西A区比较流行的做法。

4.青铜车马器

丰镐地区共有82座西周墓葬出土车马器，其中沣西A区71座墓，占出土车马器墓葬总数的89%，而沣西C区只有2座墓，说明在墓葬中随葬车马器是沣西A区流行的做法。

5.车子部件

丰镐地区随葬车子部件的墓葬共28座，有1座位于沣西B区，其余均在沣西A区，说明在墓葬内随葬车子部件亦是沣西A区流行的做法。

6.釉陶和硬陶器

丰镐地区出土釉陶和硬陶器的墓葬共计22座，集中分布在沣西A区，其他各区未见，说明在墓葬中随葬釉陶和硬陶器是沣西A区独有的流行做法。

（五）殉祭遗存

1.车马坑、马坑、牛坑

丰镐地区共计发现31座西周车马坑，25座马坑，4座牛坑。其中，沣西C区有19座车马坑，沣西A区有4座车马坑，25座马坑全部位于沣西A区，4座牛坑全部位于沣西C区。可见，车马坑主要流行于沣西C区，马坑只流行于沣西A区。另外，无论是车马坑还是马坑，使用活马埋葬的均位于沣西A区。

2.殉人

丰镐地区共计发现35座西周时期殉人墓，其中沣西A区仅有2座墓殉人，沣西C区有24座墓有殉人，约占殉人墓数量的69%，约占沣西C区墓葬总数的8%。可见，殉人墓比较流行于沣西C区。

3.殉牲

丰镐地区共计发现158座西周时期殉牲墓，其中沣西A区有47座墓殉牲，约占墓葬总数的12%；沣西C区有68座墓殉牲，约占墓葬总数的23%。沣西C区与沣西A区相比，在殉牲墓的比例上稍高。

殉牲的种类主要为狗。从殉牲放置位置上看，可确定有82座墓将殉狗放在腰坑内，其中沣西A区有17座墓腰坑内殉狗，约占A区墓葬总数的4%；沣西C区中可确定的有39座墓腰坑内殉狗（《沣西发掘报告》中未注明殉狗位置，未统计在内，因而C区腰坑殉狗墓实际数量多于39座），约占C区墓葬总数的13%。沣西A区腰坑殉狗墓的比例少于沣西C区，说明沣西C区比沣西A区更加流行腰坑内殉狗。

三、各区墓葬的特点

根据上述墓葬主要特征的墓区差异，可将沣西A区和沣西C区各自的墓葬特点总结如下。

沣西A区：墓葬形制均为土坑竖穴墓，带有一条或两条墓道的土坑竖穴墓分布在本区；不流行使用腰坑；南北向墓葬数量占绝对优势；葬式以仰身直肢为主，俯身葬少见；陶器数量相对较少，陶器组合以单鬲最多，其次为鬲＋罐，还有一定数量的墓葬单以陶罐随葬；原本随葬青铜容器的墓葬数量应该较多，但由于被盗严重，存留的较少，铜容器种类以鼎、簋为主；比较流行在墓葬中随葬青铜武器和工具；流行在墓葬中随葬车马器；车马坑比较少见；马坑只见于本区；随葬车子部件的墓葬主要见于本区；釉陶和硬陶器集中出土在本区；殉人墓极少见，不流行腰坑殉狗。

沣西C区：以土坑竖穴墓为主，另有少量瓮棺葬；流行在墓底挖建腰坑；东西向墓葬的集中分布区，东西向墓葬的数量接近南北向墓葬的两倍；葬式仍以仰身直肢为主，但仰身直肢葬的比重较沣西A区低，有一定数量的俯身葬，是最流行俯身葬的墓区；陶器数量比较多，反映出以陶器随葬的普遍性，陶器组合中单鬲虽然也是主要的形式，但鬲＋簋＋罐的组合在数量上与单鬲相当，两种形式同为数量最多的组合形式，另外还流行鬲＋罐，鬲＋罐＋豆＋盂的组合，不流行单以陶罐随葬的形式；随葬铜容器的种类体现出浓郁的重酒器的风尚；不流行在墓葬中随葬青铜武器和工具；基本不见在墓葬中埋葬车马器；流行车马坑；牛坑只见于本区；与其他区相比，该区殉人墓的数量最多，比例最高；比较流行腰坑内殉狗。

四、各墓区代表的人群

根据上文总结的各区墓葬特点我们可以看到沣西A区和沣西C区在墓葬主要特征的很多方面都呈现不同甚至相反的态势，二者的诸多差异暗示其背后各自所代表的人群是不同的。

沣西A区墓葬所体现出的特点与其他地区所见的周人墓葬有很大的相似性，如扶风北吕周人墓地，该墓地“是目前所发掘的周人墓地中文化面貌比较单纯的一个墓地”。北吕墓地先后进行过6次发掘，共发掘284座先周和西周墓葬，出土陶器数量很多，主要有鬲、罐两种，陶器组合主要是鬲，鬲+罐。墓葬形制均为土坑竖穴墓，未发现婴孩的瓮棺葬，周原地区同样未发现西周时期的瓮棺葬，很可能周人对婴孩尸体不采用瓮棺葬的处理方式。该墓地不流行腰坑和殉狗，已发掘的284座墓葬中只有1座墓有腰坑，坑内殉狗。葬式以仰身直肢葬为主，俯身葬极少见。墓向以南北向墓葬为主（Ⅳ墓地中绝大多数墓朝北，朝西的大都为先周墓）①。沣西A区墓葬的诸多不同于沣西C区的特点，恰恰与北吕周人墓地所反映的情况是一致的，据此我们可以认为埋葬在沣西A区的人群主体应该是周人。另外，沣西A区墓葬流行在墓葬中埋葬釉陶和硬陶器、青铜车马器、车子部件，也是不同于沣西C区的特点。

沣西C区墓葬所体现出的不同于沣西A区的特点则与商人墓葬有很大的相似性，如流行在墓底挖建腰坑，并在腰坑内殉狗，流行殉人，随葬铜容器种类重酒器，这些都是商墓的显著特点，学界对此已经达成共识。而商墓中流行俯身葬的现象早已在学界引起广泛关注，围绕俯身葬的问题展开的讨论很多，郜向平先生对此做过详细的总结和分析，认为目前对于俯身葬的诸多解释都难以自圆其说。②我们暂且不论关于俯身葬的解释，俯身葬在商墓中占有较大的比例，是商人比较流行的一种葬式，应是没有争议的。沣西地区西周墓葬中存在一定数量的俯身葬这一现象，张明东先生已经注意到，认为俯身葬的葬俗不是姬姓周人的葬俗，采用俯身葬的墓主不能排除是殷遗民的可能性。③关于“商系墓葬”的墓向，郜向平先生做过统计分析，认为商墓中有一定数量的东西向墓葬④；张明东先生对晚商几处墓地——殷墟西区、殷墟郭家庄、苗圃北地、刘家庄南地、大司空北地的墓向情况进行过具体统计，结果表明这些墓地中东西向墓葬的比例分别为22.5%、30.8%、34.9%、24.1%、50%。⑤

根据上述两位学者的统计和分析，再考虑到北吕周人墓地中南北向墓葬在数量和比重上占绝对优势，可以认为商人墓葬中东西向墓葬所占的比重高于周人墓葬。周人墓葬中东西向墓葬数量较少，这在凤翔西村墓地中也能得到印证：据张明东先生统计，凤翔西村墓地东西向墓葬合计仅占墓葬总数的9%。⑥综合上述商墓的特点，可以认为沣西C区墓葬与商墓有很多相似之处，埋葬在沣西C区的人群主体可以看作

---

① 罗西章：《北吕周人墓地》，西北大学出版社，1995年。
② 郜向平：《商系墓葬研究》，博士学位论文，北京大学，2007年。
③ 张明东：《商周墓葬比较研究》，博士学位论文，北京大学，2005年。
④ 郜向平：《商系墓葬研究》，博士学位论文，北京大学，2007年。
⑤ 张明东：《商周墓葬比较研究》，博士学位论文，北京大学，2005年。
⑥ 张明东：《商周墓葬比较研究》，博士学位论文，北京大学，2005年。

是西周时期生活在丰镐地区的殷遗民。此外，流行车马坑，不流行随葬车马器和车子部件，不流行随葬青铜工具与武器等特点，也接近商系墓葬的特征。

另外，沣西B区的墓葬特征与其他各区具有显著区别：墓葬形制为洞室墓，不使用腰坑；葬具不使用椁，以洞室充当椁室的作用；未见殉牲、殉人；陶器种类最少，只见有鬲、罐、瓿三种器类，不见陶簋、陶豆、陶盂；比较流行在墓葬中随葬车马器。关于这批洞室墓的来源和族属，梁星彭先生曾撰文指出扶风刘家村先周时期洞室墓是张家坡洞室墓的前身，族属应为古代羌族的一个支系。[①]这种看法有一定道理，本文暂从之。

根据目前的资料情况，在整个丰镐地区的西周墓葬中，可以确定沣西A区、沣西B区和沣西C区分别代表了不同的人群。沣西D区、沣西E区以及沣东C区从整体上看与沣西C区面貌更加相近，墓向东西向和南北向数量大致相当或者以东西向为主，流行腰坑，是殷遗民墓的可能性较大。沣西F区与沣东A、B、D区墓葬数量相对较少，分别与哪种人群相对应，暂无定论。不过，沣东B区中长花M15和长花M17中出土的青铜器，有8件铭文末尾带有族徽“束”[②]，张懋镕先生曾专文讨论过周人不使用族徽，青铜器铭文中带有族徽是商人的标识[③]。而从整个沣东地区的各区墓葬均流行腰坑殉狗，很少出土青铜武器和工具这些特点看，不排除整个沣东地区均是殷遗民墓葬的可能性。

五、余论

丰镐地区沣西A区和沣西C区各自呈现出周人墓和殷遗民墓的特点，并不是特有的现象，以往的研究者已经注意到洛阳地区的西周墓葬中存在周人墓和殷遗民墓的区别，张剑先生对此有所论述[④]。郜向平先生则综合分析梳理了洛阳地区西周墓葬的资料，将该地区西周墓葬区分出甲、乙、丙三组，其中甲组墓和乙组墓分别与周人和殷遗民有关。根据该文的分析总结，甲组墓的特点是：“墓室长度在3米以上，面积在5平方米以上的大中型墓占绝大多数”；“绝大多数墓葬无腰坑”；“殉狗现象很少见，不见殉人”；“随葬品中陶器所占比重相对较小。多单葬一鬲，其

---

① 梁星彭：《张家坡西周洞室墓渊源与族属探讨》，《考古》1996年第5期。

② 陕西省文物管理委员会：《西周镐京附近部分墓葬发掘简报》，《文物》1986年第1期。

③ 张懋镕：《周人不用族徽说》，《考古》1995年第9期。

④ 张剑：《洛阳两周考古概述》，洛阳市文物工作队编：《洛阳考古四十年—— 1992年洛阳考古学术研讨会论文集》，科学出版社，1996年；张剑：《洛阳西周墓葬形制的分类》，《考古与文物增刊》增刊（先秦考古）2002年。

次为鬲、罐组合，簋、豆很少”；“青铜礼器出土较多”；“墓葬中多出有数量不等的铜车马器”；“较多的墓中出有铜兵器，以铜戈数量最多”；“北窑墓地出土大量的原始瓷器”。[①]上述与周人有关的甲组墓的诸多特点与本文归纳出的沣西A区墓葬的特点极其相似，这种相似绝非偶然，表明西周时期无论丰镐地区还是洛阳地区，周人墓葬具有大体相同的特点。郜向平先生总结出乙组墓的特点是：“墓室长度多在2.5—4米之间，面积多在10平方米以下”；“在墓葬底部设腰坑的现象比较普遍”；“殉狗现象也较为多见，个别大墓中还有殉人”；“随葬陶器种类较多，以鬲、簋、豆、罐或鬲、簋、罐为基本组合”；“随葬品中不见铜车马器”；“出兵器的墓葬很少”；“基本不见原始瓷器”。[②]这些殷遗民墓的诸多特点与本文划分的沣西C区的殷遗民墓的特点的相似程度也很高，说明两地殷遗民墓同样具有大体相同的特点。

琉璃河西周燕国墓地中的Ⅱ区墓葬，报告认为是周人墓葬，特点是陶器以鬲、罐为主，少数墓有殉狗和腰坑现象，仅1座墓有殉人；Ⅰ区墓葬报告认为是殷遗民墓葬，特点是多数为小型墓，陶器组合以鬲＋簋＋罐为主，流行腰坑殉狗，殉人墓较多。[③]曲阜鲁故城西周墓地中乙组墓葬被认为是周人墓，陶器主要是鬲、罐，无腰坑殉狗；甲组墓葬被认为是殷遗民墓，流行腰坑殉狗，陶器流行豆、簋[④]。这两个地区的周人墓葬和殷遗民墓葬的差异也体现出与丰镐地区一致的特点，可以进一步证明丰镐地区本文划分出的沣西A区和沣西C区分别代表了周人墓和殷遗民墓。而丰镐地区、洛阳地区、琉璃河燕国墓地、曲阜鲁故城这四个不同地区的西周墓地中均发现周人墓与殷遗民墓共存，且都呈现出大致相同的特点，恰恰体现出同一族源的人对自身埋葬习俗的固守，埋葬习俗未因居住地的迁移而发生巨变。

还须做出解释的是，洛阳地区、曲阜鲁故城西周墓地中有一部分属于殷遗民的墓葬，说明当地西周时期的人群构成中有一部分是殷遗民，这在文献中是有明确记载的。《尚书·多士·序》中提到“成周既成，迁殷顽民”，正文中又言“王若曰。尔殷遗多士”。而文献中还有成周八师、成周六师的记载。《左传·定公四年》载：“分鲁公以……殷民六族，条氏、徐氏、萧氏、索氏、长勺氏、尾勺氏，使帅其宗氏，辑其分族，将其类丑……分康叔以……殷民七族，陶氏、施氏、

① 郜向平：《洛阳地区西周墓葬研究》，硕士学位论文，吉林大学，2003年。

② 郜向平：《洛阳地区西周墓葬研究》，硕士学位论文，吉林大学，2003年。

③ 北京市文物研究所编：《琉璃河西周燕国墓地（1973—1977）》，文物出版社，1995年。

④ 山东省文物考古研究所、山东省博物馆、济宁地区文物组等：《曲阜鲁国故城》，齐鲁书社，1982年。

繁氏、锜氏、樊氏、饥氏、终葵氏……”因而，在洛阳地区的成周、鲁国所在地发现殷遗民墓葬是很好理解的。朱凤瀚先生根据文献和考古资料，将周人对商人旧有强宗大族的处置政策分为五种类型：一是保持旧有的宗族组织结构作为周人贵族之私属，随之迁徙至封土；二是一个较大的宗族被分割成几部分，各部或随周人迁移至新的封土，或被移民至王畿及其他地区；三是留在旧居之地被周人统治者就地治理，仍保留了原有的宗族结构与集聚状态；四是若干宗族被从旧居之地迁至新建之邑集中管辖；五是商遗民贵族得受封建立邦国。[①]琉璃河燕国墓地发现的殷遗民墓葬可能属于第一种类型，这些殷遗民随周人迁至燕国。而丰镐地区发现的殷遗民墓葬则可能属于第二种类型——移民至王畿地区的殷遗民。

文献中虽没有具体记载迁殷遗民到丰镐地区，但仔细推想，这些殷遗民在周初从别处迁居到丰镐地区，大致符合当时的历史背景。周人以武力征服商王朝，在政治上夺取了政权，但相对于“大邑商”来讲，周人在人数上还是要远远少于商人的。周初分封把相当一部分周人分到各个诸侯国，而作为都城的丰镐地区同样需要人口来充实，将一部分殷遗民迁到都城地区进行农业、手工业生产未尝不是一个很好的解决办法。实际上，在西周初期分封制的背景下，无论北方地区鲁、卫、燕等几个重要封国（不包括晋国），还是西周王畿地区，都存在周人与殷遗民共存共荣的情况。

原载《华夏考古》2015年第2期

（张礼艳，东北师范大学历史文化学院教授）

① 朱凤瀚：《商周家族形态研究》（增订本），天津古籍出版社，2004年，第262—283页。

丰京遗址水系与聚落布局

付仲杨

2012年，中国社会科学院考古研究所丰镐队开展“丰镐西周都城遗址范围确认及地下遗存分布状况考古调查勘探”项目，对丰京遗址进行全面考古调查、大面积钻探和重要遗存的发掘。该项目工作，科学准确地确定了沣河和灵沼河、郿坞岭北滩地以及丰京遗址的西周遗存分布范围。2013—2016年，中国社会科学院考古研究所丰镐队在曹寨北发现和确认了一处西周时期的人工水域——曹寨古水域，在曹寨南至大原村西发现一条西周时期的人工古河道。

基于以上考古工作和成果，本文结合丰京遗址内先周至西周时期各类遗存的分布状况进行分析，对丰京遗址聚落布局及其演变特征进行解析和总结。

一、丰京遗址地区的地理位置与河流

丰镐遗址位于关中平原中部渭河南部支流沣河中游的东西两岸，其中丰京遗址位于沣河西岸。丰京遗址从西至东有新河、沧浪河、泥河、灵沼河（泥河支流）和沣河，其中沣河和灵沼河是丰京遗址东、西界河（图1）。

沣河，古称丰水，是渭河的主要支流之一，发源于秦岭北麓终南山丰谷，北流至今咸阳以东鱼王村处注入渭河。全河可分为三段：由沣峪口至今长安区秦渡镇为上游，秦渡镇至客省庄为中游，客省庄以下为下游。历史上，沣河可能多次改道，中、下游水道（主要是下游水道）已和现在有较大差异。[①]中游秦渡至客省庄一段，河床下切较深，逐渐往西缓慢移动。[②]沣河改道，主要在下游河道。

灵沼河是泥河的支流。现在灵沼河故道已经干涸，但旧河床遗迹犹存，从马务村溯河道而上，尚能看见全貌。一是秦渡至灵台之间一片面积约2平方公里的洼地，

① 杨思植、杜甫亭：《西安地区河流及水系的历史变迁》，《陕西师大学报》（哲学社会科学版）1985年第3期；胡谦盈：《丰镐地区诸水道的踏察——兼论周都丰镐位置》，《考古》1963年第4期。

② 卢连成：《西周丰镐两京考》，《中国历史地理论丛》1988年第3期。

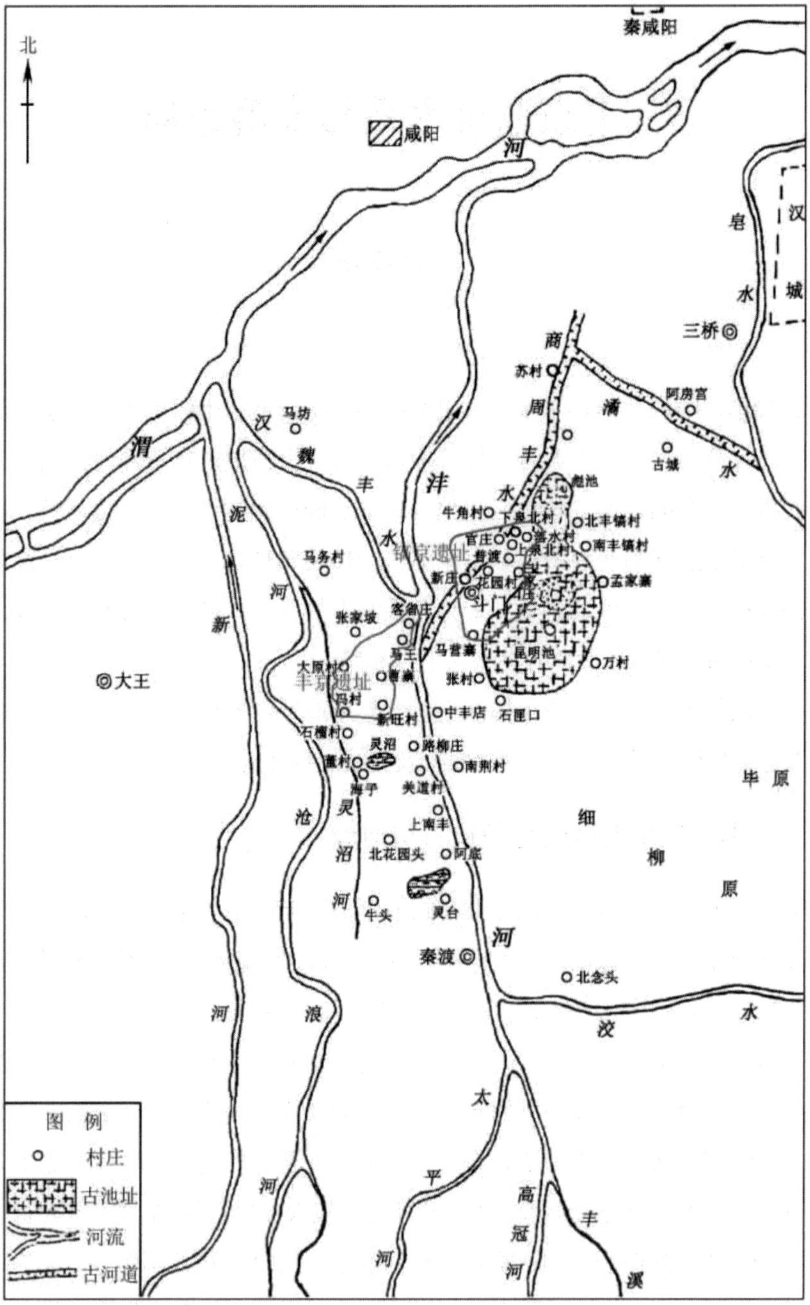

图 1　丰镐遗址水系分布图

（出自卢连成：《西周丰镐两京考》，《中国历史地理论丛》1988 年第 3 期，第 116 页）

二是柳林庄、董村、海子村之间一片面积约3平方公里的洼地，当地村民俗称这片洼地为“海子”“灵沼”。灵沼河即源于秦渡至灵台间的洼地，向北流约4公里，汇入海子。河道出海子，略向西北，经石榴村、苗驾、冯村，擦大原村、张家坡西侧，在马务西约1公里外合入泥河[①]。从秦渡之北的洼地，到与泥河相汇处，灵沼河全长不足10公里，河道主要在郿坞岭岗地间的洼道中穿行。灵沼河不见于任何文献、典籍记载，但根据目前的考古调查资料可以看出，灵沼河以西，西周文化遗存发现很少，而东岸西周遗存分布密集。所以，灵沼河应该是丰京遗址的西界河。[②]

二、丰京遗址水系遗存的重要发现

2012年，中国社会科学院考古研究所丰镐队在丰京遗址对沣河、灵沼河和郿坞岭北面滩地进行钻探，确定了沣河、灵沼河和郿坞岭北滩地的分布范围，并结合历年考古工作资料确定了丰京遗址西周遗存分布范围（图2）。[③]

2013—2016年，中国社会科学院考古研究所丰镐队对曹寨北古水域和曹寨南至大原村西古河道进行了勘探和发掘。[④]通过勘探和发掘，确认了曹寨古水域为丰京遗址内一处发挥着重要作用的西周时期人工水域。水面最长270米、最宽187米，面积约31000平方米，并发现有专门从沣河引水的水道，水域和引水道最迟至西周晚期已经废弃。曹寨南至大原村西古河道全长约2600米，流向为自东向西，东引自沣河，西连灵沼河，沙层厚度总体上东薄西厚。河道的宽度为12.26—17.73米，河底距地表为4.07—5.67米。河道始建年代还不能确定，废弃年代不早于西周晚期。推测该河道应为人工河道。

三、先周文化遗存分布状况

在《丰镐考古八十年》一书中，徐良高先生将沣西地区的先周文化典型单位划出来，并总结出沣西地区先周文化的典型器物组合特征。[⑤]本文赞同此观点，并将历年所发掘的先周文化遗存一一标注在地图上（图2）。

---

① 泥河即沧浪河下游，清嘉庆年间编纂的《长安县志》称其为苍龙河。

② 卢连成：《西周丰镐两京考》，《中国历史地理论丛》1988年第3期。

③ 中国社会科学院考古研究所、陕西省考古研究院、西安市周秦都城遗址保护管理中心编著：《丰镐考古八十年》，科学出版社，2016年，第16—23页。

④ 中国社会科学院考古研究所、陕西省考古研究院、西安市周秦都城遗址保护管理中心编著：《丰镐考古八十年》，科学出版社，2016年，第60—61页；中国社会科学院考古研究所丰镐队：《西安市长安区丰京遗址水系遗存勘探与发掘》，《考古》2018年第2期。

⑤ 中国社会科学院考古研究所、陕西省考古研究院、西安市周秦都城遗址保护管理中心编著：《丰镐考古八十年》，科学出版社，2016年，第50—57页。

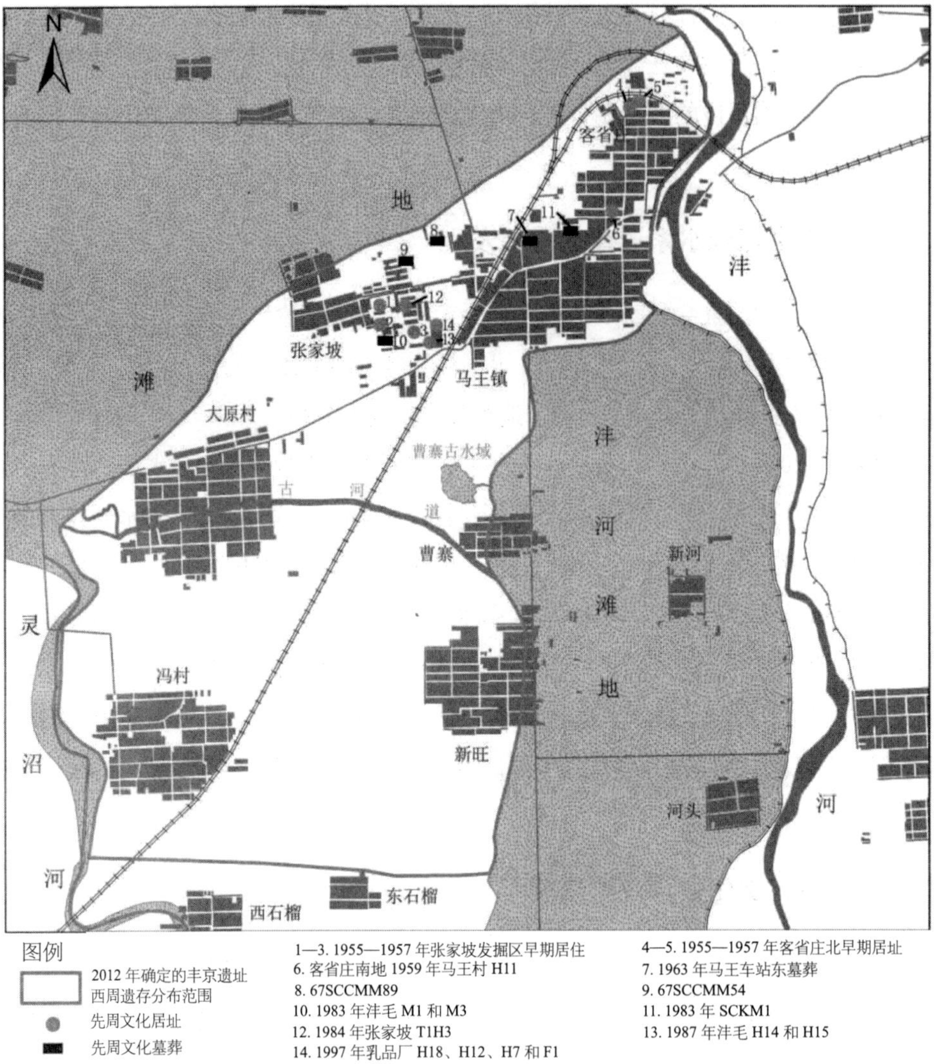

图 2　丰京遗址西周遗存分布范围、水系遗存和先周文化遗存分布图

（一）居址遗存

1955—1957年，在张家坡村东和东南发掘的第一、四和五地点早期居址中出土陶器，如H134的罐、T409：3的尊和H413的尊均属于先周时期遗物。在客省庄北发掘的西周早期地层出土有第一地点袋足鬲T32：2B，第二地点尊和罐T43：5B。[①]

1959年，在客省庄南地发掘的马王村H11，是一座深土窑式房屋遗迹，坑口呈椭

① 考古研究所沣西发掘队：《1955—1957年陕西长安沣西发掘简报》，《考古》1959年第10期；中国科学院考古研究所编著：《沣西发掘报告》，文物出版社，1962年。

圆形，长7.6米、宽6.5米、深5.2米，坑底有一条斜坡通道，东壁有烧火的小龛，西、北两壁各有一个壁龛。①

1987年，在西安沣毛厂东墙外发掘的两座灰坑H14和H15。②

1997年，在马王乳品厂北部发掘H18、H12、H7和F1。其中H18是一个堆积很厚、内涵极丰富的灰坑，口大底小，南北宽4.5—3.5米、东西长约6.3米、深5.2米。坑内堆积呈南北向中间倾斜状，可分为四小层。H12是一个较标准的圆形袋状窖穴，口小底大，口径1.5米、底径2.42米、深1.45米。坑壁斜直，东西两壁有呈双排对称的4—5个脚窝。底部平整，经过人工加工，有2厘米厚的硬面。其原初功能似是储藏物品。F1是一个长方形半地穴房子，坐北向南，南北长3.72米，东西宽2.90米。门在南侧。居住面为一踩踏硬面，北端深1.14米、南端深0.92米。门道两侧和房内有柱洞。③

1984年，在张家坡村东发掘的一座灰坑84张家坡T1H3④。

（二）墓葬

1963年年初，在马王车站东的1座西周残墓中出土铜器28件，其中鼎2件，戈9件，矛10件，爵2件，甗、簋、卣、觚、觯各1件。⑤时代应在商末周初。

1967年，在张家坡村东发掘的墓葬67SCCMM89和67SCCMM54。⑥

1983年，在张家坡村东南和客省庄南发掘的3座墓葬83SCKM1、83沣毛M1和83沣毛M3。⑦

---

① 中国科学院考古研究所沣西发掘队：《陕西长安户县调查与试掘简报》，《考古》1962年第6期。

② 中国社会科学院考古研究所沣西队：《1987、1991年陕西长安张家坡的发掘》，《考古》1994年第10期。

③ 中国社会科学院考古研究所丰镐工作队：《1997年沣西发掘报告》，《考古学报》2000年第2期。

④ 中国社会科学院考古研究所丰镐工作队：《1984—1985年沣西西周遗址、墓葬发掘报告》，《考古》1987年第1期。

⑤ 梁星彭、冯孝堂：《陕西长安、扶风出土西周铜器》，《考古》1963年第8期。

⑥ 中国科学院考古研究所沣西发掘队：《1967年长安张家坡西周墓葬的发掘》，《考古学报》1980年第4期。

⑦ 中国社会科学院考古研究所丰镐发掘队：《长安沣西早周墓葬发掘记略》，《考古》1984年第9期。

四、西周时期遗存分布状况

经过在丰镐遗址几十年的考古工作，西周考古学文化分期断代标尺已经确立。[①]但是这些分期研究在期别和年代方面还是有所差别。[②]本文在原发掘简报和报告分期的基

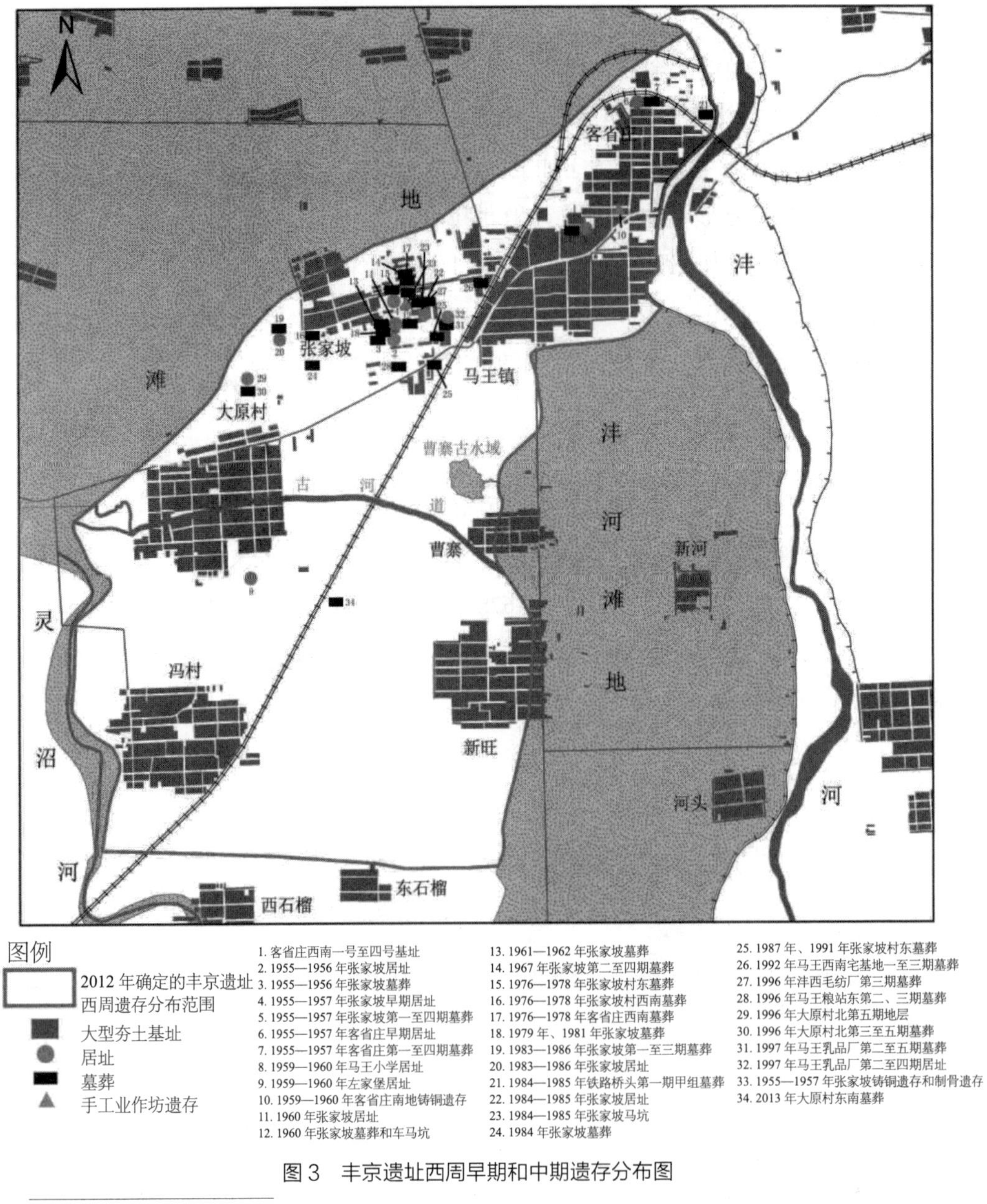

图 3　丰京遗址西周早期和中期遗存分布图

① 中国社会科学院考古研究所、陕西省考古研究院、西安市周秦都城遗址保护管理中心编著：《丰镐考古八十年》，科学出版社，2016年，第41—47页。

② 张礼艳：《丰镐地区西周墓葬分期研究》，《考古学报》2012年第1期；张礼艳：《丰镐地区西周墓葬分期研究》，社会科学文献出版社，2015年。

础上，参照张礼艳先生的西周分期断代标准，将丰京遗址内有发掘确切地点和分期的西周遗存大致分为西周早期、中期和晚期三期遗存，即西周早期年代相当于武王、成王、康王和昭王时期，西周中期年代相当于穆王、共王、懿王、孝王和夷王时期，西周晚期年代相当于厉王、共和、宣王和幽王时期，并分别标注在地图上（图3、图4）。

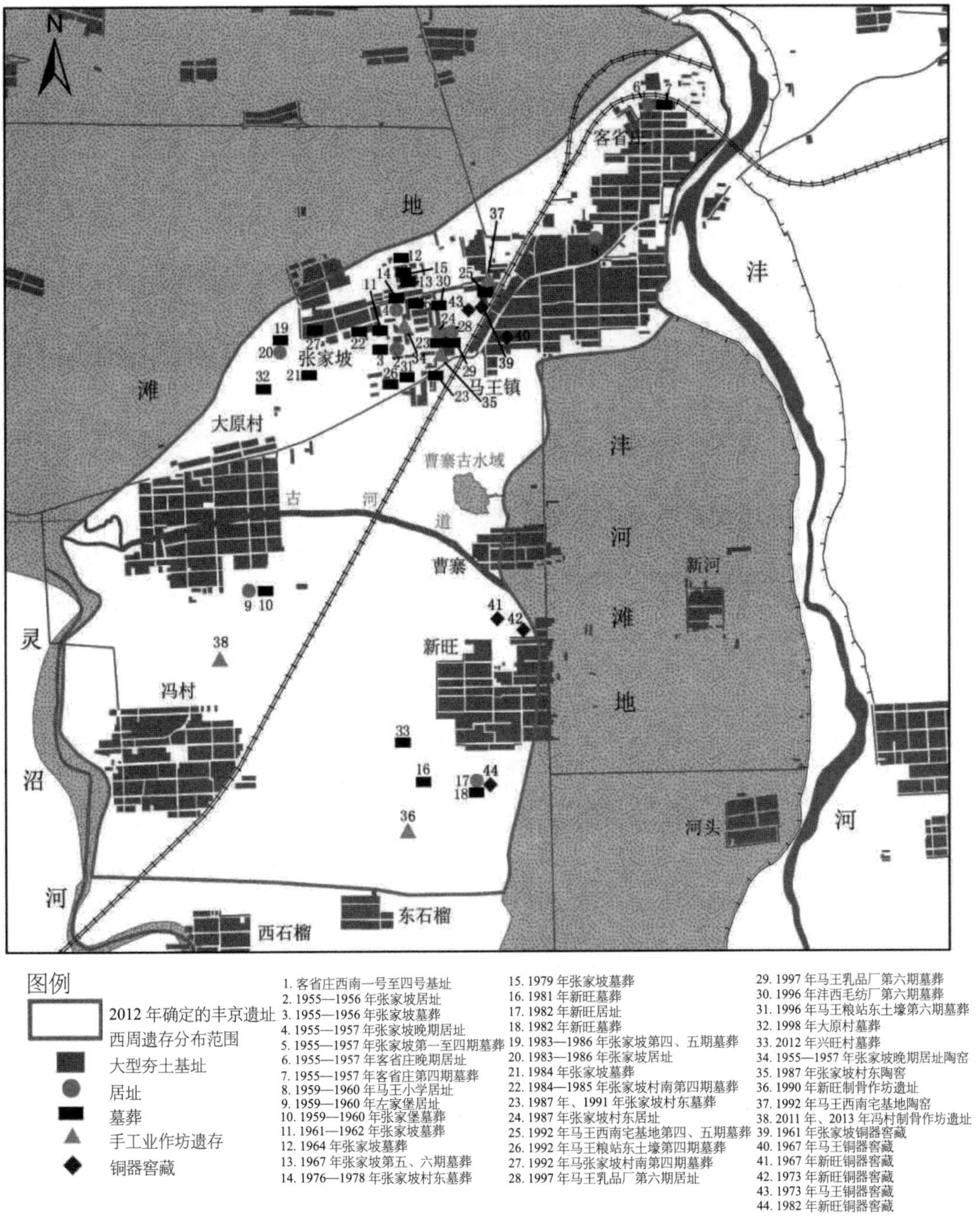

图 4　丰京遗址西周晚期遗存分布图

（一）大型夯土基址

1976—1978年，在客省庄西南发掘西周大型夯土基址3座。[①]1982—1984年，在客省庄西南、马王村北进行了钻探和发掘。钻探发现西周夯土基址11座、道路3条和陶窑6座。发掘了4号夯土基址。[②]其中一号基址平面呈长方形，方向91度。东西残长22米、南北宽7.3米。二号基址破坏严重，形状不清。残存部分东西长9.3米、南北长1.65米。在二号基址之北约25米的断崖上，还发现两段管道，由一端粗一端细的陶水管套接而成。三号基址破坏也较严重，东部略作方形，东西残长20米、南北宽18米，西部呈长条形，东西残长12.5米、宽1.7—2.1米。四号基址规模最大，平面呈"T"字形，方向为正南北。东西长61.5米、西部南北最宽35.5米、东部残宽27.3米，总面积1826.98平方米。一、二、三号夯土基址的地层情况与四号基址是相同的，可以确定四处基址为同时期的一组建筑群。其年代有可能建于西周早期的后段或西周早中期之际，而毁弃于西周晚期前段。

（二）一般居址与墓葬

1955年11月—1956年2月，在沣西张家坡村东南发掘了灰坑14个、房屋遗迹1处、井1座、沟1条和西周墓葬5座。简报中没有对居址和墓葬断代。根据出土遗物推断，有西周早期和西周晚期居址。保存较好的两座墓葬中，M2为西周早期，M3为西周晚期。[③]

1955—1957年，在沣河沿岸的客省庄村北、村西和张家坡村东发掘了居址和墓葬。两地共清理西周墓182座和西周车马坑4座。张家坡清理西周房屋遗存13座、窖穴3个、井8座和陶窑7座。客省庄村北发现西周地层堆积。[④]报告将居址和墓葬分为六期：张家坡和客省庄早期居址；第一期墓葬和车马坑；第二期墓葬；第三期墓葬；张家坡和客省庄晚期居址和第四期墓葬；第五期墓葬。其中，早期居址年代当

---

① 中国社会科学院考古研究所沣西发掘队：《1976—1978年长安沣西发掘简报》，《考古》1981年第1期。

② 中国社会科学院考古研究所沣西发掘队：《陕西长安沣西客省庄西周夯土基址发掘报告》，《考古》1987年第8期。

③ 陕西省文物管理委员会：《长安张家坡村西周遗址的重要发现》，《文物参考资料》1956年第3期；陕西省文物管理委员会：《陕西长安沣西张家坡西周遗址的发掘》，《考古》1964年第9期。

④ 考古研究所沣西发掘队：《1955—1957年陕西长安沣西发掘简报》，《考古》1959年第10期；中国科学院考古研究所编著：《沣西发掘报告》，文物出版社，1962年。

在成康之时或更早。第一期墓葬年代大约为成康时代。第二期墓葬年代为穆王时代或稍晚于穆王。第三期墓葬所占的时期较短。第四期墓葬相当于西周晚期。晚期居址和第四期墓葬同时，应该也是西周晚期的。晚期居址延续的时间较长，它的下限可能到西周末年。第五期墓葬年代为西周末年，个别墓葬或晚至春秋初年。

1959年和1960年春季在马王村小学发掘了房屋、窑和灰坑等，年代有西周早期和西周晚期。在客省庄南地发掘了灰坑和陶窑，但只发表了H10和H11的资料。在大原村左家堡发掘了西周房屋、灰坑、水井和墓葬。[①]有西周早期房屋、西周晚期灰坑，M1为西周晚期墓。

1960年秋，在张家坡进行了小规模的发掘，发掘面积500多平方米，发现房屋3座、墓葬4座和车马坑1座，以及井、灰坑等遗迹。年代均为西周早期。[②]

1961—1962年，在张家坡发掘西周墓葬31座。[③]西周早、中、晚期墓葬都有，具体数量不详。

1964年10月，在张家坡村东北发掘西周晚期残墓1座，出土铜器9件。其中，鼎3件，盨4件，壶2件[④]。

1967年4月—12月，在张家坡进行发掘。共清理西周墓葬124座、车马坑5座、马坑3座和牛坑4座。报告将墓葬分为六期。第一期墓葬年代和1955—1957年张家坡西周早期遗址同时，相当于灭殷前作邑于丰的时期；第二期墓葬40座，年代为西周初年至成、康王时期；第三期墓葬20座，年代约为穆王前后；第四期墓葬1座，年代或相当于懿、孝王时期；第五期墓葬21座，当在厉王前后；第六期墓葬16座，年代约为西周末年的宣、幽王时期。[⑤]

1972—1975年，在张家坡村东铜网厂南清理西周墓葬80余座和车马坑3座。[⑥]但简报没有发表墓葬材料。

1976—1978年，在客省庄西南发掘1座西周早期墓葬，在张家坡西南发掘1座西周早期墓，在张家坡东南发掘9座（其中6座西周早期墓、1座西周晚期墓），共11座

---

① 中国科学院考古研究所沣西发掘队：《陕西长安户县调查与试掘简报》，《考古》1962年第6期。

② 中国科学院考古研究所沣西发掘队：《1960年秋陕西长安张家坡发掘简报》，《考古》1962年第1期。

③ 赵永福：《1961—1962年沣西发掘简报》，《考古》1984年第9期。

④ 中国科学院考古研究所沣西考古队：《陕西长安张家坡西周墓清理简报》，《考古》1965年第9期。

⑤ 中国科学院考古研究所沣西发掘队：《1967年长安张家坡西周墓葬的发掘》，《考古学报》1980年第4期。

⑥ 王长启：《西安丰镐遗址附近发现的车马坑及青铜器》，《文物》2002年第12期。

墓葬。还在客省庄村西发掘车马坑1座[①]。

1979—1981年，在张家坡发掘西周墓葬9座和西周晚期车马坑1座，其中西周早期墓葬3座、西周中期墓葬2座、西周晚期墓葬3座。在新旺村发掘西周墓葬5座，其中3座西周晚期墓葬[②]。

1982年春季，在新旺村南约150米处发掘了1处西周晚期居址，发现有房址、窖穴、烧坑、井、灰坑和墓葬[③]。

1983年，在张家坡村东南发掘4座墓葬，在客省庄西南发掘1座墓葬[④]。83SCKM1、83沣毛M1和83沣毛M3等3座墓葬为先周时期，其余2座墓葬简报未发表资料。

1983—1986年，对张家坡村西的井叔家族墓地进行发掘。共发掘各类西周墓葬390座，其中有双墓道大型墓1座（M157）、单墓道大型墓3座（M152、M170和M168）、竖穴墓340座、洞室墓21座、车马坑3座和马坑22座；同时发掘西周灰坑11座，但每个灰坑年代并未详述，通过出土遗物判断有西周早期和晚期灰坑。墓葬共分为五期。第一期相当于武成康王时期，共32座；第二期相当于昭、穆王时期，共54座；第三期相当于共、懿、孝王时期，共52座；第四期相当于夷、厉王及共和时期，共50座；第五期相当于宣、幽王时期，共33座[⑤]。报告认为带墓道4座墓葬应是一代井叔，年代均为第三期。

1984年，在大原村东北约500米、张家坡村南约300处发掘了墓葬18座、车马坑和马坑各1座。[⑥]简报只发表了M315、M301、M304和M309这4座墓葬材料，其中M315年代为西周初年，M301和M304年代为西周晚期。

---

① 中国社会科学院考古研究所沣西发掘队：《1976—1978年长安沣西发掘简报》，《考古》1981年第1期。

② 中国社会科学院考古研究所沣西发掘队：《1979—1981年长安沣西、沣东发掘简报》，《考古》1986年第3期。

③ 中国社会科学院考古研究所沣西发掘队：《陕西长安县沣西新旺村西周遗址1982年发掘简报》，《考古》2012年第5期。

④ 中国社会科学院考古研究所丰镐发掘队：《长安沣西早周墓葬发掘记略》，《考古》1984年第9期。

⑤ 中国社会科学院考古研究所沣西发掘队：《长安张家坡西周井叔墓发掘简报》，《考古》1986年第1期；中国社会科学院考古研究所沣西发掘队：《长安张家坡M183西周洞室墓发掘简报》，《考古》1989年第6期；中国社会科学院考古研究所沣西发掘队：《陕西长安张家坡M170井叔墓发掘简报》，《考古》1990年第6期；中国社会科学院考古研究所：《张家坡西周墓地》，中国大百科全书出版社，1999年。

⑥ 中国社会科学院考古研究所沣西发掘队：《1984年沣西大原村西周墓地发掘简报》，《考古》1986年第11期。

1984—1985年，在沣西客省庄、马王村和张家坡等六处地点清理墓葬44座、车马坑2座[①]，并在张家坡村东试掘了西周遗址探沟2条，清理西周房屋和灰坑等遗迹。除H3为先周时期外，大多为商末周初至西周中期偏早的遗存。简报将墓葬年代分为五期。第一期13座墓葬，分为甲、乙两组，甲组8座，年代约在武成康王时期，乙组5座，年代约在西周早期昭王之时，上限或可至康王；第二期8座墓葬，年代约在西周中期穆、共王之际；第三期2座墓葬，其年代或相当于懿、孝王之际；第四期4座墓葬，年代可能在夷、厉王之际；第五期3座墓葬，年代可能在西周晚期宣、幽王之世。但是简报没有说明全部墓葬出土地点，只有2座典型墓例出土地点，第一期甲组墓葬M15位于沣河铁路桥西头，第四期墓葬M40位于张家坡村南。2座西周早期车马坑分别位于张家坡村东、沣河毛纺厂北门内。

1987年，在张家坡村东南沣河毛纺厂排污渠沿线发掘了灰坑16个、陶窑1座和墓葬20座。1991年，又在西户公路南侧清理墓葬3座。[②]H14和H15为先周时期，其余均为西周晚期。简报将墓葬分为西周早、晚两期，早期共15座，晚期共8座，早期墓中较晚的年代约当穆王时期。

1992年，在西户铁路马王镇车站西南宅基地清理墓葬22座，在马王粮站东土壕清理西周墓葬4座，张家坡村南取土壕清理西周墓葬9座。[③]其中，Y1为西周晚期，其余3座具体年代不详。墓葬分为五期。第一期共3座墓葬，年代约在西周康、昭王之时；第二期共2座墓葬，年代约在穆、共王之时；第三期共8座墓葬，年代约在懿、孝王之际；第四期共7座墓葬，年代约在夷、厉王时期；第五期共3座墓葬，年代约在宣王前后。但简报中未说明全部墓葬的出土地点，只有3座典型墓例出土地点，第四期墓葬M33位于马王粮站东土壕，第三期墓葬M18位于马王村宅基地内，第四期墓葬M41在张家坡村南。

1996年和1997年，在马王乳品厂、沣河毛纺厂、大原村北、马王粮站东土壕和张家坡村南发掘了居址和墓葬。[④]报告将灰坑和墓葬分为六期。第一期年代为文王迁丰至武王伐纣之间的先周文化晚期阶段；第二期年代为西周初年武王至成王时

---

① 中国社会科学院考古研究所丰镐工作队：《1984—1985年沣西西周遗址、墓葬发掘报告》，《考古》1987年第1期。

② 中国社会科学院考古研究所沣西队：《1987、1991年陕西长安张家坡的发掘》，《考古》1994年第10期。

③ 中国社会科学院考古研究所丰镐队：《1992年沣西发掘简报》，《考古》1994年第11期。

④ 中国社会科学院考古研究所丰镐工作队：《1997年沣西发掘报告》，《考古学报》2000年第2期。

期；第三期时代约相当于成王后期至康、昭王时期；第四期时代约相当于穆、共王时期；第五期时代约相当于西周中期偏晚，值懿、孝、夷王时期；第六期时代约相当于厉、宣、幽王时期。马王乳品厂第二期墓葬2座、灰坑2座，第三期墓葬5座、灰坑2座，第四期墓葬2座、灰坑2座，第五期墓葬2座，第六期墓葬3座、灰坑2座。沣河毛纺厂第三期墓葬1座，第六期墓葬2座（96SC毛M）；马王粮站东土壕第二、三期墓葬各1座（96SCCMM），第六期墓葬3座；张家坡村南第五期墓葬1座（96SCCM）；大原村北第三、四、五期墓葬各1座（96SCDM），第五期典型地层单位2处。

1998年春，在大原村北低地发掘了3座西周晚期墓葬。①

2012年，在新旺村西发掘了2座西周晚期墓葬。②

2013年，在大原村东南发掘了2座西周中期墓葬。③

（三）手工业作坊遗存

1955—1957年，张家坡村东早期基址中发现了4件陶范和1件铸口余铜。在早期居址中还发现制作骨角器遗存。除发现很多磨石外，主要产品为骨角镞和骨笄，另外还有骨针和骨锥等。出土有这类产品的半成品、废品以及大量作为原料用的兽骨和鹿角。早期居址年代当在成康之时或更早。在晚期基址中发现陶窑7座和陶压锤13件。晚期居址为西周晚期，下限可能到西周末年。④

1959年和1960年春季，在客省庄南地发掘的灰坑H10中出土26块铸铜器陶范。⑤可以辨出器形有簋的合范1块。时代为西周早期。

1982—1984年，在客省庄南、马王村东的十一号基址和十二号基址周围钻探发

---

① 中国社会科学院考古研究所丰镐发掘队：《陕西长安县沣西大原村西周墓葬》，《考古》2004年第9期。

② 付仲杨、宋江宁、徐良高：《丰镐遗址西周时期盗墓现象的考古学观察——以2012年新旺墓葬M1和M2为例》，《南方文物》2015年第3期。

③ 中国社会科学院考古研究所、陕西省考古研究院、西安市周秦都城遗址保护管理中心编著：《丰镐考古八十年》，科学出版社，2016年，第104页；中国社会科学院考古研究所丰镐队：《西安市长安区大原村西周墓葬发掘简报》，《南方文物》2016年第4期。

④ 中国科学院考古研究所沣西发掘队：《1955—1957年陕西长安沣西发掘简报》，《考古》1959年10期；中国科学院考古研究所编著：《沣西发掘报告》，文物出版社，1962年，第78—79页。

⑤ 中国科学院考古研究所沣西发掘队：《陕西长安户县调查与试掘简报》，《考古》1962年第6期。

现西周时期陶窑6座，清理了其中3座，但简报中没有发表陶窑资料[①]。

1987年，在张家坡村东沣河毛纺厂排污渠旁发掘了陶窑1座。这座陶窑可能是以烧制陶鬲为主的，其时代属西周晚期。[②]

1990年秋，在新旺村西南发现西周制骨作坊遗址1处，共清理灰坑3座。[③]出土骨料150余斤和笄、针、镞等骨器，以及铜凿、铜镞和煤精璜等。遗址年代为西周晚期。

1992年，在西户铁路马王镇车站西南宅基地发掘陶窑4座。简报中推测Y1的年代为西周晚期，其余3座陶窑年代未提及。[④]

2011年和2013年，中国社会科学院考古研究所在冯村北发掘了1处西周晚期制骨作坊遗址。[⑤]出土大量骨料、坯料、半成品骨器，笄、锥和镞等骨器，以及磨石、铜锥等制骨工具。

（四）铜器窖藏

1961年10月，中国科学院考古研究所在张家坡村发现1处铜器窖藏，出土铜器53件。窖藏的年代"当以幽王时遭犬戎之祸为宜"[⑥]。

1967年7月，在新旺村西北200米处发现1处西周晚期窖藏，出土铜盂和铜匜各1件。[⑦]

1967年，在长安县沣西公社马王村附近发现西周晚期铜器窖藏1处，出土6件青铜器。[⑧]

1973年5月，在新旺村北和马王村西户铁路西各发现铜器窖藏1处。窖藏的年代或为幽王灭国之时。新旺村北出土铜器2件，马王村出土铜器25件。[⑨]

1982年1月，在新旺村南250米处发掘西周晚期窖藏坑1处，出土一大一小铜

---

① 中国社会科学院考古研究所沣西发掘队：《陕西长安沣西客省庄西周夯土基址发掘报告》，《考古》1987年第8期。

② 中国社会科学院考古研究所沣西队：《1987、1991年陕西长安张家坡的发掘》，《考古》1994年第10期。

③ 中国社会科学院考古研究所丰镐队：《陕西长安县沣西新旺村西周制骨作坊遗址》，《考古》1992年第11期。

④ 中国社会科学院考古研究所丰镐队：《1992年沣西发掘简报》，《考古》1994年第11期。

⑤ 中国社会科学院考古研究所丰镐队：《西安市长安区冯村北西周制骨作坊》，《考古》2014年第11期。

⑥ 中国科学院考古研究所编著：《长安张家坡西周铜器群》，文物出版社，1965年；郭沫若：《长安县张家坡铜器群铭文汇释》，《考古学报》1962年第1期。

⑦ 陕西省博物馆：《陕西长安沣西出土的𨘧盂》，《考古》1977年第1期。

⑧ 珠葆：《长安沣西马王村出土的"鄦男"铜鼎》，《考古与文物》1984年第1期。

⑨ 西安市文物管理处：《陕西长安新旺村、马王村出土的西周铜器》，《考古》1974年第1期。

鼎2件[①]。

五、丰京遗址聚落布局演变分析

通过图2可以看出，先周文化遗存主要分布在客省庄、马王村和张家坡村一线的郿坞岭高地上，分布面积约3平方公里。遗存主要是小型居址和中小型墓葬，没有发现大型夯土基址和大型墓葬，也没有发现城墙和手工业作坊遗存。而结合丰京遗址水系遗存分布和地形地貌看，先周文化遗存分布在郿坞岭北面滩地以南、曹寨南至大原村西古河道以北、沣河以西、灵沼河以东这一四面环水的区域内。据此，笔者认为这一区域很可能是文王营建的丰京所在。

首先，在丰镐遗址内，镐京遗址至今还没有发现有先周文化遗存，而只在丰京遗址发现有先周文化遗存，丰京的地望应在沣河以西地区，这与文献记载也相吻合。

其次，从时间方面看，文王营建丰京时间很短。《诗经·大雅·文王有声》载："文王受命，有此武功，既伐于崇，作邑于丰。……丰水东注，维禹之绩。四方攸同，皇王维辟。皇王烝哉！镐京辟雍，自西自东，自南自北，无思不服。皇王烝哉！考卜维王，宅是镐京。维龟正之，武王成之。"从文王作邑于丰到武王都镐只有前后几年的时间，所以文王营建丰京不会有很大规模。

最后，从政治关系方面看，周人当时还属于商的方国。丰京是周文王为东进灭商而建，属于军事前沿阵地性质。虽然商王朝对关中地区的控制很弱，但是也不会对周人大肆营建丰京视而不见。

从图3可以看出，西周早、中期遗存主要分布在客省庄、马王村和张家坡村一线的郿坞岭上，在古河道以南有零星分布，面积约4.5平方公里。西周早期遗存主要是中小型居址和墓葬，另发现有客省庄西南大型夯土基址、张家坡和客省庄南铸铜遗存和张家坡制骨遗存，只有一处居址位于大原村东南、曹寨南至大原村西河道以南。西周中期主要是中小型居址和墓葬，另发现有客省庄西南大型夯土基址、张家坡西井叔墓，大原村东南、曹寨南至大原村西古河道以南发现两座墓葬。

从图4可以看出，西周晚期遗存在客省庄、马王村和张家坡村一线的郿坞岭上还有较密集分布，分布面积约8.6平方公里，主要是中小型居址和墓葬。另发现有客省庄西南大型夯土基址、张家坡东和马王西南等3处制陶遗存，张家坡村东和马王村等3处铜器窖藏。但也可以看出遗存分布有向曹寨南至大原村西古河道以南区域扩展的趋势，主要有新旺村周围的居址、墓葬、制骨作坊遗址和铜器窖藏，冯村北制骨

① 中国社会科学院考古研究所沣西发掘队：《陕西长安县新旺村新出西周铜鼎》，《考古》1983年第3期。

作坊遗址、左家堡居址和墓葬。这也与曹寨南至大原村西古河道废弃过程相吻合。

综上分析，在丰京遗址内西周早、中期各类遗存主要分布在曹寨南至大原村西古河道以北的郿坞岭高地上。至西周晚期，由于人口增加等，河道被废弃，丰京遗址也向南扩展。

另外，从丰京遗址的水系和先周、西周遗存的分布状况看，丰京可能就未建城垣。许宏先生曾在《大都无城——论中国古代都城的早期形态》一文中指出，在夏商西周三代王朝都城和方国都城中，城垣的筑建并不是一种普遍的现象，后世严格的城郭制度在这一时期尚未最后形成。“大都无城”是广域王权国家时代都邑制度的主流。至于这一现象出现的原因，许宏先生认为“三代都邑城垣或有或无，尤其是西周时代的三处王朝都邑均未发现城垣，应主要与当时的政治、军事形势有关……国势的强盛和以周边诸侯方国为屏障这一局面的形成，使某些王朝都邑和诸侯方国都邑筑城自卫这种被动保守的防御手段成为不必要……此外，都邑及其所凭依的王畿地区尽可能地利用山川之险以为天然屏障，也是三代都邑建置的一个显著特点”[①]。李峰先生在《西周的灭亡》一书中则指出，西周采用的是宏观的地缘政治结构与社会整合体系，“周的王权似乎承载于一张网络，而并非集中于某一处；这张网络将几处大小及复杂程度相当的主要城市联结起来，通过这张网络，周王频繁地在各个城市旅行着”。“周朝已经拥有了比较健全的行政体系，涵盖各个主要的王室中心，并通过一套行政常规程序来进行管理”。“这些城邑无疑是周朝行政的枢纽，虽然它们可能同时还具有其他多重社会功能，譬如作为贵族的居住地以及手工业制造中心等”。[②]从丰京遗址西周早期至晚期遗存分布状况来看，遗存仍然集中分布在郿坞岭北滩地以南、曹寨南至大原村西河道以北、沣河以西、灵沼河以东这一四面环水的区域内，更多地利用水系和高地作为天然屏障，而且贵族居住地和作坊区多分布在一起，如张家坡村东一带、大原村南与冯村北区域和新旺村南一带。这也在一定程度上印证了上述两位先生的观点。更重要的是，迄今为止我们在丰京遗址内并没有发现城垣。

六、结语

结合丰京遗址水系，对遗址内先周至西周时期各类遗存的分布状况分析后发

---

① 许宏：《大都无城——论中国古代都城的早期形态》，《文物》2013年第10期；许宏：《先秦城市考古学研究》，燕山出版社，2000年，第82—83页。

② 李峰：《西周的灭亡》，上海古籍出版社，2007年，第66—67页。

现，先周文化遗存主要分布在曹寨南至大原村古河道以北、郿坞岭以南、沣河以西、灵沼河以东的区域内。这很可能是文王营建的丰京所在。西周早、中期各类遗存集中在这一区域内，西周晚期河道被废弃，丰京遗址逐渐往南扩展。

原载《江汉考古》2019年第5期

（付仲杨，中国社会科学院考古研究所副研究员）

关中盆地史前到秦汉时期的中心区转移现象考察
——兼论周原与沣镐遗址内涵差别巨大的原因

宋江宁

一、问题的提出

周原与丰镐作为西周时期最重要的两个中心性遗址，历史学界和考古学界都对其进行了大量的工作与研究。就截至目前的研究来看，专门对二者进行比较的研究尚不存在，但涉及比较的部分时则大都认为周人从周原迁往丰镐不但是政治上的必须，也是自然条件上后者胜于前者的缘故。[①]然而，考古发现却展示出另外一幅图景，即周原遗址先周和西周时期遗存的内涵远比丰镐遗址丰富，如何认识和解释这个现象是一个相当艰巨的挑战。笔者试为之。

二、周原与丰镐遗址内涵的比较

丰镐遗址的考古工作始于1933年[②]，周原遗址的考古工作始于1942年[③]，二者距今已是七八十年。考古学家开展了大量的田野调查、勘探和发掘工作，使我们对二者的分布范围、时代延续、内涵有了框架性和关键性的认识，学界也有了综合性的

---

① 相关研究择要如下。齐思和：《西周地理考》，《燕京学报》1946年第30期；史念海：《古代的关中》，见《河山集》，生活·读书·新知三联书店，1963年；李峰：《西周的灭亡——中国早期国家的地理和政治危机》，上海古籍出版社，2007年；卢连成：《西周丰镐两京考》，《中国历史地理论丛》1988年第9期；徐良高：《周都选址丰镐的奥妙》，见中国社会科学院考古的研究所夏商周考古研究室编：《三代考古》（5），科学出版社，2013年。

② 徐旭生、常惠：《陕西调查古迹报告》，《国立北平研究院院务汇报》1933年第4卷第6期；《史学研究所工作报告》，见《国立北平研究院五周年工作报告》，国立北平研究院，1934年。

③ 石璋如：《传说中周都的实地考察》，见《“中央研究院”历史研究所集刊》（第20本下册），1949年。

研究成果。[①]基于上述研究成果，笔者抽取了几类关键数据制成表1，足以表明二者在内涵上差距之大。

三、研究路径之一

在考古资料已经表明周原遗址内涵胜于丰镐遗址后，解释的难题就随之而来。笔者采用了布罗代尔的中时段理论，以关中平原的整体社会变化考察为研究对象，从这个整体的把握中对周原与丰镐这两个个体的差异进行解释。具体做法是在以往成果和自身研究经历的基础上，以关中平原新石器至秦汉时期遗址分布为基本数据，选择大周原（漆水河以西的关中平原）和西安地区（西安及渭北地区）为具体分析对象，考察两个区域内遗址密度的变化，得出对关中平原经济中心区[②]变化过程的认识，再以此为基础对周原与丰镐的差别做出解释。

表1　周原与丰镐遗址西周时期内涵对比表

遗址	面积	宫殿基址	铸铜作坊	玉石器作坊	制骨作坊	带墓道墓葬	水网系统
周原	30多平方公里	110万平方米以上。三大处建筑群，近130座夯土基址	7处，5万平方米以上，铸造各类铜器	6处	20处，规模巨大	9座	复杂
丰镐	丰8.62平方公里，镐9.2平方公里，总面积约20平方公里	丰6万平方米，13座基址；镐一二处，面积不详	丰2个地点，镐1个地点采集到遗物	不详	规模小	4座	简单

这个思路的形成还得益于对关中平原更具体的研究。如日本学者以农业开发和水利设施建设为视角，对关中平原不同历史时期经济地带的变化、都市设置、农业

① 丰镐遗址的综合研究成果，见中国社会科学院考古研究所、陕西省考古研究院、西安市周秦都城遗址保护管理中心编著：《丰镐考古八十年》，科学出版社，2016年。周原遗址的最新综合研究见马赛：《聚落与社会——商周时期周原遗址的考古学研究》，博士学位论文，北京大学，2009年；雷兴山、种建荣：《周原遗址商周时期聚落新识》，见湖北省博物馆编：《大宗维翰——周原青铜器特展》，文物出版社，2014年。

② 这个概念是笔者为解释周原与丰镐的差异所创，其意为适宜农业发展的区域，在农耕时代自然就成为当时的经济中心区。

发展史和水利建设史的研究，其内容已经包含了周原与丰镐对比的宏观背景。[①]也有考古学家从关中盆地微地貌，古人在关中平原的居住模式与聚落分布特点以及古代关中交通体系出发，论证丰镐一带是关中的聚落核心和交通枢纽。[②]这些研究都对关中平原进行了整体、中时段的把控，极大地启发了笔者的思考。

四、研究路径之二

日本学者对战国秦汉时期关中平原都市（包括都城、郡治、县治）的研究提出了自然环境、水利开发（水利设施，如郑国渠、白渠、成国渠的兴建等）和都市之间的关联性。[③]李令福的研究也指出了历史时期关中农业发展与地理环境的关系。[④]他认为关中农业区的形成可以说是从周人开发关中西部的周原开始的。到西周时代，丰镐附近的农业才得以发展。这两个区域的地理特征都是以黄土原为主，海拔基本上在500米以上，土壤条件特别适应当时生产力水平。关中东部尤其是渭北冲积平原，海拔基本在500米以下，沼泽湖泊很多，草禾丛生，古称沮枷之地（今之盐碱地，无法从事农业生产——作者）。东部得到基本开发是战国末期的郑国渠开凿以后。他还援引了日本学者木村正雄的研究成果[⑤]，指出以关中的700米等高线为标准，将其上的丘陵、山谷地带称为第一次农地（旧开发地带），其下的平原地带为新开发农区（第二次农地）[⑥]。木村认为在《汉书·地理志》所记三辅的全部75县中，有32个县是战国以后新设置的，而且其中大多数（共25个）是在第二次农地上设置的。鹤间和幸在研究秦汉关中水利与都市发展关系以后，也得出了基本相近的观点。李令福的观点就是关中平原农业发展这种自西徂东的历史进程，虽然与农业

---

① ［日］木村正雄：《中国古代帝国的形成及其形成之基础条件》，不昧堂，1965年；［日］鹤间和幸：《战国秦汉时代关中盆地的都市与水利》，《中国历史地理论丛》1999年增刊；李令福：《历史时期关中农业发展与地理环境之相互关系初探》，《中国历史地理论丛》2000年第1期；王双怀：《关中平原水利建设的历史审视》，《陕西师范大学学报》（哲学社会科学版）2015年第1期。

② 徐良高：《周都选址丰镐的奥妙》，见中国社会科学院考古研究所夏商周考古研究室编：《三代考古》（5），科学出版社，2013年。

③ ［日］鹤间和幸：《战国秦汉时代关中盆地的都市与水利》，《中国历史地理论丛》1999年增刊。

④ 李令福：《历史时期关中农业发展与地理环境之相互关系初探》，《中国历史地理论丛》2000年第1期。

⑤ 李令福：《历史时期关中农业发展与地理环境之相互关系初探》，《中国历史地理论丛》2000年第1期。

⑥ 文中的700米和500米等高线主要基于一种地形的表达方式，其实质是表明高于此海拔的区域为发育良好的黄土台塬，而低于此海拔的区域则以冲积平原为主。

生产力的发展有关，但主要应该是由关中东西部的地理环境所决定的。

王双怀对郑国渠对关中的作用和意义进行了综述。[①]他指出郑国渠建成后，关中灌区由此定型，流域内大片盐碱地经渠水洗土放淤后变成良田，渭北平原的“泽卤之地”变成了“千里沃野”。所以才会有司马迁所谓“渠成……关中为沃野，无凶年，秦以富强，卒并诸侯”，班固“衣食京师，亿万之口”之叹。

基于以上研究，笔者提炼出地形和水资源这两个分析工具。地形分为黄土台塬和冲积平原两类，前者适宜农业生产，后者不适宜农业生产。水资源分为自然河流和人工水利两类，前者与黄土台塬结合就是天然的农业区，而冲积平原经后者改造后就可以成为良田。

五、关中盆地仰韶到秦汉时期中心区的转移和原因

根据上述两个研究路径的设定，笔者制作了关中平原仰韶至秦汉时期的遗址分布图，并大致圈定了大周原和西安地区的范围（图1—图6）[②]。从图中可以清楚看到，仰韶至春秋战国时期大周原地区的遗址密度大于甚至远大于西安地区，至秦汉时期出现了大逆转，西安地区突然出现大量遗址，密集程度远超大周原地区。这里需要解释一个资料方面的技术问题。因为文中遗址年代的判定来自调查资料，而调查资料不但数量少，而且在分辨战国秦晚期与秦至西汉早期的遗存时很难绝对准确，所以图6的秦汉遗址肯定有相当部分可归于战国晚期。

图 1　仰韶时期大周原与西安地区遗址数量对比图

① 王双怀：《关中平原水利建设的历史审视》，《陕西师范大学学报》（哲学社会科学版）2015年第1期。

② 由于古今政区的变化，文中的范围难以确定下来。因此，为了论证的需要，笔者仅圈出了大概的范围，便于显示二者遗址数量的区别即可。

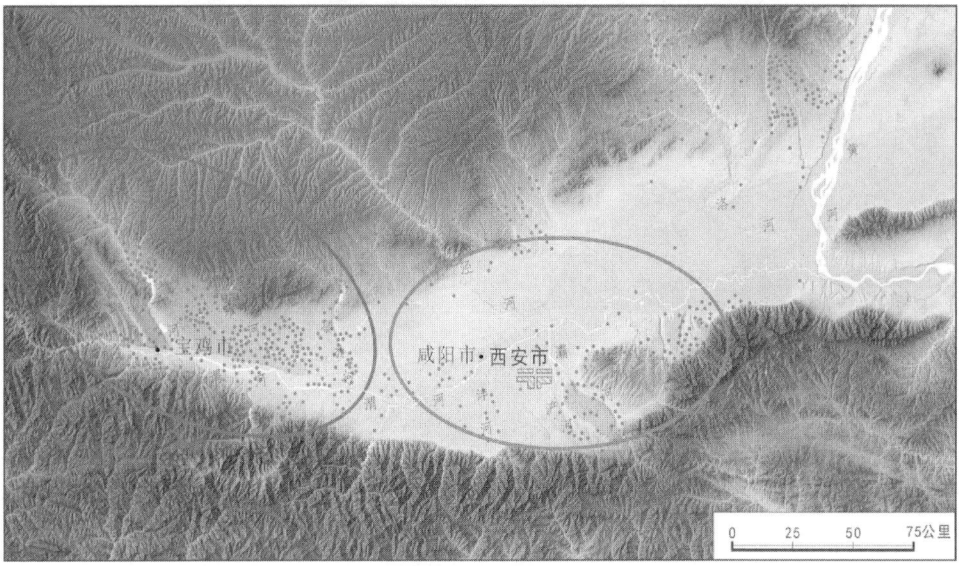

图 2　龙山时期大周原与西安地区遗址数量对比图

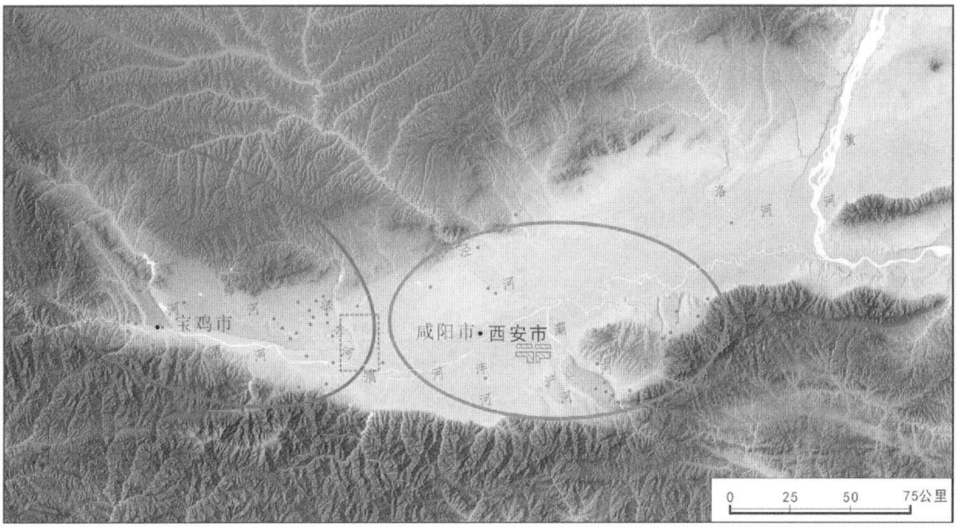

图 3　夏商时期大周原与西安地区遗址数量对比图

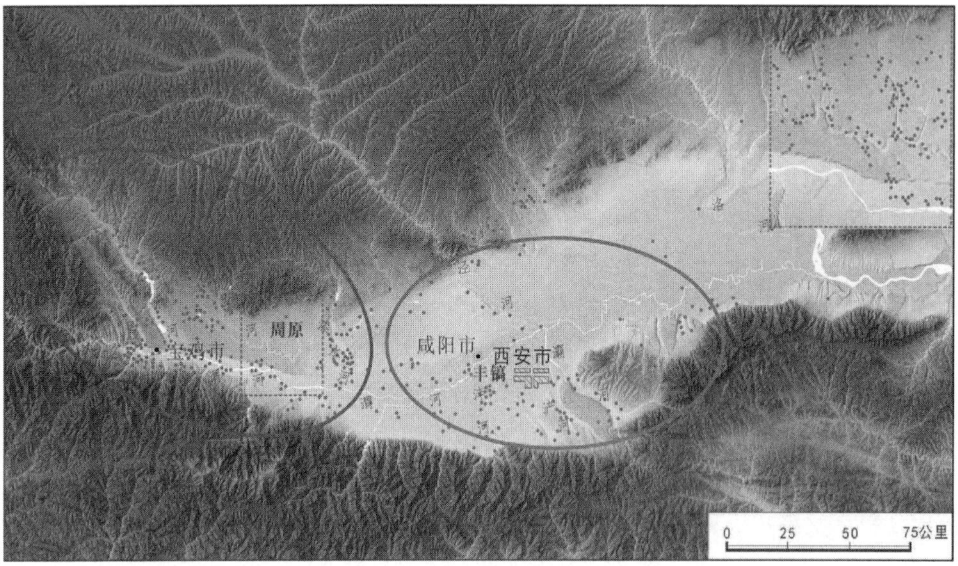

图 4　西周时期大周原与西安地区遗址数量对比图

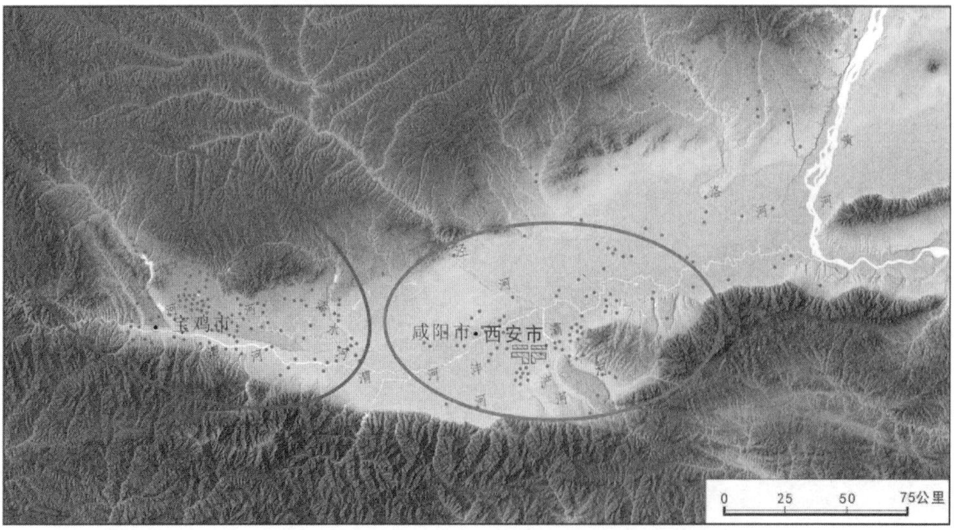

图 5　春秋战国时期大周原与西安地区遗址数量对比图

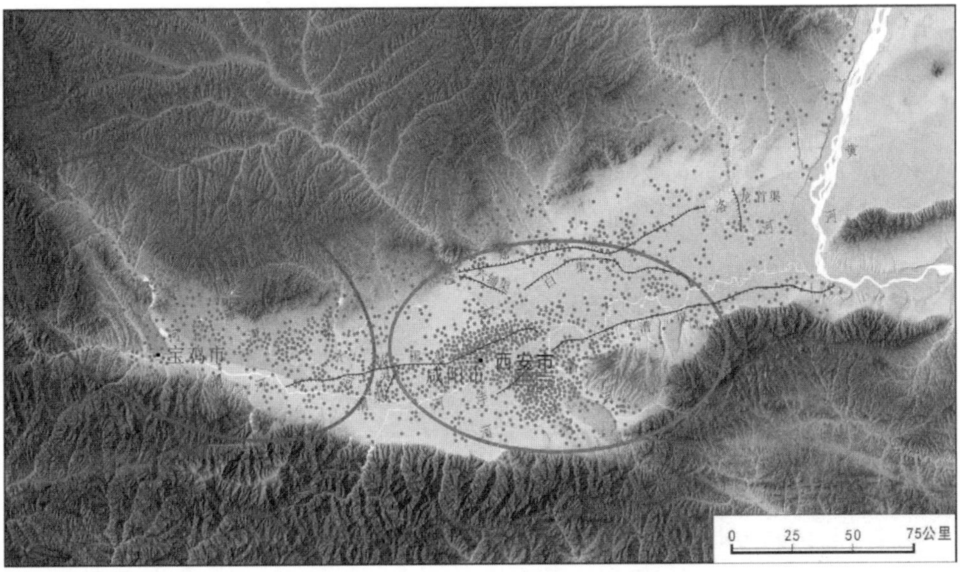

图 6　秦汉时期大周原与西安地区遗址数量对比图

在确定了关中平原在秦汉之际出现经济中心区从大周原地区转移到西安地区这个现象后，笔者试从地形与水资源进行分析。大周原地区的地形以黄土台塬为主，自然河流丰富，适宜农业发展，因此遗址数量多，经济发达。西安地区渭河南北两部分。渭南地区秦岭山前为黄土台塬，河流众多，适宜农业，遗址数量较多。其北的渭河南岸主要为冲积平原，不适宜农业，仅在河流两岸有少量遗址。渭北地区的西北部为黄土台塬，但缺乏自然河流，因此不适宜农业，遗址数量少。其他区域多为冲积平原（泽卤之地），不适合农业。从传统农耕的角度看，西安地区在秦汉时期遗址数量的增加就直接表明了农田尤其是良田的增加。参考上述第二路径的论述，我们有理由猜想是郑国渠的修建改造了冲积平原的盐碱地，使其成为良田，进而促进了遗址的增加和西安地区经济的繁荣，并奠定了西安地区在关中平原领先至今的中心地位。

六、总结

综合以上的分析和论述，我们确认了关中平原秦汉时期发生的经济中心区从大周原转移到西安地区这个现象，也大致推测了其背后地理和政治原因。再将视角转向西周时期周原与丰镐遗址内涵差异巨大这个问题时，就能理解其所属的经济区差别巨大才是根本的原因，也即当今所谓的区位优势不同。西周时期关中平原东西部的差异或许可以今天长三角地区与西北地区为例来理解吧。

文献和金文资料都表明丰镐作为西周的都城是毫无疑义的。有学者认为周原在西周时期可能既是一个宗教中心，又是王室行政的一个重要基地。[①]更有学者认为西周中期后，穆王曾重返周原，意即周原重为都城。[②]笔者以为，仅就目前资料而言尚不易确定周原是否曾为都城，但其作为西周时期最大的经济中心则毫无疑问。

最后一句赘言，秦人长期以大周原区域内的雍城为都恐也可以本文做一解释。

原载《南方文物》2017年第4期

（宋江宁，中国社会科学院考古研究所副研究员）

---

① 李峰：《西周的灭亡——中国早期国家的地理和政治危机》，上海古籍出版社，2007年。

② 张亚炜：《试论聚邑成都——周原遗址商周聚落结构观察》，见《宝鸡历史文化丛书》编委会编：《宝鸡历史文化研究》（第1辑），三秦出版社，2014年。

先秦时期关中地区农业生产的一致性与不平衡性
——以西安弓背崖遗址为例

唐丽雅

一、研究背景及意义

学术界普遍认为，中国古代存在着两条农业发展脉络，即以粟、黍为主体的北方旱作农业和以水稻为主体的南方稻作农业；农业经济孕育于距今1万年前后，经过三四千年的漫长发展终于取代采集经济的地位成为生业的主体，距今6000年左右（约相当于仰韶时代中期），旱作农业社会和稻作农业社会分别在中国北方和南方确立。[①]

陕西关中平原新石器时代的植物考古工作比较丰富，浮选发现的炭化植物遗存数以万计，其中以粟、黍这两种小米遗存最为丰富，出土的农作物遗存还包括稻米、大豆甚至小麦。[②]

有研究表明，仰韶文化早期阶段稻米在关中就已经比较普及了，从仰韶中期开始，稻米的发现越来越普遍，是仅次于粟、黍之外的重要粮食来源。[③]距今4000年左右（约相当于龙山时代至夏纪年），起源于西亚的小麦逐渐传入中国北方。[④]

西安弓背崖遗址位于关中地区的腹心位置，该遗址主要遗存属于仰韶文化时期和东周时期，本研究结合关中地区的相关遗址进行比较，包括案板、杨官寨、新街、兴乐坊、鱼化寨和东阳遗址（图1），旨在从区域角度探讨关中地区仰韶文化时期和周代人类植物利用历史的发展、变化和区域特点。

---

① 赵志军：《中国古代农业的形成过程——浮选出土植物遗存证据》，《第四纪研究》2014年第1期。

② 陈靓、胡松梅、杨苗苗等：《2008—2017年陕西科技考古综述》，《考古与文物》2018年第5期。

③ 钟华：《试论史前时期稻米在中原地区的传播》，《西部考古》2018年第1期。

④ 赵志军：《中国古代农业的形成过程——浮选出土植物遗存证据》，《第四纪研究》2014年第1期。

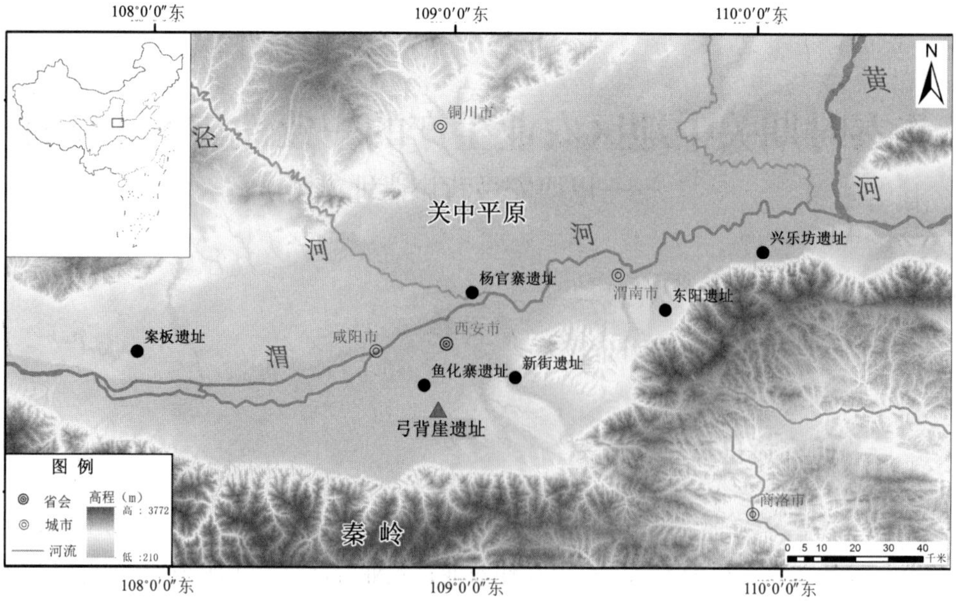

图 1　弓背崖遗址和关中地区相关遗址位置示意图

二、遗址背景与研究方法

第二次全国文物普查时发现，弓背崖遗址地处西安市西南郊的皂河西岸二级台地上，曹家堡村以东300米，与杜城村隔河相望，西北距鱼化寨遗址7000米。地势西南高东北低，长约500米，宽约280米，面积约14万平方米，文化层厚约0.5—3.0米。2017年为配合基础设施建设，西安市文物保护考古研究院对该遗址进行发掘，共布探方20个和探沟3条，发掘面积800平方米，共发现灰坑102座、墓葬6座、陶窑4座。根据发掘判断，遗址跨越了仰韶中期、仰韶晚期、东周以及秦汉几个时代。目前发掘区周边均为建筑道路、生活小区或村庄，此次发掘面积十分有限，仅对遗址的时代跨度有了一定程度的了解，有关遗址范围、遗址级别等相关问题还需要持续关注和做更多工作。

配合田野考古发掘，使用针对性采样法采集了浮选土样，共计78份（表1），分别属于仰韶中期、仰韶晚期、东周和秦汉时期，土样量共790升，平均每份样品浮选土量在10.1升。浮选使用小水桶进行操作，配备的分样筛规格是80目（0.2毫米）。浮选工作由西安市文物保护考古研究院现场完成，浮选样品阴干后被运送至西北大学文化遗产学院植物考古实验室进行植物种属鉴定和分析。

表1　西安弓背崖遗址浮选土样采集背景

时期	灰坑	墓葬	地层	合计
仰韶中期	12		2	14
仰韶晚期	20		4	24
东周	26	2	7	35
秦汉时期	3		2	5

本文涉及的统计学方法主要包括绝对数量统计法和出土概率统计法。受各类主客观条件的限制，植物遗存的绝对数量一般不能客观地反映其与古代人类生活之间的关系，而出土概率是遗址中发现某种植物种类的可能性，是根据出土该植物种类的样品在采集样品的总数中所占的比例计算得出的。这种统计方法的特点是不考虑每份浮选样品中所出土的各种植物遗存的绝对数量，在客观上能减弱各种误差因素对分析结果的影响。①

三、浮选结果

通过显微镜观察，所提取的炭化植物遗存大体可分为两类，包括植物种子和炭化木屑。

遗址出土了少量炭化木屑。炭化木屑是指经过燃烧的木头的残存，其主要来源应该是未燃尽的燃料，或遭到焚烧的建筑木材以及其他用途的木料等。其横切面上表现出树脂道或树胶道、管胞或导管和筛管、木射线等，径切面上表现出木射线的形态和排列形式等。②炭化木屑须由专门的古代树木研究专家进行鉴定和研究。本文仅对鉴定特征明确的植物种子予以介绍。

西安弓背崖遗址出土植物种子3017粒，其中农作物种子2939粒，占出土植物种子总数的97.41%。

经鉴定，西安弓背崖遗址出土的炭化农作物遗存有粟（Setaria italica）、黍（Panicum miliaceum）、小麦（Triticum aestivum）、大麦（Hordeum vulgare）、大豆（Glycine max）和豇豆属（Vigna sp.），共计6种（表2）。

---

① 赵志军：《植物考古学的实验室工作方法》，见《植物考古学：理论、方法和实践》，科学出版社，2010年，第45—51页。

② 王树芝：《木炭在考古学研究中的应用》，《江汉考古》2003年第1期。

表2 西安弓背崖遗址农作物种子统计表

农作物	仰韶中期	仰韶晚期	东周时期	秦汉时期
粟	18	732	1740	51
黍	8	71	115	9
小麦	2	18	136	17
大麦			9	
大豆		1	4	
豇豆属			8	

1.农作物

（1）粟。粟又称小米，禾本科狗尾草属，典型的旱地作物，是北方旱作农业区主要的粮食作物之一。本遗址中共出土有2541粒粟（成熟粟2505粒，粟秕36粒），占出土农作物总数的86.46%，出土概率为75.95%。种子外形呈半圆钮状，部分为圆球状，胚部因烧烤爆裂成深沟状。在形态保存较为完整的粟中随机挑选20粒进行测量，其平均长度为1.50毫米，平均宽度为1.44毫米（图2：1）。

（2）黍。黍又称糜子，禾本科黍属，典型的旱地作物，也是北方旱作农业重要的粮食作物之一。和出土的粟相比，遗址出土的炭化黍的数量较少，共计203粒，约占出土农作物种子总数的6.91%，出土概率为54.43%。成熟黍呈圆球状，个体较大，表面较粗糙，胚部爆裂后呈浅V形。在保存较完整的成熟黍中随机抽取10粒进行测量，其平均长度为1.92毫米，平均宽度为1.60毫米（图2：2）。

（3）小麦。小麦，禾本科小麦属，是继粟黍之后，北方旱作农业区主要的粮食作物。本遗址共出土了173粒，占农作物总数的5.89%，出土概率为30.38%。小麦整体呈近椭圆形，背部隆起，中间腹沟明显。在保存较完整的小麦中随机抽取10粒进行测量，其平均长度为3.37毫米，平均宽度为2.75毫米（图2：3）。

（4）大麦。大麦，禾本科小麦属。本遗址仅发现9粒大麦，占出土农作物总数的0.31%，出土概率为3.80%。大麦整体呈梭形，但也有因炭化导致基部和顶部略平。与小麦相比，大麦形态较大，腹部略平，腹沟略浅。对其中保存相对较好的1粒大麦进行测量，其长3.82毫米、宽2.82毫米（图2：4）。

（5）大豆。大豆，豆科大豆属。本遗址仅出土了5粒大豆，占出土农作物总数的0.17%，出土概率为6.33%。其呈长椭圆形，背部较圆鼓，腹部微凹，豆脐窄长（因炭化已不甚明显）。选取1粒完整大豆进行测量，其长3.91毫米、宽2.60毫米（图2：5）。

（6）豇豆属。豇豆属植物属豆科。本遗址仅出土了8粒豇豆属植物，占出土农作物总数的0.27%，出土概率为5.06%。其种子整体呈矩圆形，子叶明显（图2：6）。

1. 粟（T6025 H64 ③） 2. 黍（T4226 H42 ②） 3. 小麦（T6025 H13 ④）
4. 大麦（T6025 H13 ②） 5. 大豆（T6025 H6 ④） 6. 豇豆属（T6025 H6 ③）
7. 狗尾草（T5458 H91 ③） 8. 马唐（T6953 H99） 9. 藜属（T6025 H10 ②）
10. 地肤（T2729 H85 ①） 11. 胡枝子属（T5458 H91 ①）
12. 草木犀属（T4227 H49 ②） 13. 锦葵（T4226 H41 ②）

图2 西安弓背崖遗址部分炭化植物种子图

2.非农作物

此次鉴定的非农作物种子共78粒，仅占所有种子的2.59%，分别属于禾本科（Gramineae）、藜科（Chenopodiaceae）、蓼科（Polygonaceae）、豆科（Leguminosae）、锦葵科（Malvaceae）、罂粟科（Papaveraceae）等（表3）。每个种属的植物遗存数量相对较少，部分种属只出土了1—2粒炭化种子。鉴于此，本文不再用大量文字对非农作物一一进行介绍，而用表格对其情况进行介绍与描述，并且对其在生产生活中的作用和属性做了初步总结（表4）。

表3　弓背崖遗址非农作物的时代分布情况

植物名称		仰韶中期	仰韶晚期	东周时期	秦汉时期	合计
禾本科	狗尾草（Setaria viridis）	4	3			7
	马唐（Digitaria sanguinalis）		1			1
藜科	藜属（Chenopodium sp.）	7	15	18	1	41
	地肤（Kochia scoparia）		1			1
蓼科（Polygonaceae）				17		17
豆科	胡枝子属（Lespedeza sp.）	1	5			6
	草木犀属（Melilotus sp.）				2	2
锦葵科	锦葵（Malvasinensis）			1		1
罂粟科	地丁草（Corydalis bungeana）		2			2
	合计	12	27	36	3	78

表4　弓背崖遗址出土非农作物植物种子简介

植物名称		数量	生长周期	花果期	分布地域和生境	形态特征	功能		
							食用	饲用	农田杂草
禾本科	狗尾草	7	一年生	5—10月	产全国各地，生于海拔4000米以下的荒野、道旁	梭形，腹部平坦，胚部深U形		√	
禾本科	马唐	1	一年生	6—9月	产西藏、四川、新疆、陕西、甘肃、山西、河北、河南及安徽等地。生于路旁、田野	椭圆形，胚长不及颖果一半，腹部较平		√	
藜科	藜属	41	一年生	5—10月	我国各地均产。生于路旁、荒地及田间	圆形，两面凸起，表面光滑	√	√	
	地肤	1	一年生	花期6—9月，果期7—10月	全国大部分地区	椭圆形，胚环形			√
蓼科		17	一年生	7—9月	产于全国各地	三棱状	√	√	
豆科	胡枝子属	6	多年生	花期7—9月，果期9—10月	除新疆外，广布于全国各省区	椭圆形，种脐不居中，较明显		√	
	草木犀属	2	二年生	花期5—9月，果期6—10月	产东北、华南、西南各地，其余各省常见栽培。生于山坡、河岸、路旁、砂质草地及林缘	椭圆形，种脐不居中，因胚根较大，种脐稍内陷，不甚明显		√	
锦葵科	锦葵	1	二年生	花期5—10月	辽宁及其以南的各省区	近肾形，弧度较大，背部较厚，中间有一较深的凹陷			√
罂粟科	地丁草	2	二年生	4—9月	产于全国各地	圆形			√

四、分析和讨论

西安弓背崖遗址植物遗存中农作物种子遗存占据绝大多数，样品主要集中于仰韶中期、仰韶晚期和东周时期；秦汉时期浮选样品数量太少，出土植物遗存数量有限，不适合量化分析，浮选结果不予讨论。

单个考古遗址的浮选不免受到埋藏环境、考古发掘、采样条件等客观及主观情况的影响，鉴于此，本文将同一区域、同一时期的遗址进行综合对比，以分析关中地区某一时期农业经济的整体情况。关中地区进行过植物浮选的遗址很多，本文将弓背崖遗址与关中地区浮选情况比较理想的仰韶文化时期和东周时期遗址进行比较，以案板、新街、鱼化寨、杨官寨、兴乐坊、东阳等遗址（图1）为代表（睦王河、南山头、下河遗址位于关中平原向陕北高原的过渡地带，不属于典型的关中平原地貌，泉护村遗址的浮选样品数量较少，故均不计在内）。上述遗址均包含仰韶文化时期遗存，东阳遗址既包含仰韶文化时期遗存，又包含东周时期遗存。

1.农业生产的一致性

从图3和图4可以看出，粟、黍无论是绝对数量还是出土概率都处于领先的地位，其中粟又具有绝对的优势。由此可见，旱作农业是该遗址先民的主要农业生产形式。事实上，关中地区任何一处仰韶文化或青铜时代遗址都表现出以粟为主的农业生产特点。

除上述比较稳定的情况外，从量化分析结果来看，东周时期发生了一个巨大的变化，小麦成了与黍同样重要的农作物种类。相似的情况也体现在华县东阳遗址。只是东阳遗址这种变化发生的时间要早于东周，目前看来至少不晚于西周时期。综上，尽管弓背崖和东阳遗址周代典型浮选样品的时代、数量都不尽一致，但二遗址的浮选结果都非常明确地体现出了小麦在周代民生中的重要性。

小麦起源于西亚两河流域，尽管它的优越性很多，但在距今4000年左右（龙山时期至夏纪年时期）传入东亚后[①]，我国的古代先民对其栽培和利用仍经历了较长时间的适应与磨合过程，主要是由于东亚特有的季风气候条件和传统的蒸煮饮食习惯。[②]从出土概率来看，周代小麦的地位已经产生了质的变化，受到了当地先民的重

---

① 赵志军：《小麦传入中国的研究——植物考古资料》，《南方文物》2015年第3期。

② Liu X，Lister D L，Zhao Z，et al.，“The Virtues of Small Grain Size：Potential Pathways to Adistinguishing Feature of Asian Wheats”，*Quaternary International*，2016：426. DOI：10.1016/j.quaint.2016.02.059.

视，俨然成为农田中重要的粮食作物。已有学者对小麦之于饮食文化的现象、小麦的利用方式、小麦在不同等级人群中的意义进行了相关探讨。①

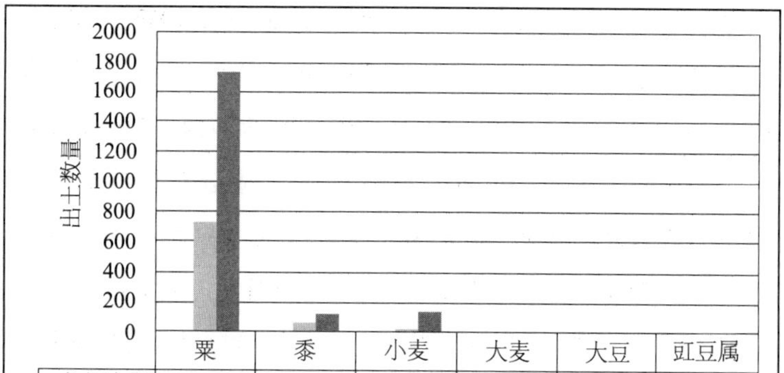

	粟	黍	小麦	大麦	大豆	豇豆属
■仰韶中期	18	8	2			
■仰韶晚期	732	71	18		1	
■东周时期	1740	115	136	9	4	8

图3　各时期出土农作物遗存数量比较

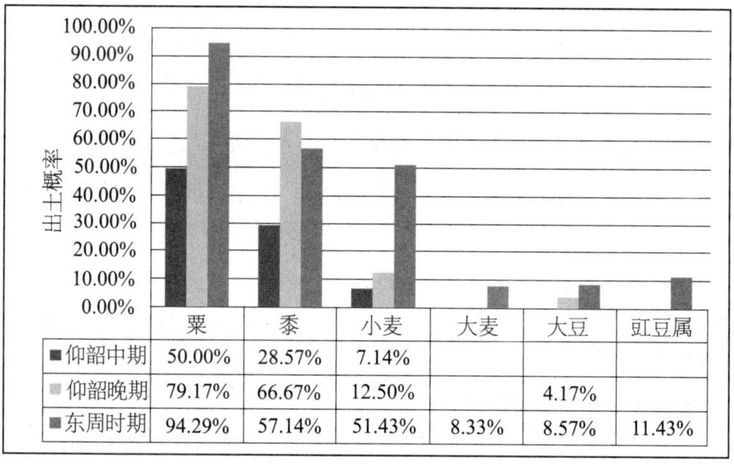

	粟	黍	小麦	大麦	大豆	豇豆属
■仰韶中期	50.00%	28.57%	7.14%			
■仰韶晚期	79.17%	66.67%	12.50%		4.17%	
■东周时期	94.29%	57.14%	51.43%	8.33%	8.57%	11.43%

图4　各时期出土农作物出土概率比较

小麦在龙山至夏纪年时期传入中国，东周时期关中地区出土小麦实属正常。但弓背崖遗址仰韶中期遗存中发现小麦2粒、仰韶晚期遗存中发现小麦18粒显得有些不符合目前学术研究的情况。关中地区的鱼化寨遗址出土小麦的碳十四测年结果就验证了该遗址仰韶文化的小麦遗存为晚期混入。②因此，西安弓背崖遗址仰韶文化时期的炭化小麦尽管没有测年，也有很大可能是晚期混入遗存，并且混入的数量似乎比较多。

① Liu X，Jones M K，“Food Globalisation in Prehistory：Top Down or Bottom up”，*Antiquity*，2014，88（341）：956-963. DOI：10.1017/S0003598X00050912.

② 赵志军：《仰韶文化时期农耕生产的发展和农业社会的建立——鱼化寨遗址浮选结果的分析》，《江汉考古》2017年第6期。

弓背崖遗址发现了9粒东周时期的大麦遗存。大麦与小麦一样，也是原产于西亚两河流域的重要农作物[①]。据相关学者的研究，中国境内发现的最早的大麦遗存遗址是青海下孙家寨，大麦碳十四校正年代为4086—3909 cal. a BP；其次是甘肃黑水国遗址，出土大麦的碳十四校正年代为3830—3643 cal. a BP；中原地区大麦遗存经过碳十四测年的遗址目前仅有登封王城岗遗址，校正年代为2714—2466 cal. a BP，时代相当于东周早期。尽管商周时期中原地区出土大麦的直接测年证据不多，但新疆和青海都不乏校正年代在2950—2650 cal. a BP的大麦证据。[②]《周礼》《诗经》也有关于小麦（麦）、大麦（麰）的记载。[③]因此，到了商周时期，大麦自两河流域传入中原地区应该是没有什么问题的。只是根据目前关中及其附近地区商周时期的考古发现来看，比如东阳遗址[④]和泾河中游的枣林河滩遗址[⑤]（枣林河滩遗址位于泾河中游，已不属于典型的关中平原），大麦在这一时期的利用程度非常有限。

无独有偶，东阳遗址和弓背崖遗址均发现了周代的豇豆属遗存，弓背崖豇豆属遗存的数量相对偏多（8粒，东周时期），初步认为可能为赤豆（Vigna angularis）。放眼整个东亚地区，有研究表明，现今时代较早的赤豆遗存出现在日本和韩国的部分遗址当中。[⑥]迄今为止，我国也有部分遗址出土了豇豆属或是赤豆遗存，北方地区多见于山东地区和河南地区，如山东日照两城镇龙山时期遗址[⑦]以及河南博爱西金城汉代和唐宋时期遗存[⑧]，南方地区多见于四川地区。有学者总结了我国部分

---

① Zohary Daniel，Hopf Maria，Weiss Ehud. *Do Mestication of Plants in The Old World*：*The Origin and Spread of Cultivated Plants in West Asia*，*Europe*，*and the Nile Valley*，New York：Oxford University Press. 2021，pp. 23-33.

② Liu X，Lister，D L，Zhao Z，et al.，“Journey to East：Diverse Routes and Vari Able Flowering Times for Wheat and Barley Enroute to Prehistoric China”，*Plos One*，2017，12（11）：4-6.

③ 夏纬瑛：《植物名释札记》，农业出版社，1990年，第219页。

④ 赵志军：《渭河平原古代农业的发展与变化——华县东阳遗址出土植物遗存分析》，《华夏考古》2019年第5期。

⑤ 陈思源、傅文彬、刘嘉祺等：《陕西旬邑枣林河滩遗址炭化植物遗存研究》，《南方文物》2019年第1期。

⑥ Crawford，G.W.，“Prehistoric Plant Domestication in East Asia”，*The origins of agriculture*：*An international perspective*，Edited by C. W. Cowan and P. J. Watson，Washington，D.C.and London：Smithsonian Institution Press，1992，pp. 7-38；Crawford，G. W. and G.-A.Lee，“Agricultural Origins in the Korean Peninsula”，*Antiquity*，2003，77：87-95.

⑦ Crawford，G.W.，A.Underhill，Z. Zhao. et al.，“Late Neolithic Plant Remains from Northern China：Preliminary Results from Liangchengzhen，Shandong”，*Current Anthropology*，2005，46（2）：309-317.

⑧ 陈雪香、王良智、王青：《河南博爱县西金城遗址2006—2007年浮选结果分析》，《华夏考古》2010年第3期。

遗址小豆遗存的发现，根据其研究，小豆在新石器时代早期就出现并被利用，到了龙山时期开始出现人为栽培痕迹，商周时期可能已经是农作物体系中的重要组成部分。[①]尽管东阳遗址和弓背崖遗址都发现了豇豆属遗存，但其规模仍然比较有限，这表明当地先民对其利用的水平应该不是很高。关中地区豇豆属植物遗存的栽培和利用还需要日后进一步研究。

2. 农业生产的不平衡性

从黍在农业生产结构中的地位来看，东阳遗址与弓背崖遗址不太相同。黍在东阳遗址（西周时期）的数量少、出土概率低，在弓背崖遗址（东周时期）的数量虽然也不多，但出土概率很高。

假设东阳遗址代表了西周时期关中地区的农业经济特点，弓背崖遗址代表了东周时期关中地区的农业经济特点，那么，在保持以粟为主、小麦为辅的农业生产前提下，两周时期黍的地位具有时代上的不平衡性。

依据上述假设和推断，弓背崖遗址和东阳遗址更有可能仅代表各自聚落的情况，即关中地区某一时期各聚落的农业生产情况不完全一致，具有空间上的不平衡性。这种不平衡性在关中地区稻米的考古发现上更为明显。弓背崖和案板遗址[②]并未发现仰韶时期的稻米遗存，但是杨官寨[③]、鱼化寨[④]、新街[⑤]、兴乐坊[⑥]和东阳遗址[⑦]均出土了这一时期的炭化稻米，其中以兴乐坊仰韶中期和新街、东阳遗址仰韶晚期的稻米遗存为多。有学者认为，仰韶文化早期稻米在关中就已经出现；从仰韶文化中期开始，稻米的利用似乎越来越普遍，是仅次于粟、黍的重要粮食来源。[⑧]稻作农

---

① 陶大卫：《国内若干考古遗址出土小豆遗存的初步考察》，《西部考古》2017年第3期。

② 刘晓媛：《案板遗址2012年发掘植物遗存研究》，硕士学位论文，西北大学，2012年。

③ 唐丽雅：《仰韶时代关中农业经济研究》，西北大学（流动站）和陕西省考古研究院（工作站）博士后出站报告，2019年。

④ 赵志军：《仰韶文化时期农耕生产的发展和农业社会的建立——鱼化寨遗址浮选结果的分析》，《江汉考古》2017年第6期。

⑤ 钟华、杨亚长、邵晶等：《陕西省蓝田县新街遗址炭化植物遗存研究》，《南方文物》2015第3期。

⑥ 刘焕、胡松梅、张鹏程等：《陕西两处仰韶时期遗址浮选结果分析及其对比》，《考古与文物》2013年第4期。

⑦ 赵志军：《渭河平原古代农业的发展与变化——华县东阳遗址出土植物遗存分析》，《华夏考古》2019年第5期。

⑧ 钟华、杨亚长、邵晶等：《陕西省蓝田县新街遗址炭化植物遗存研究》，《南方文物》2015年第3期。

业起源于长江中下游地区[①]，关中地区史前稻作农业的出现和发展应该受到了长江流域稻作农业经济的较大影响，长江中游的稻米可以经过汉水谷地向北传播，进入大寺[②]、青龙泉[③]、沟湾[④]、八里岗[⑤]等汉水中游遗址以及陕南汉水上游的汉中龙岗寺遗址[⑥]。秦岭并非稻米北传的屏障，秦岭内诸多的山间峪口是稻米向北传入关中的重要途径之一。目前并非关中所有仰韶时期的遗址都发现有稻米遗存，这可能暗示了仰韶时代关中先民接纳稻米的程度不同、稻米在史前聚落间的分布存在一定程度的不平衡性，这必然是受到聚落自身自然生态环境和人文环境的多重影响。

豆科植物中出土了大豆和豇豆属两种植物遗存。大豆是起源于我国北方的本土作物。[⑦]根据相关学者的研究，不晚于龙山时代，大豆在河南禹县瓦店[⑧]、河南登封王城岗[⑨]、陕西周原王家嘴地点[⑩]等遗址都有一定程度的发现。弓背崖遗址仰韶文化时期的大豆遗存只有1粒，事实上大豆在关中地区其他遗址的出土数量也比较有限，比如案板遗址10粒[⑪]，东阳遗址4粒[⑫]，新街遗址10粒[⑬]。这种情况可能表明大豆的普及程度比较高，但在史前时期的利用程度非常有限。大豆遗存在弓背崖东周时期遗

① 赵志军：《中国古代农业的形成过程——浮选出土植物遗存证据》，《第四纪研究》2014年第1期。

② 唐丽雅、黄文新、郭长江等：《湖北郧县大寺遗址出土植物遗存分析——兼谈鄂西北豫西南山区史前农业特点》，《西部考古》2016年第2期。

③ 吴传仁：《湖北郧县青龙泉遗址出土植物遗存分析》，硕士学位论文，中国社会科学院，2011年。

④ 王育茜、张萍、靳桂云等：《河南淅川沟湾遗址2007年度植物浮选结果与分析》，《四川文物》2011年第2期。

⑤ 邓振华、高玉：《河南邓州八里岗遗址出土植物遗存分析》，《南方文物》2012年第1期。

⑥ 唐丽雅、韩凯、马明志等：《农作物传播研究：以陕西汉中龙岗寺遗址新石器时代炭化植物遗存为例》，《第四纪研究》2020年第2期。

⑦ 赵志军：《中国古代农业的形成过程——浮选出土植物遗存证据》，《第四纪研究》2014年第1期。

⑧ 刘昶、赵志军、方燕明：《河南禹州瓦店遗址2007、2009年度植物遗存浮选结果分析》，《华夏考古》2018年第1期。

⑨ 赵志军、方燕明：《登封王城岗遗址浮选结果及分析》，《华夏考古》2007年第2期。

⑩ 赵志军：《陕西扶风周原王家嘴地点浮选结果分析报告》，见《植物考古学：理论、方法和实践》，科学出版社，2010年，第141页。

⑪ 刘晓媛：《案板遗址2012年发掘植物遗存研究》，硕士学位论文，西北大学，2012年。

⑫ 赵志军：《渭河平原古代农业的发展与变化——华县东阳遗址出土植物遗存分析》，《华夏考古》2019年第5期。

⑬ 钟华、杨亚长、邵晶等：《陕西省蓝田县新街遗址炭化植物遗存研究》，《南方文物》2015年第3期。

址也比较少（4粒），但关中地区其他商周时期遗址则发现较多，比如枣林河滩就出土了162粒炭化豆粒[1]；东阳遗址尽管没有发现东周时期的大豆遗存，但出土了142粒西周时期的炭化豆粒[2]。这种情况可能受到各种主客观条件的影响，但也可能是不同遗址居民对大豆的偏爱程度不同、对大豆价值的认识不同、对大豆的利用水平不同。

综上，即使处于同一区域，受到相同的考古学文化（仰韶文化、两周文化）的影响，同一时期不同遗址之间的农业发展状况既存在共性，也存在差异。引起这些差异的原因值得日后考古工作者结合浮选样品的来源和数量、自然生态环境、聚落等级和聚落所属的考古学文化等多种因素进行综合而深入的思考。

3.非农作物的利用

非农作物遗存也是植物考古研究的一个重要方面，很多非农作物和人们生产生活有着紧密的联系，其中有一些作为农田的伴生杂草在收割时与农作物一起带入居址，还有一些可能因为食用或者饲用等原因被人们利用。按照表3中非农作物遗存的一般性的分类，后文对这些非农作物在先秦时期人类生产生活中的作用进行讨论。

弓背崖遗址中出土的非农作物种子仅75粒（不含秦汉时期，见表3），数量相对较少。其中藜科藜属植物种子就有40粒（表3），数量超过非农作物种子的一半，出土概率为12.20%。在相近的鱼化寨遗址中也出土大量的藜科植物种子[3]，这种植物很有可能是当地先民有目的采集的一种植物。事实上，藜科藜属植物在中国的广大地区都有分布，非常常见，具有一定的利用价值，其嫩叶和幼苗既可以作为蔬菜食用，也可以作为家畜的饲料。很可能因为藜属植物的这种特性，古代遗址多有发现，表明其利用程度确实很高。

蓼科植物种子出土的数量相对较多，并比较集中地出土于东周时期的一个遗迹单位中。蓼科植物常为夏熟作物田的伴生杂草，有些蓼科植物（酸模叶蓼）的嫩茎、叶可作蔬菜及饲料。弓背崖遗址先民们可能有目的地对蓼科植物进行利用，有可能将其作为家畜的饲料。

---

① 唐丽雅、黄文新、郭长江等：《湖北郧县大寺遗址出土植物遗存分析——兼谈鄂西北豫西南山区史前农业特点》，《西部考古》2016年第2期。

② 赵志军：《渭河平原古代农业的发展与变化——华县东阳遗址出土植物遗存分析》，《华夏考古》2019年第5期。

③ 赵志军：《仰韶文化时期农耕生产的发展和农业社会的建立——鱼化寨遗址浮选结果的分析》，《江汉考古》2017年第6期。

该遗址还出土了少量的马唐、狗尾草、胡枝子属植物。马唐和狗尾草是常见的旱地杂草，可能是伴随收割等农业活动进入居址的。马唐和狗尾草也都是优良的牧草，马唐茎秆纤细，叶片柔软，无论鲜草还是干草，都是饲草的良好选择；狗尾草秆、叶可作饲料，家畜亦喜食之。胡枝子属植物幼嫩的叶子具有浓郁的香味，适口性好，营养价值高，是现代牛、羊、猪等家畜的优良饲料；草木犀属植物也是常见的牧草。这些非农作物遗存组合在一定程度上说明弓背崖遗址应有家畜饲养存在。当然，牛、羊在仰韶时代尚未传入亚洲东部地区[①]，弓背崖遗址不同时期家畜饲养的种类应有所不同，这有待日后动物考古进行更加深入的研究。

除此之外，遗址出土的锦葵、地肤和地丁草可能是作为路边、田边或是荒地中的杂草被带入居址的，数量较少，不再深入分析。

五、结语

西安弓背崖遗址位于关中地区腹心地带。该遗址的浮选样品主要涵盖了仰韶时期和东周时期，还有少量样品属于秦汉时期。将弓背崖遗址与关中地区的其他遗址相比，先秦时期关中地区农业生产的一致性比较明显。比如，弓背崖遗址和其他遗址的先民们一贯实行以粟为主的北方旱作农业经济；小麦自从新石器时代末期传入中国后，到了周代已经成为居民生活中的重要粮食作物，不晚于商周时期，大麦也已经为关中居民所利用，但其重要性与小麦相比相差甚远；豇豆属植物在两周时期应该已经进行了一定程度的栽培与利用，但具体情况仍有待日后进行深入研究。先秦时期关中地区的农业生产除了一致性之外，还显示出了不平衡性。比如，自仰韶时代，大豆就已经被史前先民认知并利用，但弓背崖遗址周代的大豆遗存并不比两周时期关中其他遗址的发现数量多；此外，弓背崖遗址并未发现仰韶时期的稻米遗存，这与关中地区史前植物考古发现有差异。

通过将弓背崖遗址与关中地区相关遗址进行对比，表明先秦时期关中地区农业生产的发展变化过程是比较明确的，从这个角度讲，各个遗址都表现出了比较一致的时代共性。但学术界也应该在古代农业经济发展的大趋势下，考察某一时期不同聚落居民对农作物接纳与利用的差异程度，换句话说，在共性之下也具有明显的不平衡性。本文以先秦时期关中地区的遗址为例，仅简单揭示了这种不平衡性，造成这种不平衡性的原因另撰文讨论。不过，这种情况一方面可能受到浮选样品来源和数量的影响，一方面也应该受到自然生态环境、聚落等级和聚落所属的考古学文化

① 袁靖、董宁宁：《中国家养动物起源的再思考》，《考古》2018年第9期。

等因素的影响。

除此之外，狗尾草、马唐、草木犀属、胡枝子属以及藜属植物等非农作物遗存均有可能喂养家畜，个别种类还可能被人食用。

综上，本研究补充了关中地区的植物遗存资料，对研究人类植物利用历史的发展，揭示区域农业发展状况的一致性和不平衡性具有一定意义。

原载《南方文物》2020年第4期

（唐丽雅，西北大学文化遗产学院副教授）

早期中西交通线路上的丰镐与咸阳

王子今

虽然在中国正史的记录中，汉代外交家张骞正式开通丝绸之路的事迹被誉为“凿空”[①]，但是，从新石器时代陶器器型和纹饰的特点已经可以看到早期中西文化交流的相关迹象。小麦、家马和制车技术的由来，有自西而东的线索。一些古希腊雕塑和陶器彩绘人像所着衣服柔细轻薄，因而有人推测公元前5世纪中国丝绸已经为希腊上层社会所喜好。

西周王朝和东周秦国以至后来的秦王朝，都曾经在关中中部即今陕西西安附近地区设置行政中心。西周都城丰镐和秦都咸阳，在早期中西交通的开创事业中均曾据重要的地位。

西周中期周穆王时代，史传这位君王曾向西北远行，创造了黄河流域居民开拓联络西方的交通道路的历史记录。《左传·昭公十二年》载：“昔穆王欲肆其心，周行天下。”[②]《竹书纪年》也有周穆王西征的明确记载。司马迁在《史记》卷五《秦本纪》和卷四三《赵世家》中，也记述了造父为周穆王驾车西行巡狩，穆王见西王母，乐而忘归的故事。[③]晋武帝时，有人在汲郡盗掘战国时期魏王的陵墓，从中得到简牍数十车。后来经过学者整理，获古书75篇，包括《竹书纪年》《穆天子传》等重要文献。《穆天子传》记载周穆王率领有关官员和七萃之士，驾乘八骏，由最出色的驭手造父等御车，伯夭担任向导，从宗周出发，经由河宗、阳纡之山、西夏氏、河首、群玉山等地，西行来到西王母的邦国，与西王母互致友好之辞，宴饮唱和，并一同登山刻石纪念，又继续向西北行进，在大旷原围猎，然后千里驰行，返回宗周的事迹。许多研究者认为，周穆王西巡行程的终极，大致已经到达中亚吉尔吉斯斯坦的草原地区。有的学者甚至推测，穆天子西行可能已经在欧洲中部留下了足迹。与《穆天子传》同出于汲冢的《竹书纪年》通常被看作信史，

---

① 《史记·大宛列传》，中华书局，1959年，第3169页。

② 《春秋左传集解》，上海人民出版社，1977年，第1357页。

③ 《史记》，中华书局，1959年，第175、1179页。

而关于《穆天子传》的性质，历来存在不同的认识。有人将其归入“起居注类”，有人则将其列入“别史类”或者“传记类”。大致都将其看作历史记载。然而清人编纂的《四库全书》却又将其改隶“小说家类”。不过，许多学者注意到《穆天子传》中记录的名物制度一般都与古代礼书的内容大致相合，因此认为其内容基本可信。可能正是出于这样的考虑，《四部丛刊》和《四部备要》仍然把《穆天子传》归入“史部”。对于《穆天子传》中“天子西征至于玄池”的文句，刘师培解释说，“玄池即今咸海”，即今哈萨克斯坦和乌兹别克斯坦之间。他又判断：“下文苦山、黄鼠山均在其西，今咸海以西，波斯国界也。”①顾实对于穆天子西征路线有较为具体的说明。他推定周穆王西至甘肃，入青海，登昆仑，走于阗，登帕米尔山，至兴都库什山，又经撒马尔罕等地，进入位于今伊朗境内的西王母之邦。又行历高加索山，北入欧洲大平原。在波兰休居三月，大猎而还。顾实认为，通过穆天子西行路线，可以认识上古时代亚欧两大陆东西交通之孔道已经初步形成的事实。②这当然只是一种意见。但是西周时期交通西方的尝试，确实有历史遗迹可寻。云塘西周骨器制作遗址就曾出土过骆驼骨骼。位于丰镐的张家坡墓地出土玉器数量众多，玉质优异，制作精美，据检测，多为透闪石软玉，其材料来自多个产地。上村岭M2009出土的724件（组）玉器，经鉴定，大部分为新疆和田玉。由此可见，当时玉器东来的道路应当是畅通的。大致正是在周穆王时代前后，随葬车马与主墓分开、整车随马埋葬、舆后埋殉葬人的传统葬俗发生了变化，即改变为将随葬的车辆拆散，轮、轴、辕、衡、舆等部件陈放在主墓内，而将驾车马匹另行挖坑埋葬的形式③。这种葬俗可能更突出地表现了墓主和车辆的密切关系。这些历史迹象，或许也与周穆王时代崇尚出行的风习有关。

作为周穆王西行出发点的宗周，可以看作前张骞时代中西交通线路的起点。

司马迁笔下为周穆王驾车的造父，是秦人的先祖。作为秦人在交通史上活跃表现之标志性符号的造父，后来以“御官”身份，姓名用以命名天上星座。④有意思的是，传东方朔作《海内十洲记》中写到西王母告诉周穆王其国度与周王朝的空间距离：“咸阳去此四十六万里。”⑤这里不说“宗周”或者“丰镐”而说“咸阳”，

---

① 刘师培：《穆天子传补释》，见《刘师培全集》，中共中央党校出版社，1997年，第546页。

② 顾实编：《穆天子传西征讲疏》，中国书店，1990年，第175、244页。

③ 张长寿、殷玮璋：《中国考古学·两周卷》，中国社会科学出版社，2004年，第175、244页。

④ 《晋书》卷一一《天文志一》：“南河中五星曰造父，御官也。”参见《晋书》，中华书局，1974年，第290页。

⑤ 〔明〕陶宗仪：《说郛》，文渊阁《四库全书》本。

是因为秦都咸阳在中西文化交流的交通体系中占有非常重要的位置。商鞅变法，秦自雍迁都咸阳，确定了在关中中心方位领导农耕发展和东向进军的优胜条件，也同时继承了丰镐王气。秦人与西北民族有密切的交往，于是东方人以为“秦与戎翟同俗”[①]，因而“夷翟遇之”[②]。秦墓出土的“铲脚袋足鬲”，有学者即认为其体现了“西北地区文化因素”[③]，战国中期以后出现并成为墓葬形制主流的洞室墓，也被判定“并不是秦文化的固有因素”，“可能是秦人吸收其他古文化的结果”[④]。其渊源大致来自西北甘青高原。源自更遥远地方的文化因素对秦文化风格的影响，突出表现于黄金制品在墓葬中的发现。马家塬墓地埋葬车马的特殊装饰，也显示了从未见于中原文化遗存的审美意识和制作工艺。有学者指出，“马家塬墓地中的金珠及金器中的掐丝、镶嵌等工艺更可能源自于地中海东岸的西亚”，“马家塬墓地出现的戴尖顶帽的人物形象，表明在战国时期这一地区不仅和欧亚草原中部、西部及西亚存在技术和工艺上的交流，还可能有人员的交往”。[⑤]至于秦文化对遥远的西北方向的影响，我们看到，哈萨克斯坦巴泽雷克5号墓出土了织锦刺绣，其风格来自中国。在这一地区公元前4世纪至前3世纪的墓葬中，还出土了有典型关中文化风格的秦式铜镜。史载西汉时匈奴人使役“秦人”，颜师古解释说：“秦时有人亡入匈奴者，今其子孙尚号‘秦人’。”[⑥]其实，匈奴人使用的“秦人”称谓，应当理解为秦人经营西北，与草原民族交往的历史记忆的遗存。有的学者认为，“China”的词源，应与“秦”的对外影响有关。[⑦]实现统一之后的秦王朝对西北方向的特别关注，还表现在“有大人长五丈，足履六尺，皆夷狄服，凡十二人，见于临洮”，于是“销天下兵器，作金人十二以象之”[⑧]。“金人十二，重各千石，置廷宫中”，成为咸阳宫的重要景观。[⑨]

---

① 《史记·魏世家》，中华书局，1959年，第185页。

② 《史记·秦本纪》，中华书局，1959年，第202页。

③ 滕铭予：《秦文化：从封国到帝国的考古学观察》，学苑出版社，2003年，第138页。

④ 王学理：《秦物质文化史》，三秦出版社，1994年，第308页。

⑤ 王辉：《甘肃发现的两周时期的“胡人”形象》，《考古与文物》2013年第6期，第28页。

⑥ 《汉书·匈奴传上》，中华书局，1962年，第3782页。

⑦ 薛福成《出使日记》说，“欧洲各国其称中国之名”“皆‘秦’之音译”，“揆其由来，当由始皇逼逐匈奴，威震殊俗”。林剑鸣则认为，很有可能“在秦穆公时期，戎、狄的流徙，使‘秦’成为域外诸民族对中国的称呼”。参见林剑鸣：《秦史稿》，上海人民出版社，1981年，第50—51页。

⑧ 《汉书·五行志下》，中华书局，1962年，第1472页。

⑨ 王子今：《秦始皇造铸“金人十二”之谜》，见陕西历史博物馆馆刊编辑部编：《陕西历史博物馆馆刊》（第5辑），西北大学出版社，1998年。

秦自雍迁都咸阳之后，咸阳继承了丰镐的作用，承担了联系中西交通的主导责任。此后，汉唐长安也同样是在这一地区，建设了表现出充沛的进取精神和能动力量的丝绸之路的东端起点。

原载《西北大学学报》2015年第1期

（王子今，西北大学历史学院教授）

秦人的十个陵区

焦南峰　孙伟刚　杜林渊

从公元前770年到前206年，因护送周平王东迁洛邑而襄公被封诸侯立国伊始，到秦二世胡亥灭亡，秦人经历了前后565年的历史进程。

在这漫长的6个世纪中，秦人不断地从西向东发展，成为中国历史上唯一一个完成了从附庸到方国、方国到王国、王国再到帝国三次大的政治升华的先秦古国；在这漫长的6个世纪中，秦人营建了与其国家政治升华相适应的多座公、王、帝陵。

一、研究简史

长期以来，许多考古学家、历史学家一直致力于秦公、王、帝陵的探索和研究，取得了可喜的研究成果[①]。

秦陵科学意义上的考古学研究始于20世纪60年代初[②]，陕西省文物管理委员会开始对秦始皇帝陵进行考古调查并测绘出第一张陵园平面图[③]。1974年，随着秦始皇陵兵马俑坑的发现，秦始皇帝陵的考古研究随之展开。[④]1976年，著名考古学家韩伟带队钻探发现了雍城秦公陵园。[⑤]1986年，陕西省考古研究所勘探发现了秦东陵。[⑥]20

---

① 本文的秦陵系指从秦襄公立国到秦始皇称帝，秦国公、王、帝的陵墓，不包括“葬以黔首”的秦二世胡亥。

② 在20世纪60年代以前，虽有一些中外学者及机构曾对秦始皇陵进行过考察，但“严格地讲，此阶段的工作还算不上是现代科学意义上的考古调查”。参见焦南峰《西汉帝陵考古发掘研究的历史及收获》，西北大学考古学系、西北大学文化遗产与考古学研究中心编：《西部考古——纪念西北大学考古学专业成立五十周年专刊》（第1辑），三秦出版社，2006年。

③ 陕西省文物管理委员会、临潼县文化馆：《秦始皇陵调查简报》，《考古》1962年第8期。

④ 始皇陵秦俑坑考古发掘队：《临潼县秦俑坑试掘第一号简报》，《文物》1975年第11期。

⑤ 韩伟：《凤翔秦公陵园钻探与试掘简报》，《文物》1983年第7期。

⑥ 陕西省考古研究所、临潼县文管会：《秦东陵一号陵园勘查记》，《考古与文物》1987年第4期；陕西省考古研究所秦陵工作站：《秦东陵第四号陵园调查钻探简报》，《考古与文物》1993年第3期；张海云：《芷阳遗址调查简报》，《文博》1985年第3期。

世纪90年代初，甘肃省文物考古研究所在礼县大堡子山清理并确认了大堡子山秦公陵园。[①]近年来，陕西省的考古工作者又在秦都咸阳附近发现了多座战国秦陵。[②]

根据基本一致的历史文献及不同阶段的田野考古成果，专家们先后提出过秦陵“三大陵区”[③]“四大陵区”[④]“五大陵区”“六大陵区”[⑤]等多种观点。1993年，韩伟、程学华认为，有秦一代“共建造四个陵区。最早为西垂陵区，葬襄公、文公……其次为雍城陵区，宁公至出子22位秦国国君埋葬于此；再次为芷阳陵区，史称‘东陵’，葬自献公至庄襄王7位国君；最后为始皇陵园”[⑥]。稍后，尚志儒认为，“秦人至少营筑了西垂、雍城、毕陌、芷阳与骊山五大茔域”[⑦]。徐卫民认为，“秦先后有四大陵区，即西垂陵区、雍城陵区、咸阳陵区和栎阳陵区……咸阳陵区的帝王陵分布在咸阳都城的西北方和东南方，有惠文王陵、武王陵、昭襄王陵、孝文王陵、庄襄王陵、秦始皇陵”[⑧]。马振智的观点是，“秦国陵区大致有六：即西垂、平阳、雍城、栎阳、咸阳以北和芷阳陵区”[⑨]。

---

① 李学勤、艾兰：《最新出现的秦公壶》，《中国文物报》1994年10月30日；韩伟：《论甘肃礼县出土的秦金箔饰件》，《文物》1995年第6期；王辉：《也谈礼县大堡子山秦公墓地及其铜器》，《考古与文物》1998年第5期；陈平：《浅谈礼县秦公墓地遗存与相关问题》，《考古与文物》1998年第5期；祝中熹：《大堡子山秦西陵墓主及其他》，《陇右文博》1999年第1期；戴春阳：《礼县大堡子山秦公墓地及有关问题》，《文物》2000年第5期；张天恩：《试说秦西山陵区的有关问题》，《考古与文物》2003年第3期；杨惠福、侯红伟：《礼县大堡子山秦公墓主管见》，《考古与文物》2007年第6期；赵化成、王辉、韦正：《礼县大堡子山秦子“乐器坑”相关问题探讨》，《文物》2008年第11期；梁云：《甘肃礼县大堡子山青铜乐器坑探讨》，《中国历史文物》2008年第4期；李峰：《礼县出土秦国早期铜器及祭祀遗址论纲》，《文物》2011年第5期。

② 刘卫鹏、岳起：《咸阳塬上“秦陵”的发现和确认》，《文物》2008年第4期；陕西省考古研究院、咸阳市文物考古研究所：《“周王陵”考古调查、勘探简报》，《考古与文物》2011年第1期；陕西省考古研究院、咸阳市文物考古研究所：《咸阳渭城司家庄秦陵调查钻探资料》；陕西省考古研究院、咸阳市文物考古研究所：《咸阳渭城严家沟秦陵调查钻探资料》。

③ 王学理、梁云：《秦文化》，文物出版社，2001年。

④ 石兴邦：《秦代都城和陵墓的建制及其相关的历史意义》，见秦始皇兵马俑博物馆研究室编：《秦文化论丛》（第1集），西北大学出版社，1993年，第98页；韩伟、程学华：《秦陵概论》，见石兴邦主编：《考古学研究》，三秦出版社，1993年；徐卫民：《秦帝王陵墓制度研究》，《唐都学刊》2010年第1期。

⑤ 尚志儒：《秦陵及其陵寝制度浅论》，《文博》1994年第6期。

⑥ 韩伟、程学华：《秦陵概论》，见石兴邦主编：《考古学研究》，三秦出版社，1993年。

⑦ 尚志儒：《秦陵及其陵寝制度浅论》，《文博》1994年第6期。

⑧ 徐卫民：《秦帝王陵墓制度研究》，《唐都学刊》2010年第1期。

⑨ 马振智：《秦国陵寝制度研究》，见张宏彦主编：《梓里集——西北大学考古专业七七级毕业三十周年纪念文集》，西北大学出版社，2012年。

二、历史文献的梳理

有关秦人陵墓的记载，散见于各类历史文献，其中最为集中、最为可靠的是《史记·秦始皇本纪》所附《秦纪》。现择要如下。

“襄公立，享国十二年。初为西畤。葬西垂。生文公。”

“文公立，居西垂宫。五十年死，葬西垂。生静公。”

“静公不享国而死。生宪公。”

“宪公享国十二年，居西新邑。死，葬衙。生武公、德公、出子。”

“出子享国六年，居西陵。庶长弗忌、威累、参父三人，率贼贼出子鄙衍，葬衙。武公立。”

“武公享国二十年。居平阳封宫。葬宣阳聚东南。三庶长伏其罪。德公立。”

“德公享国二年。居雍大郑宫。生宣公、成公、缪公。葬阳。初伏，以御蛊。”

“宣公享国十二年。居阳宫。葬阳。初志闰月。”

“成公享国四年，居雍之宫。葬阳。齐伐山戎、孤竹。”

“缪公享国三十九年。天子致霸。葬雍。缪公学著人。生康公。”

“康公享国十二年。居雍高寝。葬竘社。生共公。”

“共公享国五年，居雍高寝。葬康公南。生桓公。”

“桓公享国二十七年。居雍太寝。葬义里丘北。生景公。”

“景公享国四十年。居雍高寝，葬丘里南。生毕公。”

“毕公享国三十六年。葬车里北。生夷公。”

“夷公不享国。死，葬左宫。生惠公。”

“惠公享国十年。葬车里（康景）。生悼公。”

“悼公享国十五年。葬僖公西。城雍。生刺龚公。”

“刺龚公享国三十四年。葬入里。生躁公、怀公。其十年，彗星见。”

“躁公享国十四年。居受寝。葬悼公南。其元年，彗星见。”

“怀公从晋来。享国四年。葬栎圉氏。生灵公。诸臣围怀公，怀公自杀。”

“肃灵公，昭子子也。居泾阳。享国十年。葬悼公西。生简公。”

“简公从晋来。享国十五年。葬僖公西。生惠公。其七年。百姓初带剑。”

“惠公享国十三年。葬陵圉。生出公。”

“出公享国二年。出公自杀，葬雍。”

“献公享国二十三年。葬嚣圉。生孝公。”

“孝公享国二十四年。葬弟圉。生惠文王。其十三年，始都咸阳。”

“惠文王享国二十七年。葬公陵。生悼武王。”

“悼武王享国四年，葬永陵。”

“昭襄王享国五十六年。葬茝阳。生孝文王。”

“孝文王享国一年。葬寿陵。生庄襄王。”

“庄襄王享国三年。葬茝阳。生始皇帝。吕不韦相。”

“始皇享国三十七年。葬郦邑。生二世皇帝。始皇生十三年而立。”

“二世皇帝享国三年。葬宜春。赵高为丞相安武侯。二世生十二年而立。”

上述文献记载中，学术界多年研究认为，除了个别秦公的名称、享国年代等略有差异外，大多数已为考古资料所证实，总体上是可信的，可以成为我们研究秦陵陵区的重要资料。

梳理上述文献，我们可以发现有关秦陵的几个问题。

（1）遵循居址与墓葬紧密相连的历史传统。秦人陵墓与都邑均有不可分割的联系，即所谓“陵城相依，陵随城移”。如文公居西垂宫，葬西垂；武公居平阳封宫，葬宣阳聚东南；宣公居阳宫，葬阳；德公居雍大郑宫之后，多位秦公葬雍；秦孝公都咸阳后，多位王、帝葬芷阳、郦邑等。

（2）《史记·秦本纪》在记载秦公陵址时，采用了有规律的、不同的描述方式。一般来讲，始建陵区或陵墓时记载采用较为宏观的地名，如西垂、衙、阳、雍、芷阳、郦邑等，在已有陵区再建新的陵墓时则使用较为具体的地名和方位。前者如雍城陵区的竘社、左宫、车里、入里、栎圉氏、陵圉等，后者如雍城的车里北、义里丘北、丘里南、康公南、僖公西、悼公南等。根据这一思路，上述文献记载的秦人相对独立的陵区或陵园至少应有西垂、衙、阳（包括宣阳聚）、雍、芷阳、郦邑六处。

（3）有关《史记·秦始皇本纪》中的献公葬地“嚣圉”、孝公葬地“弟圉”，学界暂无定论。主持栎阳田野考古工作的刘庆柱认为，“秦孝公陵应在今西安市阎良区康桥和关山镇以东，渭南市临渭区下邽镇以西”[①]。有历史学家附议，“那么献公陵也应在孝公陵附近”，“栎阳陵区位于秦都栎阳附近”[②]。

（4）文献在记载有关居住咸阳的惠文王、悼武王的陵墓时没有使用地名，直接标注以陵名——公陵、永陵，为我们的研究出了难题。但一些较晚的文献或研究

---

① 中国社会科学院考古研究所栎阳工作队：《秦汉栎阳城遗址的勘探和试掘》，《考古学报》1985年第3期。

② 徐卫民：《秦帝王陵墓制度研究》，《唐都学刊》2010年第1期。

等为我们提供了线索。《史记·秦本纪》集解引《皇览》曰："秦武王冢在扶风安陵县西北，毕陌中大冢是也。人以为周文王冢，非也。周文王冢在杜中。"正义引《括地志》云："秦悼武王陵在雍州咸阳县西北十五里也。"今人阎文儒引孙星衍《毕陌毕原考》："毕陌在渭水北，秦文王、武王之所葬，即今咸阳之陵，先诸书传甚明，其误自宋人始。"认为："可见咸阳原上之陵，非周陵实秦陵也，今考释之，无使国人再误为文、武之周陵耳。"[①]也就是说，长期以来，多位史家认为秦都咸阳附近除了芷阳、郦邑两处陵地之外，还至少有两座秦陵。

除了上述有关秦公、王、帝陵葬地的记载外，《史记·吕不韦列传》还有秦始皇祖母夏太后另辟陵地、别葬杜东的记载，云："始皇七年，庄襄王母夏太后薨。孝文王后曰华阳太后，与孝文王会葬寿陵。夏太后子庄襄王葬芷阳，故夏太后独别葬杜东，曰'东望吾子，西望吾夫。后百年，旁当有万家邑'。"

总之，以《史记·秦始皇本纪》为基本史料，参考其他有关史料可知：秦人在500多年的发展中，有可能使用过西垂、衙、阳（宣阳聚）、雍、芷阳、郦邑、栎阳、咸阳、杜东等九处陵地。

三、秦陵的考古发现

秦陵的田野考古成果主要集中在甘肃礼县、凤翔雍城、秦都咸阳等秦人都城附近，现逐一简介如下。

1.大堡子山城址及陵墓

大堡子山位于甘肃礼县永兴乡与永坪乡交界处的西汉水北岸，西距县城13公里。城址围绕大堡子山而建，坐落在其东北—西南走向的山体上，形状不规则。北城墙的长度约250米，西城墙复原长度1300米，南城墙和东城墙只发现了数段，估计原长度分别为870米、2600米。城址总面积约55万平方米。[②]

城址内先后发现"中"字形大墓两座、瓦刀形车马坑两座、青铜乐器祭祀坑一座及中小型墓葬一批，此外还有建筑遗址多处。北城墙外有大量中小型墓葬，西城墙外发现有少量灰坑、墓葬。

---

① 阎文儒：《"周陵"为秦陵考辨》，《考古与文物》1980年第2期。

② 早期秦文化考古联合课题组：《甘肃礼县大堡子山早期秦文化遗址》，《考古》2007年第7期；早期秦文化联合考古队：《2006年甘肃礼县大堡子山21号建筑基址发掘简报》，《文物》2008年第11期；早期秦文化联合考古队：《甘肃礼县三座周代城址调查报告》，见北京大学中国考古学研究中心、北京震旦古代文明研究中心编：《古代文明》（第7卷），文物出版社，2008年。

甘肃省文物考古研究所等单位先后对其中的“中”字形大墓和车马坑、祭祀坑进行了发掘清理。发掘的两座大墓均为“中”字形，东西向，墓室呈斗状，两条墓道均为斜坡状。墓室内设二层台，二层台上有殉人。墓室底部中央有腰坑，内置一只殉狗和一件玉琮。葬式均为仰身直肢葬，头向西。车马坑平面呈瓦刀形，东西向，竖穴土坑，埋葬有车马。9座小型墓葬均为竖穴土坑墓，东西向，有的墓葬在墓壁一侧掏挖壁龛用于安放殉人，墓室葬式为头朝西的直肢葬，随葬有铜鼎、簋等铜礼器和陶鼎、鬲、盆、豆、喇叭口罐等仿铜陶礼器及日用陶器。[①]乐器祭祀坑“为一东西向的长方形坑”，“坑长8.8、宽2.1、残深1.1—1.6米”，“坑内乐器分为两排，南侧为铜钟镈与钟架，北侧为石磬与磬架”，出土有青铜镈3件、青铜钟8件、石磬10件。[②]

建筑遗址在两座大墓之间、大墓的南北都有发现。其中，规模最大的21号建筑遗址“南北长107米、东西宽16.4米、东西两墙基之间宽11.4米，方向为北偏西16度”，“应是大型府库类建筑”。“该建筑的始建年代与被盗的秦公大墓的年代大体相当或稍晚”。[③]

2.雍城秦公陵园

根据《史记·秦本纪》记载，秦国自德公“卜居雍”开始，至秦献公二年（前383）“城栎阳”，雍城自春秋至战国中期一直是秦国的都城。秦人都雍城时间最长，此地埋葬的秦公数量也最多。

雍城秦公陵园位于凤翔县南塬，总面积约21平方公里，分南指挥陵区和三岔陵区两大部分。目前已钻探发现由一重或两重“兆沟”圈合的陵园14座、大型墓葬49座及小型墓葬数千座。[④]根据钻探出“兆沟”的走势、闭合趋向及其平面结构与布局，陵园可区分为双隍、单隍及组合三种类型。陵园大多坐西朝东，仅分布在三岔陵区的十四号陵园坐北向南。49座大型墓葬根据其平面形状分为“丰”字形、“中”字形、“甲”字形、“凸”字形、“刀”字形、“目”字形、圆形等7个类型。14座陵园分别由类型不同和数量不等的若干座大墓有规律地组成。1座“丰”字

---

① 戴春阳：《礼县大堡子山秦公墓地及有关问题》，《文物》2000年第5期。

② 早期秦文化联合考古队：《2006年甘肃礼县大堡子山祭祀遗迹发掘简报》，《文物》2008年第11期。

③ 早期秦文化联合考古队：《2006年甘肃礼县大堡子山21号建筑基址发掘简报》，《文物》2008年第11期。

④ 韩伟：《凤翔秦公陵园钻探与试掘简报》，《文物》1983年第7期；陕西省雍城考古队：《凤翔秦公陵园第二次钻探简报》，《文物》1987年第5期；焦南峰、段清波：《陕西秦汉考古四十年纪要》，《考古与文物》1998年第5期。

形和20座“中”字形大墓作为主墓一般居于陵园右或中部，5座“甲”字形和1座刀把形大墓作为附葬墓依次排列在主墓的左前方，8座“凸”字形、18座“目”字形墓和1座圆形车马坑、祭祀坑排列在主墓的右前方。南指挥陵区的西、南、北侧均发现有宽2—7米、深2—6米的外兆沟作为陵区的界沟和防护屏障。已发掘的秦公一号大墓，平面为“中”字形，坐西向东，全长300米、深24米，面积5334平方米，是已发掘的先秦墓葬中最大的一座。墓室由主椁室、副椁室、箱殉72具、匣殉94具等组成。该墓虽屡经严重盗扰，但仍出土铜、铁、金、陶、玉、漆器及纺织品等各类文物3500多件。根据墓中出土的石磬刻文，学术界已基本确定大墓的墓主为春秋晚期的秦景公。[①]椁室中南、北两壁带有柏木榫头的椁木组成长方形框式主椁，被初步认定为是我国古代最早的一套“黄肠题凑”葬具[②]。2006年底，在秦公一号大墓西南侧又新发现并发掘了“目”字形坑一座，该坑长17.5米、宽3.1米，距地表深12.5米。坑底东西向依次放置五组车，每组车前分别有挽马两具。车体结构较小，不见车轮。每组车下各有一个长方形的殉葬坑，坑内有人骨一具，头向西，屈肢葬式，当为殉葬的御手。初步推断该坑为秦公一号大墓的祭祀坑。[③]（图1）

3. 咸阳秦陵

21世纪初确认的咸阳秦陵位于秦都咸阳的东部。在东西长近10公里、南北宽约7公里的范围内，先后发现战国晚期大型陵园3座。

咸阳周陵镇“周王陵”有内、外两重陵园。外陵园由墙垣和外围沟两部分组成。陵园南北长835米、东西宽528米，墙宽4米。围沟南北长954米、东西宽639米。园墙四面各有一门阙遗址。内陵园由墙垣和围沟组成。园墙南北长423米、东西宽236.5米。围沟南北长431.8米、东西宽246.5米。陵园在两陵墓道正对处分别设有门阙。内陵园将南、北二陵界围其中，两陵位于一条南北轴线之上。南陵封土外形为覆斗状，现高14米、底边长约100米、顶边长40余米，墓葬形制为“亚”字形。北陵南距南陵145.8米，封土外形为截锥体，现存高度17.5米，底边长60米左右，顶边长约10米，墓葬形制为“亚”字形。陵园内共发现外藏坑27座，其中内陵园有9座，外陵园有18座。平面呈长条形、曲尺形等，长3.7—117.7米、宽2.4—12米、深约8米。建筑遗址探明6处，内、外陵园各有3处。内陵园遗址分布在北陵西北和东南部，外

---

① 王辉、焦南峰、马振智：《秦公大墓石磬残铭考释》，见《“中央研究院”历史语言研究所集刊》（第67本第2分册），1996年。

② 韩伟、焦南峰：《秦都雍城考古综述》，《考古与文物》1988年第5、6期。

③ 资料由陕西省考古研究院雍城考古队队长田亚岐提供。

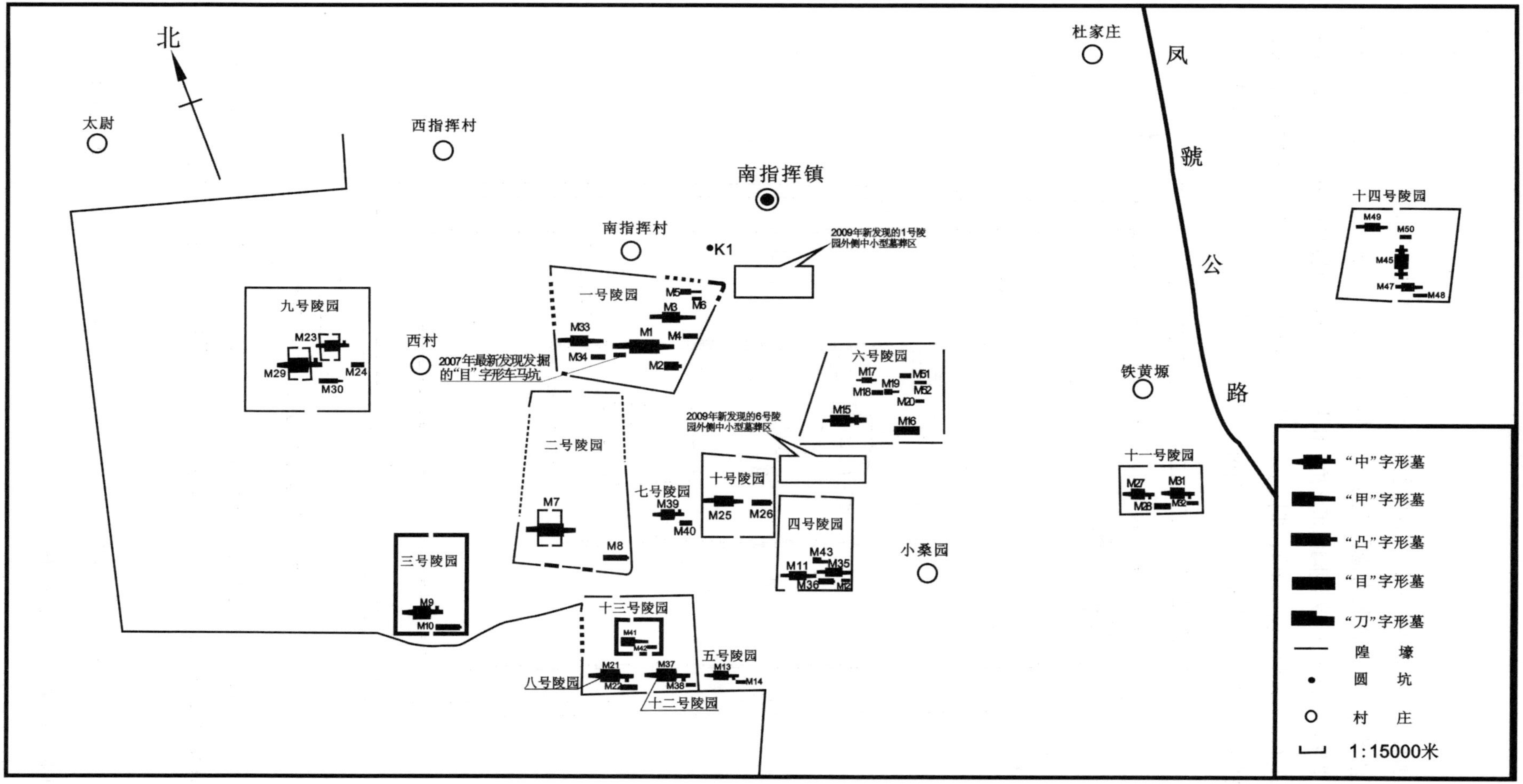

图 1　雍城秦公陵园平面图

陵园遗址分布在北部和东部。小型墓葬共发现168座。按照分布位置不同分为三区，各区的墓葬成行、成列有规律地分布。Ⅰ区小型墓位于外陵园内西北角，共有73座；Ⅱ区小型墓葬位于外陵园内东北角，和Ⅰ区小型墓葬东西对称分布，砖厂破坏了墓葬群的东、南部分，现有34座；Ⅲ区小型墓位于东侧外围墙、外壕沟之间中部偏北处，墓地的西、北部受到砖厂破坏，共发现61座，南北向排列，东西共五列。[①]（图2）

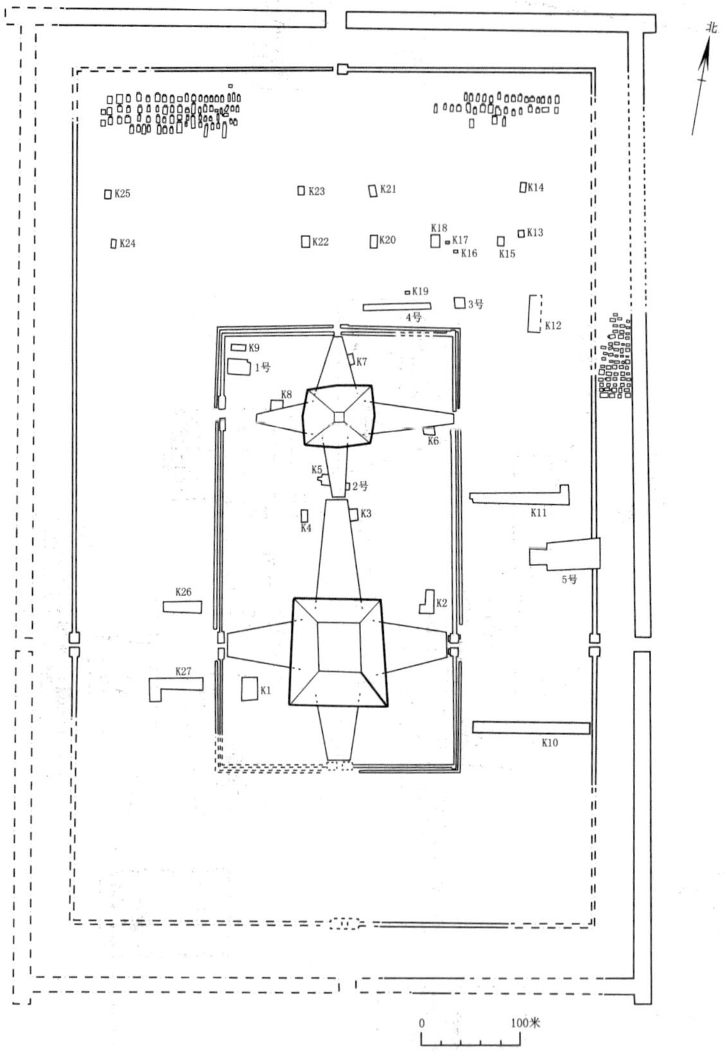

图2　秦咸阳“周王陵”勘探平面图

司家庄秦陵位于陕西省咸阳市渭城区周陵镇司家庄村北，南距汉哀帝义陵封土约1200米，世传其为汉哀帝大司马董贤之墓。陵园由三道围沟环绕而成。第一道

① 陕西省考古研究院：《咸阳“周王陵”调查钻探简报》，《考古与文物》2011年第1期。

围沟之内的区域为内陵园，南北长约560米、东西宽536米；第二道围沟位于第一道围沟之外，南北长663米、东西宽约631米；第三道围沟平面呈南北向长方形，南北长1285米、东西宽1038米。三道围沟的北、东、南三面与墓道对应处均断开形成通道。主陵一座，居内陵园中部，现存封土平、剖面均不规则，底部东西长80米、南北宽63米，高约15米。墓葬形制为“亚”字形，四面各有一条墓道。墓道长41—52米、宽约24—56米；墓室东西长90.7米、南北宽85.6米，中部深约23米。“甲”字形大墓位于主陵北侧，无封土，坐西面东，通长94米。墓道位于墓室东部，长65米、宽约3.6—13.4米，墓室长约30.5米、宽约22米，中部深18米。发现陪葬坑6座，其中主陵周围4座，“甲”字形大墓南侧2座。均为竖穴长方形，长10.8—114米。建筑遗址发现5处，分别位于内陵园东部、西南部、西部。小型墓葬发现较多，除了主陵园内，三道围沟之间，在陵园东南部也发现了大片小型墓葬。[①]

严家沟秦陵位于汉成帝延陵东北部，距汉成帝陵封土约600米，现存两座封土，世传为汉成帝嫔妃班婕妤等人的墓葬。勘探发现双重园墙，外园墙外侧有围沟环绕。其陵园整体呈南北长方形，内园墙南北长473米、东西宽236.5米，墙宽约3.2米。园墙设有6处门址，南、北墙各有一处，东、西墙各有两处，均位于两座陵墓的墓道对应处。外园墙保存状况较差，复原南北长1043米、东西宽526米，墙宽约3.2米。在西墙与内陵园门址相对应处也发现了门址。外园墙之外还设有围沟，南北长1154.6米、东西宽约630米，围沟宽7—15米，深2.5—7.5米。陵园内现存两座封土，南封土破坏严重，仅余高4—5米的平台，底部范围东西长123米、南北宽约90米。北封土呈覆斗形，底部边长73—79米，顶部边34米，高约15米。勘探发现两座墓葬均为“亚”字形，东南西北四面各有一条墓道。南陵墓道长44—100米、宽14—49米，深约1.4—20.7米。北陵墓道长56—81米、宽10—31米，深约0.8—19米。该陵园共发现陪葬坑12座，其中内陵园7座、外陵园5座。陪葬坑形制多为长方形竖穴坑道，另有个别呈曲尺形、正方形。发现建筑遗址一处，位于内陵园南墙外侧，似为一东西向长方形院落。发现了300余座小型陪葬墓，大多分布在围沟与外城垣之间，还有一部分位于陵园外西、南部区域。墓葬形制有竖穴方坑和竖穴洞室两种。[②]

4.临潼秦东陵

1986—1988年，在西安市临潼区斜口街道办事处以东、骊山西麓的台塬上，先

---

① 陕西省考古研究院、咸阳市文物考古研究所：《咸阳司家庄秦陵调查钻探资料》，未刊。

② 陕西省考古研究院、咸阳市文物考古研究所：《陕西咸阳严家沟秦陵考古调查勘探简报》，《考古与文物》2021年第1期。

后勘探发现战国秦陵园4座，总面积为24平方公里。

一号陵园平面呈长方形，东西长4000米、南北宽1800米，面积72万平方米。陵园内勘探出2座“亚”字形大墓、陪葬坑2座、陪葬墓2处、地面建筑基址4处。两座“亚”字形大墓为陵园的主墓，大小相同，主墓道皆为东向；两座陪葬坑分别位于主墓东墓道以东偏南处，勘探发现有马骨、木迹、漆皮、骨饰等；陪葬墓位于M2的东南和西南部。①

二号陵园位于一号陵园东北方向1500米处，韩峪乡范家村北。陵园范围东起北沟村，西到枣园村，南起三冢村北无名沟，北达武家沟，东西长500米、南北宽300米，总面积为15万平方米。二号陵园内勘探发现有“中”字形大墓1座、“甲”字形大墓3座、陪葬坑1座、葬墓区2处、地面建筑1处。②

三号陵园位于武家沟村北100米处，东南距一号陵园1500米。陵园西、北两侧利用天然壕沟作为其兆沟，东、南两面兆沟为人工开凿。东西长280米、南北宽180米，总面积为48400平方米。陵园内有“中”字形大墓1座，封土呈覆斗形，东西向，西墓道长于东墓道；还发现有陪葬墓区1处、建筑基址2处。③

四号陵园位于小峪河南岸，整个陵区位于山前冲积扇面上。陵区东起马斜村，西至染房村，南抵井深沟，北到小峪河南岸，与一号陵园隔河相望，相距约2500米，总面积达80万平方米。陵园内发现“亚”字形大墓1座、“甲”字形墓葬2座、小型陪葬墓群1处。④

秦东陵共发现“亚”字形大墓3座、“中”字形墓葬2座、“甲”字形墓葬5座。历年的调查、钻探、试掘中出土有铜质、银质、石质、陶质、玉质、铁质等质地文物多件。（图3）

---

① 陕西省考古研究所、临潼县文管会：《秦东陵第一号陵园勘查记》，《考古与文物》1987年第4期。

② 陕西省考古研究所、临潼县文物管理委员会：《秦东陵第二号陵园调查钻探简报》，《考古与文物》1990年第4期。

③ 王学理主编：《秦物质文化史》，三秦出版社，1994年。

④ 陕西省考古研究所秦陵工作站：《秦东陵第四号陵园调查钻探简报》，《考古与文物》1993年第3期。

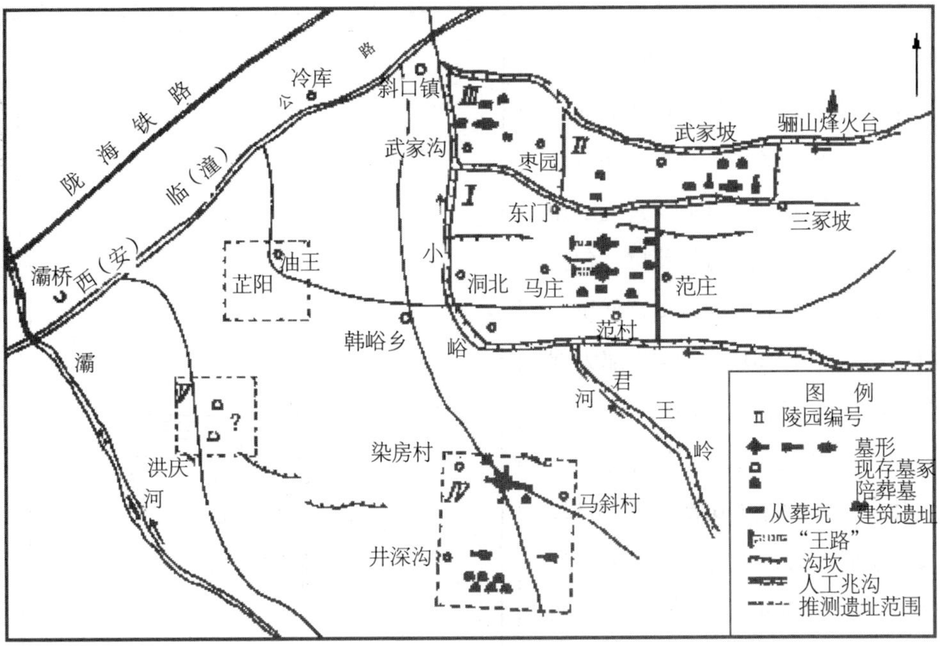

图3　秦东陵平面示意图

5.长安神禾原秦陵

2004年，陕西省考古研究院在西安南郊神禾原上发现一座战国秦陵园遗址。“陵园由兆沟、夯土陵墙围绕‘亚’字形大墓而成，四边设有门阙或门道，共有5门。陵园被位于南部的东西向隔墙分为南、北两区。北区是以‘亚’字形大墓为中心，周绕13个从葬坑的陵墓区；南区主要以建筑遗址、灰坑为主。”“‘亚’字形大墓，四条斜坡墓道，东西总长约135米、南北总宽110米。墓室宽10.5米、长12.1米，近似方形”，“从葬坑共13条，分布在四条墓道周边”，发掘出土有青铜器、陶器以及带铭石磬等近千件文物。[①]（图4）

6.临潼秦始皇帝陵

秦始皇帝陵地处陕西省西安市临潼区，位于骊山北麓地势最高、幅度最宽的南北向狭长台塬上，在东西长约7公里、南北宽8公里、总面积达56.25平方公里的广阔范围内，间或分布与秦始皇帝陵有关的文物遗存。发掘研究证实，秦始皇帝陵的中心是高大的封土，封土现呈底边长345—350米的平顶四方锥形土台。封土以外是呈

① 陕西省考古研究院：《陕西长安神禾塬战国秦陵园遗址田野考古新收获》，《考古与文物》2008年第5期。

南北向长方形的内城和外城。内城南北长1355米、东西宽580米，周长3870米，由一条横贯东西的夯土墙和一条仅贯穿北部的南北向夯土墙隔成三个小城。封土及其周围排列密集、数量众多的陪葬坑，包括已经发掘的铜车马坑、文官俑坑、铠甲坑、百戏俑坑[①]，西北部为建筑遗址区[②]，东北小城内为陪葬墓区和一些建筑遗址。外城南北长2185米、东西宽976米，周长6322米。在东、南、西内外城垣之间也分布了较为密集的陪葬坑和“丽山飤官”等建筑遗存。[③]内、外城均由夯土筑成。[④]内城目前共发现6座城门，东、西、南三面各有一门，北垣上有两门，内城中部东西向隔墙上有一门；外城目前发现有东、西、南三门。2000年勘探时，考古人员曾在东西内、外城之间分别发现一组南北对称的、独立的三出阙。[⑤]陵园外城垣以东分布有举世闻名的兵马俑坑3座、上焦村陪葬墓和马厩坑

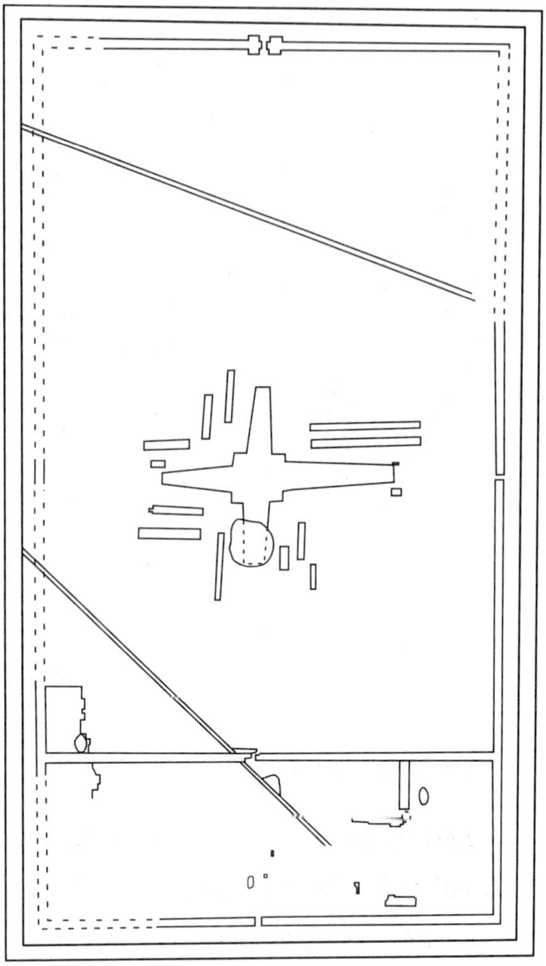

图 4　神禾原秦陵平面示意图

① 秦始皇兵马俑博物馆、陕西省考古研究所：《秦始皇陵铜车马发掘报告》，文物出版社，1998年。

② 赵康民：《秦始皇陵北二、三、四号建筑遗迹》，《文物》1979年第12期；张占民：《秦始皇帝陵北寝殿建筑群的发现与初步研究》，见西北大学文博学院编：《考古文物研究——纪念西北大学考古专业成立四十周年文集》，三秦出版社，1996年；始皇陵秦俑坑考古队：《陕西临潼鱼池遗址调查简报》，《考古与文物》1983年第4期。

③ 秦始皇陵考古发掘队：《秦始皇帝陵西侧“丽山飤官”建筑遗址清理简报》，《文博》1987年第6期。

④ 陕西省考古研究所、秦始皇兵马俑博物馆：《秦始皇陵园内城南墙试掘简报》，《考古与文物》2002年第2期。

⑤ 陕西省考古研究所、秦始皇兵马俑博物馆：《秦始皇帝陵园考古报告（2000）》，文物出版社，2005年。

130多座。[①]北侧发现了多座出土有大量动物骨骼和青铜水禽的陪葬坑。[②]西侧除了原来发现的和修陵人墓地[③]外，新勘探发现大型陪葬墓6座，1座“中”字形，南北向，全长109米、东西宽26米、深15.5米；5座“甲”字形，墓道皆居北，通长47—71.6米[④]。西北侧为石料加工遗址[⑤]。南侧发现了为阻挡南部骊山山洪侵袭而夯筑的防洪大坝。（图5）

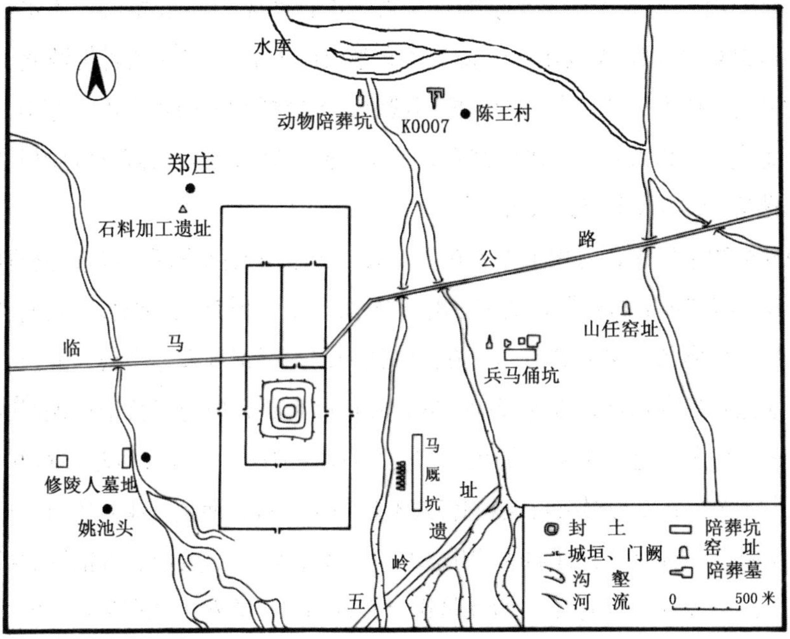

图5 秦始皇帝陵区重要遗址分布图

① 陕西省考古研究所、始皇陵秦俑坑考古发掘队编著：《秦始皇陵兵马俑坑一号坑发掘报告（1974—1984）》，文物出版社，1988年；皇陵秦俑坑考古发掘队：《秦始皇陵东侧第二号兵马俑坑钻探试掘简报》，《文物》1978年第5期；秦俑坑考古队：《秦始皇陵东侧第三号兵马俑坑清理简报》，《文物》1979年第12期；秦俑坑考古队：《秦始皇陵东侧马厩坑钻探清理简报》，《考古与文物》1980年第4期；秦俑坑考古队：《临潼上焦村秦墓清理简报》，《考古与文物》1980年第2期。

② 陕西省考古研究所、秦始皇兵马俑博物馆编著：《秦始皇帝陵园考古报告（1999）》，科学出版社，2000年；陕西省考古研究院、秦始皇兵马俑博物馆编著：《秦始皇帝陵园考古报告（2001~2003）》，文物出版社，2007年；张占民：《秦陵之谜新探》，陕西人民美术出版社，1998年。

③ 始皇陵秦俑坑考古发掘队：《秦始皇陵西侧赵背户村刑徒墓》，《文物》1982年第3期；陕西省考古研究所、临潼县文物工作队合编：《秦陵徭役刑徒墓》，陕西旅游出版社，1992年。

④ 陕西省考古研究院、秦始皇兵马俑博物馆编著：《秦始皇帝陵园考古报告（2001~2003）》，文物出版社，2007年。

⑤ 袁仲一：《秦始皇陵兵马俑研究》，文物出版社，1990年。

除上述6处秦人陵地的考古发现外，近年来，西安市文物考古研究所对西安东郊韩森寨大墓进行了考古勘探，发现战国晚期东西向“亚”字形大墓一座。①

此外，栎阳作为秦人发展历程中一座重要的都邑，按《史记·秦本纪》记载，从“（秦献公）二年（前383），城栎阳”到“（秦孝公）十二年（前350），作为咸阳，筑冀阙，徙都之”，共计34年。《史记·秦始皇本纪》载“献公葬嚣圉”，“孝公葬弟圉”。刘庆柱等基于秦栎阳考古勘探线索，结合郦道元《水经注·渭水》“白渠东径栎阳故城北……又东径秦孝公陵北，又东南径居陵城北，莲芍城南”的记载，认为：“白渠在秦汉栎阳城北，今康桥和关山镇以南，莲芍故城在今渭南市临渭区下邽镇附近。由此判断，秦孝公陵应在今西安市阎良区康桥和关山镇以东，渭南市临渭区下邽镇以西。”②

20世纪70年代末，考古工作者在宝鸡县（今宝鸡市陈仓区）杨家沟公社太公庙大队发现一座“铜器窖藏”，清理出8件青铜器，计有钟5件、镈3件，皆有“秦公”铭文。综合其形制、铭文等信息，发掘者认为铭文所记载秦之文公、静公、宪公世系与文献记载基本吻合，应为秦武公器；并进而判断，出土秦公带铭铜器的窖穴周边当为秦武公所居之“平阳”所在。③受甘肃礼县大堡子山新发现乐器坑④的启示，笔者认为，太公庙发现8件青铜器的窖穴不是一座窖藏，而是一座乐器坑，一座位于大型陵墓附近的具有祭祀性质的“乐器坑”，其青铜镈的数量、青铜钟的排列等都不支持有关“窖藏”的观点⑤。也就是说，文献和田野的双重证据暗示，宝鸡县太公庙村附近应有秦陵存在⑥。

---

① 此项成果为西安市文物考古研究院张翔宇副院长介绍，谨表谢意。

② 中国社会科学院考古研究所栎阳发掘队：《秦汉栎阳城遗址的勘探和试掘》，《考古学报》1985年第3期。

③ 卢连成、杨满仓：《陕西宝鸡县太公庙村发现秦公钟、秦公镈》，《文物》1978年第11期；李零：《春秋秦器试探——新出秦公钟、簋铭与过去著录秦公钟、镈铭的对读》，《考古》1979年第6期。此外，王国维在《观堂集林》卷一二《秦都邑考》、韩伟在《考古与文物》1981年第4期发表的《北园地望及石鼓诗之年代小议》中都表述了类似观点。

④ 赵化成、王辉、韦正：《礼县大堡子山秦子“乐器坑”相关问题探讨》，《文物》2008年第11期；梁云：《甘肃礼县大堡子山青铜乐器坑探讨》，《中国历史文物》2008年第4期；李峰：《礼县出土秦国早期铜器及祭祀遗址论纲》，《文物》2011年第5期。

⑤ 信立祥、赵化成、张天恩等均支持笔者这一推测。

⑥ 在此文草就一年多之后，同事田亚岐研究员带队于2013年4—5月，在太公庙“铜器窖藏”的北侧钻探发现了由一座“中”字形大墓、一座大型车马坑及其围沟组成的大型陵园一座，“平阳陵区”的千古之谜就此解开。

四、秦人的十个陵区

基于上述历史文献梳理及田野考古成果的回顾，笔者认为：秦人在历史上营建的不是三个、四个或是五个陵区，很可能是十个陵区。[①]（图6）

1.西垂陵区

甘肃礼县大堡子山发现并发掘的两座"中"字形大墓、一座瓦刀形车马坑、一座青铜乐器祭祀坑及其出土的具有"秦子"铭文的青铜器和大量流散的具有"秦公"铭文的青铜器证实：大堡子山墓地就是秦人历史上营建的第一座陵区，埋葬着春秋早期某两位秦公或某位秦公及其夫人。[②]结合文献记载"襄公立，享国十二年。初为西畤。葬西垂。生文公"及"文公立，居西垂宫。五十年死，葬西垂。生静公"，可知大堡子山墓地应是秦人的"西山"墓地，或曰西垂陵区。[③]

2."衙"陵区

《史记》载："宪公享国十二年，居西新邑。死，葬衙。生武公、德公、出子。""出子享国六年，居西陵。庶长弗忌、威累、参父三人，率贼贼出子鄙衍，葬衙。"可见秦人在西垂之后、平阳之前，还营建有一处名为"衙"的陵区。目前有关"衙"的地望，学术界尚无定论[④]，其陵区也有待考古学家新的努力与探索。

---

① 笔者认为陵区的划分应遵循如下原则：①依照"城陵相依、陵随城移"的规律，在不同的都邑附近营建的陵墓不应划归同一陵区；②在同一都邑附近营建的陵墓，不属于同一地理单元的也应区别对待；③一个陵区至少应有一座公（含夫人）、王（含后）、帝陵（或后陵）。

② 戴春阳：《礼县大堡子山秦公墓地及有关问题》，《文物》2000年第5期；李朝远：《上海博物馆新获秦公器研究》，见上海博物馆馆刊编辑委员会编：《上海博物馆馆刊》（7），上海书画出版社，1996年。

③ 王辉：《也谈礼县大堡子山秦公墓地及其铜器》，《考古与文物》1998年第5期；陈平《浅谈礼县秦公墓地遗存与相关问题》，《考古与文物》1998年第5期；祝中熹：《大堡子山秦西陵墓主及其他》，《陇右文博》1999年第1期；戴春阳：《礼县大堡子山秦公墓地及有关问题》，《文物》2000年第5期；张天恩：《试说秦西山陵区的有关问题》，《考古与文物》2003年第3期；杨惠福、侯红伟：《礼县大堡子山秦公墓主之管见》，《考古与文物》2007年第6期；赵化成、王辉、韦正：《礼县大堡子山秦子"乐器坑"相关问题探讨》，《文物》2008年第11期；梁云：《甘肃礼县大堡子山青铜乐器坑探讨》，《中国历史文物》2008年第4期；李峰：《礼县出土秦国早期铜器及祭祀遗址论纲》，《文物》2011年第5期。

④ "《汉书·地理志》云冯翊有衙县。宪公时期，秦人势力尚未到达雍城，更不用说死后葬到'衙县'了。所以'冯翊'之'衙'必非宪公葬地之'衙'。"参见梁云：《西新邑考》，《中国历史文物》2007年第6期。

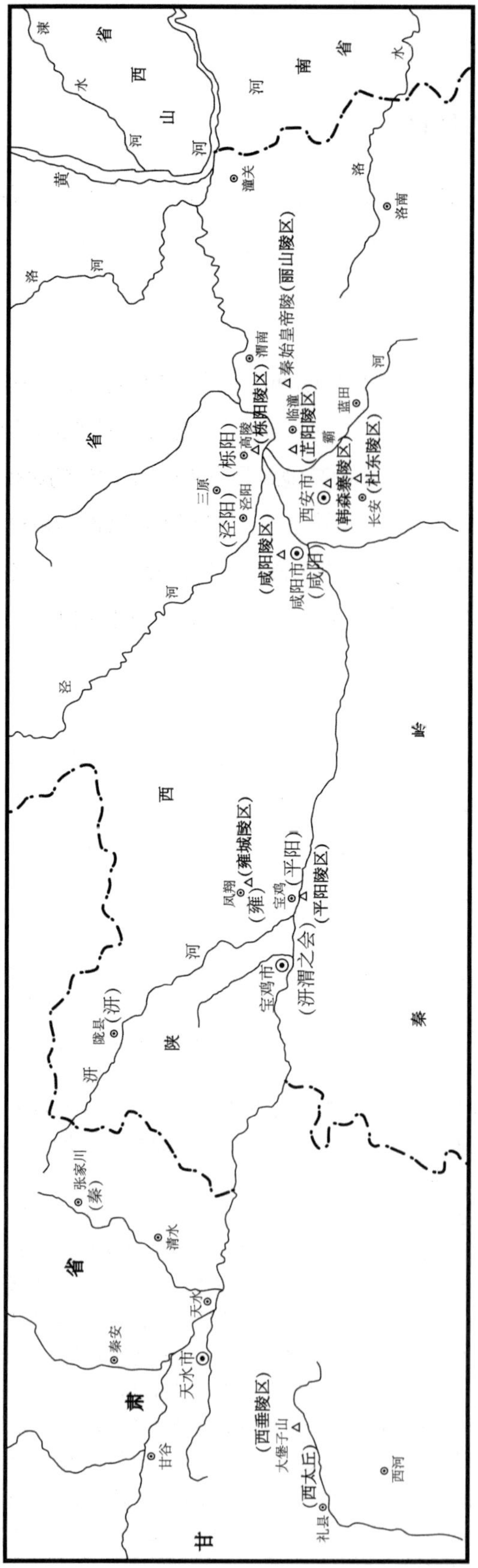

图6 秦人十个陵区位置示意图

3.“阳”或曰“平阳陵区”

前引文献中武、德、宣、成四公，居所虽略异，但统属“平阳”应无问题。其葬地均为“阳”或带“阳”字的“宣阳聚”。太公庙秦武公器“铜器窖藏”的发现，为探索“平阳陵区”提供了线索。

4.雍城陵区

前引雍城田野考古收获无可辩驳地说明，雍城陵区不仅存在，而且是沿用时间最长、埋葬秦公最多的秦人陵区。前引文献中记载葬于雍的秦公有：穆公、康公、共公、桓公、景公、毕公、夷公、惠公、悼公、僖公、历共公、躁公、怀公、灵公、简公、惠公、出公等近20位。

5.栎阳陵区

如前所述，栎阳秦陵的历史文献及田野考古资料均不够充分，但考古学家依照城陵相依、陵随城移的规律推测出的“秦都栎阳有秦陵”的结论是合理的。

6.咸阳陵区

经过30多年的探索研究，被否定了的“周王陵”与最新发现的司家庄、严家沟3座大型陵园构成了完整的秦咸阳陵区，其年代应为战国晚期，墓主至少有秦惠文王、秦悼武王两王及其王后等。①

有专家将其称为“毕陌陵区”，笔者有不同意见。“毕”是西周国名与地名，“毕陌”是唐宋以来的地名。秦都咸阳附近的秦陵区，称“咸阳陵区”似乎更符合历史事实和研究规范。

7.芷阳陵区

西安临潼斜口发现的“四座陵园”，其中一号、四号陵园的3座“亚”字形大墓，明确揭示了陵园的等级与性质。依据“昭襄王享国五十六年。葬茝阳……庄襄王享国三年。葬茝阳”的历史文献，应称其为“茝阳陵区”。学术界有关其定名、时代的认识趋于一致，但在大墓与墓主的对位问题上尚有不同观点。基本可以确定葬于此的有昭襄王与唐太后、庄襄王与帝太后等，至于孝文王与华阳太后是否葬在

① 目前学术界多数专家的认识是：“周王陵”为秦惠文王公陵，严家沟陵园为秦悼武王永陵，司家庄秦陵的墓主还有待探讨。

该陵区内尚有争议。[①]

8.杜东陵区

发掘者认为长安神禾原秦陵的主人可能是战国时期“别葬杜东”的秦始皇祖母夏太后，大多数专家予以肯定。[②]因其“别葬杜东”，故名杜东陵区。

9.韩森寨陵区

历史文献中未见记载，但前述战国晚期“亚”字形大墓的发现使我们这些“让材料牵着鼻子走的”考古工作者不得不承认其存在的事实。

10.丽山陵区

丽山陵区又曰郦邑陵区，亦即秦始皇帝陵区。《史记·秦始皇本纪》有云：“始皇享国三十七年。葬郦邑。”“九月，葬始皇郦山。始皇初即位，穿治郦山”。《汉旧仪》引奏曰：“丞相斯，昧死言。臣将隶徒七十二万人治郦山者，已深已极，凿之不入，烧之不燃”。依据临潼博物馆收藏的秦始皇陵区发现的一件铜钟，秦始皇帝陵本名丽山，其陵园称“丽山园”[③]，故名其丽山陵区为宜。

五、余论

综上所述，我们认为秦人在其超过500年的发展历程中，先后营建了西垂、衙、平阳、雍、栎阳、咸阳、芷阳、杜东、韩森寨、丽山共10个陵区，这使原本了无踪迹、散见于历史文献只言片语中的一座座秦人陵区逐渐清晰，连缀成一条基本完整的秦人陵墓形成、发展、演变的历史链条，具有非常重要的研究价值与意义。

第一，秦是唯一一个完成了从方国到王国再到帝国三次大的政治升华的先秦古

---

① 韩伟、程学华：《秦东陵概论》，见石兴邦主编：《考古学研究》，三秦出版社，1993年；赵化成：《秦东陵刍议》，《考古与文物》2000年第3期。

② 陕西省考古研究院：《陕西长安神禾塬战国秦陵园遗址田野考古新收获》，《考古与文物》2008年第5期；张天恩、侯宁彬、丁岩：《陕西长安发现战国时期陵园》，《中国文物报》2006年1月25日；王学理：《二世未解大墓谜，主人还是夏太后》，见成建正主编：《陕西历史博物馆馆刊》（第15辑），三秦出版社，2008年；丁岩：《长安神禾原战国秦陵园年代述考》，《文博》2010年第2期；丁岩：《神禾原战国秦陵园主人试探》，《考古与文物》2009年第4期。持不同意见的有，韩伟：《揭开长安神禾原大墓主人之谜》，见成建正主编：《陕西历史博物馆馆刊》（第14辑），三秦出版社，2007年；段清波：《关于神禾原大墓墓主及相关问题的讨论》，《考古与文物》2009年第4期。

③ 赵康民：《秦始皇陵原名丽山》，《考古与文物》1980年第3期。

国；与之相应的秦人也营建了能够反映这三次大的政治升华的、独一无二的系列陵区，是研究中国古代陵墓产生、发展、演变历史的较系统和较完整的实物资料。

第二，在包括夏、商、周在内的先秦诸国的陵墓考古研究中，发现并发掘陵区和陵墓最多、出土文物最为丰富、掌握陵墓内涵最为清楚的首推秦陵。因此，对于中国古代陵墓及其制度的研究来讲，秦陵资料是较丰富的，也是不可或缺的。

第三，从目前的考古资料并结合历史文献来看，秦陵经历了由西到东、由小到大、由简到繁的漫长的形成、发展、成熟及创新的完整历史过程，因此具有延续时间长、发展轨迹明晰、对后代影响深远等特点。

第四，从西垂、雍城、咸阳、芷阳、杜东、丽山陵区的考古收获中，我们还可以看到秦陵在陵园、墓葬、封土、礼制建筑、陪葬墓、陪葬坑、门阙等形制要素方面的渐变。这些渐变逐步强化，最终造就了其从“集中公墓”到“独立陵园”的制度巨变，并由此奠定了中国古代帝王陵墓制度的基础。

原载《文物》2014年第6期，收入本书时删去了原文部分图片

（焦南峰，陕西省考古研究院研究员；孙伟刚，陕西省考古研究院研究员；
杜林渊，延安大学历史文化学院教授）

战国秦陵研究

梁云　王欣亚

“战国秦陵”指公元前325年秦惠文君称王以后的秦国陵墓，即秦惠文王、悼武王、昭襄王、孝文王、庄襄王及其王后、太后的陵墓。据《史记·秦始皇本纪》后附《秦记》和《括地志》等文献记载，战国秦王葬地主要有两处，秦惠文王公陵、悼武王永陵位于渭河北岸、都城西郊的咸阳原上，昭襄王和庄襄王葬于渭河南岸的芷阳，在都城东南20多公里处。秦孝文王寿陵位置失载。

20世纪80年代发现的芷阳陵区位于骊山西麓，灞水右岸，总面积约27.5平方公里。在陵区内共发现4座陵园，其中一号陵园居中，内有“亚”字形主墓2座；二号在其东北，内有“中”字形大墓1座，“甲”字形大墓3座；三号在其西北，内有“中”字形主墓1座；四号在其西南，内有“亚”字形主墓1座，“甲”字形大墓2座（图1）。各陵园均有数目不等的陪葬坑及地面建筑。[①]

21世纪以来，在位于咸阳原的汉成帝延陵东侧的严家沟村，汉平帝康陵东北侧的周陵镇，汉哀帝义陵东北的司家庄村又发现3座战国秦陵园（图2）。严家沟秦陵和周陵镇秦陵均有双重围墙，各有2座“亚”字形大墓。[②]司家庄秦陵的陵园由三道围沟环绕而成[③]，还发现内陵园的东围墙遗迹[④]，内有“亚”字形、“甲”字形大墓各1座。整个陵区面积约30平方公里。

2004—2007年，在西安南郊神禾原上发现的战国秦陵园，有兆沟、夯土园墙、1

---

① 陕西省考古研究所秦陵工作站：《秦东陵第四号陵园调查钻探简报》，《考古与文物》1993年第3期；陕西省考古研究所、临潼县文管会：《秦东陵第一号陵园勘查记》，《考古与文物》1987年第4期；陕西省考古研究所、临潼县文物管理委员会：《秦东陵第二号陵园调查钻探简报》，《考古与文物》1990年第4期。

② 刘卫鹏、岳起：《咸阳塬上“秦陵”的发现和确认》，《文物》2008年第4期；陕西省考古研究院、咸阳市文物考古研究所、周陵文物管理所：《咸阳“周王陵”考古调查、勘探简报》，《考古与文物》2011年第1期。

③ 焦南峰、孙伟刚、杜林渊：《秦人的十个陵区》，《文物》2014年第6期。

④ 陕西省考古研究院：《陕西咸阳闫家寨战国秦遗址、墓葬发掘简报》，《考古与文物》2018年第4期。

座“亚”字形大墓、13条从葬坑（图3）。墓中出土了带“五十九年”刻铭的马具，“私官”陶文的茧形壶，以及“北宫乐府”文字的石磬。[①]学界一般认为陵园的主人是秦始皇亲祖母夏太后[②]。

2011年，在对西安市东郊新城区“韩森冢”的勘探中，发现了“亚”字形大墓1座、陪葬墓2座（图4）。调查者认为它是战国晚期秦王陵级别的墓葬[③]，但其墓主在学界争议很大。

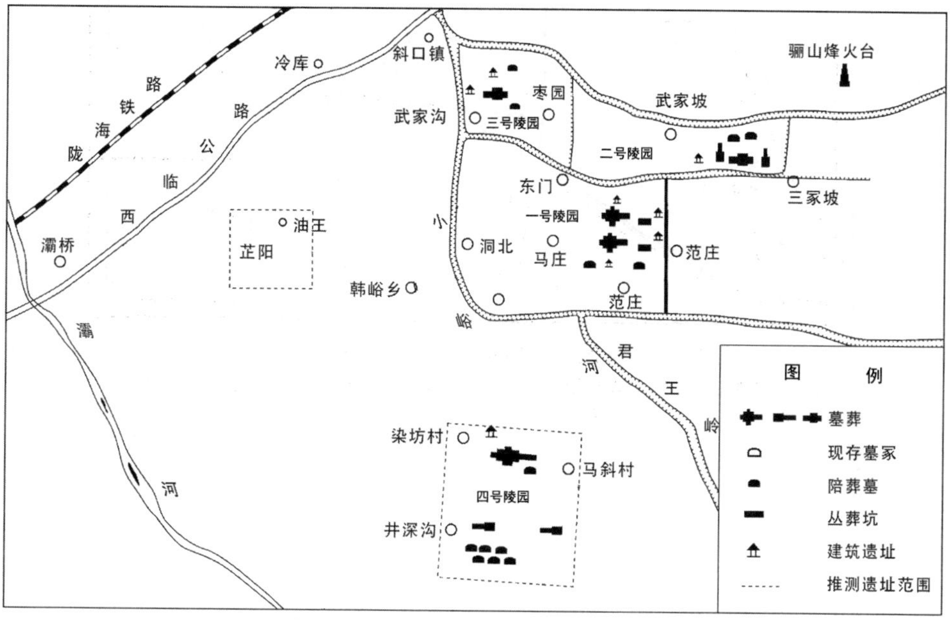

图1　芷阳陵区位置示意图

（出自焦南峰、孙伟刚、杜林渊：《秦人的十个陵区》，《文物》2014年第6期）

---

① 陕西省考古研究院：《陕西长安神禾塬战国秦陵园遗址田野考古新收获》，《考古与文物》2008年第5期；陕西省考古研究院：《陕西长安神禾原战国秦陵园大墓发掘简报》，《考古与文物》2021年第5期。

② 王学理：《神禾塬秦墓墓主考》，见成建正主编：《陕西历史博物馆馆刊》（第15辑），三秦出版社，2008年，第50页；丁岩：《长安神禾原战国秦陵园年代述考》，《文博》2010年第2期；丁岩：《神禾原战国秦陵园主人试探》，《考古与文物》2009年第4期；张天恩：《新出秦文字“北宫乐府”考论》，见《周秦文化研究论集》，科学出版社，2009年，第316页。

③ 西安市文物保护考古研究院：《西安东郊“韩森冢”考古调查简报》，《考古与文物》2015年第2期。

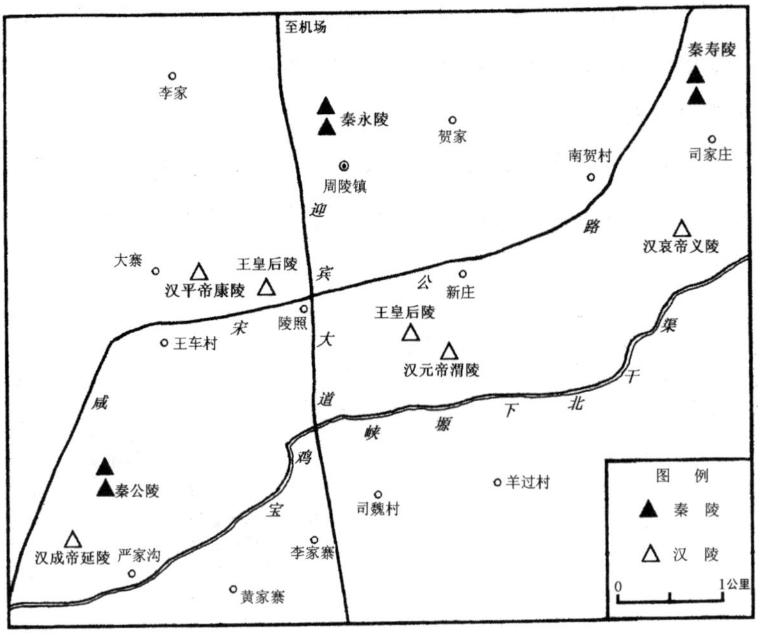

图 2　咸阳原秦陵陵区示意图

（出自刘卫鹏、岳起：《咸阳塬上“秦陵”的发现和确认》，《文物》2008 年第 4 期）

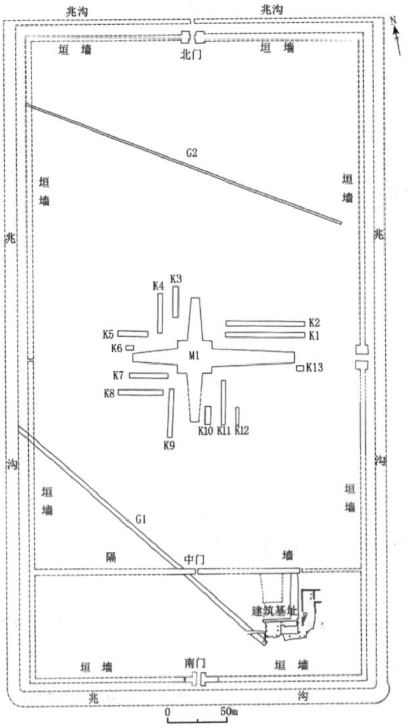

图 3　神禾原战国秦陵园平面图

（出自陕西省考古研究院：《陕西长安神禾原战国秦陵园大墓发掘简报》，《考古与文物》2021 年第 5 期）

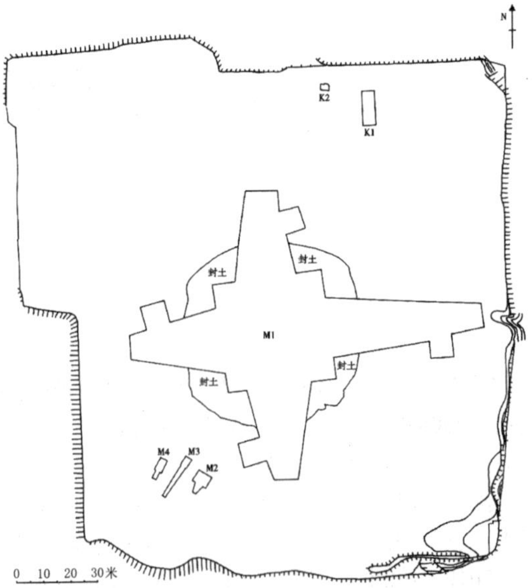

图 4　韩森冢钻探平面图

（出自西安市文物保护考古研究院：《西安东郊“韩森冢”考古调查简报》，《考古与文物》2015 年第 2 期）

咸阳原陵区和芷阳陵区均为附属于秦都咸阳的陵墓区（图5），二者东、西分置。芷阳陵区位于咸阳以东，在文献中又被称为“东陵”。本文将对这两处陵区的墓主、选址、共性、个性特征，以及神禾原秦陵、韩森冢与上述陵区的关系，做进一步探讨。

一、战国秦陵的墓主与选址

（一）墓主身份讨论

20世纪80年代以来，陆续有学者撰文探讨秦东陵各陵园的墓主，现在均认为芷阳陵区葬昭襄王、唐太后、宣太后、悼太子、庄襄王、帝太后。主要的分歧在于对一、四号陵园墓主的判断：一些学者认为一号陵园的两座主墓是秦昭襄王和唐太后的异穴合葬，四号陵园为庄襄王和帝太后的合葬陵园，二号陵园葬悼太子，三号陵园葬宣太后[①]；有学者认为一号陵园是庄襄王与帝太后的合葬陵园，四号陵园是昭襄王与唐太后的合葬陵园[②]；还有学者认为一号陵园是秦昭王与其王后的合葬陵园，四号陵园属宣太后[③]。

细审勘探资料后，本文认为一号陵园属秦昭王及唐太后的说法较为合理。首先，一号陵园内两座“亚”字形大墓的形制、尺寸几乎完全相同。两墓都以东墓道最长（长120米或122.5米），西墓道（长43米或40米）或北墓道（长42米）次之，南墓道最短（长28米或37米）。两墓都在北墓道东壁和东墓道南壁的相近位置开有耳室（图6）。这种相似性绝非偶然，说明两座大墓的年代极为接近；两墓的设计和施工可能经由同一批人，甚至是同时施工的。庄襄王和帝太后下葬前后相距二十年，二人墓葬的形制尺寸还能保持如此精准的一致性恐怕很难。而秦昭王和唐太后却是同时下葬的。[④]其次，四号陵园南侧的两座“甲”字形陪葬墓位于陵园

---

① 张海云、骆希哲：《秦东陵勘查记》，《文博》1987年第3期；张海云、孙铁山：《秦东陵再探》，《考古与文物》1993年第3期；张海云、孙铁山：《对秦东陵有关问题的几点看法》，《考古与文物》1996年第5期；王学理：《咸阳帝都记》，三秦出版社，1999年，第229页。

② 赵化成：《秦东陵刍议》，《考古与文物》2000年第3期。

③ 孙伟刚、杜应文、高海峰：《新发现秦漆器及秦东陵相关问题探讨》，见李家俊主编：《人类文化遗产保护》（5），西安交通大学出版社，2012年，第52页。

④ 唐太后，又名唐八子，秦昭王媵妾、孝文王母，先死，另有坟墓，秦孝文王即位后，追“尊唐八子为唐太后，而合其葬于先王”。“合其葬于先王”说明唐太后是被迁葬于为王后预留的“亚”字形墓葬中。参见《史记》，中华书局，1959年，第218—219页。

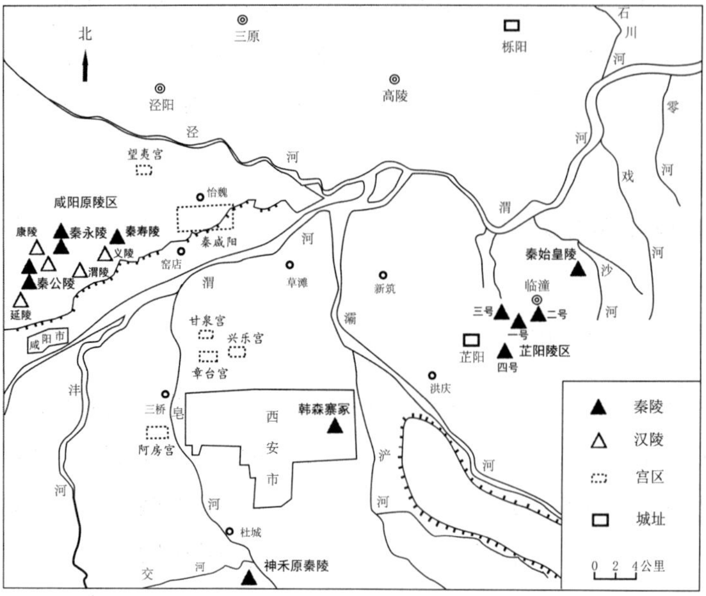

图5　战国秦陵位置分布图

（改绘自王学理：《咸阳帝都记》，三秦出版社，1999年，第101页）

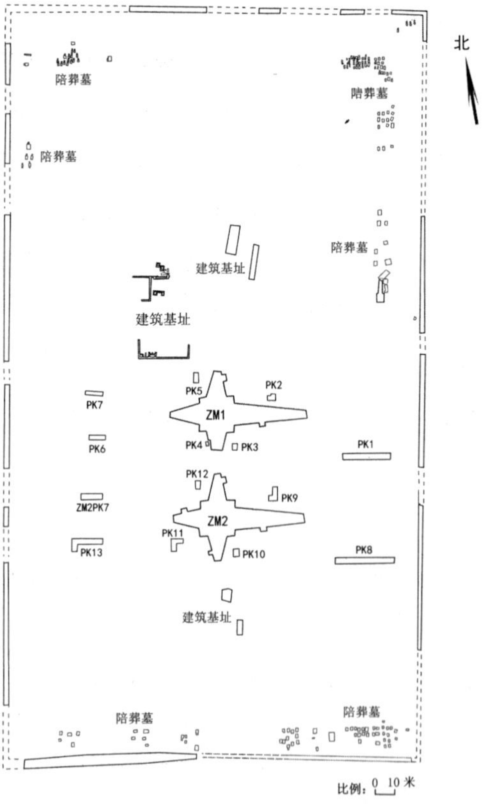

图6　芷阳一号陵园勘探示意图

（出自王学理：《秦物质文化通览》，科学出版社，2015年，第540页）

隍壕以外的南边（图7），距主墓过远，其中任何一座与主墓都不构成夫妇并穴合葬的关系，所以推测它们属秦昭王与唐太后或庄襄王与帝太后合葬陵园的意见均难成立。最后，2010年缴获了4件盗自一号陵园主墓的漆豆，其足底皆烙印“大官”二字，一件漆豆盘底刻“八年相邦薛君造，雍工师效，工大人申”及“八年丞相殳造，雍工师效，工大人申”两处文字（图8）。“大官”即“太官”或“泰官”，掌管帝王膳食；“八年”为秦昭王八年。研究者认为漆豆为秦昭王生前自用器[①]。先王使用过的日常生活器皿，应不会被后代继续使用且应随葬墓中。因此，昭王八年漆豆的发现，可以确定一号陵园属于秦昭王。

宣太后在昭王时左右朝政四十余年，诱杀义渠戎王于甘泉宫，秦遂灭义渠，收其地为郡县，“使秦人得以一意东向，无复后顾之忧，此其功岂在张仪、司马错收取巴蜀之下哉！”[②]论地位、权势、声望、政绩，秦国历史上的太后无出其右者，夏太后尚且得以享用独立陵园和“亚”字墓形，更何况宣太后。四号陵园内只有一座“亚”字形大墓，没有与之并穴排列的合葬墓，这与夏太后陵园相似，是秦国没能与先王合葬或会葬的太后陵园的特点。此外，四号陵园的主墓规格几乎是夏太后墓的一倍，符合宣太后的身份与地位。所以，四号陵园作为宣太后陵园是合适的，也能顺畅地解释该陵园出土陶器年代较早的原因。

因此，关于秦东陵墓主的问题，我们倾向于一号陵园为秦昭王与唐太后的合葬陵园，四号陵园属宣太后，秦庄襄王与帝太后的合葬陵园有待于进一步的考古发现。

关于咸阳原陵区的墓主，调查者认为严家沟秦陵是秦惠文王及其夫人的公陵，周陵镇秦陵是秦悼武王及其夫人的永陵。[③]此意见有文献支持：《史记正义》引《括地志》说秦惠文王陵在“咸阳县西北一十四里”[④]；《元和郡县志》云“（咸阳县）西北距延陵十三里”[⑤]。秦公陵、汉延陵与唐咸阳县城的距离仅差一里，二者的位置非常接近，几乎重合。严家沟陵园位于汉延陵东侧，陵园南部甚至被延陵东司马道破坏，与上述文献反映的位置关系完全吻合。

《史记集解》引三国时《皇览》曰：“秦武王冢在扶风安陵县西北，毕陌中大冢是也。人以为周文王冢，非也。周文王冢在杜中。”[⑥]《括地志》又云：“秦悼武

---

① 王辉、尹夏清、王宏：《八年相邦薛君、丞相殳漆豆考》，《考古与文物》2011年第2期。

② 马非百：《秦集史》，中华书局，1982年，第108页。

③ 刘卫鹏、岳起：《咸阳塬上“秦陵”的发现和确认》，《文物》2008年第4期。

④ 《史记》，中华书局，1959年，第289页。

⑤ 〔唐〕李吉甫：《元和郡县图志》，中华书局，1983年，第14页。

⑥ 《史记》，中华书局，1959年，第210页。

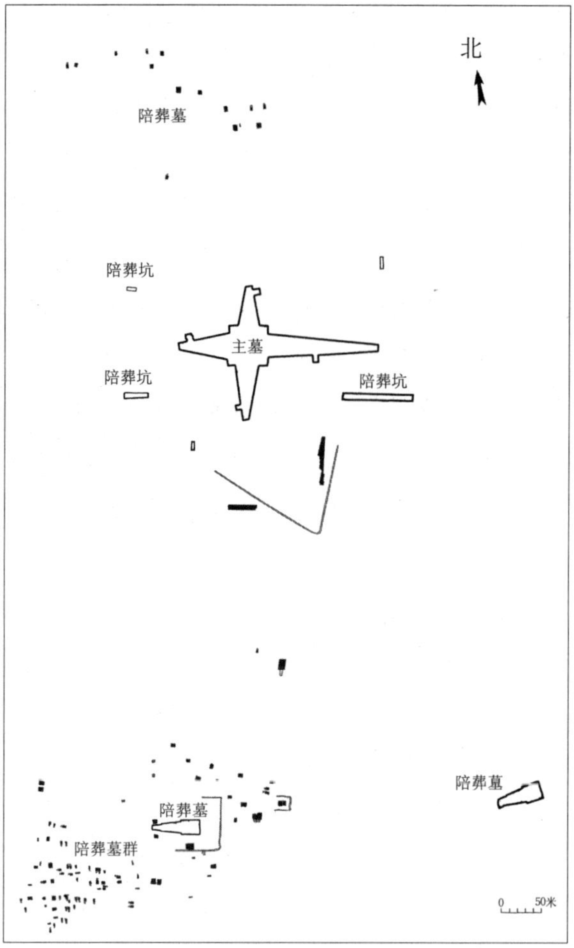

图 7　芷阳四号陵园勘探示意图

（改绘自焦南峰：《“秦东陵”相关问题初探》，《考古与文物》2021 年第 1 期）

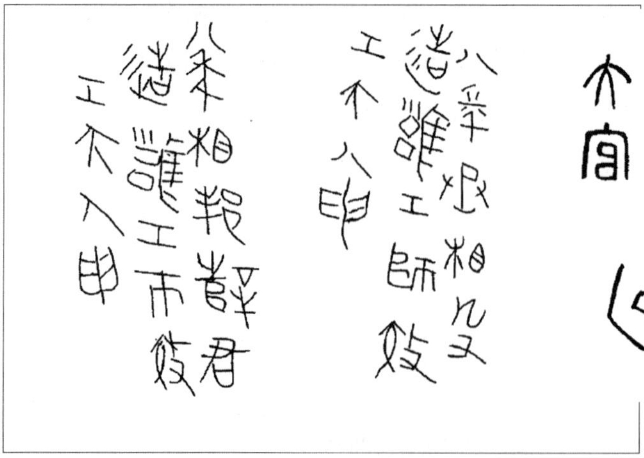

图 8　秦芷阳一号陵园 M2 出土漆豆铭文

（出自王辉、尹夏清、王宏：《八年相邦薛君、丞相殳漆豆考》，《考古与文物》2011 年第 2 期）

王陵在雍州咸阳县西十里，俗名周武王陵，非也。”[①]俗称的“周武王陵”“周文王冢”即指周陵镇陵园内并列的两座封土。可见从三国到唐，人们已经认为周陵镇大冢是秦武王陵。此外，严家沟秦陵与周陵镇秦陵在陵园布局、墓葬结构等方面都高度相似，也说明二者在建设时间上接近。

《史记·吕不韦列传》：“始皇七年，庄襄王母夏太后薨。孝文王后曰华阳太后，与孝文王会葬寿陵。夏太后子庄襄王葬芷阳，故夏太后独别葬杜东，曰‘东望吾子，西望吾夫。后百年，旁当有万家邑’。”[②]夏太后陵园即西安南郊神禾原秦陵，芷阳陵区在其东北的骊山西麓，司家庄秦陵在其西北的咸阳原上（见图5）。《汉书·元帝纪》记载，元帝永光四年（前40）营建渭陵，“以渭城寿陵亭部原上为初陵”[③]。亭部名源自当地秦陵之名，说明秦孝文王寿陵位于汉元帝渭陵附近的咸阳原上。[④]司家庄秦陵的方位、所处地名均与文献中寿陵吻合，且为一代秦王之墓，应为秦孝文王的寿陵。陵园内“亚”字形墓为孝文王墓，“甲”字形墓可能是华阳太后墓。华阳太后死于秦始皇十七年（前230），失势已久，且非始皇亲祖母，与始皇关系疏远，故减损礼遇，采用“甲”字墓形，草率下葬，也在情理之中。

2011年，在司家庄秦陵第二道围沟之东、东沟中门南侧发现竖穴方坑110座，发掘了38座，其中35座为马坑。马坑均为东西向长方形，一坑一般只埋一匹马，埋葬方式大多为侧卧、爬卧或正卧。[⑤]这些马坑的位置、形制、埋葬方式与秦始皇帝陵东侧上焦村马厩坑极为相似，故推测其性质也应为马厩坑。上焦村马厩坑只是多留有生土二层台或生土隔梁，还增加了俑、马同坑。[⑥]司家庄马坑无疑是上焦村马厩坑的直接前身或来源。相反，在严家沟、周陵镇秦陵均未发现类似的马坑或马厩坑，在芷阳一、四号陵园也未发现。这种遗迹现象之间的关联性有力说明了司家庄秦陵在目前已发现的秦王陵中与秦始皇帝陵年代最接近，排除《史记》中葬于芷阳的秦庄襄王，司家庄秦陵应是秦孝文王寿陵。

2011年对西安东郊韩森冢进行了勘探，发现“亚”字形大墓1座，陪葬坑2座，覆斗形封土下的“亚”字形墓由方形墓圹、斜坡墓道及耳室构成（见图4）。墓圹边

---

① 《史记》，中华书局，1959年，第289页。

② 《史记》，中华书局，1959年，第2511页。

③ 《汉书》，中华书局，1962年，第292页。

④ 刘卫鹏：《秦孝文王寿陵位置蠡测》，见秦始皇兵马俑博物馆编：《秦俑博物馆开馆三十周年国际学术研讨会暨秦俑学第七届年会论文集》，三秦出版社，2010年，第259页。

⑤ 陕西省考古研究院：《陕西咸阳闫家寨战国秦遗址、墓葬发掘简报》，《考古与文物》2018年第4期。

⑥ 秦俑坑考古队：《秦始皇陵东侧马厩坑钻探清理简报》，《考古与文物》1980年第4期。

长约45米；四条墓道中东墓道最长，长57.5米，方向90°，其他三条墓道长度相当，为32—35米。在四条墓道的右侧壁上各开有一个长方形耳室，陵园内未见其他陪葬遗迹，也未发现环壕、围墙等陵园设施。[①]韩森冢的墓主，有秦庄襄王[②]、秦孝文王[③]、秦悼太子[④]、汉史皇孙[⑤]、汉定陶恭王刘康[⑥]等说法。

如调查者所言，韩森冢大墓的形制与秦东陵陵区“亚”字形大墓极为相似，尤其是四条墓道各带耳室的做法与一号陵园的南陵和四号陵园的主墓完全一致。汉陵墓道均不带耳室，可知韩森冢为秦陵，汉陵或汉墓的说法可以被排除。

韩森冢的墓圹明显小于咸阳原秦陵，以及东陵一、四号陵园的主墓，墓道也较东陵短得多；其规格要低于秦王陵。它的墓圹较神禾原夏太后陵略大，但墓道又比后者略短，可知二者的级别相当。在有关秦陵的诸说中，从地望上看，韩森冢与芷阳陵区直线距离约20公里，隔着浐、灞两条河流，很难归入同一陵区。因此凡文献明确记载葬于芷阳的王、后都与韩森冢无关。悼太子亦葬于芷阳，且无资格使用四条墓道的“亚”字墓形，也非韩森冢墓主。韩森寨秦陵内仅有一座带封土的“亚”字形大幕，无合葬幕，与文献中秦孝文王与华阳太后皆葬寿陵的记载不符；且位于夏太后墓正北偏东，方位上与夏太后遗言“西望吾夫”不合，因此也不是秦孝文王寿陵。

芷阳一号陵园是秦昭王和唐太后的合葬陵园，但唐太后又名“唐八子”，不是昭王的嫡妻正后。秦昭王的王后是叶阳后。《汉书·张敞传》云：“秦王好淫声，叶阳后为不听郑卫之乐，世多称之。”[⑦]孟康曰：“叶阳，秦昭王后也。”叶阳后素有贤名，可能是悼太子生母，不知为何没有与昭王合葬芷阳。如果叶阳后在昭王之后去世，可能因为合葬之墓位已经被唐太后占据，不得不另择陵地。所以，韩森冢的墓主可能是叶阳后。

---

① 西安市文物保护考古研究院：《西安东郊“韩森冢”考古调查简报》，《考古与文物》2015年第2期。

② 〔宋〕宋敏求：《长安志》，辛德勇、郎洁点校，三秦出版社，2013年，第223页。

③ 张海云、孙铁山：《对秦东陵有关问题的几点看法》，《考古与文物》1996年第5期；西安市文物保护考古研究院：《西安东郊“韩森冢”考古调查简报》，《考古与文物》2015年第2期。

④ 耿庆刚：《韩森冢为秦悼太子陵说》，《文博》2016年第4期。

⑤ 辛玉璞：《也谈韩森冢的冢主》，《文博》2002年第3期。

⑥ 王学理：《张冠李戴“韩森冢”实属西汉“恭皇陵”》，见西安碑林博物馆编：《碑林集刊》（14），三秦出版社，2008年，第386页。

⑦ 《汉书》，中华书局，1962年，第3220页。

（二）陵区选址及其原因

咸阳原陵区是秦惠文王开辟的，由此秦国陵墓制度进入了王陵的发展阶段。惠文君称王后在都城咸阳西郊开辟新的陵区，规划新的陵园，是很自然的事情。咸阳原平坦开阔，土厚水深，地势北高南低，北依泾水，南临渭水，气势雄伟，符合古代陵墓临近都邑、“行营高敞地”的选址要求。咸阳西郊在迁都前的秦人墓数量较少，迁都之后很快形成了大型墓地，如咸阳塔儿坡墓地①。无论上层统治者还是下层平民，都选择西郊作为丧葬之地，或与《汉书·郊祀志》颜师古注所云西方为“冢墓之所”的观念有关。

芷阳陵区是由秦昭王正式开辟的，是在秦国力日盛、都城咸阳向渭南扩张的背景下，随着芷阳宫和芷阳县的建设而做出的选择，体现了秦昭王意图东进、扫平六国的政治抱负。秦昭王在位期间，秦对六国的军事战争取得了决定性的胜利，都城的建设也扩张到渭南。据文献记载，当时在渭南兴建的宫殿有章台宫、兴乐宫、甘泉宫、长杨宫、芷阳宫②等。都城重心的南移，势必会影响到陵墓的安排。特别是随着外交朝会、宗庙祭祀及政务活动频繁在渭南举行，那里自然会成为陵墓的候选地。当然，古代陵墓选址和帝王个人好恶也有关系。秦汉离宫别馆大多为帝王游乐休闲场所，环境优美。芷阳宫前临灞河，后依骊山，风景宜人。秦昭王修芷阳宫的举动，说明他对那里颇为喜好。

在秦人崛起发展的过程中，东出崤函、逐鹿中原始终是历代国君矢志不移的理想。秦昭王一代雄主，扫平六国成就统一大业恐怕是他一生最大的梦想，但可惜身殁而功未竟。当时渭河南岸有一条重要的东西向干道，自渭南宫殿群沿骊山东至华阴“平舒道”，再东出函谷关。当时秦军出征，诸侯西来，车马辚辚，均循此道。东陵所在的坂塬居高临下，地势开阔，东征之路一览无余，昭王选择那里作为自己的归宿之地，可见其东进之心至死未息。

秦昭王将陵址选在芷阳可能也与他最初继位不合法统有关。秦人继承制除了父死子继外，还有兄终弟及，但后者往往限于嫡子范围。秦武王无子，他死后的第一

---

① 咸阳市文物考古研究所编著：《塔儿坡秦墓》，三秦出版社，1998年。

② 芷阳宫位于临潼韩峪乡油王村附近的灞河东岸。《读史方舆纪要》云“府（西安）东三十里，春秋时秦穆公筑霸宫于此，昭襄王时谓之芷阳宫”，并设芷阳县。20世纪80年代对芷阳遗址进行过调查和发掘，在油王村南曾发现夯土建筑基址、卵石路面、地下储藏室、陶窑、水井等遗迹，采集到带“芷”字陶文陶器和凤纹方砖、龙纹空心砖等秦宫殿常用砖瓦。该遗址与芷阳宫或芷阳县有关。张海云：《芷阳遗址调查简报》，《文博》1985年第3期；陕西省考古研究所秦陵考古队、临潼县文物工作队：《秦芷阳制陶作坊遗址清理简报》，《考古与文物》1995年第5期。

顺位继承人应是秦惠文王的其他嫡子。昭王为庶子，但仰仗母舅魏冉和右相樗里疾之力得立。秦昭王为秦武王庶弟，与先王同辈，在宗法世系里本为旁支，所以另择陵区，以避开名分礼法上的争议。无独有偶，秦孝文王死后没有葬入东陵，而是返葬咸阳原陵区，可能也有类似原因。①

东陵选址或许也受到宣太后的影响。宣太后楚人，楚人思乡情结较重②，身为秦国太后，她既不可能返葬楚国，又不得会葬公陵，就只能把自己的陵墓选在芷阳，南望故乡，以解乡愁。当时往荆楚的大道沿灞河东南行，至蓝田出武关。芷阳正好位于东去函谷、南出武关的分岔路口，东陵的选址用意深焉。

二、战国秦陵的共性特征

战国秦陵具有一些共性特征：南北向纵长方形陵园，主墓平面为“亚”字形，墓侧有建筑基址，陵园内陪葬坑和小型陪葬墓的分布有一定规律。

（一）陵园及主墓布局

严家沟秦陵的外围沟南北长1156—1159米，东西宽630.8—637.5米（图9）；周陵镇秦陵的外围沟南北长950米，东西宽639米（图10）；司家庄秦陵的外围沟南北长1285米，东西宽1038米（图11）；东陵一号陵园的围沟南北长1180米，东西宽695米；神禾原秦陵的外围沟南北长550米，东西宽310米。这些陵园均呈南北向纵长方形，绝非偶然，而是有意识、有目的设计的结果。这个特征还被后来的秦始皇陵陵园继承。

雍城南郊14座分陵园中，平面形状有梯形（一、二、八、十二号），不规则四边形（六、十、十四号），纵长方形（三、四号），横长方形（十一、十三号），近方形（九号），其中长方形不占多数（图12）。分陵园内大墓之间位置关系及其反映的合葬形式的多样性③，决定了陵园的平面形制也是多种多样的。

---

① 孝文王母为唐八子，昭王媵妾。昭王的太子本来是悼太子，他长居太子位，久孚人望，未享国而卒，按秦国历史上惯例，该由悼太子之子、嫡长孙继位。孝文王却以庶子身份为太子，其中缘由不得而知。孝文王与悼太子同辈，二者之间没有直系继嗣关系，后者既已葬入东陵，坟墓在焉，前者不愿与其共处同一陵区，自然要返葬咸阳原。

② 《史记·项羽本纪》：“富贵不归故乡，如衣绣夜行。”参见《史记》，中华书局，1959年，第315页。

③ 一种是两座大墓东西前后排列，如四号陵园的M35、M11，一号陵园的M33、M1，十一号陵园的M27、M31，八号及十二号陵园的M21、M37。另一种是在主墓的东北方向，有规模较小的合葬或祔葬墓，如一号陵园M1的东北方向，有“中”字形的M3和“甲”字形的M5，规模递减。又如九号陵园M29的东北有M23，六号陵园M15的东北有M19、M51以及M17。像十四号陵园“丰”字形主墓（M45）的南、北各有一座“中”字形墓，属于特殊情况。

战国秦陵陵园内的两座大墓均位于南北正方向轴线上，秦王及王后采取了南北并穴合葬的形式，与雍城大不相同。这种合葬形式要求陵园具有一定的南北向纵深，因此纵长方形陵园是最佳的选择。同理，东方国家的陵园，如平山中山王墓兆域铜版图所示，国君及其夫人的墓葬位于东西向轴线上，采取了东西并穴合葬的形式，陵园便为横长方形。秦王陵园恰似把中山国兆域图逆时针方向旋转了90°。

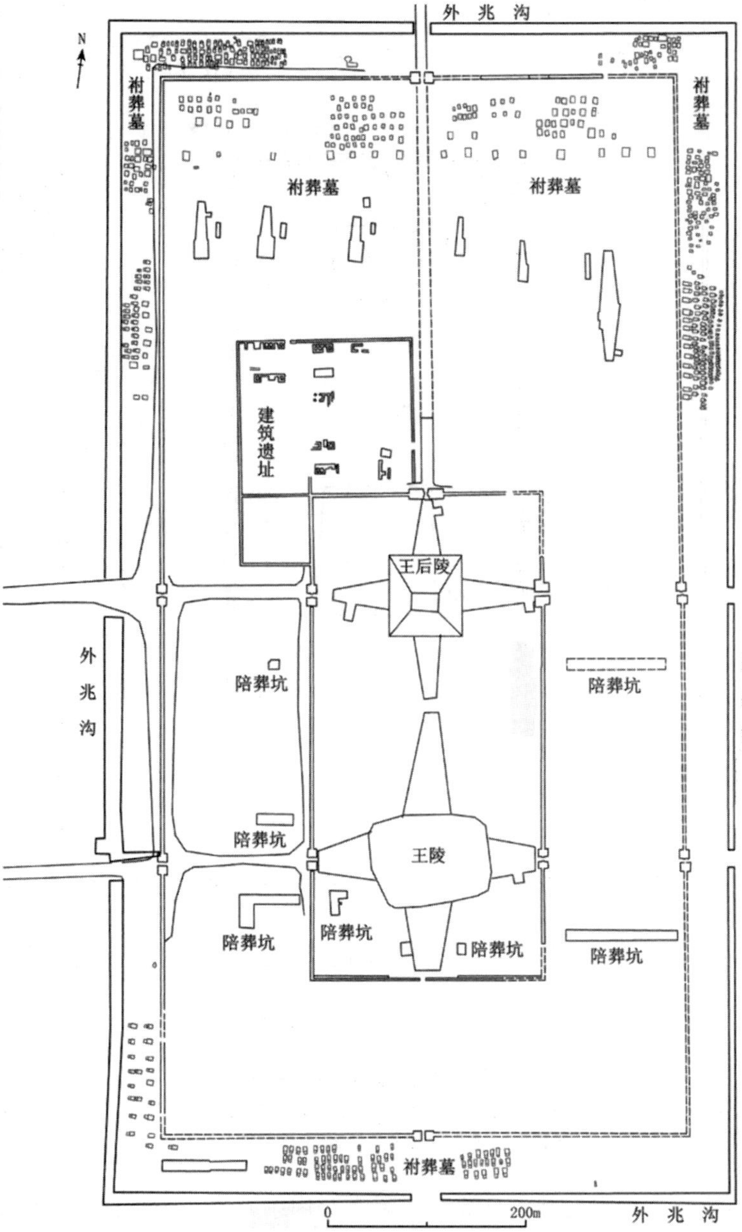

图9　严家沟秦陵园平面图

（出自陕西省考古研究院、咸阳市文物考古研究所：《陕西咸阳严家沟秦陵考古调查勘探简报》，《考古与文物》2021年第1期）

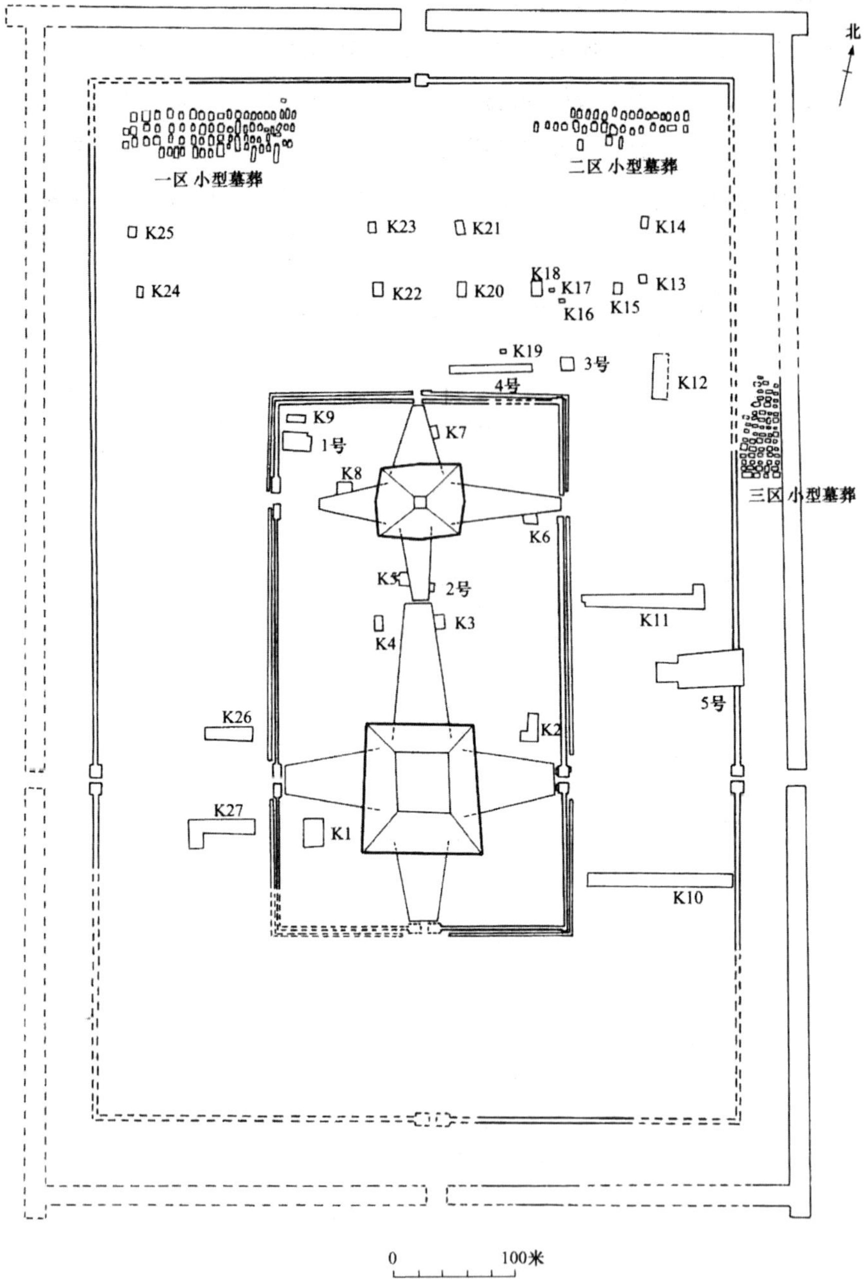

图 10　周陵镇秦陵陵园平面图

（出自陕西省考古研究院、咸阳市文物考古研究所、周陵文物管理所：《咸阳“周王陵”考古调查、勘探简报》，《考古与文物》2011 年第 1 期）

战国秦陵的这种夫妇并穴合葬，实际上突出了嫡妻正后的法定地位。最明显的例子是严家沟秦陵，其南墓是惠文王陵，北墓是惠文后陵。惠文后死于昭王二年（前305），但却能与先王合葬于公陵，盖因名分在焉。悼武后能与先王合葬于永陵，也出于同样原因。宣太后虽然后来权势很大，但为媵妾出身，死后不得与惠文王合葬，而另葬芷阳。夏太后（夏姬）虽然是秦始皇亲祖母，但不是孝文王的嫡妻正后，所以“独别葬杜东”。类似于华阳太后与孝文王合葬于寿陵，帝太后与庄襄王合葬于芷阳的情况，《史记》称之为“会葬”，即夫妇虽然先后去世，但按礼制规定要并穴合葬在一处。唐八子为昭王媵妾，孝文王即位尊其为唐太后，与昭王合葬；这个做法不合礼制，是唯一的例外，缘由不得而知。

后陵的封土虽然较王陵稍小，但墓室、墓道的规模与王陵基本相当，墓形也大多一致，是陵园内其他陪葬墓无法比拟的；也与雍城陵园中秦公夫人墓规模远小于秦公墓的情况不同；或许说明战国中晚期秦的继统法，比较强调嫡妻正后的意义，嫡子继承制有所强化。

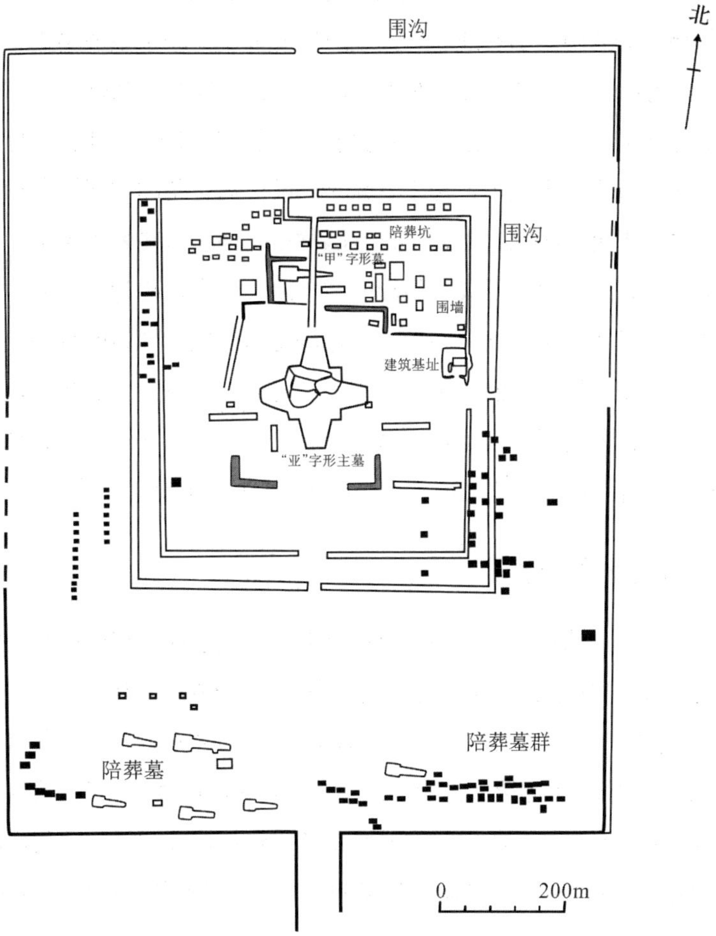

图 11　司家庄秦陵陵园平面图

（改绘自焦南峰：《秦陵的考古发现与研究》，见《秦业流风：秦文化特展》，台北故宫博物院，2016 年，第 299 页）

秦王陵采用四条墓道的“亚”字形，是秦称王之后的选择。王后、太后基本可以享受同等的礼制待遇。这种墓形原本是商周王陵级别的规制，如殷墟西北岗商王陵和岐山周公庙陵坡墓地，后者为周公家族墓地，因为周公特殊的历史地位得以享受天子礼制待遇。秦国君墓从原来“中”字形一变而为“亚”字形，生动地反映了国家政治级别的提升，即从诸侯国到王国的转变。

目前的发现表明，战国时东方国家王陵为两条墓道的“中”字形墓或一条墓道的“甲”字形墓，如平山中山王墓、邯郸赵王陵、新郑许岗和胡庄等地的韩王陵、燕下都虚粮冢墓区的燕王陵、江陵熊家冢墓地的楚王陵。临淄的田齐王陵经勘探，其形制可能是“甲”字形或“中”字形。魏王陵尚未发现，但僭越王制的辉县固围村大墓说明其可能也是“中”字形。[①]东、西比较之后则会发现：韩、赵、魏、燕、齐、中山等国也先后称王，为何这些国家的王陵没有采用“亚”字形，而是沿用了以前诸侯国级别的“中”字形或“甲”字形？此外，列国中楚最早称王，即春秋早期的楚武王，为何战国时的楚王陵还是“甲”字形或“中”字形？

其背后原因复杂，或与列国实力的消长有关，还涉及各国不同的文化心理。战国中晚期秦为超级军事强国，称王后采用以前商周王陵的“亚”字形墓型，也就实至名归，底气十足。相比之下，东方五国称王，多少有些名不副实，显得底气不足。当时秦与东方六国之间形成了很深的文化隔阂。秦被称为“虎狼”，有吞周室灭诸侯之心，一旦实力足够就会不失时机地满足自己取代周室的野心——包括陵墓制度方面。六国却是周文化的继承者，基本认可周室天下共主的名分，仍然尊奉周天子，言谈中以诸侯自居，因此在墓型上没有采用古天子之礼。楚、越均为地方诸侯称王，延续了西周时期边裔国族称王的旧习，墓形上也没有僭越。[②]

（二）封土及墓周建筑

战国秦陵园内大墓封土的周围一般都有夯土建筑遗址。在严家沟陵园内西部及西北部共发现3处，其中西北部的建筑遗址面积约为2.6万平方米。周陵镇陵园内共发现5处建筑遗址，一、二号遗址位于内陵园，三—五号遗址位于外陵园；其中一号遗址在内陵园西北部，面积约为370平方米。司家庄陵园发现有5处建筑遗址，分别位于内陵园东部、西南部、西部。神禾原秦陵的建筑遗址位于陵园的南区，与大墓所在的北区隔以东西向墙垣。芷阳一号陵园内共发现11处建筑遗址，其中9处在北陵

---

① 梁云：《战国时代的东西差别——考古学的视野》，文物出版社，2008年，第91—94页。

② 梁云：《战国王陵形制的东西差别》，《社会科学战线》2013年第6期。

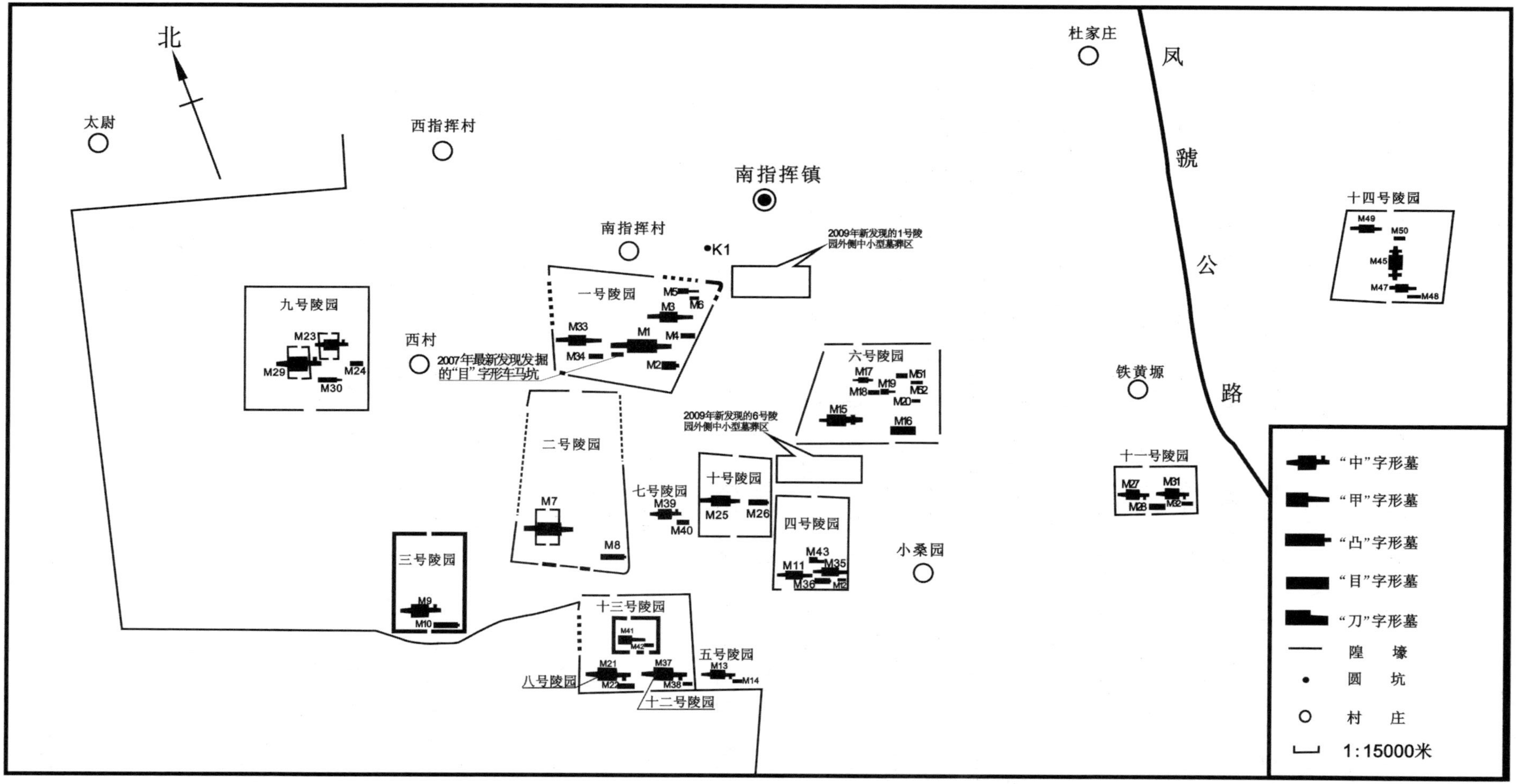

图12 雍城秦公陵园平面图

（出自陕西省考古研究院、宝鸡市考古研究所、宝鸡先秦陵园博物馆：《雍城一、六号秦公陵园第三次勘探简报》，《考古与文物》2015年第4期）

（M1）的西北，规模较大；2处在南陵（M2）的东南，分布的规律性不是很强，但陵园内西北部多有重要建筑。

陵园大墓的封土之上均未发现建筑遗迹。严家沟陵园的南陵封土大部分被平掉，仅余2—4米高的平台，平台南北85米，东西120米；北陵封土为覆斗形，底部南北长80米，东西宽74米，顶边长32—34米，高16.3米。周陵镇陵园的南陵封土为覆斗形，底边长90—103米，顶边长41—48米，高14米；北陵封土亦覆斗形，底边长55—66米，顶边长9.5—10米，高17.5米。司家庄陵园的主陵残存封土为不规则形，底部东西80米，南北63米，高约15米；北侧“甲”字形大墓上部未见封土。神禾原秦陵未见封土。芷阳一号陵园的两座大墓上部有封土堆，“高2—4米，东西长250米，南北宽150米，表面呈鱼脊形”①。芷阳四号陵园的主墓上部无封土。关中帝王陵墓多经盗掘破坏，并被后世重修。秦陵封土也不排除被历代盗掘活动破坏的可能，但文献记载的修复主要针对汉陵，未闻对秦陵的修复，且上述封土均位于墓室上部正中位置，封土与墓室没有偏离、错位现象。所以，秦陵现存的封土很大程度上应反映了它本来的形制，因此对复原研究仍具参考价值。从现存封土状况及钻探出的墓室平面形状来看，战国秦陵的封土很可能采用了覆斗形的形制。②此外，王后或太后陵墓或有封土，或无封土，尚无定制。

《汉书·楚元王传》：“及秦惠文、武、昭、孝文、严襄五王，皆大作丘陇，多其瘗臧，咸尽发掘暴露，甚足悲也。”“严襄”应为“庄襄”之误。③这条记载可与考古发现相印证。上述封土表面未发现任何建筑遗迹，说明它们是性质单纯的坟丘，不是墓上建筑的中心土台——“墉”。

纵向比较凤翔秦公墓地，雍城18座“中”字形墓无封土，墓室上部地表均有大量瓦片堆积，应是建筑遗物；十二号陵园的M37墓口上部有平面呈“中”字形的散水和夯土墙基等遗迹，构成了长方形的封闭空间，性质类似于享堂。横向比较同时期东方国家的陵墓，平山中山王墓M1的墓上封土为方形，高约15米，带三级台阶，台阶上有散水、回廊等建筑遗迹，其性质是兆域铜版图上的“王堂”，即用于墓上祭祀的享堂。④河南新郑胡庄韩王陵的封土为“中”字形，残高7—10米，覆盖了墓室和墓道口；其半腰处有“中”字形的单层冢上建筑，由散水、壁洞、柱础和部分

① 陕西省考古研究所、临潼县文管会：《秦东陵第一号陵园勘查记》，《考古与文物》1987年第4期。

② 焦南峰：《秦、西汉帝王陵封土研究的新认识》，《文物》2012年第12期。

③ 《汉书》，中华书局，1962年，第1954页。

④ 河北省文物管理处：《河北省平山县战国时期中山国墓葬发掘简报》，《文物》1979年第1期。

屋顶瓦砾层组成[①]；其性质与中山王墓的享堂类似。战国秦陵与雍城、平山及新郑的大墓均不同，没有把礼制建筑建在墓口上部，而是移到封土之旁。

关于先秦墓上建筑的性质，学术界争议很大。有的认为是“寝殿”，是墓主人灵魂饮食起居之所，用于“日四上食”，即每天四次进奉饮食。[②]有的认为是“享堂”，是后代子孙祭祀墓主人的地方。[③]不管怎样，大家都认可其是用于祭祀的礼制建筑。

礼制建筑从墓上移至墓侧与冢墓的出现有关。战国秦陵有高大的封土，在墓侧起建，是古老的享堂墓和东周新流行的冢墓相结合而产生的新形式。当时的坟丘为了追求观瞻性和纪念性，越建越高，即《吕氏春秋·安死篇》所说“世之为丘垄也，其高大若山，其树之若林”[④]。在高大如山的坟丘上筑堂，工程过大，也不方便以后的祭祀，便将之移于墓侧。在东方的三晋、中山等国将墓上建筑从无到有、从低到高、从小到大发展之时，秦国却经历着从“墓上之堂”到“墓侧之寝”的转变。

墓侧起寝似乎是从秦始皇陵开始的。蔡邕《独断》云：“古不墓祭，至秦始皇出寝，起之于墓侧，汉因而不改，故今陵上称寝殿，有起居衣冠，象生之备，皆古寝之意也。”[⑤]近年在秦始皇陵内城西北部发现规模宏大的南北十进院落的建筑遗址，应即寝殿建筑群[⑥]，证明了文献所载。而秦始皇陵寝殿的前身，应到战国秦陵封土附近的建筑基址中去寻找。

（三）陪葬坑分布状况

战国秦陵的陵园内都分布着数量不等的陪葬坑[⑦]。严家沟陵园发现陪葬坑12座，其中内陵园7座，外陵园5座；形状多为长方形竖穴坑道，还有个别为曲尺形、正方形。周陵镇陵园发现陪葬坑27座，其中内陵园9座，外陵园18座；多为长方形竖穴土坑，少数为曲尺形或梯形。司家庄陵园发现陪葬坑6座，其中主陵周围4座，“甲”字形大墓南侧2座；均为长方形竖穴土坑。神禾原秦陵有13座陪葬坑，位于大墓四条

---

① 河南省文物考古研究所：《河南新郑胡庄韩王陵考古发现概述》，《华夏考古》2009年第3期。

② 杨宽：《先秦墓上建筑问题的再探讨》，《考古》1983年第7期。

③ 杨鸿勋：《关于秦代以前墓上建筑的问题》，《考古》1982年第4期。

④ 许维遹：《吕氏春秋集释》，梁运华整理，中华书局，2009年，第24页。

⑤ 〔汉〕蔡邕：《独断》（卷下），上海古籍出版社，1990年，第14页。

⑥ 陕西省考古研究院：《2010年度秦始皇帝陵园礼制建筑遗址考古勘探简报》，《考古与文物》2011年第2期。

⑦ 学界或称之为“从葬坑”“外藏坑”。

墓道的周边；均为带斜坡道的长条状坑道，是由枋木、底栿、立柱、横梁、棚木构成的封闭空间。芷阳一号陵园内发现陪葬坑14座，位于两座大墓的周围，形状有长方形和曲尺形两种。芷阳四号陵园发现陪葬坑3座，位于主墓附近。

这些陪葬坑按规模尺寸可分为三类：长度60米以上的大型坑，长度20—50米的中型坑，长度20米以下的小型坑。各类坑在陵园中的分布有一定规律性。大型坑一般位于“亚”字形大墓东墓道的东南方向。如周陵镇陵园的K10，长117.7米、宽11米、深8米，位于南陵的东南方向、内外园墙之间；K11，东西长度约90米，位于北陵的东南方向、内外园墙之间。芷阳一号陵园的PK1，东西长81米、南北宽10.5米，位于大墓M1的东南；PK8东西长80米、南北宽8.6米，位于大墓M2的东南。芷阳四号陵园主墓的东南亦有一大型长条状陪葬坑。中型坑一般位于大墓西墓道延长线的南北两侧，如周陵镇陵园的K27，为东西向曲尺形，长54米、宽11米、深7.8米，位于南陵西墓道西南、内外园墙之间；在它北边对称的位置有K26，规模相当。芷阳一号陵园两座大墓西墓道的西面，各有一组（2座）中型坑。芷阳四号陵园主墓西墓道的西南，也有1座中型陪葬坑。小型坑大多位于大墓墓道之间的夹角区域，还有一些位于其他区域。如周陵镇陵园的K1—K9，位于内陵园大墓附近；K13—K25，位于外陵园的北部，东西成行，南北成列。芷阳一号陵园M1、M2的墓道夹角区域，也都有4个小型坑。由此可得，战国秦王陵陪葬坑的基本配置为：1座“亚”字形大墓，其东南有1座大型陪葬坑，其西面有2座中型陪葬坑，其墓道夹角区域共有4座小型陪葬坑（每个夹角1座）。当然，神禾原秦陵的陪葬坑没有按这种方式排列，而是在墓道两侧平行分布（见图3），可能因为另辟葬地的太后陵园在葬制上与王陵有所不同。

战国秦陵处在从雍城秦公陵园到秦始皇帝陵承前启后的过渡阶段，其外藏制度一方面继承了雍城秦公陵园的传统特点，另一方面又出现了一些新内容，被后来的始皇陵扩大化和复杂化。

雍城秦公陵园共发现26座陪葬坑，其中“凸”字形坑6座，“目”字形坑19座，圆形坑1座。“凸”字形坑为东西向长方形，东侧中部有一条短道，均位于分陵园内主墓的东南。“目”字形坑亦为东西向长方形，均位于分陵园内大墓（主墓或其合葬、祔葬墓）的东南。圆形坑位于一号陵园外。在墓、坑的搭配关系上，一墓一坑是定制。只有一号陵园的M1南侧有2座陪葬坑，皆为车马坑。四号陵园的刀把形墓M43无陪葬坑。十四号陵园的“丰”字形大墓M45亦无陪葬坑，可能其南、北墓室已经替代了陪葬坑的作用。

战国秦陵在“亚”字形大墓东南设置了大型陪葬坑，显然承袭了雍城的传统，其性质为大型车马坑，象征主人出行的乘舆。在芷阳一号陵园两座大型陪葬坑（PK1、PK8）内都钻探出马骨、木迹、漆皮、骨饰等物。

中型坑和小型坑都是战国秦陵新增的内容，前者一般东西向，后者大多南北向。在这些坑中钻探出木炭、骨头、陶片等。神禾原秦陵的陪葬坑中，除了陪葬车马的K8、K10，还有出土大量刻字茧形壶的K7，殉埋豹、熊、长臂猿、羊、鹤等珍禽异兽的K12。秦王陵的中、小陪葬坑也无非包含这些内容，即与君王起居饮食、游乐玩好相关的车马、厩厨、园囿、婢妾等事物。到了秦始皇陵，外藏内容进一步扩大化，又出现了兵马、甲胄、百戏，数量和规模远超前代。

战国秦陵的陵园内外一般都有陪葬墓。严家沟秦陵外陵园北部东西向一字排列有6座大型陪葬墓（或祔葬墓），其中“中”字形1座、“甲”字形3座、刀把形2座；还发现604座小型陪葬墓，分布在外陵园南、北部，墓葬形制分为竖穴洞室墓和竖穴土坑墓两类，以前者居多，且墓向大多朝向主陵方向。①周陵镇陵园的168座小型陪葬墓分布在三个区：一区在外陵园西北部，有73座，呈南北4行排列；除了2座东西向外，余皆南北向；竖穴墓8座，洞室墓64座，1座因破坏严重而形制不详。二区在外陵园东北部，有34座，呈南北3行排列；除了1座东西向外，余皆南北向；竖穴墓2座，洞室墓32座。三区在东侧外围沟与外围墙之间，有61座，呈东西5列分布，除了3座南北向外，余皆东西向；仅钻探了10座竖穴墓，4座洞室墓。②司家庄陵园小型墓葬发现较多，除了主陵园内，三道围沟之间，在陵园东南部也发现了大片小型墓葬。③芷阳一号陵园内的小型陪葬墓分布在陵园的西北部、东北部和南部。芷阳四号陵园的陪葬墓分布在陵园外的南、北两侧。

上述陪葬墓按空间位置可分为陵园内和陵园外两大类。前者又可细分出外陵园（园墙）内、外围沟与外围墙之间两个小类。陵园内的陪葬墓排列整齐，墓穴位置经过严格规划，死者身份显然与陵园有关。周陵镇陵园一、二区的107座小型陪葬墓绝大多数为南北向的洞室墓，墓室位于竖穴墓道的北端。三区的61座绝大多数为东西向墓，其洞室墓的墓室位于墓道的西端。虽然没有发掘，死者性别未知；但可推测一、二区墓主应主要是先王的嫔妃，三区墓主可能为负责陵园日常事务的守陵人，也包括一些品秩低下的宫女。

---

① 陕西省考古研究院等、咸阳市文物考古研究所：《陕西咸阳严家沟秦陵考古调查勘探简报》，《考古与文物》2021年第1期。

② 陕西省考古研究院、咸阳市文物考古研究所、周陵文物管理局：《咸阳“周王陵”考古调查、勘探简报》，《考古与文物》2011年第1期。

③ 焦南峰、孙伟刚、杜林渊：《秦人的十个陵区》，《文物》2014年第6期。

秦陵陪葬制度经历了一个发展变化的过程。雍城南郊秦公墓地的分陵园中，存在秦公墓与其夫人墓、次夫人墓的异穴合葬，但还没有陪葬墓。春秋时期，秦国君主的妃妾不在少数，国君去世，她们往往被迫从死殉葬于地下。秦公一号大墓椁室周围生土台阶上有166具盛殓殉人的木质箱匣。其中，箱殉者72具，位置靠内，葬具讲究，可能是身份较高的姬妾、近侍；匣殉者94具，位置靠外，葬具轻薄，可能是家内奴隶。战国秦陵陵园内这些排列整齐的小型陪葬墓，墓主不太可能是与秦王同时下葬的从死殉葬者，因为秦献公元年（前384）就“止从死”，明令禁止人殉。况且秦陵也没有在主墓外设独立殉葬墓的惯例。因此，先王的嫔妃是死后陆续被葬入陵园中，埋在预先安排好的墓位内，可算作陪葬。秦始皇陵园内城东北小城内有中小型墓99座，以洞室墓为主，也有少量竖穴土圹墓，均为南北向，墓道在北，呈南北向的8列分布，墓主人亦可能为秦始皇后宫妃嫔。[①]《史记·秦始皇本纪》：“二世曰：‘先帝后宫非有子者，出焉不宜。’皆令从死，死者甚众。”[②]小城内这些人是否属正常死亡，不得而知。

秦自惠文王以来，后妃的级别从上到下为：王后、夫人、美人、良人、八子、七子、长使、少使。其中，美人相当于军功爵的少上造，秩二千石；八子相当于中更，秩千石。[③]秦代称王后为皇后，帝母为太后，祖母为太皇太后。汉武帝增加婕妤、娙娥、傛华、充依，汉元帝又设昭仪，于是形成了上至昭仪，下至无涓的14个等级，各级均有对应的爵位和秩俸。《汉书·外戚传》还提到后妃的葬地：“五官以下，葬司马门外。”“五官”在少使之下，爵秩三百石。换言之，少使以上的嫔妃，均葬在陵园司马门之内。汉承秦制，周陵镇陵园的外城垣四面各辟一门，正对主陵的四条墓道，应即司马门。北司马门内一、二区应葬少使以上嫔妃。战国秦的后宫中可能还没有“五官”以下的爵秩；三区在东司马门外，墓主可能包括执杂役的宫女和守陵人。

至于陵园（外围沟）之外的陪葬墓，其身份应与后宫生活或陵园事务无关。类似的墓葬在雍城也有。近年，在雍城一号陵园外的东北方向发现面积约24万平方米的陪葬墓区，钻探出446座中小型墓葬及车马坑。在六号陵园外的西南方向也发现面积约16万平方米的陪葬墓区，钻探出703座中小型墓及车马坑（见图12）。墓葬大多

---

① 秦始皇陵博物院：《秦始皇帝陵园从葬墓园考古勘探简报》，见秦始皇帝陵博物院编：《秦始皇帝陵博物院》，三秦出版社，2013年，第102、109页。

② 《史记》，中华书局，1959年，第265页。

③ 《七国考·秦职官》引应邵云：“秦自惠王后，嫡称王后，次称夫人，又有美人、良人、八子、七子、长使、少使之号。美人爵视二千石，比少上造，八子视千石，比中更。”〔明〕董说著，缪文远订补：《七国考订补》（上），上海古籍出版社，1987年，第45页。

数为东西向，墓型有竖穴土坑墓，也有洞室墓，墓葬年代从与陵园同期一直延续到战国末期，其中既有带车马坑的贵族墓，也有平民小墓。[①]这样的陪葬墓区估计不止一处，将来在各个分陵园外的相应位置或许都会有所发现。雍城这些陪葬墓区分属各自依附的秦公陵园，墓葬的数量多，延续时间长，等级高下皆有，墓主人可能是出自某一代秦公的未继位公子及其后代家族的成员，经长期繁衍发展为人口众多的家族，从而形成规模很大的族墓地。同理，战国秦陵附近的那些陪葬墓，性质也应类同。秦始皇陵园外的上焦村陪葬墓有17座，南北"一"字形排列，皆东西向，为带斜坡墓道朝西的洞室墓，有棺有椁，椁内分箱，级别较高，但死者身首异处，很可能是被秦二世处死的始皇的公子、公主[②]，也属于广义上的陪葬。

而关于雍城南郊秦公陵园、战国秦王陵园外有无异姓功臣陪葬的问题，周代流行族墓制度，非家族成员一般不会被安葬在族墓地，因此异姓功臣陪葬即便偶尔存在，也非常态，目前在雍城、咸阳、芷阳陵区还未发现相关例证。

三、战国秦陵的两个类型及其成因

（一）"咸阳原类型"与"东陵类型"的特征

除上述共性之外，战国秦陵还有个性特征，大致可分为两类：严家沟秦陵、周陵镇秦陵、司家庄秦陵为一类，可称之为"咸阳原类型"；芷阳一号、四号陵园为另一类[③]，可称之为"东陵类型"。

咸阳原上的三座战国秦陵园中，严家沟与周陵镇秦陵的形制极为相似，如果以外围沟为准测陵园的长宽比，则严家沟秦陵为1.8，周陵镇秦陵为1.5，二者均呈较窄的南北向长方形。陵园南北长轴方向均在北偏西10°（或170°）左右，均有内外两道园墙，外园墙外均有壕沟；内园墙均设6处门址，南、北墙各1处，东、西墙各2处，与陵园内两座大墓墓道相对应。陵园中部偏南的位置均有两座"亚"字形大墓，南墓封土大，北墓封土稍小。两座陵园王墓（南墓）都以北墓道最长，而且尺寸相当，长100.3米或97米；王墓各自的东西墓道长度相当，长55米或63米，呈左右对称

---

① 陕西省考古研究院、宝鸡市考古研究所、宝鸡先秦陵园博物馆：《雍城一、六号秦公陵园第三次勘探简报》，《考古与文物》2015年第4期。

② 秦俑考古队：《临潼上焦村秦墓清理简报》，《考古与文物》1980年第2期。

③ 芷阳二、三号陵园其实是附属于一号陵园的小陵园，里面没有"亚"字形大墓，本身不具有独立性。

形式；两座陵园的后墓（北墓）都以东墓道最长。①这些相似性说明两座陵园规划、设计、施工的年代比较接近。秦惠文王葬于公元前311年，秦悼武王葬于公元前307年，前后仅差四年，与之吻合。

司家庄秦陵和它们有明显的共性。首先，陵园南北向长轴方向为北偏西9°，大墓东墓道方向为东偏北，与其一致。其次，司家庄秦陵由三道围沟环绕而成，在第二道围沟东沟的内侧发现有向南、北延伸的夯土墙基，虽未将其范围全部勘探出来，但应是内陵园的园墙遗迹。②司家庄与严家沟、周陵镇秦陵一样，园墙、围沟俱全。最后，司家庄秦陵的墓道不带耳室，与周陵镇陵园的王陵一致。③因此，可以把咸阳原上三处秦陵归入同一类型。

当然，司家庄陵园的形制也发生了一些变化。其陵园外围沟长宽比为1.24，陵园呈较宽的南北向长方形，或者说近方形，此其一；陵园内"亚"字形主墓的东、南、北墓道长度相当，为58—60米，西墓道较短，长36米，此其二；"亚"字形主墓位于陵园中部略偏北的位置，此其三。以上三点说明司家庄秦陵的年代与严家沟、周陵镇陵园有一定差距。

芷阳一号、四号陵园形制上的共性显而易见。首先，它们都未发现园墙，而是以人工开凿的壕沟作为兆沟。据秦东陵最新的钻探成果，一号陵园由人工开凿的单道隍壕构成；在四号陵园内发现了围绕主墓的东、南、北3段内壕沟以及南侧外壕沟，表明其可能由双重隍壕构成。④其次，两座陵园的"亚"字形主墓都以东墓道最长，墓道均带耳室。最后，陵园南北长轴方向均在北偏东10°（或190°）左右。

总结"咸阳原类型"的特点："回"字形双重陵园，园墙、围沟俱全，墙外

---

① 陕西省考古研究院、咸阳市文物考古研究所：《陕西咸阳严家沟秦陵考古调查勘探简报》，《考古与文物》2021年第1期；陕西省考古研究院、咸阳市文物考古研究所、周陵文物管理所：《咸阳"周王陵"考古调查、勘探简报》，《考古与文物》2011年第1期。

② 发现的夯土墙基宽4.5—6.2米，方向为北偏西9°，在发掘区内有凸折，在发掘区外继续向南、北延伸，北侧还有门道缺口。综合这些现象并结合陵园平面图判断，该墙基应是陵园园墙。陕西省考古研究院：《陕西咸阳闫家寨战国秦遗址、墓葬发掘简报》，《考古与文物》2018年第4期。

③ 周陵镇王陵的东、南、西三条墓道均无耳室，唯北墓道北端东侧有陪葬坑K3，但该坑较小，深7米，勘探简报定性为陵园的陪葬坑，应不是墓道所带耳室。陕西省考古研究院、咸阳市文物考古研究所、周陵文物管理所：《咸阳"周王陵"考古调查、勘探简报》，《考古与文物》2011年第1期。

④ 王学理、田亚岐、孙伟刚：《秦物质文化通览》（下），科学出版社，2015年，第541—542页。

有壕沟，设有门址；陵墓封土保存完整的，均为覆斗形；陵园内王陵的南、北墓道长[①]，东、西墓道短；后陵以东墓道最长；王陵的墓道不带耳室[②]；陵园长轴方向在北偏西10°左右，大墓的东墓道在东偏北方向。

总结"东陵类型"的特点：单重或多重隍壕，不见园墙；陵园内"亚"字形大墓均以东墓道最长，墓道带耳室；陵园长轴方向在北偏东10°左右，大墓的东墓道在东偏南方向。

韩森冢没有发现陵园，"亚"字形大墓形制与东陵几乎完全相同，墓道为正方向，可与芷阳秦陵归入同一类型。神禾原秦陵的陵园由一道围墙构成，围墙四面中部各设一门，墙外有壕沟，"亚"字形主墓的墓道不带耳室，这些特点与"咸阳原类型"相似；但其主墓以东墓道最长，陵园长轴方向在北偏东8°左右，大墓东墓道在东偏南方向，这些特征则又与"东陵类型"类似；此外，陵园内长条状陪葬坑在墓道两侧平行排列的做法，不见于其他秦陵。以上表明，神禾原秦陵兼具两个类型的特点，反映了二者融合的趋势。

（二）"咸阳原类型"与"东陵类型"的成因

秦国陵墓制度经历了以礼县大堡子山秦公墓地为代表的滥觞期，以雍城秦公陵园为代表的发展期，以咸阳原陵区和芷阳陵区为代表的转型期，以秦始皇帝陵为代表的成熟期。在这个过程中，陵墓的诸要素发生了一系列变化：陵园的地面界标及防护设施经历了从环壕到围墙的发展；封土从无到有，发展成覆斗形；墓穴从"中"字形发展为"亚"字形；礼制建筑从墓上转移至墓侧；陪葬坑从少到多，性质从单纯的车马坑发展为以秦始皇陵为代表的包括兵马、马厩、珍禽异兽、铠甲兵器等多样化的外藏坑系统。[③]如果以秦始皇帝陵为参照标准，将会发现："咸阳原类型"的年代虽早，但陵园形制却与秦始皇陵园接近，显得较为先进；"东陵类型"的年代晚，但陵园形制却与秦始皇陵园差距较大，显得较为落后。正是有学者注意

---

① 据钻探资料，周陵镇（Ⅱ号）陵园南陵的北墓道长97米，东墓道长63.8米，南墓道长53.8米，西墓道长63.4米；但南墓道大部分压在周陵文管所院下，没有全被钻探出来，实际长度应更长。陕西省考古研究院、咸阳市文物考古研究所、周陵文物馆理所：《咸阳"周王陵"考古调查、勘探简报》，《考古与文物》2011年第1期。

② 周陵镇、司家庄陵园的主墓（王陵）墓道不带耳室。严家沟陵园主墓东墓道南侧、南墓道西侧各有一个陪葬坑（K6、K5），调查者称之为紧贴墓道一侧的陪葬坑。陕西省考古研究院、咸阳市文物考古研究所：《陕西咸阳严家沟秦陵考古调查勘探简报》，《考古与文物》2021年第1期。

③ 王学理、梁云：《秦文化》，文物出版社，2001年，第90—93页。

到这一现象，才会质疑神禾原秦陵的墓主。[①]这个看似前后矛盾的现象，恐怕要在秦与东方列国横向比较的视野下，置于战国中晚期具体的历史背景中才能得到解释。

“咸阳原类型”之前的雍城秦公陵园有外、中、内三重兆沟。外兆即整个陵地外的围沟，中兆是一座或几座大墓组成的分陵园的围沟，内兆是某座大墓自身的围沟。根据中兆、内兆的有无及配套情况，可将14座分陵园分成四型：第一，双兆型，即以内兆围绕“中”字形大墓，再以中兆环绕其外的车马坑，如二、九号分陵园。第二，单兆型，有中兆而无内兆，如一、四、六、十一、十四号分陵园。第三，组合型，共享中兆及陵中套陵的特殊类型，如八、十二、十三号分陵园。第四，无兆型，既无中兆又无内兆，如五、七号分陵园（见图12）。其中任何一种与“咸阳原类型”都不同。双兆型虽然有两重隍壕，但内兆仅围绕一座大墓；如果是两座大墓异穴合葬（九号陵园），两墓各有内兆；与“咸阳原类型”内围墙环绕两座大墓的情况大不一样。因此，“咸阳原类型”不是雍城秦公陵园自然发展的结果，不能以围墙代替壕沟的说法简单解释，其渊源应到秦国之外的地区去寻找。

“咸阳原类型”的“回”字形陵园形制与战国中山王兆墓出土的铜版兆域图酷似（图13）。铜版上用金银错出中山国陵园的平面图，为东西向横长方形，有双重围墙，即中宫垣和内宫垣。内宫垣内有“凸”字形夯土平台（丘），其上东西并列5座大墓，墓上建享堂，王堂及其两侧的哀后堂、王后堂居中偏前，两座夫人堂靠边偏后；内宫垣北墙外自东向西标注有四个宫室名称。陵园南向，双重围墙的南墙正对王堂处均辟一门。发掘的平山M1为南北向“中”字形，墓上封土带三级台阶，即享堂建筑的中心夯土台——墉；墓南有2座车马坑、1座杂殉坑、1座船坑；M1东面的M2即哀后墓。[②]至今未见大墓周围陵园的报道，可能尚未钻探出来，也可能在公元前309年（或前308年）王兆下葬时，王后、夫人还在世，故陵园整体尚未完工。

特别需要提及的是，很多学者注意到中山国陵园兆域图与辉县固围村墓地布局很相似。固围村墓地范围颇大，“广袤约600米”，中心的长方形台基东西150米，南北135米，其上东西并列3座南北向“中”字形大墓；墓口上部有享堂建筑遗迹；

---

① 段清波：《关于神禾原大墓墓主及相关问题的讨论》，《考古与文物》2009年第4期。

② 河北省文物管理处：《河北省平山县战国时期中山国墓葬发掘简报》，《文物》1979年第1期。

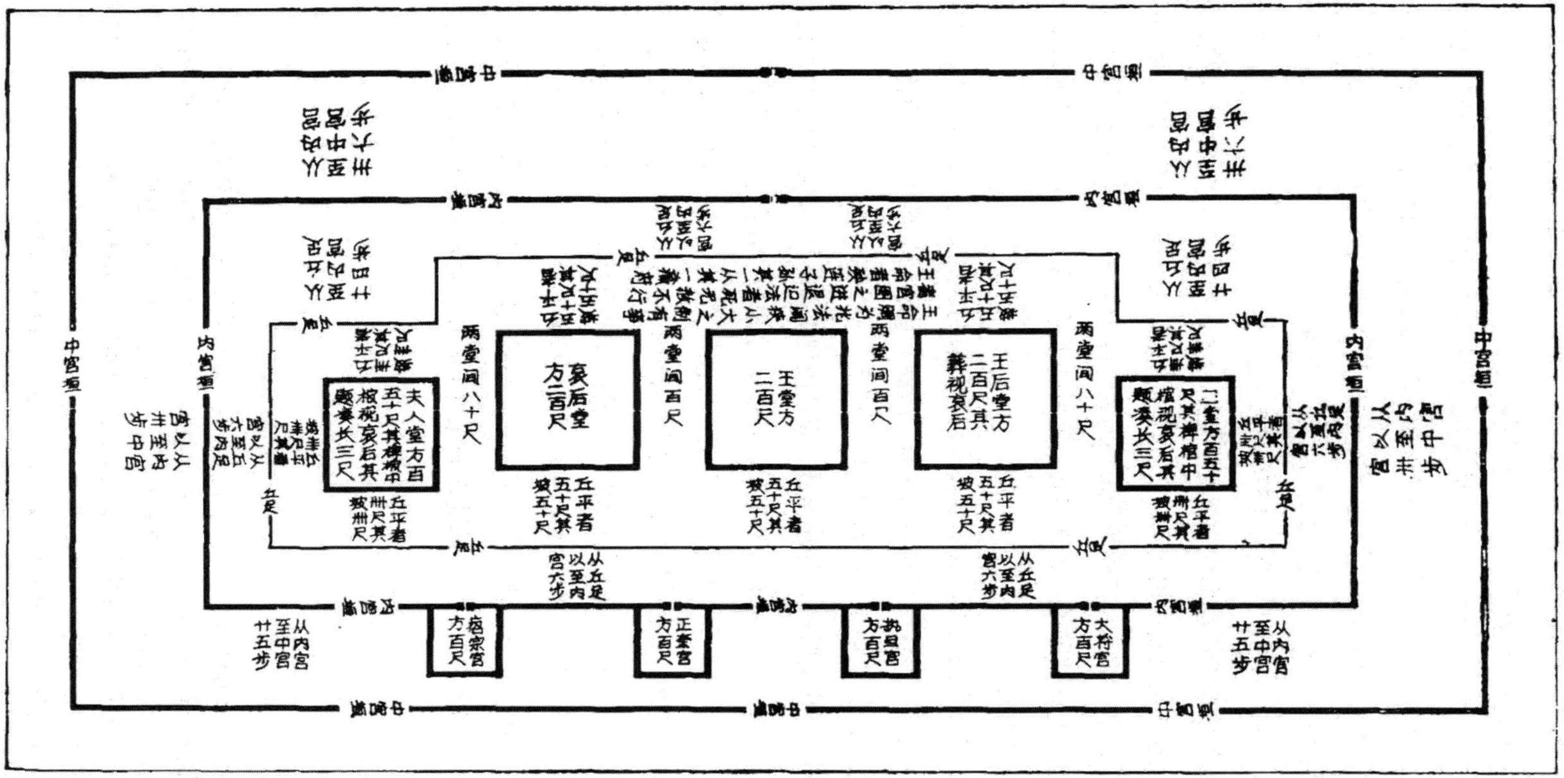

注：图中文字已译为现代汉字

图 13　战国中山王陵铜版兆域图摹本

（出自杨鸿勋：《战国中山王陵及兆域图研究》，《考古学报》1980 年第 1 期）

周围有版筑夯土墙基，一起构成“回”字形陵园[①]。固围村大墓不是魏王陵，应是魏国王室显贵或封君的墓，僭越使用了王陵的制度[②]。

中山国陵园规划图并非独创，“而是具有时代典型意义的一个程序化、制度化的代表作”[③]。杨鸿勋先生注意到中山国陵园兆域图与辉县固围村魏国墓地布局的相似性[④]，李学勤先生从陵园布局、大墓结构、墓上建筑、出土器物、文字特征等方面进行了总结[⑤]。中山是白狄鲜虞建立的国家，公元前406年为魏文侯所灭，文侯先后把太子击、少子挚封于中山，至公元前378年中山复国。魏国二十余年的统治，使中山从一个戎狄习气浓厚的国家而变得高度华夏化。这在考古材料中也有所反映，如中山王铜器的长篇铭文反复引用儒家经典，标榜儒家礼义，捍卫周室制度。中山的华化和儒家文化在中山的流行皆受魏国影响所致。战国早期魏率先崛起，魏文侯尊儒进贤，文化建设走在诸国前列，许多新制度发轫于兹。所以，中山王墓兆域铜版的陵园制度应袭自魏国。

秦自献、孝二公变法图强，大幅度吸收东方国家的制度文化，延揽人才，文化面貌由此发生巨变。学界曾注意到秦铜容器、陶器、兵器乃至都城形态的转变，现在从咸阳原秦陵的新发现可知，在陵墓制度上也发生了类似变化。

秦对东方列国文化的吸收，首选魏国。商鞅由魏入秦，变法的内容不少来自李悝的《法经》。秦惠文王在朝中重用魏人，如张仪“魏氏之余子也”，魏章“魏人也，初为魏将”，公孙衍“号犀首，魏之阴晋人也”[⑥]。仪、章将相联手，奉行结魏、攻韩、弱楚的策略。秦武王即位，张仪免相，但国中魏人势力未减。惠文后魏女，武王后亦魏女，惠文、悼武二代均娶妇于魏，可见当时秦、魏关系之密切。在这种氛围下，魏国的陵墓制度向西影响到秦，就不足为奇了。

战国秦汉陵墓的设计施工由多级官吏监管，专职机构负责。土木工程由将作少府或将作大将及其属下承担，但陵墓建设的总负责人往往是相邦或丞相。陵墓的选

---

① 中国科学院考古研究所编著：《辉县发掘报告》，科学出版社，1956年，第69页。

② 梁云：《战国时代的东西差别——考古学的视野》，文物出版社，2008年，第91—94页。

③ 杨鸿勋：《战国中山王陵及兆域图研究》，《考古学报》1980年第1期。

④ 杨鸿勋：《建筑考古学论文集》，文物出版社，1987年，第136页；杨鸿勋：《宫殿考古通论》，紫禁城出版社，2001年，第189页。

⑤ 李学勤：《平山墓葬群与中山国的文化》，《文物》1979年第1期。

⑥ 马非百：《秦集史》，中华书局，1982年，第283页。

址、设计须由最高统治者亲自审定，通过后严格执行，中途不得擅自变更。①平山兆域铜版上还记有中山王的诏书："王命赒为逃（兆）乏（法），阔狭少（小）大之则（制），又（有）事者官图之。建（进）退违乏（法）者死亡（无）若（赦），不行王命者殃连子孙。亓（其）一从，亓（其）一藏府。"赒即司马赒，时任中山国相邦。由相邦总揽陵园事务应是战国时通例。秦惠文王时张仪先后三次任秦相，任期最长，共计13年②，而且主要在惠文王后元年间，因此秦惠文王的公陵很可能是由张仪主持规划、设计的。作为魏人，他受当时风气影响，充分参考了东方列国尤其是魏国的陵园制度，是顺理成章的事情。

自秦孝公发求贤令后，东方客卿西行入秦，络绎不绝。他们带来治国新理念的同时，也促成了文化上的转型。在东方客卿的直接参与下，陵园规划设计借鉴东方列国，呈现出许多不同于以前的新特征。这些东方客卿及其设计思路可说是战国秦陵设计中的创新派，"咸阳原类型"正是创新派的产物。当然，也没有完全照搬，而是做了一些调整，比如把平山兆域图那种横长方形陵园旋转为纵长方形，在墓上堆筑封土，把用于祭祀的礼制建筑移至墓侧等。

"咸阳原类型"覆斗形封土的形制也应来自东方。东方国家中在春秋时期已经出现了覆斗形封土。以洛阳西郊周山东周王陵为例，灵王冢（编号ZSM1）和三王冢（编号ZSM2、ZSM3、ZSM4）③的封土皆为覆斗形，M1封土边长105—110米，高约20米；M2封土遭破坏，东西长25米，南北宽41米，高约12米；M3东西长82米，南北宽70米，高约14米；M4东西长25米，南北宽55米，高约12米④；其年代相当于春秋晚期，早于秦惠文王公陵。已发掘的浙江绍兴印山越王陵，封土为长方形覆斗状，

---

① 《汉旧仪》："（始皇）使丞相李斯将天下刑人徒隶七十二万人作陵，凿以章程，三十七岁，锢水泉绝之。塞以文石，致以丹漆，深极不可入。奏之曰：'丞相臣斯昧死言：臣所将隶徒七十二万人治骊山者，已深已极，凿之不入，烧之不然，叩之空空，如下天状。'制曰：'凿之不入，烧之不然，其旁行三百丈，乃止。'"所谓"章程"就是陵园规划图，与中山王墓兆域图是一回事。参见〔宋〕马端临：《文献通考》卷一二四，中华书局，2011年，第3836页。

② 秦惠文王十年（前328），张仪首任秦相，至后元三年（前322）相魏，计6年；后元四年（前321），张仪第二次相秦，至后元七年（前318）乐池相秦，计3年；后元八年（前317），张仪第三次相秦，至后元十二年（前313）相楚，计4年。

③ 曹魏《皇览》及北魏《水经注》皆云周山大墓是周灵王和景王、悼王、定（敬）王墓，学者多从之。李德方：《洛阳周山东周王陵考述》，《三门峡职业技术学院学报》2009年第4期。

④ 洛阳市第二文物工作队：《洛阳西郊周山东周王陵调查记》，《中原文物》2005年第6期。

长76米、宽36米、高10米，墓主为越王允常，年代为春秋末年[①]，也早于秦公陵。《礼记·檀弓上》记载孔子见到的“封之若堂者”，应即覆斗形封土。这种封土形制自东向西的传播过程是很清楚的。

“咸阳原类型”的南北向墓型也显示了来自东方的强烈影响。公陵、永陵的王墓东西墓道短，南北墓道长，不能不让人怀疑它们属南北向墓型。众所周知，东周秦墓绝大多数为坐西向东的东西向。不仅大型陵墓，数量众多的中小型秦墓也以头西足东的葬式为主；年代不限于东周，西周秦墓亦如此，可见此传统根深蒂固。周人流行南北向墓型，在考古发掘中屡见不鲜。战国时东方诸国的陵墓也多南北向，如韩王陵、中山王陵、燕王陵，以及辉县固围村大墓和洛阳金村大墓。惠文、悼武两朝对三晋周室渴慕不已，因为那里代表了文化上的正统；秦陵一度采用南北向墓型，正是在引进东方制度与人才的时代大背景下，受三晋两周文化的影响所致。况且那时可供参考的成例，即西周至春秋时周王的陵墓，就是南北向的“亚”字形[②]。当然，秦国君墓的南北向墓型在以前也有发现，凤翔雍城东南郊的第十四号陵园，其主墓就是南北向的“丰”字形三室大幕[③]。第十四号陵园偏居陵区的东部，相对独立，墓主可能是位深受东土文化熏陶的秦君。东风西渐，开始较早，至惠文、悼武朝，越吹越烈。

然而，从秦昭王开辟东陵以后，秦陵又恢复了东西向墓型的传统。需要说明的是，严家沟、周陵镇陵园的后陵均以东墓道最长，与王陵不同。二墓墓主为惠文后、悼武后。昭王二年，惠文后“不得良死”，或曰“忧死”；悼武王后“出归魏”。[④]她们因参与季君之乱而下场凄凉。二人虽然都是魏女，但在昭王即位后去世，故按照秦人传统礼俗被葬入公陵、永陵。

“东陵类型”在某些方面回归到雍城秦公陵园的旧传统，如用环壕而不用围

---

① 浙江省文物考古研究所、绍兴县文物保护管理所编著：《印山越王陵》，文物出版社，2002年，第7、45页。

② 西周时周王陵未发现，但从陕西周公庙墓地可知其是南北向的“亚”字形。春秋时周王陵如洛阳体育场路CIM10122，为南墓道最长的“亚”字形，出土“王作酱鼎”铭文铜鼎和“王作酱彝”铭文铜鬲，被认为是周平王之墓。洛阳市文物工作队：《洛阳体育场路东周墓发掘简报》，《文物》2011年第5期。

③ 陕西省考古研究院、凤翔县博物馆：《雍城十四号秦公陵园钻探简报》，《考古与文物》2015年第4期。

④ 《史记·秦本纪》：“二年，彗星见。庶长壮与大臣、诸侯、公子为逆，皆诛，及惠文后皆不得良死。悼武王后出归魏。”《史记·穰侯列传》索隐按：“……盖谓惠文后时党公子壮，欲立之，及壮诛而太后忧死，故云‘不得良死’，亦史讳之也。又逐武王后出之魏，亦事势然也。”《史记》，中华书局，1959年，第210、2324页。

墙，东西向墓型，墓道普遍带耳室，大墓的东墓道指向东偏南方向等。前二者毋庸多言，秦陵墓道的耳室具有文化上的独特性。在迄今发现的周代诸侯墓中，周人墓无论“中”字形或“甲”字形，其墓道均不带耳室，如曲村晋侯墓、辛村卫侯墓、琉璃河燕侯墓、沣西井叔墓、梁带村芮公墓等。考古发现的岐山周公庙墓地属周公家族，其中的“亚”字形大墓墓道也不带耳室。同样，东周时韩、赵、魏、燕、中山等国陵墓的墓道亦无耳室。唯有秦公大墓在春秋时流行墓道带耳室的做法。雍城南郊14座陵园中有11座陵园大墓的东墓道带耳室，包括12座“中”字形大墓和1座“甲”字形大墓，不少为南北双耳室。[①]秦公大墓此风在列国中独树一帜，其来源尚不明了。即便殷墟商王陵有带耳室者，如侯家庄M1500的北墓道带东西双耳室，但该现象在西北岗毕竟是少数，因此秦公大墓在墓道设耳室的做法也尚不能确认源自殷商。礼县大堡子山秦公墓的墓道尚不带耳室，这种习俗可能是从雍城时期才开始流行的。

“咸阳原类型”王陵的墓道不带耳室，应是受东方影响的结果。“东陵类型”又恢复了这个作风，并从一条墓道发展到多条墓道带耳室，如芷阳一、四号陵园的3座“亚”字形大墓。其耳室所藏无非“厩、厨之属”，也可能有殉人，相当于“婢妾之藏”。东陵四号陵园主墓的4个耳室经钻探“底层均有马的残骨骼、木迹、漆皮或残骨上附着的绿色锈”，一号陵园主墓的耳室钻探出鎏金铜片、鸟骨、兽骨、漆皮等物。[②]汉代诸侯王、列侯墓的耳室被归入外藏椁系统[③]，秦陵墓道的耳室与墓外的陪葬坑性质类似，在内容及功能上有互补性，同为汉代外藏椁的前身。

雍城陵区14个分陵园虽然平面形状各异，但陵园南北轴线方向均在北偏东20°左右，这在长方形分陵园（三、九、十一、十三号）中表现得最清楚；“丰”字形大墓M45的墓向亦为20°。除了M45，其余24座大墓的方向（以头向为准）在270°—301°，绝大多数在280°—290°。雍城陵区占地面积约21平方公里，在如此大的范围内，各墓的墓向还能保持高度一致性，说明当时秦人已经掌握了大地测量技术；也说明把东墓道置于东偏南方向，是秦公大墓长期以来的传统。“咸阳原类型”陵园

---

① 王学理主编：《秦物质文化史》，三秦出版社，1994年，第268—270页。

② 陕西省考古研究所秦陵工作站：《秦东陵第四号陵园调查钻探简报》，《考古与文物》1993年第3期；陕西省考古研究所、临潼县文管会：《秦东陵第一号陵园勘查记》，《考古与文物》1987年第4期。

③ 俞伟超：《汉代诸侯王与列侯墓葬的形制分析——兼论“周制”、“汉制”与“晋制”的三阶段性》，见《先秦两汉考古学论集》，文物出版社，1985年，第121页。

长轴方向北偏西，大墓的东墓道东偏北，有违这个传统。到了“东陵类型”又将之恢复：陵园长轴北偏东，大墓朝向东偏南。

“东陵类型”趋于守旧的原因值得探讨。秦昭王即位后，政治气氛陡变。魏国是惠文后、悼武后故乡，二人因季君之乱，一忧死，一被逐出，秦国的魏人势力随之风流云散。宣太后楚人，其异母弟魏冉秉政，长期推行亲楚而攻魏的外交政策。朝中母家外戚与宗室子弟当权，如《史记·范雎蔡泽列传》所云：“太后擅行不顾，穰侯出使不报，华阳、泾阳等击断无讳，高陵进退不请。”秦昭王在位五十六年间，穰侯魏冉先后五次为相邦，共二十年，“盖秦相之在位最久者”①，权倾朝野。魏冉之前的相邦有惠文王异母弟樗里疾（六年），齐人薛文（两年）。之前的丞相有庶长奂（一年），赵人金受（四年），赵人楼缓（一年），时间都很短暂；之后宣太后同父弟芈戎曾任左丞相，穰侯客卿寿烛还任过一年丞相。用人方面绝对排斥魏人，举亲避贤，显得保守而封闭。当时穰侯“恶纳诸侯客”，认为东方宾客“徒乱人国耳”。②

可以想见，芷阳秦东陵的设计施工由穰侯、华阳君之类外戚主其事，严君疾、泾阳君、高陵君之流宗室参与之，某种程度上摒弃原先魏人的设计方案，回归秦人的旧传统，是很自然的事。“东陵类型”正是本土守旧派势力抬头之后的选择。当然，昭王时秦一跃成为头号军事强国，天下宾服，完全找回了民族自信，也成为恢复传统的底气和动力。需要指出的是，虽然魏人范雎入秦后，四亲贵退位，君主集权加强，但范雎为秦相是在昭王四十二年（前265），同年宣太后葬芷阳郦山，前年悼太子归葬芷阳，东陵的主体设施显然已经完成，并交付使用了。

庄襄王以后，秦的用人政策完全转向对外开放。庄襄王元年（前249）吕不韦为丞相，秦始皇元年（前246）为相邦，前后主政达十三年之久。吕不韦，濮阳卫人，本东方大贾，结子楚亲得操国柄；家僮万人，食客三千，门下集中了各类人才，所著《吕氏春秋》囊括了战国时各家各派言论，“使诸侯之士，斐然争入事秦”③。在这种情况下，原先出自东土客卿之手的陵园设计方案被重新采纳，加以修改后付诸实施，就可以理解了。在考古发现上，我们也看到了从公陵、永陵，到夏太后陵，再到秦始皇陵一脉相承的风格特点。

神禾原夏太后陵园、庄襄王与帝太后的合葬陵园，乃至秦始皇陵园，可能都是由吕不韦主导设计的。夏太后葬于秦始皇七年（前240），当时吕不韦为相邦，秦

① 马非百：《秦集史》，中华书局，1982年，第181页。

② 《史记》，中华书局，1959年，第2403页。

③ 《史记》，中华书局，1959年，第3315页。

俑坑出有“七年相邦吕不韦”铭文铜戈。夏太后陵园规模较小，只有一重围墙，低秦王陵一等，其纵长方形陵园及东向“亚”字形大墓显示了“咸阳原类型”与“东陵类型”融合的趋势。帝太后葬于秦始皇十九年（前228），已在吕不韦免相九年之后，但她与庄襄王的合葬陵园早已建成，且有庄襄王葬入其中，其陵园应与夏太后陵相似，即双重围墙的纵长方形陵园加上两座东西向“亚”字形大墓。目前在芷阳发现的陵园没有一座与之吻合，因此关于庄襄王与帝太后的合葬陵园尚未发现的意见值得重视。至于秦始皇陵，《史记·秦始皇本纪》载“始皇初即位，穿治郦山”，那么陵园的规划设计在那时或稍晚应已拟定，当时吕不韦主政。虽然吕不韦之后的秦相更迭，包括昌平君、隗状、王绾、冯去疾、李斯，秦始皇陵的建设也延续到统一后，直到秦灭亡都没有最终完成，但陵园的设计蓝图一经确定，施工之后若没有迫不得已的特殊原因以及皇帝的认可，是不会因人废事轻易更改的。

综上所述，战国秦陵按形制可分为“咸阳原类型”和“东陵类型”，前者受东方国家影响，有创新特点；后者在某些方面趋于守旧，为本土保守派势力回归传统的选择。夏太后陵乃至后来秦始皇陵园的规划设计，是二者发展、融合的结果。

原载《故宫博物院院刊》2022年第7期

（梁云，西北大学文化遗产学院教授；王欣亚，延安大学历史文化学院讲师）

从手工业遗存看秦都咸阳城北区布局

许卫红

秦都咸阳城以渭河为界分为南、北两区。北区所知与手工业制作有关的遗存，涉及制陶、制骨、制石及金属冶铸等不同产业，分属东北部“宫殿区”和西南部“长陵车站手工业作坊”（图1）。通过对这些遗存的梳理，可以看到不同地点、相同产业之间的联系与区别，从而有助于了解咸阳都城北区的布局。

一

东北部是指咸阳北塬台地，即“宫殿区”周边。海拔高度410—450米，地势北高南低，与渭河以南的兴乐宫等建筑遥相呼应。该区域的手工业遗存分布于夯土建筑群四周，大体可分为三个主要地点。

1.胡家沟至聂家沟

紧邻“宫城”西墙外，以台地南缘最为密集。

有数量较多的陶窑。分布范围东西长约128米、南北宽约62米，至20世纪尚存陶窑29座，有成排分布的规律，地层堆积内含大量红烧土块、青灰色窑壁块、细绳纹筒瓦和板瓦残块、木炭、素面铺地砖、变形空心砖残块和井圈残块。部分残瓦戳印“周”“王”“戎”陶文，有些区域还包含与一至三号宫殿相同的龙纹空心砖残次品。保存较好的两座窑址的窑体近方形，窑壁呈弧线上敛，有窑门、火膛、窑床和单烟道。窑门多数朝南，烟道置于窑室后侧正中。发掘者认为“这是一处为咸阳宫烧制建筑材料的砖瓦窑群”[①]。

制骨遗存丰富。2014年发掘20平方米，清理次生堆积灰坑一座，共收获总量超过600千克的骨质遗物，包括骨料、坯料、半成品和残次成品。骨料来自黄牛，包括

① 陕西省考古研究所编著：《秦都咸阳考古报告》，科学出版社，2004年，第205—207页。

掌骨、跖骨、尺骨和桡骨、胫骨、肱骨、股骨等骨干部分，不见关节部位、腕跗骨及趾骨。通过对尺骨件数统计，骨料来源不少于200头黄牛个体。产品以表面雕刻纹饰和涂彩的马镳、带具为主，还有数量较多的鱼形饰、博具棋子（图2）。其生产规模很大，原料单纯，制作环节比较一致，产品常见装饰或娱乐品，说明从原料获取、生产组织到产品消费都有统一的管理，生产者在经济和政治上依附于某一集团，具有依附性作坊性质。[①]

有府库类建筑。2016—2018年发掘了一座，其平面长方形，东西长105.8米，南北宽20.3米。出土总量约650千克石质编磬残片、大某缯官封泥等遗物，石磬残块多见“北宫乐府”一类的刻字（图3：1）。[②]与府库出土石磬完全相同的遗物，见于咸阳城南区的神禾塬大墓，多数学者认为此墓葬的时代为战国晚期，墓主是秦始皇祖母夏太后[③]。紧接该府库的南部，有石磬加工及铸钱遗存。调查采集到了制作石磬的石料和半成品、龙纹空心砖和瓦当等建筑材料、半两钱陶模等金属铸造遗物，发现排水沟、陶管道和大面积河湖相堆积[④]。钱模包括背模和面模，钱型直径2.7厘米（图3：2）。早在2002年，于同地曾发现过陶质半两钱模和浇口等一批遗物，发现者称钱模为母范，钱型直径为3.3厘米，所铸出钱币直径大约为3.1—3.2厘米。通过这些实物可以确认秦都咸阳存有官铸钱币工场。[⑤]而大量建筑材料的发现，说明这里曾有不亚于已发掘的三座宫殿等级的建筑。

据20世纪考古资料，在聂家沟西北分布一南北长150米、东西宽60米的遗址，内含有黄绿色铜锈的堆积物，还采集到铸造铜器的陶范。[⑥]

紧邻宫殿区，有大型建筑基址、多种类遗物，这些信息证明此处存有官署管理机构，是一处集管理、储存、生产的官署手工业综合生产园区。

---

① 陕西省考古研究院：《陕西咸阳聂家沟秦代制骨作坊清理简报》，《考古与文物》2019年第3期。

② 许卫红、张杨力铮、赵震等：《陕西秦咸阳城府库建筑遗址考古发掘取得重要收获》，《中国文物报》2019年5月5日。

③ 陕西省考古研究院：《陕西长安神禾塬战国秦陵园遗址田野考古新收获》，《考古与文物》2008年第5期。

④ 许卫红、张杨力铮、赵震等：《陕西秦咸阳城府库建筑遗址考古发掘取得重要收获》，《中国文物报》2019年5月5日。

⑤ 姜宝莲、袁林、秦建明：《秦半两钱陶范母的发现与相关问题》，见吴永琪主编：《秦文化论丛》（第10辑），三秦出版社，2003年，第336页。

⑥ 陕西省考古研究所编著：《秦都咸阳考古报告》，科学出版社，2004年，第207页。

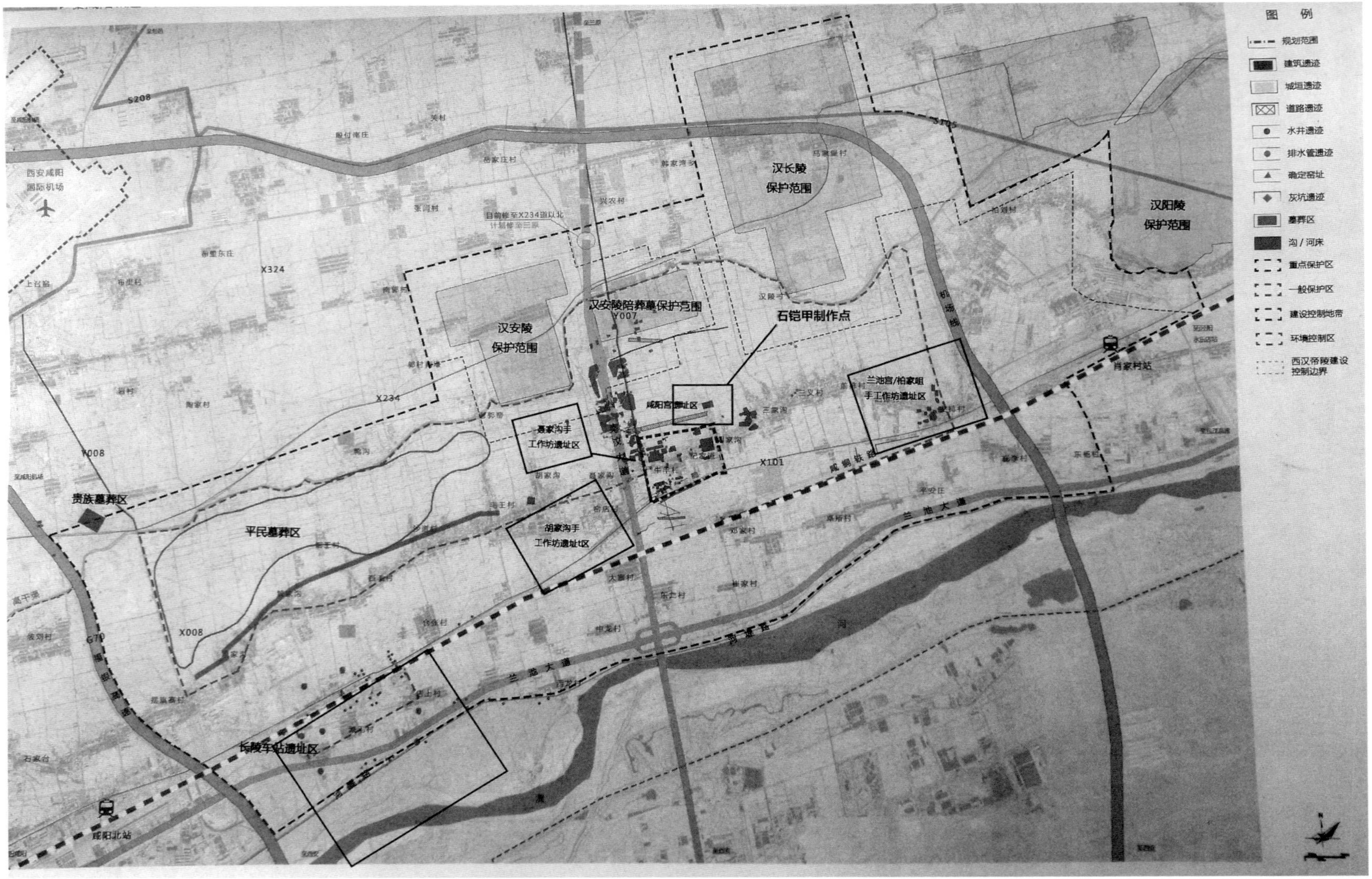

图 1　咸阳城北区手工业遗存分布地点

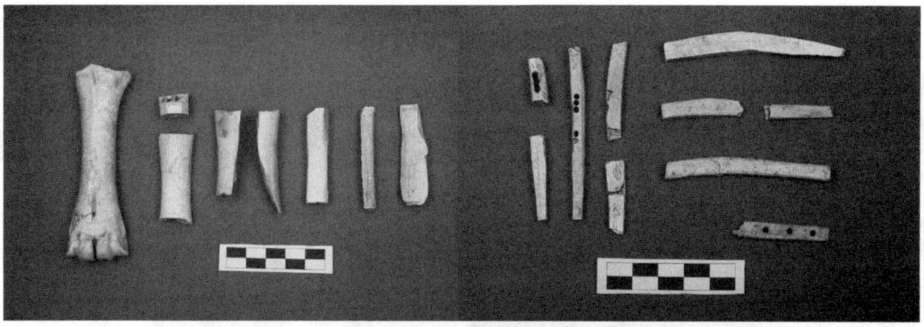

1. 骨料、坯料及废品标本

2. 骨环

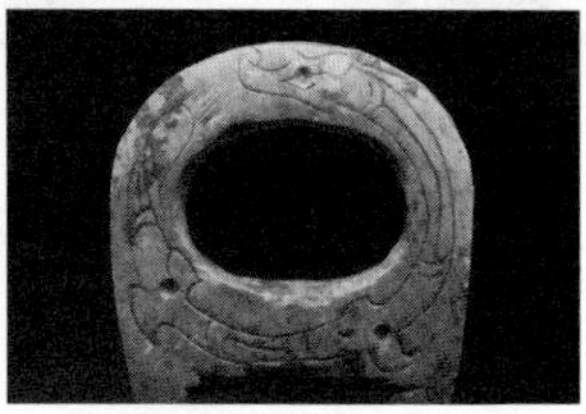

3. 带具

图 2　聂家沟出土骨质遗物

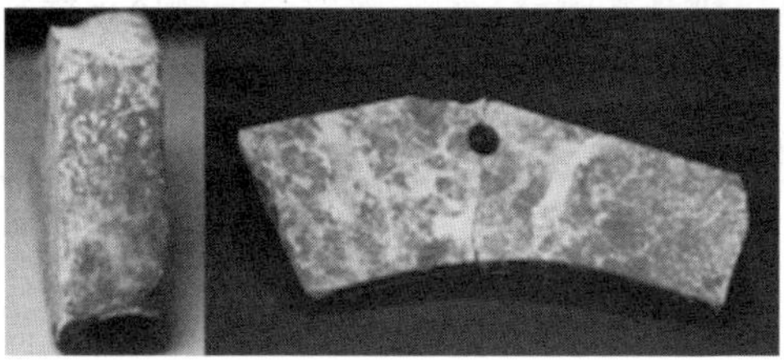

1. 石磬

2. 钱模

图 3　府库遗址出土遗物

2.牛羊沟至刘家沟区

位于宫城北墙外。调查发现地面有大型磨石、散落的石甲片；勘探发现灰坑、踩踏面、烧土、夯土建筑及水沟；试掘了一处石甲片制作遗存，出土了石质遗物60余千克，包括制作甲片的原料、坯料和废品，还有编缀甲片的铜条以及钻、刀等金属工具（图4）。[①]目前唯一能与石铠甲对应的产品只见于秦始皇陵陪葬坑。[②]

① 资料未发表。

② 陕西省考古研究所、秦始皇兵马俑博物馆编著：《秦始皇帝陵园考古报告（1999）》，科学出版社，2000年，第48—240页。

1. 石料堆积

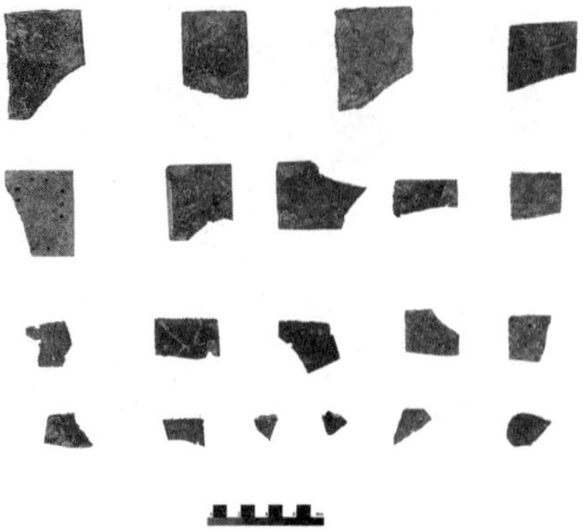

2. 残石甲片

图 4　牛羊沟至刘家沟区出土石料及残石甲片

3.柏家嘴区

位于整个宫城最东部，此地或为兰池宫所在。手工业遗存只有制陶一类，依照编号推测该区域窑址数量似在49座以上，但只明确3座与秦有关。其中，编号82XZBY47和82XZBY48的窑体呈长方形，弧形顶，由窑门、火膛和烟道三部分组成。烟道3个。窑室内填土含较多的秦筒瓦、板瓦和陶器残片。发掘者推测这是烧制砖瓦和陶器的秦窑。

该区域更多陶窑的时代被确定为西汉。除生产建筑材料外，日用品也占很大比重。陶窑毗邻的北部塬地是西汉长陵、安陵及陪葬墓所在，有多处地面建筑。不少陶窑出土的砖瓦与汉长陵邑所出形制相同，生活用品中的盆、罐等，宫廷官府所需者亦当为数不少。[①]也就是说，所谓秦咸阳城柏家嘴制陶作坊区的规模很小。

总体上，东北部手工业遗存依附于宫区，主要集中于宫殿区的西部和北部，已知总面积超过230万平方米，涉及手工业制作、管理及存储。如果将宫殿区包括在内，秦咸阳城东北部遗存涉及面积约500万平方米，经济职能的遗存约占总面积的一半。

仅从制陶业一类来看，东北部胡家沟窑址皆在原生土上挖成，可称土壁窑，属秦代；制陶业已经达到产业化程度，不仅能基本满足当地工程建设需要，如在已发掘的一、二、三号等建筑遗址中，只有少量建筑材料来自市亭或民营作坊，而且有向外输出——同样内容陶文的建筑材料也见于秦始皇陵。但由于考古手段单一，只有少量经过了发掘，其中一部分陶窑是否为砖瓦窑，抑或不排除有与冶铸工业有关

① 秦都咸阳考古工作站：《秦都咸阳古窑址调查与试掘简报》，《考古与文物》1996年第3期。

的烘范窑。柏家嘴窑址多为土坯或砖砌窑室，可称为砌壁窑，多属汉代。其制陶业生产在秦汉时期保持了延续性，为汉陵的修建提供了基础。但在战国晚期至秦代时期，此地陶窑数量很少，只有3座，应该是秦末专门为兰池宫修建而做，不足以称之为“制陶产业”。

二

西南部位于宫区外西南约5000米处，近渭河滩地，地势较低洼，海拔约380米，又被称“长陵车站手工业作坊遗址区”“制陶作坊区”。20世纪曾有发掘，主要有大量密集的水井、陶窑，较多的窖藏、灰坑和儿童墓葬。[①]

1.制陶

大量陶窑。已发掘陶窑6座，窑形包括圆形、长方形和马蹄形三类，烟道与东北部胡家沟所见一致，也只在窑室后壁正中有一个。这说明单烟道陶窑是秦咸阳城遗址的早期窑型。堆积中多夹杂日常生活类陶器，有部分建筑材料，如筒瓦、板瓦。

发掘了7个放置陶器窖藏坑，出土了大量的日用陶器和制陶工具。部分窖穴虽然表面看是储物之用，但具有半地穴房址的一些特点，或许为简易形式的建筑居址、工作棚。例如59XYCLJC1，平面呈不规则的长方形，南北宽2.6—6.6米、东西长3.7—14.3米、深0.5—1.4米。坑内有规律地排列着瓮、罐、釜、盆、茧形壶、鬲、器盖、豆、器座、陶拍和支垫等几乎全部完好的陶器共计80余件。器物大多倒置于土坑中。坑中有一条便于行人的南北向灰土路面，路面宽2.4米（图5）。[②]路面显系长期出入踩踏形成。根据其面积、内部结构和存放物品种类等方面分析，与成品储存甚至销售环节关系更大。

此地发现大量陶器上戳印陶文，内容涉及“咸亭完里”“咸郿里”“咸沙里”“咸高里”“咸阳市”“咸白里”“杜亭”等30余种。[③]原发掘报告认为这些陶文“其意就在于表明产品自身的属性，即该产品的生产单位和该单位所属的手工业作坊”[④]。此判断可以理解为这些产品并非制作于发现地即长陵手工业作坊区，有系

---

① 陕西省考古研究所、秦始皇兵马俑博物馆编著：《秦都咸阳考古报告》，科学出版社，2004年，第21—269页。

② 陕西省考古研究所、秦始皇兵马俑博物馆编著：《秦都咸阳考古报告》，科学出版社，2004年，第30页。

③ 袁仲一、刘钰编著：《秦陶文新编》（下编 图版），文物出版社，2009年，第16—17页。

④ 陕西省考古研究所、秦始皇兵马俑博物馆编著：《秦都咸阳考古报告》，科学出版社，2004年，第136页。

周边作坊以商品用意输入而来的可能。

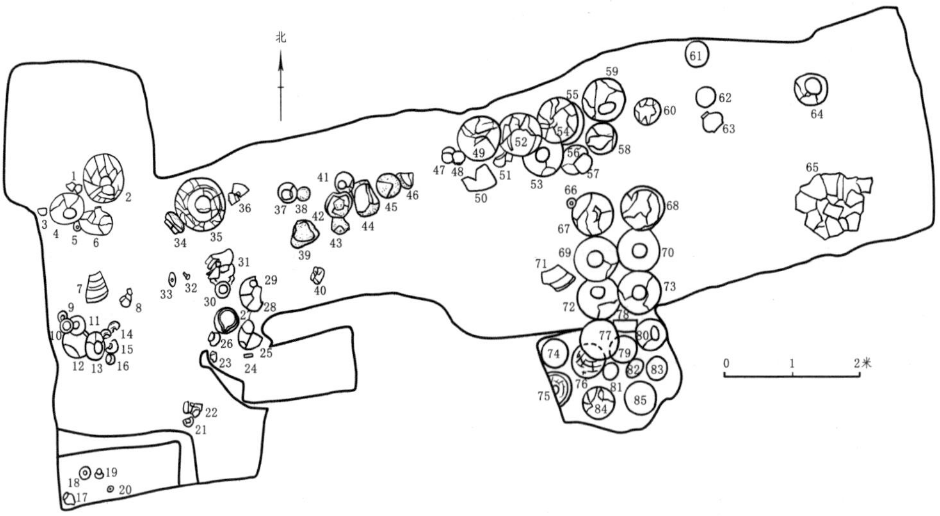

1、7、16、22、23、36、48、61、62、71、80为陶盆，2、27、39、42、43、44、54、56、58、75、76为陶鬲，3为石器，4、10、11、13、17、18、28、30、31、35、37、49、50、52、53、55、59、63—70、72、73为陶罐，5、41为陶器，6、9、12、25、33为茧形壶，8为陶壶，14、15为陶器盖，19、21、26、34、38、40、45—47、51、57、79、81—85为陶釜，20、29为陶制工具，24为陶圆形器，32为陶豆，60、74为带耳陶釜

图5　长陵车站59XYCLJC1平面图

2.冶铸

金属窖藏3处。其中，61XYCLC3中发现500余千克的经高温烧结成块状金属遗物（图6）。部分器物形体巨大，有的镌刻铭文和精美的错金银纹饰，还有一件完整无缺的秦始皇二十六年诏版。62XYCLJC4共出土铜器280余件，其中有战国货币140余枚和1枚铜锭。另外有一些生活用具、兵器、车马器和服饰配件及装饰品，多残，器物配件不成套。82XYCLJC7出土残铜器、半两钱及铜锭、铜渣共计75千克，也大都残缺不全。[①]冶炼铜器的原料铜锭1件，即62XYCLC4：132。扁圆体，直径仅约7厘米。[②]82XYCLJC7出土3件圆形铜饼，其一82XYCLC7：94的直径为12厘米，厚度1.5厘米，也很小。同出的石块未经检测，属于炼铜矿石的说法只是推测。[③]

① 陕西省考古研究所、秦始皇兵马俑博物馆编著：《秦都咸阳考古报告》，科学出版社，2004年，第32页。

② 陕西省考古研究所、秦始皇兵马俑博物馆编著：《秦都咸阳考古报告》，科学出版社，2004年，第173页。

③ 陕西省考古研究所、秦始皇兵马俑博物馆编著：《秦都咸阳考古报告》，科学出版社，2004年，第174页。

这些金属物品绝大部分为经过使用后的废品或浇筑后未能成型的残次品。学界对其性质认识不一，有府库[①]、商品[②]、报废品[③]、冶铸遗物[④]等说法。由于至今尚未发现熔化铜铁的坩埚以及铸器的模范、足够大范围的工作场所，很难说此处存在金属器具生产和为其他地区提供原料供应，充其量是一种原料储备。《睡虎地秦墓竹简》“金布律”记载有对金属物品回收再利用的相关制度：“县、都官以七月粪公器不可缮者，有久识者靡之。其金及铁器入以为铜。都官输大内，内受买（卖）发之，近七月而毕……”[⑤]金属报废物品储藏窖的说法比较合理，物品与秦国大内关系密切。

多年来此区域屡有盗掘活动，大量铜钱、箭镞、印章流入市场，曾收缴到直径约3.2厘米的半两铜钱。2008年，咸阳市文物工作者采集到五百刀币、半两、五铢、开元通宝、圣宋通宝等不同类型铜钱，以及铜容器残片、薄如纸的铜箔片、铁片及铁渣。[⑥]2018年，有800多枚楚国蚁鼻钱流入古玩市场，种类有五品八种之多。[⑦]大批量蚁鼻钱出现的原因不外乎三种，即移民、统一前的贸易或统一过程中的战利品；与之相对应的区域功能共三种，即移民居地、市亭、中央或地方某机构的物资库。而大量不同时代钱币的频出，则说明该区域的历史沿革情况，这与西汉以后此地为新城县和渭城县的史载相吻合。

3.制骨

经常出土经过截锯加工的鹿角等半成品制件，具体信息不详[⑧]。2017年，发掘清理了一座圆形袋状灰坑（图6）。主要包含物以牛、马等大型哺乳动物的骨骼为主。部位可分为头骨、脊椎、肋骨、盆骨、长骨、掌骨和跖骨、较小骨骼等8类。股骨近端均仅为股骨头。据加工痕迹判断有废料、余料与半成品。废料105件，余料46件，

---

① 陕西省博物馆、文管会勘查小组：《秦都咸阳故城遗址发现的窑址和铜器》，《考古》1974年第1期。

② 刘庆柱：《论秦咸阳城布局形制及其相关问题》，《文博》1990年第5期。

③ 陈力：《秦都咸阳金属窖藏性质试析》，《考古与文物》1998年第5期。

④ 陕西省考古研究所、秦始皇兵马俑博物馆编著：《秦都咸阳考古报告》，科学出版社，2004年，第204—205页；徐龙国：《秦都咸阳的手工业和商业遗存初探》，《文博》2003年第4期。

⑤ 睡虎地秦墓竹简整理小组编：《睡虎地秦墓竹简》，文物出版社，1990年，第40页。

⑥ 陕西省考古研究所：《渭河仓张段滩地考古调查简报》，《文博》2020年第3期。

⑦ 党顺民：《咸阳渭河沙坑出土的楚国“蚁鼻”钱浅议》，《收藏》2018年第12期。

⑧ 陕西省考古研究所、秦始皇兵马俑博物馆编著：《秦都咸阳考古报告》，科学出版社，2004年，第204页。

图6　2017 年发掘的灰坑

半成品1件为装饰品骨环。[①]高比例的废料说明此地有制骨取料初级阶段的活动，骨料涉及的动物种属也较东北部更加丰富多样。

总体上，西南部遗存由于渭河的北移，现已被分割和淹没，沿渭河南、北滩地东西长3千米的范围内均有秦汉遗物。初步判断该区面积近960万平方米，约为东北部宫殿及官署手工业遗存总面积的两倍，涉及的手工制作类型也比较丰富。同时，有必要强调该区域遗存的性质绝不仅仅是手工业生产，所谓“制陶作坊区”的说法更是以偏概全。

首先，其中有居址。

该地发现了大量小孩墓葬。据研究，战国至秦汉时期，有将夭折的儿童就近埋在住居附近的习俗，“可以看作是当地居民对死亡儿童的一种‘弃埋’，因而墓圹一般不规整”[②]。在西南部这种对儿童的“弃埋”现象非常普遍，均不见随葬品，所使用的葬具有两陶鬲相扣合、陶瓮与陶盆相扣合、板瓦扣合等七种形式。类似情形见于山西侯马XXII号铸铜遗址，15座战国早期瓮棺葬散乱地分布在活动硬面的两侧，并与房址、灰坑等混杂在一起。[③]

路家坡村是儿童葬的另一集中地，位于西南遗址区的正北塬地。1972年出土叠压在一起的陈爰金版8枚，有学者认为金版是“有意识的埋藏”[④]。但金版出土地点

① 资料未发表。

② 白云翔：《战国秦汉时期瓮棺葬研究》，《考古学报》2001年第3期。

③ 山西省考古研究所编：《侯马铸铜遗址》，文物出版社，1993年，第432页。

④ 时瑞宝、白刚：《秦咸阳发现的楚国陈爰金版试析》，《咸阳师范学院学报》2007第1期。

的东和南二面各1米左右处发现了秦半两钱、战国素面铜镜、大口小底瓮和小口折肩小底罐以及椭圆形粗绳纹小瓮棺两具，瓮棺内尚有小孩遗骸。在周围地面及附近的断崖上，还可以看到暴露的人骨架，但无棺椁痕迹。随后还清理了一个秦代的瓮棺葬。[①]可见该地是一处以埋葬儿童为主的丛葬墓地，同样的情况见于宝坻秦城遗址。[②]秦汉时期有小儿鬼的民间意识，而葬于道路有明显的厌胜意义。[③]路家坡村陈爰金版出土单位不是窖藏，而应该与墓葬的随葬品有关。依其位置大致可确定手工业区北界。

该地发现大量水井。西南部截至1981年，共计发现水井116处，20眼经过清理发掘。虽然在原报告中未提及井圹规格，但根据附图可知圹外扩极大，尤其是口部，中心部分放置陶圈或砌砖后，圹壁与井壁之间填质地不同的沙土，底部亦有特意而为的沙层。这些堆积是特意而为，不仅是为了固定井壁，应该有过滤水质的目的。[④]“井，池穴出水也。《说文》曰：清也。故《易》曰：井洌寒泉，食。甃之以石，则洁而不泥。汲之以器，则养而不穷。”[⑤]尽管从东周时期以来的情况看，水井多与手工业区甚至是制陶业有关，但手工业区一般人居密度大，设置过滤水质的措施也应考虑与日常生活饮用有关。

该地发现大量高等级建筑材料。瓦当、筒瓦、板瓦等建筑材料与东北部夯土建筑遗址所见基本一致，2018年采集的“咸高里熹”戳印陶文板瓦曾于咸阳宫殿区采集3例。其中还有一些战国中期遗物，例如外壁装饰极细绳纹、内壁有麻点、泥条盘筑方式制作的筒瓦[⑥]，说明西南部不仅有大型高等级建筑，而且修建时间与东北部建筑同时。2017年发掘清理了多处民居建筑（图7）。

其次，其中有商业。不同作坊甚至邻县“杜亭”的产品同出于该地即是证明。据《史记》卷八五《吕不韦列传》记载，吕不韦尝以相国之身公布其《吕氏春秋》一书于咸阳市门，悬千金其上，延诸侯游士宾客有能增损一字者予千金；《史记》卷八七《李斯列传》载秦二世尝杀大臣蒙毅、公子十二人死咸阳市，李斯父子也被腰斩咸阳市。秦人设市于城的传统可上溯到雍城期间，旨在把商业经济纳入城市管

---

① 咸阳市博物馆：《咸阳市近年发现的一批秦汉遗物》，《考古》1973年第3期。

② 天津市历史博物馆考古部、宝坻县文化馆：《宝坻秦城遗址试掘报告》，《考古学报》2001年第1期。

③ 王子今：《秦汉民间意识中的“小儿鬼”》，见中国秦汉史研究会、咸阳师范学院编：《秦汉研究》（第6辑），陕西人民出版社，2012年，第7页。

④ 张娟妮：《秦咸阳城北区取水设施初析》，《文博》2018年第5期。

⑤ 〔明〕徐光启：《农政全书》，中华书局，1956年，第356页。

⑥ 陕西省考古研究院：《渭河仓张段滩地考古调查简报》，《文博》2020年第3期。

图7　2017 年发掘的灰坑的灶迹

理体系，这是从“城”到“城市”发展的必然结果。

三

通过近六十年的考古工作，咸阳城北区手工业的类型、规模和分布情况基本清楚。东北区“官属手工业”和西南区“长陵车站手工业”之间存在明显的联系和区别。

无论是冶铸，还是骨器、石器的制作，东北区不见原料初加工阶段遗物，西南区则相反。这种现象说明西南部是咸阳城北区手工业的初加工地，承担了为东北部官属手工业提供原材料的职能，体现了秦咸阳城内手工业分工的进一步细化。

从产品流向看，东北部为宫区及皇室贵族服务，既有修建宫室和陵园所需的建筑材料，也有日用礼器和丧葬明器，产品流通面窄，总模式类似计划经济；西南部既为宫区服务，更多流向商业贸易，产品流通面宽，总模式类似市场经济。

将上述遗存点定位在地理空间中，咸阳城北区明显有东北部、西南部两部分，二者之间存在一定范围的遗存空白区。空白区的北部是一条南北向的自然冲沟，尽管目前对冲沟的形成时代尚不明确，但也许它是当时利用自然地貌而成的两区分界（图8）。如此以来，北区的整体布局除了外部的陵墓区，实际上内部有“双区并列”的特点：东北区兼有行政和皇家事务的管理职能，西南部承担的经济职能相对突出。与成都的大小城模式有相似之处。

现存文献中，晋人常璩撰写的《华阳国志》是明确记载成都“与咸阳同制”的最早者。据《华阳国志》卷三《蜀志》载：“（秦）惠王二十七年，（张）仪与（张）若城成都，周回十二里，高七丈；郫城周回七里，高六丈；临邛城，周回六里，高五丈。造作下仓，上皆有屋，而置观楼射兰。成都县本治赤里街，若徙置少

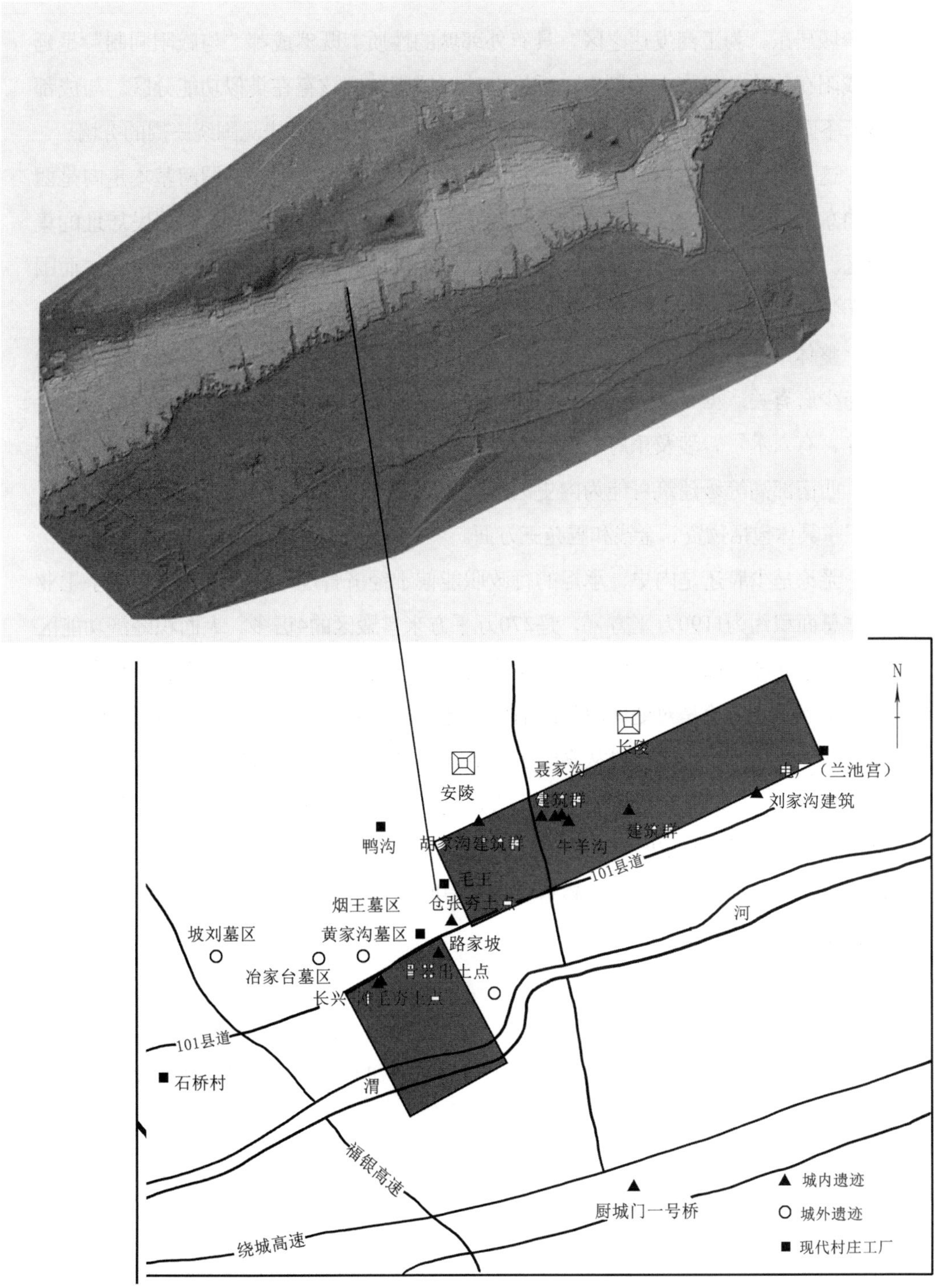

图 8　两区相对位置与冲沟关系示意图

城内［城］。营广府舍，置盐、铁、市官并长丞，修整里阓，市张列肆，与咸阳同制。”秦国的成都城包括大城、少城二部分。大城居西，与都城相比有内城性质；

而少城居东，为工商发达之区，具有外郭城的性质。既然成都“与咸阳同制”是延承咸阳在政治、经济上的制度，反推而论，咸阳城应该存在类似功能分区。与成都城所不同的是，咸阳城的宫城位于东北，外郭城位于西南并未见围绕一周的夯墙。

这种空间布局有自然地理环境方面的原因。咸阳城范围内，渭河基本走向是西南向东北斜行。东北部地势高亢，设置宫城；西南近水，为工商业、平民居址的集中区。这种布局突出了宫城的王权地位，是东周以来诸侯国都城的一个惯例。而围墙作为界域标识，它的有无应该从历史背景、自然地理条件综合考虑。

整体咸阳城北区应该有的机构，东北部除了宫室之外，所见各类手工业制造均与少府有关。据《汉书·百官公卿表》，“少府，秦官，掌山海池泽之税，以给供养，有六丞”，涉及乐府、考工室、左右司空、东织、西织、东园匠、都水等部门。西南部高等级建筑可能为内史治所。从战国时期开始，秦内史主管财政经济，其职掌具体包括物资、金钱和厩苑三方面。

无论是少府还是内史，承担的行政职能偏于经济管理方面，二者下辖的手工业制作总面积约为1190万平方米，是270万平方米宫殿区的4倍多。大面积经济功能区尤其是东北部大面积存在的手工业生产近距离靠近宫区，存在安全隐患，也存在环境污染问题。无论是对处理政务的前朝，还是佳丽云集的后宫都存在不利影响。正如刘庆柱先生所言：“大概从秦昭王开始，秦国统治者在都城建设中，大力向渭河以南扩展。宗庙、章台、兴乐宫等重大建筑大概至迟都建成于这时期。当时渭南的宫室建筑已是秦王的重要活动场所……”[①]通过石铠甲和石磬等陵墓用品制作点的发现，可见这种都城重心南移的趋势至秦始皇时期接近尾声，与渭河以南开始的阿房宫修建同期。

原载《南方文物》2021年第2期

（许卫红，陕西省考古研究院研究员）

① 刘庆柱：《论秦咸阳城布局形制及其相关问题》，《文博》1990年第5期。

秦始皇帝陵选址新认识

孙伟刚

秦始皇帝陵位于陕西省西安市东约35公里处，坐落于骊山北麓的山前冲积扇上，地势自南向北倾斜。已知文物遗址分布区东起戏水河，西至临潼城区，南到骊山，北达新丰原下的广阔地带，遗存分布面积约56平方公里，区域内已发现大小形状不同的各类陪葬墓、陪葬坑、礼制建筑基址等600余处（图1）。

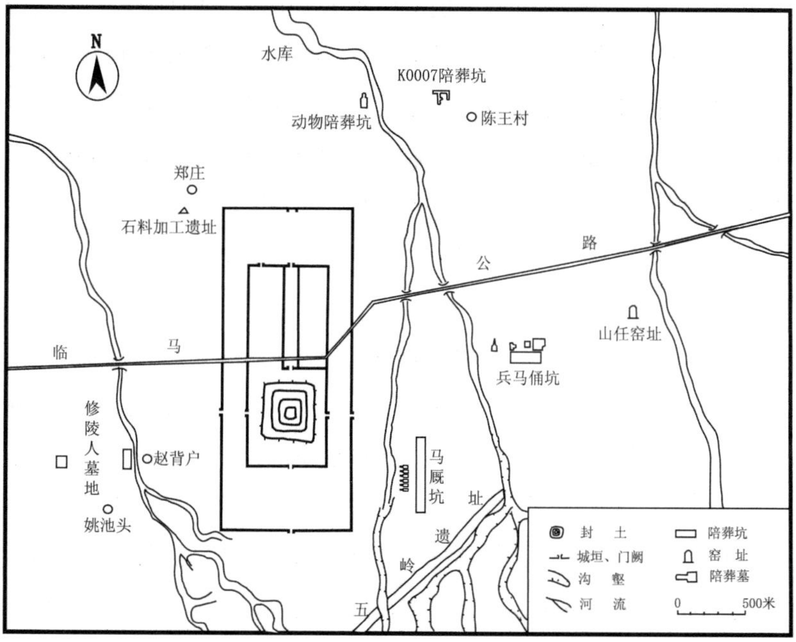

图1　秦始皇帝陵区重要遗迹分布图

关于秦始皇帝陵选址，已有诸多学者从地理位置、风水思想等方面进行了探讨，多认为秦始皇帝陵坐落于骊山北麓，南倚骊山、北临渭水，巧妙地利用了周围的自然环境。也就是说，将秦始皇帝陵选择在此处是比较理想的[①]。但是综合历史文献、陵区地质与自然环境、考古发现的文物遗存分布及秦汉帝陵选址的一般性规律

① 袁仲一：《秦始皇陵考古发现与研究》，陕西人民出版社，2002年，第7页。

等因素，我们认为，秦始皇帝陵的选址是一个错误的选择，这种错误直接导致了陵园建设工程施工中的诸多不便与陵区陪葬坑、陪葬墓等附葬设施的不规律分布。而之所以将秦始皇帝陵选择于此，与礼制传统、风水因素、秦始皇帝个人喜好等诸因素密切相关，尤其是秦始皇帝个人的独尊之势影响了陵墓位置的最终选择。

一、有关秦始皇帝陵选址的历史文献

关于秦始皇帝陵选址，最早见诸记载的是司马迁的《史记·秦始皇本纪》：“三十五年……隐官徒刑者七十余万人，乃分作阿房宫，或作丽山。”“始皇初即位，穿治郦山……穿三泉，下铜而致椁”。

其后，班固在《汉书·楚元王传》中记载：“秦始皇帝葬于骊山之阿，下锢三泉”。[①]

另外，诸多研究者认为《汉旧仪》中有这样一段记载：“骊山其阴多金，其南多美玉，曰蓝田。故始皇贪而葬焉。使丞相斯将天下刑人隶徒七十二万人作陵。凿以章程。三十七岁，锢水泉绝之，塞以文石，致以丹漆，深极不可入。奏之曰：丞相斯昧死言，臣所将隶徒七十二万人治骊山者，已深已极，凿之不入，烧之不然，叩之空空，如下天状。制曰：‘凿之不入，烧之不然，其旁行三百丈乃止。’”[②]

《水经注·渭水》说：“秦始皇大兴厚葬，营建冢圹于丽戎之山，一名蓝田，其阴多金，其阳多玉，始皇贪其美名，因而葬焉。斩山凿石，下锢三泉，以铜为椁。”[③]

《太平御览》卷四十四引《三辅故事》：“始皇葬骊山，……下锢三泉”。[④]

纵观上述文献对秦始皇帝陵的记载，除陵园建设时间、人数及丰富的地下埋藏物等外，有几点记述值得重视：其一，“始皇初即位，穿治郦山，及并天下，天下徒送诣七十余万人，穿三泉。”其二，“营建冢圹于骊戎之山，其阴多金，其阳多玉。始皇贪其美名，因而葬焉。”其三，“穿治郦山”“斩山凿石”。其四，“已深已极，凿之不入，烧之不然，叩之空空，如下天状。”其五，“穿三泉”“下锢

① 《汉书·楚元王传》，中华书局，1962年，第1954页。

② 诸多研究者多认为汉代卫宏所撰《汉旧仪》有本段记载，笔者查阅清孙星衍等辑、周天游点校的《汉官六种》中《汉旧仪》部未发现这些记述。而在明代闵元京、凌义渠辑的《湘烟录》清初抄本十六卷中“李斯治郦山陵上书”有“臣所将隶徒七十二万人治骊山者，已深已极，凿之不入，烧之不然，叩之空空，如下天状。始皇报丞相曰：凿之不入，烧之不然，其旁行三百丈乃止”的文字记述。

③ 〔北魏〕郦道元著，陈桥驿校证：《水经注校证》，中华书局，2007年，第461页。

④ 《太平御览》，中华书局，1960年，第209页。

三泉”“锢水泉绝之”。也就是说，文献中的秦始皇帝陵建设是自始皇初即位就开始了，至统一后才大规模修建，选择于骊山北麓是秦始皇帝贪其美名而为之。同时，建设工程前期曾经“斩山凿石”，甚或“穿治郦山”，在修建墓室时，“穿三泉”，即曾经凿穿了多层地下水。这些信息对于我们研究秦始皇帝陵的选址至关重要，凸显了建设前及建设过程中的工程难题。

二、考古发现的建设工程成就

经过近50年的考古工作，发现了秦始皇帝陵园围绕封土有相互套合的南北向双重城垣建筑，但与秦始皇帝陵密切相关的文物遗存并不局限于陵园范围内。受陵区地形的限制，陵园的所有项目被分别置放在骊山北麓的不同台地上，其中陵园位居其中最大的一座台地上，秦陵的主要陵寝建筑集中在陵园内。

在封土之下，勘探发现有一组围绕地宫南半部的大型地下阻排水系统。内城之内，围绕封土周围分布有大小不同、形制各异的各类陪葬坑，封土北侧西部小城内为小型陪葬墓区，东部为陵寝建筑遗址（图2）。

内外城之间分布有园寺吏舍、飤官等建筑遗址，陪葬坑、陪葬墓等遗迹。外城之外东部有上焦村秦墓、上焦村马厩坑、兵马俑坑；南部约1公里、骊山脚下有为拦截山涧洪流而修建的防洪堤；西部为赵背户修陵人墓地、姚池头修陵人墓地、五砂厂修陵人墓地和砖房村秦墓；北部有动物坑、K0007陪葬坑（青铜水禽坑）、鱼池遗址等。

目前，在秦始皇帝陵区共发现了180多座大小各异、形制不同、内涵复杂的陪葬坑，其中包括为大家所熟知的秦兵马俑坑。此外，在秦始皇帝陵区还发现了众多的陵寝建筑遗址、修陵人墓地、刑徒墓地、陪葬墓、陶窑作坊等遗址。①

2003年，考古工作者在陵园的西侧又发现了6座与秦始皇帝陵园有关的、级别较高的墓葬及1座陪葬坑。其中的一座“中”字型墓葬是目前在陵区发现的仅次于秦始皇帝陵的一座高规格墓葬。②

---

① 陕西省考古研究所、秦始皇兵马俑博物馆编著：《秦始皇帝陵园考古报告（1999）》，文物出版社，2000年。

② 陕西省考古研究院、秦始皇兵马俑博物馆编著：《秦始皇帝陵园考古报告（2001~2003）》，科学出版社，2007年，第35页。

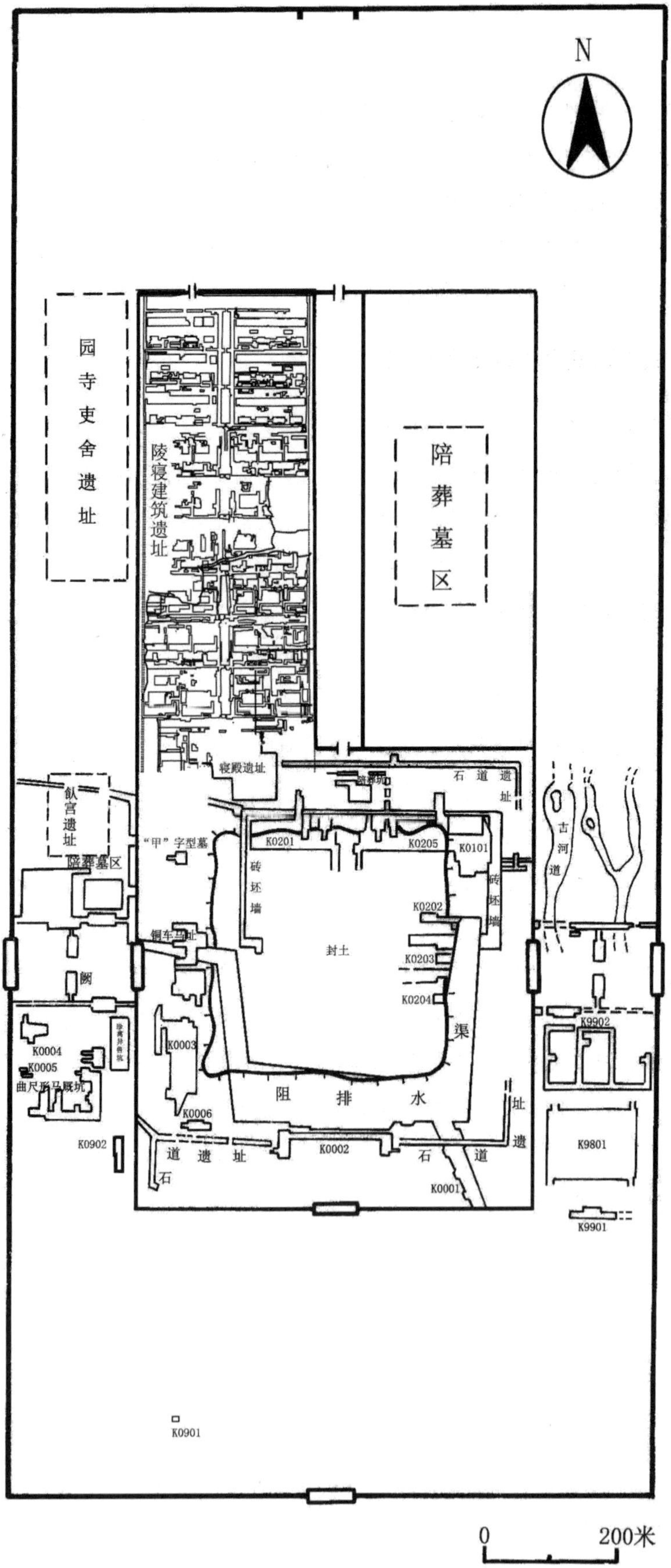

图 2　秦始皇帝陵园遗迹分布示意图

三、秦始皇帝陵选址新认识

如前所述，我们认为，按照自然地质和中国古代陵墓选址的传统，并结合历史文献与考古发现综合考虑，秦始皇帝陵的选址是一个错误的选择，理由如下。

1.陵区所在的自然环境不利于帝陵各种要素的布置

秦始皇帝陵区位于骊山北麓山前阶地上，经过近年来的考古勘探，根据地层堆积判断，秦始皇帝陵园地区在修陵前，原始地表的基本走势呈东南高西北低的山前缓坡地形[①]。陵园所在的阶地南部有多道山涧峪口，每逢下雨，山洪暴发，地表径流会一泻而下，形成多道冲沟，势必会对修建陵园造成影响[②]。

秦陵工程的设计者采取了设防导流、排泄洪水的措施，在陵园和骊山之间修筑了一条防洪堤，使陵园南侧自骊山而下、原本由南向北流动的改道而向东西两侧分流，从而避让开陵园的主体建筑区域，并在一定时期内对陵园地面和地下建筑起到了较好的保护作用。

考古调查发现，防洪堤原长约3500米，呈西南—东北向，遗址现存东西长1700米、宽约90米，残高2—8米。堤身以土夹杂大量的砂石、卵石夯筑而成。大坝庇护了陵园、上焦村马厩坑、兵马俑坑等与秦陵有关的建筑遗迹[③]。也就是《水经注·渭水》所载："（鱼池）水出丽山东北，本导源北流，后秦始皇葬于山北，水过而曲行，东注北转。"[④]《史记·秦始皇本纪》中《正义》引《关中记》也记载了这一点："始皇陵在骊山，泉本北流，障使东西流。"[⑤]这里的"障"便是防洪堤[⑥]。

而秦末至西汉中后期的二百多年间，关中地区经历了多次大雨冲刷，骊山山涧的洪水冲毁防洪堤，径直南北下泄，冲刷了整个秦始皇帝陵，使陵区的遗迹、遗物遭受到不同程度的破坏。目前，在陵园东部内外城之间，调查勘探发现3条古河道，

---

① 陕西省考古研究所、秦始皇兵马俑博物馆编著：《秦始皇帝陵园考古报告（2000）》，文物出版社，2006年。

② 陕西省考古研究院、秦始皇兵马俑博物馆编著：《秦始皇帝陵园考古报告（2001~2003）》，科学出版社，2007年，第35页。

③ 袁仲一：《秦始皇陵兵马俑研究》，文物出版社，1990年，第46页；陕西省考古研究院、秦始皇兵马俑博物馆编著：《秦始皇帝陵园考古报告（2001~2003）》，科学出版社，2007年，第35页。

④〔北魏〕郦道元著，陈桥驿校证：《水经注校证》，中华书局，2007年，第461页。

⑤《史记·秦始皇本纪》，中华书局，1959年，第266页。

⑥ 陕西省考古研究所、秦始皇兵马俑博物馆编著：《秦始皇帝陵园考古报告（2000）》，文物出版社，2006年，第34页。

当是防洪堤被冲毁后形成的[①]。这一现象从考古发掘的陵区地层剖面也可管窥一二，封土东南部内外城垣之间的石铠甲坑与百戏陶俑坑坑口之上覆盖着1—1.2米的冲击砂砾层，个别地方厚度近2米，并夹杂有少量的巨石块，这当是由骊山山涧下泄的洪水冲积而成。上焦村马厩坑已发掘的40余座坑开口上也覆盖有后期堆积的0.4—0.5米，个别区域达1米的砂石堆积；已发掘的兵马俑坑上层剖面显示秦代坑体开口层上部也覆盖有厚约1米夹杂大量砂石的冲积土层。[②]

也就是说，从陵区自然环境来考察，综合该地区地形地貌，将秦始皇帝陵建在骊山北麓的山前冲积扇上，有被山洪冲刷的危险，不适宜修建规模宏大的陵园。而秦始皇帝陵建设的决策者们，为了免于建设过程及建成后陵园被骊山山洪冲击的影响，而在陵园南部修建了全长约3500米的人工大坝，将整个陵区有建设工程的区域全部保护起来，阻挡着骊山的季节性洪水及大水沟的水流，以使其改道，防止陵园被水冲毁。奈何未能阻挡山洪冲刷，陵园建成后不久，骊山山涧的洪流便冲破防洪堤，开始冲刷、侵蚀着帝陵及其附属建筑。

2.陵区地质制约了陵墓地宫的选择

根据骊山区域地质构造研究，骊山北侧地质结构为断裂位移与倾斜层位，即骊山北麓山前地带为含有石灰质结核层的黄土层直接与位于其西侧的淡黄色片麻状花岗岩结构相接触。[③]

2002年，对秦始皇帝陵进行了物理探测，其中重力测量及反演成果显示，在现封土之南700米处，有一强度约600微伽的局部异常。经复测，局部异常仍然存在。项目组研究认为，这有可能是文献记载的最初设计的秦陵地宫位置。

前述《汉旧仪》所记载的秦丞相李斯上报给秦始皇的一份奏章显示，秦陵地宫开挖过程中遇到无法逾越的障碍，秦始皇听取汇报后指示“旁行三百丈（合今700米）乃至”。“旁行三百丈”的方位历来众说纷纭，主流的意见是在现陵墓南侧的山前地带。

物探遥感显示的重力异常，有可能反映的就是这一陵墓工程位置变更的历史事件，即现在的陵墓为迁移后的新址，前述的重力异常可能为最初建陵时遇到“凿之

---

① 陕西省考古研究所、秦始皇兵马俑博物馆编著：《秦始皇帝陵园考古报告（1999）》，文物出版社，2000年。

②袁仲一：《秦始皇陵考古发现与研究》，陕西人民出版社，2002年，第7页。

③ 张尔道：《临潼骊山新地质构造运动》，《地质知识》1957年第2期。

不入”的地方[①]。也就是说，最初选择骊山北麓现封土以南700米处的地方为骊山地质构造的花岗岩山脊部位，因下挖过程中遇到岩石山脊，后按照始皇帝的要求，将地宫位置挪到现在封土下的地方重新修筑墓室。

所以，将陵墓地宫设置在骊山北麓的山前地带，按照最初的设计，该地区地质构造决定了不适合下挖一定深度的地宫作为墓室修建。

3.地下水位决定秦陵地宫选址的不合理

水文地质研究显示，现在秦陵区域地下水为山前的洪积潜水和下部的承压水，地下潜水埋深约20米，潜流方向为北偏西[②]。1970—1986年，实测的陵区丰水季节地下潜水埋深约19—27米，枯水季节为19—28米，水位为东南高、西北低，地下水沿此方向流动。加之，秦代的气候条件比现在要温暖湿润，地下潜水深度应该比现在要高些[③]。陵区目前发现秦代水井4眼。1982年，在封土西北角的内外城垣之内，清理秦代水井一口，测得当时的地下水位距现地表深约16米[④]。此外，秦陵封土东部、南部区域考古勘探显示的地层为，在距现地表2.6米、5.7米、11米、14—17米、24.8—25.4米以及28.1—29米等深度分别发现了六层淤砂石层，厚度分别为0.3米、0.25米、0.3米、3米、0.6米、0.9米，它们应为修建地宫时不同层位的地下潜水层[⑤]。

而文献在记载秦陵地宫时有“穿三泉”“下锢三泉”等描述。《史记·秦始皇本纪》引《正义》注：“颜师古曰：三重之泉，言至水也。”这些记载向我们透露出，秦人在修筑秦陵地宫的过程中的确遇到了地下水。那么，秦人是如何解决这一工程难题的?

王学理认为秦陵内应具有一套完整的排水系统，使被引流的水经过空隙自然层排流而出[⑥]。孙嘉春结合水文地质资料认为，地宫深部地下水的排除可能是依靠一个长达2.5公里的庞大井渠系统来解决，利用这一“井渠”工程可以使地宫内的潜水随

---

① 陕西省考古研究院、秦始皇兵马俑博物馆编著：《秦始皇帝陵园考古报告（2001~2003）》，科学出版社，2007年，第35页。

② 邵友程：《从水文地学看秦陵地宫深度》，《文博》1990年第5期。

③ 高维华、王丽玖：《秦始皇帝陵工程地质述评》，《文博》1990年第5期。“在战国时期，气候比现在温暖得多。到了秦朝和前汉（前221—23年），气候继续温和。”竺可桢：《中国近五千年来气候变迁的初步研究》，《考古学报》1972年第1期。

④ 袁仲一：《秦始皇陵兵马俑研究》，文物出版社，1990年，第46页。

⑤ 陕西省考古研究院、秦始皇兵马俑博物馆编著：《秦始皇帝陵园考古报告（2001~2003）》，科学出版社，2007年，第28页。

⑥ 王学理：《秦始皇帝陵研究》，上海人民出版社，1994年。

时排出地宫以外[①]。孟剑明认为秦陵地宫以沟道系统进行排水[②]。

解决了地下来水的疏导问题后，如何阻断地下潜水层以防止其进入地宫？《汉书·楚元王传》讲："下锢三泉"。《汉旧仪》说："锢水泉绝之，塞以文石，致其丹漆"。如何释读上述文献，也即采取什么方式解决"固水"问题。袁仲一认为，当时采用了带有图案花纹的石头镶砌，并涂以红漆，从而把泉水封堵，使其不致渗入墓室[③]。王学理认为，当时是以带有斑纹的石料堵塞泉眼后，再于石隙中浇灌铜液等[④]。

2000年，秦陵考古队在封土周围勘探时发现了围绕地宫的地下阻排水系统。阻排水系统由前、后两段组成，前段为阻水设施，由位于封土东、南、西三侧之下、平面略呈"U"形的阻水渠组成；后段为排水设施，由位于陵墓封土西侧以外的明井暗渠组成。阻水设施和排水设施共同构成秦陵地宫的阻排水系统，这一发现为我们深入了解秦始皇帝陵地宫深层地下水的排导和隔断提供了十分重要的研究资料。

阻水设施将地宫以东、南、西区域与地宫全部隔断，使得不同深度的外围潜水不能进入地宫。虽然在阻水设施的开挖过程中，地下潜水不断地从外围涌入，但是，有赖于阻水沟渠本身和陵西的排水设施，可以将所有来水汇集到陵西的明井暗渠排水道，从而迅捷地将地下水排走。阻水设施完成后，人们再利用枯水时节外围来水稀少的有利时机，将人工加工的青膏泥逐层分填起来，质地细密的青膏泥有效地阻挡了地下潜水由此进入地宫范围，达到隔绝来水的目的。[⑤]

所以，从工程地质角度来观察，秦陵地宫在修建时遇到地下水的影响，导致工程难度的增加，决定了秦陵地宫的选址是不成功的例证。

4.与中国古代大型陵墓选址的传统不符

史前至商周时期，中国古人对陵墓的选择都有共同之处，即选址位于居址或都城附近，便于安葬；地势较高，墓葬可免水浸之害；地形开阔，能较长时间使用[⑥]。

而秦人与战国其他诸侯国的陵墓选址同样具有地势开阔、土厚水深的共同特

---

① 孙嘉春：《秦始皇陵之谜地学考辨》，《文博》1989年第5期。

② 孟剑明：《试述秦始皇帝陵排水工程》，见秦始皇兵马俑博物馆《论丛》编委会编：《秦文化论丛》（第2辑），西北大学出版社，1993年。

③ 袁仲一：《秦始皇陵兵马俑研究》，文物出版社，1990年，第46页。

④ 王学理：《秦始皇帝陵研究》，上海人民出版社，1994年。

⑤ 陕西省考古研究所、秦始皇兵马俑博物馆编著：《秦始皇帝陵园考古报告（2000）》，文物出版社，2006年。

⑥ 焦南峰、马永嬴：《西汉帝陵选址研究》，《考古》2011年第11期。

点[①]，反映出时人“葬浅则狐狸扣（掘）之，深则及于水泉。故凡葬必于高陵之上，以避狐狸之患、水泉之湿”[②]的良苦用心和“行营高敞地，令其旁可置万家”[③]的长久考虑。

诸多研究者在古代帝陵选址上也都认为，地势高敞与防水因素是陵墓选址的共同选择[④]。

而选址在远离秦都咸阳的骊山地区，不符合近都邑的传统，但距其先祖所葬的芷阳陵不远，也倒可以认为是靠近其祖陵的选择。

如前所述，秦始皇帝陵选址在骊山北麓，固然地势较为开阔，但地下水位较高，加之骊山山涧古河道较多，显然与古代帝陵选址所讲究的“土厚水深”的传统不符。

四、余论

综上所述，根据骊山北麓的自然环境、地质结构与先秦陵墓选址的传统来看，秦始皇帝陵的选址是一个错误的选择，所以，才有了文献记载的诸多工程建设难题，这些记述引起了后代研究者的种种推断与假设，并产生了有关地宫深度、陵园布局等方面的争论。我们认为，截至目前，考古发现的秦陵陪葬坑、建筑遗址、陪葬墓等布局无规律可循，且与“汉承秦制”所表现的布局规整、遗存分布有规可循的西汉帝陵没有可资对比之处，原因就在于秦始皇帝陵所在的骊山北麓台地不适宜建造一座陵园。而秦始皇帝陵最终建设于此，文献所记述的“秦始皇大兴厚葬，营建冢圹于丽戎之山，一名蓝田。其阴多金，其阳多玉，始皇贪其美名而葬焉”[⑤]只是一种表象，当与历史传统、早期风水学说、当时的国力与形势、秦始皇个人好恶等密切相关，并受到早期丞相吕不韦的影响[⑥]。

虽然该区域不适合修建一座规模巨大的陵园，但是，在秦始皇帝本人的强势推

---

① 张天恩：《甘肃礼县秦文化调查的一些认识》，《考古与文物》2004年第6期；韩伟、焦南峰：《秦都雍城考古发掘研究综述》，《考古与文物》1988年第5、6期；韩伟、程学华：《秦陵概述》，见石兴邦主编：《考古学研究》，三秦出版社，1993年；马振智：《秦国陵区考述》，见陕西省考古学会编：《庆祝武伯纶先生九十华诞论文集》，三秦出版社，1991年。

② 许维遹：《吕氏春秋集释》，梁运华整理，中华书局，2009年，第221页。

③ 《史记·淮阴侯列传》，中华书局，1959年，第2630页。

④ 王子今：《说“高敞”：西汉帝陵选址的防水因素》，《考古与文物》2005年第1期；焦南峰、马永嬴：《西汉帝陵选址研究》，《考古》2011年第11期。

⑤〔北魏〕郦道元著，陈桥驿校证：《水经注校证》，中华书局，2007年，第461页。

⑥ 焦南峰、马永嬴：《西汉帝陵选址研究》，《考古》2011年第11期；朱学文：《试论秦始皇陵园选址的相关问题》，《考古与文物》2010年第6期。

进下，陵园修筑工程开展以后，工程建设者充分调查和分析了该区域的环境状况，结合实际的地形、地貌、地质岩性及水文等自然环境条件精心设计，将陵园建筑中的各个子项目分别设计于大小不同的台地上①，建造了一座秦帝国政治体制的理想化再现与秦始皇帝理念中的地下帝国②。

原载《考古与文物》2018年第4期

（孙伟刚，陕西省考古研究院研究员）

① 袁仲一：《秦始皇陵考古发现与研究》，陕西人民出版社，2002年，第7页。
② 段清波：《秦始皇帝陵园考古研究》，北京大学出版社，2011年。

从丰镐到长安

——西安咸阳地区都城选址与地貌环境变迁的关系初探

张建锋

周都丰、镐，秦都咸阳，西汉都长安。上述古都均位于今西安、咸阳一带的渭河两岸，可说是同一座城市的多次重建。西安“十三朝古都”的美誉由此而来。但是，从西周至西汉，都城的选址标准似有不同：丰、镐二京选址在渭河南岸的二级阶地上，咸阳处在渭河北岸的河漫滩与一、二级阶地之上，西汉长安城则在渭河南的一级阶地上，部分向南进入二级阶地的范围；丰、镐二京相对远离渭河，秦咸阳与西汉长安城则几乎紧靠渭河。三个时代都城的选址标准看起来出入挺大，其原因值得分析与研究。

笔者经过对相关考古、地理材料的分析，认为上述古都在选址标准上出现的差异，与从仰韶文化至秦汉时期聚落分布情况的变化基本一致，应是由于其所处区域的地貌及环境变化所造成的。

一、考古发现

西周、秦和西汉的都城均已经进行了数十年的考古工作，对其地望、范围和布局也有了一定的了解。

（一）周都丰、镐

西周文王建都丰京，武王建都镐京。自公元前11世纪前后至公元前770年，二京历时约300年。

丰京遗址位于今陕西省西安市西南郊洋河中游西岸客省庄、马王村、张家坡、大原村、冯村和新旺村之间，面积约8.5平方千米（图1）。客省庄西南、马王村北一带有大型建筑遗址，客省庄南与张家坡东一带有铸铜作坊遗址，张家坡东、冯村东北、曹寨西北和新旺村西南一带有制骨作坊区，客省庄西、马王村北、张家坡村东、大原村南、新旺村东西等地有陶窑址，张家坡村至大原村间的高地为墓葬区。

马王村和新旺村发现过铜窖藏[①]。

镐京遗址位于丰京以东沣河东岸，北到落水村，南到斗门镇，东至昆明池故址，西至洋河东岸，面积约9平方千米。上泉村北、落水村北和花园庄村北至普渡村西一带，分布有大型建筑基址。落水村一带，花园村北、白家庄北、斗门镇及上泉村为居住区，墓葬区集中于花园村、普渡村一带，斗门镇发现过铜器窖藏[②]。

图 1　西周丰、镐二京位置范围示意图

（二）秦都咸阳

咸阳是战国晚期秦国以及秦代的国都。自公元前350年秦孝公建都咸阳，至公元前206年秦国灭亡，咸阳作为国都，历时144年。

秦都咸阳遗址位于今陕西省咸阳市渭城区窑店镇一带。其范围南北6700米，东西7200米[③]。遗址的外围没有发现城墙[④]。

咸阳宫位于遗址北部牛羊沟—姬家沟一带，平面呈方形，东西长约870米，南北宽约500米，宫墙（原报告称为城墙）周长约2747米，墙基宽5.5—14米，墙外有壕沟，壕沟最深1.8—3米。宫内已探明大小不等的夯土建筑基址8处。

① 王巍主编：《中国考古学大词典》，上海辞书出版社，2014年；付仲杨：《西安市长安区丰京遗址水系遗存的勘探与发掘》，《考古》2018年第2期。

② 王巍主编：《中国考古学大词典》，上海辞书出版社，2014年。

③ 刘庆柱：《古代都城与帝陵考古学研究》，科学出版社，2000年。

④ 陕西省考古研究所编著：《秦都咸阳考古报告》，科学出版社，2004年。

咸阳宫的西侧，分布有铸铁、冶铜和制砖瓦的遗址，西南约4000米处分布有制陶和制骨遗址，墓葬区则分布在宫殿区西侧约3500米的塬上。

（三）汉都长安

长安城是西汉帝国的都城。从公元前202年汉高祖定都长安开始，至公元25年东汉建都洛阳，长安作为都城共226年。

汉长安城遗址位于今陕西省西安市未央区的未央宫、汉城、六村堡和三桥街道办事处范围以内。城址平面近方形，城墙宽16米，周长25700米，城外有城壕。每面3门，共有12个城门，城内共发现8条大街。

汉长安城内的宫，最重要的是未央宫，位于城内西南部，平面近方形，面积约5平方千米，宫内发现了宫墙、宫门、道路、前殿、椒房殿、少府、中央官署、天禄阁、石渠阁、沧池、明渠等建筑遗址。未央宫的东面是长乐宫，面积6平方千米多，汉初作为皇宫，后为太后之宫。长乐宫和未央宫在当时并称东、西宫，是城内最重要的宫殿建筑。

除未央宫和长乐宫之外，汉长安城内还有桂宫、北宫、明光宫和东市、西市、武库等遗址分布，城西有建章宫遗址，城南还有礼制建筑遗址（图2）。

二、西安咸阳地区的地形地貌

丰京、镐京、秦都咸阳和汉长安城所处区域在今陕西省西安市与咸阳市辖区内，因此本文中称之为西安咸阳地区。上述几座古都分处西安咸阳地区的渭河南、北两岸，下面对其地形地貌特征分别进行叙述。

（一）渭北地区

咸阳遗址一带地势从南向北逐渐升高。地形地貌自南而北依次是渭河河漫滩、一级阶地、二级阶地和黄土台塬四个部分。

渭河河漫滩在渭河北岸断续分布，海拔高度为368—386米。滩面较为平坦，有高河漫滩和低河漫滩之分。近年来的考古资料表明，秦汉时期的渭河河道比现在要更加靠南，距离汉长安城的北城墙约800—1200米[①]。秦咸阳的南界在当时的渭河北岸附近，现在已经处于渭河河漫滩的范围之中了。

一级阶地分布于渭河北岸河漫滩以北，有的地方则直接分布在河床北侧。海

---

① 陕西省考古研究院、中国社会科学院考古研究所渭桥考古队、西安市文物保护考古研究院：《西安市汉长安城北渭桥遗址》，《考古》2014年第7期。

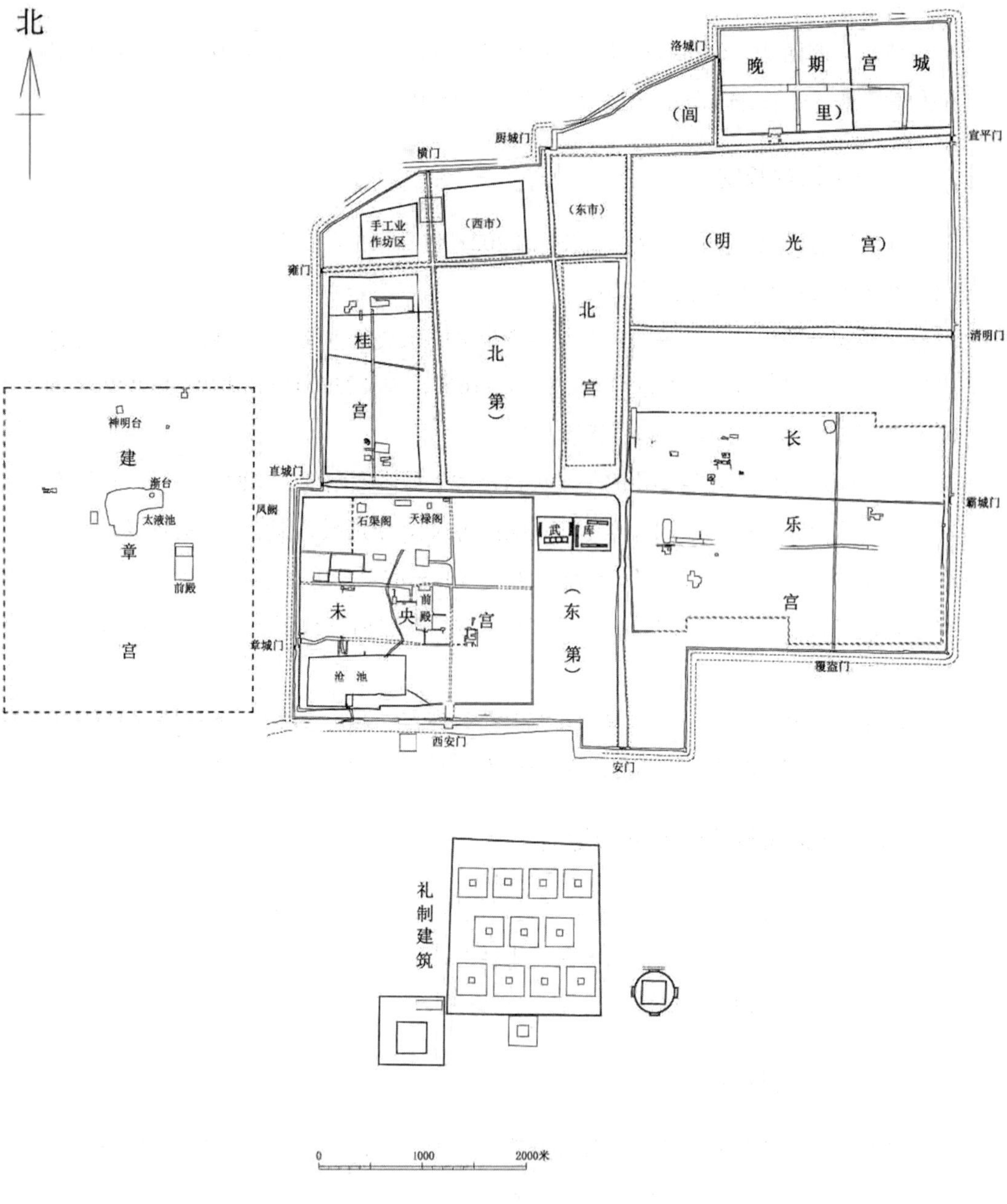

图 2　汉长安城遗址布局图

拔高度为370—400米，宽度为500米至数千米不等。秦都咸阳的南部处在这一阶地之上。

二级阶地分布于渭河北岸一级阶地以北，呈东西长条带状分布，海拔高度400—425米。阶地西部平坦，东部与黄土台塬相接。秦都咸阳的北部包括咸阳宫都在二级阶地之上。

黄土台塬分布于二级阶地以北，海拔高度433—514米。地势从西、北向东、南方向越来越低，地面十分平坦。这片区域习惯上被称为咸阳原，历史上也有“毕陌”“毕原”“毕郢”和“咸阳北阪”之称。秦都咸阳一带黄土台塬与二级阶地相接，当地人在习惯上称二级阶地为“一道原”，黄土台塬地带则称为“二道原”[①]。根据文献记载，秦灭六国后修建的六国宫室就在这里（图3）。

图3　西安咸阳地区地貌图

（二）渭南地区

丰京、镐京和汉长安城所在区域，是渭河南岸的冲积平原，从地形上来看包括五个部分，即河漫滩、一级阶地、二级阶地、三级阶地和黄土台塬[②]。

河漫滩位于渭河南岸，高出河床2—5米，呈东西向带状分布，滩面齐整，微向河床倾斜。南高北低，西高东低，高程364.3—380米。汉长安城的北城墙以北即是河漫滩的范围，其西北角的少部分区域，甚至就属于河漫滩的一部分。

---

① 咸阳市地方志编纂委员会编：《咸阳市志》，陕西人民出版社，1996年。

② 西安市地方志编纂委员会编：《西安市志》，陕西人民出版社，1996年；西安市地方志编纂委员会编：《西安市地理志》，陕西人民出版社，1996年。

一级阶地在河漫滩以南呈带状分布，东窄西宽，高出河床9—11米。地势从西南向东北逐渐降低。阶面平坦，高程370—390米。汉长安城遗址的北部大部分，就处于一级阶地之上。

二级阶地在一级阶地以南呈东西向带状分布，东西宽度变化较大。海拔375—400米，高于河床16—20米。阶面较为平坦，地势从西南向东北逐渐降低。汉长安城未央宫南部、长乐宫南部以及城南礼制建筑，就位于二级阶地上。周代的丰、镐二京，也处于二级阶地的范围。

三级阶地位于二级阶地以南，宽度500—1500米，阶面有许多扇形沟壑裥凹凸斑块。高程395—411米。未央宫前殿遗址所处的龙首原，也属于残余的三级阶地。

黄土台塬在渭河南岸的三级阶地以上多有分布，今西安南郊曲江池以北铁炉庙附近的乐游原即是其中之一。乐游原呈东西向长梁状，比两侧平地高出10—20米。汉长安城南郊的上林苑，就有很大的部分处于这一区域。

从以上的描述来看，从丰镐到长安，都城的位置存在着明显的区别。周代的丰、镐二京，距离渭河较远，处在渭南的二级阶地之上；其后的咸阳城，则位于渭北的河漫滩和一、二级阶地之上；汉代的长安城，也位于一、二级阶地上。从现在的地理环境看，上述古都的位置，或在河漫滩，或在一级阶地，或在二级阶地。不同的时代，似乎存在着不同的选址标准：从西周丰、镐至西汉长安，都城的主要位置从渭河的二级阶地移至一级阶地，和现代渭河的距离也是从远到近变化。

三、西安咸阳地区古代聚落分布的变迁

不仅从西周至秦汉，都城的选址标准似乎存在着上述差异，而且西安咸阳地区古代聚落的选址标准，从仰韶文化至秦汉时期也存在着与此类似的情况。

根据多年来的研究结果，从距今6000年前的仰韶文化到西汉前后，西安咸阳地区古代聚落的分布情况也存在明显的变化。1981年，周瑞玲指出仰韶文化遗址所在的位置一般距离河床较近，多数遗址处在河流的二级阶地上，比如著名的西安半坡遗址，其所在区域“高出浐河河床约9米，位于二级阶地上，阶地发育不好，形成突起的土丘”[①]。2003年，《中国考古学·夏商卷》在描述周边地区的先商文化时，指出西安咸阳一带的先周遗址（与商代晚期）在丰镐有发现，分布于沣河以西的客省

① 张瑞玲：《试论陕西关中地区新石器时代遗址的地理环境与人类生产活动的关系》，《生态学杂志》1982年第1期。

庄至张家坡一带高地之上[①]。2017年，马赛也对关中东部地区（西安咸阳及其以东区域）西周时期的聚落分布情况进行了分析，他认为西周时期的遗址主要分布在海拔500米以上的黄土台塬地带，分布于秦岭以北的长安区、蓝田、华县一带和北部的澄城、韩城一带是西周聚落分布的主要区域[②]。秦汉时期，西安咸阳一带的聚落分布之密集、种类之多样、分布之广泛更是不言自明。

2017年，宋江宁撰文对仰韶文化至秦汉时期关中地区的聚落分布情况进行了对比和分析，使我们对这一时段内关中盆地古代文化聚落的分布情况有了一个较为明晰的了解[③]。宋文的对比和分析主要是利用图像形式进行的比较，文字方面的描述不多。本文截取其中西安咸阳地区的局部来进行说明（图4）。

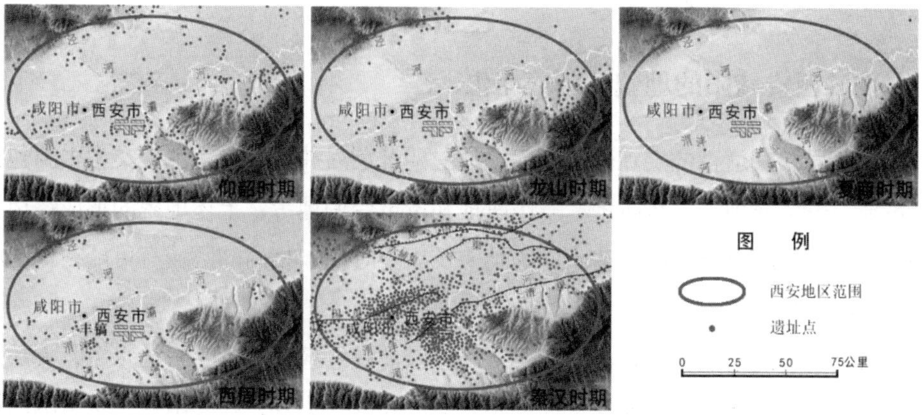

图 4　西安咸阳地区古代文化聚落分布情况变化图

根据上图，在仰韶文化时期，咸阳西安一带的古代聚落数量较多，分布也较为密集，主要分布在秦岭北麓地势较高的地域，距离现在渭河的河道较远，渭北的塬上也有分布。从地形地貌上来看，主要是在渭河及其支流的二级阶地以上，一级阶地上遗址数量基本没有。龙山文化时期，遗址的数量有所减少，仍主要分布在渭河两岸的二、三级阶地及黄土台塬之上。夏商时期，这一区域内的古代文化聚落数量大为减少，几乎全部消失，仅在远离现代渭河河道的黄土台塬地带有个别分布。商代晚期，关中的丰镐一带的高地（亦即沣河两岸的渭河二级阶地及其以南的黄土台塬）出现了一些聚落遗址。西周时期，遗址的数量有所增加，分布区域仍是在渭河

① 中国社会科学院考古研究所编著：《中国考古学·夏商卷》，中国社会科学出版社，2003年。

② 马赛：《西周时期关中地区的聚落分布与变迁》，《南方文物》2017年第3期。

③ 宋江宁：《关中盆地史前到秦汉时期的中心区转移现象考察——兼论周原与沣镐遗址内涵差别巨大的原因》，《南方文物》2017年第4期。

的二级阶地以外地区。秦汉时期，西安咸阳一带的遗址分布情况发生了很大变化，遗址的数量增加，十分密集，分布范围更加靠近现代渭河，渭河的一级阶地上，已经出现了古代文化遗址遍布的情况。

综上所述，从仰韶文化到秦汉时期，西安咸阳地区古代聚落的分布有两个主要变化。一个变化是聚落遗址的数量变化，仰韶文化时期聚落众多，之后开始减少，至夏商时期遗址的数量已经近乎于无，西周以后有所增加，到秦汉时期达到和超过了仰韶文化时期的分布密度。另一个变化是聚落遗址分布区域的地形地貌变化，西周及以前，聚落主要选址在渭河的二、三级阶地及黄土台塬之上；秦汉以后，渭河的一级阶地上，开始有较多的聚落分布。上述变化应该是由于不同历史时期地形地貌及环境的变迁造成的。

四、西安咸阳的地貌及环境变化

我们已经知道，西安咸阳一带的地形主要是渭河冲积平原，地貌类型主要包括河漫滩、一级阶地、二级阶地、三级阶地和黄土台塬地带。上述地貌的形成经历了一个极其漫长的发展过程。在不同的地质及历史时期，相同的区域有可能在地形和环境上都存在着差异。

根据现有的地质资料，渭河在早更新世以前就已经形成了完整的水系，大致呈西南—东北方向从户县经西安流向高陵方向，并以此为轴，在其南北一定范围内摆动。中更新世末或晚更新世初，在今西安市黄土台塬北缘和咸阳市黄土台塬的南缘之间的区域，形成了渭河的三级阶地①。

距今20000年左右，最后一次冰期到来。在区域构造运动的基础上，渭河进入了二级阶地的形成时期。冰期来时，由于寒冻和风化，山地的基岩破碎成块。气候转暖时，由于山洪的搬运作用大量基岩在河谷之中堆积。间冰期自然植被覆盖好，砂砾质河床含沙量很低，冲淤速度慢，河漫滩沉积极细的黏土、砂质黏土，这时渭河处于冲淤动态均衡阶段。间冰期过后，气候变干，水土流失加重，河水含沙量高，发生黄土加积，从而在三级阶地以北和渭北面黄土塬边形成了二级阶地。

距今约12000年开始，渭河河道北移，从今马王村、客省庄、落水村及古城以北流向东北方向。它在二级阶地上下切、侵蚀并沉积，开始形成一级阶地。全新世初期的气候同更新世相比，更加温和湿润，河床堆积物以砂砾石为主。全新世中期或晚期的气候也较现代温和和湿润。渭河流域在全新世中期的大暖期的主要时段（距

---

① 杜甫亭：《西安附近渭河河道的演变》，《史前研究》1985年第1期。

今8500—4200年），气候温暖湿润，气候系统比较稳定，很少发生大洪水。而在距今4200—4000年和距今3200—2800年，全球性气候恶化转折，气候状态不稳定，引发了多期古洪水事件①。这两次古洪水事件的发生期，一次发生在龙山文化时期，另一次则发生在西周前后至春秋以前，可能与上述时期前后渭河河道变迁及古代文化聚落的分布情况存在着一定的联系。

春秋时期，可能与上面所述的古洪水事件有关，渭河再次北移，在汉长安城以北约800—1200米的地方固定下来。此时的气候处于温干状态，渭河下切加剧，原来的河漫滩离开河床成为一级阶地。

春秋以后，由于新构造运动及其他条件的作用，河床继续下切侵蚀、淤积，在渭河两岸逐渐形成现代的高、低河漫滩，这种趋势两千多年以来一直存在。

综上所述，渭河三级阶地形成于中更新世末或晚更新世初。渭河的二级阶地从距今20000年开始构建，到12000年前后正式形成。之后，渭河进入一级阶地的形成阶段，至春秋时期前后，现在的渭河一级阶地正式形成。春秋以后，现代渭河的河漫滩开始形成，直至现代。

五、结论

古代都城选址的条件基本上是一致的，尤其是在都城和水源的关系上，都以靠近水源、远离水患为标准。自然河流是最为重要的水源形式，既可以为城市提供水源的补充，又是重要的物质运输通道。因此，为了取水及运输的便利，都城选址标准之一是尽量靠近自然河流。但同时，河流也会带来水患，给人们的生命及财产造成严重破坏，从而严重影响城市的生存。从河流两岸的各类地形来看，河漫滩是最为靠近河流的地形地貌，但是河漫滩的定义就是洪水期能够淹没的河床以外的区域，属于河流在泛滥的时候洪水能够波及的区域。其外的一级阶地，紧靠河漫滩分布，其与河漫滩最为重要的一个区别就是在最大的洪水期间也不能被洪水淹没，因此属于既靠近水源又无水患的区域。一级阶地以外的二级阶地、三级阶地等，虽然能够远离水患，但与自然河道的距离又偏远，取水和水运都有不便。因此，一级阶地是符合建城条件的最佳区域。如果没有极端特殊的情况，如天气过于干旱，地下水位过低或天气过于湿润地下水位过高等，建设城市乃至国都的最佳选择就是自然河流岸边的一级阶地。不仅是城市、国都，就是一般的聚落，其选址的标准也是以上两条——靠近水源和远离水患，因此也以一级阶地为最佳选择。

① 顾洪亮、黄春长、周亚利等：《关中盆地杨官寨遗址古洪水事件释光测年》，《地理研究》2012年第10期。

另外，西安咸阳地区渭河两岸的河漫滩、一级阶地、二级阶地和三级阶地，是在不同的地质时期和历史时期形成的。根据地质学原理，河流两侧的阶地是随着河流下切作用的加强，河漫滩相对抬升并高出现在河漫滩之上呈高一级的地形，阶地是河谷中遗留的一定地质历史时期的古河床。因此，不同的地质和历史时期，同一个区域可能属于不同的地貌类型。如现在的一级阶地，在较早的地质或历史时期曾经是河漫滩甚至河床；现在的二级阶地，较早的地质或历史时期也有可能经历过一级阶地、河漫滩甚至河床的发展阶段；其他二级阶地、三级阶地等，也有可能经历了类似的发展阶段。这样，在不同的历史时期，渭河两岸的地形地貌处在不同的发育阶段；原来条件好宜于居住建城的地方，在一段时间之后有可能会变成条件不好、不宜居住建城的区域；反之亦然，原来不具备建都条件的地方，在经历了一定时期的河流改道和地貌变化后，反而成为建设都城的最佳选择。

因此，丰京、镐京、秦都咸阳、汉长安城这几座古都处在渭河两岸不同的地貌类型，和不同时期的古代聚落于不同的地貌类型之上分布一样，都是由于不同历史时期渭河两岸地形地貌和环境变迁造成的。

仰韶文化时期，渭河的三阶阶地和二级阶地已经形成，一级阶地正处在发育的过程中。现在的渭河一级阶地，在当时还处于河漫滩甚至是河床的范围之内。现在的二级阶地，在当时其实是一级阶地，既靠近河流，便于取水，又没有被洪水淹没的危险，居住及生活条件极为有利。因此这一时期的聚落，多分布在当时的一级阶地、现在的二级阶地之上。

龙山文化时期，渭河阶地的情况没有太大的变化，聚落的分布仍以当时的二级阶地、现在的一级阶地为主。但是距今4200—4000年的古洪水事件，使得这一区域的宜居条件大为降低，聚落遗址的数量减少。到夏商时期，聚落遗址的数量几近于无，正是出于这一原因。

周代建立前后，正是公元前11世纪，仍然处于一级阶地的形成过程之中。当时的渭河河道，有很大的可能从丰镐二京的北侧不远处流过。现在的渭河南岸的一级阶地，当时仍处于渭河洪水期可以淹没的区域之内。丰镐二京所处的区域，在当时应是属于一级阶地的范围。距今3200—2800年的古洪水事件，正处于西周建立前后至春秋以前，造成渭河两岸的多数区域的居住及生活条件不好，因此这一区域的聚落数量仍是不多。

上述的古洪水事件，有可能造成了春秋时期的渭河改道，渭河的河道在今汉长安城以北800—1200米处固定下来。渭河河道继续下切，原来的河漫滩离开河床，不再有被洪水淹没的危险，渭河的一级阶地正式形成。一级阶地正式形成以后，河流继续下切，与一级阶地之间的落差逐渐加大，多余的水向渭河排放，阶地的地面也逐渐干爽宜居。但这一切需要一个过程，有可能经历了数百年的时间。战国时期的前段，渭南地区的一级阶地有可能仍旧过于潮湿、不宜居住，因此秦国迁都时，选择在渭河北岸地势较高的咸阳原。

随着时间的推移，渭南一级阶地的宜居条件越来越好，逐渐可以建设宫殿。从战国晚期开始，秦昭王开始在渭南地区建设了兴乐宫等宫殿。秦代统一以后，更是准备把都城迁到渭南，大规模的阿房宫由于秦代的迅速灭亡而没有建成。汉代建立以后，渭南的条件已经大为改善。经过了几百年的时间，这一区域已经不再是沼泽遍地、不宜居住，而是较为干爽，地势平坦并且靠近渭河，有取水通漕的便利。再加上秦代的咸阳已经残破不堪，因此汉代的新都长安就建在了渭南地区。与此同时，伴随着秦汉的都城、宫殿、苑囿的建设，渭河一级阶地及其附近的居民也越来越多，终于出现了聚落遍布的情况。

原载《南方文物》2020年第3期，收入本书时删去了原文部分图片

（张建锋，中国社会科学院考古研究所研究员）

西汉至北朝时期长安城城郭布局的变化

张建锋

陕西省西安市号称“十三朝古都”，其中九朝以汉代的长安城（下文统称“长安城”）为都。公元前206年，西汉王朝建立，长安城的建都历史由此开端。公元8年，王莽篡政，新朝继续以长安城为都。新莽政权灭亡后，长安城作为国都的历史暂时告一段落。东汉的最后四年（191—195）和西晋的最后三年（313—316）也曾以长安城作为国都。以后的十六国至北朝时期，又有前赵（319—329）、前秦（351—394）、后秦（384—431）、西魏（535—557）和北周（557—581）先后建都长安城。直到582年隋朝迁都大兴城，长安城作为国都的历史才终告结束。在这段漫长的历史时期中，长安城的位置、范围基本未变，但其城郭布局产生了明显的差异。

笔者拟在考古资料的基础上，结合对文献资料的梳理，归纳长安城从西汉至北朝时期城郭布局的变化，并分析这些变化产生的原因及其对后代的影响。不足之处，恳请方家指正。

一、考古发现

汉代至北朝的长安城遗址位于今陕西省西安市西北部。主城区位于朱宏路以西、西三环以东、北二环西段以北和北三环以南，基本上处于未央区的未央宫、汉城和六村堡三个街道办事处范围之内，城西的建章宫和城南的礼制建筑则分别属于三桥街道办事处和莲湖区的辖区（图1）。中国社会科学院考古研究所从1956年开始进行了60多年的考古工作，对长安城遗址的位置、范围、布局、形制、时代及其文化内涵的研究已经取得了很大的进展。遗址区内，从西汉、东汉、十六国直到北朝和隋代，各个时期的遗迹和遗物均有发现。根据目前的研究成果，笔者将长安城遗址的历史分成两个阶段，第一个阶段是西汉及新莽时期（前206—25），第二个阶段是东汉至北朝时期（25—581）。每个阶段的长安城，在都城布局与形制方面均有程度不等的差异。下面分别进行概括。

（一）西汉及新莽时期的长安城

西汉及新莽时期的长安城平面大致呈方形，周长25700米。城墙断面呈梯形，上窄下宽，城墙底部宽约16米[1]。根据已有的研究，汉长安城城墙高度约为11.02米，加上城堞的高度1.84米，总高度约为12.86米[2]。城墙的外侧，距离城墙约30米处，有宽40—45米、深约3米的城壕[3]（图2）。

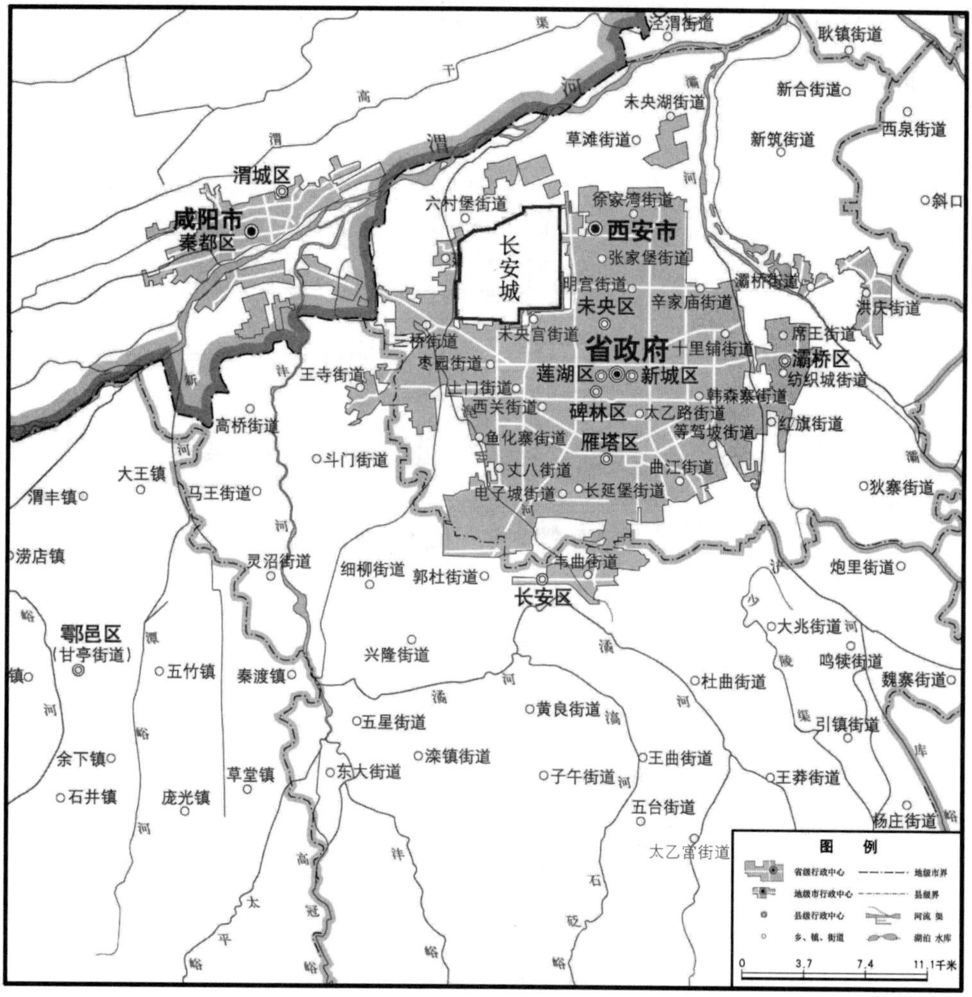

图1　汉代至北朝长安城位置示意图

① 刘庆柱、李毓芳：《汉长安城》，文物出版社，2003年，第15页。

② 张建锋：《汉长安城城墙高度初探》，见中国社会科学院考古研究所、陕西省考古研究院、西安市文物保护考古所编：《汉长安城考古与汉文化——纪念汉长安城考古五十周年国际学术研讨会论文集》，科学出版社，2008年。

③ 汉长安城遗址考古勘探资料，中国社会科学院考古研究所陕西第二工作队，待刊。下面引用同类资料，不再标注。

汉长安城每面3个城门，一周共有12个城门。城门由城台、门洞和城楼组成。城台是城门的巨大基座或台基，左右两端与城墙相接；城台的进深一般比城墙宽度要大（20米左右），高度也大于城墙的高度。城台下面开3个门洞，门洞为抬梁式木结构，各宽约8米，门洞两壁外侧各设纵向础石一排，上铺纵向木地栿，地栿上密布排叉柱，支撑顶部的城台；排叉柱以内的门道宽度约为6米；城门安装于门洞的外缘附近。门道之间相隔一般4米，正对宫门的城门之间则相隔14米[①]。城台内外两侧有汉代砖瓦等建筑材料分布，推测上面原来应建有大型木

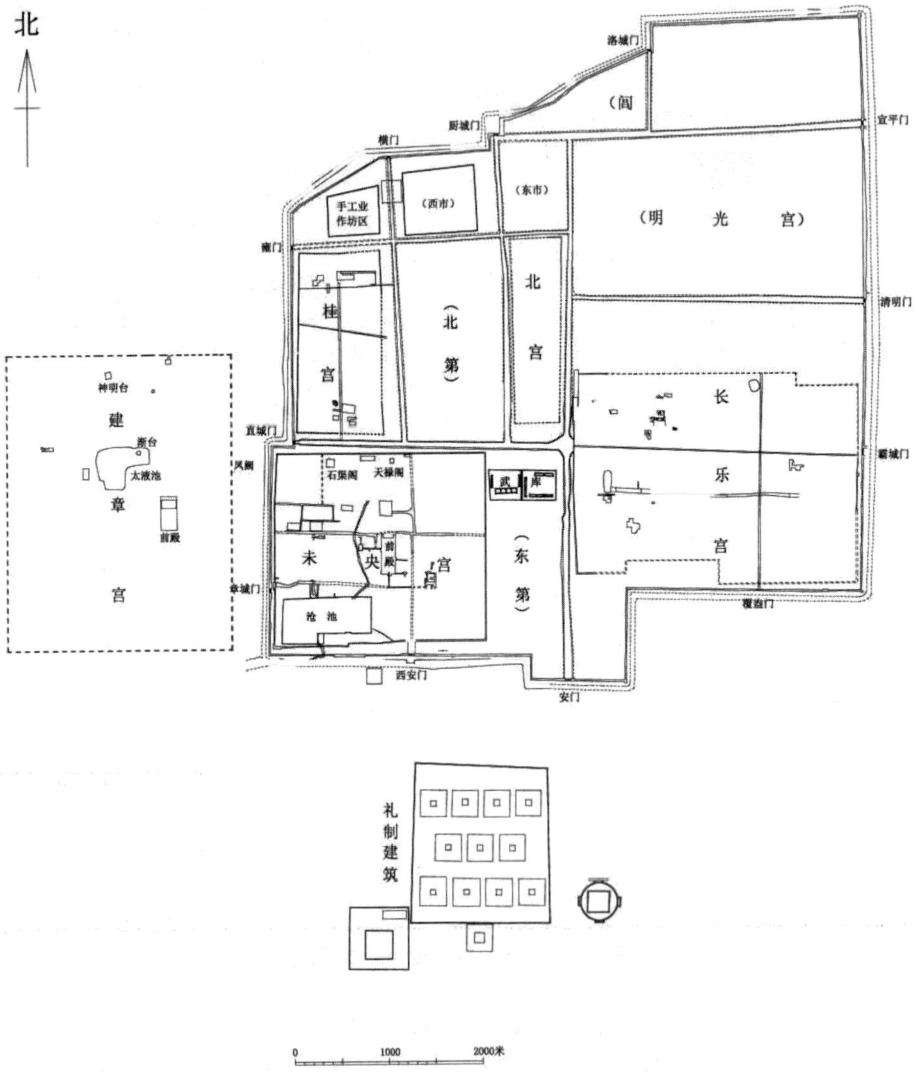

图2　汉代长安城布局图

① 中国社会科学院考古研究所汉长安城工作队：《西安汉长安城直城门遗址2008年发掘简报》，《考古》2009年第5期。

结构瓦顶城楼。登城的马道位于城台的左右两侧。城门外壕沟收窄至8米，上面应该架有木结构桥梁。

城内共发现8条大街。除距离皇宫过近的覆盎门、霸城门、西安门和章城门外，各城门均有一条大街直通城内。大街宽度为60米左右，两边有路沟，路面分为三部分，中央为驰道，专供皇帝使用，两侧供一般官民行走。大街相互交叉，把城区分成若干个区域，长安城的各宫就分布于这些区域之中。宫内也有道路，宽度远小于大街，一般不超过20米。

城内的宫院建筑主要有未央宫、长乐宫、桂宫、北宫、明光宫及城西的建章宫。另外还有武库、礼制建筑、手工业区和市场等。

未央宫位于长安城西南部，平面方形，东西2250米，南北2150米。宫内主要的建筑是前殿、椒房殿、少府遗址、中央官署遗址、天禄阁与石渠阁、沧池、明渠等。宫墙基础宽8米左右，在内外两侧均有汉代瓦片堆积发现，还有少量瓦当、铺地砖、陶质五角水管道残块等[①]。推测宫墙的顶部应有瓦顶建筑。宫门经过发掘，形制一般较为简单，系在宫墙开一个缺口，缺口处再建筑一个木结构的门楼。门道内没有倒塌的夯土堆积，上面应该没有墩台之类的设施，门楼直接建在地面以上。宫内道路经过试掘，宽度为8—12米，最宽的20米左右。

长乐宫位于未央宫以东，面积约6平方千米，宫内发现道路、宫殿、凌室等遗址。宫墙宽5米左右，两侧分布有汉代的砖、瓦、瓦当等建筑材料，应该也是上有瓦顶的葺墙。宫门没有发现。直城门大街与霸城门之间，有一条东西向宫内道路，经试掘宽度为17.7米左右。

桂宫位于未央宫北，平面呈长方形，南北1840多米，东西900米，宫墙宽约5米。南宫门经过试掘，门道分两期，早期宽4.8米，晚期宽5.65米，出土有空心砖、门臼砖、板瓦、筒瓦和瓦当等建筑材料，显示原来建有门楼。宫内道路宽10—13米，两侧有排水沟。宫内发现有宫殿、仓储、大型排水涵洞等遗迹[②]。

武库位于未央宫与长乐宫之间，平面为长方形，东西710米，南北322米。北宫位于未央宫之北，桂宫之东，南北1710米，东西620米，宫墙宽5—8米[③]。

桂宫与北宫之间为北阙甲第，主要是汉代一些重要人物的宅邸。北阙甲第以

---

① 中国社会科学院考古研究所编著：《汉长安城未央宫》，中国大百科全书出版社，1996年。

② 中国社会科学院考古研究所、日本奈良国立文化财研究所编：《汉长安城桂宫1996—2001年考古发掘报告》，文物出版社，2007年。

③ 中国社会科学院考古研究所编著：《汉长安城武库》，文物出版社，2005年。

北，是东市、西市和手工业作坊区，分布有铸铜、铸币、制陶作坊。建章宫位于未央宫西城墙以外，地面现存的遗址有前殿、凤阙、神明台、太液池等。南郊礼制建筑包括王莽九庙、社稷和明堂遗址，位于长安城南城墙以南1000米处。墓葬区位于墙外附近，四面都有发现，以东面和南面分布集中，北面和西面较少。汉代长安城的特点有四。一是多宫，除了未央宫和长乐宫外，还有桂宫、北宫和明光宫等，城外还有离宫分布。二是皇宫选址以靠南为特色，未央宫和长乐宫位于城内最南部，其北为桂宫、北宫和明光宫，城内北部基本没有宫室分布。三是宫门为不设墩台的木结构门楼。这种门楼只能起到礼仪和管理进出的作用，并不具备军事上的防守能力。四是皇宫的围墙规模较小，墙基最宽8米多，一般仅有4—5米。这种墙只能起到分隔内外的围护作用，也没有抵抗军事进攻的功能。

（二）东汉以后的长安城

在王莽末年的战火中，长安城受到严重破坏。东汉以后至十六国北朝时期，长安城的一些建筑得到了维修，但规模应该不大，只是有选择地对一些重要的城市设施进行了修缮。城墙继续沿用，历年的勘探没有发现西汉以后历代城墙修补的痕迹。城门被破坏后，有的门道废弃不用，有的门道则在修缮后继续使用。原来城南部的宫殿区，沦为普通的城区，分布居民区、作坊区和寺院等。道路布局也有所变化。长安城的东北部，新修了一个小城，应是十六国至北朝时期的宫城[①]（图3）。

从勘探和发掘的情况来看，长安城的城门有些废弃，有些则在修补以后继续使用。经过发掘的宣平门、霸城门和西安门遗址，均可见到类似的情况。[②]

宣平门在新莽末年的战火中被焚毁，以后又经历了多次修复。第一次维修发生在东汉时期，系在南门道和北门道崩坏的南北两壁外侧各加筑一道厚约0.8米的夯土墙，墙内分布一排柱槽，平面呈方形，面宽约0.4米，进深约0.2米。门道的总宽度缩短到6.5米左右，但由于排叉柱置于柱槽内，实际宽度与西汉时的6米相差不大。中门道内没有发现东汉时的修补痕迹，原因待考。第二次维修发生在十六国时期，主要是中门道和南门道。中门道的南北两壁内侧各加筑1.3米厚的夯土，内侧包砌粗绳纹

① 刘振东：《西安市十六国至北朝时期长安城宫城遗址的钻探与试掘》，《考古》2008年第9期。

② 王仲殊：《汉长安城考古工作的初步收获》，《考古通讯》1957年第5期；王仲殊：《汉长安城考古工作收获续记——宣平城门的发掘》，《考古通讯》1958年第4期；王仲殊：《汉长安城城门遗址的发掘与研究》，见刘庆柱主编：《考古学集刊》（17），科学出版社，2010年。

砖，砌法为一顺一丁层层而上；南门道则是在东汉夯土的内壁包砌一排土坯，砌法是顺向平铺。门道之间的城墙外侧，也有一层包砖。门道的内壁各有一排柱槽，面宽0.25米，进深0.2米，间距1.15米，两壁基本对称。门道内实际宽度约为5.3米。中门道最后毁于火焚，时间可能是在后秦末年（417），焚毁后没有再加修补，而是在门道外侧筑了一道宽1.7米的土墙，将这个门道封堵废弃。北门道内没有发现后赵时的修补痕迹，但也没有填塞，有可能继续沿用至隋代。此后的宣平门实际上只有南门道和北门道在使用。

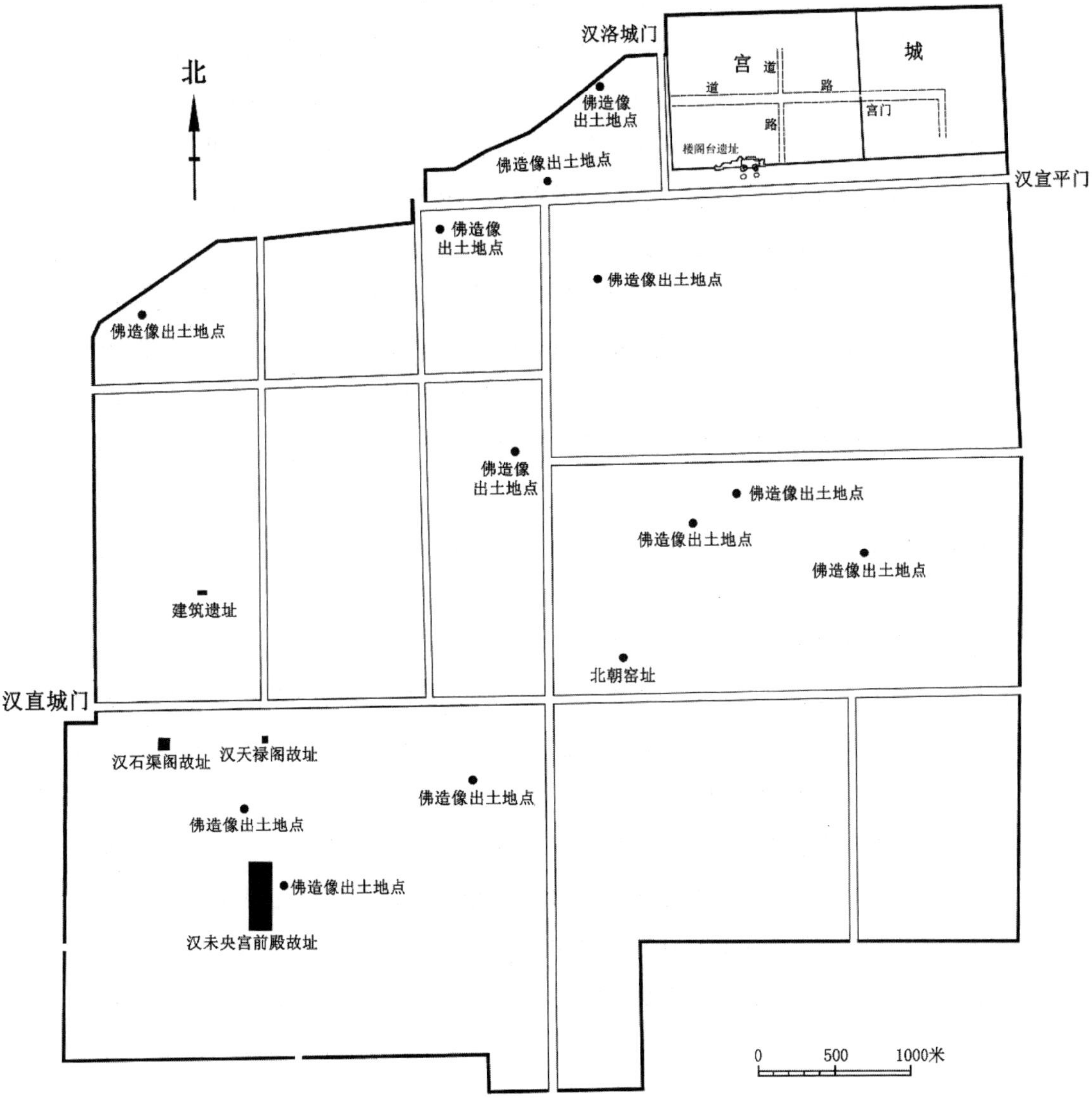

图3　十六国至北朝时期长安城布局图

霸城门三个门道中，南门道在新莽末年毁于战火后，遂告废弃，倒塌的夯土，被火烧成红色，在门道内堆积厚达2.5米。其他的两个门道均已破坏无存。但从十六国至北朝时期霸城门内存在大街来看，霸城门至少有一个门道还在使用。

西安门在新莽末年被焚毁后，中门道和东门道内的堆积经过清理，残存的烧土层厚度分别为0.7米与0.3米，烧土层上面还分别有0.25米与0.5米厚的路层。因此应该是还在继续使用。西门道已经被破坏无存，因此，情况不明。

直城门的中门道和南门道内堆积着崩塌的大量夯土块，已经被烧成红色，还夹杂着灰烬、炭屑、碎瓦片之类。南门道的堆积层厚3.9米，中门道的堆积层厚2.9米，说明这两个门道在焚毁之后，再没有经过维修和使用。北门道的门道两侧在后赵时期加筑了一道砖壁，系由绳纹长方砖平铺砌成，发掘时残高0.2—0.5米，砖壁与门道南北两壁之间用夯土填实。砖壁之间，门道的宽度仅有5.6米，进深也缩短到13.5米。门道内的红烧土堆积层经过清理，厚度仅有0.5米，上面有厚达0.35米的路土层，可见一条东西向的车辙，间距为1.3米，压在唐代堵塞城门的夯土下面，时代应为隋代，说明北门道一直沿用到隋代。2008年第二次清理时，在路土层上还发现了一条东西向的排水沟，开口在门道的中部，向东流到城墙外面。可见在这条路土的使用时期，门道的上面已经没有了城楼，雨水可以直接降落到门道里。砖壁内侧没有发现柱础、柱槽的痕迹，也足以说明这一点。

与此同时，城内的大街格局也发生了变化。最明显的例证是霸城门内的东西向道路，东起霸城门，西至安门大街，与直城门大街相接。根据最近的试掘成果，这条道路在西汉和新莽时期属于长乐宫内的道路，宽度只有17米左右。到了北朝时期，变成了60多米宽的东西向大街，从南向北分为三股道，南侧和北侧路土层较厚，显示使用较多；中间的一段则路土层极薄，显示使用很少，应为专供皇帝使用的驰道。说明随着长乐宫的废弃，这里已经沦为一般的城区，原来规模较小的宫内道路也拓宽变成了宽阔的城内大街。

城内的布局也发生了变化。汉长安城南部的未央宫和长乐宫，全部废弃，所在区域变成了一般的城区。未央宫前殿故址的东侧出土过北魏时期的佛教造像[①]，长乐宫内的中部偏西北发现了数量众多的北朝窑址，北部还多次出土过佛教造像，说明附近有寺院存在，应该是一般的居民区。城区的其他地方也多次出土不同质地的佛

① 张连喜：《西安出土一尊北朝石雕佛像》，《考古》1995年第4期。

教造像[①]。桂宫的中部有一座北朝时期的夯土建筑，东西155米，南北30米，夯土外面有包砖，台阶的两侧也有包砖，出土有北朝时期的莲花纹瓦当。

皇宫位于汉长安城的东北部，东起东城墙，南到宣平门大街，西到洛城门大街，北到北城墙。北墙和东墙系利用了原有的北城墙和东城墙再加修补而成，西墙和南墙为十六国以后新筑。皇宫平面为长方形，东西1236米，南北944—988米，中部有一道南北向隔墙，将其分为由东、西两个小城。西城东西长1214—1236米，南北宽972—974米，墙宽8—10米。东小城东西944—988米，南北972—990米。经试掘，墙体建筑于西汉文化层之上，两侧有十六国、北朝各时期的地层堆积。从二小城的位置、地层堆积等情况看，它们应是十六国时期前赵、前秦、后秦以及北朝时期西魏、北周长安城的东西二宫城。东宫为太子宫，西宫为皇宫，二宫之间的隔墙上有一门址。经过发掘，门址只有一个门道，南北宽4.4—4.6米，东西进深约13.2米。门道南北壁包砖，南壁和北壁各有12个壁柱槽，其中北壁残存4个壁柱和部分包砖，壁柱槽下面均有青石质础石。发掘清理出4层路面，其中三层路面上有车辙遗迹。车辙间距约1.25米（与隋代的车辙相近）[②]。这一时期皇宫的围墙及隔墙宽度都较大，门址更是明显采用了城门的形制，因此这座皇宫的墙和门是按照城墙和城门的规格建设的，与汉代未央宫、长乐宫等的宫墙和宫门的形制有明显区别。

从上面的叙述可以看出，从东汉开始，直到十六国北朝时期，长安城逐渐形成了一些与汉代及新莽时期不同的特色。第一，城墙虽然还是原有的城墙，但大部分区域后期修补的痕迹不见，城墙的防御能力因此明显降低，只能起到控制普通人进出的作用，成了以“守民”为主要功能的郭城城墙。第二，除了宣平门以外，其余的城门大多只沿用部分门道，其余门道倒塌废弃，倒塌的堆积在门道内没有清理，形成的缺口也没有进行封堵，形成两面斜坡状的堆积，城门附近的防御能力几近消失，城门基本上只剩下进出信道的功能。第三，城内南部的宫殿区废弃，成为一般的城区，长乐宫内东西向道路进一步拓宽，成为城内大街。皇宫的位置移到城区的东北部。第四，这一时期皇宫的宫墙使用了城墙的规格，宫门也采用了城门的形制。原来没有防守能力的皇宫，变成了具备一定军事防御能力的宫城。第五，多宫的现象仍然存在，但原来分处城内各处的多个宫室集中到一起，外围高大的城墙，皇宫的安全与防御能力大大增强。

---

① 张建锋：《西安出土的北周石刻佛教造像》，见中国社会科学院考古研究所编著：《古都遗珍——长安城出土的北周佛教造像》，文物出版社，2010年。

② 刘振东：《十六国至北朝时期长安城宫城2号建筑（宫门）遗址发掘》，见国家文物局主编：《2009中国重要考古发现》，文物出版社，2010年。

二、文献资料

长安城的一些城市设施，如城、郭（郭城）、宫（宫城）、城墙、城门、宫墙、宫门等，也是中国古代城市的标志性建筑。相关的记载在历代史籍中屡见不鲜。从文献上来看，这些设施在古代都城中的出现，是历史长期发展的结果。长安城从西汉到北朝的布局变迁，在一定程度上就是这一发展历程的物质反映。

（一）城与郭

城的概念，最初指围绕都邑的高墙，也就是城墙。《淮南子·原道训》曰："夏鲧作三仞之城"[①]。后来一般指有高墙围绕的居民点。如《说文》曰："城，以盛民也。"[②]

根据文献，早在三皇五帝时期，就有了最早的城。《史记》云："黄帝时，为五城十二楼。"[③]《吴越春秋》记载："鲧筑城以卫君。"[④]

城墙的主要功能是抵御大规模的军事进攻，因此规模巨大。《周礼》："王城隅高九雉，城高七雉。"[⑤]王城城墙高度达七雉，约合今12.86米。除掉一雉的堞高，净高约11.02米[⑥]。城外还有城壕，高城深池是中国古代城市的重要特征。

郭指城墙以外的区域。《说文》曰："郭，廓也；廓落在城外也。"[⑦]《管子》："内为之城，城外为之郭。"[⑧]城的四面都有郭的分布。如《左传》："（十二月）己亥，焚雍门及西郭、南郭。……壬寅，焚东郭、北郭。"[⑨]《管子·戒第二十六》："东郭有狗嘊嘊……北郭有狗嘊嘊……西郭有狗嘊嘊……"[⑩]

---

① 〔汉〕高诱注：《淮南子注》，上海书店出版社，1986年，第5页。

② 〔汉〕许慎撰，〔清〕段玉裁注：《说文解字注》，上海古籍出版社，1988年，第688页。

③ 《史记·封禅书》，中华书局，1962年，第1403页。

④ 转引自〔唐〕徐坚等：《初学记》卷二四，中华书局，1962年，第562页。

⑤ 《十三经注疏·周礼注疏》卷第四一《匠人》，中华书局，2009年，第2008页。

⑥ 张建锋：《汉长安城城墙高度初探》，见中国社会科学院考古研究院、西安市文物保护考古所编：《汉长安城考古与汉文化——纪念汉长安城考古五十周年国际学术研讨会论文集》，科学出版社，2008年。

⑦ 〔东汉〕刘熙：《释名疏证补》，中华书局，2008年，第183页。

⑧ 〔唐〕房玄龄注，〔明〕刘绩补注：《管子》，刘晓艺校点，上海古籍出版社，2015年，第371页。

⑨ 《十三经注疏·春秋左传》卷三三《襄公十八年》，中华书局，2009年，第4266页。

⑩ 《新编诸子集成·管子校注》，中华书局，2004年，第521—522页。

郭产生于远古时期。《吴越春秋》曰："（鲧）乃筑城造郭，以为国固。"[①]甲骨文与金文中都有郭字，说明此类城市设施在商代与西周已经存在。

郭的性质主要是居民区，另外农业区和手工业作坊、市场、礼制建筑等也有分布，不少墓葬也在这一区域之内布局。

郭的功能是加强对居民的控制。《管子》："大城不可以不完，郭周不可以外通，……郭周外通，则奸遁踰越者作。"[②]明代朱伯辰说得更加明白："臣窃见城外居民繁伙，无虑数十万户。且四方万国商旅货贿所集，不宜无以圉之。"[③]

郭的外面有围垣，称为郭垣，在特定的地方设有郭门，以控制进出。但除郭门以外，仍有别的地方可以进出。如《家语》曰："子羔为卫之士师，刖人之足。卫有蒯聩之乱，子羔逃至郭门，刖者守焉。谓子羔曰：'彼有缺。'子羔曰：'君子不逾。'又曰：'彼有窦。'子羔曰：'君子不隧。'又曰：彼有室。子羔入焉。追者罢，子羔乃去。"[④]既然郭垣上有缺、有窦、有室且在郭门关闭的情况下亦能进出，说明其非封闭的围护设施。因此，郭垣的作用主要是监控居民的内外交通，并不具备军事防守的能力。

郭城的概念开始出现于南北朝时期的文献中。《宋书》卷七十七："众并造陕下，即入郭城，列营于城内以逼之，并大造攻具。"[⑤]《南齐书》卷五十七："其（平城）郭城绕宫城南，悉筑为坊，坊开巷。"[⑥]郭城的功能与郭相同，主要是管理控制居民进出，维护治安。因此郭城的外缘虽然有城墙围护，但其规模一般较小。如隋唐长安城、洛阳城以及后来的明清北京城，其郭城城墙的高度据文献记载均为"一丈八尺"，与"三丈六尺"的城墙规模差距明显，很难起到军事防御的功能。

汉代的国都长安，在历代的文献中都以"汉长安城"为名，其城墙根据《三辅黄图》的记载，"高三丈五尺"[⑦]，合今10.8米，加上城堞，高度在12.6米，与七雉之高的制度基本吻合。加上高大的城门，城外的城壕，形成了良好的防守能力。而后代沿用的故城，则城墙失修，城门不完备，防守能力大为减弱，只能发挥控制进出、监督民众的作用，与后代郭城的功能并无二致。

---

① 《太平御览》卷一九三，中华书局，1960年，第933页。

② 《新编诸子集成·管子校注》，中华书局，2004年，第256页。

③ 〔清〕龙文彬：《明会要》，中华书局，1956年，第1467页。

④ 《太平御览》卷一八六，中华书局，1960年，第963页。

⑤ 《宋书》卷七七，中华书局，1974年，第1984页。

⑥ 《南齐书》卷五七，中华书局，1974年，第984页。

⑦ 陈直校证：《三辅黄图校证》，陕西人民出版社，1980年，第18页。

（二）宫与宫城

宫一开始指人们的居室，上有屋顶，周有围墙。《易经》：“上古穴居而野处，后世圣人易之以宫室，上栋下宇，以待风雨。”[①]后来逐渐指周围墙垣的封闭式建筑群。《墨子》：“故圣王作为宫室，为宫室之法，曰：高足以辟润湿，边足以圉风寒，上足以待雪霜雨露，宫墙之高足以别男女之礼。”[②]汉长安城的未央宫、长乐宫，十六国至北周时期的东、西小城，均在其周围发现了围垣，内有各式宫殿建筑，明显属于宫的范畴。

宫城的概念出现则较晚。在文献记载中，南北朝以前的都城基本上不见宫城的说法。偶有提及，都是指皇宫及城的合称，与后来的宫城概念不可同日而语。十六国时期，文献中开始出现宫城的说法。《晋书》：“（后赵石虎）发雍、洛、秦、并州十六万人城长安未央宫。”[③]这项工程的对象是未央宫，但在行文上却使用了修建城墙的“城”字，说明宫外围垣应是城墙。宫外筑城墙，可以说是宫城制度的开端。南北朝时期，关于宫城记载才开始增多。《宋书》卷六：“三月壬戌，制大臣加班剑者，不得入宫城门。”[④]《南齐书》卷五七：“截平城西为宫城。”[⑤]这里宫城已经开始成为国都皇宫的习惯称呼。

按古制，统治者家族不同的成员应该居住不同的宫内，多宫的传统由此产生。《礼记·内则》：“命士以上，父子皆异宫。”[⑥]《南齐书》：“古有异宫之义。”[⑦]《新唐书》：“今太子与陛下异宫。”[⑧]《元史》：“父子异宫，祖祢异庙。”[⑨]汉长安城的长乐宫、未央宫、桂宫、北宫等分处城区各处，各自独立，是异宫的早期形式。北朝长安的宫城内，也有东宫、西宫之分，二者共处一个大城圈之内，是异宫传统的后期形式。

宫外有围墙，称为宫墙。据《墨子》：“宫墙足以为男女之别，则止诸。”[⑩]宫墙的主要功能是界定范围与分隔作用，与城墙的防御功能有着明显的区别，因此其

---

① 陈直校证：《三辅黄图校证》，陕西人民出版社，1980年，原序第4页。
② 吴毓江：《墨子校注》，孙启治点校，中华书局，1993年，第46页。
③ 《晋书》卷一〇六，中华书局，1974年，第2777页。
④ 《宋书》卷六，中华书局，1974年，第119页。
⑤ 《南齐书》卷五七，中华书局，1974年，第984页。
⑥ 《十三经注疏·礼记正义》卷第二七《内则第十二》，中华书局，1980年，第3167页。
⑦ 《南齐书》卷十，中华书局，1974年，第161页。
⑧ 《新唐书》卷一八九，中华书局，1975年，第4097页。
⑨ 《元史》卷七四，中华书局，1976年，第1834页。
⑩ 吴毓江：《墨子校注》，孙启治点校，中华书局，1993年，第256页。

规模较小。如《魏史》记载统万城“宫墙高五仞”，折算成今天的尺度单位，不过8米左右。宫城外也有围墙，从文献记载来看，宫城城墙的规模很大，一般采用与内城城墙相近的制度。如隋唐长安城，称为宫城城墙，“宫城……其崇三丈有半”，隋唐洛阳城，“宫城……其崇四丈八尺”[①]，与城墙的规模相当，后者比城墙更高。汉长安城的皇宫，宫墙的宽度经发掘者一般只有5米左右，高度亦不应超过5米，应属宫墙；而十六国、北朝时期长安故城的皇宫，外筑城墙宽度在10米多，明显应该属于宫城的范畴了。

从上面的归纳可以看出，十六国乃至北朝时期，长安城内皇宫的围垣，由汉代及新莽时期规模较小的宫墙变成了规模较大的城墙，宫门也采用了城门的形式，宫城形成。多宫的传统依然存在，却已经集中到了一个宫城之内。城墙失于维护修补，城门仅有部分经过修复后使用，“卫君”的军事防御功能基本丧失，只能起到控制进出与监督民众的“守民”作用，城墙在功能上已经等同于郭城。城内在西汉和新莽时期除宫室、仓储、手工业区之外居民不多，到北朝时演变成大量普通民众遍布、寺院众多的主要居民区，原来的城区也就变成了郭城。

三、结语

综上所述，从西汉到北朝，长安城城郭布局多个方面都有明显的改变。汉代和新莽时期，长安城外围高大城墙，内有若干皇宫，皇宫主要分布于城内南半部，各宫自有宫墙。除皇宫外，城内还有武库、太仓、高官宅第和手工业区等设施。居民主要居住在城外的郭内，大量墓地也分布于此。此时的长安城是多宫并存、宫外为城、内城外郭的布局模式（图4）。十六国至北朝时期，长安城的布局发生了重要的改变。第一，在长安故城的东北角修建了新的皇宫，包括西宫和东宫，分别为皇帝宫和太子宫。第二，与汉代多座皇宫分列各处不同，这时的皇宫与太子宫集中分布，东西仅一墙之隔，宫外围以城墙，成为宫城，宫门也采用了城门的形式。第三，城区原来宫殿区废弃，大量分布官署、市场、民居与佛教寺院，成为长安主要的居民区，具有了郭的性质。第四，经过长期的废弃与破坏，城墙已经残破不堪，不少城门塌毁后未再修补，有的甚至仅存进出的缺口，军事防御功能丧失殆尽。城墙不再具有“卫君”的性质，沦为外郭的界线和控制民众的“守民”的围垣，变成了郭城的城墙。原来的城区，到此时也退化为郭城。

从西汉到北朝，长安城从多宫共一城、城外有郭的形制，逐渐演化为多宫共一

---

① 《新唐书》卷三八，中华书局，1975年，第961、982页。

宫城，外套郭城的规制，宫室的布局也有显著差异。这些变化的产生，根据笔者的分析，与这段时间里社会状况、自然条件的变迁有着明显的关系，并且对以后的隋唐时期的都城布局产生了重要影响。

首先，自然环境的变化与长安布局的变化有着重要的关系。西汉时期的气候相对温暖湿润，降水丰沛，附近的河流径流量大，由此补给的地下水量也大。这一地区的地下水位普遍上升，埋藏较浅。受此影响，地势较低的区域地下水位更浅，水量更大。地势最低的地方地下水位最高，地下水量最大，在降水增加、气温升高、气候温暖湿润的年份，很大可能已经处于相对过量的状态，使得低处处于一个潮湿的状态，地下水的水质也较差。高处由于地势的升高，地下水的埋藏深度加大，水量减少，反而处于一个相对干爽且地下水位高低适当、水质宜人的状态。汉长安城的南部，地势高耸，是当时布置皇宫的最佳区域。西汉以后，气候逐渐向干冷的方向发展。到了十六国时期，气温比西汉时期更加寒冷，降水也比西汉时期更少。长安城虽然还在沿用，但城内的地下水量和分布情况已经产生了变化。受降水减少的影响，河流径流量也随之减少，地下水量减少，地下水的埋藏深度也大大增加。在整个地区地下水量普遍较少、埋藏较深的情况下，长安故城的最高处，地下水量过少，埋藏过深，汲取最为不便。没有井水可饮不便生存，因此不再是地下水条件最好的区域。反而是地势最低的区域，地下水位相对较高，埋藏相对较浅，地下水量相对较多，成为一个地下水条件相对更好、适宜人们生活的地方。因此，十六国和北朝时期的政权在布局皇宫时，选择了城内最低处的东北角。

其次，社会状况的变化也对汉长安城城郭布局的变迁产生了重要影响。西汉以后，长安城不再是全国的政治中心、经济中心与文化中心，其重要性大大降低，国家对其城市建设的重视程度已经不可同日而语。东汉时期虽然进行了一定的修缮，但基本上是小规模和局部性的，只对个别极为重要的设施进行了维护，城墙、宫墙以及一般的建筑，都不在考虑之内。东汉末年和西晋末年，长安故城作为首都的时间很短，加之在战乱中，统治者内忧外患，朝不保夕，也就没有精力进行大规模的城市建设，因此这两个阶段基本上是沿用原有的城市设施，没有明显的变化。后赵时，长安作为军事重镇，原有的城墙破败不堪，无法发挥应有的防御功能。故城的城墙又规模太大，全部加固修整工程量过大，因此在故城的东北角又重修一个小城。小城借用故城原有的东城墙与北城墙，新筑的只有南城墙与北城墙，工程量相对较小。以后的各个朝代，也大多国祚不长，且属地方性政权，财力与人力有限，加之又面临不断的战争，除了当时认为必不可少的设施外，无力建设新的宫城和大规模修补城墙。新莽败亡以后的700多年里，历代对汉长安城的城墙失于修缮，城门也大多逐渐废弃，城墙的防守功能慢慢地变弱，终至于无。加之十六国以来的时局动荡，最高统治者面临的威胁前所未有。政变频仍，不少皇帝被威胁、被控制甚至被弑杀，对于皇宫里面的皇室来说，城墙以内的威胁并不比城外的小多少，因此加强皇宫的防御至关重要，宫殿区外围修建城墙就成为不可避免的选择。汉代的皇宫散布各处，宫墙低矮，难以防守，且分布范围过大，修建一周城墙将之全部围护又力有不逮，因此皇宫规模缩小后集中到一个宫城之内，更容易维护皇室的安全。十六国至北朝的几个政权建都长安时，长安以已有的小城恰好提供了一个很好的条件，因此各代的皇宫就布置在了这里，再修建隔墙分出东宫和西宫，多宫共一宫城的格局终于形成。宫城以外，故城的城墙因为丧失了军事防御的功能，“卫君”的性质不再，只是郭区的围护与分隔设施——郭城了（图4）。

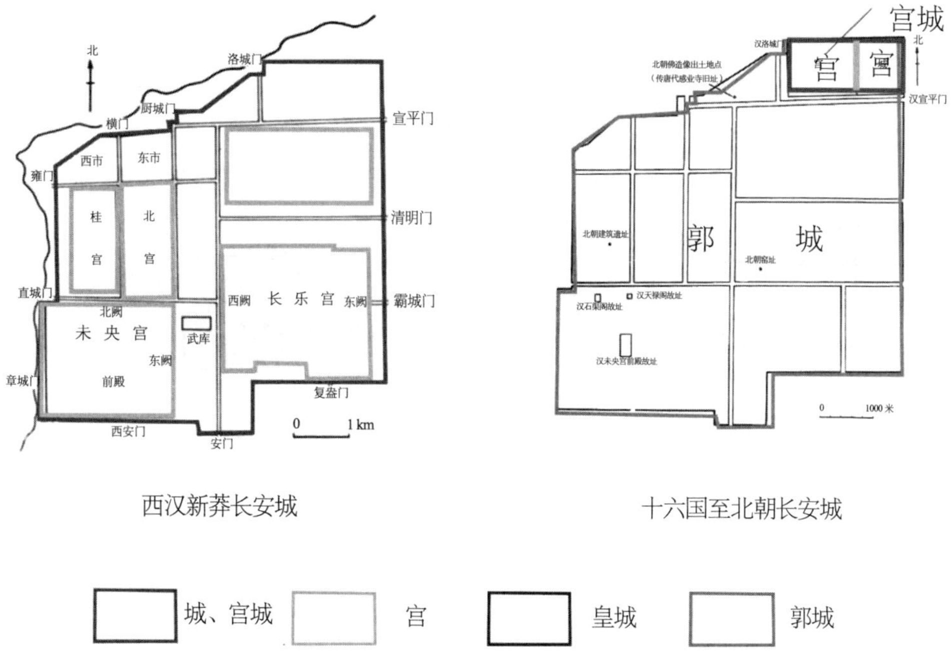

图 4　西汉至北朝时期长安城城郭布局变化图

这种城郭布局方式对以后的隋唐两代产生了重要影响。隋代的大兴城（唐长安城），基本上照搬了北朝长安城的格局。在城区的北部布置宫城，围垣与门道分别采用了城墙与城门的规制；太极宫、东宫与掖庭宫等多宫共处一宫城；宫城以南再设皇城。宫城皇城以外，再布置居民区、市场。寺院、礼制建筑等于郭城，是多宫共一宫城，外套郭城的典型案例。纵观中国古代都城史的发展来看，这一变化是一次不太成功的尝试。隋唐长安城的郭城虽然面积很大，但城墙规模太小，既低且矮，军事方面的防守能力不大；宫城和皇城虽然城墙宏伟，易于防守，但范围太小，宫殿、官署占据了大部分面积，无法布置大量的军事力量，实际上防御能力也不容乐观。长安城在面对外来的军事进攻时，有唐一代几乎全无胜绩；在面对内部威胁方面，唐高祖也无法保住自己的皇位。因此可以说，隋唐长安城的这种布局无论是对内还是对外，都无法起到都城应有的军事防御作用。因此，在唐代以后，这种宫城套郭城的布局就为人们所抛弃。后来的都城在此基础上又多次加以改进，皇城移至宫城的外围，其外和郭城之间再加一圈内城（内城的围垣和门道分别采用城墙和城门的制度），最后形成了多宫—宫城—内城—郭城的模式，终于产生了中国古代都城发展史上的最佳城郭布局方式。中国的最后一座古代都城——明清北京城，采用的就是这种由宫到宫城、皇城、内城最后止于郭城层层嵌套的布局形式（图5）。

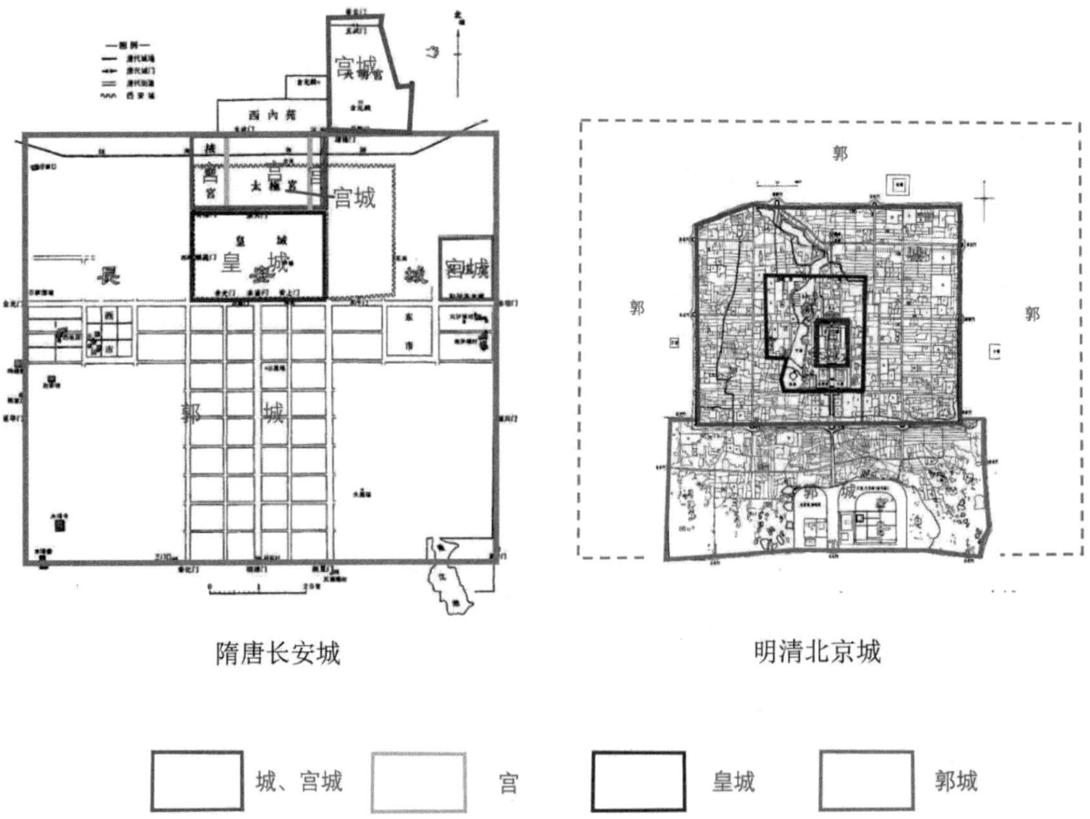

图5 隋唐长安城和明清北京城城郭布局示意图

原载《南方文物》2021年第3期

（张建锋，中国社会科学院考古研究所研究员）

汉长安城考古的收获、进展与思考

徐龙国

从1956年至2021年，中国社会科学院考古研究所已在汉长安城做了长达65年的考古工作，调查和发掘了城墙、城门、城内道路、宫殿、官署、武库、角楼、南郊礼制建筑及手工业作坊等遗址，出土了砖瓦、骨签、封泥、铜钱等一大批重要文物，出版了大量考古简报、报告及研究著作，为研究汉长安城的布局、内涵、建筑思想以及汉代的政治、经济、文化、艺术等提供了丰富的实物资料。汉长安城是中国考古工作开展最多、取得成果最丰硕、形制布局最清晰的古代都城。尽管如此，汉长安城还存在很多尚未解决的问题。笔者在梳理以往考古成果的基础上，拟对困扰学界的一些问题，尤其是汉长安城的布局、长乐宫的北界、横门大街及桂宫形制、西汉以后的未央宫等，谈谈个人粗浅的认识，以此向大家请教。

一、汉长安城建城简史

汉长安城的营建，大致经历了四个时期。

第一期：汉高帝五年至九年（前202—前198），由萧何总主持，在秦代兴乐宫基础上修建了长乐宫，并营建了未央宫，立东阙、北阙、前殿、武库、太仓、大市等①。萧何作为丞相，是汉初城市建设的总负责人，具体的规划实施由匠作少府阳城延负责。

第二期：汉惠帝三年至六年（前192—前189），分段修筑了汉城城墙②。第一、二期工程均是由阳城延具体设计和安排施工的。阳城延“以军匠从起郏，入汉，后

① 《史记·高祖本纪》：“萧丞相营作未央宫，立东阙、北阙、前殿、武库、太仓。高祖还，见宫阙壮甚，怒，谓萧何曰：‘天下匈匈苦战数岁，成败未可知，是何治宫室过度也？’萧何曰：‘天下方未定，故可因遂就宫室。且夫天子以四海为家，非壮丽无以重威，且无令后世有以加也。’高祖乃悦。”《史记》，中华书局，1959年，第386页。

② 《史记·吕太后本纪》：“（惠帝）三年，方筑长安城，四年就半，五年六年城就。诸侯来会，十月朝贺”。《汉宫阙疏》：“四年筑东面，五年筑北面。”《汉旧仪》：“城方六十三里，经纬各十二里。”《史记》，中华书局，1959年，第398、399页。

为少府，作长乐、未央宫，筑长安城，先就，功侯，五百户”[①]。《史记集解》徐广曰：“姓阳成也。延以军匠起，作宫筑城也。”[②]惠帝六年（前189），起长安西市，修敖仓[③]。

第三期：汉武帝时期。汉武帝大兴土木，修建了建章宫、桂宫、明光宫，增修了北宫，并广开上林苑，开凿了昆明池等。文景时期营建活动较少，汉文帝在位23年，宫室无所增益，欲修建一座露台，因需百金之费而作罢[④]。《汉书·翼奉传》载，翼奉上疏元帝：“孝文皇帝躬行节俭，外省徭役。其时未有甘泉、建章及上林中诸离宫馆也。未央宫又无高门、武台、麒麟、凤皇、白虎、玉堂、金华之殿，独有前殿、曲台、渐台、宣室、温室、承明耳。孝文欲作一台，度用百金，重民之财，废而不为，其积土基，至今犹存。”[⑤]景帝时，除修建阳陵和渭桥外，未见有其他大规模建筑活动的记载[⑥]。

第四期：西汉末年。王莽拆除建章、承光等十余所宫观，修建了王莽九庙、辟雍，重修了社稷坛，扩建了太学[⑦]。

西汉以后，东汉献帝、西晋惠帝和愍帝都曾短暂以此为都。十六国至北周时期，前赵、前秦、后秦、西魏、北周等朝代皆在长安城定都，直至隋文帝迁都大兴城。后赵虽未定都长安，但也曾于长安城内大兴土木。见于文献记载的有未央宫、小城、外城、东宫、西宫、皇城等。直到隋朝迁都大兴城以后，汉长安城渐成废墟。

汉长安城的营建是一个动态的历史过程。现在我们看到的平面图，既是不同历史时期建筑遗存叠加的总和，也是各个时期破坏以后的孑遗。古代城址一般都被后代占压破坏，现在勘探和发掘的都是残迹，很少有像庞贝古城那样被完整地保存下来。在汉长安城平面图上有很多空白区域，大多为现代村庄占压，村庄占压之地，一般又是古代遗址众多的地方，因此，虽经65年的勘探与发掘，我们现在看到的仍非汉长安城的全貌。这就提醒我们，在研究过程中切不可以偏概全。

---

① 《史记·惠景间侯者年表》，中华书局，1959年，第981—982页。

② 《史记·吕太后本纪》，中华书局，1959年，第401页。

③ 《汉书·惠帝纪》，中华书局，1962年，第91页。

④ 《史记·孝文本纪》：“孝文帝从代来，即位二十三年，宫室苑囿狗马服御无所增益。有不便，辄弛以利民。尝欲作露台，召匠计之，直百金。上曰：‘百金中人十家之产，吾奉先帝宫室，常恐羞之，何以台为！’”《史记》，中华书局，1959年，第433页。

⑤ 《汉书·翼奉传》，中华书局，1962年，第3175页。

⑥ 《史记·孝景本纪》：“五年三月，作阳陵、渭桥。”《史记》，中华书局，1959年，第443页。

⑦ 《汉书·王莽传下》：“坏彻城西苑中建章、承光、包阳、大台、储元宫及平乐、当路、阳禄馆，凡十余所，取其材瓦，以起九庙。”《汉书》，中华书局，1962年，第4162页。

二、考古调查与发掘收获

20世纪50—60年代初，调查了城墙、城门、大街和各宫范围，并发掘了部分城门及南郊礼制建筑。70年代后期，发掘了武库遗址。80年代，发掘未央宫内几处重要宫殿及官署遗址。90年代，发掘了部分手工业作坊遗址，勘探出北宫宫墙，发掘了桂宫内的几座宫殿遗址。1994年，勘探了北宫的范围，并发掘11座西汉早期窑址。进入21世纪以后，汉长安城考古取得较大进展。2000年，在相家巷遗址发现了一大批秦代封泥。2001—2007年，发掘了长乐宫内6座建筑遗址。2003年，勘探了十六国北周时期的小城，并发掘了一座宫门址。2004年，清理北周佛造像坑。2005年，发掘了建章宫一号遗址。2008年，重新揭露了直城门和西安门遗址。2009年，对直城门大街、安门大街进行试掘。2011年，勘探沧池并进行局部试掘。2013年，发掘了未央宫南宫门址和西安门外建筑遗址。2014年，解剖了西安门外护城壕。2018年至今，发掘了北宫3座建筑遗址。梳理这些成果，对认识汉长安城布局具有重要帮助（图1）。

（一）城墙、城门及道路

1.城墙

汉长安城大部分城墙地表尚存，平面大致呈不规则长方形，东西两面较直，南北两面有多处曲折。四面城墙的长度分别为东6000米、西4900米、南7600米、北7200米，周长25700米，面积约36平方千米。汉长安城南高北低，宫殿集中于南部的龙首原上，龙首原海拔390—400米，未央宫前殿基址海拔412米。从北向南看，前殿显得更加高大雄伟。长安城南墙建在海拔390米的等高线上，北墙建在海拔380米的等高线上。[①]

2.城门

“披三条之广路，立十二之通门。”汉长安城每面城墙有3座城门，共12座，是中国古代第一座如此安排城门的都城。据记载，“面三门”是应地支十二子之数[②]。

---

① 董鸿闻、刘起鹤、周建勋等：《汉长安城遗址测绘研究获得的新信息》，《考古与文物》2000年第5期。

② 《周礼·考工记·匠人》郑玄注：“天子十二门，通十二子。”

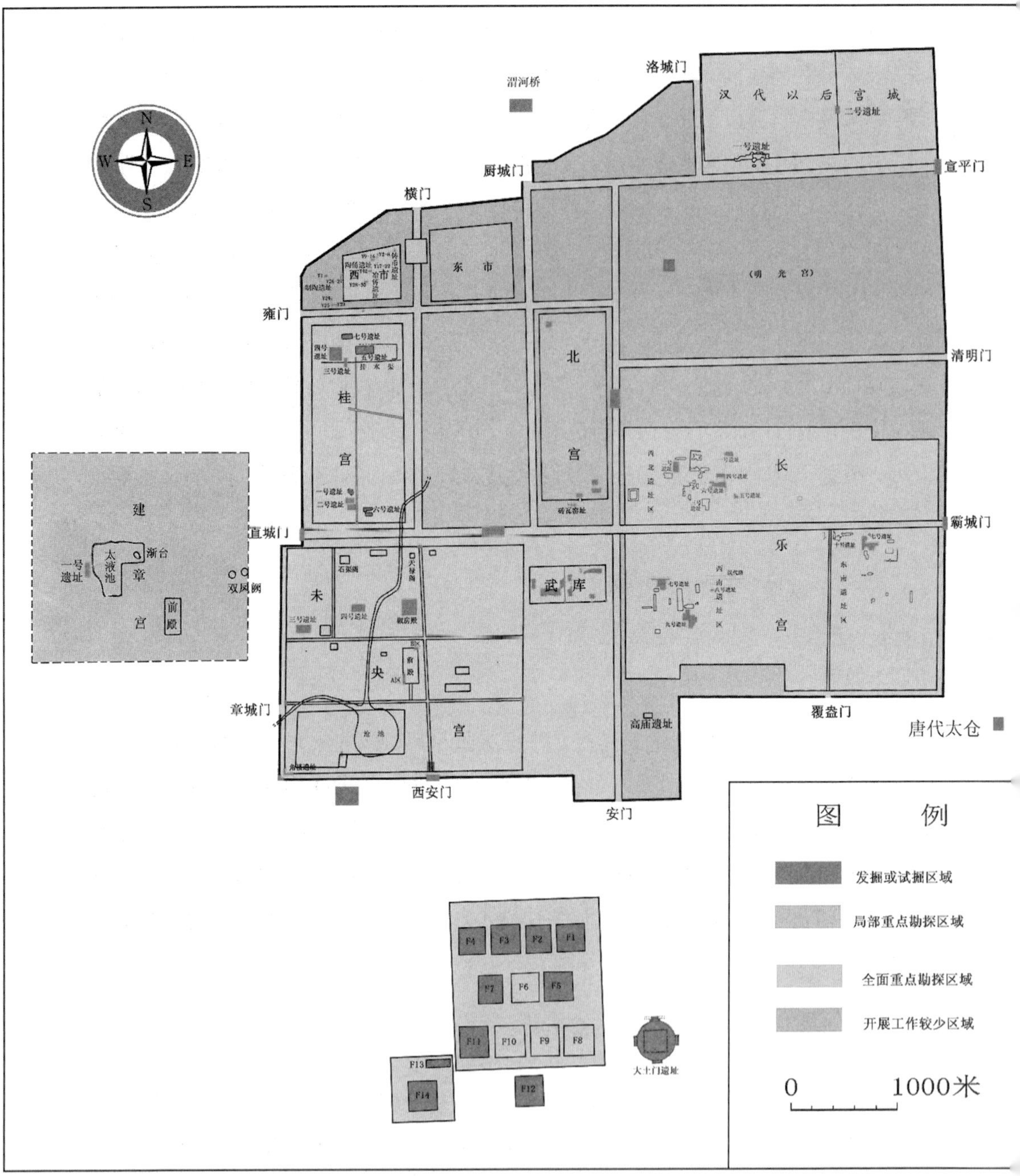

图 1　汉长安城历年考古工作情况示意图

目前已经发掘的有东面的霸城门、宣平门，西面的直城门和南面的西安门[①]。各城门均有3个门道，每个门道宽均为8米。直对未央宫的西安门和直对长乐宫的霸城门，门道之间的隔墙宽14米，城门总宽52米。其他城门隔墙均宽4米，城门总宽32米。各城门在王莽末年的战乱中被焚毁，至东汉、魏晋、十六国北朝时期，多数只启用1个或2个门道。宣平门因靠近东北部的小城，3个门道被重新修复启用。东面的3座城门两侧有向外伸出的类似门阙的夯土墙，其他城门未见（图2）。在直城门和西安门外发现城门下有砖券的涵洞，是通往城外护城河的排水设施。霸城门、直城门和西安门内侧的城墙上发现通往城墙的马道，马道与城墙之间有驻守人员的房间[②]。在章城门和西安门外发现呈“凸”字形伸向壕沟的门前场地，西安门外城壕中还发现架桥的木桩，推测凸出部位应是架桥的地方。在直城门外护城壕东侧，发现路土、路沟及大面积的夯土建筑基础。

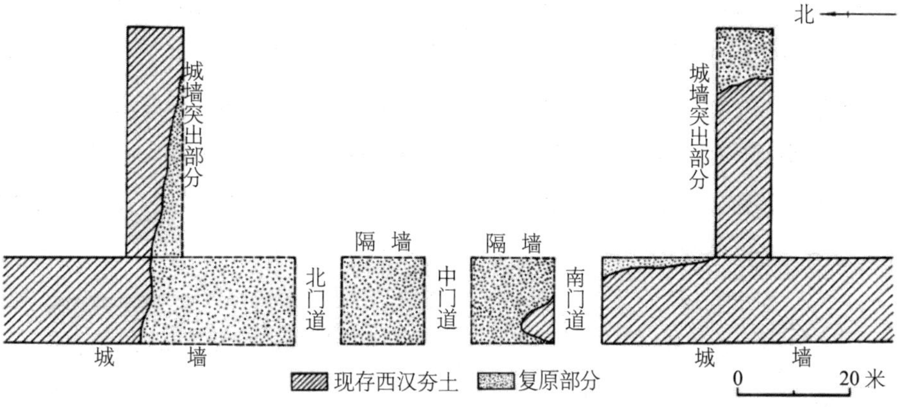

图 2　汉长安城霸城门遗址平面复原图

3. 道路

文献记载，汉长安城八街九陌，街衢洞达。道路在都城中形成路网，成为都城的骨架。通过多年的勘探，汉长安城大的路网基本呈现出来，与12座城门相连的东西、南北向的道路，把城内分成11个区，各区功能不同。南部为宫殿区，中部既有宫殿，也有贵族及官员府第，北部为手工业及居民区。城墙内、外还有环涂用于通行或守卫。

---

① 王仲殊：《汉长安城考古工作收获续记》，《考古通讯》1958年第4期；王仲殊：《汉长安城城门遗址的发掘与研究》，见刘庆柱主编：《考古学集刊》（17），科学出版社，2010年；中国社会科学院考古研究所汉长安城工作队：《西安汉长安城直城门遗址2008年发掘简报》，《考古》2009年第5期。

② 刘振东：《汉长安城城门遗址考古发现与研究》，《华夏考古》2018年第6期。

2009年对直城门大街及安门大街的试掘表明，每条大街都分为三股道，每股道中间未发现分隔的路沟。西汉初期直城门大街宽度约32米，一侧有路沟；西汉中期拓宽至61.4米，两侧都有路沟。有学者认为三股道中间有路沟相隔，但试掘并未发现此种迹象，只发现三股道中间路土较薄，几乎不见行走踩踏的迹象[①]。

（二）武库、太仓

武库位于未央宫和长乐宫之间，1976年勘探发掘了7座建筑遗址，分属于东、西两个院落，其中东院4座、西院3座。院落东西总长710米、南北宽322米。7座建筑平面均呈长方形，大小不等，多以隔墙分成若干房间。建筑墙体夯筑，以土坯包砌，一面或两面开门，有的在门道旁设守卫用房。房内地面及墙壁抹草拌泥，正面墙外有廊道和散水。其中，西院七号建筑面积最大，东西长234米、南北宽45.7米，夯土台基厚2.8米，四面墙宽6.5米，残存最高1.4米。建筑内有3道南北向隔墙，将其分为4个房间，每个房间面积大致相同。以1号房间为例，房间东西长48米、南北宽32.7米，有4道南北向墙垛。房间有2个南北对应的门，宽2.1米。房间内有成排的础石，东西21列，南北17排，列距1.1—2米。此建筑基址保存较好，柱网结构清楚，可以据此复原其建筑形制，是研究西汉武库的重要资料（图3）[②]。近年来，我们在该建筑北部又探出类似的建筑结构，可能也属于武库的范围。

图3　汉长安城武库七号建筑遗址发掘场景（西—东）

① 中国社会科学院考古研究所汉长安城工作队：《西安市汉长安城遗址直城门大街试掘简报》，《考古》2018年第11期。

② 中国社会科学院考古研究所编著：《汉长安城武库》，文物出版社，2005年。

太仓位置至今不明。从汉初营建到汉末，文献中都是武库、太仓相连，如“萧丞相营作未央宫，立东阙、北阙、前殿、武库、太仓”。再如，“初，王莽败，唯未央宫被焚而已，其余宫馆一无所毁。宫女数千，备列后庭，自钟鼓、帷帐、舆辇、器服、太仓、武库、官府、市里，不改于旧。更始既至，居长乐宫，升前殿，郎吏以次列庭中”[①]。推测武库、太仓相距不远，太仓可能在武库南部。《三辅黄图》：“太仓，萧何造，在长安城外东南。”北宋吕大防《长安城图》及元代李好文《长安志图》均把汉太仓画在汉长安城外东南部，而在这个位置，我们发掘的是唐代太仓，未见汉代太仓[②]。

在武库以南，考古勘探发现两个长方形院落，四周有夯土围墙。一个院落东西362米、南北378米，南、北墙中部各有一个伸出的类似阙的夯土。另一个院落在上一院落东南侧，东西485米、南北490米，因被村庄占压，未勘探到西墙，仅勘探到一段南墙。两个院落夯土围墙宽约6米。据记载，高庙、樗里疾墓均在这一区域。[③]

（三）宫殿官署

1.未央宫

考古勘探基本探明了未央宫的四面宫墙、宫内道路及众多夯土建筑基址。未央宫平面基本呈方形，宫墙东西2250米、南北2150米，周长8800米，宽7—8米。未央宫内有一纵两横3条道路，路宽约12米。南北向道路，南起西安门中门道，经未央宫南宫门，北至未央宫北宫门。前殿遗址位于南北道路的西侧及两条东西道路之间。现在地面上还存有4个高大的夯土基址：前殿、石渠阁、天禄阁和位于卢家口村的编号为100号的基址。据以往的收藏资料，天禄阁和石渠阁附近分别发现“天禄阁”及“石渠春秋”文字瓦当，它们应是以各自夯土台为主体的建筑群的总称。已经发掘或部分发掘的有一（前殿A、B区）、二、三、四、五号建筑基址，并出版了阶段性

---

① 《后汉书·刘玄传》，中华书局，1965年，第470页。

② 中国社会科学院考古研究所汉长安城工作队、西安市文物保护考古研究院：《西安市未央区大白杨唐代粮仓的钻探与发掘》，《考古》2016年第1期；徐龙国：《唐长安城太仓位置及相关问题》，《考古》2016年第6期。

③ 《史记·樗里子甘茂列传》：“昭王七年，樗里子卒，葬于渭南章台之东。曰：‘后百岁，是当有天子之宫夹我墓’。樗里子疾室在于昭王庙西渭南阴乡樗里，故俗谓之樗里子。至汉兴，长乐宫在其东，未央宫在其西，武库正当其墓。”《史记·刘敬叔孙通列传》：“孝惠帝为东朝长乐宫，及闲往，数跸烦人，乃作复道，方筑武库南。叔孙生奏事；因请闲曰：‘陛下何自筑复道高寝，衣冠月出游高庙？高庙，汉太祖，奈何令后世子孙乘宗庙道上行哉？’”《史记》，中华书局，1959年，第2310、2725页。

考古报告[①]（图4）。前殿基址的局部发掘，使我们对西汉的宫殿平面及立面形制有了一定的了解。未央宫二、三、四号遗址的发掘，结合考古勘探，使我们大致了解了未央宫的平面布局及各区域的功能。

前殿夯土基址上勘探发现了3座大殿，每座大殿前各有一个院落，各院落的地势由南到北逐级升高，在中部与南部大殿之间有一道夯土隔墙或廊道。A区位于前殿西南边缘，在此发掘了众多由南向北依台基分层而建的小房间，属于为皇室服务的一般人员的办公用房。

二号基址位于前殿北部330米处。有正殿、配殿和附属建筑三部分。正殿居建筑群之南，长方形，坐北朝南，建在夯土台基上，台基东西54.7米、南北29—32米，台基面已被破坏，仅高出附近廊道0.2米。东西有慢道，南部有上殿的台阶。发掘报告推测为皇后的椒房殿。

三号基址位于前殿西850米处。长方形，东西135.4米、南北71.2米，以中部排水道为界分为东、西两个院落，每个院落各有南、北两排房屋，房屋南面为天井，共

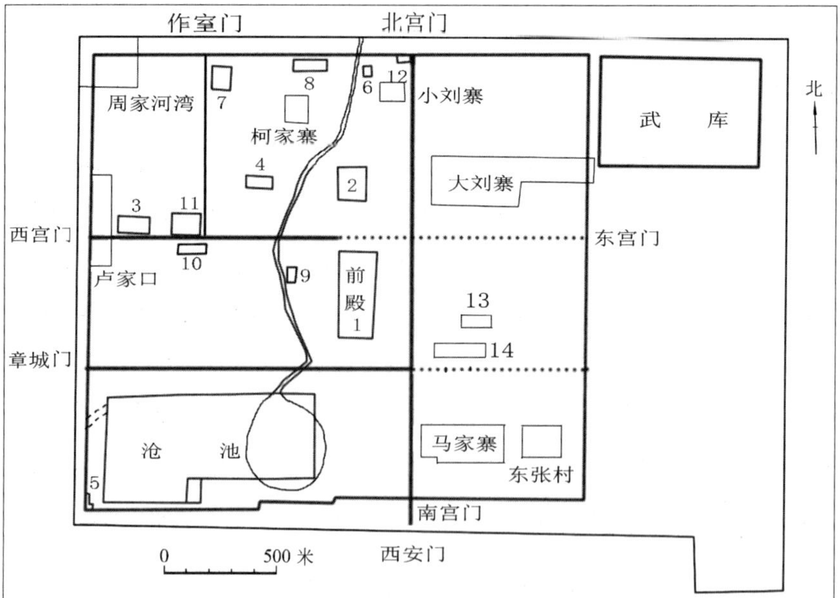

1. 前殿建筑遗址 2. 椒房殿建筑遗址 3. 中央官署建筑遗址

4. 少府建筑遗址 5. 宫城西南角楼建筑遗址 6. 天禄阁建筑遗址

7. 石渠阁建筑遗址 8—14. 第 8—14 号建筑遗址

图 4 汉长安城未央宫平面图

（改绘自中国社会科学院考古研究所编著：《汉长安城未央宫》，中国大百科全书出版社，1996 年）

① 中国社会科学院考古研究所编著：《汉长安城未央宫》，中国大百科全书出版社，1996年。

15间房屋，5个天井。房屋一般呈长方形，依个别房屋后面的踏步分析，房屋应不止一层。房间内发现6.4万枚骨签，其中5.7万枚刻有文字，记载了河南、颍川、南阳三工官向中央政府贡进的物品，主要有武器及其他乘舆器。据此判断，三号基址应为西汉中央官署建筑遗址。[①]

四号基址位于前殿西北430米处。发掘范围东西109.9米、南北59米，包括早、晚两期建筑。早期建筑包括南、北两座宫殿及周围附属建筑。从揭露的情况看，四面仍未到建筑边缘。两座宫殿建筑有覆斗形的柱础，上面有大型础石，建筑体量巨大。其中F4、F5地面铺方砖，其上有排列整齐的石础，石础上架设木梁，木梁上铺木地板，两室北部各设两条通气道。F10南北长5米、东西宽2.2米，墙面贴砖，地面铺砖，可能是门卫房，房内发现110枚封泥，其中54枚为“汤官饮监章”。汤官为少府属官，因此推测四号基址为少府或其官署。晚期建筑建于早期建筑的原址上，规模逊于早期建筑，多被破坏。

五号建筑位于宫城西南角，为宫城的角楼基址，与宫墙相连，平面呈曲尺形，其外侧宽出宫墙，内侧有壁柱柱础、铺砖坡道及曲尺形散水遗迹。

20世纪80年代，探出4个宫门及作室门的位置，对北宫门进行了试掘，门道宽8米。2013年，对未央宫南宫门进行了发掘。宫门为一个门道，宽约3.6米，南直对西安门中门道。沧池位于未央宫西南部。原来认为平面呈不规则形，2011年，汉城考古队勘探结果表明，沧池呈曲尺形，有砖砌的池岸。东岸长373米、西岸长460米、南岸长1060米、北岸长934米，面积39万平方米。在沧池南岸转折处的小池，呈南北长方形，东岸长112米、西岸长110米、北岸长65米、南岸长68米，面积7315平方米。沧池西岸发现石子铺的小路。池的东北部还探得较多石块，可能是当时池内建筑遗存。沧池是汉长安城及未央宫中的蓄水池，通过蓄水抬高水位，将水输送到城内和宫内地势较低的地方。试掘发现的砌砖多是残砖，为二次利用。根据出土遗物推测，规整的池岸大约砌筑于西汉中期[②]。原来平面图中的不规则形沧池，可能是最深区域的边缘线或最后毁坏以后的形状。

沧池是未央宫中的皇家池苑，池中有象征“山”的渐台，成为皇家游乐的“山水”池苑。渐台可能位于沧池的东北区域，勘探发现的石块可能是通往渐台的栈桥基础。

2.长乐宫

长乐宫位于未央宫以东，因此也称东宫。根据勘探，宫城呈长方形，东西直线

① 中国社会科学院考古研究所编著：《汉长安城未央宫骨签》，中华书局，2020年。

② 中国社会科学院考古研究所汉长安城工作队内部资料。

距离约3000米、南北直线距离约2044米。北墙和南墙均有曲折，宫墙周长约10000米。宫墙基础部分一般宽5—9米，有的地方宽达12米。探出宫内主要道路3条，东西向主道即霸城门内道路，偏于宫城的北部，东出东宫门通霸城门，西出西宫门通安门大街，探得路宽约21.8米。南北向主道略偏向宫城东部，向南出南宫门通覆盎门，向北与霸城门内道路交汇，路土现存宽约30米。在霸城门内道路之南还探得一条断断续续的东西向道路，二者南北相距约500米（图5）。关于长乐宫的范围，有人认为包括霸城门内道路以北部分，有人认为仅为霸城门内道路以南部分。西晋时的《关中记》记载，长乐宫"周回二十里"。如果按西晋一尺24.4厘米，一步六尺，一里三百步计算，一里合今439.2米，二十里为8784米，差不多是干道以南部分的周长。我们在霸城门内道路南壕沟南侧探得一段东西并行的两道夯土墙，长度约260米，每道宽2—3.5米，二者相距1.3米，目前还无法确定是否为宫墙还是宫内建筑围墙。勘探表明，以正对长乐宫北宫墙的地方为界，长安城东城墙南宽北窄，以南宽19—20米，以北宽13.5—15米。

宫殿及官署基址主要分布于东南、西北及西南三个区域。南部的东西向道路似乎把东南及西南两个区域连接起来。在东南区霸城门附近、樊寨村东南探得一大片

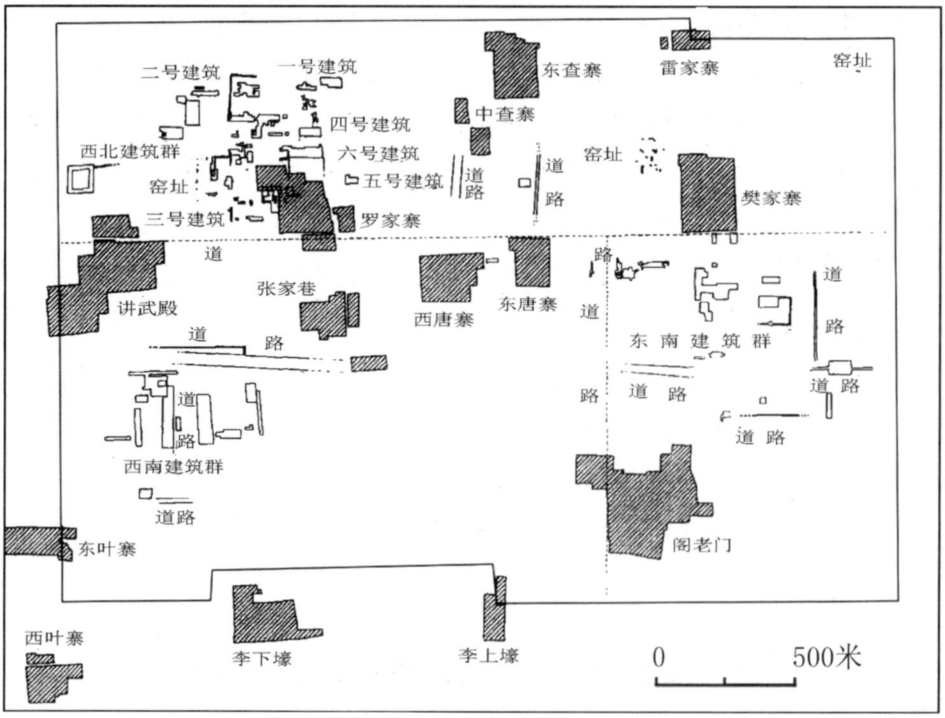

图5　汉长安城长乐宫遗址钻探平面示意图

（出自刘振东、张建锋：《西汉长乐宫遗址的发现与初步研究》，《考古》2006年10期）

夯土，东西长116米、南北宽197米，刘庆柱先生推测可能是长乐宫的前殿基址①。长乐宫的考古发掘工作集中在宫城的西北部罗寨村附近，已经试掘、发掘出6处建筑遗址和1处排水管道，其中五号基址性质明确，为藏冰的凌室建筑。四、六号基址南北相连，为宫殿建筑。四号中部为夯台建筑，东、西两端各有一组地下建筑，东部一组地下建筑房间地面涂朱。在六号西汉基址之下发现了战国秦或秦代的建筑基址。②有学者认为，六号建筑可能是长乐宫的前殿基址，四号建筑则为临华殿的基址。③

3.北宫

北宫遗址是1994年勘探发现的。宫城平面呈长方形，南北1710米、东西620米，周长4660米，面积106万平方米。北宫南对汉长安城武库，东部与长乐宫相邻，西南与未央宫相望。④自2018年起，汉城考古队在北宫连续发掘了3处夯土建筑基址，其中一号基址由主体建筑及附属建筑两部分组成。主体建筑位于发掘区东部，残存主夯土台及台基外侧的廊道、散水。附属建筑位于发掘区西部，与主体建筑之间相隔一条南北向长廊，附属建筑大致可分为东、西两组建筑，分别以东部天井和西部院落为中心而建。在北宫南部居中位置发现一条南北向道路，发掘残宽4.5米，路基上有车辙，辙距1.15米。在北宫南墙外曾经发掘11座窑址，年代为西汉早期，是宫殿附近烧制砖瓦建筑材料的窑址。除发现西汉遗存外，北宫还发现十六国北周时期的遗存，且对西汉建筑造成了很大破坏。

4.桂宫

桂宫是汉武帝太初元年（前104）修建的后妃之宫。平面呈长方形，南北长1840米、东西宽900米，周长5480米，约合汉代13里，与文献所记“周回十余里”相近。

---

① 刘庆柱、李毓芳：《汉长安城》，文物出版社，2003年，第110页。

② 李遇春：《汉长安城的发掘与研究》，见中国社会科学院考古研究所、《汉唐与边疆考古研究》编委会编：《汉唐与边疆考古研究》（第1辑），科学出版社，1994年；中国社会科学院考古研究所汉长安城工作队：《汉长安城长乐宫排水管道遗址发掘简报》，《考古》2003年第9期；中国社会科学院考古研究所汉长安城工作队：《汉长安城长乐宫二号建筑遗址发掘报告》，《考古学报》2004年第1期；中国社会科学院考古研究所汉长安城工作队：《汉长安城长乐宫发现凌室遗址》，《考古》2005年第9期；中国社会科学院考古研究所汉长安城工作队：《西安市汉长安城长乐宫四号建筑遗址》，《考古》2006年第10期；中国社会科学院考古研究所汉长安城工作队：《西安市汉长安城长乐宫六号建筑遗址》，《考古》2011年第6期。

③ 刘振东、张建锋：《西汉长乐宫遗址的发现与初步研究》，《考古》2006年第10期。

④ 中国社会科学院考古研究所汉城工作队：《汉长安城北宫的勘探及其南面砖瓦窑的发掘》，《考古》1996年第10期。

四面宫墙宽5米，但均仅存一段，最长的是东墙，长430米。已经发掘的南宫门分早、晚两期，早期宽5.65米，晚期宽4.8米。宫内发现南北及东西向道路各一条。南北向道路由南宫门至五号建筑遗址，几乎贯穿桂宫南北。宫内发现7处建筑基址，除一号基址为高出地面的夯土台外，其他均为地下基址，发掘了二至四号基址，试掘了其他遗址。大型建筑主要分布于中南部，一、二号建筑位于桂宫南部中偏西位置，应为宫中的主要建筑。一号为假山性质的遗迹，可能是文献中的“明光殿土山”。二号基址有南北相连的两组建筑，似为宫内主要宫殿明光殿。三号建筑位于宫内北部，为南北向长方形建筑，由7座小房址组成，坐东朝西，面阔小于进深，每座房址均在西檐墙辟门，应为宫内的一处仓储建筑（图6）。[①]

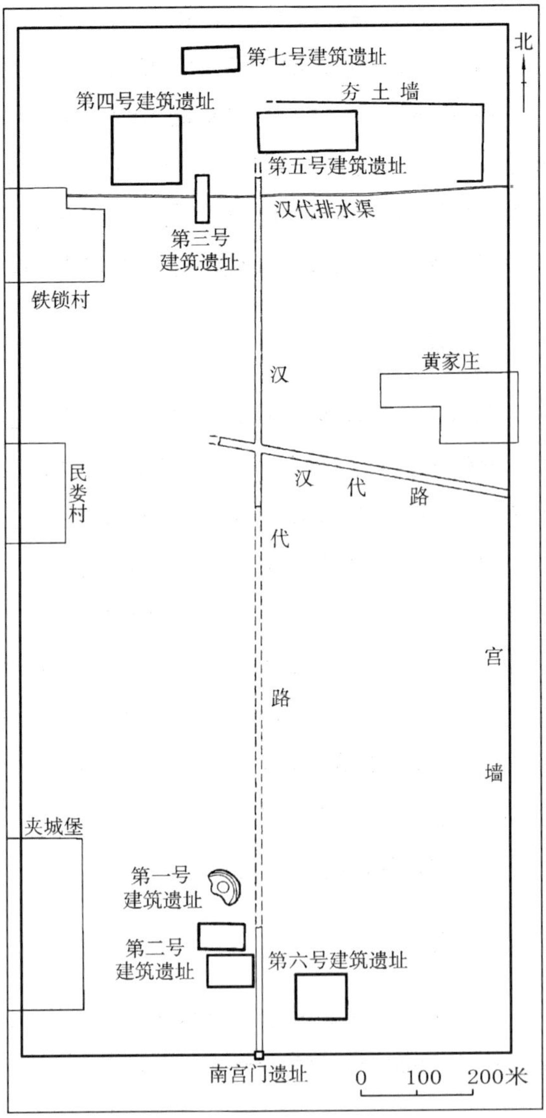

图6　汉长安城桂宫遗址平面图

5.建章宫

建章宫位于汉长安城外西部，建于汉武帝太初元年。[②]因未勘探出宫墙，其范围尚不清楚。勘探发现的夯土遗迹范围东西长2150米、南北宽1600米，外围有的被

① 中国社会科学院考古研究所、日本奈良国立文化财研究所编：《汉长安城桂宫1996—2001年考古发掘报告》，文物出版社，2007年。

② 《史记·封禅书》：“于是作建章宫，度为千门万户。前殿度高未央。其东则凤阙，高二十余丈。其西则唐中，数十里虎圈。其北治大池，渐台高二十余丈，命曰泰液池，中有蓬莱、方丈、瀛州、壶梁，象海中神山龟鱼之属。其南有玉堂、璧门、大鸟之属。万立神明台、井干楼，度五十丈，辇道相属焉。”《史记》，中华书局，1959年，第1402页。

占压无法勘探，推测建章宫范围不小于未央宫。现地面上仍有前殿、神明台、双凤阙、太液池及其湖心岛等遗址。前殿遗址在今高低堡村，位居宫内东南部，与未央宫隔护城河及泬水相望。前殿基址下曾是武帝元鼎年间设立的巧官铸钱作坊遗址，建设建章宫时巧官作坊迁出。前殿西北是太液池，池中探出成组的大型建筑基址。已经发掘的建章宫一号基址位于前殿西北、太液池西岸，由主体建筑及南、北两侧的附属建筑和庭院组成，时代属于西汉中晚期，有可能是太液池的岸边建筑之一。[①]

（四）手工业作坊

汉长安城已发现的手工业遗存主要有窑址、模范、生产工具及产品等。在汉长安城内共发掘了50座窑址，其中37座位于汉长安城西北角的西市及其附近。根据窑址内的遗存判断，33座为烧制陶俑的窑，4座为铸铁窑（图7）。另外，在相家巷村附近还发现大量铸造五铢钱的陶范。从发现的陶俑、铸铁及铸钱遗存判断，该区域应是官方设立的手工业园。在这个区域内还有一些比较分散的窑址，发掘者认为可能属于私营作坊，笔者认为应该还属于官府性质的作坊。北宫南墙之外发掘了11座砖瓦窑。此外，在施寨小学发掘了2座砖瓦窑。

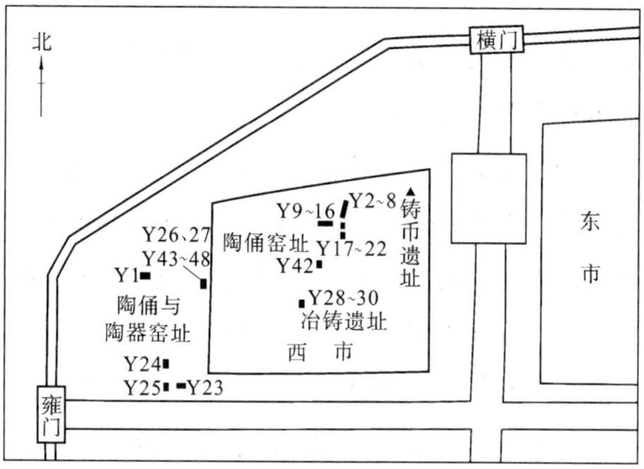

图7　汉长安城手工业作坊区窑址分布示意图

除汉长安城内发现的窑址外，在近郊也发现了一些手工业作坊遗址。在汉长安城东郊，现郭家村和三九村共发现了3座王莽时期的窑址，主要铸造大泉五十和小泉直一铸范，同窑中也发现铸造其他金属器物的陶范。陕西省考古研究院在宣平门外曾经发掘过数座西汉时期的砖瓦窑，但资料至今未发表。

在西汉上林苑及汉长安城内还发现西汉中期以后的铸钱遗址4处，其中3处分布于西汉上林苑内、1处位于汉长安城西北部的西市内。此外，发现王莽时期的铸钱遗址3处，2处在上林苑内、1处位于汉长安城东郊。

根据上述发现情况，在汉长安城内、近郊及上林苑内分布有三大手工业门类，分别是制陶、铸钱和铸铁。从三大手工业门类看，都城手工业有四大职能：一是为

① 中国社会科学院考古研究所汉长安城工作队：《西安市未央区汉长安城建章宫一号建筑遗址》，《考古》2017年第1期。

都城建设提供砖瓦建筑材料；二是为帝王陵墓提供随葬用品；三是金属铸造，主要是铁器铸造，多为车马器及部分日用器；四是西汉中期中央控制了铸币权以后，专设上林三官负责钱币铸造，供应全国使用。王莽时期，前、后钟官为全国铸钱并提供技术支持。以上是我们根据汉长安城及其周边考古发现所得出的初步认识。

（五）礼制建筑

主要分布于汉长安城外南郊。1958—1960年发掘了王莽九庙的12座建筑，十三号、十四号遗址及大土门遗址。十三号遗址可能是汉初利用秦社稷旧址修建的汉社稷，十四号遗址可能是王莽修建的新莽社稷。大土门遗址为王莽所建的明堂辟雍。王莽九庙、西汉初年的社稷和新莽社稷坛位于安门及西安门南出大道两侧，明堂、辟雍、太学位于安门及覆盎门南出大道之间。太学、圜丘、灵台遗址均未发现[①]。除此之外，在汉长安城东、西、北面也存在一些礼制性建筑。如文帝时所建的渭阳五帝庙在渭河北岸秦兰池附近，长门五帝坛在汉长安城东部霸陵附近，汉武帝在汉长安城东南郊立太一坛[②]。

15座建筑中，有12座是王莽所建的“九庙”，2座（十三号、十四号）为秦汉社稷遗址。王莽九庙实有12座建筑，多出的中排3座，顾颉刚先生认为是预留的新庙，黄展岳先生认为是远祖庙，大土门遗址形制特殊，对其性质学术界尚有不同看法。黄展岳先生认为明堂、辟雍应为两组建筑，此为辟雍。有些学者则认为，明堂、辟雍是一组建筑。王莽辟雍纹饰及铭文铜镜似乎就是对明堂辟雍的形象刻画。[③]王世仁、杨鸿勋、刘庆柱、刘瑞等先生即持此观点[④]。

在三原天井岸发现的西汉五帝祠遗址，5座夯土呈梅花桩式分布，规划整齐，4个夯土台体与中间台体相距均约500米。根据初步发掘成果判断，为西汉中晚期的建筑[⑤]。

---

① 中国社会科学院考古研究所编著：《西汉礼制建筑遗址》，文物出版社，2003年。

② 《史记·封禅书》，中华书局，1959年，第1382、1383页。

③ 王莽辟雍铭文、铜镜铭文有“新兴辟雍建明堂，然于举土列侯王，将军令尹民户行，诸生万舍在北方，乐未央”，亦有“新兴辟雍建明堂，虏胡真（殄）灭见青黄，然于（单于）举土列侯王，将军令尹居户行，诸王万舍在北方，郊祀星宿并共皇，子孙复具治中央”。

④ 刘瑞：《汉长安城的朝向轴线与南郊礼制建筑》，中国社会科学出版社，2011年。

⑤ 薛程、段清波：《陕西三原天井岸汉代礼制建筑遗址（天井坑遗址）勘探简报》，《文物》2019年第12期。

（六）外围调查与发掘

在汉长安城周围还发现一些汉代遗址，主要是上林苑中的离宫别馆，有城南的昆明池[①]、漕渠，西安门外的排房建筑遗址等，城东的道路、渭河桥[②]，城西的沉水桥[③]。在厨城门外约1200米处发现5座桥址，洛城门外发现1座桥址。其中，厨城门四号桥时代最早，为战国晚期，一号桥、洛城门桥为汉魏时期，厨城门三号桥时代为唐代。厨城门外桥梁多、时代长，是通往北方地区的重要交通桥梁。这些发现对研究上林苑、汉代水陆交通及都城的军事防御等问题都具有重要意义。

三、取得的认识

（一）城市基本布局

汉长安城经过65年的勘探与发掘，已基本确定了城市的框架与布局，包括城墙走向，城门位置及形制，城内道路网络，主要宫城内部宫殿、池苑的安排，武库及南郊礼制建筑的形制，城内及上林苑手工业作坊的位置等。王仲殊、黄展岳、刘庆柱、李毓芳等先生长期致力于汉长安城的发掘与研究，为搞清汉长安城的形制布局做出了突出贡献。汉长安城的基本布局与《考工记·匠人营国》记载的“旁三门。国中九经九纬，经涂九轨，左祖右社，面朝后市，市朝一夫”基本相符。刘庆柱先生进一步总结为崇方思想、旁三门、门三道、面朝后市、前朝后寝、亚宫城等几个主要特点。

汉长安城是宫城还是郭城的问题，刘庆柱与杨宽先生的辩论已经得以澄清，笔者赞同刘先生的意见。汉长安城及城内长乐宫、未央宫、北宫都是西汉初年建起的，应是统一规划的结果。具体负责汉长安城规划和实施的是匠作少府阳城延，由他建造了未央宫、长乐宫、武库、太仓、东阙、北阙以及四面城墙。由于功勋卓著，于吕后二年（前186）被封为梧侯。此时，汉长安城的城墙已经修筑完毕。之后再无修筑所谓郭城的记载。虽然郭城很早就出现于文献中，但当时仅指宫城与大城[④]。后世所谓的宫城、皇城和郭城三重城，萌芽于北魏洛阳城，成熟于隋唐长安城。多年的考古发掘表明，汉长安城东郊主要为墓葬区，很少有居住遗址，虽然有

① 中国社会科学院考古研究所汉长安城工作队：《西安市汉唐昆明池遗址的钻探与试掘简报》，《考古》2006年第10期。

② 渭桥考古队：《西安市汉长安城北渭桥遗址》，《考古》2014年第7期。

③ 西安市文物保护考古研究院：《汉长安城沉水古桥遗址发掘报告》，《考古学报》2012年第7期。

④ 《吴越春秋》：“鲧筑城以卫君，造廓以守民，此城廓之始也。”

象征性的东都门或东郭门[①]，但不存在居民居住的郭城。

关于北宫的位置，1972年，马先醒在《汉代之长安与洛阳》一文附图中，最早提出北宫可能在武库以北区域，而北阙甲第应在未央宫北宫门以北区域[②]。（图8）1994年，经刘庆柱、李毓芳先生勘探，确认在此区域有一座宫城，认为是北宫遗址。

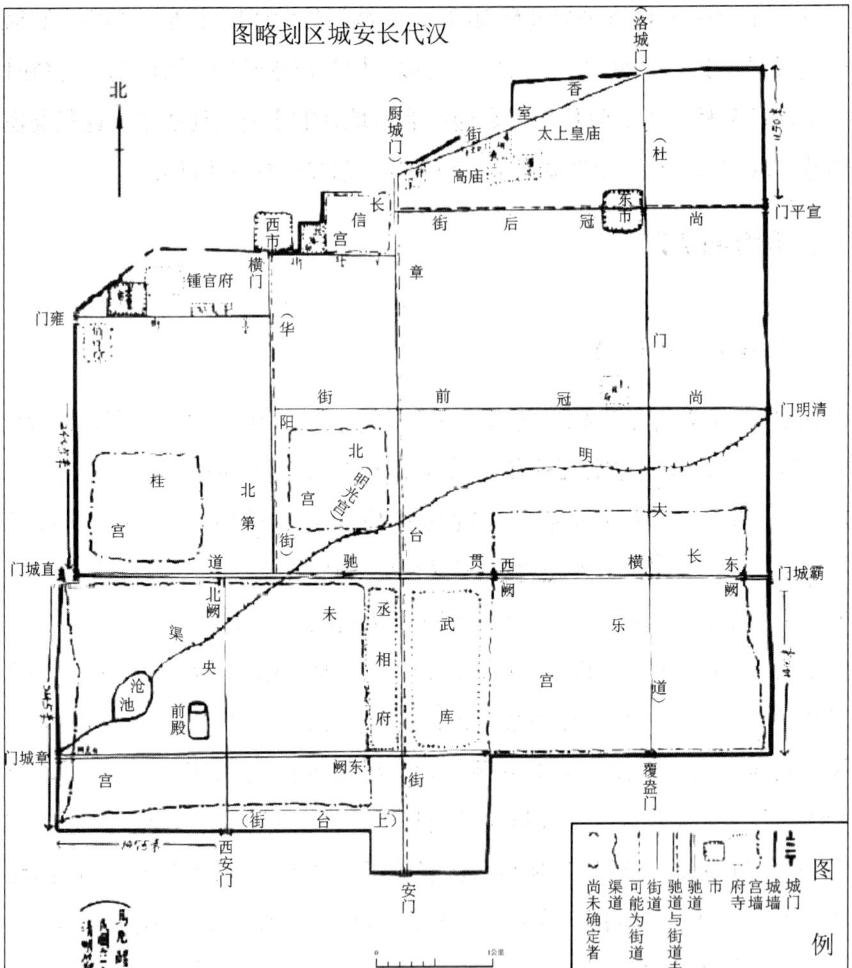

图8　马先醒汉代长安城区划略图（1972）

① 《汉书·武五子列传》："贺到霸上，大鸿胪郊迎，驺奉乘舆车。王使仆寿成御，郎中令遂参乘。旦至广明东都门，遂曰：'礼，奔丧望见国都哭。此长安东郭门也。'贺曰：'我嗌痛，不能哭。'至城门，遂复言，贺曰：'城门与郭门等耳。'"《汉书》，中华书局，1962年，第2765页。

② 《汉书·夏侯婴传》："惠帝及高后德婴之脱孝惠、鲁元于邑间也，乃赐婴北第第一，曰'近我'以尊异之。"师古曰："北第者，近北阙之第，婴最第一也。"《汉书·燕王刘泽传》载，高后时，田生对张卿曰："臣观诸侯邸第百余，皆高帝一切功臣。"《汉书》，中华书局，1962年，第2079、1901页。

（二）一门三道与《匠人营国》

一门三道最早出现于河南巩义双槐树遗址二号院、二里头遗址一号院落及偃师商城三号、五号院落南门。至春秋战国时期，一门三道的城门形制出现于楚国纪南城的陆门和水门，其他国家都城未见该形制的城门。因而推测，春秋战国时期并未形成一门三道制度。一门三道城门形制之所以首先出现于南方楚国的城门中，很可能与南方水上交通发达有关，是出于避免水路交通拥堵的现实考虑。西汉长安城城门全部为一门三道的形制，以此为分界点，此前城门以一门一道为主，此后则以一门三道为主。从西汉开始，一门三道的城门形制成为都城城门定制。一门三道的中门道为皇帝专用，两侧门道供行人通行，左入右出。考古发掘资料也与文献记载相印证，证明中门道为皇帝专用，没有皇帝特许，其他人不准在中门道及城内驰道行走。中门道皇帝专用是体现皇权至上的表征之一，也为以后都城“建中立极”的布局提供了前提条件。隋唐以后，一门三道进一步发展为一门五道的形制，并且作为皇权象征的宫城城门，在体量及规格上都远超郭城城门。《匠人营国》所描绘的“匠人营国，方九里，旁三门。国中九经九纬，经涂九轨，左祖右社，面朝后市，市朝一夫”这种都城模式，在西汉长安城首次得以实现。结合汉长安城的建筑过程，笔者认为，这种模式是在修建汉长安城的过程中逐步实现的，是根据汉长安城地形特点因地制宜的结果，其形成有一个较长的过程，尤其是“左祖右社”，最终的定型是在西汉末年。可以说，汉长安城在建设之初并无一个总体规划可依，汉长安城以《匠人营国》为蓝本的说法缺乏说服力。考虑到西汉末年王莽“托古改制”，刘向、刘歆父子主导的校书运动这一时代背景，结合一门三道城门形制的发展及汉长安城的建设过程，《匠人营国》很可能是受到西汉末年长安城形制的启发和影响，其最终写定的时间在西汉末年，即在此时《考工记》被补入《周礼》之中。汉长安城为《匠人营国》的最终写定提供了可以参考的蓝本，而不是相反①。

（三）宫城布局

在汉长安城的几座宫城之中，考古工作开展最多的是未央宫、长乐宫和桂宫，布局比较清楚的当数未央宫和桂宫。从未央宫和长乐宫的勘探平面图看，两宫都有两横一纵的道路区划，其中“一纵”偏于宫城东部，西部是否还有“一纵”，目前尚不知。从空间安排推测，宫内布局似呈“井”字形。文献记载，未央宫除4个宫门

① 徐龙国、徐建委：《汉长安城布局的形成与〈考工记·匠人营国〉的写定》，《文物》2017年第10期。

外，西北部还有一处作室门，与桂宫相对，通直城门大街[①]。由于未央宫西南部为沧池所占，因此即使作室门内道路南行，可能只到章城门大街即止。

未央宫宫殿众多。班固《西都赋》云："清凉宣温，神仙长年，金华玉堂，白虎麒麟。区宇若兹，不可殚论。……后宫则有掖庭椒房，后妃之室。合欢增成，安处常宁，茝若椒风，披香发越，兰林蕙草，鸳鸾飞翔之列。昭阳特盛，隆乎孝成，……又有天禄石渠，典籍之府，……又有承明金马，著作之庭。"[②]未央宫内探出的建筑基址数量虽多，但绝大多数不能与文献记载相呼应。目前对未央宫布局的初步认识是，前殿及其周围为宫殿宫署区，尤其是西北部夯土基址较密集，有纵横交错的路网，已发掘的三号、四号基址即位于该区。文献记载，西北部石渠阁附近还有敬法殿、掖庭、承明庐、暴室、织室等[③]。就目前发掘的几座建筑基址而言，越靠近前殿的建筑规格越高。同为宫殿基址，二号基址只剩下夯土部分，上面的柱网结构荡然无存，表明它比柱网结构清楚的四号基址基础更高，三号基址建筑形制不是宫殿而是官署，在此存放了大量管理工官的骨签。未央宫西南部是以沧池为主的池苑区，北部是以石渠阁和天禄阁为代表的图书与档案区。南北道路以东因村庄或垃圾占压大部分未做勘探，功能不清。未央宫前殿位于宫城中部偏西，其南部有一条道路通章城门内道路，如果前往南宫门及西安门，需要向东拐到西安门内道路上再南行。如果长乐宫前殿在樊寨以东的话，亦偏于一隅，不在宫内正中位置。桂宫一号、二号建筑是其主要建筑，也位于宫内南北道路以西。由此推测，当时尚未形成中轴布局的规划理念，宫殿的安排主要考虑地形地势等因素，其他宫城内主要宫殿也尽量安排在靠近未央宫的地方。

另外，宫城内一般设多处池苑，苑中假山、渐台与池苑相结合。除未央宫沧池作为整个城市供水池和游览区以外，其他宫城池苑多位于宫城北部。未央宫二号基址以北探出池渠遗迹，推测宫中池苑不止沧池一处。长乐宫霸城门内道路以北，有大面积的低洼地带，据《庙记》载是鱼池、酒池所在地。建章宫北部有太液池、唐

---

① 《汉书·成帝纪》载，成帝"初居桂宫，上尝急召，太子出龙楼门，不敢绝驰道，西至直城门，得绝乃度，还入作室门"。《汉书》，中华书局，1962年，第301页。

② 《后汉书·班彪列传》，中华书局，1965年，第1340—1341页。

③ 《汉书·王莽传下》："二日己酉，城中少年朱弟、张鱼等恐见卤掠，趋讙并和，烧作室门，斧敬法闼。呼曰'反虏王莽，何不出降？'火及掖廷承明，黄皇室主所居也。莽避火宣室前殿，火辄随之。"《汉书》，中华书局，1962年，第4190页。《雍录》卷九："龙楼门者，桂宫之门也。作室者，未央宫西北织室、暴室之类。"〔宋〕程大昌：《雍录》，黄永年点校，中华书局，2002年，第185页。

中池，池中有瀛洲、方壶、蓬莱三岛[①]。

四、存在的争论与问题

（一）过度解读的两个现象

1.斗城

《三辅黄图》记载："城南为南斗形，北为北斗形，至今人呼汉京城为斗城是也。"[②]此认为汉长安城是有意模仿天象而成。对此，后世学者赞同者有之，否定者也不乏其人。元代李好文就表示出强烈的质疑，认为汉代文献没有"斗城"的记载，如当时按斗城设计，文献不会不记，汉赋不会不写[③]。北京大学城环系历史地理中心的李小波、陈喜波，把汉长安城平面图与星宿图对应，认为用地形、河流因素，以及宫殿在先、城墙被动围宫殿而建这些理由来否定"斗城说"，是没有说服力的[④]。马正林从地势与河流等因素考察，认为"斗城"之说没有任何科学根据[⑤]。实际上，南、北城墙有所曲折，是阳城延根据地形地势采取的巧妙设计，目的是增加城市面积，省工省力，又使城墙处于最佳的防御位置。如强行把城墙取直，则会出现城外地势比城内高的情况，不仅不利于防守，而且城市面积也会大为缩小。所谓"斗城"，只是后世的附会之说。

---

① 班固《西都赋》："前唐中而后太液，览沧海之汤汤。扬波涛于碣石，激神岳之嶕嶕。滥瀛洲与方壶，蓬莱起乎中央。"《后汉书·班彪列传》，中华书局，1965年，第1342页。

② 此说最早见于《三辅旧事》"长安城南为南斗城，北为北斗城"。此书大约成书于六朝中期，原书已散佚，现存有清张澍《二酉堂丛书》辑本。何清谷校注：《三辅黄图校注》，三秦出版社，1995年，第58、60页。

③ 李好文《长安志图》："北斗城。《三辅旧事》及《周地图》曰：'长安城南为南斗形，北为北斗形。'今观城形，信然。然《汉志》及班、张二赋皆无此说。予尝以事理考之，恐非有意为也。盖长乐、未央，酂侯所作，皆据冈阜之势，周二十余里，宫殿数十余区。惠帝始筑都城，酂侯已没，当时经营，必须包二宫在内。今南城及西两方凸出，正当二宫之地，不得不曲屈以避之也。其西二门以北，渭水向西南而来，其流北拒高原，千古无改，若取东城正方，不惟大宽，又当渭之中流，人有至其北城者，言其委曲迂回之状，盖是顺河之势，不尽类斗之形。以是言之，岂后人偶以近似而目之也欤？"〔元〕李好文：《长安志图》，辛德勇、郎洁点校，三秦出版社，2013年，第52页。

④ 李小波、陈喜波：《汉长安城"斗城说"的再思考》，《考古与文物》2001年第4期。

⑤ 马正林：《汉长安城总体布局的地理特征》，《陕西师大学报》（哲学社会科学版）1994年第4期。

2.超长轴线及中轴线问题

秦建明等发现从南部子午谷到北部天井岸74千米长的超长建筑基线[①]。有学者认同，有学者表示怀疑。对此，刘瑞提出四点质疑：安门大街是一条普通的大街；子午谷是王莽时期才有的名称；天齐与五帝祠的时代还不能确定；与刘邦建立北畤等文献记载不符。除此之外，笔者再补充两点：一是考古调查及发掘的初步成果表明，天井岸是一处自然形成的大坑，五帝祠是西汉中晚期的建筑；二是城市中轴线最初产生于曹魏时期的邺北城，至北魏洛阳城才初见成型，此前的城邑尚缺乏中轴线的设计理念。如果这条超长轴线测量准确的话，是探讨中国古代都城规划思想的重要考古资料，但不能据此认为，汉长安城存在一条建筑中轴线。虽然《考工记·匠人营国》提到"左祖右社，面朝后市"的城市布局，但是如上所述，《匠人营国》成文于王莽时期，是根据汉长安城布局加入的新内容。所以，"左祖右社，面朝后市"是以政治中心前殿为参照物，汉长安城根本不存在一条城市的中轴线。

（二）汉长安城平面图

考古工作包括调查、勘探、试掘、发掘等内容，一般说来，可信度是逐层递进的，尤其在细节的把握上，考古发掘要比勘探、试掘准确得多。对于城址考古而言，城址平面图是最为重要的成果之一。但是，因时代不同，学者认识有异，考古多少有差，同一座城址可能存在不同的平面图，这是很正常的现象。台湾学者陈文豪就注意到汉长安城平面图的前后变化[②]。2021年1月，刘瑞在广州市文物考古研究院的一个讲座中，也提到汉长安城平面图的问题。自唐宋至今日，汉长安城的平面图版本众多，大致可分为三个阶段。

第一阶段是金石学家的复原。如北宋吕大防、南宋程大昌及元代李好文的"汉长安城图"等。这些平面图既包含一些基本的史实，也有很大一部分是根据文献想象复原出来的，在城市形制、内容和标记方都有或多或少的差异。

第二阶段为田野调查的复原。早期的田野调查，因城墙保存较现在好，城内占压较少，易于得到大的框架和总体认识。1933年，北平研究院史学研究所徐旭生对长安城进行了第一次调查。此后西京筹备委员会也对西安的古迹古物进行调查保护，并绘制了《西京胜迹图》《西京附近各县名胜古迹略图》。1935年，黄文弼领

① 秦建明、张在明、杨政：《陕西发现以汉长安城为中心的西汉南北向超长建筑基线》，《文物》1995年第3期。

② 陈文豪：《由汉长安城平面图看研究进展》，《中国历史地理论丛》2016年第2期。

导的中央古物保管委员会调查长安城内外古迹古物，并对长安城进行了调查测量。1949年以后，又有武伯纶《汉长安城遗址范围和地形图》[①]（图9）、陈桥驿《汉长安城遗址示意图》[②]、杨宽《西汉长安城内宫室分布图》[③]等。这些平面图都是在田野调查的基础上，对汉长安城总体框架的复原，可谓是逐步准确和清晰。

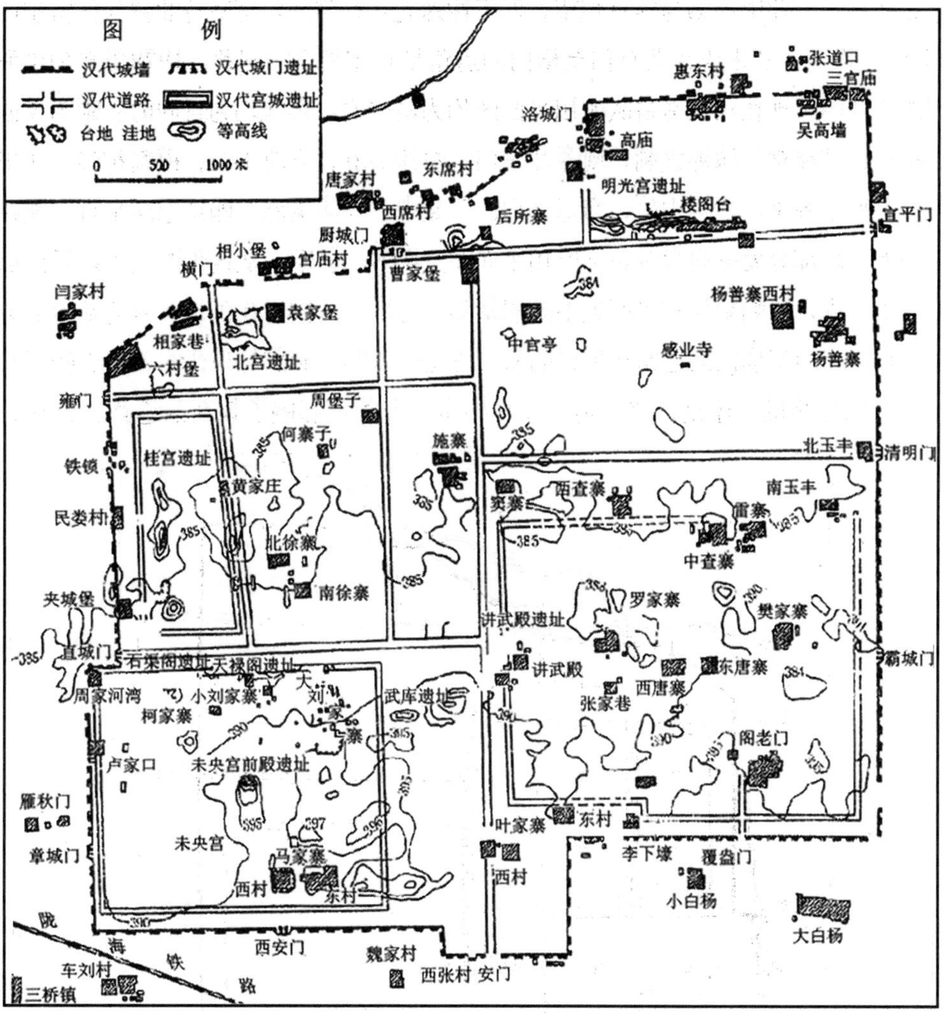

图9 武伯纶汉长安城遗址范围及地形图（1981）

第三阶段为考古勘探、试掘和发掘的复原。在细节问题上，需要在调查的基础上进行考古勘探、试掘和发掘。汉长安城考古发掘工作开始于1956年，至今已获得丰富的成果，在这些成果的基础上，不同阶段绘制了不同的汉长安城平面图。最

① 武伯纶编著：《西安历史述略》（增订本），陕西人民出版社，1981年，第116页。
② 陈桥驿主编：《中国六大古都》，中国青年出版社，1983年。
③ 杨宽：《中国古代都城史制度研究》，上海古籍出版社，1993年。

早的是1982年王仲殊先生《汉代考古学概说》中的平面图（图10），其次是1996年刘庆柱先生的复原图（图11），再次是汉长安城考古60周年以后汉城考古队所用的平面图（图12）。这三幅图在个别细节上有差异，既代表了三个时期，又显示出学者之间观点的差异。例如，北宫位置问题，尽管早在1996年刘庆柱、李毓芳先生就主张北宫是隔北阙甲第与桂宫相望，但王仲殊先生直到晚年都坚持北宫与桂宫东西相邻[①]。再如，从未央宫北宫门至横门的道路是斜还是直的问题，1979年武伯纶所用的平面图与现在汉城考古队所用平面图均为斜向的，其他均为直向的。张衡《西京赋》："徒观其城郭之制，则旁开三门，参涂夷庭，方轨十二，街衢相经，廛里端直，甍宇齐平。北阙甲第，当道直启。"文中"参涂夷庭"即指道路平直。现在汉城考古队部分发掘简报及论文所用平面图是RTK实测图，从这张图上可以看出街道并不平直，影响到桂宫平面也不是规整的长方形。观察现在汉长安城遗址内的道路，从西安门至横门的道路与现在的邓六路是吻合的。到底是现在的道路影响了我们的勘探与测量，还是古代的道路及宫墙本来如此，影响了现在的道路？再如，

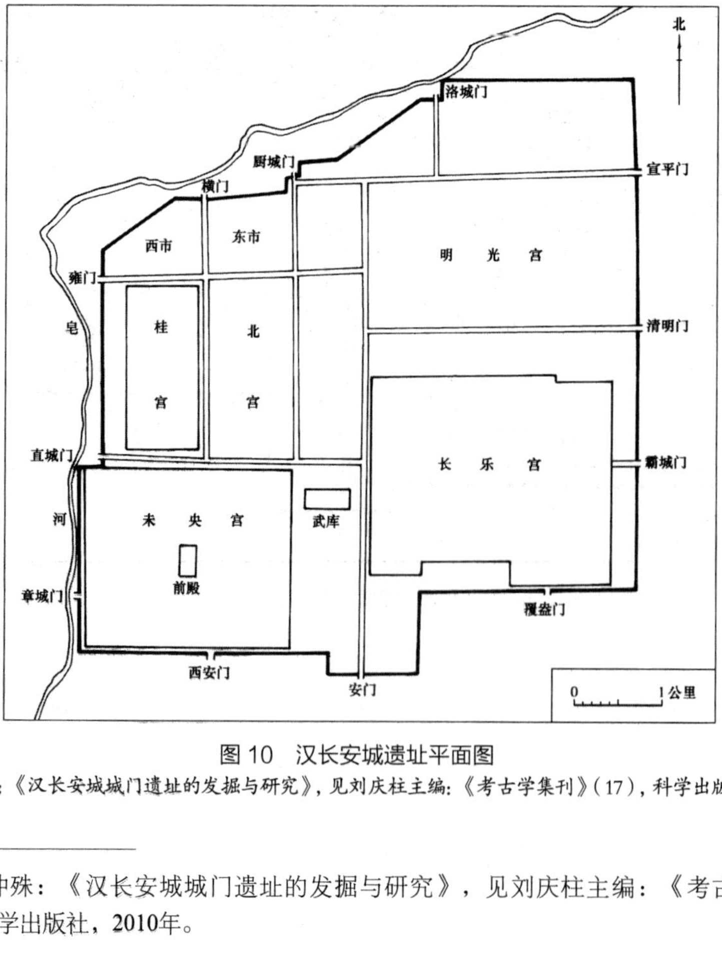

图10　汉长安城遗址平面图
（出自王仲殊：《汉长安城城门遗址的发掘与研究》，见刘庆柱主编：《考古学集刊》（17），科学出版社，2010年）

---

① 王仲殊：《汉长安城城门遗址的发掘与研究》，见刘庆柱主编：《考古学集刊》（17），科学出版社，2010年。

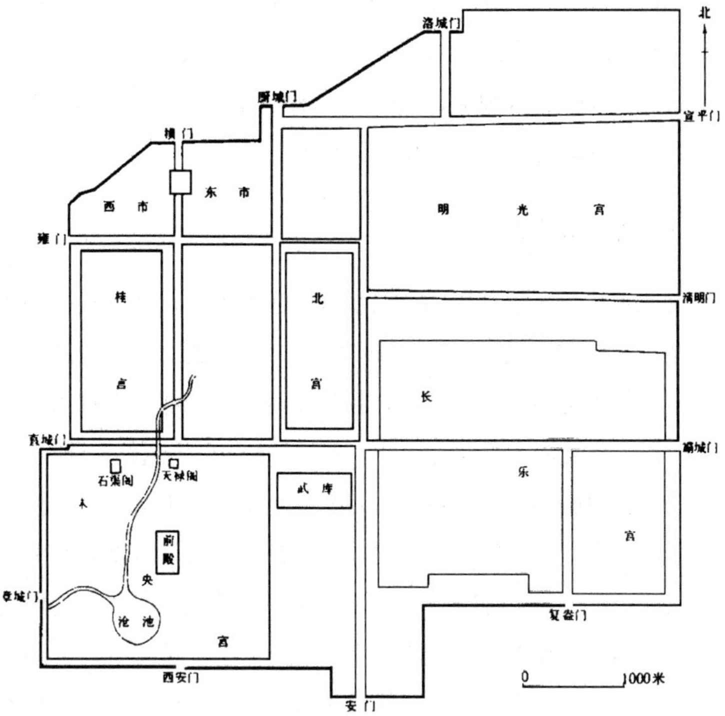

图 11　汉长安城遗址平面图
（出自刘庆柱、李毓芳：《汉长安城北宫的勘探及其南面砖瓦窑的发掘》，《考古》1996 年第 10 期）

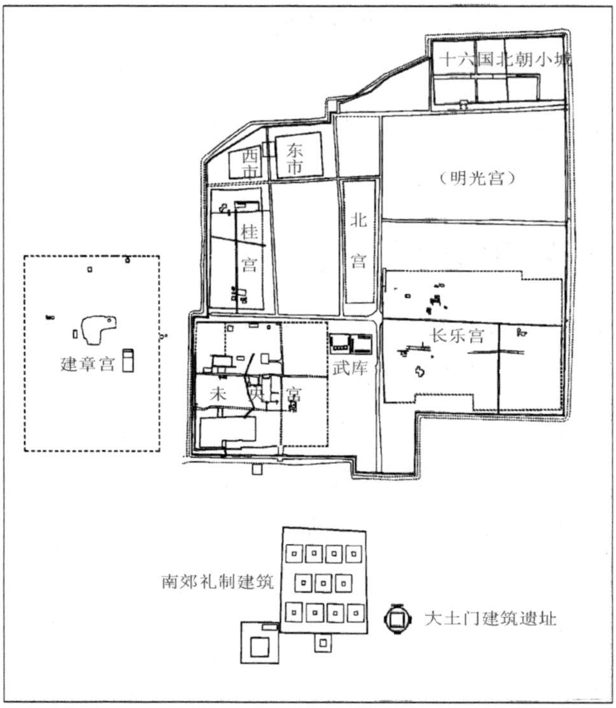

图 12　2016 年以后汉长安城平面图

东、西市的问题，刘庆柱先生把东、西市放在了横门大街两侧。2014年，汉城考古队在雍城门大街以南、厨城门大街以东发现东、北两段夯土墙，东墙南北残长430米、宽2米，北墙东西残长120米、宽4米。因此有学者把东、西市放在厨城门大街两侧，并将刘庆柱先生认定的西市改为手工业作坊区。

（三）长乐宫与明光宫

长乐宫的北墙是位于霸城门内道路以南，还是道路以北？从一些考古迹象来推测，越过道路以北的观点还是站得住脚的。除了已有的文献证据及学者意见外，在此笔者补充五点新的考古证据。第一，我们在对罗寨北部长乐宫六号基址进行发掘时，在汉代的建筑下发现了秦代的建筑。第二，霸城门内道路以北发掘的6座建筑基址，从出土建筑材料的形制及所带戳印判断，大多数属于秦至西汉初期。这与文献记载的长乐宫是在秦代兴乐宫基础上建成的相符，而长乐宫以北的明光宫则兴建于西汉中期的武帝太初四年（前101）。第三，霸城门内道路窄于其他城内大道，可能属于宫内道路。第四，霸城门内道路以南发现的夯土墙较窄，达不到宫墙的宽度，可能是宫内建筑的围墙。第五，以目前长乐宫北宫墙为界，汉长安城东城墙南北宽窄存在明显差距，似乎与长乐宫不无关系。不过，也有与这一观点不吻合的证据，即长乐宫的周长超出了文献记载的长度。相较而言，认为霸城门内道路以南为长乐宫、以北为明光宫的观点[①]，证据更显不足。

考古勘探一直未能探到明光宫的宫墙。《三辅黄图》载，明光宫“在长乐宫后，南与长乐宫相联属”。明光宫与长乐宫是相互关联的问题，长乐宫北界确定以后，那么其以北的区域，应属于明光宫范围。

（四）西汉以后的长安城

汉长安城作为西汉（包括新莽）都城200余年，东汉虽建都洛阳，但长安称西都或西京，仍为重要的都邑，汉献帝一度迁都于此，西晋惠帝、愍帝亦曾短暂为都。此后，前赵、前秦、后秦、西魏、北周等朝代均定都于汉长安城，直至隋文帝迁都大兴城。这些王朝政权在汉长安城内建城筑宫，其遗存主要集中于汉长安城的东部，尤其是东北部。这促使我们重新考虑文献中有关十六国北周时期长安城的记载，尤其是此时的未央宫是否还在西汉时期的位置上。

多数学者认为位置未变。如史念海先生认为，十六国时期长安城中有小城，南

---

① 刘瑞：《汉长安城的朝向轴线与南郊礼制建筑》，中国社会科学出版社，2011年，第24页。

北朝时期长安城中又另有小城、子城和皇城。前后名称虽不尽一致，却都应未离开未央宫的范围[①]。尚民杰认为，西汉以后的未央宫仍被在此建都的王朝继续沿用，包括东汉献帝、西晋惠帝和愍帝、前赵、前秦、后秦、西魏、北周、隋等王朝[②]。

然而情况并非如此。2003年，在汉长安城东北发现的十六国北周时期的小城表明，汉以后的未央宫已不在原址，而是移至东北部的小城中[③]。西汉以后长安城经过几次大的战争破坏。西汉末年，遭赤眉之乱，未央宫已经被焚坏，不可再用，更始皇帝刘玄及其之后的刘盆子不得不移居长乐宫[④]。东汉末年，汉长安城又遭董卓之乱（190—192），城空四十余日，两三年间关中无复人迹[⑤]。120年后，汉长安城再遭西晋永嘉之乱（311），天下崩离，长安城中户不盈百，墙宇颓毁，高棘成林[⑥]。经几次大劫之后，汉长安城已是面目全非，仅存废墟而已。我们在未央宫中的发掘均未见汉代以后的地层，长乐宫发现、发掘的数座西汉建筑遗址多被成片分布的北朝窑址或个别十六国至北朝墓葬打破，已发掘的多座城门，除宣平门外，其他城门在汉代以后均未恢复到西汉时期的模样，这些情况反映出十六国至北朝时期几个建都长安的朝廷，其宫城均已不在西汉未央、长乐二宫的位置。宣平门在西汉以后至少经过三次大规模维修，并一直使用到隋初，这自然与前赵以来将宫城移往汉长安城东北部有关[⑦]。

---

① 史念海、史先智：《论十六国和南北朝时期长安城中的小城、子城和皇城》，《中国历史地理论丛》1997年第1期。

② 尚民杰：《西汉以后的未央宫》，《考古与文物》2003年第2期。

③ 中国社会科学院考古研究所汉长安城工作队：《西安市十六国至北朝时期长安城宫城遗址的钻探与发掘》，《考古》2008年第9期。

④ 《汉书·王莽传下》："更始都长安，居长乐宫。府藏完具，独未央宫烧攻莽三日，死则案堵复故。……赤眉遂烧长安宫室市里，害更始。民饥饿相食，死者数十万，长安为虚，城中无人行。"《汉书》，中华书局，1962年，第4193页。《后汉书·刘玄刘盆子列传》："初，王莽败，唯未央宫被焚而已，其余宫馆一无所毁。""［后］二十余日，赤眉贪财物，复出大掠。城中粮食尽，遂收载珍宝，因大纵火烧宫室，引兵而西。……九月，赤眉复入长安，止桂宫。……时三辅大饥，人相食，城郭皆空，白骨蔽野，遗人往往聚为营保，各坚守不下。"《后汉书》，中华书局，1965年，第470、483—484页。

⑤ 《后汉书·董卓列传》："初，帝入关，三辅户口尚数十万，自傕汜相攻，天子东归后，长安城空四十余日，强者四散，羸者相食，二三年间，关中无复人迹。"《后汉书》，中华书局，1965年，第2341页。

⑥ 《晋书·孝愍帝纪》云："帝之继皇统也，属永嘉之乱，天下崩离，长安城中户不盈百，墙宇颓毁，蒿棘成林。朝廷无车马章服，唯桑版署号而已。众唯一旅，公私有车四乘，器械多阙，运馈不继。巨猾滔天，帝京危急，诸侯无释位之志，征镇阙勤王之举，故君臣窘迫，以至杀辱云。"《晋书》，中华书局，1974年，第132页。

⑦ 刘振东：《汉长安城考古50周年笔谈》，《考古》2006年第10期。

《长安志》云："晋太极殿。《周地图记》：'太极殿，晋愍帝之宫，在长安南门，后姚兴重建。'"[①]从考古发现推测，太极殿在小城之南门。该小城有东、西两城，中间一道宫墙将其一分为二，西城为官城，亦称西宫，东城为太子之宫，亦称东宫。宫墙上曾发掘过一座十六国北朝时期的宫门，连接东、西两宫。西宫南宫墙中部有一座夯土建筑，现在称楼阁台遗址，该遗址由南部的两阙、中部的两阁及连接两阁的廊道和北部的主殿组成，现存夯土高5米以上。从位置看应为南宫门，如若《周地图记》所载不误，有可能亦是当时的太极殿。

《晋书・刘聪载记》云："时愍帝即位于长安，聪遣刘曜及司隶乔智明、武牙李景年等寇长安，命赵染率众赴之。……染夜入长安外城，帝奔射雁楼，染烧龙尾及诸军营，杀掠千余人，旦退屯逍遥园。"又，"刘曜陷长安外城，愍帝使侍中宋敞送笺于曜，帝肉袒牵羊，舆榇衔璧出降"[②]。这里所说的外城，当指汉长安城。

《晋书・索继传》记载，晋愍帝建兴四年（316），"后刘曜又率众围京城，綝与麹允固守长安小城"[③]。如上所述，该小城为东北部的小城。

虽然后赵先后以襄国和邺城为都，长安不是其都城，但其在长安城留下大量建城遗存。据记载，后赵建武十一年（345），"（石虎）以石苞代镇长安。发雍、洛、秦、并州十六万人城长安未央宫"[④]。石苞所建未央宫肯定不是西汉之未央宫，而是位于东北部的小城。考古调查与发掘在北宫及其以东区域发现大量十六国北周遗物，以西区域则很少见到，此时未央宫应为东北部小城之西城，为同名但异地。

前秦时期也有未央宫、太极殿、东宫及端门等名称。《晋书・苻健载记》载，晋穆帝"永和八年（352），健僭即皇帝位于太极前殿"，又"飨群臣于太极前殿"。晋穆帝永和十年（354），"（桓）温率众四万趋长安，……健遣其子苌率雄、菁等众五万，距温于尧柳城愁思堆。温转战而前，次于灞上，苌等退营城南。健以羸兵六千固守长安小城，遣精锐三万为游军以距温"。次年，"健寝疾，菁勒兵入东宫，将杀苻生自立。时生侍健疾，菁以健为死，回攻东掖门，健闻变，升端门陈兵，众皆舍杖逃散，执菁杀之"。建元十一年（375），"（苻）坚置听讼观于

---

① 〔宋〕宋敏求：《长安志》，辛德勇、郎洁点校，三秦出版社，2013年，第224页。

② 《晋书・刘聪载记》，中华书局，1974年，第2663—2664、2673页。

③ 《晋书・索继传》，中华书局，1974年，第1651页。

④ 《晋书・石季龙载记》，中华书局，1974年，第2777页。

未央之南。禁老、庄、图谶之学”[1]。东宫即为东城，未央宫为西城，端门应为西城之南门，都在东北部小城中。

晋太元十一年（386）四月，姚苌称帝于长安，改元建初，国号大秦，史称后秦。文献记载中，后秦时宫室名称有东堂、咨议堂、太极前殿、前殿、朝堂、西宫等。

公元418年十一月，赫连勃勃攻入长安，十二月即位于霸上，改元昌武。其后，赫连勃勃返回统万城，以长安为南台，留其子赫连贵镇守。现藏于西安碑林博物馆的大夏真兴六年（424）石马就发现于小城之南的查寨村[2]。

北魏太武帝延和二年（433），“丙寅，以乐安王范为假节、加侍中、都督秦雍泾梁益五州诸军事、卫大将军、仪同三司，镇长安。……辛巳，诏乐安王范发秦、雍兵一万人，筑小城于长安城内”[3]。北魏孝文帝太和二十一年（497）夏四月，孝文帝“辛未，幸长安……戊寅，幸未央殿、阿房宫，遂幸昆明池”[4]。有人认为孝文帝所幸之地还有宫殿存在，实际上只是旧址凭吊而已，不可能还有宫殿。最明确的就是阿房宫，根本未建成，有何宫殿可幸?

北周明帝元年（557），宇文泰之子宇文觉废魏帝自立，称天王，都长安，史称北周。至开皇元年（581）隋朝建立，北周以长安为都24年。文献记载中提到北周在长安的宫室有延寿殿、正武殿、紫极殿、麟趾殿、大武殿、露寝、大德殿、崇信殿、会义殿、含仁殿、云和殿、思齐殿、文安殿、弘圣宫等。其中，含仁殿和弘圣宫为皇太后所居。北周还存在皇城。《唐六典》“城门郎”条注：“后周地官府置宫门中士一人，下士一人，掌皇城五门之禁令；又置城门中士一人，下士一人，掌皇城十二门之禁令，盖并其任也。”[5]北周是佛教兴盛时期，佛教的扩张引起了统治者的不安，至北周武帝建德三年（574）开展了中国历史上第二次灭佛运动，“初断佛、道二教，经像悉毁，罢沙门、道士，并令还民”。在汉长安城发现较多北周佛造像，其中发现集中埋藏的有两处，一处在中查村，一处在窦寨村，均位于汉长安城东北部[6]。结合考古发现判断，西起厨城门道路以东，东至汉长安城东城墙，南起霸城门内道路以北，北至汉长安城北城墙，这一区域是十六国北周时期遗存最丰富

① 《晋书·苻健载记上》，中华书局，1974年，第2870、2871、2897页。

② 李明、张彦：《大夏真兴六年石马散记》，《文博》2014年第2期。

③ 《魏书·世祖纪》，中华书局，1974年，第82页。

④ 《魏书·高祖纪下》，中华书局，1974年，第181页。

⑤ 《唐六典·门下省》，中华书局，2014年，第249页。

⑥ 中国社会科学院考古研究所编著：《古都遗珍——长安城出土的北周佛教造像》，文物出版社，2010年。

的区域，也是宫城、皇城所在的区域。

五、余论

秦汉时期，帝国阶段的都城制度正在形成之中，尚无定制可循，这无形中增加了研究的难度。过去六十五载，汉长安城考古取得了很大的成就，都城框架已基本清晰，宫内布局亦逐渐显现，学界在一些关键问题上也取得了共识。但是，随着考古工作的持续开展和研究的不断深入，一些新的学术问题也不断涌现，如横门大街及桂宫的形制、市场的位置、汉长安城的轴线等，再如城内闾里尚未揭示，宫城城墙缺环太多，多数宫门尚未发掘等，这些问题都需要今后考古勘探与发掘来解决。另外，在细部的探究方面，如宫城内宫殿的布局，宫殿建筑的结构，宫殿基址与文献中宫殿名称的对应等，需要考古填补的空白更多。进入21世纪以来，史学界也在利用考古成果，对汉长安城进行研究和阐释。随着大遗址保护工作的推进，考古成果为遗址保护提供了一手资料，同时对建筑的复原研究提出了更高的要求。考古仅是复原历史的手段和方法之一，加强考古与历史、建筑等领域的结合，相互启发、共同研究已是势在必行。考古就像盲人摸象，考古学者孜孜以求的历史真相，到底与实事相差多远？一般而言，随着考古工作的增多，我们越来越接近真相，但也可能因不经意的破坏，真相稍纵即逝。东汉史学家班固距西汉最近，在其《西都赋》中感叹道："徒观迹于旧墟，闻之乎故老，十分而未得其一端。"今者去古甚远，旧墟多已不在，残迹已深埋地下，欲知其详，不亦难乎？考古任重道远，研究永无止境。

原载《南方文物》2022年第2期，收入本书时删去了原文部分图片

（徐龙国，中国社会科学院考古研究所研究员）

汉长安城布局的形成与《考工记·匠人营国》的写定

徐龙国　徐建委

笔者曾对中国古代都城城门门道进行专门研究。据目前所见，古代都城城门门道设置多少并不一致，主要有一门一道、一门二道、一门三道、一门五道等几种形制。其中，一门三道是除一门一道外流行时间最长、发现最多的形制，春秋战国时期初露端倪，西汉时期形成定制，自此以后便成为中国古代都城城门的基本形制。[①]一门三道城门形制也是《考工记·匠人营国》的重要内容。关于《匠人营国》写定于何时，它所描述的都城形制何时出现，是确有蓝本还是凭空想象，这些问题一直是学术界争论的焦点。本文意在通过城门门道形制的发展演变及汉长安城布局形制的形成，探讨《匠人营国》所载都城形制的渊源，并据此对《匠人营国》写定时间及它与汉长安城的关系作一点粗浅的探讨。

一、都城门道形制发展脉络

夏、商、西周时期，大城及宫城城门均未发现一门多道形制。一门多道形制首先出现于这个时期的宫殿建筑院落南门上，但发现数量极少，如二里头一号宫殿院落南门、偃师商城宫城三号及五号宫庙建筑院落南门即为一门三道形制。[②]这种首先出现在宫殿院落南门的建筑形式，不排除具有一定的政治礼仪功能。一门一道仍是这一时期最常见的形制，如已经发掘的二里头二号宫殿建筑、偃师商城四号建筑、西周岐山凤雏西周甲组建筑等，均为一门一道形制。就宫城内的宫殿建筑院落来说，三代时期主要以一门一道为主，也有一门二道和一门三道的，似乎没有定制。

---

① 徐龙国：《中国古代都城城门门道研究》，《考古学报》2015年第4期。

② 中国社会科学院考古研究所编著：《偃师二里头——1959年—1978年考古发掘报告》，中国大百科全书出版社，1999年，第138—151页；中国社会科学院考古研究所河南第二工作队：《河南偃师商城宫城第三号宫殿建筑基址发掘简报》，《考古》2015年第12期；刘庆柱主编：《中国古代都城考古发现与研究》，社会科学文献出版社，2016年，第89页。

在春秋战国列国都城考古中，发掘的城门只有少数几座，绝大多数为钻探资料。此时各国都城盛行“两城制”，或大小城相套，或东西并列，齐国都城临淄为大小城嵌入的模式。从目前发现的情况看，大部分为一门一道，只有在楚国纪南城和寿春城发现了一门三道的形制，这种形制出现的时间大约在春秋晚期或战国时期。[①]两座楚国都城都有一门三道形制，说明楚国很可能是使用这种形制最早的国家。除楚国外，其他各国的大城及宫城均为一门一道形制。

纪南城为楚国春秋中期至公元前278年的都城，现在所见纪南城应是春秋晚期或战国初期所筑，一门三道的形制大致形成于这个时期，并一直沿用至战国晚期的寿春城。楚国之外的其他国家则不见一门三道形制。之所以一门三道首先出现于南方，可能与此时舟车成为日常交通工具，且南方水陆交通发达有关。毕竟水上行船，需要进退有序，尤其在不宽的水道上，要分出上行与下行水道，同时中间还要留出一定的距离，防止来往船只发生碰撞。在20世纪初的京杭大运河上，我们还能看到三排船只上下有序航行的画面。[②]

日前尚无秦代郭城及宫城门址的发掘资料，其门道情况尚不清楚。西汉宫城为一门一道形制，但郭城城门全采用一门三道的形制。中门道明确记载为皇帝专用，没有特许，虽贵为太子、公主亦不得擅行，两侧的门道供一般人出入。[③]直城门和西安门的中门地道面保存较好，门道路面上所抹的草拌泥平整如新，表明中门道使用不多，两侧因长期碾压，门道路面凸凹不平，二者形成鲜明的对比。[④]中门道的礼仪功能远大于其交通功能，一门三道形制突出了皇帝和皇权的尊严。东汉洛阳城郭城也是12座城门，每个城门均为一门三道形制，但宫城情况不明。

---

① 湖北省博物馆：《楚都纪南城的勘查与发掘（上）》，《考古学报》1982年第3期；湖北省博物馆：《楚都纪南城的勘查与发掘（下）》，《考古学报》1982年第4期。

② 邢文军、陈树君：《风雨如磐——西德尼·D·甘博的中国影像（1917—1932）》，长江文艺出版社，2015年，第145页。

③ 《汉书·成帝纪》记载：“（成）帝为太子。壮好经书，宽博谨慎。初居桂宫，上尝急召，太子出龙楼门，不敢绝驰道，西至直城门，得绝乃度，还入作室门。上迟之，问其故，以状对。上大悦，乃著令，令太子得绝驰道云。”应劭曰：“驰道，天子所行道也，若今之中道。”《汉书·江充传》中有“充出，逢馆陶长公主行驰道中。充呵问之，公主曰：‘有太后诏。’充曰：‘独公主得行，车骑皆不得。’尽劾没入官。后充从上甘泉，逢太子家使乘车马行驰道中，充以属吏。太子闻之，使人谢充曰：‘非爱车马，诚不欲令上闻之，以教敕亡素者。唯江君宽之！’充不听，遂白奏。上曰：‘人臣当如是矣。’大见信用，威震京师”。参见《汉书》，中华书局，1962年，第301、2177—2178页。

④ 中国社会科学院考古研究所汉长安城工作队：《西安汉长安城直城门遗址2008年发掘简报》，《考古》2009年第5期。

通过对秦汉城邑的研究，我们发现郡国城及一般县邑城均为一门一道形制[①]。也就是说，至少从西汉早期开始，一门三道就成为都城郭城城门的定制。如果把一门三道中的中门道称为正道的话，其他两个门道则为旁道。正道是留给皇帝行走的。文献记载与考古发掘相互印证了这种特权，因此，一门三道形制成为皇权至高无上的象征之一。

自西汉长安城之后，一门三道成为都城郭城城门的定制，曹魏邺城、北魏洛阳城、东魏和北齐邺南城等城门均为一门三道形制。从考古发掘的情况看，魏晋及之后的宫城城门已使用一门三道形制。北魏洛阳城宫城南门——阊阖门及其正北的二、三号门址，均为一门三道形制，比一般郭城城门更加宏伟壮丽，宫门后置而不与宫墙相连，门前双阙不突出于宫墙却与宫墙相接，是迄今为止发掘所见最早的宫城门阙，开启了北齐邺南城朱明门、隋唐洛阳宫城正门应天门门前置双阙的先河。东晋南朝建康城是在东吴建业城的基础上建成的，据推测，其郭城及宫城城门可能也是一门三道。

隋唐时期，一门三道仍为郭城城门的主要形制；新规划出的皇城城门也为一门三道；宫城正南门为一门三道或五道，其他多数为一门一道，也有一门二道的，但数量较少。隋大兴、唐长安城郭城和宫城正门新出现了一门五道形制，把象征皇权的门道推到极致。这个时期，一门三道或五道的门址，虽然各个门址之间门道宽度不等，但同一门址各门道基本是等宽的。

大明宫门道形制比较复杂，正南门丹凤门为一门五道，含耀门和昭庆门为一门二道，其他多数为一门一道。丹凤门遗址规模之大、门道之宽、马道之长，均为目前隋唐城门考古之最，充分展示出城门高大宏伟的皇家气派。与之相比，即使唐长安城的正南门明德门，在规模上也要小了许多。[②]

已经探明隋唐洛阳城定鼎门、永通门、长夏门、厚载门、建春门、上东门、安喜门、徽安门的位置，其中定鼎门、永通门、长夏门经过发掘，均为一门三道形制[③]。定鼎门为隋唐东都郭城正南门。盛唐时期的定鼎门保存较好，北宋后期定鼎门由三个门道改为一个门道。

隋唐洛阳城宫城南墙上3座城门均为一门三道，其中应天门规模最为宏大。西墙

---

① 徐龙国：《秦汉城邑考古学研究》，中国社会科学出版社，2013年。

② 中国社会科学院考古研究所西安唐城队：《西安市唐长安城大明宫丹凤门遗址的发掘》，《考古》2006年第7期。

③ 中国社会科学院考古研究所编著：《隋唐洛阳城——1959—2001年考古发掘报告》，文物出版社，2014年。

上的崇庆门、东墙上的宣政门、北墙上的玄武门及宫城其他城门，均为一门一道。应天门是隋洛阳城宫城正门，有早、晚两期遗存。早、晚两期门址皆为一门三道形制。晚期门道内地面皆铺石，而定鼎门未见铺石，晚期应天门规格应高于定鼎门。

总之，一门多道城门形制最早出现于春秋战国时期，到西汉时期成为定制。中国古代都城城门门道形制，以西汉都城为界，可以分为前、后两个阶段。前段以一门一道为主，后段则一门多道占据绝对优势，且以一门三道为主要形制。一门多道最早出现在郭城城门上，至魏晋时期，宫城正门也多采用这种形制，并且建筑体量及豪华程度都超越了郭城城门。三代时期，虽然也出现了一门多道形制，但主要见于宫殿院落上，而且并未形成制度。

二、汉长安城形制与《考工记·匠人营国》

《匠人营国》云："匠人营国，方九里，旁三门。国中九经九纬，经涂九轨，左祖右社，面朝后市，市朝一夫。"[①]这段话包含了城门的形制、道路分布、手工业与市场、宗庙与宫殿的位置关系问题，大体勾画出中国古代的一种都城形制。很多学者把《匠人营国》看作两周制度，用《匠人营国》来指导东周都城，甚至西周都城的研究。有学者把周代的城邑建设分为两个时期，认为第一次发生在西周开国之初，第二次发端于春秋末叶，到战国时期波及全国，并认为《匠人营国》的规划制度是对周代建筑制度和经验的整理和总结。[②]但是，在夏、商、西周城址中没有发现一门三道形制的城门，而且《匠人营国》中所记载的其他内容在三代考古中也未发现一点蛛丝马迹，因此可以断言，《匠人营国》不是对三代城邑制度的总结。

虽然一门三道城门形制出现于春秋战国时期的纪南城，但只是个别城门（西门、南水门），而且不是其正门（正门在南墙东部），当时并未形成"九经九纬，经涂九轨，左祖右社，面朝后市，市朝一夫"的都城布局，而这种城市布局的形成则晚至西汉时期的长安城。

汉长安城的基本形制可以概括为：面有三门，门有三途，九经九纬，经涂九轨，左祖右社，面朝后市。然而，考察汉长安城的建设过程会发现，上述各个方面不是同时出现的，有的出现于西汉早期，有的直到西汉末年才出现，汉长安城基本形制的定型则是在西汉末年。在此之前，实在难以找到一个统一的规划蓝本。

汉长安城的各部分乃因需而建，说明它不是帝国按照典籍来预先规划和设计的。首先，汉长安城每面有三座城门，每座城门有三股道路。汉长安城大体经过了

① 《十三经注疏·周礼注疏》，中华书局，1980年，第927页。
② 闻人军：《考工记导读》，巴蜀书社，1988年，第127页。

高祖、惠帝、武帝和王莽四个建设时期。汉高祖定都长安以后，让萧何负责建设都城事宜，当时在修葺利用秦兴乐宫（汉改为长乐宫）的同时，营建了未央宫、前殿、武库、太仓、东阙、北阙及大市。至汉惠帝时营建了四面城墙、西市、北宫、社稷、太上皇庙、高庙。汉武帝时修建桂宫、明光宫、建章宫，扩建北宫，开凿昆明池、漕渠、京师仓、上林苑。王莽时期在南郊建明堂、辟雍、王莽九庙。面有三门，门有三途，形成于汉惠帝时期。

关于城门及门道情况，汉赋中亦有描述。如班固《西都赋》曰“建金城其万雉，呀周池而成渊，披三条之广路，立十二之通门”[①]。再如，张衡《西京赋》曰“徒观其城郭之制，则旁开三门，参涂夷庭，方轨十二，街衢相经，廛里端直，甍宇齐平”[②]。虽然汉赋不乏浮夸溢美之词，但班固（32—92）为东汉初年扶风安陵（今陕西咸阳东北）人，当看过长安城的城市全貌。张衡（78—139）也曾游历过三辅地区，当时的汉长安城虽然破旧，有的城门被封堵，但城门街道旧貌依然可辨。因此，他们在赋中所描述的正是汉长安城一门三道的真实状况。关于《匠人营国》中的“九经九纬”，郑玄注曰“经纬谓涂也。经纬之涂容九轨”，贾公彦疏“释曰言九经九纬者，南北之道为经，东西之道为纬，王城面有三门，门有三涂”[③]。贾公彦把“涂”释为道，使人产生了东西、南北各有九条道路的误解，因此，郑玄之说更加准确。但贾公彦所言每个城门有三途，即有三个门道，这种解释是很正确的。王城街道不仅在通过城门时分为三途，即便在城内也是三途相并的。[④]城内三途并行也被考古发掘所证实。2009年，我们对直城门大街进行试掘时，就发现三股道并行的情况。西汉初期三股道总宽约32米，宽度与城门及隔墙总宽相近，中期以后街道扩展一倍，达61.4米。[⑤]城门门道每股道宽8米，除去两侧立柱所占空间，中间余宽约6米，如按当时车辆轴长8尺，约合今1.84米，每股道可并行3辆车，印证“经涂九轨”之数。另据霸城门的发掘资料，汉代车轨宽1.5米。[⑥]由此推算，每股道可容4车并行，三股道即可容12车并行。所以，张衡在《西京赋》中说“参涂夷庭，方轨十二”。

其次，西汉一代，宗庙或立或毁，没有形成定制，至西汉之末，王莽托古改

---

① 《后汉书·班彪列传上》，中华书局，1965年，第1336页。

② 《文选》（上），商务印书馆，1936年，第53—54页。

③ 《十三经注疏·周礼注疏》，中华书局，1980年，第927页。

④ 王仲殊：《汉长安城考古工作的初步收获》，《考古通讯》1957年第5期。

⑤ 资料现藏中国社会科学院考古研究所汉城考古队。

⑥ 王仲殊：《汉长安城考古工作收获续记——宣平城门的发掘》，《考古通讯》1958年第4期。

制，在汉长安城南郊建立了以“王莽九庙”为代表的宗庙建筑，出现了左祖右社布局。汉初太上皇庙[①]、高庙[②]、惠帝庙[③]均在汉长安城内，从相对位置而言，均处于未央宫前殿左侧。也有学者认为，西汉帝庙除汉高祖高庙、汉文帝顾成庙在京城以外，其他帝庙（包括惠帝庙）都在帝陵之侧。[④]汉文帝顾成庙在汉长安城东南，位置在今西安市玉祥门西约1公里，大庆路以北处。[⑤]汉初社稷是在秦社稷的基础上建起来的[⑥]，位置虽在汉长安城西安门南出大道以西，处于未央宫前殿右侧，但就高祖庙与社稷来说，一在城内，一在城外，二者相距较远，似乎缺乏左祖右社的安排。蔡邕云“汉承亡秦灭学之后，宗庙之制，不用周礼。每帝即（位）世，辄立一庙，不止于七，不列昭穆，不定迭毁”[⑦]。元、成时，虽根据儒家规范制定过宗庙制度，但却时兴时废，屡次反复，并未贯彻始终。至元始年间（1—5），汉室最终确立了以高祖为太祖、文帝为太宗、武帝为世宗、宣帝为中宗、元帝为高宗，再加上“亲未尽”帝庙的宗庙制度。[⑧]此时，王莽又增建官稷于原来的官社后面，并为自己立宗庙社稷。至此，宗庙、社稷及“王莽九庙”位置分列于未央宫前殿的西南部与东南部，以未央宫前殿为中心，以西安门南出大道为轴线，出现了明显的左祖右社格局。[⑨]由此可见，汉长安城左祖右社的布局，经过了一个逐步形成的过程，从西汉初的不定型，后来又经过很长时间的无序混乱，直到西汉末年才大致呈现出来。

再次，汉长安城的东市、西市均位于城内西北部，即雍门大街北侧、横门大

① 《三辅黄图》：“太上皇庙，在长安西北长安故城中，香室街南，冯翊府北。”陈直校证：《三辅黄图校证》，陕西人民出版社，1980年，第116页。

② 《汉书·郦陆朱刘叔孙通传》：“惠帝为东朝长乐宫，及间往，数跸烦民，作复道，方筑武库南，通奏事，因请间，曰：‘陛下何自筑复道高帝寝，衣冠月出游高庙？子孙奈何乘宗庙道（上）行哉！’”晋灼注：“《黄图》高庙在长安城门街东，寝在桂宫北。”参见《汉书》，中华书局，1962年，第2129—2130页。

③ 《长安志》卷五引《关中记》载“惠帝庙在高庙之西”。刘庆柱辑注：《三秦记辑注·关中记辑注》，三秦出版社，2006年，第97页。

④ 焦南峰、马永嬴：《西汉宗庙刍议》，《考古与文物》1999年第6期。

⑤ 《汉书·文帝纪》服虔注“庙在长安城南，文帝作”。参见《汉书》，中华书局，1962年，第121页。《长安志》卷一〇《唐京城》在记述唐长安城休祥坊时提到“坊内有汉顾成庙余址，庙北汉奉明园”。参见〔宋〕宋敏求：《长安志》，〔清〕毕沅校正，长安县志局印，1931年。

⑥ 《汉书·郊祀志》王莽提出“‘圣汉兴，礼仪稍定，已有官社，未立官稷。’遂于官社后立官稷”。臣瓒注“高帝除秦社稷，立汉社稷，《礼》所谓太社也。时又立官社，配以夏禹，所谓王社也”。参见《汉书》，中华书局，1962年，第1269页。

⑦ 《后汉书·祭祀下》注引《袁山松书》，中华书局，1965年，第3199页。

⑧ 《汉书·韦贤传》，中华书局，1962年，第3118—3119页。

⑨ 中国社会科学院考古研究所编著：《西汉礼制建筑遗址》，文物出版社，2003年。

街东西两边、汉长安城北城墙以南。东市似高祖六年（前201）所立的大市[①]，西市建于惠帝六年（前189）[②]，西市应相对于东市而言的。相对于南面的政治中心未央宫前殿而言，两市位于宫殿北部，西汉初年呈现出面朝后市的格局。然而，这种格局主要是应当地地势而形成的。整个汉长安城地势南高北低，未央宫和长乐宫当然要安排在南部地势较高的地方，尤其是未央宫占据了龙首原高地，所在地势全城最高，符合居高居前立宫的要求。汉长安城北部靠近渭水之滨，地势较低，是一般民众的居住区、官私手工业作坊区和市场区，这里靠近河流，交通方便，适宜发展工商业。

西汉之前，市场一般与手工业作坊及居民区相邻，同时考虑到用水及交通问题，很少有符合面朝后市布局的。秦国都城雍城的市场遗址，位于宫殿区北部，似乎符合面朝后市的布局。该遗址时代为战国时期，是目前发现最早的市场遗址。但秦都咸阳城就未见这种布局。从发现的情况看，秦咸阳的宫殿区位于北部，而长陵车站至柏家嘴等手工业作坊区则大致位于宫殿区的西部及南部，其市场可能就在作坊区附近。即使到了东汉洛阳城，三市中只有金市位于城内，其他两市都在城外，金市位于北宫西南，南宫西北，似乎也不符合面朝后市的格局。如果说雍城是面朝后市布局的雏形，那么汉长安城最多算是其后继者，二者之间有多大程度的关联，现在仍然不清楚。我们认为二者在很大程度上都是根据地势而为的结果，并非以某种模式为蓝本，经过刻意规划而成。无论如何，这种布局成了《匠人营国》的重要内容。

总之，《匠人营国》所勾画的都城形制在西汉之末的长安城中已经初步成型。汉长安城形制与《匠人营国》所勾画的都城形制如此相近，不得不令人怀疑二者之间存在某种内在的联系：是《匠人营国》指导了汉长安城的建设，还是汉长安城的形制影响了《匠人营国》的内容？这里的关键是《匠人营国》写定时间问题。

通过门道形制及汉长安城建设过程的研究，笔者发现，古代都城形制与《匠人营国》的时代关系被完全颠倒了。实际上应首先研究汉长安城布局形制的形成过程，然后研究《匠人营国》是如何总结汉长安城的建设成果，并对这些成果进行条理化、理想化，进而形成这篇作品的。东周是一个剧烈动荡的时期，城邑建设的动态过程也随之加快。尤其是战国时期，战争频度、战争规模日益加剧，城邑不断遭到破坏，新的城邑不断建立起来。现在我们看到的地上遗存，绝大多数是战国以来的遗存。这些当时的名城大都，多数是因地制宜、随形就势而建，很少强求方正，

① 《史记·汉兴以来将相名臣年表》，中华书局，1959年，第1120页。
② 《汉书·惠帝纪》，中华书局，1962年，第91页。

也很少有统一的布局安排。从某种程度上说，战国列国都城布局与《管子·乘马》所记载的内容更加符合。《乘马》篇云："凡立国都，非于大山之下，必于广川之上，高毋近旱而水用足，下毋近水而沟防省。因天材，就地利，故城郭不必中规矩，道路不必中准绳。"[①]我们知道，东周不仅是一个旧礼制崩溃的时代，而且也是一个文化多元、思想争鸣的时代。这个时期，新的秩序没有建立起来，城邑建设也就不可能遵循一个定制，城邑形制的多元化是可以理解的。城邑规制的僭越，与旧礼制的破坏基本上是同步的。在僭越成为时尚的时代，要求一座建于战国时期的城邑遵循春秋以前的礼制，几乎是不可能的。但是，正是在这个看似无序的时期，随着筑城运动的高速发展，也孕育了新的元素，如一门三道的城门形制、居中立宫的宫殿布局、左祖右社的格局等。正如史念海所言，《匠人营国》所规定的制度既不是西周旧制，也不是东周新制，但它们在春秋战国某些列国都城中或多或少地存在过。[②]从东周都城的考古发现看，《匠人营国》所勾画的都城形制，要么是多数都城见不到其踪迹，要么是此城出现一项、彼城出现一项，从未有两项同时出现于一城之中的，因此说它不是东周新制是十分正确的。但是，这些新元素毕竟是出现了，或许有人这样认为，《匠人营国》是综合了上述新元素并加以理想化、系统化梳理的结果，汉长安城是以此为蓝本进行建设的结果。考察汉长安城的建设历史，我们会发现，它的这种布局是一步步形成的，尤其是"左祖右社"似乎直到西汉末期才最终呈现出来。因此，汉长安城以《匠人营国》为蓝本的说法缺乏说服力。

三、《考工记·匠人营国》的写定时间

笔者对一门三道城门形制进行考古学观察，希望从考古发现的实例来推断《考工记·匠人营国》最终的写定时间，或者为这一问题的研究提供另外一个视角和例证。

关于《考工记》的成文时间，历来争论不休，概括而言，主要有春秋末年齐国

① 黎翔凤：《管子校注》，梁运华整理，中华书局，2004年，第38页。

② 史念海：《〈周礼·考工记·匠人营国〉的撰著渊源》，见朱士光主编：《中国古都研究》（第14辑），三秦出版社，2000年。

官书说[①]、战国初期成书说[②]、战国后期成书说[③]、“周朝遗文”说[④]、战国齐国阴阳家所作说[⑤]、秦汉成书说[⑥]、西汉成书说[⑦]等几种意见。实际上，《考工记》并非一时之作，而是在流传的过程中经历了不断的修补、完善与累积，属于长时段的文献，“它不成于一时一人之手”[⑧]。刘洪涛认为，《考工记》大部分内容记述了周代的手工业情况，应是周时的遗文，但不可否认，其中有的部分是后人纂入的。他进一步认为，前人每言《考工记》为后人所补，如马融、贾公彦谓由刘歆所补，郑玄说“前世识其事者补之”，《隋志》说是河间献王所补，孔颖达认为是汉文帝博士补成等。虽各说不一，却都认为是汉人所为。这对总目部分而言是正确的。[⑨]刘洪涛的观点基本可从，但汉人所补，并非仅总目而已，正文之中也有补纂之处，《匠人营国》即为其一。

基于以上认识，判断《考工记》各部分的年代就成为主要任务。闻人军曾把《考工记》全篇内容分为36组，并逐一进行了剖析，认为“《考工记》的内容绝大部分是战国初年所作，有些材料属于春秋末期或更早，编者间或引用周制遗文以壮声威，在流传过程中免不了有所增益或修订。尽管如此，今本《考工记》大体上能和战国初期的出土文物相互印证，表明其基本内容未变，它作为我国上古至战国的手工艺科技知识的结晶，是可以依赖的”。然而，涉及《匠人营国》部分，他仅笼统地叙述了周代两次城市建筑的情况，并认为西周姜齐的营丘城是“匠人营国”的城市规划制度的蓝本。[⑩]目前有关营丘的地望，学术界还存在很大争论，有的认为在

---

① 郭沫若：《〈考工记〉的年代与国别》，见《天地玄黄》，群益出版社，1950年；贺业钜：《考工记营国制度研究》，中国建筑工业出版社，1985年。

② 王燮山：《“考工记”及其中的力学知识》，《物理通报》1959年第5期；杨宽：《战国史》，上海人民出版社，1956年；闻人军：《〈考工记〉成书年代新考》，中华书局，1984年。

③ 梁启超：《古书真伪及其年代》，中华书局，1955年；史景成：《〈考工记〉之成书年代考》，《书目季刊》1971年第3期。

④ 刘洪涛：《〈考工记〉不是齐国官书》，《自然科学史研究》1984年第4期。

⑤ 夏纬瑛：《〈周礼〉书中有关农业条文的解释》，农业出版社，1979年。

⑥ 沈长云：《谈古官司空之职——兼说〈考工记〉的内容及作成时代》，见朱润东、李俊民、罗竹风主编：《中华文史论丛》（1983年第3辑），上海古籍出版社，1983年。

⑦ 李锋：《〈考工记〉成书西汉时期管窥》，《郑州大学学报》（哲学社会科学版）1999年第2期；宋炟：《〈考工记·匠人〉成书年代析》，《南方文物》1998年第2期。

⑧ 闻人军：《考工记导读》，巴蜀书社，1988年，第126页；徐建委：《〈说苑〉研究——以战国秦汉之间的文献累积与学术史为中心》，北京大学出版社，2011年，第288—289页。

⑨ 刘洪涛：《〈考工记〉不是齐国官书》，《自然科学史研究》1984年第4期。

⑩ 闻人军：《考工记导读》，巴蜀书社，1988年，第136—138页。

临淄齐国故城内，有的则认为在齐国故城外[①]，其形制当然也无从知道。齐国故城已进行了全面勘探，该城至少经过两次较大的变动，亦未发现与《匠人营国》相近的内容。闻人军基于《考工记》为齐国官书的认识，认为《匠人营国》为西周初年城市规划蓝本的说法亦无依据。

如上所述，一门三道最早出现于春秋晚期或战国早期的楚国纪南城，而在其他国家没有出现，成为一种定制则首先出现于汉长安城中。无独有偶，《匠人营国》的其他几项内容也同时出现于此，如旁三门、九经九纬、左祖右社、面朝后市等。因此，与其说汉长安城是根据《匠人营国》的条文所建，毋宁说汉长安城是总结了东周都城建设的成就而建成的，而《匠人营国》则是对汉长安城都城建设成就的描述与总结。陈寅恪曾高度怀疑《匠人营国》与汉长安城的关系，他说："《考工记》之作成时代颇晚，要乃为儒家依据其所得之材料，而加以理想化之书，则无可疑，故其所依据匠人营国之材料其中必有为当时真正之背景者……然则西汉首都宫市之位置与《考工记·匠人》之文可谓符合，岂与是书作成之时代有关耶？"[②]近年来，也有学者力主这一观点，认为《匠人营国》记述的都城布局规划完全是按照汉长安城的布局事实附会加工而成。[③]我们倾向认为，《匠人营国》成文时间应在西汉末期。《匠人营国》语言中保留了许多春秋之前的词汇，如形容城墙长宽高的"雉"，形容市场大小的"夫"等，这些都是长时段形成的结果。

《考工记》到底在西汉什么时期被补入《周礼》，现有六国说、河间献王说、鲁共王说、汉文帝说、汉武帝说、刘歆说等几种观点。[④]其实，东汉人已经不太清楚《考工记》的来历了，从班固的河间献王补配《考工记》，到马融的刘向刘歆父子补配《考工记》，再到《礼记·礼器》孔疏的汉文帝令博士撰写《考工记》，不一而足。在刘歆之前，《周官》深藏秘府，流布不广。《后汉书·儒林传》载"前世传其书，未有名家"[⑤]。西汉末年，王莽专权，利用《周礼》进行托古改制，在其授意下，由刘歆等人建议，把《周官》列入学官，设《周礼》博士，《周礼》始正

---

① 张学海、罗勋章：《营丘地望考略》，见中国古都学会编：《中国古都研究》，浙江人民出版社，1985年。

② 陈寅恪：《隋唐制度渊源略论稿》，中华书局，1963年，第63页。

③ 李锋：《考工记成书西汉时期管窥》，《郑州大学学报》（哲学社会科学版）1999年第2期。

④ 六国说，见《周礼·太宰》贾疏。河涧王说与武帝说，见《汉书·景十三王传》、陆德明《经典释文·叙录》、《隋书·经籍志》。鲁恭王说，见《太平御览》。汉文帝说，见《礼记·礼器》孔颖达《正义》。刘歆说，见贾公彦《周礼注疏·序》引马融《周官传》。

⑤ 《后汉书·儒林列传下》，中华书局，1965年，第2576页。

式跻身于儒家经典行列。汉长安城南所建的“王莽九庙”以及由此形成的左祖右社格局，与之应有密切关联。随着新莽政权的垮台，《周礼》博士随之取消。东汉时期，始终未立《周礼》博士，但民间研习、注解《周礼》者较多，涌现出许多知名学者，如郑众、马融、郑玄等。然而，正如沈长云所言，汉代以《考工记》补《冬官》时，就不明白《周官》所缺“司空”之职责，而错误地以《考工记》补之。东汉大儒郑玄亦不明白“国有六职”的真正含义，把《考工记》“国有六职”理解为冢宰、司徒、宗伯、司马、司寇、司空六项官职，而其真正所指的应是开篇所说的六种不同的职业，即“坐而论道谓之王公，作而行之谓之士大夫，审曲面直以饬五材以辨民器谓之百工，通四方之珍异以资之谓之商旅，饬力以长地财谓之农夫，治丝麻以成之谓之妇功”[①]。司空之职主要是管理土田等事功，富邦国，以养万民，以生百物。《礼记·王制》云：“司空执度度地，居民山川沮泽时四时，量地远近，兴事任力。”[②]《韩诗外传》云：“山陵崩竭，川谷不流，五谷不植，草木不茂，则责之司空。”[③]《考工记》所载绝大多数为百工之事，属工师职责[④]，只有《匠人建国》《匠人营国》《匠人为沟洫》属于司空职责，或许这三部分并非《考工记》原有之内容，汉代后补或改动的可能性极大。

至于《周礼》到底何时入藏秘府，目前也只能划定一个大致的时间范围：上起河间献王，下讫刘向刘歆父子入秘府校雠群书，即汉景帝至汉成帝初年。应该说，《考工记》补为《冬官》以后，特别是王莽设立《周礼》博士，《匠人营国》对后世影响巨大，对帝国时期的都城形制起到了直接的指导作用，成为指导帝国时代都城建设的经典，包括一门三道在内的各项制度，被以后都城继承。

很多学者从不同侧面对《考工记》的内容、作者以及写定时间等问题进行过研究，尤其是写定时间问题，虽然学术界取得了一些成果，但是分歧仍然较大，至今尚无定论。笔者赞同多数学者意见，认为《考工记》是一部长时段的文献，全书写定时间不能一概而论，也不能以偏概全，要具体问题具体分析。《匠人建国》《匠人营国》《匠人为沟洫》三篇所记载的内容有别于《考工记》其他章节的内容，为冬官司空职责，其他章节为百工之事，属工师职责。特别是《匠人营国》所记载的

① 沈长云：《谈古官司空之职——兼说〈考工记〉的内容及作成时代》，《中华文史论丛》1983年第3辑。

② 《十三经注疏·周礼正义》，中华书局，1980年，第1338页。

③ 赵善诒：《韩诗外传补正》卷八，商务印书馆，1938年，第203页。

④ 《礼记·月令》：“是月也，命工师，令百工，审五库之量，金、铁、皮、革、筋、角、齿、羽、箭、干、脂、胶、丹、漆，毋或不良。百工咸理，监工日号，毋悖于时，毋或作为淫巧，以荡上心。”《十三经注疏·礼记正义》，中华书局，1980年，第1364页。

都城形制与西汉末年汉长安城的都城形制大致相似，二者之间存在某种内在的联系，从一门三道城门形制的发展以及汉长安城的建设过程看，《匠人营国》很可能是受到西汉末年长安城形制的启发或影响，其最终的写定时间在西汉末年，也即在此时《考工记》被补入《周礼》之中。

原载《文物》2017年第10期

（徐龙国，中国社会科学院考古研究所研究员；徐建委，中国人民大学文学院教授）

从汉唐昆明池考古看历史考古学的文献自觉

刘 瑞

据文献记载，昆明池为汉武帝在元狩三年（前120）、元鼎元年（前116）两次修建而成。《汉书·武帝纪》载，元狩三年“发谪吏穿昆明池”，颜师古注引如淳曰：“《食货志》以旧吏弄法，故谪使穿池，更发有赀者为吏也。”[①]《汉书·食货志》载，武帝时“越欲与汉用船战逐，乃大修昆明池，列馆环之。治楼船，高十余丈，旗帜加其上，甚壮”[②]。嗣后昆明池“习战”成为传统，至昭帝时方废。

王莽之后虽汉祚东迁，但昆明池依然存在。传世文献中保留了不少与其相关的记载。如其规模，《三辅黄图》载，“《三辅旧事》曰：‘昆明池地三百三十二顷……’。《图》曰：‘上林苑有昆明池，周匝四十里。’”[③]如后世的疏浚，《魏书·世祖纪》载，太平真君元年（440）二月“发长安五千人浚昆明池”[④]。《唐会要》卷八九载，贞元“十三年七月，诏曰，昆明池俯近都城，蒲鱼所产，宜令京兆尹韩皋充使修堰”[⑤]。《册府元龟》卷一四载，“十一月，韩皋奏：准敕涨昆明池，修石炭、贺兰两堰，并造土堰开淘湖渠”[⑥]。《旧唐书·文宗纪》载，大和九年（835）“时郑注言秦中有灾，宜兴土功厌之，乃浚昆明、曲江二池”[⑦]。此外，文献中还记载了不少昆明池侧宫观的名称。如《三辅黄图》载“宣曲宫，在昆明池西”，“豫章观，武帝造，在昆明池中，亦曰昆明观”，“白杨观，在昆明池

① 《汉书》卷六，中华书局，1962年，第177页。
② 《汉书》卷二四下，中华书局，1962年，第1170页。
③ 陈直校证：《三辅黄图校证》，陕西人民出版社，1980年，第93页。
④ 《魏书》卷四，中华书局，1974年，第93页。
⑤ 〔宋〕王溥：《唐会要》卷八九，中华书局，第1923页。
⑥ 《册府元龟》卷一四，凤凰出版社，2006年，第148页。
⑦ 《旧唐书》卷一七，中华书局，1975年，第561页。

东”，[1]等等。《旧唐书·李客师传》还载李客师“有别业在昆明池南”[2]。不过随着唐以后国家政治中心的东移，昆明池逐渐荒废，宋代学者宋敏求在其《长安志》“昆明池”条下明载，其所见“今为民田”[3]。

从文献的记载看，汉武帝早于昆明池六年开凿的漕渠，也与昆明池有密切联系。《水经注》卷一九载，“渭水又东北与镐水合，水上承镐池于昆明池北”，“渭水东合昆明故渠，渠上承昆明池东口，东迳河池陂北，亦曰女观陂。又东合泬水，亦曰漕渠”，“又东北迳新丰县，左合漕渠，汉大司农郑当时所开也。以渭水难漕，命齐水工徐伯发卒穿渠引渭。其渠自昆明池南，傍山原，东至于河，且田且漕，大以为便”[4]，显示经过一些渠道的连接，漕渠和昆明池构成了一个庞大的水利系统。宋敏求《长安志》“交水”条中，载交水“又西至石堨，分为二水。一水西流注丰，一水自石堨北经细柳诸原，北流入昆明池”[5]，指出交水下注昆明池。而在《类编长安志》“镐水”下更载，“按《长安图》，本南山石鳖谷水，至香积寺与坈河交，谓之交河，西北入石巷口，灌昆明池，北入古镐京，谓之镐水”[6]，明指香积寺之上石鳖谷（今名“石砭峪”）之水在石巷口（今名“石匣口”）注入昆明池。

随着考古学在中国的不断发展，考古学成为昆明池研究中的一项重要方法。从20世纪30年代至2012年之前，昆明池考古前后有6次：

（1）1935年，陈子怡在实地调查后发表《由昆明池而溯及镐京丰邑》，用较大篇幅讨论了昆明池的所在及范围。[7]

（2）1943年，中央研究院历史语言研究所石璋如在陕西关中考古调查时，在长安丰镐村发现“昆明池深约五公尺至七公尺，从西向东遗迹尚存”[8]。

（3）1955年前，顾铁符调查了西安附近的西汉石雕艺术[9]，其中有两件与昆明

---

① 陈直校证：《三辅黄图校证》，陕西人民出版社，1980年，第77、125、128页。

② 《旧唐书》卷六七，中华书局，1975年，第2482页。

③ 〔宋〕宋敏求：《长安志》，辛德勇、郎洁点校，三秦出版社，2013年，第388页。

④ 〔北魏〕郦道元注：《水经注疏》，杨守敬、熊会贞疏，江苏古籍出版社，1989年，第1563、1591、1617页。

⑤ 〔宋〕宋敏求：《长安志》，辛德勇、郎洁点校，三秦出版社，2013年，第388页。

⑥ 〔元〕骆天骧：《类编长安志》，黄永年点校，三秦出版社，2006年，第164页。

⑦ 陈子怡：《由昆明池而溯及镐京与丰邑》，见《西京访古丛稿》，西京筹备委员会，1935年。

⑧ 石璋如：《传说中周都的实地考察》，见《“中央研究院”历史语言研究所集刊》第20本下册，1949年。

⑨ 顾铁符：《西安附近所见的西汉石雕艺术》，《文物参考资料》1955年第11期。

池相关。

（4）1961年，中国科学院考古研究所对昆明池"进行了广泛的钻探。钻探的范围达400余万平方米……将与镐京有密切关系的汉昆明池范围大部探出"[①]，到"1963年春完成昆明池等古代水道的铲探工作"。但钻探图纸在"文革"中遗失，胡谦盈先生在1980年据记忆和工作日记对昆明池范围进行了描绘。[②]

（5）1983—1984年，陕西省考古研究所在镐京调查发现汉唐陶片。1984—1986年，陕西省考古研究所对五号建筑遗址进行发掘，发现五角形下水管道、汉代水井，发掘判断为周代建筑[③]，胡谦盈认为其非周代遗存[④]。从资料看，其当是与昆明池有关的汉代遗址。

（6）2005年，中国社会科学院考古研究所汉长安城工作队对汉唐昆明池遗址进行勘探试掘，"基本究明了遗址的范围、时代、进水渠、出水渠、池内高地以及池岸建筑遗址的分布等情况，并在遗址以北探明了另外两个古代水池——镐池与彪池遗址"[⑤]。

在上述6次考古中，第1次和第2次仅为地面踏察，第3次针对昆明池遗留石刻，第5次是在镐京考古中涉及昆明池，只有第4次和第6次（1961年和2005年）两次考古是专门针对昆明池而展开，工作规模大，收获自甚为丰富。这样，经过多次考古，与昆明池相关的问题逐渐廓清，有力推动了相关问题研究的持续深入。

但不容回避的是，就考古资料而言，1961年和2005年两次考古工作的成果，在昆明池池岸线位置、昆明池进水口、出水口位置等一系列重大问题上都存在巨大分歧。1961年资料的附图和文字均未介绍昆明池从何处进水，但描述了昆明池的两条出水渠道。其中一条是昆明池向沣河排水，另一条是昆明池西岸外的张村北侧、马营寨村以南大体中间的位置从昆明池向沣河排水，水在东岸外的万村北侧有水向东流出。2005年资料认为，昆明池在东南方向取水，通过万村西侧和北侧的两个进水口注入昆明池，除北岸三个出水口外，在西岸的张村东侧另有一个出水口。也就是

---

① 中国科学院考古研究所资料室：《中国科学院考古研究所一九六一年田野工作的主要收获》，《考古》1962年第5期；《关于〈中国科学院考古研究所1961年田野工作的主要收获〉的补充说明》，《考古》1962年第8期。

② 胡谦盈：《汉昆明池及其有关遗存踏察记》，《考古与文物》1980年第1期。

③ 陕西省考古研究所编：《镐京西周宫室》，西北大学出版社，1995年。

④ 胡谦盈：《丰、镐二京都城遗址的考古工作概况及其主要收获》，见《三代都址考古纪实——丰、镐周都的发掘与研究》，中国社会科学出版社，2009年，第53页。

⑤ 中国社会科学院考古研究所汉长安城工作队：《西安市汉唐昆明池遗址的钻探与试掘简报》，《考古》2006年第10期。

说，1961年认为在东西两侧出水，而2005年认为从东侧进水有水从西侧流出。但两次均认为的西侧出水渠道，1961年资料是向西南方向注入沣水，而2005年资料是向西北方向流淌，当然进出口的位置也有差异，可谓大相径庭。此外，1961年资料认为，昆明池西岸在过斗门镇后直接向东北延伸，与镐京没有太多叠压，南岸则基本是在东侧的万村与西南侧的石匣口村之间直接相连。2005年资料认为，昆明池的西岸要绕过斗门镇东侧后西折再向北延伸，在上泉北村东折后与北岸相连，东岸在万村继续向南，经下店至浦阳村北后西折为南岸，后延伸至石匣口村与西岸连接。很明显，两次考古资料在昆明池西北岸、东南岸线的走向上均存在巨大差异。

作为长安附近最重要的人工湖泊，一直有学者不断对昆明池进行历史地理学等方面研究。其复原成果，无论是清汪士铎《水经注图》[①]、杨守敬《水经注图》[②]，还是现代谭其骧的《中国历史地图集》[③]、史念海的《西安历史地图集》[④]，以及长期以来陆续对昆明池开展研究的黄盛璋[⑤]、马正林[⑥]、杨思植、杜甫亭[⑦]、郭声波[⑧]、吕卓民[⑨]、曹尔琴[⑩]、徐卫民[⑪]、史念海[⑫]、李令福[⑬]等学者，均据文献记载，高度一致地认为，昆明池的进水口就应在其西南的石匣口村一带，恰与1961年和2005年两次考古的判断完全不同。

---

① 〔清〕汪士铎：《水经注图》，〔清〕杨守敬等编绘：《水经注图》（外二种），中华书局，2009年，第723页。

② 〔清〕杨守敬等编绘：《水经注图》（外二种），中华书局，2009年，第304页。

③ 谭其骧主编：《中国历史地图集》（第2册），中国地图出版社，1996年，第15页“长安附近图”。

④ 史念海主编：《西安历史地图集》，西安地图出版社，1996年，第58页“昆明池图”。

⑤ 黄盛璋：《西安城市发展中的给水问题以及今后水源的利用与开发》，《地理学报》1958年第4期。

⑥ 马正林：《汉长安城兴起以前西安地区的自然环境》，《陕西师大学报》（哲学社会科学版）1979年第3期。

⑦ 杨思植、杜甫亭：《对西安城市供水问题的探讨》，《陕西师大学报》（自然社会科学版）1984年第1期。

⑧ 郭声波：《隋唐长安的水利》，见史念海主编：《唐史论丛》（第4辑），三秦出版社，1988年。

⑨ 吕卓民：《西安城南交潏二水的历史变迁》，《中国历史地理论丛》1990年第2期。

⑩ 曹尔琴：《从汉唐昆明池的变化谈国都与水的关系》，见中国古都学会编：《中国古都研究》（第12辑），山西人民出版社，1994年，第15页。

⑪ 徐卫民：《西汉上林苑的几个问题》，《文博》1994年第4期。

⑫ 史念海：《环绕长安的河流及有关的渠道》，《中国历史地理论丛》1996年第1期。

⑬ 李令福：《论西汉长安城都市水利》，见何一民、王毅、蒋成主编：《文明起源与城市发展研究》，四川大学出版社，2004年，第203—204页。

虽然在复旦大学李晓杰近年复原的昆明池水系中，一方面根据了2005年考古资料在昆明池东岸绘出进水口，但他同时还据文献在昆明池西南的石匣口村西绘出进水口。[①]而西北大学李建超在完全了解两次考古资料的情况下所开展的昆明池复原，则完全不同意考古资料的相关判断，依然将昆明池的进水口置于西南石匣口村西。[②]

一般而言，由于文献记载的简约和疏漏，对于很多重要的历史事物和事件，都会存在各种各样的学术争议，久难平息。而在考古学出现后，若对争议对象开展考古并有了新考古资料，那普遍的情况是争议双方都会按考古资料再重新进行讨论。

但从前述昆明池考古与研究的情况看，1961年和2005年两次考古资料无论是在池岸线位置，还是在进水、出水等关键问题上都存在着几乎完全不同的判断，而且更与文献记载和学者据文献得出的大量研究结果存在巨大差异。这种在有了新考古资料后，依然不断出现学者不认可考古资料而坚持文献记载的情况，应该说是罕见的。

那么，在这种情况下，我们就不仅要反思传世文献和学者研究的依据和逻辑判断是否合适，同样也要思考之前获得的考古资料本身是不是真的"可靠"——尤其当两次考古还存在巨大差异的情况下。于是，在不断审视传世文献的同时，若能再次开展考古工作，就必然会对相关问题的解决提供积极线索。

非常幸运的是，从2012年秋开始，由中国社会科学院考古研究所与西安市文物保护考古研究院联合组成的阿房宫与上林苑考古队，为配合陕西省斗门水库建设，在之前两次考古判断的昆明池遗址及其周边区域，展开了长时间大规模的考古勘探与试掘。

经过几年工作，考古队重新勘探确定了昆明池的池岸线位置，了解了昆明池池岸的结构、特征和早晚变化，而且确定了早期昆明池面积约14.2平方公里，唐代中期扩大为15.4平方公里的变化情况。其所确定的昆明池西岸北段及北岸的走向，与2005年考古资料基本一致，而昆明池的东岸南段及南岸的走向则与1961年约略相同。

为从根本上解决长期以来考古学与历史地理学、考古学本身都争议不绝的昆明池水来源问题，考古队不仅对之前两次考古勘探确定的昆明池进出水口进行了复探和试掘，而且还对文献记载和学者研究一直坚持的昆明池西南的石匣口村一带展开重点勘探，最后确定此处确有沟渠将水引入昆明池，证明文献记载所言不虚，之

① 李晓杰：《渭水流域分图十一》，见李晓杰主编：《水经注校笺图释·渭水流域诸篇》（下），复旦大学出版社，2017年，第345页。

② 李建超：《昆明池历史演变与地理环境》，见陕西省西咸新区沣东新城管委会、陕西历史文化名城研究会编：《昆明池研究》，陕西科学技术出版社，2014年，第132页。

前学者的坚持现在看来当然非常值得肯定。而进一步的勘探表明，石匣口发现的进水沟渠，向上可上溯至秦岭石砭峪，经较长距离于石匣口村西北注入昆明池，此外在昆明池周边再无进水口。更让人欣喜的是，在该次考古工作中，在昆明池南侧、东侧发现了之前两次考古均未发现的汉唐漕渠，昆明池有向东的水道将池水注入漕渠，相关发现与前引文献记载基本一致。[①]

这样，新的考古工作表明，传世文献中有关昆明池的记述虽较简略，但其对昆明池进出水的问题及在昆明池旁有无漕渠的记述上，均无误载。之前学者据文献开展的一系列研究，特别是李建超从文献、从地形地貌出发直面质疑考古资料的努力，不仅基本符合历史事实，且其体现的学术自信和求真务实的精神更值得珍视。

中国有着悠久的史学传统，为我们留下了非常丰富的文献记载，这是今天研究历史、探根究源的核心资料。传世文献所构建的中国历史框架，虽在历史学、文献学研究者的不懈努力下得到不断深化，特别是在考古学传入中国后大量发现不断更新乃至改写着文献中的有关记述，但基于文献建立的中国史的基本格局并未从根本上改变。

夏鼐、王仲殊在20世纪80年代早期即已指出，“考古学是根据古代人类通过各种活动遗留下来的实物以研究人类古代社会历史的一门科学”[②]。作为研究古代社会的考古学，“从研究的年代范围上划分，考古学可分为史前考古学和历史考古学两大分支……史前考古学的研究范围是未有文字之前的人类历史，历史考古学的研究范围则限于有了文献记载以后的人类历史，两者的界限在于文字的发明”[③]。历史考古学“主要研究青铜时代尤其是铁器时代”。研究不同时代的考古学的任务有所不同，“史前考古学承担了究明史前时代人类历史的全部责任，而历史考古学则可以与历史学分工合作，相辅相成，共同究明历史时代人类社会的历史”。

从研究方法看，历史考古学“必须与历史学相配合，同时还要依靠古文字学、铭刻学、古钱学和古建筑学等分支”。“从断定绝对年代的手段来说，史前考古学在很大程度上要依靠物理学、化学等自然科学的技术，而历史考古学则主要依靠文

---

① 阿房宫与上林苑考古队：《西安汉唐昆明池水系的考古勘探与试掘（2012—2016）》，《中国文物报》2017年3月24日。

② 夏鼐、王仲殊：《考古学》，见中国大百科全书总编辑委员会、中国大百科全书出版社编辑部编：《中国大百科全书·考古学》，中国大百科全书出版社，1986年，“考古学”第2页。

③ 夏鼐、王仲殊：《考古学》，见中国大百科全书总编辑委员会、中国大百科全书出版社编辑部编：《中国大百科全书·考古学》，中国大百科全书出版社，1986年，“考古学”第16页。

献记载和年历学的研究”，“断定绝对年代的方法，在历史考古学领域内，主要是依靠文献记载和年历学的研究”。[①]

夏鼐、王仲殊还指出，在开展考古“调查之前，要广泛查阅文献，同时要充分利用地图和地名学的研究成果，以便得到探求各种遗迹、遗物的线索”[②]。以昆明池而言，除文献记载外，前述李健超研究的重要基础，是20世纪30年代以来该地区大地测量成果显示出的地形地貌和河流走向。而从昆明池一带的现地名看，除了前述一直流传石匣口村取水的“石匣口村”村名外，昆明池西岸的堰下张村、斗门镇、上泉村、下泉村、落水村等都是与水有关的地名。它们不仅是探寻昆明池的重要资料，而且从后来的考古资料看，其都紧邻昆明池岸，是汉唐昆明池悠久历史的深厚记忆。

从1961年、2005年和2012年以来的昆明池考古看，当考古资料与文献记载出现不一致的情况后，除要慎重考虑是不是存在文献记载或传抄有误的情况外，也要慎重考虑是不是考古资料本身存在不足。

其实早在1999年，张忠培就曾专门著文讨论了考古学的局限性问题，指出“对考古学的局限性，我们不仅不能回避，而且应勇于直面它”[③]。2016年，钱耀鹏进一步分析了考古学的局限性，指出“考古学在基础研究即信息提取方面所具有的自然科学属性和历史阐释层面的人文科学属性，所谓学科优势与局限性，都是比较而言的；在历史研究领域，无论实物资料还是历史文献或民族志资料，除了在历史研究中各具某些优势之外，也分别存在一些‘与生俱来’的先天性缺陷，没有优劣之分，相互借鉴需以批判的态度克服简单的‘拿来主义’倾向。唯有如此，才能有效实现不同学科、不同历史资料形式的优势互补”[④]。

因此，如果从昆明池考古的经历看，在历史考古学中，在坚持开展田野考古的同时，也应对传世的各种历史文献，自觉给予充分的重视。那种认为传世文献和考古资料都很真实的判断，将文献和考古资料不断“神化”而不允许质疑的做法，轻

---

① 夏鼐、王仲殊：《考古学》，见中国大百科全书总编辑委员会、中国大百科全书出版社编辑部编：《中国大百科全书·考古学》，中国大百科全书出版社，1986年，“考古学”第17、14页。

② 夏鼐、王仲殊：《考古学》，见中国大百科全书总编辑委员会、中国大百科全书出版社编辑部编：《中国大百科全书·考古学》，中国大百科全书出版社，1986年，“考古学”第12页。

③ 张忠培：《浅谈考古学的局限性》，《故宫博物院院刊》1999年第2期。

④ 钱耀鹏：《略论考古学的优势与局限性》，见文化遗产研究与保护技术教育部重点实验室等编：《西部考古》（第11辑），三秦出版社，2016年。

易否定文献而盲从考古资料的做法，都不可取。

从考古情况看，作为汉唐都城最重要的水利工程，昆明池一方面是有着各种文献和学者几乎众口铄金般的近乎一致的记述和认识，另一方面则是两次结果存在巨大差异的考古成果，孰是孰非，肯定需要进行审慎考察，不轻易否定文献或考古，也不能盲从而不疑。

昆明池第三次考古的收获，除在该地区进行了远超之前两次考古的长时间而全面的考古勘探和必要的发掘外，之所以取得前述发现的最重要的基础，是在开始新一次的考古工作之前，全面考察了文献记载和两次考古资料的异同，自觉从文献记载出发，针对性地对文献和学者研究一直没有疑义的昆明池进水口所在的石匣口村一带展开了重点勘探。当然，最后的发现恰恰证明文献和学者研究的无误。

这就表明，当文献记载的内容与一两次考古结果不一致时，如能从文献出发，对相关考古资料和对象进行反复的踏查、排除、探寻，自然会得到“意想不到”的结果。

夏鼐曾将考古资料与文献记载做了形象比喻，说它们“犹如车子的两轮，飞鸟的两翼，不可偏废”[①]。王仲殊回忆夏鼐的成就时指出，“在从事专题研究、进行综合研究时，考古学者除了依据调查发掘所得的考古实物资料以外，还必须结合历史文献的记载。古代中国的历史文献记载十分丰富，而且多是翔实可靠的，非常值得考古学者们在进行专题研究和综合研究时仔细参考认真引用”[②]。而夏鼐一系列重要的历史考古学的论述，莫不是文献与考古材料结合的典范。[③]

在历史考古学中，无论是考古调查还是考古勘探与发掘，都要广泛查阅文献，只有全面收集文献记载、审慎判定文献后，才能对与文献记载不同的考古结果保持足够警惕。无论从事历史学还是考古学的研究人员，想来都应如在开展传统研究前“质疑”文献记载一样，对考古学的局限性、考古资料的局限性有足够认知。这样，历史考古学的发展才会更加美好，不然很容易陷入“孤掌难鸣”和“独翼难飞”——毕竟历史上曾出现的“独轮车”早已被更加平衡的多轮车代替。

原载《中国史研究》2021年第3期

（刘瑞，中国社会科学院考古研究所研究员）

① 夏鼐：《什么是考古学》，《考古》1984年第10期。

② 王仲殊：《夏鼐先生与中国考古学》，《考古》2010年第2期。

③ 姜波：《夏鼐先生的学术思想》，《华夏考古》2003年第1期。

西汉帝陵形制要素的分析与推定

焦南峰

从20世纪初至今，经过一个世纪多的踏查、调查、钻探、发掘和研究，考古学界对西汉帝陵的认识从少到多、由浅入深，取得了较大的进展。[①]特别是21世纪初国家文物局实施大遗址保护考古研究工作以来，西汉帝陵的田野考古工作有了许多新的收获，使我们有可能对其中部分问题开展一些较为宏观、较为深入的探索。下面，借近水楼台之利，就西汉帝陵形制要素问题略陈己见，希望收到引玉之砖的效果。

一、题解

众所周知，经过商、周、秦一千多年的发展演变，到西汉时期，中国古代帝王陵墓制度进展到了一个新的、较为成熟完善的阶段。这一时期的帝陵完全摆脱了“多代国君集中埋葬于同一墓地”的原始“氏族遗痕”，在结构上也完成了由商周“集中公墓制”到秦汉“独立陵园制”的进化过程，成为一座座“陵园独立化、陵区规模化、设施复杂化、功能完善化”的独立陵园。[②]

作为“设施复杂化、功能完善化”的独立陵园，西汉帝陵的各类设施已经相当复杂，其功能也臻于完善。本文的主旨就是根据历史文献和田野考古资料，采用“双重证据法”，对组成西汉帝陵的各类建筑构造或曰形制要素的存在与否进行分析和推定，为相对宏观的帝陵形制特点研究奠定基础。也就是说，本文研究的是陵园、墓穴、封土、外藏坑、陪葬墓等具体的、形而下的西汉帝陵建筑构造的有无和区别，至于其形制特点、演变、分期，乃至与之有关的一些形而上的理念、思路、

① 据统计，已经发表的西汉帝陵田野考古资料大致有五十余篇（部），本文将根据需要逐一引用，此不赘述。

② 赵化成：《从商周“公墓制”到秦汉“独立陵园制”的演化轨迹》，《文物》2006年第7期。

礼俗等则不在其列。而上述众多的、形而下的建筑构造和大量的、形而上的理念、思路、礼俗等的综合大概就是我们所谓的西汉帝陵制度。

二、目前的研究状况

20世纪80年代初，徐苹芳最早论述了西汉帝陵的诸如陵园、封土、寝殿、原庙、陪葬墓、陵邑等形制特点。[①]

稍后，刘庆柱、李毓芳在其力作《关于西汉帝陵形制诸问题探讨》《西汉十一陵》中对封土、方中、陵园、陵园的门阙、寝园、陵庙、陪葬坑、陪葬墓和陵邑等西汉帝陵形制要素进行了分析研究，并开始探讨其形制演变规律。[②]

2000年，王学理在研究秦汉帝王陵园制度的继承和演变时对陵墓、陵园、礼制建筑、从葬坑、陪葬墓、陵邑等六个形制要素进行了重点论述。[③]

笔者在20世纪末撰写，2006年修订、发表的《西汉帝陵考古发掘研究的历史及收获》中总结了当时所掌握的西汉帝陵形制的九个特点，并就个别特点早、中、晚期的变化进行了简略表述。[④]2009年6月，在配合台湾"汉阳陵文物展"撰写的《西汉帝陵发掘研究概要》一文中，笔者又将西汉帝陵形制更新为十大特点，同时简略介绍了其中陵园、陵邑、门阙等的早晚变化。[⑤]

此外，王建新、岳起、刘卫鹏、马永嬴、梁云等学者也对西汉帝陵的形制要素进行了一些研究和论述。[⑥]

三、形制要素

笔者认为构成西汉帝陵建筑形制的主要组成或基本要素应有陵园、封土、墓

① 徐苹芳：《中国秦汉魏晋南北朝时代的陵园和茔域》，《考古》1981年第6期。

② 刘庆柱、李毓芳：《关于西汉帝陵形制诸问题探讨》，《考古与文物》1985年第5期；刘庆柱、李毓芳：《西汉十一陵》，陕西人民出版社，1987年。

③ 王学理：《秦汉相承帝王同制———略论秦汉皇帝和汉诸侯王陵园制度的继承和演变》，《考古与文物》2000年第6期。王先生当时论述了七点，其中有一点为"修陵时间"。

④ 焦南峰：《西汉帝陵考古发掘研究的历史及收获》，见西北大学考古学系、西北大学文化遗产与考古学研究中心编：《西部考古》（第1辑），三秦出版社，2006年。

⑤ 焦南峰：《西汉帝陵发掘研究概要》，见《微笑彩俑：汉景帝的地下王国》，台北，2009年。

⑥ 王建新：《"阳陵模式"与西汉帝陵制度》，见《汉唐陵墓制度研究·项目最终成果报告》，2005年；咸阳市文物考古研究所：《西汉帝陵调查钻探报告》，文物出版社年，2010年；马永嬴：《谈谈汉代帝陵制度变化的几个阶段》，见洛阳市第二文物工作队编：《洛阳汉魏陵墓研究论文集》，文物出版社，2009年；梁云：《秦汉都城和陵墓建制的继承与变异》，《陕西师范大学学报》（哲学社会科学版）1999年第3期。

穴、门阙、寝园、陵庙、外藏坑、道路、陪葬墓、祔葬墓、陵邑、刑徒墓地及园省、园寺吏舍、修陵人居址等十余部分。

（1）陵园。陵园是陵墓的结构主体，是帝王们地下阴宅的整体象征，在考古学研究中一般情况下可视为圈定陵墓、界划陵区的重要标志。

中国古代陵墓设置带围沟（或曰兆沟、隍濠）的陵园较早的见于甘肃礼县大堡子山的春秋早期秦人的“西陲”陵园[①]，春秋中晚期至战国早中期的秦都雍城陵区十多座陵园普遍使用围沟来圈定陵墓、界划陵区[②]。而使用夯筑围墙来修建陵园其时代不会晚于战国时期河北平山县的中山国国王嚳墓中，出土有铜版“兆域图”，上面用金银丝错出国王嚳的陵园平面图。图中可见，其陵墓至少有内宫垣和中宫垣两重陵园，甚至可能还有外宫垣，亦即第三重陵园。[③]此外，河南省辉县固围村魏国王陵发现陵墓四周有板筑夯土墙垣，河北邯郸赵国王陵三号陵发掘了陵园墙垣遗迹，陕西战国咸阳周陵镇秦陵园、陕西长安神禾原战国秦陵园及秦始皇陵均发现有双重垣墙，或有围沟。[④]

西汉帝陵的陵园文献中称之为“园陵”，或“园”。《汉书·五行志上》记载：（杜陵）“园陵小于朝廷，阙在司马门中。”[⑤]《汉书·外戚传》记载：（孝宣王皇后）“永始元年崩，合葬杜陵，称东园。”颜师古认为：“虽同茔兆而别为

---

① 王辉：《也谈礼县大堡子山秦公墓地及其铜器》，《考古与文物》1998年第5期；陈平：《浅谈礼县秦公墓地遗存与相关问题》，《考古与文物》1998年第5期；戴春阳：《礼县大堡子秦公墓地及有关问题》，《文物》2000年第5期；张天恩：《试说秦西山陵区的相关问题》，《考古与文物》2003年第3期；梁云：《早期秦文化相关问题探讨》，《唐都学刊》2006年第3期；田亚岐、张文江：《甘肃礼县大堡子山秦陵墓主考》，《唐都学刊》2006年第3期；杨惠福、侯红伟：《礼县大堡子山秦公墓主管见》，《考古与文物》2007年第6期；赵化成、王辉、韦正：《礼县大堡子山秦子“乐器坑”相关问题探讨》，《文物》2008年第11期；早期秦文化考古联合课题组：《甘肃礼县大堡子山早期秦文化遗址》，《考古》2007年第7期。

② 韩伟：《凤翔秦公陵园钻探与试掘简报》，《文物》1983年第7期；陕西省雍城考古队：《凤翔秦公陵园第二次钻探简报》，《文物》1987年第5期；韩伟、焦南峰：《秦都雍城考古发掘研究综述》，《考古与文物》1988年第C1期。

③ 河北省文物管理处：《河北省平山县战国时期中山国墓葬发掘简报》，《文物》1979年第1期。

④ 刘庆柱、李毓芳：《西汉十一陵》，陕西人民出版社，1987年；陕西省考古研究院、咸阳市文物考古研究所：《“周王陵”考古调查、勘探简报》，《考古与文物》2011年第1期；陕西省考古研究所：《西安战国秦陵园遗址田野发掘新收获》，《考古与文物》2008年第5期；袁仲一：《秦始皇陵兵马俑研究》，文物出版社，1990年。

⑤ 《汉书·五行志上》，中华书局，1962年，第1336页。

坟，王后陵次宣帝陵东，故曰东园也。”[①]《汉书·外戚传》曰：“孝成班倢伃，帝初即位选入后宫。”“至成帝崩，倢伃充奉园陵，薨，因葬园中。”[②]

21世纪初之前，有专家认为“西汉帝陵应该至少是按双重城垣设计的”。但田野考古发现西汉帝陵“只有一重墙垣”[③]。2003年，汉阳陵考古队在阳陵钻探首次发现了西汉帝陵的外陵园[④]。

最新的汉高祖长陵、汉景帝阳陵、汉武帝茂陵、汉哀帝义陵等考古调查钻探资料验证了历史文献的相关记载，并进一步证实，在整个西汉帝陵的发展、演变过程中，陵园一直是最主要的形制要素之一。西汉帝陵的陵园均由夯土垣墙圈合组成，有一重或两重之分，外陵园外或有围沟环绕[⑤]。

（2）墓穴。墓穴是墓主尸身及其棺椁葬具的放置空间。在墓葬开始出现时的墓穴应是墓葬的全部，随着陵墓的扩大化和复杂化，它成为陵墓的一部分。但无论如何，它是陵墓最主要的组成部分，是陵墓的中心。

西汉帝陵的墓穴，当时称之为“方中”。

《汉书·张汤传》曰：“父死后，汤为长安吏。周阳侯为诸卿时，尝系长安，汤倾身事之。及出为侯，大与汤交，遍见贵人。汤给事内史，为甯成掾，以汤为无害，言大府，调茂陵尉，治方中。”其注，孟康曰：“方中，陵上土作方也，汤主治之。”苏林曰：“天子即位，豫作陵，讳之，故言方中，或言斥土。”如淳曰：“汉注陵方中用地一顷，深十二丈。”师古曰：“苏说非也。古谓掘地为坑曰方，今荆楚俗土功筑作算程课者，犹以方计之，非谓避讳也。”[⑥]《后汉书·皇后纪》云：“及殇帝崩，太后定策立安帝，犹临朝政。以连遭大忧，百姓苦役，殇帝康陵方中秘藏，及诸工作，事事减约，十分居一。”其注云：“方中，陵中也。冢藏之

---

① 《汉书·外戚传》，中华书局，1962年，第3970页。此外，传世有永始元年制造的“杜陵东园铜壶”和“杜陵东园铜钟”可证。刘庆柱、李毓芳：《西汉十一陵》，陕西人民出版社，1987年。

② 《汉书·外戚传》，中华书局，1962年，第3893、3988页。

③ 刘庆柱、李毓芳：《西汉十一陵》，陕西人民出版社，1987年。

④ 焦南峰：《试论西汉帝陵的建设理念》，《考古》2007年第11期。

⑤ 焦南峰：《试论西汉帝陵的建设理念》，《考古》2007年第11期；焦南峰：《“十一五”西汉帝陵大遗址考古新收获》，《中国文物报》2010年4月2日第5版；陕西省考古研究院、咸阳市文物考古研究所、茂陵博物馆：《汉武帝茂陵考古调查、勘探简报》，《考古与文物》2011年第2期；陕西省考古研究院、咸阳市文物考古研究所：《汉哀帝义陵考古调查、勘探简报》，《考古与文物》2012年第5期。

⑥ 《汉书·张汤传》，中华书局，1962年，第2637—2638页。

中，故言秘也。”[①]《后汉书·礼仪下》注引汉旧仪略载前汉诸帝寿陵曰：“天子即位明年，将作大匠营陵地，用地七顷，方中用地一顷，深十三丈。堂坛高三丈，坟高十二丈。”其注引《皇览》曰：“汉家之葬，方中百步，已穿筑为方城。其中开四门，四通，足放六马，然后错浑杂物，捍漆缯绮金宝米谷，及埋车马虎豹禽兽。”[②]“掘地为坑曰方”，“方中用地一顷，深十二丈”，“方中用地一顷，深十三丈”，“方中，陵中也”，“汉家之葬，方中百步，已穿筑为方城。其中开四门，四通”，等等。可见，“方中”即所谓墓圹、墓穴，位置处于陵园的正中，平面为方形；方中百步或用地一顷，深十二或十三丈；“穿筑为方城”，开四门，四通。

1982—1983年，中国社会科学院考古研究所首次钻探出汉宣帝杜陵帝陵墓穴的四条墓道[③]，而后不久又全面探清楚汉高祖父亲刘太公“太上皇陵”墓穴的“亚”字形平面形状[④]。此后，陕西省考古研究院和咸阳市文物考古研究所又先后探明了汉景帝阳陵帝陵和后陵、汉武帝茂陵帝陵、汉哀帝义陵帝陵、汉元帝渭陵帝陵和后陵、汉平帝康陵帝陵和后陵的“亚”字形墓穴形制。[⑤]

大量考古调查、钻探资料和相关历史文献说明，在西汉帝陵中，帝、后陵的墓穴即所谓的“方中”在考古学上应是一种平面方形、有四条墓道、东墓道最长、坐西面东的大型竖穴土圹，即所谓的天子级别的“亚”字形大墓。

（3）封土。早期的陵墓未见封土，所谓“古之葬者，厚衣之以薪，臧之中野，不封不树”[⑥]。封土出现时的主要功能应是封护墓穴，后演变为陵墓的地标性建筑。

春秋战国之际，墓葬开始出现封土。现存较早的陵墓封土，有战国时代咸阳的秦惠文王公陵、安徽寿县的楚幽王陵、河北邯郸的赵王陵、河北易县的燕王陵、山东临淄的齐王陵和湖北随县的曾侯陵墓等。[⑦]

---

① 《后汉书·皇后纪》，中华书局，1965年，第423页。

② 《后汉书·礼仪下》，中华书局，1965年，第3144页。

③ “陵墓四面正中各有一条墓道，墓道内均为夯土填筑。四条墓道大小、形制基本相同。墓道平面为梯形，底部为斜坡状。”中国社会科学考古研究所杜陵工作队：《1982—1983年西汉杜陵的考古工作收获》，《考古》1984年第10期。

④ 刘庆柱、李毓芳：《西汉十一陵》，陕西人民出版社，1987年。

⑤ 陕西省考古研究所阳陵考古队：《汉景帝阳陵考古新发现》，《文博》1999年第6期；焦南峰等：《“十一五”西汉帝陵大遗址考古新收获》，《中国文物报》2010年4月2日第5版；陕西省考古研究院、咸阳市文物考古研究所、茂陵博物馆：《汉武帝茂陵考古调查、勘探简报》，《考古与文物》2011年第2期；陕西省考古研究院：《汉阳陵帝陵陵园南门遗址发掘简报》，《考古与文物》2011年第3期；陕西省考古研究院、咸阳市文物考古研究所：《汉哀帝义陵考古调查、勘探简报》，《考古与文物》2012年第5期。

⑥ 《十三经注疏·周易》，中华书局，1982年。

⑦ 刘庆柱、李毓芳：《西汉十一陵》，陕西人民出版社，1987年。

西汉帝陵营建伊始，就有覆盖在方形墓穴之上、平面又呈方形的封土，故时人称之为“方上”。《汉书·赵尹韩张两王传》：“赵广汉字子都，涿郡蠡吾人也，故属河间。少为郡吏、州从事，以廉洁通敏下士为名。举茂材，平准令。察廉为阳翟令。以治行尤异，迁京辅都尉，守京兆尹。会昭帝崩，而新丰杜建为京兆掾，护作平陵方上。”其注孟康曰：“圹臧上也。”[①]“初，大司农取民牛车三万两为僦，载沙便桥下，送致方上，车直千钱，延年上簿诈增僦直车二千，凡六千万，盗取其半。”[②]或曰“坟”。《汉旧仪》：“天子即位明年，将作大匠营陵地，用地七顷，方中用地一顷。深十三丈，堂坛高三丈，坟高十二丈。武帝坟高二十丈，明中高一丈七尺，四周二丈，内梓棺柏黄肠题凑，以次百官藏毕。”[③]

后人见其高似山丘，故曰“山”。“长陵山东西广百二十步，高十三丈，在渭水北，去长安城三十五里。”“阳陵山，方百二十步，高十四丈。”[④]

对封土的观察、测量、研究，是最早、也是最多展开的西汉帝陵形制要素研究[⑤]。较多专家认可的观点是：“西汉帝陵封土一般为‘堂’形”，“还有少数为‘坊’形”，“西汉少数帝陵封土的上中部内收成台”。[⑥]

依据最新的考古勘探资料，我们认为：“关中地区的秦、西汉帝王陵历史上遭到多次盗扰，经过多次修复，加之两千余年农林水产活动及风霜雨雪的侵蚀，故现存的封土与始建原貌必然会有所差异。”“因此，直接以现存封土为基础进行的研究，理论上都会有所失误。”“但是，考虑到历史上的破坏程度及历代修复应尽可能便捷的原则，以秦、西汉帝王陵封土现状为基础，参照其多次盗掘、修复的变化历程，结合历史文献的记载，对其形制的研究应当是可行的，特别是规模巨大的秦汉帝陵。”依据西汉帝陵的方形“方中”，参照有关“方上”的研究成果，考虑

---

① 《汉书·赵尹韩张两王传》，中华书局，1962年，第3199页。

② 《汉书·酷吏传》，中华书局，1962年，第3665—3666页。

③ 《后汉书·礼仪下》，中华书局，1965年，第3550页。

④ 分别见于《史记·高祖本纪》和《史记·孝景本纪》裴骃《集解》引皇甫谧注。

⑤ 杨鸿勋：《关于秦代以前墓上建筑的问题》，《考古》1982年第4期；李毓芳：《西汉帝陵封土渊源与形制》，《文博》1987年第3期；刘庆柱、李毓芳：《西汉十一陵》，陕西人民出版社，1987年；梁云：《秦汉都城和陵墓建制的继承与变异》，《陕西师范大学学报》（哲学社会科学版）1999年第3期；王学理：《秦汉相承帝王同制———略论秦汉皇帝和汉诸侯王陵园制度的继承和演变》，《考古与文物》2000年第6期；焦南峰：《西汉帝陵考古发掘研究的历史及收获》，见西北大学考古学系、西北大学文化遗产与考古学研究中心编：《西部考古》（第1辑），三秦出版社，2006年。

⑥ 刘庆柱、李毓芳：《西汉十一陵》，陕西人民出版社，1987年；李毓芳：《西汉帝陵封土渊源与形制》，《文博》1987年第3期。

到封土的基本功能意图，“方形的墓室之上覆盖‘覆斗状’封土应是较为可信的结论”。“至于‘二层台’式、‘三层阶梯’状、‘坊形’则缺乏充足的历史文献和考古资料依据。”①

（4）门阙。门阙是西汉帝陵最主要的组成部分——陵园的一部分，也出现在陵园内的礼制建筑庙园的四周，一般由门道、阙台、门塾及回廊、散水组成。由于门阙的设置及其形制的变化涉及西汉帝陵制度的创立、定型及变化，因此有必要将其从陵园中提出进行专题的考古学研究。

西汉帝陵的门阙文献中称之为“阙”“门阙”“阙门”“三出阙”以及“司马门”等。

①阙。如，东阙。《汉书·五行志上》：“永光四年六月甲戌，孝宣杜陵园东阙南方灾。”②《后汉书·桓帝纪》：“夏四月，长沙贼起，寇桂阳、苍梧。惊马逸象突入宫殿。乙丑，恭陵东阙火。”③南阙。《汉书·五行志上》：“永始元年正月癸丑，大官凌室灾。戊午，戾后园南阙灾。”④北阙。《汉书·五行志上》：“鸿嘉三年八月乙卯，孝景庙北阙灾。十一月甲寅，许皇后废。”⑤

②门阙。《汉书·成帝纪》：“六月甲午，霸陵园门阙灾。”⑥《汉书·董贤列传》：“又令将作为贤起冢茔义陵旁，内为便房，刚柏题凑，外为徼道，周垣数里，门阙罘罳甚盛。”⑦

③阙门。《史记·李将军列传》：“广死明年，李蔡以丞相坐侵孝景园壖地，当下吏治，蔡亦自杀，不对狱，国除。”⑧其注引《黄图》云：“阳陵阙门西出，神道四通。茂陵神道广四十三丈”。

④三出阙。《汉书·霍光列传》：“禹既嗣为博陆侯，太夫人显改光时所自造茔制而侈大之。起三出阙，筑神道，北临昭灵，南出承恩，盛饰祠室，辇阁通属永巷，而幽良人婢妾守之。广治第室，作乘舆辇，加画绣絪冯，黄金涂，韦絮荐轮，侍婢以五采丝挽显，游戏第中。”⑨

---

① 焦南峰：《秦汉帝王陵封土研究的新认识》，《文物》2012年第12期。
② 《汉书·五行志上》，中华书局，1962年，第1336页。
③ 《后汉书·桓帝纪》，中华书局，1965年，第309页。
④ 《汉书·五行志上》，中华书局，1962年，第1336页。
⑤ 《汉书·五行志上》，中华书局，1962年，第1336页。
⑥ 《汉书·成帝纪》，中华书局，1962年，第342页。
⑦ 《汉书·董贤列传》，中华书局，1962年，第3734页。
⑧ 《史记·李将军列传》，中华书局，1982年，第2876页。
⑨ 《汉书·霍光列传》，中华书局，1962年，第2950页。

⑤司马门。《汉书·外戚列传上》："五官以下，葬司马门外。"[①]服虔曰："陵上司马门之外。"《汉书·五行志上》："永光四年六月甲戌，孝宣杜陵园东阙南方灾。……园陵小于朝廷，阙在司马门中，内臣石显之象也。"[②]司马门或称司马殿门。如《汉书·成帝纪》："秋七月，诏曰：'朕执德不固，谋不尽下，过听将作大匠万年言昌陵三年可成。作治五年，中陵、司马殿门内尚未加功。天下虚耗，百姓罢劳，客土疏恶，终不可成。朕惟其难，怛然伤心。夫'过而不改，是谓过矣'。其罢昌陵，及故陵勿徙吏民，令天下毋有动摇之心。"[③]

从考古资料来看，西汉帝陵均设有门阙。

从1982—1983年中国社会科学院考古研究所杜陵工作队发掘汉宣帝帝陵东门遗址、汉宣帝杜陵后陵东门遗址以来[④]，考古工作者调查、钻探了几乎所有汉陵门阙，并先后发掘了汉景帝阳陵帝陵南门遗址、汉景帝阳陵南门遗址、汉景帝阳陵后陵东门遗址等，取得了较多资料。[⑤]

（5）寝园。在西汉帝陵的众多建筑构造中，由寝殿和便殿等组成的寝园是最基本、最重要、使用时间最长的祭祀性建筑。

西汉帝陵皆有寝园。《汉书·百官公卿表》云："奉常，秦官，掌宗庙礼仪，有丞。景帝中六年更名太常。属官有太乐、太祝、太宰、太史、太卜、太医六令丞，又均官、都水两长丞，又诸庙寝园食官令长丞，有雍人宰、太祝令丞，五畤各一尉。又博士及诸陵县皆属焉。"[⑥]

除帝陵外，少数特封的王、后、太后、太子陵园也建有寝园。"而昭灵后、武哀王、昭哀后、孝文太后、孝昭太后、卫思后、戾太子、戾后各有寝园，与诸帝合，凡三十所。"[⑦]

寝园又称园寝。《后汉书·祭祀下》："古不墓祭，汉诸陵皆有园寝，承秦所为也。"[⑧]

寝园由寝殿、便殿组成。《汉书·韦贤传》："又园中各有寝、便殿。日祭于

---

① 《汉书·外戚列传上》，中华书局，1962年，第3935页。

② 《汉书·五行志上》，中华书局，1962年，第1336页。

③ 《汉书·成帝纪》，中华书局，1962年，第320页。

④ 中国社会科学考古研究所杜陵工作队：《1982—1983年西汉杜陵的考古工作收获》，《考古》1984年第10期。

⑤ 陕西省考古研究院：《汉阳陵帝陵陵园南门遗址发掘简报》，《考古与文物》2011年第3期。

⑥ 《汉书·百官公卿表》，中华书局，1962年，第726页。

⑦ 《汉书·韦贤传》，中华书局，1962年，第3116页。

⑧ 《后汉书·祭祀下》，中华书局，1965年，第3219页。

寝，月祭于庙，时祭于便殿。寝，日四上食；庙，岁二十五祠；便殿，岁四祠。又月一游衣冠。”①

寝殿是寝园的正殿。《后汉书·祭祀下》：“寝有衣冠几杖象生之具，以荐新物。秦始出寝，起于墓侧，汉因而弗改，故陵上称寝殿，起居衣服象生人之具，古寝之意也。”②有注云：“寝者，陵上正殿。”③

便殿是寝园的别殿、侧殿。《后汉书·肃宗孝章帝纪》注引《续汉书》：“便殿，寝侧之别殿，即更衣也。”④

西汉帝陵发现并经过发掘可以确认的寝园有汉宣帝杜陵帝陵寝园和汉宣帝杜陵后陵寝园。⑤考古调查、钻探发现并推测为寝园或寝园的组成部分（寝殿、便殿）的有汉景帝阳陵帝陵东南的三号建筑遗址，汉武帝茂陵北侧的八号和九号建筑遗址，汉元帝渭陵帝陵北侧的四号、五号遗址，汉元帝渭陵后陵北侧的一、三号遗址，以及汉哀帝义陵帝陵北侧的一、二号建筑遗址。⑥

（6）陵庙。宗庙是古代帝王、诸侯等为祭祀祖先而专门建立的礼制性建筑。

有学者认为：“从文献记载来看，秦国从秦昭王起，已开始把‘庙’建立到王陵的附近。”⑦但目前的考古资料还不能证明。⑧

西汉帝陵建设陵庙，具有一点偶然性。据《汉书·叔孙通传》载，汉惠帝为补救“乘宗庙道上行”的失误，听从叔孙通“为原庙渭北，衣冠月出游之，益广宗庙，大孝之本”的劝谏，于惠帝四年“诏有司立原庙”⑨。时渭北者，长陵也。此原庙为最早的西汉帝陵陵庙，开创了陵庙建设的先河。

西汉王朝的宗庙，大致可以分为三类，分别为帝庙、皇庙和后庙，其中帝庙、皇庙又可细分为京庙、原庙、陵庙和郡国庙。⑩即所谓：“凡祖宗庙在郡国六十八，

---

① 《汉书·韦贤传》，中华书局，1962年，第3115—3116页。

② 《后汉书·祭祀下》，中华书局，1965年，第3199页。

③ 《后汉书·肃宗孝章帝纪》，中华书局，1965年，第132页。

④ 《后汉书·肃宗孝章帝纪》，中华书局，1965年，第132页。

⑤ 中国社会科学院考古研究所：《汉杜陵陵园遗址》，科学出版社，1993年。

⑥ 陕西省考古研究院、咸阳市文物考古研究所、茂陵博物馆：《汉武帝茂陵考古调查、勘探简报》，《考古与文物》2011年第2期；陕西省考古研究院、咸阳市文物考古研究所：《汉哀帝义陵考古调查、勘探简报》，《考古与文物》2012年第5期；陕西省考古研究院、咸阳市文物考古研究所：《汉元帝渭陵考古调查、勘探简报》，《考古》2013年第11期；马永嬴：《汉武帝茂陵陵园布局的几点认识》，《考古与文物》2011年第2期。

⑦ 杨宽：《先秦墓上建筑的再探讨》，《考古》1983年第7期。

⑧ 刘庆柱、李毓芳：《西汉十一陵》，陕西人民出版社，1987年。

⑨ 《汉书·叔孙通传》，中华书局，1962年，第2130页。

⑩ 焦南峰、马永嬴：《西汉宗庙刍议》，《考古与文物》1999年第6期。

合百六十七所。而京师自高祖下至宣帝，与太上皇、悼皇考各自居陵旁立庙，并为百七十六。”①

根据历史文献和考古资料来看，从汉高祖长陵到汉成帝延陵，西汉前8座帝陵都修建有陵庙。②西汉陵庙一般独立成园，故又称“庙园”；因与寝园同为礼制性建筑，所以又合称“寝庙园”。“十二月乙酉，毁太上皇、孝惠皇帝寝庙园。”③“三月癸未，复孝惠皇帝寝庙园、孝文太后、孝昭太后寝园。”④“久之，上疾连年，遂尽复诸所罢寝庙园，皆修祀如故”⑤等等，不赘。

西汉帝陵的陵庙已经发掘的有汉景帝阳陵的德阳庙⑥，钻探已经认定的有汉武帝茂陵帝陵东南的十号建筑遗址⑦。

（7）外藏坑。在殷商、西周时期的大型陵墓附近，先后发现了数量不一、内涵各异的车马、人殉等坑。⑧时至秦始皇陵，先后发现有兵马俑、百戏俑、铠甲、水禽等坑180余座。⑨对此，考古学家有着不同的认识和命名，或曰陪葬坑、随葬坑、殉葬坑、从葬坑、丛葬坑、府藏坑等等⑩，莫衷一是。

根据《汉书·霍光传》，（霍光死后）宣帝“赐金钱、缯絮，绣被百领，衣五十箧，璧珠玑玉衣，梓宫、便房、黄肠题凑各一具，枞木外藏椁十五具。东园温明，皆如乘舆制度”⑪的相关记载，将西汉帝陵发现的大量此类遗存定名为“外藏坑”可能较为适当。

---

① 《汉书·韦贤传》，中华书局，1962年，第3115页。

② 焦南峰、马永嬴：《西汉宗庙刍议》，《考古与文物》1999年第6期。

③ 《汉书·元帝纪》，中华书局，1962年，第293页。

④ 《汉书·元帝纪》，中华书局，1962年，第298页。

⑤ 《汉书·韦贤传》，中华书局，1962年，第3124页。

⑥ 陕西省考古研究所阳陵考古队：《汉景帝阳陵考古新发现》，《文博》1999年第6期；韩伟：《罗经石乎？太社乎？》，《考古与文物》2000年第6期；王学理：《太社乎？陵庙乎？》，《文博》2001年第5期；王占奎：《试论阳陵“罗经石”遗址的祭祀性特征》，《考古与文物》2002年第6期；李零：《说汉阳陵“罗经石”遗址的建筑设计》，《考古与文物》2002年第6期。

⑦ 马永嬴：《汉武帝茂陵陵园布局的几点认识》，《考古与文物》2011年第2期。

⑧ 李自智：《殷商西周的车马殉葬》，见《中国考古学研究论集》编委会编：《中国考古学研究论集——纪念夏鼐先生考古五十年》，三秦出版社，1987年；黄展岳：《殷商墓葬中人殉人牲的再考察——附论殉牲与祭牲》，《考古》1983年第10期。

⑨ 袁仲一：《秦始皇陵陪葬坑的主要特征及其渊源关系试探》，见吴永琪主编：《秦文化论丛》（第10辑），三秦出版社，2003年。

⑩ 王学理：《论秦汉陵墓的从葬之制》，见王学理：《王学理秦汉考古文选》，三秦出版社，2008年。

⑪ 《汉书·霍光传》，中华书局，1962年，第2948页。

根据俞伟超的研究，“把墓的结构分为正藏与外藏椁这种汉制，实际从春秋晚期已经发其端，战国时至少已成为好几个诸侯国的王陵制度”[①]。外藏椁，“它或位于墓圹内正藏之外，或位于墓道中，或被安置在墓外。不管位置何处，一般来说，每具外藏椁自成一个单元，实际上就是一个一个的陪葬坑（室）”[②]。

截至目前，除汉平帝康陵外，所有西汉帝陵均发现数量不等的外藏坑，其中发掘过的有汉宣帝杜陵、汉薄太后南陵、汉景帝阳陵南区、汉景帝阳陵帝陵东侧、汉武帝茂陵、汉昭帝平陵等。[③]

（8）陪葬墓。西汉十一陵中除安葬有各代皇帝、皇后以外，各陵园内、外还发现有数量不等的、与汉陵有一定从属关系的墓葬，专家们均称之为陪葬墓。“西汉时，能够入葬诸帝陵、陪葬茔域的均属统治集团内的上层人物，但其政治身份不尽相同，有的是开国元勋、鼎柱之臣，有的是皇亲国戚、妃嫔宫人。”[④]

根据最新的田野考古资料，结合历史文献，我们以为西汉帝陵所谓的陪葬墓应该区分为两类。一类埋葬在外陵园以外的司马门道两侧，可以叫作陪葬墓。[⑤]这类陪葬墓多对称排列于汉陵的外陵园以外的东司马门道南北两侧，呈朝列参拜状。

“甲子，西巡狩，幸长安，祠高庙，遂有事于十一陵。历览馆邑，会郡县吏，劳赐作乐。十一月甲申，遣使者以中牢祠萧何、霍光。帝谒陵园，过式其墓。”[⑥]其注引《东观汉记》曰：“萧何墓在长陵东司马门道北百步。”又云：“霍光墓在茂陵东司马门道南四里。”

“十一月癸卯，祠高庙，遂有事十一陵。诏曰：‘高祖功臣，萧、曹为首，有传世不绝之义。曹相国后容城侯无嗣。朕望长陵东门，见二臣之垄，循其远节，每

---

① 俞伟超：《汉代诸侯王与列侯墓葬的形制分析——兼论“周制”、“汉制”与“晋制”的三阶段性》，见俞伟超：《先秦两汉考古学论集》，文物出版社，1985年。

② 刘振东：《中国古代陵墓中的外藏椁——汉代王、侯墓制研究之二》，《考古与文物》1999年第4期。

③ 中国社会科学院考古研究所：《汉杜陵陵园遗址》，科学出版社，1993年；陕西省考古研究院、咸阳市文物考古研究所、茂陵博物馆：《汉武帝茂陵考古调查、勘探简报》，《考古与文物》2011年第2期；陕西省考古研究院、咸阳市文物考古研究所：《汉哀帝义陵考古调查、勘探简报》，《考古与文物》2012年第5期；陕西省考古研究院、咸阳市文物考古研究所：《汉元帝渭陵考古调查、勘探简报》，《考古》2013年第11期；陕西省考古研究院、咸阳市文物考古研究所：《汉平帝康陵考古调查、勘探简报》，《文物》2014年第6期。

④ 刘庆柱、李毓芳：《西汉十一陵》，陕西人民出版社，1987年。

⑤ 焦南峰：《秦陵的形制特点及其演变》，见香港历史博物馆编：《一统天下：秦始皇帝的永恒国度》，香港历史博物馆，2012年；焦南峰：《西汉帝陵的“夫人葬制”》，《考古》2013年第11期。

⑥ 《后汉书·显宗孝明帝纪》，中华书局，1965年，第104页。

有感焉。忠义获宠，古今所同。可遣使者以中牢祠，大鸿胪求近亲宜为嗣者，须景风绍封，以章厥功。’”[①]其注云，《东观记》曰：“萧何墓在长陵东司马门道北百步。”庙记云：“曹参冢在长陵旁道北，近萧何冢。”

相关历史文献和阳陵东区陪葬墓园发掘证实：西汉帝陵陵园外司马门道两侧的墓葬应属于萧何、曹参、卫青、霍去病、霍光、阳信家、般邑家、苏建等开国元勋、鼎柱之臣和皇亲国戚，级别大致相当于“列侯、公主和郡太守”[②]。

西汉帝陵的陪葬墓，发掘过的有长陵杨家湾周勃（周亚夫）墓，阳陵周应、吴信、般邑家墓，茂陵阳信家等[③]，而经过调查、钻探推定的陪葬墓数量就更多了。

（9）祔葬墓。西汉帝陵近年来新发现了一类陪葬墓。这些墓葬多位于内陵园之外，外陵园之内，明显有别于前述的陪葬墓。我们称之为“祔葬墓”[④]。

《汉书·外戚传》云：“孝成班倢伃，帝初即位选入后宫。”“至成帝崩，倢伃充奉园陵，薨，因葬园中。”“五官以下，葬司马门外。”[⑤]可见西汉帝陵陵园内的陵墓除了帝陵、后陵外，还应有婕妤及五官以上的皇帝的其他嫔妃。

汉武帝茂陵陵园内除了汉武帝帝陵、“配食”的李夫人外，还发现大中型墓葬9座[⑥]；汉元帝渭陵陵园内除了汉元帝帝陵、王皇后陵外，发现了规划有序、排列整齐

---

① 《后汉书·孝和孝殇帝纪》，中华书局，1965年，第172页。

② 焦南峰：《试论西汉帝陵的建设理念》，《考古》2007年第11期。

③ 石兴邦等：《长陵建制及有关问题——汉刘邦长陵勘察记存》，《考古与文物》1984年第2期；陕西省文管会、咸阳博物馆：《咸阳杨家湾汉墓发掘简报》，《文物》1977年第10期。

④ 与主墓有一定从属关系的墓葬，真正的出现可能始于西周时代。《周礼·春官·冢人》：“先王之葬居中，以昭穆为左右。凡诸侯居左右以前，卿、大夫、士居后，各以其族。”而先秦历史文献对此类墓葬及相关行为称之为“祔”“祔葬”。如《孔子家语》卷十（孔子之母既葬，将立葬焉）曰：“古者不祔葬，为不忍先死者之复见也。诗云：‘死则同穴。’自周公已来祔葬矣。故卫人之祔也，离之，有以闻焉；鲁人之祔也，合之，美夫，吾从鲁。遂合葬于防。”《附释音礼记注疏》卷十，孔子曰：“卫人之祔也离之，鲁人之祔也合之，善夫！”《附释音礼记注疏》卷三十三：“祔葬者，不筮宅。”《礼记·檀弓上》：“舜葬于苍梧之野。盖三妃未之从也。季武子曰。周公盖祔。”而“陪葬”一词，先秦、秦汉、魏晋文献中均不见，直到南北朝才突然大量出现。我们认为，目前考古学研究中对此类墓葬的定名有探索的必要，至少其中有血缘关系、婚姻关系的墓葬不能称之为陪葬墓，“祔葬墓”的命名可能较为合适。

⑤ 《汉书·外戚列传上》，中华书局，1962年，第3988、3935页。

⑥ 陕西省考古研究院、咸阳市文物考古研究所、茂陵博物馆：《汉武帝茂陵考古调查、勘探简报》，《考古与文物》2011年第2期。

的一座相对独立的墓园，其中有大中型墓葬5排32座[①]，等等。这批墓葬的墓主“与此前在西汉诸陵陵园外发现的陪葬墓不同，前者比后者有与皇帝更为密切的关系，前者应是除分封的皇子、出嫁的公主、五官以下的夫人之外的皇帝眷属，后者则包括开国元勋、鼎柱之臣、皇亲国戚及五官以下的皇帝夫人。”[②]“这批陪葬墓不同于陵园外贵族、大臣等陪葬墓，只有皇帝的眷属方能入葬陵园，考虑到皇帝眷属中的皇子、公主各有自己的归宿，因此，这些墓葬的主人只应是皇帝的高级嫔妃。”[③]

（10）道路。道路先是人类活动的产物，后又成为人类活动的必然条件。在西汉帝陵的诸多建筑要素中，道路也是必不可少组成部分。

择要录秦汉历史文献有关西汉帝陵道路的记载如下：

神道。《汉书·李广列传》：“广死明年，李蔡以丞相坐诏赐冢地阳陵当得二十亩，蔡盗取三顷，颇卖得四十余万，又盗取神道外壖地一亩葬其中，当下狱，自杀。”[④]《汉书·霍光列传》：“禹既嗣为博陆侯，太夫人显改光时所自造茔制而侈大之。起三出阙，筑神道，北临昭灵，南出承恩，盛饰祠室，辇阁通属永巷，而幽良人婢妾守之。”[⑤]等等。

徼道。《汉书·董贤列传》：“（哀帝）又令将作为贤起冢茔义陵旁，内为便房，刚柏题凑，外为徼道，周垣数里，门阙罘罳甚盛。”[⑥]

司马门道。《史记·萧相国世家》：“孝惠二年，相国何卒，谥为文终侯。”[⑦]注引《东观汉记》云：“萧何墓在长陵东司马门道北百步。”《后汉书·显宗孝明帝纪》：“十一月甲申，遣使者以中牢祠萧何、霍光。帝谒陵园，过式其墓。”[⑧]注引《东观汉记》曰：“萧何墓在长陵东司马门道北百步。”又云：“霍光墓在茂陵东司马门道南四里。”

衣冠道。《汉书·高惠高后文功臣表》：“孝文九年，侯臧嗣，四十五年，元朔三年，坐为太常衣冠道桥坏不得度，免。”[⑨]《汉书·百官公卿表》：“蓼侯孔臧

① 陕西省考古研究院、咸阳市文物考古研究所：《汉元帝渭陵考古调查、勘探简报》，《考古》2013年第11期。

② 焦南峰：《西汉帝陵的“夫人葬制”》，《考古》2013年第11期。

③ 马永嬴：《汉元帝渭陵陪葬墓墓主身份推测》，《考古》2014年第5期。

④ 《汉书·李广列传》，中华书局，1962年，第2449页。

⑤ 《汉书·霍光传》，中华书局，1962年，第2950页。

⑥ 《汉书·董贤传》，中华书局，1962年，第3734页。

⑦ 《史记·萧相国世家》，中华书局，1960年，第2019页。

⑧ 《后汉书·显宗孝明帝纪》，中华书局，1965年，第104页。

⑨ 《汉书·高惠高后文功臣表》，中华书局，1962年，第552页。

为太常，三年坐南陵桥坏衣冠道绝免。”[①]

田野考古资料证实了西汉帝陵内道路的存在。汉景帝阳陵钻探发现了神道、徼道、司马门道和衣冠道齐备，规整有序的道路交通系统。[②]汉武帝茂陵、汉元帝渭陵、汉哀帝义陵、汉平帝康陵等也均钻探发现有数量不一、保存状况不等的道路遗迹。[③]

（11）陵邑。根据相关历史文献记载得知，西汉帝陵及其对应的陵邑其修建时间大致相同，且前者名称或可替代后者。也就是说，西汉陵邑无论是从修建帝陵的过程，还是从陵墓建设规划的角度出发，均属于西汉帝陵的组成部分。[④]

陵邑是秦始皇的创举，“园邑之兴，始自强秦”[⑤]。西汉继承了集帝陵修建、保护、供奉、管理数项功能于一体的这一重要的举措，并借此完成了“迁徙关东大族、达官巨富，消除不安定因素，巩固中央统治，繁荣陵邑附近地区的经济和文化”[⑥]的政治目的。

有关西汉陵邑的记载较多。例如：“五年春正月，作阳陵邑。夏，募民徙阳陵，赐钱二十万。”[⑦]“春二月丙戌朔，日有蚀之。夏四月戊申，有如日夜出。初置茂陵邑。”[⑧]“是时起昌陵，作者数万人，徙郡国吏民五千余户以奉陵邑。作治五年不成，乃罢昌陵，还徙家。”[⑨]

根据有关专家研究：“西汉时，朝廷对陵邑的设置控制十分严格。一般设陵邑只限于帝陵，或未与先帝合葬的皇帝之母的陵墓，以及死时未以帝陵礼仪入葬的皇

---

① 《汉书·百官公卿表》，中华书局，1962年，第771页。

② 焦南峰等：《神道、徼道、司马门道——西汉帝陵道路探索》，《文物》2008年第12期；焦南峰：《宗庙道、游道、衣冠道——西汉帝陵道路再探》，《文物》2010年第1期。

③ 焦南峰等：《“十一五”西汉帝陵大遗址考古新收获》，《中国文物报》2010年4月2日第5版；陕西省考古研究院、咸阳市文物考古研究所、茂陵博物馆：《汉武帝茂陵考古调查、勘探简报》，《考古与文物》2011年第2期；陕西省考古研究院、咸阳市文物考古研究所：《汉哀帝义陵考古调查、勘探简报》，《考古与文物》2012年第5期；陕西省考古研究院、咸阳市文物考古研究所：《汉平帝康陵考古调查、勘探简报》，《文物》2014年第6期；陕西省考古研究院、咸阳市文物考古研究所：《汉元帝渭陵考古调查、勘探简报》，《考古》2013年第11期。

④ 焦南峰：《试论西汉帝陵的建设理念》，《考古》2007年第11期。

⑤ 《后汉书·东平宪王苍传》，中华书局，1965年，第1437页。

⑥ 刘庆柱、李毓芳：《西汉十一陵》，陕西人民出版社，1987年。

⑦ 《汉书·景帝纪》，中华书局，1962年，第143页。

⑧ 《汉书·武帝纪》，中华书局，1962年，第158页。

⑨ 《汉书·五行志上》，中华书局，1962年，第1341页。

帝父母的陵墓。”“西汉时代，总计共置陵邑11座。”[①]

西汉诸帝陵的陵邑，目前经过调查、钻探基本确认位置与形制的有汉高祖长陵邑、汉惠帝安陵邑、汉景帝阳陵邑、汉武帝茂陵邑、汉武帝钩弋夫人云陵邑等，其中汉景帝阳陵邑曾局部发掘。[②]

（12）刑徒墓地。如果从汉陵建设规划的角度来讲，刑徒墓地无疑不属于西汉帝陵的组成部分。今天，我们在叙述西汉帝陵各个建筑组成要素时，把刑徒墓地归列其中，是因为它的确是汉陵修建过程中的客观产物。它的出现既非偶然，也不会是孤立的现象。

据研究，西汉帝陵营建工程的主要劳动力大致有三个来源，“一为刑徒，一为士卒，一为工匠和平民”[③]。秦始皇“使丞相李斯将天下刑人隶徒七十二万人作陵”，是较早的陵墓修建使用刑徒的记载。

刑徒，即“刑人隶徒”，或曰“隐宫徒刑者”[④]。《汉书·景帝纪》记载，汉景帝中元四年，“夏，蝗。秋，赦徒作阳陵者，死罪欲腐者，许之”[⑤]。

在严酷的管理、繁重的劳作、恶劣的生活条件下，参加帝陵营建的刑徒们无疑会有大量的死亡，而偏居陵后的专有墓地的形成似乎成为一种必然。

早在1972年，汉景帝阳陵的刑徒墓地就发现于远距帝陵1.5公里的外陵园之外的西北一隅。墓地面积达8万平方米，估计葬于此地的刑徒在万人以上。发掘的29座墓葬中，发现了35具人骨架。其墓葬排列无序，尸骨凌乱，埋葬草率，均无随葬品。骨架上大多戴有“钳”“釱”等类铁制刑具，有的还有明显的砍斫痕迹。[⑥]

2008年，我们发现了汉武帝茂陵的刑徒墓地。茂陵刑徒墓地位于陈王村南1.4公里的台塬地带，西距茂陵外陵园西围墙约3.8公里。经过钻探，在冲沟两侧发现了大量排列密集的小型墓葬，面积约4万平方米。试掘在30平方米的探方内，共发现长方形竖穴土坑墓16座，南北共4行。葬式多为仰身直肢葬，无葬具及随葬品。推算，整

---

① 刘庆柱、李毓芳：《西汉十一陵》，陕西人民出版社，1987年。

② 焦南峰等：《“十一五”西汉帝陵大遗址考古新收获》，《中国文物报》2010年4月2日第5版；陕西省考古研究院、咸阳市文物考古研究所、茂陵博物馆：《汉武帝茂陵考古调查、勘探简报》，《考古与文物》2011年第2期。

③ 焦南峰：《有关阳陵营建的几个问题》，见汉阳陵博物馆编：《汉阳陵与汉文化研究论文集》（第2辑），三秦出版社，2012年。

④ 《册府元龟·闰位部》，凤凰出版社，2006年，第2188页。

⑤ 《汉书·景帝纪》，中华书局，1962年，第147页。

⑥ 秦中行：《汉阳陵附近钳徒墓的发现》，《考古》1976年第12期。

个墓地埋葬尸骨在2万具以上。[①]

（13）园省。园省，先秦文献中未见记载，考古资料无披露，也未见有专家研究。

《后汉书·礼仪下》注引《古今注》记载东汉明帝显节陵、章帝敬陵、和帝慎陵、顺帝宪陵时，四次提及“园省”，如“明帝显节陵，山方三百步，高八丈。无周垣，为行马，四出司马门。石殿、钟虡在行马内。寝殿、园省在东。园寺吏舍在殿北。堤封田七十四顷五亩”[②]。可见，东汉帝陵陵园内有园省，在帝陵的东侧。

此处园省之“园”，应指陵园；园省之“省”，意为官署名。汉制总群臣而听政为省，治公务之所为寺。尚书、中书、门下各官署皆设于禁中，因称为省。[③]可见，“园省”大致的意思是总领园内诸臣，管理陵园的官署。

西汉帝陵均设有“园令”。如“相如拜为孝文园令”[④]。“先帝陵，每陵园令各一人”，其职责为“掌守陵园，案行扫除”。[⑤]出土的汉代封泥中有“孝昭园令印”“孝昌园令”可谓佐证。

截至目前，汉景帝阳陵、汉武帝茂陵等均发现了数量较多的建筑遗址，但由于多数没有发掘，因此西汉帝陵园令之官署“园省”的认定，则有待于进一步的考古发掘和研究。

（14）园寺吏舍。园寺吏舍者，陵园长奉职官舍。[⑥]

先秦陵墓中的园寺吏舍之类建筑，文献未见，考古资料也无披露。《周礼·春官宗伯》有云：“墓大夫掌凡邦墓之地域。为之图。令国民族葬。而掌其禁令。正其位。掌其度数。使皆有私地域。凡争墓地者。听其狱讼。帅其属而巡墓厉。居其中之室以守之。”[⑦]此处的“居其中之室以守之”的“室”似乎与管理用建筑有关。秦始皇陵发现了目前所知最早、最确切的“丽山食官”遗址。[⑧]

《后汉书·礼仪下》注引《古今注》描述东汉帝陵时，在明帝显节陵、章帝敬

① 焦南峰等：《“十一五”西汉帝陵大遗址考古新收获》，《中国文物报》2010年4月2日第5版。20世纪六七十年代，当地农民在这里平整土地时发现过大量戴刑具的人骨，茂陵博物馆保存有当时采集的刑具。

② 《后汉书·礼仪下》，中华书局，1965年，第3149页。

③ 〔宋〕张炎：《词源》，商务印书馆，1984年。

④ 《史记·司马相如列传》，中华书局，1960年，第3056页。

⑤ 《后汉书·百官志》，中华书局，1965年，第3574页。

⑥ 袁仲一：《秦始皇陵兵马俑研究》，文物出版社，1990年。

⑦ 〔清〕孙诒让：《周礼正义·春官》，王文锦、陈玉霞点校，中华书局，2013年，第2055页。

⑧ 袁仲一：《秦始皇陵兵马俑研究》，文物出版社，1990年。

陵、和帝慎陵、殇帝康陵、安帝恭陵、顺帝宪陵、冲帝怀陵、质帝静陵8座帝陵中讲到“园寺吏舍”。如“章帝敬陵，山方三百步，高六丈二尺。无周垣，为行马，四出司马门。石殿、钟虡在行马内。寝殿、园省在东。园寺吏舍在殿北。堤封田二十五顷五十五亩”[①]。可见，东汉帝陵多有园寺吏舍。

西汉帝陵的长奉职官种类不少，人数也相当多。如“园丞”“校长”“门吏”“侯”“寝园令”或“寝令”“寝郎”或“寝中郎”，“庙令”“庙郎”“食官令”“食官长丞”或“食官丞”等等，“总计约五千人”[②]。

曾有专家对西汉帝陵的园寺吏舍进行过初步探索，认为“从汉宣帝杜陵的钻探情况来看，其食官寺舍可能在其寝园以南”。“太上皇陵西北950米，有座小城，城址东西75米，南北130米，部分城墙至今尚存。或许此城就是‘守陵’者的住地。”[③]

（15）夫人居址。西汉帝陵陵园中，不但有总领“掌守陵园”的“园令”，有人数众多的长奉职官，还居住有皇帝生前为数众多的妃嫔宫人。“西汉初期，皇帝死后，其妃嫔宫人或赐诸侯王，或遣归，允其再嫁。汉武帝改变了这个做法，他死后，‘皆以后宫女置于园陵’。”“武帝以后，西汉诸帝承袭了这个做法。”

汉成帝班婕妤“充奉园陵”[④]时的居所，汉宣帝公孙婕妤“求守杜陵园”[⑤]时的居所，我们暂且称为夫人居址。

西汉帝陵的夫人居址目前尚未确认，有待我们在今后的发掘、研究中进行甄别和确认。

（16）修陵人居址。《汉旧仪》云“天子即位，明年将作大匠营陵地。”西汉一朝基本上遵循上述，即位伊始开始修陵，至死方休。汉景帝“阳陵的营建工程前后用时不少于二十八年”。[⑥]“汉武帝在位54年，茂陵就修了53年”[⑦]。在这漫长的修陵岁月里，众多参与修陵的官员、工匠和平民、士卒以及刑徒，理应有能够居住较长时间的住所，即我们所言的“修陵人居址”。与刑徒墓地相似，修陵人居址从汉陵建设规划的角度来讲，可能也不属于西汉帝陵的组成部分，但作为西汉帝陵营

---

① 《后汉书·礼仪下》，中华书局，1965年，第3149页。

② 刘庆柱、李毓芳：《西汉十一陵》，陕西人民出版社，1987年。

③ 刘庆柱、李毓芳：《西汉十一陵》，陕西人民出版社，1987年。

④ 《汉书·外戚传上》，中华书局，1962年，第3988页。

⑤ 《汉书·东平思王刘宇》，中华书局，1962年，第3320页。

⑥ 焦南峰：《有关阳陵营建的几个问题》，见汉阳陵博物馆编：《汉阳陵与汉文化研究论文集》（第2辑），三秦出版社，2012年。

⑦ 王学理：《秦汉相承帝王同制——略论秦汉皇帝和汉诸侯王陵园制度的继承和演变》，《考古与文物》2000年第6期。

建过程中衍生的建筑构造，存在是必然的，研究也是有必要的。

客观地讲，从西汉帝陵营建管理、布局结构、性质内涵等角度分别进行考察，将上述16个形制要素并列叙述并不十分合适。例如修陵人居址、刑徒墓地是修陵过程中的产物，当时不应当是帝陵的组成部分；园省、园寺吏舍、夫人居址是陵墓建成之后管理者和居住者使用的居住建筑；封土与墓穴、陵园与门阙、寝园与陵庙则分别是陵墓、陵园和礼制建筑的局部或部分构成，而封土、墓穴、陵园、门阙、寝园、陵庙、外藏坑、袝葬墓、园省、园寺吏舍、夫人居址和部分道路所组成的陵园以及陵园外的陪葬墓、陵邑等的综合实际上才是西汉帝陵不可或缺的结构主体。

本文之所以采取上述方式进行分析和叙述，是因为根据现代考古学的视角，西汉帝陵的考古工作不仅应当掌握代表西汉陵墓制度最高标尺和政治、经济、文化、礼仪典型范例的十多座帝陵的分布范围、布局组合、文化内涵，还有义务究明选址、规划、营建、沿用、废弃这一漫长的历史过程。基于此，我们试图依据历史文献和田野考古资料对西汉帝陵应该和可能存在的建筑构造进行了一点粗浅的分析和推定，希望能够对西汉帝陵的田野考古工作有所促进，对中国古代帝王陵墓的宏观研究有所帮助。失误和错误在所难免，敬请方家指教。

原载《考古与文物》2013年第5期

（焦南峰，陕西省考古研究院研究员）

试论西汉帝陵的寝与相关建筑

刘尊志

寝为古代帝王陵墓的重要组成部分，是帝王死后灵魂饮食起居所依之所。东汉时蔡邕在《独断》中言："至秦始皇出寝，起之于墓侧，汉因之而不改，故今陵上称寝殿，有起居衣冠象生之备，皆古寝之意也。"由此可知，西汉之前，帝陵已有寝等建筑，汉代是在继承前代基础上的逐步巩固与发展。关于西汉帝陵的寝及相关问题，多在相关研究中有所涉及，如《西汉十一陵》[①]《西汉帝陵钻探调查报告》[②]等，刘庆柱、李毓芳还对汉宣帝杜陵陵寝建筑制度及相关问题做了专门研究[③]。本文拟在已有研究的基础上，对西汉帝陵的寝与相关建筑等做了浅显探讨，不正之处，以求指正。

一、西汉帝陵的寝与相关建筑概况

先秦墓葬的墓外建筑最早位于墓顶或墓上，后又移至墓侧，秦汉以后的陵寝制度，当即起源于这种先秦的墓上建筑。[④]至迟春秋中、晚期，墓上或墓顶建筑出现。陕西凤翔雍城秦公陵区的M37等墓上已有祭享类建筑物[⑤]，河南辉县固围村魏王墓墓上发现有享堂或寝类建筑[⑥]，河北中山王嚳与王后的墓上建筑是分置的[⑦]。战国中晚期，相

---

① 刘庆柱、李毓芳：《西汉十一陵》，陕西人民出版社，1987年，第184—195页。

② 咸阳市文物考古研究所：《西汉帝陵钻探调查报告》，文物出版社，2010年，第197—200页。

③ 刘庆柱、李毓芳：《汉宣帝杜陵陵寝建筑制度研究》，见中国社会科学院考古研究所：《中国考古学论丛——中国社会科学院考古研究所建所40年纪念》，科学出版社，1993年，第361—370页。

④ 杨宽：《先秦墓上建筑和陵寝制度》，《文物》1982年第1期。

⑤ 陕西省雍城考古队韩伟：《凤翔秦公陵园钻探与试掘简报》，《文物》1983年第7期；陕西省雍城考古队：《凤翔秦公陵园第二次钻探简报》，《文物》1987年第5期。

⑥ 中国社会科学院考古研究所：《辉县发掘报告》，科学出版社，1956年，第84、85、88页。

⑦ 河北省文物研究所：《嚳墓——战国中山国国王之墓》，文物出版社，1995年，第13—22页。

关建筑渐移至墓侧。韩国国君墓中，胡庄墓地M2封土上有保存较好的墓上建筑，西侧也发现拐角形墓旁建筑。[①]咸阳附近的秦惠文王公陵及王后陵，陵园西侧有几处规模较大的建筑遗址，可能属于寝或寝园所在[②]，秦东陵陵区大型墓葬的墓外建筑都位于墓侧[③]。秦始皇陵封土西、北两侧有正殿及院落式附属建筑[④]，并有食官及园寺吏舍建筑等[⑤]，属陵寝建筑，其内容、内涵及制度等均对西汉帝陵产生较大影响。

《后汉书·祭祀志》载："古不墓祭，汉诸陵皆有园寝，承秦所为也。……寝有衣冠几杖象生之具，以荐新物。秦始出寝，起于墓侧，汉因而弗改，故陵上称寝殿，起居衣服象生人之具，古寝之意也。"《汉书·韦贤传附子韦玄成传》曰："又园中各有寝、便殿，日祭于寝，月祭于庙，时祭于便殿。"由此可知，西汉帝陵基本都有寝与相关建筑，这也被相关考古资料所证实。

（1）长陵。帝、后陵的北部东西并列分布有2处建筑[⑥]（图1），推测为陵寝建筑。

（2）安陵。东部封土北部230米有2组建筑遗址，东侧建筑近方形，西侧建筑呈南北长方形，发现有夯土及较多建筑材料残片[⑦]（图2），存在为寝与相关建筑的可能。

（3）灞陵。目前还无考古资料公布，但在文献中有相关记载。[⑧]

（4）阳陵。帝陵西、北部有礼制性建筑，推测有陵寝建筑存在[⑨]；帝陵南神道西侧有一面积较大的建筑遗址，也可能是寝园遗址[⑩]；另帝陵南神道东侧发现有罗经石遗址及相关建筑遗址，有学者认为是帝后的寝园遗址[⑪]。（图3）

---

① 河南省文物考古研究所：《河南新郑胡庄韩王陵考古发现概述》，《华夏考古》2009年第3期。

② 刘卫鹏、岳起：《咸阳塬上秦陵的发现和确认》，《文物》2008年第4期。

③ 陕西省考古研究所、临潼县文管会：《秦东陵第一号陵园勘察记》，《考古与文物》1987年第4期；陕西省考古研究所：《秦东陵第二号陵园调查钻探简报》，《考古与文物》1990年第4期；陕西省考古研究所秦陵工作站：《秦东陵第四号陵园调查钻探简报》，《考古与文物》1993年第3期。

④ 袁仲一：《秦始皇陵的考古发现与研究》，陕西人民出版社，2002年，第80—91页。

⑤ 秦俑考古队：《秦始皇陵西侧骊山飤官建筑遗址清理简报》，《文博》1987年第6期；陕西省考古研究所、秦始皇兵马俑博物馆：《秦始皇陵园2000年度勘探简报》，《考古与文物》2002年第2期。

⑥ 刘庆柱、李毓芳：《西汉十一陵》，陕西人民出版社，1987年，第7页。

⑦ 咸阳市文物考古研究所：《西汉帝陵钻探调查报告》，文物出版社，2010年，第22—23页。

⑧ 《汉书·元帝纪》载：竟宁元年（前33）五月，"罢孝文寝园"。建昭元年（前38），"冬……罢孝文太后寝园"。

⑨ 陕西省考古研究所：《汉阳陵》，重庆出版社，2001年，前言（中文）第1—11页。

⑩ 咸阳市文物考古研究所：《西汉帝陵钻探调查报告》，文物出版社，2010年，第199页。

⑪ 刘庆柱、李毓芳：《西汉十一陵》，陕西人民出版社，1987年，第42—43页。

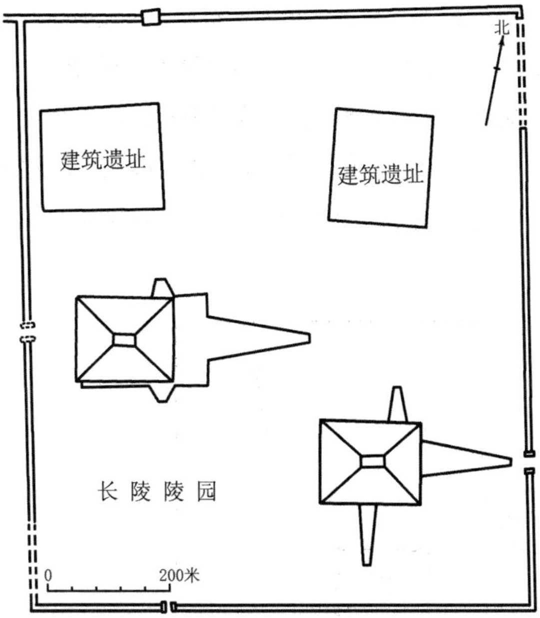

图1　长陵陵园陵墓与相关建筑遗址平面图

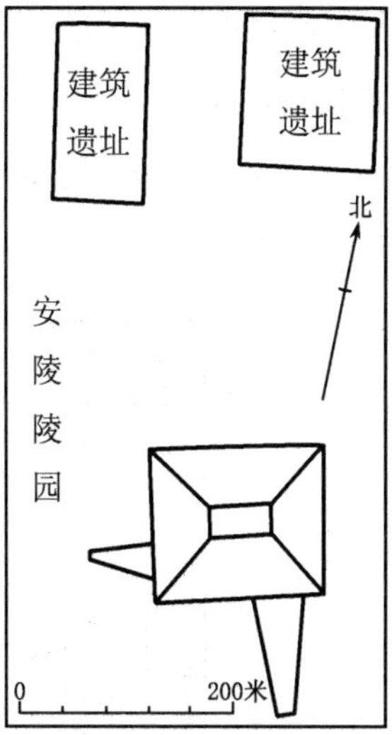

图2　安陵东陵与相关建筑遗址平面图

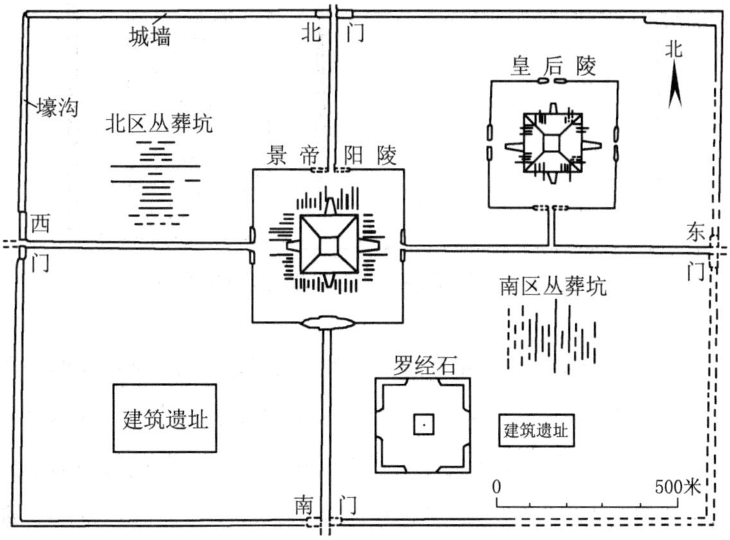

图3　阳陵陵园平面布局钻探图

（5）茂陵。据最新考古资料，茂陵内陵园北园墙外神道的西、东两侧分别为6、7号建筑遗址，李夫人墓园正北为4号建筑遗址，4号与6、7号建筑遗址之间还有一形状不规则的5号建筑遗址。[①]（图4）6、7号建筑遗址南均与帝陵内陵园北墙相

---

① 陕西省考古研究院、咸阳市文物考古研究所、茂陵博物馆：《汉武帝茂陵考古调查、勘探简报》，《考古与文物》2011年第2期。

连，平面为南北向长方形，周围有围墙围绕。6号遗址面积大，南部偏西处地面上有带二层台的四棱台状夯土台。7号遗址和6号遗址相互对应，间距106米，规模较小。4号建筑遗址平面为南北向长方形，周围有围墙围绕，北接茂陵中陵园北墙。从位置、规模及出土物等来看，4号建筑可能为李夫人墓寝园，6号建筑可能为茂陵的寝园。[①]7号建筑与6号建筑隔北司马门东西相对，也应是与寝有关的建筑，最大的可能为便殿。

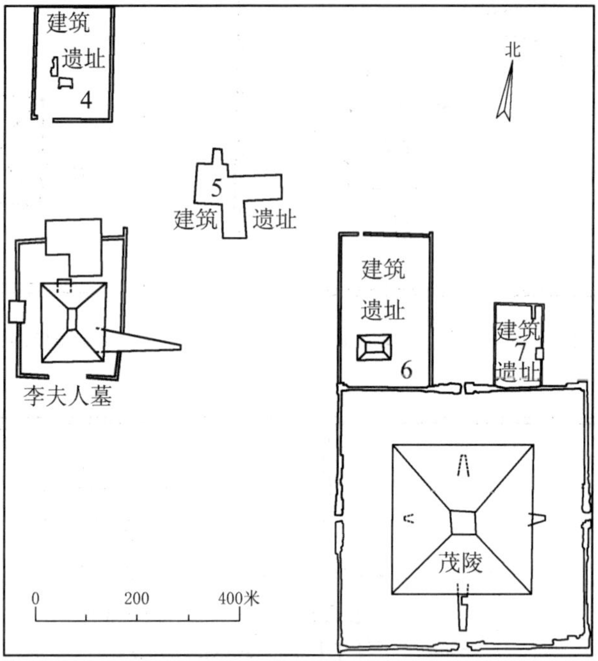

图4　茂陵陵园陵墓与相关建筑遗址平面图

（6）平陵。发现的Ⅰ号和Ⅱ号建筑遗址位于东陵陵园外北神道的东西两侧。Ⅰ号遗址在东，呈南北向长方形，内有夯土及大量建筑残片等；Ⅱ号遗址在西，近方形，面积大于Ⅰ号遗址，发现大面积的夯土墙、卵石、墙皮及较多砖瓦等。Ⅲ号和Ⅳ号建筑遗址位于西陵陵园外北神道东西两侧，均呈南北向长方形。Ⅲ号遗址在东，发现夯墙、灰坑等，灰坑中出土的部分残实用陶器刻有吉语文字和符号；Ⅳ号遗址面积略小，发现大片夯土、数量众多的陶建筑残片及石质柱础等。[②]（图5）两组建筑遗址与武帝茂陵的6、7号建筑遗址相似，当为帝、后的寝与相关建。

① 咸阳市文物考古研究所：《汉武帝茂陵钻探调查简报》，《考古与文物》2007年第6期。

② 咸阳市文物考古研究所：《西汉昭帝平陵钻探调查简报》，《考古与文物》2007年第5期。

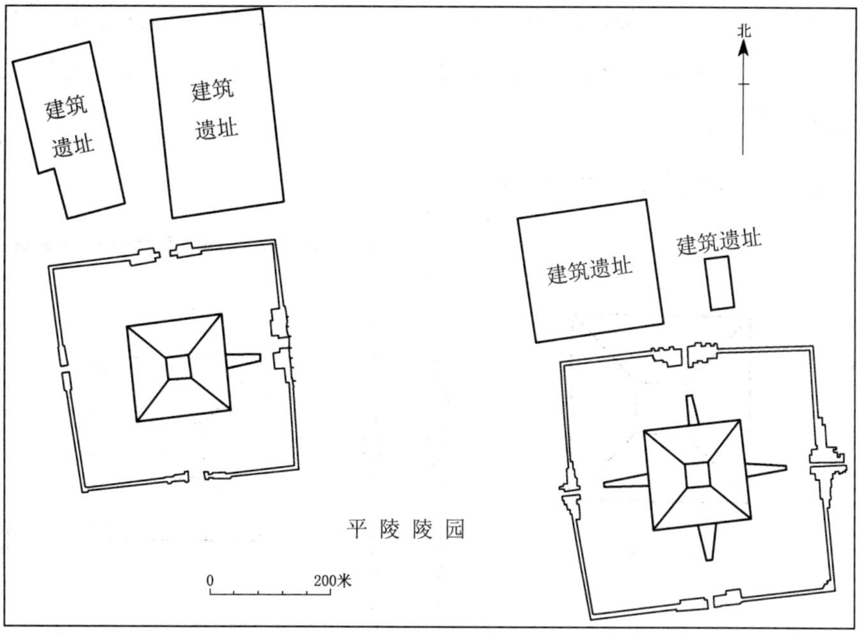

图5　平陵陵园陵墓与相关建筑遗址平面图

（7）杜陵。帝、后陵寝园独立存在。[①]（图6、7）帝陵寝园位于帝陵内陵园东南，平面长方形，四周有园墙，北墙系利用陵园南门以东一段墙体。墙有护坡，筑檐廊，三面辟门，数量不等。寝园东门的门内北面有小房，为门卫值班房间。寝园中安排寝殿和便殿两组建筑，寝殿居西，便殿在东。寝殿建于长方形夯土台基上，中部为殿堂台基，有壁柱、柱础石等，四周设回廊。（图8）四面辟门，数量、规模不等，殿北部设有郎吏执勤之地。寝殿以北为一广场，可能是举行重要礼仪活动的场所[②]。便殿位于寝殿以东，西面置廊，其余三面筑墙，由殿堂、院落和成套的房间组成。堂、室两组建筑群为主要建筑，其间由夯土墙和廊间隔。殿堂位于寝殿东部，由一大殿、三院落、房屋一套两间和一个庭院、西与南各一门等组成。院落区分布在便殿北部，东西并列分布两座院落和一座小院落。便殿的大量建筑是分布在东南部的成套房屋，有的房中设窖穴，可能是用来储放祭祀物品的设施，而第四套房面积大，可能为与祭祀有关的公共活动场所，在便殿中的位置十分重要。寝园南部有大面积的小房屋，被墙围住，推测或为“园寺吏舍”或守陵宫女等的住所。后陵西南亦有寝园，平面长方形，四周有园墙，北墙利用内陵园南门以西一段墙体，陵园西墙向南延伸形成寝园西墙，东、南、西墙各开一门。分寝殿、便殿两区，建

① 中国社会科学院考古研究所：《汉杜陵陵园遗址》，科学出版社，1993年。
② 刘庆柱、李毓芳：《西汉十一陵》，陕西人民出版社，1987年，第90页。

筑布局等与帝陵寝园相似，但规模略小。寝殿周施檐廊，以素面方砖铺地，外为卵石散水。殿东、西门为东西厢，殿内中央辟有堂。便殿在寝殿以东，包括殿堂、院落和成组的小房屋。

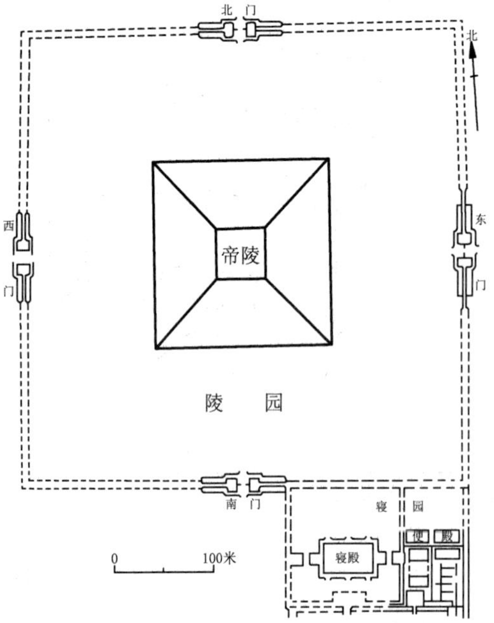

图 6　杜陵陵园平面图

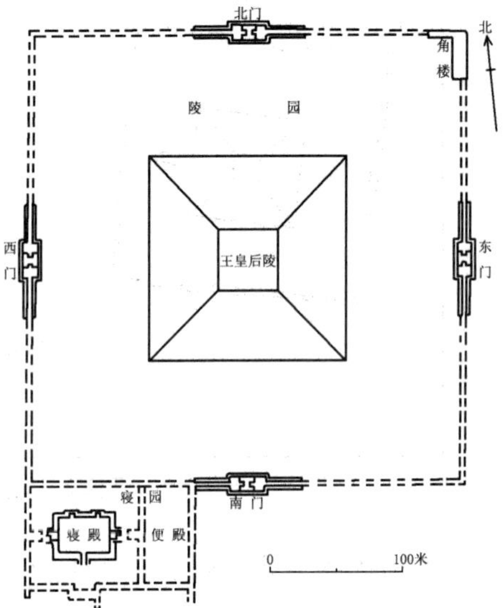

图 7　杜陵王皇后陵园平面图

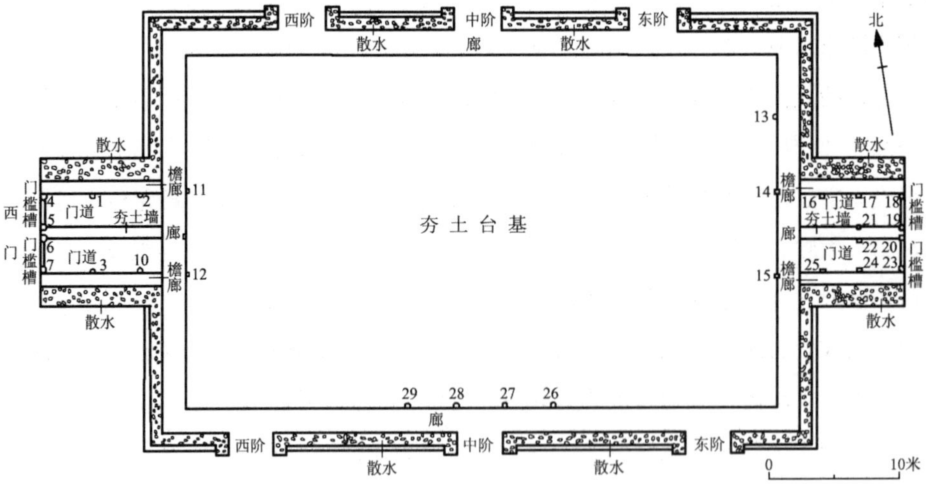

图 8　杜陵寝殿遗址平面图

（8）渭陵。帝陵及王后陵的内陵园外北部均发现建筑遗址，傅昭仪墓未见。[①]

① 陕西省考古研究院、咸阳市文物考古研究所：《汉元帝渭陵考古调查、勘探简报》，《考古》2013年第11期。

（图9）帝陵北部的4号建筑位于北神道西侧，南北向长方形，有垣墙，南墙利用内陵园北墙西部。发现道路、建筑及相关遗物等[①]，南部有夯土基址。5号建筑位于北神道东侧，为一坐东朝西的院落。1号建筑位于后陵北神道西侧，与后陵北垣墙有一定距离，南北长方形，发现垣墙、夯土墙基、道路及建筑材料等。3号建筑位于北神道东侧，呈曲尺形，面积略小于1号遗址。4、1号建筑为帝、后的寝殿遗址，5、3号建筑为帝、后的便殿遗址。

（9）延陵。寝园遗址平面呈南北长方形，南墙利用陵园北墙，西界在陵园西墙延长线上，东界在北神道以西。（图10）内有大面积夯土、砖瓦堆积及较多建筑残片等发现。[②]

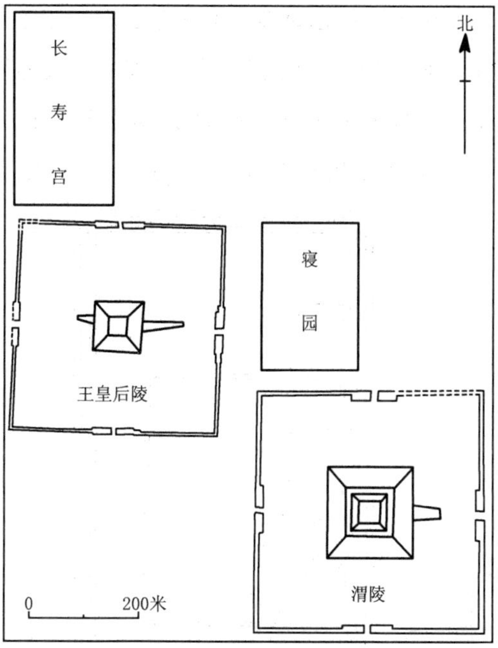

图9　渭陵陵园陵墓与相关建筑遗址平面图

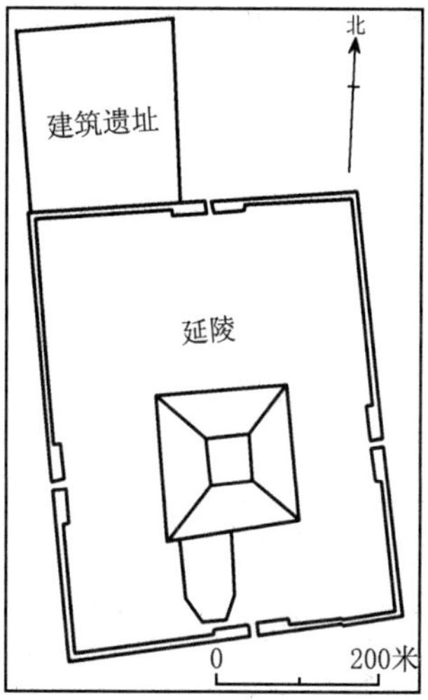

图10　延陵与相关建筑遗址平面图

（10）义陵。陵园内共发现建筑遗址6处，位置、规模、形制不一。[③]（图11）1号遗址平面呈南北向长方形，周围有垣墙围绕，南墙和帝陵陵园北墙西段共享。中部偏南有一道东西向的垣墙将遗址分为南、北两部分，南部呈东西向长方形，西侧

① 咸阳市博物馆：《咸阳市近年发现的一批秦汉遗物》，《考古》1973年第3期；陕西省考古研究院、咸阳市文物考古研究所：《汉元帝渭陵考古调查、勘探简报》，《考古》2013年第11期。

② 刘卫鹏、岳起：《陕西咸阳市西汉成帝延陵调查记》，《华夏考古》2009年第1期。

③ 陕西省考古研究院、咸阳市文物考古研究所：《汉哀帝义陵考古调查、勘探简报》，《考古与文物》2012年第5期。

夯土基址周围有大量瓦片、灰土和红烧土堆积，北部呈南北向长方形，有闭合型及小型院落。（图12）2号遗址位于帝陵陵园北侧东部，遗址内有多处夯土基址及瓦片堆积。初步判断，1号遗址为寝殿建筑，2号遗址为便殿建筑。6号遗址东南距皇后陵较近，周围有垣墙围绕，南部有瓦片堆积，东北、东南部各有一处平面呈东西向长方形的夯土基址，东北部夯土基址外围有大面积踩踏面，并有零散的瓦片堆积，推测其可能为后陵的寝与相关建筑。

（11）康陵。帝陵陵园南墙外东南有一组建筑，东西向长方形，发现路土、建筑材料与陶器残片等。后陵西北部的8号建筑遗址则存在为寝殿的可能，保存较差。[①]（图13）

（12）其他。太上皇陵北200 米、昭灵皇后陵北150米各有一东西向长方形建筑遗址，昭灵皇后陵的西及西北部也各有一建筑遗址，面积不等[②]，推测有陵寝建筑存在。钩弋夫人云陵发现的Ⅰ号建筑遗址，西界为陵园西墙延长线，东界在北神道紧西侧，南界同陵园北墙接壤，内有较多建筑用陶和器物残片，并有夯土、路土等，

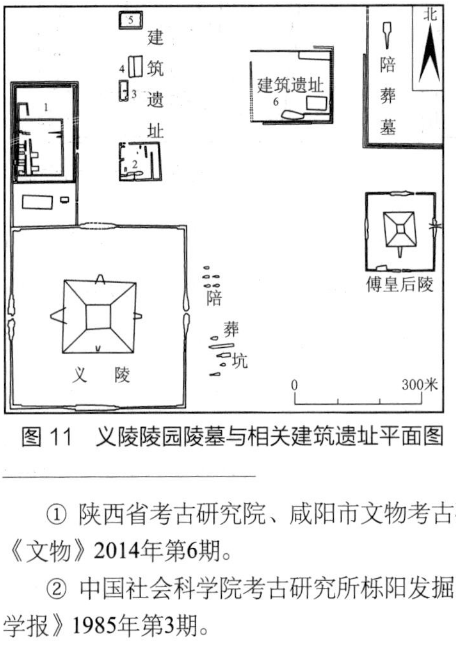

图 11 义陵陵园陵墓与相关建筑遗址平面图

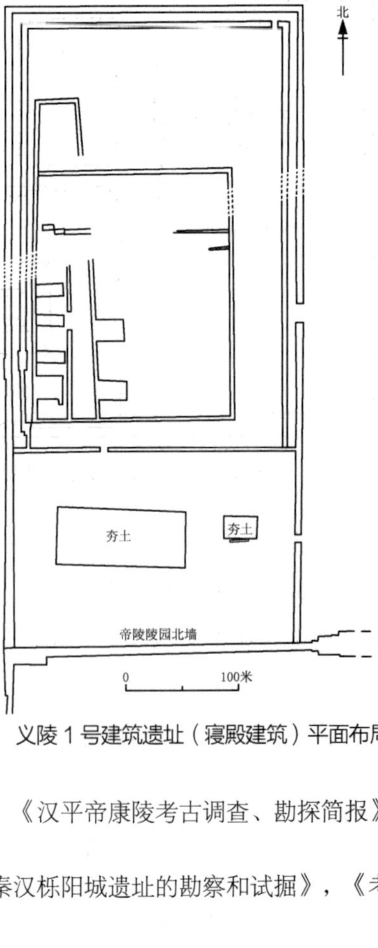

图 12 义陵 1 号建筑遗址（寝殿建筑）平面布局图

① 陕西省考古研究院、咸阳市文物考古研究所：《汉平帝康陵考古调查、勘探简报》，《文物》2014年第6期。

② 中国社会科学院考古研究所栎阳发掘队：《秦汉栎阳城遗址的勘察和试掘》，《考古学报》1985年第3期。

当为寝园遗址。[①]（图14）

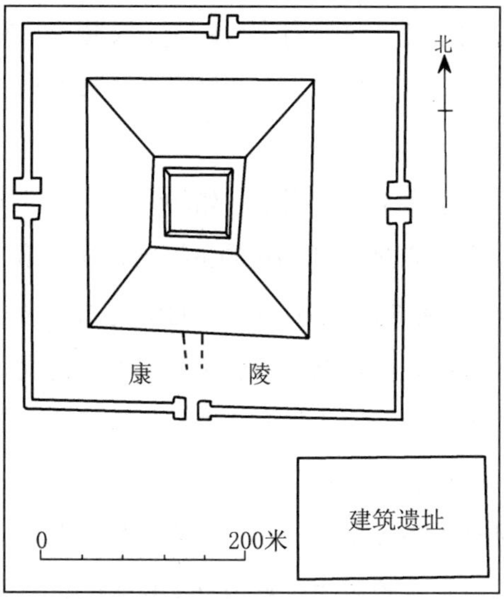

图13　康陵与相关建筑遗址平面图

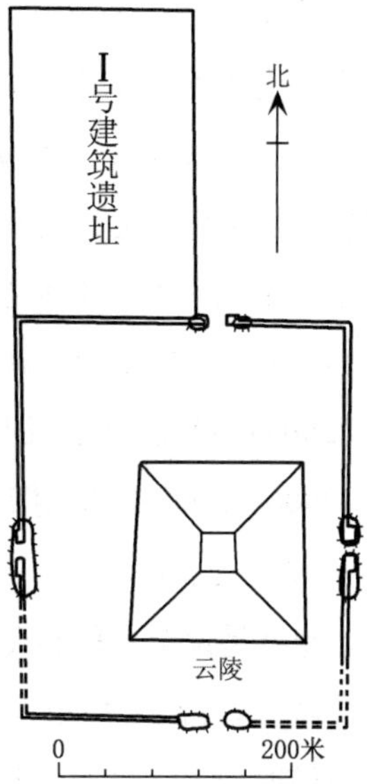

图14　钩弋夫人云陵与相关建筑遗址平面图

二、西汉帝陵的寝与相关建筑位置分析

作为陵墓的祭祀性礼仪设施，寝与相关建筑在西汉帝陵陵园中有着相应的位置，体现出其在墓外建筑设施中的重要地位。西汉帝陵的寝与相关建筑位置既呈现出较多一致性，又有一些不同和差异，反映出相应的时代性、制度性及发展和变化。

（一）寝与相关建筑的具体位置

根据方位的不同，西汉帝陵的寝与相关建筑的具体位置可分为两种情况。

其一，位于陵墓或内陵园外南侧，最具代表的为杜陵。根据与司马道关系，又可分为两种形式：①位于南神道的东侧，如宣帝陵。②位于南神道的西侧，如王皇后陵。

景帝阳陵南神道西侧与平帝康陵南神道东侧各有一定规模的建筑遗址，虽存在为寝与相关建筑的可能，但具体性质还需考古资料的证明和进一步的考证。

其二，位于陵墓的北侧，数量较多，均为都城以北诸陵墓。如太上皇陵与昭灵皇后墓的北侧各有一建筑遗址，可能为寝与相关建筑。根据与北神道的关系，又

① 咸阳市文物考古研究所：《西汉帝陵钻探调查报告》，文物出版社，2010年，第143页。

可分为三种形式：①寝与相关建筑位于内陵园外北神道的西侧。主要陵墓有成帝延陵、哀帝王皇后陵、平帝王皇后陵及钩弋夫人云陵等。②寝与相关建筑位于北道的东西两侧。有的西大东小，如茂陵、平陵的东陵、渭陵与王皇后陵、义陵等；有的西小东大，如安陵东陵、平陵西陵等。③寝与相关建筑位于北神道上，基本与之垂直。主要有长陵与后陵、武帝李夫人墓等。

由于目前进行的基本为考古钻探，存在诸多不确定因素。如2002年关于义陵的钻探，寝与相关建筑的位置属于第三种形式[①]，2009—2010年的钻探结果则属第二种形式[②]。2003年对茂陵的钻探，茂陵及李夫人墓的寝与相关建筑的位置均属第一种形式[③]，2006—2008年的钻探结果则有所不同[④]，渭陵及王皇后陵亦有类似情况。因此，第三种形式很大程度上应属于第二种形式，而第一种形式中部分也可能属第二种形式，也就是说第二种形式应是第二种情况的主体形式。

同一陵区，帝、后陵的寝与相关建筑位置多数是统一或一致的，都城以北诸帝陵表现得较明显。但就宣帝杜陵及后陵来看，帝陵居西，寝园位于其东南，后陵居东，寝园位于其西南，二者在位置安排上是靠近的原则，而非帝、后同制。

（二）寝及相关建筑与陵墓的距离

西汉帝陵的寝与相关建筑皆位于陵墓封土之外，但不同时期或阶段，寝及相关建筑与陵墓封土之间的距离并不相同。西汉早期陵墓中，太上皇陵与昭灵皇后墓北侧建筑分距陵墓封土200米和150米，长陵发现的Ⅲ号建筑距离西陵封土100余米，Ⅱ号建筑距离东陵封土则近300米，安陵东陵封土与北侧建筑相距230米。西汉中晚期的陵墓中，武帝茂陵、元帝渭陵、成帝延陵、哀帝义陵、钩弋夫人云陵及平陵、杜陵的帝后陵的寝与相关建筑的一侧墙使用内陵园一段垣墙，使之与内陵园墙紧密相连。由上可知，寝及相关建筑与陵墓之间，早期距离略大，中晚期则基本相连，体现出趋近并逐渐定型的发展原则。不过，中晚期的武帝李夫人墓、元帝王皇后陵及哀帝傅皇后陵的寝与相关建筑距离墓葬稍远。这既是对前代的延续，也可能与墓主的身份地位及特殊的历史背景等有着一定关系。

---

① 咸阳市文物考古研究所：《西汉帝陵钻探调查报告》，文物出版社，2010年，第132—134页。

② 陕西省考古研究院、咸阳市文物考古研究所：《汉哀帝义陵考古调查、勘探简报》，《考古与文物》2012年第5期。

③ 咸阳市文物考古研究所：《汉武帝茂陵钻探调查简报》，《考古与文物》2007年第6期。

④ 咸阳市文物考古研究所：《汉武帝茂陵钻探调查简报》，《考古与文物》2007年第6期。

（三）主要建筑的位置

西汉帝陵的寝与相关建筑的主要建筑为寝殿与便殿，二者在位置安排上也存在相应的秩序。都城北的诸陵中，武帝茂陵、元帝渭陵、哀帝义陵的考古钻探较为深入，三者均有两组面积相对较大的建筑，西大东小，且西侧建筑遗址的南部，即靠近内陵园处有高台建筑或夯土台基，基本可确定西侧面积较大的为寝殿建筑，东侧面积略小者为便殿建筑，两相对比，体现出寝殿的地位较高。平陵东陵及元帝王皇后陵的寝与相关建筑亦西大东小，情况当与上述情况相同。杜陵选址于都城东南，寝与相关建筑位于陵南司马道东侧，寝殿居西，便殿在东；王皇后陵的寝与相关建筑位于南司马道西侧，但也是西寝殿，东便殿。由上可大致推测，寝殿居西，便殿在东应是一种制度[①]。这可能与寝殿为正殿，其内陈放墓主神座，重大祭祀活动要在寝殿中举行，而便殿是休闲、闲宴场所有关，同时这也与墓葬东向有一定的关系，体现出祭祀礼仪的庄严和程序的制度化。由此可推测，安陵东陵、平陵西陵等陵北两组建筑西小东大的钻探情况或许不准确，其可能为西大东小，即寝殿在西，便殿在东。

（四）杜陵的寝与相关建筑位置分析

杜陵的寝与相关建筑在位置上的最大特点是位于陵南而非陵北，而杜陵作为继茂陵和平陵之后的一处帝陵，帝后陵的寝与相关建筑位于司马道的一侧而非两侧，且相互靠近，不同于茂、平二陵。究其原因，可能由于继承世系的改变，陵墓选址或陵墓位置有较大不同，结合实际地理环境，陵区的具体规划当有很大变化，这对陵墓设施的设置及方位等均会产生影响。杜陵位于都城东南，与城北诸陵位置相反，应是该墓的寝与相关建筑位于陵墓南侧的主要原因，而其相对位置恰与城北帝陵基本一致。杜陵的寝与相关建筑的位置与设置对其后位于北部陵区的成帝延陵等有着相应的影响。这些陵墓的寝与相关建筑位于陵墓北部偏西，北神道以东暂未发现，这样的位置安排恰与杜陵相互对应。

同杜陵相似，文帝霸陵亦位于都城的东南，该墓的寝与相关建筑也可能位于陵墓之南，而杜陵或许会对其有所参考。

（五）阳陵的寝与相关建筑位置推测

如上文所言，关于景帝阳陵的寝与相关建筑位置，有三种不同观点。帝陵东南

---

① 中国社会科学院考古研究所杜陵工作队：《1984—1985年西汉宣帝杜陵的考古工作收获》，《考古》1991年第12期。

约300米为二号建筑遗址，从建筑形制、规模及出土的四神瓦当、成组玉礼器等来看，应为阳陵陵庙——“德阳宫”遗址。[①]帝陵西南约450米为一号建筑遗址，壕沟以里筑院墙，墙内为主体建筑，东南部有庭院等，并在一段南北向的墙基下出土有舞女俑、奏乐俑和动物俑，可能是一组伎乐活动的记录。[②]从位置、规模、布局及相关出土物来看，当为礼制建筑，而其周边无陪葬坑及其他遗迹，且内有院落等，存在为寝与相关建筑的可能。但与其他已发掘和基本确定为帝陵的寝或相关建筑对比，相对位置、构造、布局及内涵等均有较大不同，而其与二号遗址基本平齐，结构、布局亦较为相似，虽然将其确定为陵庙建筑的一部分范围过大，但考虑到阳陵是最早在陵旁立庙的，还是存在一定的可能性。换而言之，其可能不是寝或相关建筑。另外，如果一号建筑为帝陵的寝及相关建筑，后陵的寝及相关建筑亦应位于后陵的南或西南部，但这一区域为陪葬坑及陵庙。综合考察都城北其他诸陵，阳陵的寝与相关建筑很可能在帝陵之北，或位置偏西，或位于北神道的两侧，笔者较倾向于这一点，而且相关位置也有建筑遗址发现，只是面积或规模较小。

三、寝与相关建筑的内容及相关问题

西汉帝、后陵基本都有寝与相关建筑，这些建筑的组成元素和内容又充分体现和服务于寝及相关建筑的祭祀礼仪功能。

（一）组成元素

从现有资料看，西汉早期的帝陵可能还没有专门的寝园，但无论有无寝园，基本都有寝殿、便殿、园寺吏舍等主要组成元素。寝园的出现使得组成元素更为完善、多样和细腻化。武帝茂陵发现的6号建筑有围墙，南部偏西处有带二层台的四棱台状夯土台。哀帝义陵发现的1号遗址为寝殿建筑，2号遗址为便殿建筑，1号遗址有垣墙围绕，中部偏南还有一道垣墙，南部西侧有夯土基址及大量瓦片、灰土和红烧土堆积，北部有闭合型及小型院落。杜陵帝后陵的寝与相关建筑主要包括寝殿、便殿及园寺吏舍等，各类组成元素有垣墙、道路、通道、门、阶、廊、庭、院、散水、柱、堂、小房等，其中一些房屋还可细分为班房、郎吏执勤场所、贮藏间、广场等。主要建筑各自相对独立，有自身的组成元素，但又紧密相连，周围再以园墙围护，形成一个设施完备、职能齐全的寝园。西汉帝陵的寝与相关建筑的建筑材料

---

① 中国社会科学院考古研究所：《中国考古学·秦汉卷》，中国社会科学出版社，2010年，第321页。

② 汉阳陵考古陈列馆：《汉阳陵陈列馆》，文物出版社，2004年，第76页。

丰富多样，板瓦、筒瓦、瓦当、空心砖、铺地砖、下水管道、柱础等均有发现，西汉晚期的很多瓦当还使用吉语文字。寝与相关建筑的主要功用是服务于陵墓祭祀，但不同建筑的具体功能存在有分工或差异，这与史书记载[①]基本相符。就组成元素或内容而言，不同建筑之间也存在着诸多差异。

（二）相关机构和管理人员

寝与相关建筑是陵墓祭祀的重要场所，统治者当在其中设置机构，并有管理和日常工作人员，而园寺吏舍应是与之相关的建筑。从杜陵的相关建筑看，内设保卫人员、保管财物的人员及一些举行祭祀仪式时的工作人员等。《汉书·百官公卿表》“奉常”下有“诸庙寝园食官令长丞”的记载，《后汉书·百官志》“太常”之下载有“先帝陵，每陵食官令各一人，六百石”。食官设令，其下有丞，主要职责是为陵墓祭祀提供膳食祭品，因此与陵寝有着密切关系。管理官吏也较多。传世封泥中，“高寝丞印”“孝惠寝丞”与寝关系密切。另有“孝景园令”“孝昭园令印”等[②]，二者皆有“园令”，但印文又明显不同于陵园官吏印（有陵名）和陵庙官吏印（有“庙”字），故作为寝园官吏印章所印封泥的可能性较大。传世印章中，有“高寝令印”“高寝郎印”“渭陵寝中郎将印”等。[③]由上可知，管理官吏有寝令、寝丞、（寝）园令、寝郎及寝中郎等。再将上述印文进行对比，或许存在早期设寝令后改为寝园令，早期设寝郎后改为寝中郎的可能。

寝与相关建筑的组成元素或内容在很多方面体现出帝、后之间的差别，规模、形制、建筑材料等均有体现。[④]另据目前资料，茂陵、义陵等帝陵的寝与相关建筑至少分为2组，后陵则可能为1组。相关差别体现出等级的差异，同时表明帝陵在陵园中独尊的地位。

四、帝陵寝园及相关问题分析

寝园是陵墓祭祀不断发展及陵墓设施逐步完善的产物，形成于西汉，并得到较大发展。从某种程度来看，自寝园设置以后，基本可被视为寝与相关建筑的统称。

---

① 《汉书·韦贤传附子韦玄成传》载：“又园中各有寝、便殿，日祭于寝，月祭于庙，时祭于便殿。寝，日四上食；……便殿，岁四祠。”

② 孙慰祖主编：《古封泥集成》，上海书店出版社，1994年，第11—12页。

③ 〔清〕汪启淑：《汉铜印原》，西泠印社，1996年，第31页。

④ 刘庆柱、李毓芳：《汉宣帝杜陵陵寝建筑制度研究》，见中国社会科学院考古研究所：《中国考古学论丛——中国社会科学院考古研究所建所40年纪念》，科学出版社，1993年，第361—370页。

（一）帝后陵墓寝园的设置

关于西汉帝后陵墓寝园，《汉书·元帝纪》载：永光五年（前39），“十二月乙酉，毁太上皇、孝惠皇帝寝庙园”。建昭元年（前38），“冬……罢孝文太后、孝昭太后寝园”。竟宁元年（前33），“三月癸未，复孝惠皇帝寝庙园、孝文太后、孝昭太后寝园”。五月，“罢孝文、孝昭太后、昭灵后、武哀王、昭哀后寝园”。其他如《汉书·韦贤传附子韦玄成传》载：“昭灵后、武哀王、昭哀后、孝文太后、孝昭太后、卫思后、戾太子、戾后各有寝园，与诸帝合，凡三十所。”《后汉书·祭祀志》载：“汉诸陵皆有寝园。”

虽然上述文献记载西汉帝后陵基本都有寝园，但“西汉初年寝园并未设置，寝园之设，大概始于汉景帝阳陵，至于此前的西汉诸陵寝园，恐为西汉中期或其后所增筑”[①]。从目前资料看，长陵、安陵的帝后陵墓基本位于一个较大的陵园内，寝与相关建筑亦位于其中。《汉书·五行志》载：武帝建元六年（前135），“四月壬子，高园便殿火”。董仲舒言：“高园殿不当居陵旁。”可能为凸显陵墓在陵园中地位及早期发展不完善等原因，使得寝及相关建筑与陵墓之间的距离较大且未修建相对独立的设施。上文所举传世封泥、印章中有“高寝丞印”“高寝令印”“孝惠寝丞”，均不见“园”字，也说明这一时期没有寝园之设。随着陵墓建设的不断加强，包绕帝、后陵墓封土和相关陪葬坑的陵园形成，寝与相关建筑开始“移出”，虽仍位于帝后陵墓共有的较大陵园内，但相对于包绕帝、后陵墓封土的陵园是有层次和间隔的，这样“强化了陵园以内陵冢区的肃穆与隐秘，是帝陵制度走向进一步规范化的重要举措”[②]。随着寝与相关设施的相对独立性加强及墓葬祭祀的发展，促使了寝与相关建筑的设施不断完善，寝园在此基础上逐渐形成。目前，霸陵的情况还不清晰，阳陵帝后陵墓均有包绕封土的陵园，该陵园外较大陵园内有相关礼制建筑，且有传世封泥“孝景园令”，因此帝陵寝园的设置可能始于阳陵。景帝陵西南发现有院墙的礼制建筑，且其东南部还有庭院，比较接近于寝园。但据笔者上文所言，阳陵的寝与相关建筑很可能在帝陵之北，相关考古工作已较深入，并没有寝园类遗迹发现。由此来看，阳陵或没设寝园，或已设寝园，但较为简略，还不够完善，笔者较倾向于后者。考察茂陵的考古资料，帝陵的相关建筑遗址已基本符合寝

① 刘庆柱、李毓芳：《汉宣帝杜陵陵寝建筑制度研究》，见中国社会科学院考古研究所：《中国考古学论丛——中国社会科学院考古研究所建所40年纪念》，科学出版社，1993年，第361—370页。

② 贺云翱、郭怡：《古代陵寝》，文物出版社，2008年，第131页。

园的特征，李夫人墓北的4号建筑虽然也符合寝园特征，但距离墓葬较远，说明帝后陵寝园的整体设置还处于初期阶段。综合以上，笔者认为，帝陵寝园的设置当始于景帝阳陵，其后经历了逐步的发展才渐趋于成熟和完善。

据目前考古资料，西汉诸侯王墓在景帝时期已有寝园，最典型的代表为河南永城保安山M1寝园①。该寝园东门两侧护墙上发现五处带刻字的石块，内容有“正月己丑”“二月己未”“三月己未”“五月壬申”等，推断刻字所反映的年代为公元前150年，即景帝七年，因刻石位于寝园墙基上，所反映的年代应是寝园的始建年代。该寝园的修建年代与景帝阳陵的时代较为相近，因此可以说，西汉帝王陵墓使用寝园是基本同步的。若阳陵无寝园，则帝陵是在武帝茂陵时开始使用寝园，这就存在帝陵受诸侯王墓影响的可能。但不论如何，我们都可以将景帝时期定为西汉帝王陵墓寝园的产生时期。

（二）帝陵寝园的发展与变化

大致从阳陵始，寝园出现，基本位于内陵园之外，但阳陵的情况还不清晰。从茂陵来看，李夫人墓寝园虽还有不完善之处，武帝茂陵的寝园却已发展得相对完备，寝殿所属园墙在北神道以西，为南北向长方形，面积较大，夯土台基靠近内陵园墙；北神道东侧为面积略小，有园墙，平面南北向长方形的建筑，可能为便殿。整体观察，寝园属东西向的长方形，但可能没有外围大的垣墙。平陵对茂陵有较大继承并有所发展，帝后陵的寝园基本一致，相关建筑距离封土较近，分列北神道的两侧。杜陵选址于都城东南，帝后陵寝园的相对位置与茂陵、平陵相互对应，只不过均位于司马道的一侧，寝殿、便殿及园寺吏舍相连成一体（图15），这是一种新的发展，对其后的延陵等影响较大。从平面规制看，杜陵寝园在陵园内的等级较高，建筑相对考究，与“‘天子之堂’相近”，“三阶与西汉宗庙建筑形制相同，寝殿设阼和宾阶，系仿照皇宫中的未央前殿”②。然而，杜陵寝园平面呈东西向长方形、帝后寝园相互靠近的做法在渭陵、延陵中没有体现。渭陵帝后陵寝园应为东西向长方形，延陵的寝园平面则可能呈南北向长方形。西汉中期或稍晚阶段，朝廷可能为西汉早期一些帝陵增筑有寝园。至元帝时，虽有复建，但大多被罢毁，寝园开

① 河南省文物考古研究所：《永城西汉梁国王陵与寝园》，中州古籍出版社，1996年，第23—90页。

② 刘庆柱、李毓芳：《汉宣帝杜陵陵寝建筑制度研究》，见中国社会科学院考古研究所：《中国考古学论丛——中国社会科学院考古研究所建所40年纪念》，科学出版社，1993年，第361—370页。

始走向衰落，而这对其后的帝陵当会有所影响。从义陵来看，与渭陵、延陵均有差别，特别是皇后陵寝园，距离远，面积小，且是单一院落，而康陵仅在陵东南有相关建筑遗址发现，这些均为衰落的体现。

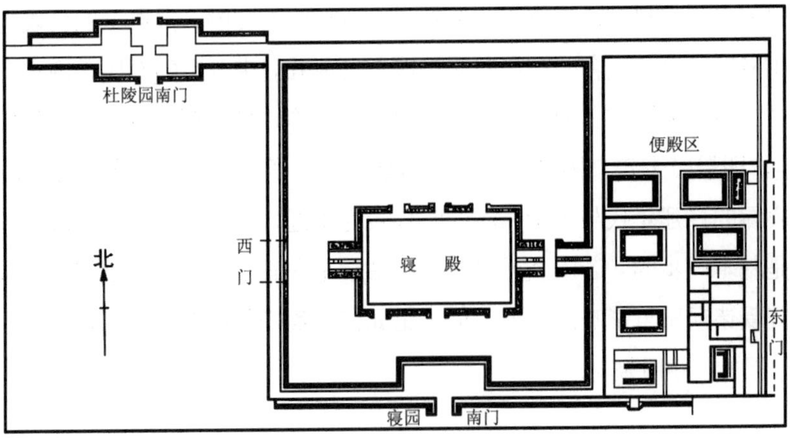

图 15　杜陵寝园平面图

寝园在发展过程中也有特殊性存在。杜陵选址于都城东南，寝园位于陵南等，与茂陵、平陵等有明显不同。再如渭陵，后陵寝园的规模大于帝陵寝园，或许与西汉晚期外戚王氏长期专权及王莽篡权等有关。[①]

（三）寝园的定义

在上文基础上，可对寝园概括如下：随着陵墓设施的逐步完善和墓葬祭祀的不断发展，寝与相关设施从陵园内迁出后，由一组、两组或多组建筑组合成综合性陵墓祭祀设施。寝殿是祭祀的主要场所，作为主体建筑，所属院落位置尊（帝陵一般居西）、地位高、面积大，其他建筑则服务于寝殿的功用。正因为这一建筑群体以寝殿为中心，故得名“寝园”[②]。

西汉帝陵寝园中的寝殿、便殿基本都有院墙且相对封闭。有些寝园是二者相连，形成一组建筑，如杜陵及王皇后陵的寝园，借助寝、便殿的院墙形成相对封闭的空间，因此成为外有园墙的寝园。有些寝园的寝殿与便殿之间以神道相隔，形成两组建筑，若园寺吏舍等与便殿并不相连，则形成多组建筑，义陵的情况大致属此。就目前资料，两组或以上建筑组成的寝园之外并没有发现园墙，故此类寝园外

① 咸阳市文物考古研究所：《西汉帝陵钻探调查报告》，文物出版社，2010年，第200页。

② 刘庆柱、李毓芳：《汉宣帝杜陵陵寝建筑制度研究》，见中国社会科学院考古研究所：《中国考古学论丛——中国社会科学院考古研究所建所40年纪念》，科学出版社，1993年，第361—370页。

围当没有范围较大的园墙。

五、结语

从位置、距离、组成元素及内容、寝园的设置等方面看，西汉帝陵的寝与相关建筑大致经历了两个发展阶段：西汉早期基本是在继承前代基础上的发展，中晚期则是自身特点的完善、巩固和发展。西汉早期，西汉帝陵对秦始皇陵等继承较多，有寝与相关建筑，但相关建筑均位于北部而非北部及西部，亦无专门的食官建筑等。阳陵的寝与相关建筑移出陵园，成为相对独立的祭祀礼仪性建筑，寝园亦可能在此时形成，这为其后的发展打下基础。至武帝茂陵，寝园及相关设施更为规范和功能化，标志着西汉帝陵的寝与相关建筑步入新的发展阶段。茂陵寝园位于北神道的两侧，面积较大，基本占据了陵的一侧，说明寝与相关建筑在陵墓设施中地位大为提高。其后的帝后陵寝园或位于神道两侧，或位于一侧，体现出发展与变化。西汉晚期，寝园趋于衰落，但从哀帝义陵看，寝园位于陵之左侧，由一组或多组建筑组成的基本特点仍然保留，这一特点延续至东汉。东汉帝陵基本南向，陵寝建筑位于东侧，相对方位亦是左侧，孟津大汉冢的考古钻探①及偃师白草坡②、孟津朱仓③东汉帝陵陵园遗址的发掘均可证明。随着上陵制度的发展，许多祭祀内容移至陵园之内，东汉帝陵的寝园地位提高，寝殿作用得到加强，规模扩大，并由此衍生出石殿、园省等相关设施，这也促成了以祭祀、朝拜为主要内容的封建陵寝制度完全确立。总的来讲，秦、西汉及东汉三个时期，帝陵的寝与相关建筑既体现出阶段性特征，又反映出陵寝制度不断发展和逐步确立的过程，在这一过程中，西汉帝陵发挥着承上启下的重要作用。

原载《中原文物》2015年第5期

（刘尊志，南开大学历史学院教授）

① 洛阳市第二文物工作队：《洛阳邙山陵墓群的文物普查》，《文物》2007年第10期。

② 洛阳市第二文物工作队、偃师市文物管理委员会：《偃师白草坡东汉帝陵陵园遗址》，《文物》2007年第10期。

③ 洛阳市第二文物工作队：《洛阳孟津朱仓东汉帝陵陵园遗址》，《文物》2011年第9期。

汉文帝霸陵位置考

马永嬴

关于汉文帝霸陵的位置，早期文献记载在白鹿原上，但具体地点不详。自元代以降，霸陵一直被认为在白鹿原东北的凤凰嘴。但近年来，在西安市灞桥区狄寨街道办江村东的台塬上发现了一座大型汉墓（江村大墓），因其位置特殊，且形制、规模、外藏坑、陵园设施等均与西汉帝陵配置相当，备受学界瞩目。2021年12月14日，国家文物局“考古中国”重大项目推进会宣布：江村大墓即为汉文帝霸陵。[①]这样就出现了史载世传的霸陵与考古发现的霸陵位置的偏差。笔者拟从文献资料和考古证据等方面做一考证分析，以厘清汉文帝霸陵的准确位置，为其进一步研究奠定基础。不足之处，还望方家指教。

一、文献记载的霸陵地望

关于汉文帝霸陵，《史记》《汉书》多有提及。据统计，《史记》提到霸陵凡9处11次，《汉书》更是多达19处22次，但无一指出其具体位置。《史记·孝文本纪》载，文帝遗诏“霸陵山川因其故……”南朝宋裴骃撰《史记集解》引应劭注解曰：“（霸陵）就其水名，以为陵号。”[②]同书《张释之冯唐列传》又载：“（张释之）顷之，至中郎将。从行至霸陵，居北临厕。”《史记集解》引李奇注曰：“霸陵北头厕近霸水，帝登其上，以远望也。”[③]应劭和李奇都是东汉时人，这两条较早的史料都指明文帝霸陵应当在霸水附近。东汉末年，王粲《七哀诗》有“南登霸陵岸，回首望长安”[④]的诗句，指出了霸陵的方位应当在汉长安城的南方。此后，《三

① 陕西省考古研究院、西安市文物保护考古研究院，《江村大墓考古工作主要收获》，《中国文物报》2021年12月24日第5版；马永嬴、曹龙、朱晨露：《江村大墓墓主考》，《中国文物报》2021年12月24日第5版。

② 《史记》，中华书局，2005年，第305—306页。

③ 《史记》，中华书局，2005年，第2122页。

④ 〔梁〕萧统编：《文选》，上海古籍出版社，1986年，第1087页。

辅黄图·陵墓》提及："文帝霸陵，在长安城东七十里，……就其水名，因以为陵号。"①这些记载说明，文帝霸陵在汉长安城东南。颜师古注《汉书·文帝纪》："（文帝）乙巳，葬霸陵。"即明确指出："霸陵在长安东南。"②《汉书·地理志》："霸陵，故芷阳，文帝更名。"③《史记·秦本纪》："（秦昭襄王）四十年，悼太子死魏，归葬芷阳。"《史记集解》引徐广注曰："今霸陵。"④司马贞《史记索隐》亦载："霸是水名。水径于山，亦曰'霸山'，即芷阳地也。"⑤这些史料进一步缩小了霸陵的地域范围，当在芷阳县境的霸水岸边。另外，后者也提示我们，霸陵所在的区域可能地势较高。

关于霸陵的地势，《史记·袁盎晁错列传》记载："文帝从霸陵上，欲西驰下峻阪。袁盎骑，并车揽辔。上曰：'将军怯邪？'盎曰：'臣闻千金之子坐不垂堂，百金之子不骑衡，圣主不乘危而徼幸。今陛下骋六騑，驰下峻山，如有马惊车败，陛下纵自轻，奈高庙、太后何？'上乃止。"⑥这表明霸陵所在区域的地势很高，否则，很难言说"峻阪""峻山"。《水经注·渭水》载："霸水又左合浐水，历白鹿原东，即霸川之西，故芷阳矣。……谓之霸上，汉文帝葬其上，谓之霸陵。"⑦意指汉文帝葬在白鹿原的"霸上"，这是明确提到霸陵在霸水西岸白鹿原的最早文献资料。此后，唐宋时期的历史地理著作均沿用这一观点。如唐代《括地志》："霸陵即霸上，在雍州万年县东北二十五里。"⑧《元和郡县图志》："白鹿原，在县东二十里。亦谓之霸上，汉文帝葬其上，谓之霸陵。"⑨明言霸上与白鹿原是同一个地方，汉文帝即葬于此。北宋《长安志》："文帝霸陵。在县东一十里白鹿原上。"⑩南宋《雍录》："霸陵，在白鹿原上，亦名霸上也。"⑪均认为汉文帝霸陵在白鹿原上。

上述文献说明，汉文帝霸陵在唐宋以前一直被认为在长安东南的白鹿原上，只是具体位置不甚明了。而西汉皇帝葬于白鹿原者仅文帝一人，其他除宣帝之外，均

---

① 何清谷校注：《三辅黄图校注》，三秦出版社，2006年，第431页。
② 《汉书》，中华书局，2005年，第95、97页。
③ 《汉书》，中华书局，2005年，第1245页。
④ 《史记》，中华书局，2005年，第152、155页。
⑤ 《史记》，中华书局，2005年，第305—306页。
⑥ 《史记》，中华书局，2005年，第2115页。
⑦ 〔北魏〕郦道元：《水经注》，上海古籍出版社，1990年，第370—371页。
⑧ 贺次君：《括地志辑校》，中华书局，1980年，第7页。
⑨ 〔唐〕李吉甫：《元和郡县图志》，中华书局，1983年，第4页。
⑩ 〔宋〕宋敏求：《长安志》，辛德勇、郎洁点校，三秦出版社，2013年，第374页。
⑪ 〔宋〕程大昌：《雍录》，中华书局，2002年，第178页。

葬于长安城北的咸阳原上。宣帝别葬长安城南，《汉书·宣帝纪》载："（宣帝）元康元年春，以杜东原上为初陵，更名杜县为杜陵。"①《三辅黄图·陵墓》："宣帝杜陵，在长安城南五十里。帝在民间时，好游鄠、杜间，故葬此。"②可见，西汉其他诸帝陵位置明确，史无疑议。唯文帝霸陵不起封土，陵寝颓圮，湮没尘霾，难觅踪迹。

二、霸陵在"凤凰嘴"的来历

凤凰嘴是白鹿原东北面向灞河延伸的一道黄土梁，其孤峰耸立，气势奇峻，尤与唐太宗昭陵、唐高宗乾陵相类。按照唐代"因山为陵"的模式，结合凤凰嘴的地形地貌，很容易被误认为是一座陵墓。汉文帝霸陵在凤凰嘴的记载，最早出现在元代《类编长安志》中，其原文为："（文帝霸陵）在京兆通化门东四十里白鹿原北凤凰嘴下。"③因此，我们有必要来探究一下《类编长安志》究竟是一部怎样的志书？其学术价值如何？

《类编长安志》的作者骆天骧，史无记载。据黄永年研究，其大约生于金宣宗末年（1223前后），卒于元大德四年（1300）之后。④骆氏出身于世居长安的故家旧族，曾任京兆路儒学教授。骆氏编撰《类编长安志》的缘由是长安地区经"兵火相焚荡，宫阙古迹，十亡其九。仅有存者，荒台废苑，坏址颓垣，禾黍离离，难以诘问，故老相传，名皆讹舛"。因此，骆氏"乃翦去繁芜，撮其枢要，自汉、晋、隋、唐、宋、金迄皇元更改府、郡、州、县，引用诸书，检讨百家传记，门分类聚，并秦中古今碑刻、名贤诗文、长安景题，及鸿儒故老传授，增添数百余事，裒为一集，析为十卷，目之曰《类编长安志》"。⑤很显然，骆氏编撰此书的目的就是便于游览者了解长安古迹，"就是要编纂一部介绍长安地区山川地形、历史沿革，尤其是名胜古迹、旧事佚闻的通俗读物"⑥。而骆氏主要参考的宋敏求《长安志》则"考论都邑，网罗旧闻"，"穷传记诸子钞类之语，绝编断简，靡不总萃隐括而究极之，上下浃通，为二十卷，用备旧都古今之制，俾其风壤光尘，有以奋于永久。故夫府县有政，官尹有职，河渠关塞有利病，皆干于治而施于用"⑦。宋敏求《长安

① 《汉书》，中华书局，2005年，第178页。
② 何清谷校注：《三辅黄图校注》，三秦出版社，2006年，第436页。
③ 〔元〕骆天骧：《类编长安志》，三秦出版社，2006年，第227页。
④ 〔元〕骆天骧：《类编长安志》，三秦出版社，2006年，前言第3—4页。
⑤ 〔元〕骆天骧：《类编长安志》，三秦出版社，2006年，骆引第1—2页。
⑥ 〔元〕骆天骧：《类编长安志》，三秦出版社，2006年，前言第6页。
⑦ 〔宋〕宋敏求：《长安志》，辛德勇、郎洁点校，三秦出版社，2013年，序第4—5页。

志》堪称学术性专著，而《类编长安志》“只是近乎后世旅游指南的读物而已”[①]，其学术价值与《长安志》不可同日而语。

黄永年认为《类编长安志》引用文献“是沿袭其时坊肆编刻书籍动辄以所谓几百家音注为号召的陋习，极不严肃”，在体例和内容上“杂乱不成章法，甚至望文生义”，“妄加之外也妄改，工作粗疏”。[②]

细读《类编长安志》，其内容确实颇多舛误。如辩惑类“小儿原”条所说唐玄宗设置十六王宅的事情，《长安志》“朱雀门街东第五街第一坊十六王宅”条小注本引用《政要》，《类编长安志》却改为《贞观政要》[③]。《贞观政要》是《太宗实录》的分类节本，如何能记玄宗之事？山水类有一个“南总五水”的条目[④]，让人一头雾水，莫名其妙。查对《长安志》，才知原文本作“《水经注》曰：‘酋水出倒兽山，南总五水，单流北注，……又入渭’”[⑤]，骆氏误把“南总五水”当作水名，岂不怪哉！隋、唐离宫里还列了个“上清太平宫”[⑥]，其实这是北宋时期修建的一所道观，既非隋唐建筑，也非离宫别馆；苑囿池台类本来记述的是建筑，却将唐代御史台这样的官署机构混杂进去；堂宅庭园的亭亦应指建筑类，而骆氏却将秦汉时乡里机构的亭（如杜邮亭、鸿门亭等）也混为一谈[⑦]。诸如此类问题不一而足。

根据骆氏序中自述：“仆家本长安，幼从乡先生游，兵后关中前进士硕儒故老，犹存百人，为士林义契耆年，文会讲道之暇，远游樊川、韦、杜，近则雁塔、龙池，其周、秦、汉、唐遗址，无不登览，或谈故事，或诵诗文，仆每从行，故得耳闻目睹，每有阙疑，再三请问。”[⑧]其学问渊源来自乡先生，从游历中讲谈故事得到。除旅游外，骆氏还酷爱碑刻，“仆自幼酷嗜古人法书名刻，仅有存者，不惮涉远披荆莽而追访，抄录书撰人名暨所在，垂六十年”[⑨]。但看不出骆氏对考证有兴趣，正如黄永年指出的“骆氏妄加、妄改、滥引之例”颇多，不重视考证，其本人也承认“然老眼昏花，中间多所脱略讹错，更俟好古博雅君子改而正之”[⑩]，这还真非谦虚，实乃自知之言。

① 〔元〕骆天骧：《类编长安志》，三秦出版社，2006年，前言第6页。
② 〔元〕骆天骧：《类编长安志》，三秦出版社，2006年，前言第8—11页。
③ 〔元〕骆天骧：《类编长安志》，三秦出版社，2006年，第250页。
④ 〔元〕骆天骧：《类编长安志》，三秦出版社，2006年，第169页。
⑤ 〔宋〕宋敏求：《长安志》，辛德勇、郎洁点校，三秦出版社，2013年，第535页。
⑥ 〔元〕骆天骧：《类编长安志》，三秦出版社，2006年，第67页。
⑦ 〔元〕骆天骧：《类编长安志》，三秦出版社，2006年，第116页。
⑧ 〔元〕骆天骧：《类编长安志》，三秦出版社，2006年，骆引第1页。
⑨ 〔元〕骆天骧：《类编长安志》，三秦出版社，2006年，第281页。
⑩ 马永嬴、曹龙、朱晨露：《江村大墓墓主考》，《中国文物报》2021年12月24日第5版。

汉文帝霸陵在凤凰嘴的记载，首次出现在这样一本方志中，其可靠性不言而喻。考古成果也证实了骆氏之言虚妄无据。2011年以来，考古工作者对凤凰嘴进行了两次大范围的考古勘探，未发现汉代墓葬遗存和相关的陵园遗迹。为了慎重起见，又与当地的地质勘探单位合作，使用探地雷达、高密度电阻仪、测氡仪等高科技仪器，对凤凰嘴一带进行全区域探测和分析，仍然一无所获。这些探测成果充分证明，凤凰嘴根本没有任何墓葬遗存，彻底否定了汉文帝霸陵在凤凰嘴的记载与传说。

三、考古发现的证据

在排除凤凰嘴的同时，考古工作者在窦皇后陵西侧约800米的位置发现了一座超大型汉墓，因位于西安市灞桥区狄寨街道办江村东侧，而被称为“江村大墓”。江村大墓为“亚”字形竖穴木椁墓，四面各有一条墓道。墓室边长73米左右，墓葬东西长251米、南北宽146米、深度超过30米。墓室四周环绕114座外藏坑，外围以石围界、门阙形成陵园，边长423米。另外，考古勘探、试掘还发现了一周更大范围的夯墙遗址，形成了一座将江村大墓和窦皇后陵围合在一起的大陵园。在这个大陵园之外还分布有20多座汉墓、40多座陶窑遗迹。①

根据江村大墓及周边的遗存情况，我们认为，江村大墓应为汉文帝的陵墓。其证据如下：

1. 墓葬位置

江村大墓位于西安东郊白鹿原西端，距世传为汉文帝霸陵的凤凰嘴约2100米，其东北是窦皇后陵，间距仅有800米；西南是薄太后陵，距离也不足2000米。从其位置来看，江村大墓的墓主应当与窦皇后、薄太后关系特殊，此地绝非常人能够入葬。更为关键的是，江村大墓和窦皇后陵外围有一周更大范围的陵园墙址，其东西残长1200多米，南北宽860米，这表明江村大墓与窦皇后陵同在一个大陵园中。西汉帝陵均实行帝、后“同茔异穴”的合葬制度。汉高祖长陵的帝、后陵即在同一个陵园中，高祖陵居西，吕后陵位东。汉景帝阳陵外围也有一周大陵园，将景帝陵园和王皇后陵园界围其中，而且也是帝陵在西，后陵居东。江村大墓和窦皇后陵的情况与汉阳陵非常相似，虽然居西的江村大墓外围有石砌的陵园界线，位东的窦皇后陵也有自己的夯土园墙，但二者却同在一个大陵园中，如此布局明显体现了帝、后

① 马永嬴、曹龙、朱晨露：《江村大墓墓主考》，《中国文物报》2021年12月24日第5版。

“同茔异穴”的葬制。

另外，还有一个值得注意的现象，江村大墓地表无封土，其所在区域仅仅是中部稍微隆起的寰丘状地貌。这与“霸陵山川因其故，毋有所改”[①]，“治霸陵，……因其山，不起坟”[②]的文献记载相符。

2. 墓葬形制

江村大墓形制为东南西北四面各有一条墓道的“亚”字形，这种形制在秦汉时期，一般均为皇帝或皇后级别的顶级贵族使用。从目前的考古发现来看，西汉帝陵中，从开国之君汉高祖到末代皇帝汉平帝的陵墓均为“亚”字形，西汉的皇后陵墓也大多为“亚”字形。另外，像刘邦的父亲太上皇、汉文帝之母薄太后等，因为其生前或逝后被尊为“皇”“后”，因此，其墓葬也是“亚”字形。总之，当时只有皇帝、皇后或相当于其地位的人才能使用“亚”字形墓葬，他人则未见一例，即便尊贵如诸侯王亦如此。如赵王张耳墓“有南北二条斜坡墓道”[③]。洛庄汉墓是吕王吕台之墓，“主墓室的结构和形制，是一座有东西墓道的‘中’字形土坑竖穴木椁墓”[④]。江苏盱眙大云山汉墓M1被认为是江都王刘非之墓，其南北两侧各有一条斜坡墓道，墓葬形制呈“中”字形。有学者认为北京大葆台汉墓是西汉后期广阳王刘建之墓，“刘建墓有南北两条墓道，以南墓道为主”[⑤]。考古资料表明，从汉初到西汉后期，诸侯王均为“中”字形墓，绝无“亚”字形墓葬出现，更遑论其他贵族大臣。袁仲一认为：“先秦及秦汉时期，墓葬形制的不同代表墓主地位的高低。天子级的墓为亚字形，即在墓室的东西南北四面各有一条斜坡形墓道；诸侯国君的墓为中字形，即在墓室的东西或南北两边各有一条斜坡形墓道；卿大夫的墓多为甲字形，即在墓室的一侧有一条墓道。”[⑥]江村大墓仅从形制来判断，即非臣民的墓葬。

3. 墓葬规模

从墓葬规模来看，江村大墓也是一座超大型墓葬。目前发现的西汉时期土圹竖

---

① 《史记》，中华书局，2005年，第305页。

② 《汉书》，中华书局，2005年，第97页。

③ 黄展岳：《汉代诸侯王墓论述》，《考古学报》1998年第1期。

④ 崔大庸：《章丘洛庄汉墓发掘成果及学术价值》，《山东大学学报》（哲学社会科学版）2004年第1期。

⑤ 黄展岳：《汉代诸侯王墓论述》，《考古学报》1998年第1期。

⑥ 袁仲一：《秦始皇陵西侧中字形大墓的墓主问题》，见吴永琪主编：《秦文化论丛》（第14辑），三秦出版社，2007年，第342页。

穴墓，除了帝、后陵墓之外，规模较大者当属洛庄汉墓，该墓葬东西总长170米，墓室边长37、35米，面积1295平方米，深20米左右。[①]大云山汉墓墓口南北长35.2米、东西宽26米，面积约915平方米，深19米。其他诸侯王墓多小于上述墓葬。列侯墓葬则规模更小。

根据考古资料，江村大墓东西长251米、南北宽146米、墓圹边长72—73米，墓室面积达5200多平方米，深达30余米。无论是从其墓室规模，还是墓葬深度来看，都远远超过了诸侯王墓。汉代有严格的葬制规定，湖北云梦睡虎地汉简中就有《葬律》，其中对列侯的葬具、墓室深度、封土高度、墓地面积、陵园建筑等都有严格规定。[②]《周礼·春官·冢人》郑玄注引《汉律》曰："列侯坟高四丈，关内侯以下至庶人各有差。"[③]史书也有"（武原侯卫）不害坐葬过律，国除"[④]的记载。可见汉代葬制不仅在礼仪方面，而且还以法律形式做了严格规定，如果逾制，后果相当严重。正因如此，包括诸侯王、列侯等高级贵族在内的臣民绝不会冒险违规修建超等级的墓葬。因此，从规模来看，江村大墓应当高于列侯、诸侯王墓葬。

4. 陵园设施

根据目前的考古资料，自汉景帝阳陵开始，除了大陵园之外，帝、后陵墓还有各自的小陵园。其陵园界线为夯土墙垣，平面形制除成帝、平帝陵园为长方形外，基本呈方形，其中武帝、宣帝陵园较大，边长超过430米，其他帝陵陵园边长为420米左右。在江村大墓四周也发现了陵园边界，以卵石砌筑（暂称"石围界"），边长423米、宽约1.5米。尽管江村大墓的陵园构筑方式与其他帝陵有异，但其所起作用相同，即标识陵园界线，而且其陵园规模与其他西汉帝陵陵园相当。

西汉帝陵陵园除了夯筑园墙之外，在四面园墙正中位置还有门阙建筑。"汉景帝陵园南门遗址东西全长134米、南北宽10.4—27.2米，总面积2380平方米。"[⑤]汉宣帝陵园"东门遗址面阔84.24米、进深20.36米，由门道'隧'、二塾和二配廊组成"[⑥]。这是两座经过考古发掘的门阙遗址。另外，经考古勘探发现，西汉帝陵均有

① 崔大庸：《章丘洛庄汉墓发掘成果及学术价值》，《山东大学学报》（哲学社会科学版）2004年第1期。

② 彭浩：《读云梦睡虎地M77汉简〈葬律〉》，《江汉考古》2009年第4期。

③ 孙诒让：《周礼正义》，中华书局，1987年，第1697页。

④ 《史记》，中华书局，2005年，第790页。

⑤ 陕西省考古研究院：《汉阳陵帝陵陵园南门遗址发掘简报》，《考古与文物》2011年第5期。

⑥ 中国社会科学院考古研究所：《汉杜陵陵园遗址》，科学出版社，1993年，第8页。

门阙，其面阔在86—130米，进深有13—17米。

根据上述资料，西汉帝陵的门阙建筑规模最大者为景帝陵园的南门遗址，面阔超过130米，最大进深27米多；较小者为宣帝陵园东门遗址，面阔84米、进深20米。江村大墓四面也发现了门阙遗址，只是因其陵园砌石为界，门阙均在石围界正中外侧的位置，但其规模与形制基本与其他帝陵接近。以保存较好的东、北门址为例，经勘探发现，北门址由两座东西对称的“凸”字形夯土基址组成，形制、大小基本相同。通长88米、宽9.3—16.1米，中间为门道，宽1.9米、进深6.2米。东门址由两座南北对称的“凸”字形的夯土基址组成，形制、大小基本相同。通长89.5、宽6.3—16.5米，中间为门道，宽1.5、进深6.3米。[①]江村大墓墓园的东、北门址规模及形制与宣帝陵园的门址相仿。

根据江村大墓的陵园设施来看，其陵园规模、门阙形制也与其他西汉帝陵相近或相仿。

5. 外藏坑

西汉帝陵陵园中均有数量不等的外藏坑分布，特别是距文帝时代较近的汉景帝阳陵，“在帝陵陵园四门以内，封土以外钻探发现从葬坑（外藏坑）81座”，“坑的宽度3—4米，绝大多数均在3.5米左右。最长的坑超过100米，最短的坑只有4米”[②]。外藏坑“由坑体与通道两部分组成”，“已发掘的11座外藏坑，除K14东西两端带有斜坡通道外，其余只在西端有斜坡通道”，“坑体为长方形竖穴土圹”，“外藏坑内由上棚木、立柱、侧枋木、挡板、封门、铺地板、地栿等木结构构成长条形箱式空间，在此空间放置各种陪葬品”。外藏坑发掘出土的文物有着衣陶俑、陶、铁、铜等质地的明器陪葬品，以及木车马遗迹、车马器等。另外，还出土有“宗正之印”“别藏官印”“大官之印”“大官丞印”“宦者丞印”“府印”“右府”“西府”“山府”等明器印章。[③]文、景之后的汉武帝茂陵也发现了大量外藏坑，“帝陵墓室周围呈放射状分布有150座外藏坑”，“外藏坑平面多呈长方形，最长的达98.5米，最短的仅3米，宽度大多在4米左右，最宽的为7米，最窄的仅有1.4

---

① 陕西省考古研究院、西安市文物保护考古研究院：《汉文帝霸陵考古调查勘探简报》，《考古与文物》2022年第3期。

② 陕西省考古研究所阳陵考古队：《汉景帝阳陵考古新发现（1996年—1998年）》，《文博》1999年第6期。

③ 陕西省考古研究院：《汉阳陵帝陵东侧11—21号外藏坑试掘简报》，《考古与文物》2008年第6期。

米”。因其未进行考古发掘，文物内涵不是很清楚。[①]江村大墓在陵园以内，墓室外围也分布有大量外藏坑，其中东侧24座，北侧20座，南侧17座，西侧54座。这些外藏坑以长方形为主，长度大多在4—90米，宽度2—5米。大多由通道和坑体两部分组成。除个别两端带有斜坡信道或无信道外，绝大部分只有一端斜坡道，坑体均为长方形竖穴形制。外藏坑底部均有上棚木、地板、侧枋木、封门等木椁结构。根据目前已发掘的8座外藏坑来看，规模较小者出土马骨一具，另有塑衣陶俑、陶盆、陶罐等文物；较大者一般出土有数量不等的着衣陶俑、陶器、铁器、铜器、车马器等，另外，还发现包括木车马在内的大量漆木器遗迹。特别值得一提的是，江村大墓外藏坑也出土了“中司空印”“中司空丞”“仓印”“廥印”“器府”“车府”等明器官印。[②]

在秦始皇陵探明180多座陪葬坑（外藏坑），段清波研究认为，这些陪葬坑是秦始皇“借用先秦以来车马坑陪葬的形式，将皇帝专制的中央集权体制下的中央政府管理机构模拟、设置在地下，由180多座陪葬坑构建的外藏系统象征着中央集权体制被模拟在陵园”[③]。汉承秦制，西汉帝陵外藏坑的象征意义应当与秦始皇陵是一致的。汉景帝阳陵已发掘的11座外藏坑“代表和象征的是卫尉、宗正、少府三卿或其下属官署机构”[④]。

江村大墓四周的外藏坑无论从其数量规模、分布形式、形制结构、文物内涵等诸多方面都与汉景帝陵高度一致，特别是其中也出土了多枚官印，因此，这些外藏坑也应当是模拟官署机构。这种围绕主墓室设置的大量外藏坑既然具有如此象征意义，在中央集权逐渐加强的秦汉时期，其墓主应当非皇帝莫属。

综上所述，汉文帝霸陵的地望在唐宋之前，一直被认为在白鹿原上，但具体位置不详。近世以来，可能受到唐代帝陵“因山为陵”的影响，有学者认为汉文帝霸陵“因其山，不起坟”[⑤]的陵墓形式应与之相仿，而距窦皇后陵不远的凤凰嘴因其奇峻的地形地貌特征，尤易误导人们的认识。再加《类编长安志》未经缜密考证，即言霸陵“在白鹿原凤凰嘴下”，致使以讹传讹，贻误后世。

---

① 陕西省考古研究院、咸阳市文物考古研究所、茂陵博物馆：《汉武帝茂陵考古调查、勘探简报》，《考古与文物》2011年第2期。

② 资料现存于陕西省考古研究院。

③ 段清波：《外藏系统的兴衰与中央集权政体的确立》，《文物》2016年第8期。

④ 焦南峰、马永嬴：《汉阳陵帝陵DK11~21号外藏坑性质推定》，见中国社会科学院考古研究所、陕西省考古研究院、西安市文物保护考古所编：《汉长安城考古与汉文化——纪念汉长安城考古五十周年国际学术研讨会论文集》，科学出版社，2008年，第305页。

⑤ 《汉书》，中华书局，2005年，第97页。

近年来，经多次考古勘探、地质探测证实，凤凰嘴并无陵墓遗存，彻底否定了霸陵在凤凰嘴之说。而考古发现的江村大墓及其周边的遗迹，形成了一个较为完整的陵区，与汉文帝霸陵前后的汉高祖长陵、汉景帝阳陵、汉武帝茂陵等西汉帝陵形制要素相近，平面布局相似，整体规模相当，并有显而易见的发展演变轨迹。因此，可以确认江村大墓即为汉文帝霸陵。

原载《考古与文物》2022年第3期

（马永嬴，陕西省考古研究院研究员）

论西汉陵邑的功能

杨武站

陵邑是西汉早中期帝陵的重要组成部分，从长陵到杜陵7座帝陵均设置有陵邑，加之万年邑、南陵邑、云陵邑、奉明邑和半途而废的昌陵邑，西汉陵邑总数达12座。关于西汉陵邑的功能，学术界虽多有讨论，但或将陵邑与陵园的功能混淆，或将部分功能有所夸大，引起了一些不必要的误解。本文试对西汉陵邑的功能与变化作以讨论，以期使这一问题明晰。

一、保障帝陵营建

西汉时期除按照皇帝、皇后规格修建的陵墓营建时间较短外，帝陵从皇帝即位不久就开始营建，直到皇帝、皇后驾崩入葬后方才结束，营建时间与皇帝执政时间接近或更长，短则数年，长则数十年，茂陵营建时间更是长达53年。在设置陵邑诸陵中，陵邑始建时间一般早于陵园，或二者同时，晚于陵园的只有万年陵、昌陵。[①]

对于讲求务实的汉代社会来讲，建陵之初就设置陵邑，不可能是用来侍奉陵园。西汉皇帝多在幼年、青年时期即位，少数为中年，帝陵营建时皇帝处于人生的成长期或青壮年阶段，距离入葬时间远不可测。此时的帝陵既无侍奉对象，也无必要，而帝陵营建需要大量的人力、物力，陵邑的设置可以为其提供重要保障。

西汉帝陵由于营建时间长，对于工期无紧迫要求，民力征发也不像秦始皇帝陵修建时动辄达数十万人。文帝驾崩后，“郎中令张武为复土将军，发近县卒万六千人，发内史卒万五千人，臧郭穿复土属将军武……乙巳，葬霸陵”。大丧之时，征发卒的数量只有31000人，可见平时征发的规模不十分庞大。“昭帝即位，追尊钩弋婕妤为皇太后，发卒二万人起云陵，邑三千户”；营建平陵时，“大司农取民牛车三万两为僦，载沙便桥下，送致方上”；成帝建昌陵时，“作者数万人”；哀帝母亲丁氏崩，“遂葬定陶。发陈留、济阴近郡国五万人穿复土”。[②]帝陵营建用工规模

① 杨武站、王东：《西汉陵邑营建相关问题研究》，《文博》2014年第6期。

② 《汉书》，中华书局，1962年，第132、339、3957页。

大时为二万至三万人，多至五万或数万，只有工程紧急时才会征发近县、近郡国的卒和民力，平时用工多为刑徒和陵邑平民，人数应低于这些数字，属于正常的劳役征发，因而史书中没有记载。

云陵邑初建时“邑三千户”，每户按三至四口人计算，人口约一万人；昌陵邑初建时“徙郡国吏民五千余户以奉陵邑”，人口约二万人。这两座陵邑，前者规模小，后者为元帝废除陵邑制度后所建，并且半途而废，因此都不能和帝陵陵邑的人口规模相比较。《汉书·地理志》载：“长陵，高帝置。户五万五十七，口十七万九千四百六十九……茂陵，武帝置。户六万一千八十七，口二十七万七千二百七十七。”[①]这是西汉末年元始二年（2）的户籍数字，由此推测帝陵各陵邑始建时的人口对于满足帝陵营建所需人力是不成问题的。

秦汉时期成年男子每年要向国家服徭役一月，直到老年免役时为止，地点一般多在本郡县，主要从事各种杂役、工程建设、运输及官营手工业劳作等。[②]在安土重迁的秦汉社会，为了鼓励移民，政府会采取各项鼓励措施，包括“赎罪、拜爵、除复徭役、供给衣食，甚至代办婚配……供田、宅，为置巫医等”[③]。陵邑移民有时也会享受到赐钱、田、牛、酒等待遇，如景帝“前元五年春正月，作阳陵邑。夏，募民徙阳陵，赐钱二十万”，武帝建元三年（前138）“赐徙茂陵者户钱二十万，田二顷”，成帝鸿嘉元年（前20）“壬午，行幸初陵，赦作徒。以新丰戏乡为昌陵县，奉初陵，赐百户牛酒”[④]。但他们享受不到“除复徭役”的优待，意味着必须向国家服徭役，设置陵邑的目的正是“奉初陵”。使用陵邑民力修建帝陵，免除了服役过程中的长途跋涉，缩短了服役时间，同时解决了食宿问题，减轻了运输负担，因而有利于社会稳定，消除了不安定因素。

秦汉时期百姓除了向国家服徭役外，还要承担各种赋税，种类有口赋、户赋、献费、田税、刍藁等。[⑤]郡县制下的地方赋税收入逐级上交，最终归大司农与少府掌管。陵邑虽是地方行政区域与组织，西汉早中期却不归郡管辖，由九卿之一的太常直接管理，陵邑的赋税收入自然由太常掌管。景帝后元二年（前142）“十月，租长陵田”。昭帝元凤二年（前79），诏令“三辅、太常郡得以叔粟当赋”；六年（前

---

① 《汉书·地理志》，中华书局，1962年，第1545—1547页。

② 高敏：《秦汉的徭役制度》，《中国经济史研究》1987年第1期。

③ 邢义田：《从安土重迁论秦汉时代的徙民与迁徙刑》，见《秦汉史论稿》，东大图书股份有限公司，1987年。

④ 《汉书》，中华书局，1962年，第143、158、316页。

⑤ 张信通：《秦汉乡里赋税制度和赋税征收》，《中国经济史研究》2012年第1期。

75），诏曰“夫谷贱伤农，今三辅、太常谷减贱，其令以叔粟当今年赋”[①]。这些均是陵邑居民向国家缴纳赋税的直接证据。陵邑人口数量众多，每年要向国家缴纳大量的粮食与钱财，这些赋税在帝陵营建阶段为解决工程管理人员、工匠、刑徒的生活所需无疑可以发挥巨大作用。

另外，帝陵虽然位于都城附近，二者距离近者长陵、安陵均为三十五里，远者霸陵、茂陵达七十里、八十里[②]，若管理工程的官吏来回奔波，不但使他们整天疲于奔命，也会影响工程进度。陵邑位于陵园附近，长陵邑、安陵邑和陵园相连，阳陵邑、杜陵邑距离陵园不超过三公里，霸陵邑虽然距离陵园较远，但也比都城近了许多。因此，陵邑非常适合作为他们生活、休息的场所，这样可以为营建工程节约许多时间。

陵邑在帝陵营建阶段发挥着重要的保障功能，这也是帝陵营建时早早设置陵邑的原因所在。但是陵邑并非能够满足帝陵营建的全部需要，帝陵营建是西汉时期的国家工程，所需技术、人力、物资除了依赖陵邑外，还需要近县、近郡国的帮助，中央各机构也会参与其中，乃至全国的支持。如上文“郎中令、近县卒、内史卒”参与了霸陵的复土工程；“大司农”参与了平陵营建工程；营建平陵时“大司农取民牛车三万两为僦，载沙便桥下，送致方上”；“会昭帝崩，而新丰杜建为京兆掾，护作平陵方上”；宣帝“（本始）二年春，以水衡钱为平陵，徙民起第宅”等。[③]

二、侍奉与服务陵园

皇帝、皇后埋葬之后，帝、后陵大规模的营建活动便基本结束，陵邑的功能随之由保障营建转变为侍奉陵园。

汉初，帝陵不设陵庙，设施不够完善，陵园与陵邑分工不明确，陵邑承担了部分祭祀、陪陵的职能。长陵、安陵陵园面积较小，无陵庙，仅有寝殿、便殿之类的礼制性设施，依靠其中官吏难以满足陵园管理的需要，陵邑紧靠陵园，无疑会发挥重要作用。吕后时，“秩长陵令二千石”，一方面是为了提高长陵邑的地位，另一方面也是对陵邑管理者的肯定与嘉奖。安陵“徙关东倡优乐人五千户以为陵邑，善

① 《史记·孝景本纪》，中华书局，1959年，第448页；《汉书·昭帝纪》，中华书局，1962年，第228—232页。

② 何清谷：《三辅黄图校释》，中华书局，2005年，第362—375页。

③ 《汉书》，中华书局，1962年，第132、242、3199、3665页。

为嗍戏，故俗称女嗍陵也”[①]。这些倡优乐人正是为了满足惠帝生前喜好而移民安陵邑的，其主要职责就是侍奉陵园。

霸陵之后，随着陵园设施不断完善，陵园与陵邑的分工逐渐明确，陵园主要承担着侍奉帝陵的功能，陵邑主要为陵园提供物资和后勤供给。“陵邑因园陵而设，因陵园而存在，但它们之间不存在行政隶属关系，却有着密切的相辅关系”[②]。此时陵园中的礼制性建筑除寝殿、便殿外，还有陵庙。“日祭于寝，月祭于庙，时祭于便殿。寝，日四上食；庙，岁二十五祠；便殿，岁四祠。又月一游衣冠。”[③]陵园与陵邑同属太常管辖，“奉常……景帝中六年更名太常。属官有太乐……又诸庙寝园食官令长丞……又博士及诸陵县皆属焉”[④]。陵园中有专门的机构和官员，与陵邑无隶属关系，他们的职责就是侍奉和管理陵园，陵邑自然不用承担这些功能了。另外，陵园中管理、工作人员数量很多，完全能够胜任侍奉陵园的工作。“守陵、溉树、扫除凡五千人，陵令、食官令各一人，寝、庙令（各）一人，园（令）一人，门吏三十（二）人，候四人。”[⑤]这里虽将陵邑的陵令与陵园官吏混在了一起，但主要是陵园官吏及人数，他们的工作就是管理陵园、祭祀与守陵、溉树、扫除等。

西汉晚期还出现宫女奉陵的现象，这些宫女生活在陵园中，由陵园官吏予以管理，与陵邑也无隶属关系。西汉早中期的皇帝比较开明，死后后宫无子女者可以出宫回家，并无奉陵现象。后宫无子女者归家一度成为制度，平帝驾崩后，“其出媵妾，皆归家得嫁，如孝文时故事”。但在皇帝死后到归家之前的这段时间，有些宫女要在陵园侍奉先帝，元帝时“出杜陵诸未尝御者归家”，就说明她们是生活在杜陵陵园中的。有些甚至死葬在陵园中，孝成班婕妤“至成帝崩，倢伃充奉园陵，薨，因葬园中”[⑥]。

除奉陵宫女外，陵园中大量的工作人员很少有人生活在陵园中。从西汉帝陵田野考古成果来看，园寺吏舍往往分布在陵园的边角地带，建筑规模小，用于日常办公、临时休息尚可，难以满足生活居住。另外，茂陵的陵园设施白鹤馆尚且遭到时人非议，认为“园中五里驰逐走马之馆，不当在山陵昭穆之地”，更何况陵园管理、工作人员生活在陵园中呢？由此推测，他们一般会生活在陵邑及周围的乡里中，陵邑是他们的生活基地。陵邑应该还承担着奉陵宫女的生活所需，目前尚缺乏

① 刘庆柱：《三秦记辑注·关中记辑注》，三秦出版社，2006年，第110页。
② 呼林贵、刘峰：《“阳陵令印”封泥相关问题》，《中国文物报》2003年7月2日。
③ 《汉书·韦贤传》，中华书局，1962年，第3115—3116页。
④ 《汉书·百官公卿表》，中华书局，1962年，第726页。
⑤ 刘庆柱：《三秦记辑注：关中记辑注》，三秦出版社，2006年，第110页。
⑥ 《汉书·外戚传》，中华书局，1962年，第3988页。

这方面的材料和证据。

当陵园设施进行大规模的增建、修缮时，陵邑也会安排人力进行支持。惠帝时，曾在长陵修建高祖庙。西汉陵园设施发生火灾的记载屡屡见于文献，如武帝建元六年（前135）“四月壬子，高园便殿火”；元鼎三年（前114）“正月戊子，阳陵园火”；“元帝初元三年四月乙未，孝武园白鹤馆灾”；永光四年（前40）“夏六月甲戌，孝宣园东阙灾”等。[①]这些受损的设施灾后一般都会及时得到重建，有些还会扩大规模，汉阳陵帝陵陵园南门遗址就发现重建的遗迹。[②]

总之，在陵园与陵邑分工明确后，陵邑主要发挥着服务陵园的功能，为陵园提供各种物资保障，是陵园工作人员的生活基地，但并不直接侍奉陵园。当陵园设施进行大规模增建、修缮时，陵邑才会派人力参与。

三、移民功能

“汉兴，立都长安，徙齐诸田，楚昭、屈、景及诸功臣家于长陵。后世世徙吏二千石、高訾富人及豪桀并兼之家于诸陵。盖亦以强干弱支，非独为奉山园也。”[③]这是班固对于陵邑移民功能的认识，但是并非每个陵邑都具有“强干弱支”的功能。陵邑作为新建城市[④]，移民是不可或缺的。和政治、经济、军事性移民[⑤]不同，移民陵邑的目的是服务陵园，姑且称之为奉陵性移民。

西汉不同时期，向陵邑移民的规模、对象、方式不同，奉陵性移民的功能也有所不同。

秦统一六国后，虽然在军事、政治方面实现了统一，但文化的统一、心理的认同需要一个过程。汉高祖在秦末战争中深知六国旧贵族的影响力，为了避免重蹈秦的旧辙，听从刘敬的建议，并让他“徙齐诸田，楚昭、屈、景，燕、赵、韩、魏后，及豪桀名家居关中”，数量达“十余万口”[⑥]。一方面使他们失去了作乱的土壤，另一方面有利于监管，同时补充了战后关中的人口。这次移民《史记·高祖本纪》中也有记载，当时移民的目的地是关中，不仅仅是长陵邑。长陵邑当时可能刚

① 《汉书》，中华书局，1962年，第183、291、1331页。

② 陕西省考古研究院：《汉阳陵帝陵陵园南门遗址发掘简报》，《考古与文物》2011年第5期。

③ 《汉书·地理志》，中华书局，1962年，第1642页。

④ 王东：《西汉陵邑营建相关问题研究》，《文博》2014年第6期。

⑤ 赖华明：《论秦汉移民及其特点》，《四川师范大学学报》（社会科学版）1995年第4期。

⑥ 《史记·刘敬传》，中华书局，1959年，第2720页。

开始营建，或是设置时间不长，无论何种情况都只是安置移民的一个点而已，远非班固所言。《汉书·刘敬传》颜师古注曰："今高陵、栎阳诸田，华阴、好畤诸景，及三辅诸屈、诸怀尚多，皆此时所徙。"[①]

此后万年、安陵、南陵、霸陵、阳陵诸陵邑或移民规模不大，或以倡优乐人为主，或赐钱募民，六国旧贵族不再是移民的主要对象了。《三辅黄图》："汉太上皇陵，高帝葬太上皇于栎阳北原，因置万年县于栎阳大城内，以为奉陵邑。"[②]由此来看，高祖置万年邑时，仅仅是将栎阳城一分为二罢了，不但未移民六国旧贵族，甚至连老百姓也没有迁移。安陵"徙关东倡优乐人五千户以为陵邑"，移民主要为关东倡优乐人。孝文七年（前173）"四月丙子，初置南陵"，九年（前171）"以芷阳乡为霸陵"；景帝前元二年（前155），"置南陵及内史、祋祤为县"[③]。均未见移民，可能是移民规模较小，也许是将附近居民进行了调整。景帝"（前元）五年春正月，作阳陵邑。夏，募民徙阳陵，赐钱二十万。"对陵邑移民采取的不再是强制方式，而是募民和赐钱。而当时愿意移民的只有无地贫民，"稍有产业的眷恋田园故居……宁就饥馁而无适乐土之虑"[④]。

汉武帝时期前后三次向茂陵邑移民。建元二年（前139）"初置茂陵邑"，三年"赐徙茂陵者户钱二十万，田二顷"；元朔二年（前127）"又徙郡国豪杰及訾三百万以上于茂陵"；太始元年"徙郡国吏民豪杰于茂陵、云陵"[⑤]。茂陵邑初立时，移民仍然采取赐钱、田的方式进行，对象应多是贫穷百姓，后两次移民具有强制性，政治目的明显。元朔二年移民是在推恩令实行后，主父偃向汉武帝建议："茂陵初立，天下豪杰并兼之家，乱众之民，皆可徙茂陵，内实京师，外销奸猾，此所谓不诛而害除。"[⑥]移民对象为"郡国豪杰及訾三百万以上"者，目的为"内实京师，外销奸猾"。太始元年移民乃元朔二年移民政策的延续。除向陵邑移民外，汉武帝时期大规模移民还有：元朔二年"夏，募民徙朔方十万口"；元狩"四年冬，有司言关东贫民徙陇西、北地、西河、上郡、会稽凡七十二万五千口"，五年"徙天下奸猾吏民于边"[⑦]。《后汉书·郑弘传》："郑弘字巨君，会稽山阴人也。"《谢承书》注曰：

---

① 《汉书·刘敬传》，中华书局，1962年，第2124页。

② 何清谷：《三辅黄图校释》，中华书局，2005年。

③ 《史记》，中华书局，1959年，第440、1127页。

④ 邢义田：《从安土重迁论秦汉时代的徙民与迁徙刑》，见《秦汉史论稿》，东大图书股份有限公司，1987年。

⑤ 《汉书·武帝纪》，中华书局，1962年，第155—215页。

⑥ 《史记·主父偃传》，中华书局，1959年，第2961页。

⑦ 《史记》，中华书局，1959年，第440、1127页。

“其曾祖父本齐国临淄人，官至蜀郡属国都尉。武帝时徙强宗大姓，不得族居，将三子移居山阴，因遂家焉。”[①]因此，茂陵邑在汉武帝打击豪强、巨富时虽然发挥了重要的政治作用，但属于国家系列政策的组成部分，而非全部。

昭帝即位后，“追尊赵婕好为皇太后，起云陵”，采取赐钱、田、宅募民的方式两次向云陵邑移民。始元三年（前84）“秋，募民徙云陵，赐钱田宅”，四年“徙三辅富人云陵，赐钱，户十万”[②]。

宣帝时，先后向平陵邑、奉明县、杜陵邑移民，方式有募与徙两种，移民对象有百姓、高官与富人。“本始元年春正月，募郡国吏民訾百万以上徙平陵”，“二年春，以水衡钱为平陵，徙民起第宅”；“元康元年春，以杜东原上为初陵，更名杜县为杜陵。徙丞相、将军、列侯、吏二千石、訾百万者杜陵……夏五月，立皇考庙。益奉明园户为奉明县”。[③]

成帝营建昌陵时，“作者数万人，徙郡国吏民五千余户以奉陵邑。作治五年不成，乃罢昌陵，还徙家”[④]。

从文献可以认识到：陵邑的移民对象不是一成不变，高官和普通吏民是移民的主体，当六国旧贵族、郡国豪杰、富人威胁到西汉国家安全时，才会被移民到陵邑和其他地方；向陵邑移民的方式有赐钱、田、宅募民的温和方式，也有强制性的方式——“徙”。

奉陵性移民的另一表现是高官随陵现象。其中的原因较为复杂，既有皇帝便于控制高官的成分，也有受长安城性质影响，陵邑发挥卫星城的作用，同时可能还有皇帝的恩泽和高官媚上的因素，在此不再赘述。

奉陵性移民在客观上对巩固西汉政权、促进关中人口、经济发展发挥了一定的作用，但其主要目的是服务陵园。以往的研究对陵邑移民的政治性比较重视，一方面是部分陵邑移民确实具有这方面的作用，另一方面深受班固《汉书》中的观点影响。若对全部陵邑进行考察，政治性明显的只是少数陵邑，多数陵邑这方面的作用并不突出。

四、管理功能

陵邑从设置之初，便具有管理民众、征收赋税、征发徭役、维护治安与教化百

① 《后汉书·郑弘传》，中华书局，1965年，第1155页。
② 《汉书·昭帝纪》，中华书局，1962年，第218—221页。
③ 《汉书·宣帝纪》，中华书局，1962年，第239—254页。
④ 《汉书·五行志》，中华书局，1962年，第1341页。

姓的功能，这是陵邑的基本职能，也是发挥以上几种功能的保证。陵邑与县的行政级别相当，由于西汉时期的县都具有这项功能，因而陵邑的管理功能容易被忽视。

首先，从隶属关系来看，西汉早中期陵邑隶属于太常，县隶属于郡，这是二者最大的区别。秦汉时太常掌管宗庙礼仪、陵园事务，将陵邑隶属于太常，是为了使其更好地服务于陵园。太常由于管辖陵邑，在举荐人才、征收赋税、征发徭役、推行农业新技术等方面往往和三辅执行相同的政策，乃至于时人称之为太常郡。如昭帝始元五年（前82）“其令三辅、太常举贤良各二人”；元凤元年“武都氐人反，遣执金吾马适建、龙额侯韩增、大鸿胪广明将三辅、太常徒，皆免刑击之”，并在元凤二年、六年两次诏令“三辅、太常郡得以叔粟当赋”。元帝永光四年“诸陵分属三辅”[①]后，陵邑与陵园分属两个体系，前者属三辅管辖，后者仍归太常管辖，陵邑便不再承担与陵园有关的其他功能了。其中，南陵邑、奉明邑、霸陵邑、杜陵邑隶属京兆尹，云陵邑、万年邑、长陵邑、阳陵邑隶属左冯翊，安陵邑、茂陵邑、平陵邑隶属右扶风。从此陵邑与县完全相同，这既是陵邑地位下降的表现，更是帝陵地位下降的直接表现。

其次，陵邑具有完整的管理机构和体系。《汉书·百官公卿表》：“县令、长，皆秦官，掌治其县。万户以上为令，秩千石至六百石。减万户为长，秩五百石至三百石。皆有丞、尉，秩四百石至二百石，是为长吏。百石以下有斗食、佐史之秩，是为少吏。大率十里一亭，亭有长。十亭一乡，乡有三老、有秩、啬夫、游徼。”陵邑大多人口众多，最高官员多为陵令，少数人口较少的可能为陵长。吕后时“秩长陵令二千石”，应是临时政策，非惯例。文献中曾在陵邑任职的有：何并为长陵令，朱博为安陵丞，魏相、萧育、尹公为茂陵令等；出土文献中的陵邑官职有：万年邑长、万年尉、长陵丞、安陵左尉、南陵右尉、阳陵令、平陵狱丞等；陵邑的亭、里、乡有：霸陵屈亭、郎官亭、平陵肥牛亭、安陵高里、寿陵里、茂陵陵里、果城里、阳耀里、当利里、息众里、寿成上里、平陵长藿里、奉明善居里、阳陵都乡、泾乡、渭乡、南乡等。[②]

陵邑“四方辐凑并至而会，地小人众，故其民益玩巧而事末也”，移民中高官、富人、豪杰又占相当数量，这些都对陵邑的管理提出了挑战。那些在陵邑管理

---

① 《汉书·元帝纪》，中华书局，1962年，第292页。

② 《汉书·石奋传》，中华书局，1962年，第2196页；中国社会科学院考古研究所：《居延汉简甲乙编》，中华书局，1980年，第234页；杨武站：《汉阳陵出土封泥考》，《考古与文物》，2011年第4期；孙兆华：《〈肩水金关汉简（贰）〉所见里名及相关问题》，《鲁东大学学报》（哲学社会科学版）2014年第2期。

方面卓有成效的官员往往会仕途顺利。酷吏义纵曾为“长陵及长安令，直法行治，不避贵戚。以捕按太后外孙修成子中，上以为能，迁为河内都尉”；魏相为茂陵令时，“茂陵大治”，后来官至丞相。

五、结语

陵邑作为西汉早中期帝陵的重要组成部分，二者关系犹如毛与皮：“皮之不存，毛将焉附？”研究陵邑问题时必须将其置于帝陵的框架之中，否则难免会失之偏颇。

陵邑在帝陵的不同阶段发挥着不同的功能，帝陵营建阶段主要发挥着保障营建的功能，皇帝、皇后入葬后，则发挥侍奉与服务陵园的功能。西汉早期陵邑直接侍奉陵园，陵园与陵邑分工明确后，陵邑主要服务于陵园，为陵园提供物资保障，是陵园工作人员的生活基地，不再直接侍奉陵园。当新陵邑保障帝陵营建的时候，原有的陵邑正在发挥侍奉或服务陵园的功能。

陵邑具有移民功能，主要目的是服务陵园。长陵邑、茂陵邑虽然发挥了较为明显的政治性移民功能，但并非陵邑移民的主要目的，多数陵邑移民的政治性并不明显。陵邑的移民对象因时而变，高官和普通吏民是移民的主体，当六国旧贵族、郡国豪杰、富人威胁到西汉国家政治、经济、社会安全时，才会被移民到陵邑和其他地方。

管理功能既是陵邑的基本职能，也是发挥其他功能的保证。陵邑的行政级别、机构设置、管理体系与县相同，不同之处在于西汉早中期陵邑隶属于太常，县隶属于郡。元帝永光四年“诸陵分属三辅”后，陵邑便脱离了太常，不再承担与陵园有关的其他功能了。从此陵邑与县完全相同，这既是陵邑地位下降的表现，更是帝陵地位下降的直接表现。

陵邑的设置，增加了关中的人口，客观上对于社会稳定、经济繁荣、文化交流发挥了一定的作用，但不是设置陵邑的主要目的，这是我们所要注意的。另外，汉初设置长陵邑时，还担负着“无事，可以备胡，诸侯有变，亦足率以东伐”的军事功能，但此项功能发挥的作用有限，后来便不再考虑了。

原载《考古与文物》2017年第3期

（杨武站，陕西省考古研究院研究员）

汉代“横葬制墓”的起源与发展*

赵化成

俞伟超在他的《汉代诸侯王与列侯墓葬的形制分析》一文中指出：商周秦汉的埋葬习俗，可以汉武帝前后为界限，分为两大阶段。前一阶段的成熟形态即通常所谓的“周制”，“汉制”是后一阶段的典型形态。“晋制”的出现，又标志着另一种新形态的最终形成。①俞伟超关于“周制”“汉制”“晋制”三阶段的划分，以高屋建瓴的宏大视角，开启了中国古代埋葬习俗与制度研究的新思路。

然而，俞伟超的论述只涉及某些方面，诸多问题还有待于进一步的研究与深化。例如，在墓葬形制方面，“周制”与“汉制”最根本的区别是什么？导致这种不同的真正原因何在？对此，俞伟超并未给出回答。

一、“竖葬制墓”与“横葬制墓”的定义及问题

传统认识上，有关商周秦汉墓葬的分类，多是从开挖方式、墓圹外形以及建筑材料、装饰手法来区分的，如土坑墓、岩坑墓、木椁墓、砖椁墓、石椁墓、砖室墓、石室墓、砖石合构墓、土洞墓、崖洞墓、壁画墓、画像石墓等。这种分类，有其重要意义，并被广泛采用，但缺憾是并不能清楚区分从商周到秦汉墓葬形制究竟发生了哪些总体性、根本性的变化。而这一问题颇为重要，涉及从方国、王国向帝国转型的重大历史命题。

迄今，已经发掘的商周至秦汉时期的墓葬数量不下20万座，如果我们将这些墓葬加以全面的、宏观的比较研究，便会发现：商周时期墓葬中“竖葬制墓”占据

---

* 这是笔者“从‘周制’到‘汉制’——商周秦汉埋葬制度的变革与发展”系列研究成果之一。此文的基本观点在2001—2004年由笔者主持及学界多位先生参与的教育部人文社会科学重大项目“汉唐陵墓制度研究”已形成，参见该课题结项报告；此后在北京大学研究生课程以及国内多地讲座中均有所表达；2014年在江苏徐州召开的“汉代陵墓考古与汉文化国际学术研讨会”上提交了论文初稿并作了大会发言，但一直未正式成文发表。

① 俞伟超：《汉代诸侯王与列侯墓葬的形制分析——兼论“周制”、“汉制”与“晋制”的三阶段性》，见俞伟超：《先秦两汉考古学论集》，文物出版社，1985年。

绝对统治地位；而汉代墓葬则以“横葬制墓”为其最大特征。“横葬制墓”在战国晚期至秦代就已经出现，但数量尚少；西汉早期已有较多发现，西汉中晚期数量大增，至东汉趋于普及，并成为尔后历朝历代墓葬形制的主流。诚然，无墓道的“竖葬制墓”在东汉乃至后代仍广泛存在，但主要是低阶层的小型墓。这种“竖葬制墓”与“横葬制墓”的不同正是“周制”与“汉制”在墓葬形制方面最重大的差别，后者也是考古学意义上汉文化的主要内涵之一。

那么，什么是“竖葬制墓”和“横葬制墓”呢?

这里所说的“竖葬制墓”和“横葬制墓”与传统意义上的“竖穴式墓”和“横穴式墓”近似但并不完全相同。传统意义上的“竖穴式墓”与“横穴式墓”多是从开挖或者建造方式来说的，而这里所说的“竖葬制墓”和“横葬制墓”主要是从下葬方式以及由下葬方式导致的整体墓形结构的根本性变化来区分的。本文所谓“竖葬制墓”，首先包括了商周及秦汉时期中小型无墓道长方形竖穴土坑墓、竖穴岩坑墓、竖穴石椁墓、竖穴砖椁墓，以及竖井墓道土洞墓、竖井墓道岩洞墓、竖井墓道空心砖墓、竖井墓道小砖墓在内[①]，其特点不仅仅是竖穴开挖，而且下葬方式都是从墓口或墓道口竖向悬吊下棺。本文所说的“竖葬制墓”还包括一部分带斜坡（或阶梯）墓道的大中型土圹（或岩圹）木椁墓在内，其特点是斜坡（或阶梯）墓道底部与椁室顶部及二层台大体齐平（或高出椁室顶部），没有墓门（或封门）、甬道的设置，也就是说，最后棺柩的下葬仍然是竖向悬吊式的。这一特点，除吴越地区部分平地垒土的单葬土墩墓[②]，以及商系墓葬中部分王陵级别的大型墓略有特殊

① 凡具有竖井墓道的这几类墓，墓室多为洞室，设置有墓门或封门，或可称为“半横葬制墓”，但因为有竖井墓道的存在，其下葬方式仍属前者，故归类为“竖葬制墓”范畴。

② 杨楠：《江南土墩遗存研究》，民族出版社，1998年；谷建祥、林留根：《江南大型土墩墓形制之研究》，《东南文化》1998年第1期；田正标：《吴越土墩墓的形制结构及相关问题》，见蒋炳钊主编：《百越文化研究》，厦门大学出版社，2005年；陈元甫：《越国贵族墓葬制葬俗初步研究》，《东南文化》2010年第1期。

外[①]，在整个商周时期，特别是周系墓葬中具有普遍性，且汉代仍有较长时期的延续。如黄河流域商周时期的贵族大墓、长江流域春秋战国时期的大中小型楚墓等，具体如山西天马-曲村晋侯墓、甘肃礼县大堡子山及陕西雍城春秋秦公大墓、江陵天星观及雨台山楚墓、长沙马王堆汉墓等，均属于“竖葬制墓”范畴。

“横葬制墓”都有斜坡（少部分为阶梯）墓道，关键不同之处在于：墓道直通墓底，即墓道底部与墓室底部大体齐平，或略高于墓底（一般与墓底积炭、椁底板或铺地砖大体齐平），有墓门（或封门），或有甬道、前室，其下葬方式是从斜坡墓道、墓门中送入，也就是说,棺柩是横向进入墓室的。这类墓包括大型“黄肠题凑”墓、大中小型斜坡（或平行）墓道崖洞墓、大中小型斜坡（或阶梯）墓道木椁墓、中小型斜坡墓道土洞（木椁或木棺）墓、大中小型斜坡（或阶梯）墓道砖室墓、大中小型斜坡墓道石室墓以及砖石合构墓等。一般来说，同规模的墓葬，“竖葬制墓”的墓道相对短而陡，“横葬制墓”的墓道较长且缓，随着时代的推移，斜坡墓道具有加长的趋势。（图1）

关于中国古代墓葬形制的这一总体变化，中国学者早年曾以“竖穴墓”与“洞室墓”加以区分。[②]日本学者町田章首次提出“竖穴式坟墓”和“洞穴式坟墓”的概念，并根据文献记载指出秦始皇陵为横穴式墓。[③]学者黄晓芬2003年出版的《汉墓的考古学研究》一书中提出先秦两汉墓葬形制经历了从“椁墓”到“室墓”的变化[④]，而她所说的“椁墓”和“室墓”在较早的论文中被称为“竖穴式椁墓”和“横穴式

---

① 种建荣、张天宇、雷兴山：《晚商与西周时期墓道形制初识》，《江汉考古》2018年第1期。该文对晚商至西周时期200座带墓道的大墓形制进行了系统研究，其中，将商系墓葬（晚商至西周早中期）分为A、B两型，A型又分为两亚型，Aa型主墓道直通或稍高于墓底，共16座，Ab型墓道高于墓底而低于二层台，共4座；B型墓道内端底直通或稍高于二层台，共18座。该文认为这种差别与墓葬规模有关，即A型多为王陵级别的特大型墓葬。该文又将西周早期至春秋早期的部分周系墓葬分为两式，I式墓道内端距离二层台甚高，共16座，年代为西周早期至西周中期偏早；II式墓道直通二层台台面，共22座，年代为西周中期偏晚至春秋早期。笔者认为，商系王陵级别大墓中，四条墓道的“亚”字形以及两条墓道的“中”字形墓，其中有一条墓道尽头直通或稍高于墓底，其他墓道尽头则与二层台及椁室顶部齐平，至于这类大墓是否有墓门或封门，也就是说最后下葬的方式尚不清楚，暂作存疑。但商系大墓的这种做法在周系墓葬中不见，全部周系墓葬均为典型的“竖葬制墓”形态。

② 王仲殊：《墓葬略说》，《考古通讯》1955年第1期；王仲殊：《中国古代墓葬概说》，《考古》1981年第5期；王仲殊：《汉代考古学概说》，中华书局，1984年。

③ ［日］町田章：《古代中国における下级墓葬史について》第26、27、28卷（连载），1963年；［日］町田章：《华北地方における汉墓の构造》，《东方学报》第49册，1997年。

④ 黄晓芬：《汉墓的考古学研究》，岳麓书社，2003年。

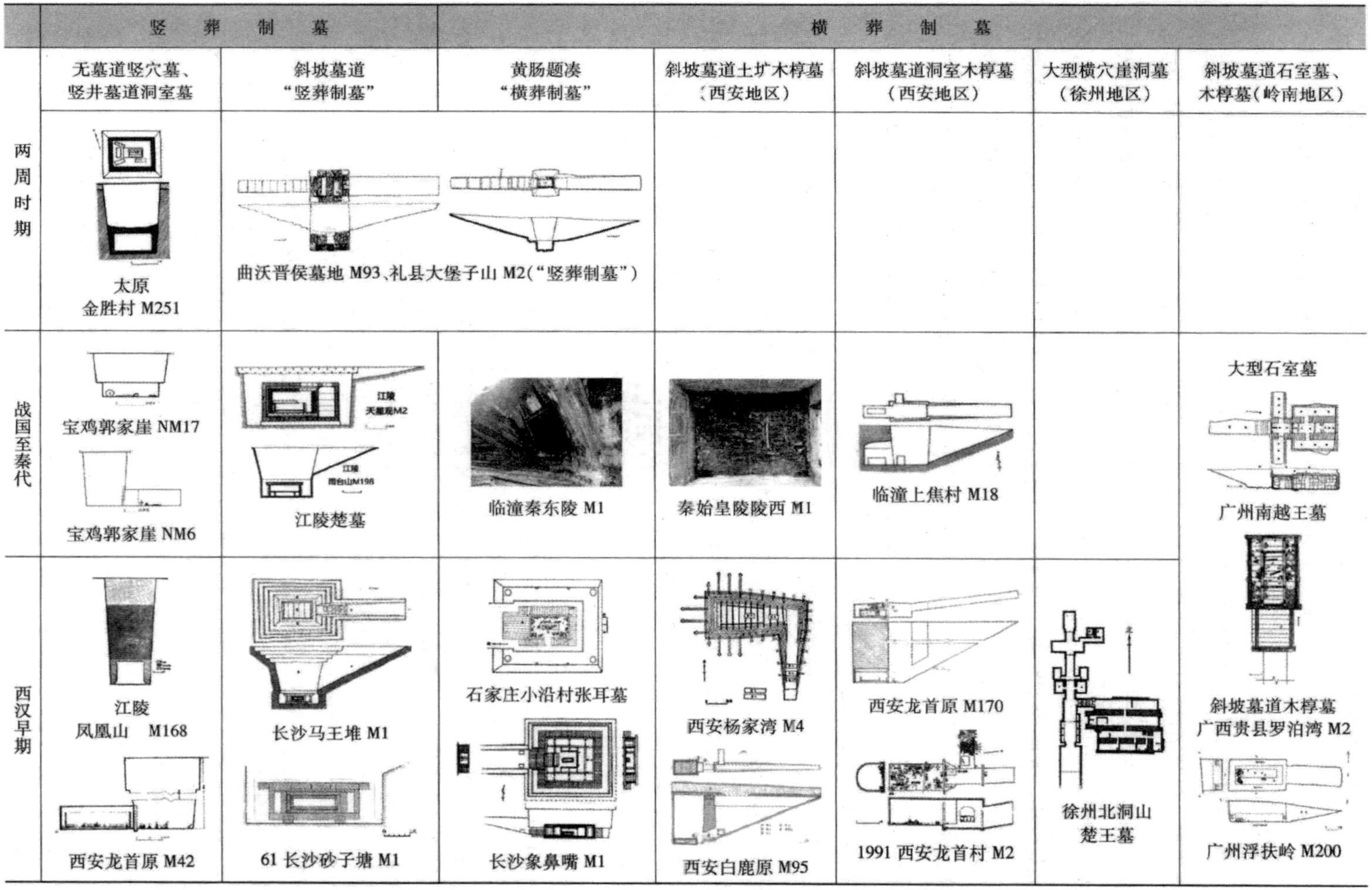

图 1　两周、战国、秦代至西汉早期“竖葬制墓”与“横葬制墓”的类型与比较（图示比例不统一）

室墓”[1]。关于“椁墓”和“室墓”的定义，《汉墓的考古学研究》指出：“埋葬设施的主体部分以埋葬椁为中心的称为椁墓，埋葬设施的主体部分以埋葬室为中心的称为室墓。汉代以前，传统性的墓葬形制几乎都可归属于竖穴原理的椁墓，其最突出的构造特点在于加强密封及与外界的隔绝，呈密闭型构造。与此相对，室墓形制从构造到机能都一反传统，突出表现在以横穴原理为特点，通过给地下埋葬设施内导入羡道、玄门、联络通道，开创了与外界全面开通的地下构造，同时还有意模仿地上建筑来筑造高大的死后空间。如此，密闭型的椁墓与开通型的室墓在本质和筑造方法上都呈现出根本差异。”黄晓芬关于“椁墓”与“室墓”的二分法无疑具有重大学术价值，笔者也是在此基础上展开研究的。不过，本文所说的“竖葬制墓”和“横葬制墓”虽然与黄晓芬的定义及论述部分相似，但也有诸多不同点。笔者早年曾邀请黄晓芬在北京大学作讲座，对其在汉墓研究方面做出的贡献，大家给予很高的评价。然而，由于其论著成文较早，受资料所限，以及某些问题尚未梳理清楚，难免存在一些问题，主要有以下几点：

其一，用词、表达方式不够确切，妨碍了人们完整地去理解其本意。例如，近年一些学者也采用了黄晓芬的“椁墓”与“室墓”二分法来分析汉墓形制，但对“椁墓”与“室墓”的定义却存在较大的不同。《吕氏春秋》说“题凑之室，棺椁数袭”，既讲椁又讲室。按照学界通行的认知：“椁”是围绕棺的外层木构，而墓坊之内、棺椁之间、棺内空间均构成“室”，也就是大家常说的“墓室”“椁室”和“棺室”；“椁”为实体，“室”为空间，“椁墓”有室，“室墓”（或）有椁。2005年，蒋晓春的博士学位论文《三峡地区秦汉墓研究》曾指出：“黄晓芬的分法强调了墓葬的空间结构和形制特征，无疑颇具眼光，但是她忽略了一个问题，她的椁墓概念是建立在有椁的前提下的，但实际上汉代存在很多没有椁只有棺的墓，那么这种仅有棺的墓和无棺无椁的土坑墓又应该如何归属？”[2]总之，以“椁墓”和“室墓”来定义商周秦汉墓葬形制的重大变化似不够全面准确。此外，以“竖穴式墓”和“横穴式墓”称之，易与传统认识混淆。笔者早年亦曾使用该名称，近年考虑再三，觉得以“竖葬制墓”和“横葬制墓”命名更为贴切。

其二，定义标准不够清晰。《汉墓的考古学研究》在棺椁及墓葬结构的分析方面下了很大功夫，可圈可点，但未涉及两种墓型是因为下葬方式的不同，以及因下葬方式改变而引发墓型结构发生根本性变化这一关键要素。也许因为观察角度不同

---

① 黄晓芬：《汉墓形制的变革——试析竖穴式椁墓向横穴式室墓的演变过程》，《考古与文物》1996年第1期。

② 蒋晓春：《三峡地区秦汉墓研究》，博士学位论文，四川大学，2005年。

的缘故，她将一些符合《汉墓的考古学研究》有关“室墓”定义的墓型仍视为“椁墓”。例如，将部分汉代大型“黄肠题凑”墓定义为“题凑型椁墓”（参见《汉墓的考古学研究》第19页5图之6、第76页31图），将部分大中型斜坡墓道土圹木椁墓（墓道直通墓底，有墓门或封门）定义为“箱型椁墓”（参见《汉墓的考古学研究》第18页4图之5）或“间切型椁墓”（参见《汉墓的考古学研究》第74页30图）。由于定义标准不够清晰确切，致使部分墓葬定性与其初衷主旨未能保持一致。

其三，关于“横穴式室墓”的起源时间及地域问题，《汉墓的考古学研究》认为战国时期楚式大中型木椁墓绘制门窗，由此具有真正墓门的“横穴式室墓”可能起源于楚地的大中型木椁墓。然而，考古资料表明，从战国至西汉早期，这一转变在长江流域的楚地并未发生，而该地区西汉早期以大型黄肠题凑墓为代表的“横葬制墓”是关中秦汉都城首发之地向外传播或影响后的结果。

其四，认为“椁墓”向“室墓”变化的内在原因之一是墓内祭祀空间的兴起，但这种说法不符合汉代墓内祭祀及墓型发展的实际情况，墓内祭祀空间的兴起是墓型发展的结果而不是原因。

近些年来，随着汉墓资料的大量积累，诸多学者，特别是一些高校的硕士、博士分别对不同地区的汉墓进行了全面、深入的研究，其中一些学者也采用了黄晓芬的“椁墓”与“室墓”二分法来分析汉墓形制，但由于各自的理解不同，以致在具体分类中存在较大差异。例如宋蓉的博士学位论文《汉代郡国分制的考古学观察——以关东地区汉代墓葬为中心》将带有斜坡墓道的大型黄肠题凑墓和大型、次大型土圹木椁墓（墓道直通墓底，有墓门或封门）均归为“椁墓”，而将具有竖井墓道的洞室墓（包括洞室木椁墓）归入“室墓”。余静的博士学位论文《中国南方地区两汉墓葬研究》将“椁墓”的涵盖范围扩大，即使用木椁作为主体葬具者均定义为“椁墓”；而将“室墓”的范围缩小，即不包括带有墓道、墓门的木椁墓在内。[①]这种分类，与黄晓芬的本意已不同，也偏离了“椁墓”与“室墓”二分法的精华所在。前引蒋晓春的《三峡地区秦汉墓研究》在黄晓芬论述的基础上，提出了

① 宋蓉：《汉代郡国分制的考古学观察——以关东地区汉代墓葬为中心》，博士学位论文，吉林大学，2009年；余静：《中国南方地区两汉墓葬研究》，博士学位论文，吉林大学，2009年；刘剑：《山东地区汉代墓葬的考古学研究》，博士学位论文，山东大学，2012年；张立秀：《汉中山国墓葬研究》，硕士学位论文，河北大学，2020年。

“密闭型”与“开通型”称谓[1]，这一提法更为全面，也领悟到黄晓芬二分法的主旨所在。然而，该文有关“密闭型”与“开通型”的判断标准却存在难以把握的问题，如将土（石）坑墓均归为密闭型墓，却忽视了有无墓道、墓门设置这些与开通相关的要素。实质上，所有墓葬都要回填密闭，因而这一称谓也不是很合适。

笔者之所以引入“竖葬制墓”和“横葬制墓”的概念，一是可以涵盖全部墓型。二是强调“下葬方式”的不同，而下葬方式的不同正是导致墓型结构发生根本性变化的关键所在。关于先秦两汉墓葬“下葬方式”的不同，古文献中多有记载，高崇文、刘尊志已进行过很好的探讨，可作参考。[2]三是与传统的“竖穴式墓”和“横穴式墓”含义歧见而有所区分。[3]从“竖葬制墓”到“横葬制墓”的历史性变革，与其他变革一样，总是与政治、经济、文化中心，即都城所在地密不可分。而近年来，战国晚期至秦代，以及西汉早期“横葬制墓”在秦都、汉都之地，即今西安、咸阳及其邻近地区多有发现，从而为弄清楚“横葬制墓”的起源时间及地域提供了契机。

二、西汉时期大型、次大型“横葬制墓”的类型与起源

两汉时期的“横葬制墓”可分为大型“黄肠题凑”墓、大中小型横穴式崖洞墓、大中小型斜坡（或阶梯）墓道土圹木椁墓、中小型斜坡墓道土洞室木椁墓、大中型斜坡墓道石室墓、大中型斜坡（或阶梯）墓道砖石合构墓、大中小型斜坡（或阶梯）墓道砖室墓等。其中，前四类在战国晚期、秦代或西汉早期就已经出现，后三类主要是西汉中晚期新出现的“横葬制墓”类型。

---

① 蒋晓春：《三峡地区秦汉墓研究》，博士学位论文，四川大学，2005年。该文有关“密闭型”墓的定义为：一是墓室内部的密闭，即用椁、青膏泥或白膏泥、填土等将死者层层包裹；二是墓室内部与外界的密闭，即墓室与外界缺乏沟通的墓门、甬道、墓道等设施。对此，余静的《中国南方地区两汉墓葬研究》一文指出：“此分法中关于墓室内部密闭的提法让人费解，他所谓的墓室内部的密闭是指用椁、青膏泥、白膏泥和填土将死者层层包围。但其实青膏泥、白膏泥和填土隔离的仍是墓内与墓外的空间，而并非墓室内部的密闭。”

② 高崇文：《试论先秦两汉丧葬礼俗的演变》，《考古学报》2006年第4期；刘尊志：《西汉诸侯王墓棺椁及置椁窆棺工具浅论》，《考古与文物》2012年第2期。

③ 关于“竖葬制墓”与“横葬制墓”的定义，不排除个别墓葬难以区分。如湖南地区西汉中晚期墓葬中具有斜坡墓道或阶梯墓道的木椁墓，墓道底部高度介于椁室顶部与墓底之间，或处于过渡阶段。不过，这类墓葬数量很少，视情况而大致归类。又如鲁南地区西汉晚期至东汉早期规模稍大的双室石椁墓，个别有墓道，但墓道短而陡，也不规则，可能属于方便大型石材运送临时而为，未必与下葬方式有关，因而我们将这类石椁墓均定义为“竖葬制墓”。

1.大型“黄肠题凑”墓

目前，已发掘的西汉时期的黄肠题凑墓有十多座。尽管都是竖穴开挖，但斜坡墓道直通墓底，即与墓底（或椁底板）大体齐平，并且设置有甬道、墓门、前室，也就是说下葬方式是横向进入墓室，因而所有黄肠题凑墓均属于“横葬制墓”范畴。大型黄肠题凑墓在西汉早期就多有发现，如石家庄小沿村赵王张耳墓[①]、长沙望城坡长沙王后渔阳墓[②]、长沙象鼻嘴某代长沙王墓[③]、长沙咸家湖长沙王后曹嫫墓[④]、长沙风盘岭某长沙王后墓[⑤]、江苏盱眙大云山江都王刘非墓[⑥]。属于西汉中晚期的有安徽六安双墩六安王刘庆墓[⑦]、河北定县八角廊中山怀王刘修墓[⑧]、江苏高邮天山广陵厉王刘胥墓[⑨]、长沙望城风篷岭某代刘姓长沙王后墓[⑩]、北京老山燕王或广阳王

① 石家庄市图书馆文物考古小组：《河北石家庄市北郊西汉墓发掘简报》，《考古》1980年第1期。《汉墓的考古学研究》将其视为“题凑型椁墓”；该墓尽管墓道未发掘，但墓道一侧无题凑墙，且有前室，显然是进出的通道，应为“横葬制墓”。

② 曹砚农、宋少华：《长沙发掘西汉长沙王室墓》，《中国文物报》1993年8月22日；长沙市文物考古研究所、长沙简牍博物馆：《湖南长沙望城坡西汉渔阳墓发掘简报》，《文物》2010年第4期。

③ 湖南省博物馆：《长沙象鼻嘴一号西汉墓》，《考古学报》1981年第1期。

④ 长沙市文化局文物组：《长沙咸家湖西汉曹嫫墓》，《文物》1979年第3期。《汉墓的考古学研究》将其视为“题凑型椁墓”，但该墓的西墓道下口仅高出墓底0.6米，靠西墓道一侧的题凑墙也只有两层，墓道下口正与两层题凑及椁底板齐平，且该墓设置有墓门及前室，为“横葬制墓”无疑。

⑤ 长沙市文物考古研究所、长沙市望城区文物管理局：《湖南长沙风盘岭汉墓发掘简报》，《文物》2013年第6期。

⑥ 淮阴市博物馆：《盱眙东阳大云山西汉墓发掘简报》，《东南文化》1993年第3期；南京博物院、盱眙县文广新局：《江苏盱眙大云山江都王陵二号墓发掘简报》，《文物》2013年第1期。

⑦ 安徽省文物考古研究所、六安市文物局：《安徽六安双墩一号汉墓发掘简报》，见安徽省文物考古研究所、安徽省考古学会编：《文物研究》（第17辑），科学出版社，2010年。

⑧ 河北省文物研究所：《河北定县40号汉墓发掘简报》，《文物》1981年第8期。

⑨ 梁白泉：《高邮天山一号汉墓发掘侧记》，《文博通讯》1980年第32期；黄展岳：《汉代诸侯王墓论述》，《考古学报》1998年第1期。

⑩ 长沙市文物考古研究所、望城县文物管理局：《湖南望城风篷岭汉墓发掘简报》，《文物》2007年第12期；何旭红：《湖南望城风篷岭汉墓年代及墓主考》，《文物》2007年第12期。

墓[①]、北京大葆台广阳顷王刘建墓[②]、山东定陶县灵圣湖定陶王墓[③]等。

长期以来，人们不大明白为什么自西汉早期就出现并流行这种大型黄肠题凑墓，其来源在哪里？前几年被盗掘的临潼秦东陵一号陵园一号大墓，终于揭开了这一谜底。该墓被盗后在破案过程中，专业人员从盗洞下去发现墓室保存较好，没有完全坍塌，并进行了拍照和摄像。从影像资料可以清楚地看到，该墓使用了黄肠题凑葬制，其结构与汉代黄肠题凑一致。关于该墓的墓主与年代，从盗墓者那里缴获的铭文漆豆看，一般认为属于秦始皇曾祖父秦昭襄王之陵寝，其年代为战国晚期。[④]

关于秦昭王墓用黄肠题凑还见于文献记载。《太平御览》卷五百六十引《皇览·冢墓记》记载，汉明帝朝，公卿大夫诸儒八十余人论《五经》误失，符节令宋元上言："臣闻秦昭王与吕不韦好书，皆以书葬。王至尊，不韦久贵，冢皆以黄肠题凑，处地高燥，未坏。臣愿发昭王、不韦冢，视未烧《诗》《书》。"[⑤]

目前，关东地区战国王陵亦有发掘，但并未发现黄肠题凑墓，如20世纪30年代被盗掘的安徽李三谷堆战国晚期楚王墓未见使用黄肠题凑。[⑥]河南新郑胡庄战国晚期韩王陵仍为传统的木椁形态，不过其椁室为两面坡的屋型，较为少见。[⑦]过去有人认为河南辉县固围村大墓使用了题凑葬制，但与汉代"木头皆内向"的黄肠题凑形态并不相同。[⑧]

实际上，秦国的这种黄肠题凑葬制并不限于战国秦东陵这一座墓，其他战国秦王陵以及秦始皇陵地宫很可能也使用了黄肠题凑。从司马迁的《史记·秦始皇本

---

① 王武铁、王鑫、程利：《老山汉墓考古发掘的收获》，《首都博物馆丛刊》2001年第15期。

② 大葆台汉墓发掘组：《北京大葆台汉墓》，文物出版社，1989年。

③ 山东省文物考古研究所、荷泽市文物管理处、定陶县文管处等：《山东定陶县灵圣湖汉墓》，《考古》2012年第7期。

④ 王辉、尹夏清、王宏：《八年相邦薛君、丞相殳漆豆考》，《考古与文物》2011年第2期；孙伟刚、杜应文、高海峰：《新发现秦漆器及秦东陵相关问题探讨》，《人类文化遗产保护》2012年。

⑤ 《皇览》系曹魏时期的类书，符节令宋元为东汉明帝时人，言及战国秦昭襄王冢墓之事不知所本，但结合今考古发现，其说或非无稽之谈。《皇览》是三国魏文帝时期，由桓范等人奉敕所撰，原书在隋唐后已失传。据《魏略》著录，《皇览》分40余部，每部有数十篇，共800余万字，为中国最早的类书。清人孙冯翼辑出佚文一卷，仅存《冢墓记》等80余条，不及4000字，收入《问经堂丛书》。

⑥ 郭德维：《关于寿县楚王墓椁室形制复原问题》，《江汉考古》1982年第1期。

⑦ 发掘报告尚在整理中，笔者曾前往考察过。可参见央视网《探索·发现》之《新郑胡庄大墓》（上、下集）视频。

⑧ 中国科学院考古研究所：《辉县发掘报告》，科学出版社，1956年。

纪》所记载秦始皇陵地宫有多重墓门以及考古钻探的墓圹结构看，秦始皇陵地宫采用黄肠题凑葬制的可能性很大，对此多有学者论及，笔者也曾专文进行过探讨。[①]过去大凡提到"汉承秦制"，主要是从政治、经济方面着眼的，其实，西汉帝陵及陵园规制承继秦始皇陵是很明显的。西汉帝陵虽未发掘，但使用黄肠题凑葬制史书有明确记载，西汉诸侯王墓与帝陵同制，也使用黄肠题凑。由此可见，汉代帝王的黄肠题凑葬制当源于战国时期的秦王陵和秦始皇陵。

2.大型、次大型斜坡墓道土圹木椁墓及斜坡墓道砖室墓

20世纪70年代发掘的咸阳杨家湾汉墓，因出土了大量的彩绘兵马俑而闻名于世。两座大墓均为带斜坡墓道的土圹木椁墓，可能因地形原因，斜坡墓道均形成折拐。其中M4的简报称："墓葬的整体结构分为封土、墓道（包括墓门、中庭）、墓室（后堂）三部分。"[②]这里未清楚描述斜坡墓道是否直通墓底，但因设置有墓门、中庭，应属于"横葬制墓"。咸阳杨家湾汉墓为高祖长陵的陪葬墓，可能是汉初列侯周勃夫妇之墓。

1986年，在西安市东南郊新安机砖厂发掘一座大型斜坡墓道土罗积炭木椁墓，由封土、墓道、门屏、墓室四部分组成，其中长斜坡墓道的尽头与墓室底之积炭层大体齐平，在斜坡墓道与墓室之间有5米长的水平墓道，可视为甬道，椁室分割为九箱，墓内出土"利成家臣"封泥，简报认为与武帝初年的利乡侯刘婴有关。[③]

《白鹿原汉墓》发掘报告中，属于西汉早期的M95为次大型斜坡墓道土圹木椁墓。全墓由封土、斜坡墓道、壁龛、过洞（天井）、墓室五部分组成，全长30.15米。该墓斜坡墓道的尽头与墓室底部基本齐平，墓室内长方形外椁靠墓道一侧为竖向木板封门。该墓因被盗，墓主身份不明，报告推测为关内侯级。[④]

2018年3月—2019年5月，西安市文物保护考古研究院为配合白鹿原水生态建设，在西安市灞桥区栗家村西发掘了2座西汉早期大型、次大型斜坡墓道土圹木椁墓，笔者应邀曾前往考察。两墓斜坡墓道的尽头与墓底椁底板大体齐平，当为"横葬制墓"。该墓尽管被盗，还是出土了丰富的随葬品，其中Ml出土了2200片玉衣片以及"口却

---

① 赵化成：《秦始皇陵地宫"黄肠题凑"葬制略说》，见《秦始皇帝陵博物院论丛（2022）》，西安地图出版社，2022年。关于此前一些学者论及秦始皇陵地宫为黄肠题凑葬制诸说，可参见该文相关注释。

② 陕西省文管会、博物馆，咸阳市博物馆杨家湾汉墓发掘小组：《咸阳杨家湾汉墓发掘简报》，《文物》1977年第10期。

③ 郑洪春：《陕西新安机砖厂汉初积炭墓发掘报告》，《考古与文物》1990年第4期。

④ 陕西省考古研究所：《白鹿原汉墓》，三秦出版社，2003年。

家臣”封泥，两墓的墓主当为某列侯及其夫人，是文帝霸陵的陪葬墓之一。①

汉景帝阳陵陪葬墓园先后钻探出数十座长斜坡墓道土坊木椁墓，其中，位于陪葬墓区中心地带的光明饮品公司征地范围内，发掘了十多座这类大型、次大型墓葬，其共同特点是斜坡墓道直通墓底，有墓门或封门，均属于“横葬制墓”。这批墓葬等级较高，属于阳陵功臣列侯陪葬墓，其中的M130为郸侯或绳侯周应墓，M760为高宛制侯丙午墓。②

西安及其邻近地区西汉中晚期至新莽时期的大型、次大型斜坡墓道土圹木椁墓以及斜坡墓道砖券墓也有较多发现。

位于蓝田县的支家沟汉墓为依山而建平地起坟的大型长斜坡墓道土圹木椁墓。该墓由墓园、封土、墓道、壁龛、前室、封门、主墓室等几部分组成。墓道残长34米，坡度10°，墓道尽头与墓室底部基本齐平；主墓室平面略呈长方形，上口南北长18米、东西宽20.6米，底部南北长12.22米、东西宽15米，墓底距地表深11米，木椁为回廊式结构，墓底柱洞及夯土台旁的凹槽中垫砖。该墓出有玉衣片、着衣陶俑等，所出封泥、铜器铭文多与皇室有关，显示其尊贵身份。该墓年代为西汉中期，墓主为一成年女性，有学者推论为汉昭帝时的鄂邑盖长公主。③

2008—2009年，西安市南郊凤栖原发掘了张安世家族墓园，位于墓园中心的M8墓主是卒于宣帝时期的富平侯张安世。该墓为大型斜坡墓道土圹砖木合构墓，斜坡墓道长达65米，墓道两侧置有3座木椁耳室。墓罗内前置砖椁室，后为砖木合构的主椁室，主椁室为夯土四壁、壁内砌砖椁、内置木椁。从葬埋过程看，当主椁室葬埋完成后，再在墓室前部增筑砖椁室，以葬埋车马。该墓主椁室被焚烧，有无墓门不清楚，看来，最初的斜坡墓道应直通主椁室墓底，在棺柩入葬后，再在主椁室前端增筑砖椁室。位于M8东南侧的M25规模稍小，为带斜坡墓道的砖券墓，为夫人墓。④

2012年5月，西安市文物保护考古研究院在西安市石家街城中村改造项目的建设中发掘了一座大型斜坡墓道土坊砖木合构墓，墓圹东西长30.4米，南北宽24米。墓葬

① 朱连华、郭昕：《西安灞桥区栗家村汉墓》，见国家文物局主编：《2019中国重要考古发现》，文物出版社，2020年。

② 陕西省考古研究所：《汉阳陵》，重庆出版社，2001年。这批墓葬资料多未发表，承蒙发掘者焦南峰先生告知，并参见曹龙：《西汉帝陵陪葬制度初探》，硕士学位论文，西北大学，2009年。

③ 陕西省考古研究院：《陕西蓝田支家沟汉墓发掘简报》，《考古与文物》2013年第5期；段毅：《蓝田支家沟汉墓墓主身份蠡测》，《考古与文物》2013年第6期。

④ 陕西省考古研究院：《西安凤栖原西汉墓地田野考古发掘收获》，《考古与文物》2009年第5期。

年代为西汉中晚期，发掘者认为属于列侯级别。①

2018年6月，西安市文物保护考古研究院在西安市长安区千林郡住宅小区发掘了东西向并列的2座积沙砖券墓。Ml由墓道、墓室和砖券椁室三部分组成；墓道前段为斜坡土坊，后部小砖券拱（长23.2米），亦呈斜坡状；墓室平面呈长方形，口大底小，四壁有两个二层台，开口东西长13.4米、南北宽11.6米，墓室正中为长方形砖券椁室。M2由斜坡墓道、长方形墓室和墓道两侧4个耳室组成，斜坡墓道残长25.9米，直通墓底；墓室东西长12.8、南北宽12.1米，残深7.9米；砖椁为券顶结构。两墓之间有土洞连接，砖椁四周及上下皆有大量河沙堆积。据Ml出土墨书砖铭文可知，这两座积沙砖券墓应为西汉晚期某代"宜春侯"夫妇异穴并葬墓。②

除以上所列墓例外，据陕西省考古研究院、西安市文物保护考古研究院的同行告知，西安一带为配合基本建设已发掘但未发表的这类大型、次大型或中型墓还有多座。

总之，今西安及其邻近地区，西汉时期的列侯、高官、贵族普遍采用这种长斜坡墓道直通墓底的大型、次大型土圹木椁墓或砖券墓。因而，有理由相信，高祖长陵、惠帝安陵、文帝霸陵、景帝阳陵、武帝茂陵、宣帝杜陵等帝陵附近数以百计的大型、次大型陪葬墓很可能都是这种具有斜坡墓道的"横葬制墓"形态。

西安及其邻近地区西汉时期已广为流行的这种大型、次大型斜坡墓道土圹木椁墓，其来源近年也有了新的突破。2010年以来，在秦始皇陵外陵园西墙外钻探出4座"中"字形大墓和5座"甲"字形次大型墓，是秦始皇陵的陪葬墓群。近年，发掘了紧靠陵园西墙的一座"中"字形大墓，被称为陵西大墓（Ml）。该墓发掘已基本结束，从发掘者向媒体披露的信息看，该墓平面呈"中"字形，由南、北墓道与墓室三部分组成。根据墓道坡度复原，全长约100米，南墓道长31米，北墓道残长34米；南墓道底部下距墓室底3.8米，北墓道几乎直通墓底，进入墓室处有竖向封门木，北墓道一部分因为土地问题而未能发掘。墓室呈长方形，口大底小，上口南北长29米、东西宽28米，距地表总深15.6米。值得注意的是，南墓道尽头高出墓室底部3.8米，应与椁室顶部大体齐平；而北墓道直通墓底，与椁底板大体齐平。③这正体现

① 西安市文物保护考古研究院：《西安东郊石家街发现汉代列侯级别墓葬》，《中国文物报》2013年8月16日。

② 朱连华、王艳朋：《西安长安区北里王汉代积沙墓》，见国家文物局主编：《2019中国重要考古发现》，文物出版社，2020年。

③ 秦始皇帝陵博物院：《秦始皇帝陵考古的新进展——秦始皇帝陵陵西墓葬勘探与发掘取得重要收获》，《中国文物报》2020年6月19日。本文还参考了相关网络媒体诸多报道。此外，发掘期间笔者曾多次前往考察。

了从传统“竖葬制墓”向“横葬制墓”的过渡，北墓道长于南墓道，为主要出入通道，因而总体上属于“横葬制墓”范畴。该墓资料尚在整理中，发掘者判断不晚于秦代。

从陵西大墓看，西安附近西汉早期就流行的大型、次大型斜坡墓道直通墓底的土圹木椁墓当来源于同地区的秦代。此外，秦始皇陵兵马俑坑以及诸多陪葬坑的斜坡通道均直通坑底。也就是说，至迟在战国晚期至秦代，包括黄肠题凑大墓在内，这种“横葬制”方式在大型墓葬中就已经发生，至西汉早期首先在西安一带大墓中流行并逐渐形成一种新的葬埋理念。

除西安地区外，西汉早期的这种大型、次大型带斜坡墓道土圹（或岩圹）木椁墓也见于关中以外地区，但发现相对零散，年代上也略晚于秦汉都城一带。

2001年在济南市西郊发掘的腊山M1，墓葬平面为折尺形，由墓道、前庭和墓室组成。墓道为斜坡状，斜度为18度，底部经过夯打，南北残长11米；墓室上宽下窄，口部东西长27.5米、南北宽7.4—8.4米，底部长25.5米、宽4.8—6米，可分为前室与后室两大部分，内置木椁，前有石墙封堵。发掘者认为墓主为西汉早期的某列侯夫人。①

江苏盱眙大云山江都王陵大墓有两座，其中M1为黄肠题凑墓，墓主为江都王刘非。M2与M1东西并列，是江都王刘非的王后，但未使用黄肠题凑。M2平面呈“中”字形，南、北墓道均为斜坡结构，北墓道口残长11米，近墓室处斜坡未至墓底；南墓道口长30米，是主墓道，墓道尽头与墓底基本齐平。墓室开口南北长15米、东西宽14.4米、深15米，由主室、北室、南室三部分组成，主室位于墓室中央，由一棺一椁构成。从墓道及墓室结构看，当为次大型带斜坡墓道横葬制岩坑木椁墓。M2与M1为同茔异穴，M2的封土叠压在M1的大封土之下，故M2的下葬时间要早于M1，简报认为年代当在公元前129年至前127年或稍后。②

1999年发掘的湖南沅陵虎溪山一号汉墓，为长斜坡墓道土圹木椁墓，墓道长37米，墓道尽头直通墓底；因墓坑上部被破坏，推测墓口长约17.5米、宽14.2米，墓圹南、北两壁均开凿有向下部延伸的“人”字形阶梯；墓室由主墓室和两侧的外藏椁组成，外藏椁和主墓室之间有门栅相隔，门栅由两层组成，内层为立板直立，外层为横板竖立。在内层立板上，南、北两侧的中间部位有漆书“南扇”“北扇”字样，当为门扉之意。主椁室则由头箱、南北边箱及棺室组成。虎溪山一号汉墓墓主为长沙王吴

① 济南市考古研究所：《济南市腊山汉墓发掘简报》，《考古》2004年第8期。

② 南京博物院、盱眙县文广新局：《江苏盱眙大云山江都王陵二号墓发掘简报》，《文物》2013年第1期。

臣之子第一代沅陵侯吴阳（高后元年受封，死于文帝后元二年，即前162）。[①]

20世纪70年代后期在广西贵县（今贵港市）罗泊湾发掘了两座属于西汉早期的次大型斜坡墓道土坊分室木椁墓，两座墓的形制相似。[②]以M2为例，发掘前尚存封土，墓室的南面是墓道，斜长11.30米，墓道下口高出墓坑底部仅0.28米（与椁底板齐平）；墓室南北长12.72米、东西宽4.90—6.06米，墓口至墓底深3.20米，墓室内椁室分隔成前、后两室，由顶盖、封门、东西北三壁和底板相互扣合而成一体，其中椁室口的封门是用十二根正方形或长方形的木柱并立封住的。关于墓主身份，罗泊湾二号墓中随葬"夫人"玉印，报告认为墓主有可能是赵氏王国派驻当地的相当于王侯一级官吏的配偶。而一号墓规模大于二号墓，黄展岳认为一号墓墓主应是受南越王赵佗册封的当地土著首领西瓯君，地位相当于汉代异姓诸侯王；二号墓墓主应是西瓯君夫人。[③]此外，与罗泊湾两座墓规模、形制相似的还有广西贺县金钟一号汉墓[④]等。贺县金钟一号墓为夫妇合葬墓，出土有"左夫人"玉印，简报认为属于西汉前期后段（南越王国的后期）侯王一级的人物。这几座大型墓，均为岭南地区西汉早期的"横葬制墓"。

西汉中晚期至新莽前后，这种大型、次大型斜坡墓道的土圹（或岩圹）木椁墓或砖木合构墓，以及砖室墓在全国各地也有较多发现，其身份多为列侯、高官或贵族。

山东寿光县三元孙村发掘了150多座汉墓，其中Ml为次大型斜坡墓道土圹砖木合构墓，年代为西汉中期偏晚。该墓由封土、墓道、甬道、墓室四部分组成，斜坡墓道长24.1米，坡度15°，墓道后端与甬道连接；甬道系由墓道后端底部凿洞而通入墓室，长10.6米，底部铺有木板，甬道与墓道连接处有木质挡板，甬道与墓道间有以青灰小砖砌成的封门墙；墓室平面略呈正方形，墓口南北长9.16米、东西宽9.25米，周围砌筑砖椁，墓室中部沟槽（原竖有木板相隔）将其分为东、西两室，当为非同时而葬的夫妻合葬墓。因被盗严重，墓主不明，报告推测为大贵族或上层官吏。[⑤]

山东阳谷县吴楼一号汉墓为一座次大型斜坡墓道回廊式砖券墓，墓葬发现时已

---

① 湖南省文物考古研究所编著：《沅陵虎溪山一号汉墓》，文物出版社，2020年。

② 广西壮族自治区博物馆：《广西贵县罗泊湾汉墓》，文物出版社，1988年。

③ 黄展岳：《关于贵县罗泊湾汉墓的墓主问题》，见四川大学博物馆、中国古代铜鼓研究学会编：《南方民族考古》（第2辑），四川科学技术出版社，1990年。

④ 广西壮族自治区文物工作队、广西贺县文物管理所：《广西贺县金钟一号汉墓》，《考古》1986年第3期。

⑤ 山东省文物考古研究所：《山东寿光县三元孙墓地发掘报告》，《华夏考古》1996年第2期。

遭盗扰，残存封土，地表发现较多“长乐未央”瓦当及汉瓦，表明原有墓园建筑。该墓由斜坡墓道（大部破坏）、甬道、两个主墓室及回廊构成，墓室南北全长12.6米、东西最宽处9.56米，墓葬的年代为西汉末年。经实地踏勘，该墓附近还有四座规模接近的墓葬，简报考证吴楼一号墓及邻近的四座墓应属于西汉晚期至新莽时期“阳平侯”王禁家族墓地。①

20世纪80年代在山西朔县平朔露天煤矿第五工程区发掘了一座汉代次大型积石积炭土圹木椁墓（5M1）。墓葬由斜坡墓道、木构甬道以及墓室三部分组成。斜坡墓道（中部有不规则的七级阶梯）长13.4米，墓道尽头与甬道底部及墓室椁底板大体齐平，从甬道进入墓室设有三道封门，靠甬道一侧为立柱封门，其余为木板封门。以墓室底计，东西长约13.6米、南北宽约5米，内用木材置前后两个椁室，相当于前堂后室。木构甬道顶部及前后椁室的土圹四周均填以大量的石块、瓦块。该墓年代为西汉中晚期，出土的两枚印章表明墓主人姓王名柱，字子孺，与之合葬者应为墓主人妻室，简报认为墓主是当地显宦大族。②

四川绵阳永兴双包山发掘的一号、二号墓均为斜坡墓道、前堂后寝结构的大型木椁墓，有墓门及封门石。其中一号墓年代为西汉中期，二号墓稍早于一号墓。以二号墓为例，该墓的墓圹及墓道上部被毁，现存圹口长24.2、宽6.56—11.2米、深2.7—4.4米。该墓规模宏大，随葬品丰富，且出有玉衣片，墓主人身份较高。③

20世纪50年代发掘的长沙国王族刘娇墓（M401）为平行墓道的大型土圹木椁墓。墓道在墓室北面，长45米，因地形南高北低，墓道不作斜坡或阶梯状，而是与墓室底部在同一条水平线上。墓室全长20.34米，共三个木椁室，两个在前部，一东一西，放置随葬品；一个在后部，乃是棺柩所在的主椁室。长沙M203号墓，墓道在墓室的西面，现存阶梯式墓道长4.75米，与墓室椁底板齐平；墓室全长10.9米，宽3—4米，分为前室、中室和后室三部分。④

湖南永州市鹞子岭西汉晚期泉陵侯家族墓，报告推论Ml的墓主为第三代泉陵侯刘庆，M2墓室规模略小于Ml，为泉陵侯夫人。以M2为例，该墓平面为“甲”字形，墓道向西，大部分已被毁，长度不明，墓道近墓室一端残存斜坡为4度，墓道底端高出墓室底部0.62米，推测为阶梯式墓道；墓坑东西长10.3米、南北宽9.2米，长方

---

① 聊城市文物管理委员会：《山东阳谷县吴楼一号汉墓的发掘》，《考古》1999年第11期。

② 山西省平朔考古队：《山西省朔县西汉木椁墓发掘简报》，《考古》1988年第5期。

③ 四川省文物考古研究院、绵阳博物馆：《绵阳双包山汉墓》，文物出版社，2006年。关于墓葬的年代，M2只出半两钱，Ml出有五铢钱，报告将两墓定在武帝前后。M2不排除可以早到武帝元狩五年（前118）以前，但已属于西汉早期偏晚。

④ 中国科学院考古研究所：《长沙发掘报告》，科学出版社，1957年。

形墓坑内以双层木枋构筑外椁，椁内再分出前庭、后室，墓葬中棺、椁均已损毁。此外，1984年清理的刘疆墓，规模略小，亦属泉陵侯家族成员之一。①

2007年发掘的江西省莲花县罗汉山西汉安成侯墓为一座带斜坡墓道的次大型土圹木椁墓，平面呈“凸”字形，由封土、墓道、墓坑和椁室四部分构成。墓道位于墓坑东侧中部，残长9.6米、宽4米。墓道呈斜坡状，墓道下口距墓室底部约0.64米（略高于墓底，可能与椁底板平），墓室长2.39米、宽8.9米。墓主安成侯为长沙王刘发次子刘苍，卒于武帝元鼎元年（前116）。②

近年新发掘的江西南昌海昏侯刘贺墓是汉代考古的一次重大发现。刘贺家族墓园内，以海昏侯刘贺墓（M1）和侯夫人墓（M2）为中心，有多座神葬墓。M1平面呈甲字形，墓道在南，长15.65—16.17米，墓道中部为斜坡，两侧为阶梯，墓道底部略高于墓底，与椁室底板基本齐平。墓室口南北长约17.2米、东西宽约17.1米、深约8米，椁室由甬道、回廊形藏椁和中心部位的东西主椁室构成。刘贺卒于宣帝神爵三年（前59）。③

3.大型横穴式崖洞墓④

横穴式崖洞墓在西汉时期主要为诸侯王级别所有，规模宏大；东汉时期则多见于西南地区，墓葬规模大小不等，墓主身份亦较复杂。西汉时期属于诸侯王级别的大型横穴式崖洞墓群，已发掘的主要有江苏徐州汉代楚国王陵、河南永城梁国王陵、河北满城中山国王陵、山东曲阜九龙山鲁国王陵，这种大型横穴式崖洞墓均属于“横葬制墓”。其中，西汉早期的只见于徐州汉代楚国王陵和河南永城梁国王陵。据多位学者研究，徐州的属于西汉早期的楚王墓按照早晚排序依次为楚王山汉墓、狮子山汉墓、驮篮山汉墓（2座）、北洞山汉墓、龟山汉墓。楚王山汉墓墓主

---

① 湖南省文物考古研究所、永州市芝山区文物管理所：《湖南永州市鹞子岭二号西汉墓》，《考古》2001年第4期；零陵地区文物工作队：《湖南永州鹞子山西汉“刘疆”墓》，《考古》1990年第11期。

② 江西省文物考古研究所、萍乡市莲花县文物办编著：《江西莲花罗汉山西汉安成侯墓》，上海古籍出版社，2017年。

③ 江西省文物考古研究所、南昌市博物馆、南昌市新建区博物馆：《南昌市西汉海昏侯墓》，《考古》2016年第7期。

④ 所谓崖洞墓，可分为两大类：一类为横穴式崖洞墓，即有斜坡或平行长墓道；而另一类规模较小，也开凿于山体岩石之上，为竖井墓道崖洞墓（墓室一侧或两侧开凿成较浅的洞墓）。这两类一般均称为“崖洞墓”，为避免混淆，有学者建议称前者为“崖洞墓”，称后者为“岩坑墓”，笔者赞同其观点。参见周保平、刘照建：《西汉楚王陵墓形制研究》，见北京大学中国考古学研究中心、北京大学震旦古代文明研究中心编：《古代文明》（第4卷），文物出版社，2005年。

可能是第一代楚元王刘交，该墓的主墓室为竖穴开挖的石坑，与横向甬道及长斜坡墓道连接；其他几座楚王墓主墓室开凿为洞室。研究者指出，徐州西汉早期楚王墓的形制演变规律是主墓室由竖穴开挖转变为横穴洞室，墓道则由斜坡墓道向水平墓道发展。①从徐州西汉早期楚王墓所具有的发展脉络看，这种大型横穴式崖洞墓当源自本地。河南永城梁国王陵与徐州楚王陵地理位置相近，属于西汉早期的保安山一号墓（梁孝王刘武，前168—前144）、保安山二号墓（梁孝王之李王后，卒于前123）、柿园汉墓（梁共王刘买，前144—前136），年代上略晚于徐州最早的几代楚王墓，不排除受到楚王墓葬制之影响。②《史记·孝文本纪》载，文帝遗诏曰："霸陵山川因其故，毋有所改。"过去认为文帝霸陵为这种横穴式崖洞墓，但从最新的调查、钻探与发掘看，这种可能性已经排除，新发现的江村大墓才是汉文帝霸陵，墓葬形制与景帝阳陵一致，应为平地开挖的大型黄肠题凑墓。③因而，徐州汉代楚王陵、河南永城梁王陵等在西汉早期就流行的大型横穴式崖洞墓与文帝霸陵无关，而是当地特殊的地理环境下的产物。这种凿山为藏的大型横穴式崖洞墓最初可能是为了防盗，横穴开凿可将整个墓室隐藏在山石中。诚然，这只是原因之一，很可能这种大型横穴式崖洞墓的出现与战国晚期至秦代以及西汉早期流行的因大型黄肠题凑墓、大型斜坡墓道土坊木椁墓而形成的"横葬制"葬埋理念有关。

4.大型、次大型斜坡墓道石室墓或石木、砖石合构墓

大型、次大型斜坡墓道石室墓或石木、砖石合构墓是西汉中晚期出现、东汉时期颇为流行的墓葬形制，而属于西汉早期偏晚的大型石室墓仅发现一座，即广州象岗南越王墓。该墓位于象岗山顶，平面向下开挖，因使用了大量石块砌筑墓室，被称为石室墓。该墓由斜坡墓道、前室、东西耳室、后室（又分为主室、后藏室、

---

① 梁勇：《从西汉楚王墓的建筑结构看楚王墓的排列顺序》，《文物》2001年第10期；徐州博物馆、南京大学历史学系考古专业编著：《徐州北洞山西汉楚王墓》，文物出版社，2003年；周保平、刘照建：《西汉楚王陵墓形制研究》，见北京大学中国考古研究中心、北京震旦古代文明研究中心编：《古代文明》（第4卷），文物出版社，2005年；刘尊志：《徐州汉墓与汉代社会研究》，博士学位论文，郑州大学，2007年。关于楚王山墓，有学者根据主墓室竖穴开挖，称之为竖穴式墓。该墓前置横向长墓道，尽管主墓室为竖穴开挖，但总体上仍为横穴式墓，即属于"横葬制墓"。

② 河南省文物考古研究所：《永城西汉梁国王陵与寝园》，中州古籍出版社，1996年；郑清森：《芒砀山西汉梁国王陵墓葬相关问题初探》，《考古与文物》2001年第3期；河南省商丘市文物管理委员会、河南省文物考古研究所、河南省永城市文物管理委员会（阎根齐主编）：《芒砀山西汉梁王墓地》，文物出版社，2001年。

③ 杨武站、曹龙：《汉霸陵帝陵的墓葬形制探讨》，《考古》2015年第8期。

东西侧室）组成。象岗南越王墓为西汉早期偏晚的第二代南越王赵眜（前137—前122）之墓。[①]该墓的斜坡墓道直通墓底，设置有两道墓门，符合“横葬制墓”的特点。需要说明的是，石室墓在中原地区多见于西汉中晚期及东汉时期，其形制和构筑方法与南越王墓有较大的不同。这座墓尽管为石室结构，但东、西耳室开凿成洞室，兼具崖洞墓的一些特点。若从墓室整体布局看，又与南越国大中型斜坡墓道分室木椁墓，以及与南越国毗邻的西汉长沙国具有楚式风格的大型木椁墓结构近似。[②]

河北鹿泉市高庄M1为大型斜坡墓道石木合构墓，墓主为常山王刘舜，在位32年，卒于汉武帝元鼎三年（前114），稍晚于南越王墓。该墓平面呈“中”字形，东、西两条斜坡墓道及墓室全长94.5米，墓道直通墓底；土圹墓室上口南北长35.3米、东西宽约33米，墓底南北长16.2米、东西宽19.3米；外为回廊形，内为石构墓室，回廊内用浅红色页岩条石砌筑石墙（报告称之为石椁），平面呈长方形，墓底与墓顶皆铺有石块，石墙内原来有木质棺椁，回廊内亦置木椁，均已严重焚烧不存。[③]

河南永城梁国王陵区除前述大型横穴式崖洞墓外，还有多座规模较小的石室墓，如窑山一号墓、窑山二号墓、夫子山三号墓、黄土山三号墓等。这类墓均有长斜坡墓道，墓道尽头直通墓底，墓室为石块垒砌，属于次大型或中型石室墓，年代为西汉中晚期。这类石室墓尽管规模较小，但从出土的玉衣片等遗物看，等级并不低，发掘者认为这与梁国国势兴衰有关，是有道理的。[④]

河南南阳地区是西汉时期石室墓或砖石合构墓最为发达的地区，所用石材多雕刻画像，一般称之为画像石墓。其中，带斜坡墓道的回廊式石室墓或砖石合构墓规模较大，属次大型或中型墓，如河南方城东关汉画像石墓、唐河县电厂汉画像石墓、南阳杨官寺画像石墓、唐河针织厂汉画像石墓、唐河汉郁平大尹冯君孺人画像石墓等。[⑤]这类墓均有斜坡墓道，且墓道直通墓底，设置有墓门。今南阳地区西汉时为南阳郡，经济发达，这类墓的墓主或为地方高官，或为地方富户。类似的石室墓

---

① 广州市文物管理委员会、中国社会科学院考古研究所、广东省博物馆：《西汉南越王墓》，文物出版社，1991年。

② 高崇文：《西汉长沙王墓和南越王墓葬制初探》，《考古》1988年第4期。

③ 河北省文物研究所、鹿泉市文物保管所：《高庄汉墓》，科学出版社，2006年。

④ 河南省商丘市文物管理委员会、河南省文物考古研究所、河南省永城市文物管理委员会（阎根齐主编）：《芒砀山西汉梁王墓地》，文物出版社，2001年。

⑤ 河南省文化局文物工作队：《河南南阳杨官寺汉画象石墓发掘报告》，《考古学报》1963年第1期；南阳市博物馆、方城县文化馆：《河南方城东关汉画像石墓》，《文物》1980年第3期；周到、李京华：《唐河针织厂汉画像石墓的发掘》，《文物》1973年第6期；南阳地区文物队、南阳博物馆：《唐河汉郁平大尹冯君孺人画象石墓》，《考古学报》1980年第2期。

还见于山东地区，山东平阴新屯M1亦为这种带斜坡墓道的回廊式汉画像石墓，年代为西汉晚期。[①]（图2）

需要说明的是，西汉时期王侯级别的大型、次大型墓葬多数为斜坡墓道直通墓底的“横葬制墓”。但也不尽然，少数墓葬尽管有斜坡墓道，但墓道底部与椁室顶部大体齐平，仍属于“竖葬制墓”范畴。如湖南长沙马王堆三座西汉早期轪侯家族墓，斜坡墓道底部与椁室顶部大体齐平，包括棺椁及随葬品在内，整体上延续了楚文化传统。[②]山东双乳山西汉武帝末年济北王刘宽墓椁室为传统的箱式结构（二椁三棺），斜坡墓道底部高出墓底4米，应与椁室顶部大体齐平。[③]山东巨野红土山墓是一座西汉岩坑墓，先在山腰上凿出平面呈长方形的竖穴石圹，全长70米、宽4.7—7.1米、深6—11.9米，石坑挖成后，再在石圹内砌石墙，隔出墓道、墓室。该墓出土的随葬品丰富、等级高，年代大致为西汉中期偏早，简报认为墓主为昌邑哀王刘髆的可能性较大。[④]

三、西汉时期中小型“横葬制墓”的类型与来源

西汉时期属于王侯、高官、贵族级别的大型、次大型“横葬制墓”已广为流行，但一般官吏或普通民众的中小型“横葬制墓”在全国各地则呈现出发展的滞后性与不平衡性。中小型“横葬制墓”在西汉早期主要有斜坡墓道土坊木椁墓、斜坡墓道洞室木椁墓，这两种墓型在某些地区延续至西汉晚期至东汉早期；自西汉中晚期开始，在前述两种墓葬的基础上，因建筑材料的进步，发展出了斜坡（或阶梯）墓道砖室墓、斜坡（或阶梯）墓道石室墓，以及斜坡（或阶梯）墓道砖木、砖石合构墓。全国已发掘的汉墓数量众多，以下选取具有代表性的区域分别加以考察。

1.西安地区

《西安龙首原汉墓》报告发表的42座墓均为只出半两钱的西汉早期墓，其中无

---

① 济南市文化局文物处、平阴县博物馆筹建处：《山东平阴新屯汉画像石墓》，《考古》1988年第11期。

② 湖南省博物馆、中国科学院考古研究所、文物编辑委员会：《长沙马王堆一号汉墓发掘简报》，文物出版社，1972年；湖南省博物馆、湖南省文物考古研究所：《长沙马王堆二、三号汉墓》，文物出版社，2004年；湖南省博物馆：《长沙砂子塘西汉墓发掘简报》，《文物》1963年第2期。

③ 山东大学考古系、山东省文物局、长清县文化局：《山东长清县双乳山一号汉墓发掘简报》，《考古》1997年第3期。

④ 山东省荷泽地区汉墓发掘小组：《巨野红土山西汉墓》，《考古学报》1983年第4期。

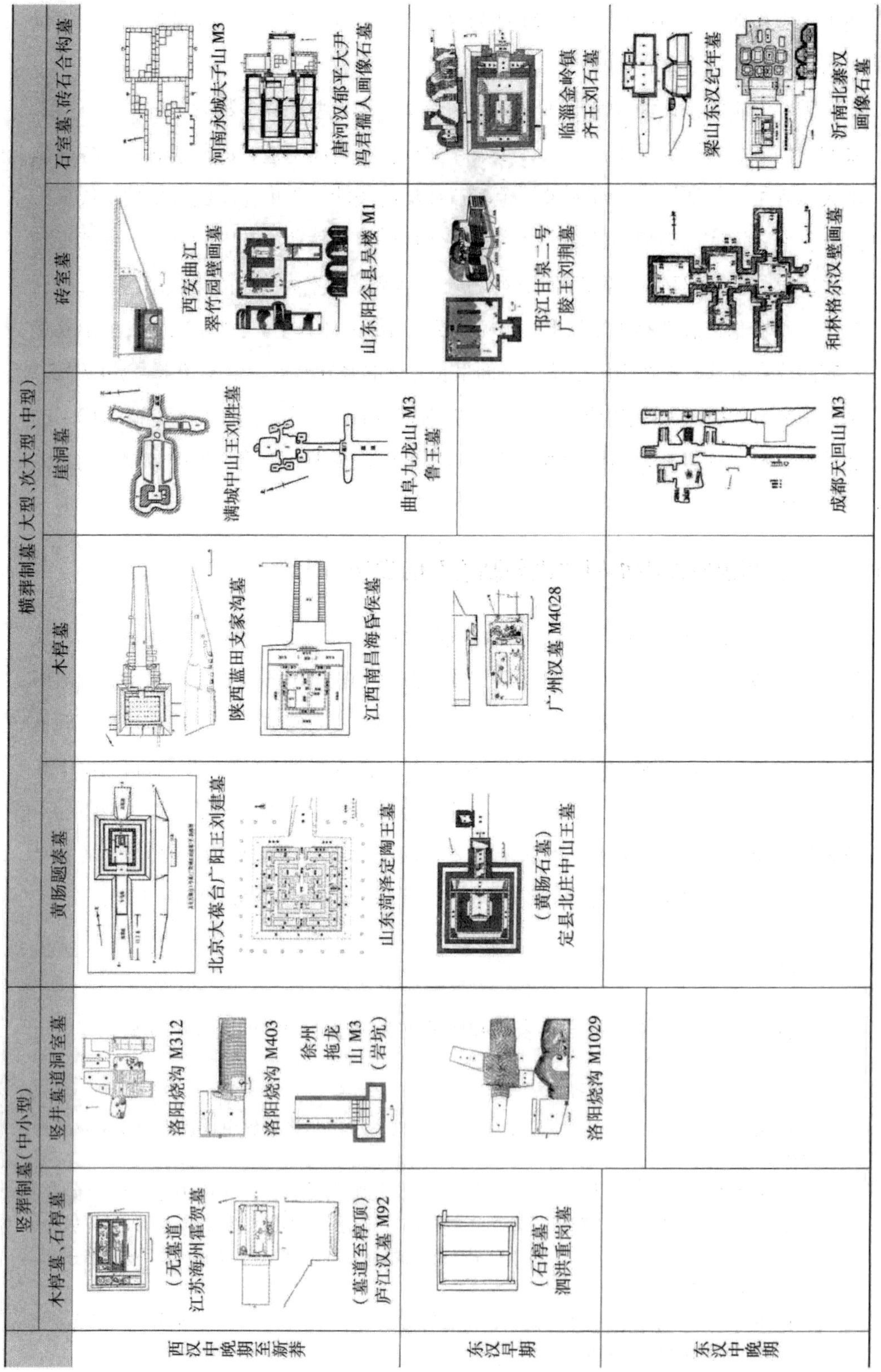

图2 西汉中晚期至东汉“竖葬制墓”与“横葬制墓”的类型与比较（图示比例不统一）

墓道竖穴土圹墓4座、竖井墓道洞室木椁或单棺墓30座，是为“竖葬制墓”；另斜坡墓道土圹墓3座、斜坡墓道土洞室（木椁）墓5座，斜坡墓道底部与墓室底部齐平（个别稍高或稍低于墓底），有甬道、封门，是为“横葬制墓”。以西安西北医疗设备厂M170号墓为例说明如下：该墓由斜坡墓道、天井、过洞、洞室四部分构成，有封门，为板封，一椁二棺；出土陶器24件、铜器17件、半两钱162枚、铁器1件、玉器17件（包括玉印3方），另有水晶印1方，篆刻“陈请士”三字。西安龙首原汉墓总计42座，“横葬制墓”共8座，约占总墓数的19%。

《西安北郊郑王村西汉墓》发掘报告中，第一期（西汉早期后段，即武帝前期）共17座墓。其中，竖穴土坑墓1座，占5.9%；竖井墓道土洞室墓13座，占76.5%；斜坡墓道土洞室木椁墓3座（M37、M138、M160），占17.6%。[①]

西安地区零星发掘的属于西汉早期的这类斜坡墓道土圹木椁墓、斜坡墓道土洞室木椁墓（“横葬制墓”）还有很多。如1991年发掘的龙首村西汉早期M2[②]，西安南郊荆寺二村西汉早期M1、M2[③]，西安北郊枣园M1[④]，西安东郊国棉五厂M5、M6[⑤]，西安富力赛高城市广场M14[⑥]等。

《长安汉墓》发掘报告是《西安龙首原汉墓》的续编，汇集了汉长安城附近西汉中期至王莽时期的汉墓共计139座，而墓葬登记表所列达670多座（少数为西汉早期）。报告将这批墓葬分为四期，年代大致从西汉中期至新莽时期前后。这批墓葬中，以竖井墓道土洞（或有棺椁）墓、竖井墓道小砖墓为主，另有少量无墓道竖穴土坑墓；带斜坡墓道的91座，包括斜坡墓道土洞墓、斜坡墓道砖室墓。前者为“竖葬制墓”，后者为“横葬制墓”，后者占总墓葬的比例大约为14%。也就是说，这批墓葬中“竖葬制墓”仍占绝大多数，与西汉早期的西安龙首原汉墓相比，“横葬制墓”并未明显增加。究其原因，这批墓葬中绝大多数为小型墓。

西安附近已发掘的西汉中晚期至新莽时期的中型“横葬制墓”还有许多，大体可分为三类：斜坡墓道土圹木椁墓、斜坡墓道洞室木椁墓、斜坡墓道砖券墓，墓道

---

① 陕西省考古研究院：《西安北郊郑王村西汉墓》，三秦出版社，2008年。

② 中国社会科学院考古研究所西安唐城工作队：《西安北郊龙首村西汉墓发掘简报》，《考古》2002年第5期。

③ 西安市文物保护考古所：《西安南郊荆寺二村西汉墓发掘简报》，《考古与文物》2009年第4期。简报已经明确指出B型墓M1、M2是由A型竖穴墓道洞室墓演变而来。

④ 西安市文物保护考古所：《西安北郊枣园大型西汉墓发掘简报》，《文物》2003年第12期。

⑤ 呼林贵、孙铁山、李恭：《西安东郊国棉五厂汉墓发掘简报》，《文博》1991年第4期。

⑥ 陕西省考古研究院：《陕西西安富力赛高城市广场汉墓发掘简报》，《考古与文物》2017年第3期。

均直通墓底，且设置有墓门或封门。前述张安世家族墓园的东侧、北侧、西侧共有西汉中期至新莽时期的中型福葬墓12座，均为带墓道的“甲”字形墓。其中，发掘了墓园东侧9座祔葬墓中的8座，为中型带斜坡墓道土圹木椁墓或小砖券顶墓[①]，这批墓均属于“横葬制墓”。1998年陕西省考古研究所在西安北郊尤家庄省交通学校新校址建设的随工清理考古工作中，发掘了一座西汉中晚期的积沙墓。该墓是一座带斜坡墓道的土圹木椁墓，墓道尽头与墓室椁底板大体齐平，设置有甬道、封门，年代为西汉中晚期。[②]西安南郊曲江羊头镇西汉墓M3为斜坡墓道土圹木椁墓，M20、M68为斜坡墓道土圹砖券墓。[③]2012年发掘的西安北郊万达广场五号汉墓，为斜坡墓道洞室小砖券顶墓，墓道底部与墓底铺地砖齐平。[④]此外，西安发掘的几座西汉晚期壁画墓，如西安曲江池壁画墓、西安交通大学壁画墓、西安理工大学壁画墓，均为带斜坡墓道的砖券墓，墓道直通墓底，设置有耳室、封门。[⑤]从总体上看，西安地区已发掘的这类“横葬制墓”与同期“竖葬制墓”相比，规模较大，多属于中型墓。

早于西汉时期，属于秦代的这种带斜坡墓道土洞室木椁墓也已发现。位于秦始皇陵陵园东墙外的临潼上焦村共钻探出17座墓，已发掘8座，其中的6座为斜坡墓道洞室木椁墓，斜坡墓道直通墓底，有甬道、封门，属于中小型“横葬制墓”。这批墓葬被认为是秦二世上台后诛杀的诸公子、公主的墓葬，年代为秦代，属于秦始皇陵的特殊陪葬墓。[⑥]从临潼上焦村秦墓的发现看，西安地区西汉时期已较多见的这种中小型带斜坡墓道土洞室木椁墓也源于同地区的秦代。

2.豫西、豫北及晋南地区

《洛阳邙山战国西汉墓发掘报告》报道战国西汉墓葬210座，其中属于西汉早

---

① 陕西省考古研究院：《西安凤栖原西汉墓地田野考古发掘收获》，《考古与文物》2009年第5期。

② 陕西省考古研究所：《西安北郊汉代积沙墓发掘简报》，《考古与文物》2003年第5期。

③ 西安市文物保护考古研究院：《西安南郊曲江羊头镇西汉墓发掘简报》，《文博》2013年第6期。

④ 西安市文物保护考古研究院：《西安北郊万达广场五号汉墓发掘简报》，《东方博物》2013年第1期。

⑤ 徐进、张蕴：《西安南郊曲江池汉唐墓葬清理简报》，《考古与文物》1987年第6期；陕西省考古研究所、西安交通大学：《西安交通大学西汉壁画墓》，西安交通大学出版社，1991年；西安市文物保护考古所：《西安理工大学西汉壁画墓发掘简报》，《文物》2006年第5期。

⑥ 秦俑考古队：《临潼上焦村秦墓清理简报》，《考古与文物》1980年第2期。

期的墓葬形制大多为竖井墓道洞室墓。①20世纪50年代出版的《洛阳烧沟汉墓》发掘报告共计225座墓，时代从西汉中期延续至东汉晚期（第1、2、3期分别为西汉中、晚、王莽前后；第4、5、6期分别为东汉早、中、晚）。②报告将墓葬形制分为五大型。第一型平顶墓（单棺或双棺空心砖墓及土洞墓）57座，第二型弧顶墓（空心砖墓、小砖券顶墓及土洞墓）86座，第一、二型均为竖井墓道洞室墓，流行于西汉中晚期至王莽前后。第三型单穹隆顶小砖墓40座，除有竖井墓道（三型Ⅰ式30座）外，新出现竖井墓道加阶梯墓道（三型Ⅱ式10座）。洛阳一带在整个西汉时期，中小型墓基本为竖井墓道的“竖葬制墓”，而带阶梯或斜坡墓道的“横葬制墓”要晚至新莽至东汉早期才出现。

20世纪80年代，山西曲沃县天马–曲村晋国墓地发掘的同时，发掘了一批秦汉时期的小型墓葬，杨哲峰负责资料整理并完成了《曲村秦汉墓葬分期》硕士学位论文。③这批墓葬总计94座，主要有竖穴土坑墓和竖井墓道洞室墓两大类，年代从战国晚期延续至西汉末年。其中，第一、二、三期为战国晚期至西汉文景时期，流行竖穴土坑墓，至秦代前后则以竖井墓道洞室墓为主，第四、五期仍流行竖井墓道洞室墓。这批墓葬均属于“竖葬制墓”。

2015年朱津的博士学位论文《三河地区汉墓研究》，将汉代河南郡（大致相当于今洛阳、郑州、开封一带）、河内郡（今河南北部地区）、河东郡（今山西省西南部）的2307座两汉墓葬分为竖穴土坑墓、土洞墓、空心砖墓、小砖墓几大类。④据该文研究，三河地区各地有一定差别，但总体上接近，西汉早期以无墓道土坑竖穴墓、竖井墓道土洞墓为主，竖井墓道空心砖墓占有一定比例。从西汉中期开始，大量盛行带竖井墓道的土洞室墓、竖井墓道空心砖墓，新出现竖井墓道小砖墓。西汉中期的偏晚阶段，竖井墓道小砖墓的空间进一步加大，顶部结构开始出现少量的弧顶，两次造夫妇合葬墓较为普遍。西汉晚期竖井墓道土洞墓的数量急剧减少，竖井墓道空心砖墓继续流行，竖井墓道小砖券墓逐渐成为主流。

---

① 洛阳市第二文物工作队：《洛阳邙山战国西汉墓发掘报告》，《中原文物》1999年第1期。

② 中国科学院考古研究所：《洛阳烧沟汉墓》，科学出版社，1959年。

③ 杨哲峰：《曲村秦汉墓葬分期》，见北京大学考古学系编：《考古学研究》（四），科学出版社，2000年。

④ 朱津：《三河地区汉墓研究——兼谈汉制的形成与发展》，博士学位论文，郑州大学，2015年。

3.南阳地区

宋蓉的《南阳地区汉代墓葬研究》一文将南阳地区汉墓分为A型墓和B型墓两大类。[①]Aa型墓为无墓道竖穴木椁墓，Ab型为斜坡墓道木椁墓，但斜坡墓道尽头与椁室顶部大体齐平，即A型墓均属于“竖葬制墓”类。B型墓为砖石墓（小砖墓、石室墓或砖石合构墓），可分为Ba（单室墓）、Bb（前室横置，后并列双室、三室或四室）、Bc（前室宽度小于后室，后为双室）、Bd（回廊式墓，规模较大，见前述）四亚型。B型墓均有斜坡墓道，墓道末端与墓室底部基本齐平，设置有墓门，为“横葬制墓”。西汉早期均为A型墓，并延续至西汉中晚期。西汉中期出现B型墓，但A型墓仍占有一定数量；西汉晚期至新莽时期则以B型墓为主，分别占比65%和87%以上。也就是说，南阳地区“横葬制墓”出现于西汉中期，西汉晚期至新莽时期已成为墓葬形制的主流。

南阳汉墓与洛阳汉墓相比有较大的不同，可能与该地区多用石材造墓以及墓葬规模较大有关。

4.山东地区

今山东地区地域范围广大，各地汉墓的情况较为复杂，郑同修、杨爱国的《山东汉代墓葬形制初论》、胡赵建的《山东汉墓初步研究》、刘剑的《山东地区汉代墓葬的考古学研究》等论文对山东汉墓进行了系统研究。[②]综合他们的归纳与总结，山东汉代中小型墓葬形制主要有无墓道竖穴土（岩）坑（木椁或木棺）墓、斜坡墓道土坑（木椁或木棺）墓、无墓道石椁墓、无墓道砖椁墓、斜坡墓道砖室墓、斜坡墓道石室墓等几大类。其中，无墓道土（岩）坑墓、无墓道石椁墓、无墓道砖椁墓、竖井墓道（岩坑）洞室墓为“竖葬制墓”，斜坡墓道土坑墓、斜坡墓道砖室墓、斜坡墓道（或平行）石室墓属于“横葬制墓”。

无墓道土坑或岩坑（木椁或木棺）墓在山东各地均较多，西汉早期都是这种土坑墓，西汉中晚期仍为主要的墓葬形制。无墓道砖椁墓流行于鲁北地区，西汉早期出现，西汉中晚期流行，并持续到东汉前期。无墓道石椁墓流行于鲁中南地区，西

---

① 宋蓉：《南阳地区汉代墓葬研究——兼论南阳地区汉文化的形成》，《考古学报》2015年第2期。

② 郑同修、杨爱国：《山东汉代墓葬形制初论》，《华夏考古》1996年第4期；胡赵建：《山东汉墓初步研究》，硕士学位论文，郑州大学，2005年；刘剑：《山东地区汉代墓葬的考古学研究》，博士学位论文，山东大学，2012年。

汉早期出现，盛行于西汉中晚期，东汉早期仍有延续，这类石椁墓或刻有画像，是后来大中型石室墓的滥觞。石椁墓还多见于苏北、豫东、皖北，即苏鲁豫皖邻近一带。

中小型斜坡墓道土坑（岩坑）木椁墓在山东地区发现较少。五莲张家仲崮在同一墓地发现4座墓，斜坡墓道直通墓底，其中M2墓室长8.2米、宽5.6米，其他三墓较小，M4出玉片，墓主刘祖曾封侯，后被免去。山东青岛市平度界山发掘了3座汉墓，M2为长斜坡墓道岩坑墓，墓道直通墓底，有石块封门，墓室呈长方形，南北长6米、东西宽3米；另两座墓，Ml为竖穴岩坑墓，M3被毁。从这几座墓出土的铜器铭文看，简报判断与西汉中期的平度侯家族有关。[①]

山东地区的斜坡墓道砖室墓、石室墓或砖石合构墓出现于西汉晚期至新莽时期，流行于东汉。鲁南地区以及邻近的苏北、豫东、皖北西汉晚期至东汉时期画像石墓发达。

总之，山东地区西汉时期除大型、次大型墓外，中小型墓以“竖葬制墓”占据统治地位，尽管中小型“横葬制墓”出现于西汉中晚期，但数量较少，且多与身份较高的列侯家族有关。

5.京津冀地区

姜佰国的硕士学位论文《京津冀地区汉代墓葬研究》将该地区汉墓分为土坑墓、洞室墓、砖室墓等几大类。其中，又将土坑墓分为A型木棺墓（小型无墓道长方形竖穴墓）、B型木椁墓（Ba大型黄肠题凑墓、Bb小型箱式木椁墓）、C型石椁（室）墓、D型砖椁墓、E型瓮棺墓、F型瓦棺墓；洞室墓分为A型竖井墓道洞室墓、B型斜坡墓道洞室墓、C型崖洞墓；砖室墓一般有斜坡墓道，又分为A型单室墓、B型双室墓、C型三室墓、D型多室墓。按照该文的分类，A型木棺墓、Bb小型箱式木椁墓、C型石椁墓、D型砖椁墓、E型瓮棺墓、A型竖井墓道洞室墓属于“竖葬制墓”类，Ba大型黄肠题凑墓、B型斜坡墓道洞室墓、C型崖洞墓、砖室墓为“横葬制墓”类。[②]该文又根据随葬器物组合和墓葬形制，将这些墓葬划分为五群：A群“西汉墓幽州南部分布区”、B群“西汉墓冀州分布区”、C群“西汉墓并州东部分布区”，另D群“东汉墓幽州南部分布区”和E群“东汉墓冀州分布区”。

西汉早期（第一期）：A群（幽州南部分布区）以A型土坑墓、Bb型土坑墓、E

---

① 青岛市文物局、平度市博物馆：《山东青岛市平度界山汉墓的发掘》，《考古》2005年第6期。

② 姜佰国：《京津冀地区汉代墓葬研究》，硕士学位论文，吉林大学，2007年。

型土坑墓为主；B群（冀州分布区）以A型土坑墓、Ba型土坑墓、Bb型土坑墓为主；C群（并州东部分布区）以A型洞室墓、B型洞室墓为主，除去Ba大型黄肠题凑墓不论，B型斜坡墓道洞室墓属于"横葬制墓"，其余均属于"竖葬制墓"。西汉中期（第二期）：A群（幽州南部分布区）以A型土坑墓、Bb型土坑墓为主，另外还有少量F型土坑墓；B群（冀州分布区）以D型土坑墓、Aa型砖室墓和崖洞墓为主；C群（并州东部分布区）以A型洞室墓为主。西汉晚期（第三期）：A群（幽州南部分布区）以A型土坑墓、Ba型土坑墓为主；B群（冀州分布区）以D型土坑墓、Aa型砖室墓和Bb型土坑墓为主；C群（并州东部分布区）以A型洞室墓和C型土坑墓为主。新莽至东汉初（第四期）：A群（幽州南部分布区）以A型土坑墓、Aa型砖室墓为主，另外还有少量F型土坑墓；B群（冀州分布区）以D型土坑墓、Bb型土坑墓为主；C群（并州东部分布区）以A型洞室墓和B型洞室墓为主。

京津冀地区西汉时期除去少数大型黄肠题凑墓、大型崖洞墓、大型石室墓外，中小型汉墓在西汉早中期以"竖葬制墓"为主，但已出现少量"横葬制墓"；西汉晚期至东汉初期"横葬制墓"占有一定比例。

6.宁夏北部、山西北部及内蒙古中南部地区

马云飞的硕士学位论文《宁夏汉代墓葬研究》将宁夏地区分为宁北、宁中、宁南三区域。①宁北汉代墓葬分为五期，包括西汉中偏晚期、西汉晚期、新莽至东汉初期、东汉早期、东汉中晚期。墓葬形制包括无墓道竖穴土坑墓、带斜坡墓道土坑（木椁）墓、竖井墓道土洞墓、斜坡墓道砖室墓、石室墓等。其中，竖井式墓道土洞墓、斜坡墓道土洞墓出现时间是西汉中期晚段，西汉晚期至东汉早期斜坡墓道土洞墓、斜坡墓道砖室墓、斜坡墓道石室墓逐步成为墓葬形制的主流。

20世纪80年代前期，为配合平朔露天煤矿的工程建设，在山西北部的朔县境内发掘属于秦汉时期的墓葬1200多座，简报将秦汉至东汉初期的墓分为七型：Ⅰ型无墓道竖穴土坑无椁墓、Ⅱ型无墓道竖穴土坑木椁墓、Ⅲ型竖井墓道平行式土洞室墓、Ⅳ型竖井墓道直线式土洞室墓、Ⅴ型斜坡墓道土圹木椁墓、Ⅵ型斜坡墓道洞室木椁墓、Ⅶ型斜坡墓道砖券墓。②秦至汉初的墓葬有7座（部分可早至战国）、西汉前期前段有59座，均为Ⅰ、Ⅱ型无墓道的小型竖穴土坑墓。西汉前期后段192座，除Ⅰ、Ⅱ型无墓道的小型竖穴土坑墓外，新出现Ⅲ型竖井墓道平行式土洞室墓和Ⅳ型竖井墓道直线式土洞墓室。西汉中期117座，Ⅰ、Ⅱ型无墓道的小型竖穴土坑墓比例

① 马云飞：《宁夏汉代墓葬研究》，硕士学位论文，中央民族大学，2013年。
② 平朔考古队：《山西朔县秦汉墓发掘简报》，《文物》1987年第6期。

减少，竖井墓道洞室墓比例加大，新出现规模较大的Ⅴ型斜坡墓道土圹木椁墓，但数量较少。西汉晚期158座，Ⅳ型竖井墓道直线式土洞室墓及Ⅴ型斜坡墓道土圹木椁墓占多数，新出现Ⅵ型斜坡墓道洞室木椁墓。西汉末至东汉初期墓葬438座，Ⅰ、Ⅱ、Ⅲ型墓不见，Ⅳ型、Ⅴ型墓继续流行，Ⅵ型墓数量增加，新出现Ⅶ型斜坡墓道砖券墓。也就是说，朔县秦至西汉前期均为"竖葬制墓"；"横葬制墓"出现于西汉中期，但数量较少；西汉晚期至东汉初期，以竖井墓道土洞式墓为代表的"竖葬制墓"仍占有一定比例，但"横葬制墓"已较为流行，其中砖室墓出现于西汉末至东汉初。

魏坚编著的《内蒙古中南部汉代墓葬》[①]一书汇集了该地区20多个地点千余座汉墓的资料，按照墓葬形制可分为竖穴土坑（木椁或木棺）墓、竖井墓道洞室（木椁或木棺）墓、斜坡（或阶梯）墓道洞室（木椁）墓、斜坡墓道砖室墓。前两种为"竖葬制墓"；后两种墓道尽头均直通墓底，为"横葬制墓"。报告将这批墓葬分为五期。第一期（西汉中期）：墓葬数量少，墓葬形制有土坑竖穴墓、竖井墓道洞室墓、土圹木椁墓、椁外砌砖木椁墓，木椁墓多带有台阶式墓道。第二期（西汉晚期）：墓葬数量多，墓葬形制以土圹、椁外砌砖的木椁墓、土洞墓、小砖室土洞墓、土洞木椁墓、长方形单室砖室墓为主，这些墓葬多带有斜坡式或台阶式墓道。第三期（西汉末至东汉初）：墓葬数量相对较少，除前述土洞墓、木椁墓外，新出现横前室带耳室砖室墓、大梯形砖横前室券顶墓，均以斜坡墓道为主。也就是说，内蒙古中南部"横葬制墓"出现于西汉中期，西汉晚期、新莽至东汉初已成为墓葬形制的主流。

7.甘肃地区（含宁夏南部）

陈宗瑞的《甘肃地区汉墓研究》将甘肃汉墓分为陇东地区（包括邻近的宁夏南部）与河西地区两大区域。[②]

陇东地区西汉早期流行无墓道的竖穴土坑墓和竖井式土洞墓，西汉中晚期无墓道土坑墓与竖井墓道洞室墓并行发展，新出现斜坡墓道洞室墓及斜坡墓道砖室墓。陇东及宁夏南部地区在地缘上靠近西汉政权的统治中心区域长安，受同时期关中地区汉墓的影响较深。

河西地区汉式墓葬开始于汉武帝设置河西四郡以后，主要墓葬类型为土坑墓、土洞室墓和砖室墓三大类。洞室墓出现于西汉中期，整个西汉晚期至东汉时期都有流行，墓道皆为斜坡式，墓口多用石块或砖块封堵，不见陇东及关中流行的竖井式

① 魏坚编著：《内蒙古中南部汉代墓葬》，中国大百科全书出版社，1998年。
② 陈宗瑞：《甘肃地区汉墓研究》，硕士学位论文，山东大学，2015年。

墓道。河西地区西汉中期出现砖室墓，数量逐渐上升，东汉时发展迅速，逐渐成为本区流行的一种墓葬形制。

8.三峡及四川地区

三峡地区多为中小型墓。蒋晓春的博士学位论文《三峡地区秦汉墓研究》将三峡地区秦汉墓分为土（石）坑墓、砖（石）室墓、洞室墓、崖（洞）墓等几大类。其中，土（石）坑墓数量多，A型无墓道、B型有墓道；洞室墓很少，均有墓道；砖（石）室墓数量多，Aa型无墓道，Ab、Ac型有墓道；崖（洞）墓开凿于山体，均有墓道。[①]该文将其分为“密闭型”与“开通型”两大类。本文的分类与其有一定的差别，经调整，“竖葬制墓”包括无墓道的A型土（石）坑墓、无墓道的Aa型砖（石）室墓；“横葬制墓”包括洞室墓，Ab、Ac、B型有墓道的砖（石）室墓、崖洞墓。至于有墓道的B型土（石）坑墓则根据墓道的情况而定。

战国末年至汉初（第一期）：54座，均为土（石）坑墓，52座无墓道，2座有斜坡墓道者墓道底部距离墓底高约1米，应与棺椁顶部大体齐平，即均属于“竖葬制墓”。西汉前期（第二期）：26座，均为土（石）坑墓，24座无墓道，2座有斜坡墓道，墓道底部与墓底大体齐平，即前者为“竖葬制墓”，后者为“横葬制墓”。西汉中期（第三期第一段）：22座[②]，均为土（石）坑墓，其中A型18座，B型4座，后者斜坡墓道均与墓底基本齐平。西汉晚期（第三期第二段）：19座，A型石坑墓14座，B型土（石）坑墓和洞室墓各2座，Aa型砖石室墓1座，其中，B型土（石）坑墓和洞室墓属于“横葬制墓”类。王莽至东汉初（第三期第三段）：19座，其中A型土（石）坑墓13座，B型土（石）坑墓2座，Ab型和Ac型砖（石）室墓各1座，洞室墓2座。

总之，三峡地区西汉前期个别墓为“横葬制墓”，西汉中晚期有所增加，但整个西汉时期“竖葬制墓”始终占据统治地位。

何志国、李国清的《四川西汉土坑木椁墓初步研究》，陈云洪、颜劲松的《四川地区西汉土坑墓分期研究》，燕妮的《川西平原两汉墓葬研究》从不同层面对四川地区西汉墓葬进行了研究。[③]《川西平原两汉墓葬研究》将四川地区汉墓分为三大

---

① 蒋晓春：《三峡地区秦汉墓研究》，博士学位论文，四川大学，2005年。

② 原文误为27座，根据原文第69页及表四订正为22座。

③ 何志国、李国清：《四川西汉土坑木椁墓初步研究》，《四川文物》2002年第3期；陈云洪、颜劲松：《四川地区西汉土坑墓分期研究》，《考古学报》2012年第3期；燕妮：《川西平原两汉墓葬研究》，硕士学位论文，吉林大学，2006年。

类：竖穴土圹墓（甲类）、竖穴土圹砖室墓（乙类）、崖洞墓（丙类）。其中，竖穴土圹墓（甲类）除去数座大型带斜坡墓道木椁墓为“横葬制墓”外，其余的中小型墓多无墓道，为“竖葬制墓”；竖穴土圹砖室墓（乙类）中，除少量小型无墓道墓为“竖葬制墓”外，大部分为带斜坡墓道直通墓底的“横葬制墓”；崖洞墓（丙类）则均有斜坡或平行墓道，为“横葬制墓”。西汉早期墓葬形制延续了本地区战国晚期的特点，以无墓道的长方形土坑竖穴墓为主；汉中期除去大型木椁墓外，墓葬形制与第一期大体相同；西汉晚期至新莽时期新出现了砖室墓；东汉时期墓葬形制发生较大变化，以砖室墓及崖洞墓为主。

9. 两湖地区

湖北地区大型墓葬较少，主要为中小型墓。据陈振裕的《湖北西汉墓初析》一文，整个西汉时期多为无墓道长方形土圹竖穴墓，西汉晚期新出现少量斜坡墓道直通墓底的土圹木椁墓。①

《长沙西郊桐梓坡汉墓》报道汉墓95座，其中90座为无墓道的长方形土坑墓，5座为带斜坡墓道的土圹木椁墓，墓道底部与椁室顶部接近。②这批墓葬均属小型墓，年代以西汉早期为主，少量为西汉中期。

《长沙发掘报告》报道西汉前期墓葬27座，其中，无墓道的长方形竖穴墓22座；有斜坡墓道的5座，但墓道很陡，墓道底部高出墓底许多，大体与椁室顶部齐平，即均属“横葬制墓”。《长沙发掘报告》报道西汉后期墓葬38座，在其中的31座中小型墓葬中，无墓道竖穴（木椁或木棺）墓14座，阶梯墓道墓17座，后者墓葬规模一般较前者大，墓道底部一般略高于甬道及墓室底，可归为“横葬制墓”类。③高至喜的《长沙、西安中小型西汉墓的比较研究》一文曾指出，长沙中小型西汉墓中，较大的墓一般有墓道，较早的多是斜坡墓道，较晚的多为阶梯墓道，墓道距墓底的高低，随着时间的推移，从早到晚由高向低发展。④看来，长沙地区西汉早期墓承继战国楚墓的传统，除去黄肠题凑墓外，均为“竖葬制墓”，这一特点，还见于大中型斜坡墓道土圹木椁墓。西汉中晚期“横葬制墓”则占有一定数量。

罗炯炯2009年完成的硕士学位论文《湖南西汉墓葬研究》将湖南西汉墓分为大

---

① 陈振裕：《湖北西汉墓初析》，《文博》1988年第2期。

② 长沙市文物工作队：《长沙西郊桐梓坡汉墓》，《考古学报》1986年第1期。

③ 中国科学院考古研究所：《长沙发掘报告》，科学出版社，1957年。

④ 高至喜：《长沙、西安中小型西汉墓的比较研究》，见湖南省博物馆编：《湖南省博物馆馆刊》（第14辑），岳麓书社，2018年。

型墓、中型墓、小型墓三大类。大型墓41座、中型墓342座、小型墓676座。从时代上看，西汉早期以无墓道的小型墓为主，列侯级别的带斜坡墓道的次大型土圹木椁墓墓道底部距墓底较高，与椁室顶部大体齐平，如马王堆3座轪侯家族墓、砂子塘M1等。[①]也就是说，湖南地区西汉早期除诸侯王级大型黄肠题凑墓外，其余的多为“竖葬制墓”。湖南地区自西汉中期开始，带斜坡墓道的墓葬“墓道下口距墓底高度由高变低，入墓方式从垂直入墓变为水平入墓。墓室内空间相互封闭变为相互连通，并与墓道有门相通；单室墓逐渐往双室墓、多室墓转变，出现前堂后室的布局，呈现出从椁墓向室墓过渡的变化趋势，为东汉时期砖室墓盛行奠定基础”。[②]需要说明的是，湖南西汉墓在不同区域有一定差别，西汉中晚期阶梯墓道主要见于长沙一带，湘南一带多为斜坡（或平底）墓道，比湘东、湘西更为普及。

10.江西地区

刘慧中的《生死观视野下的江西汉代墓葬分析》一文，将江西汉代墓葬分为土坑墓（无椁或有椁）、砖室墓两大类。西汉早期均为无墓道长方形竖穴土坑墓，西汉中晚期仍以无墓道长方形竖穴土坑（木棺）墓为主，部分为有墓道的土坑木椁墓，墓道为台阶或斜坡墓道，墓道直通墓底。[③]如1964年发掘的南昌老福山西汉中晚期木椁墓为台阶墓道，最下一级略高于椁室底部，椁室长5.3米、宽3.9米，为中型“横葬制墓”。[④]20世纪70年代南昌东郊发掘的13座西汉中期墓多为土坑竖穴墓，其中M1、M2为阶梯式墓道的中型木椁墓，墓道因未发掘，长度不明，但知道在连接墓坑的墓道底端，1号墓高出墓底0.30米，2号墓则与墓底平，为“横葬制墓”。[⑤]前述南昌海昏侯刘贺墓园内，除刘贺及夫人的大型墓外，墓园内有中小型祔葬墓7座（M3—M9），均为“甲”字形墓，已发掘3座，M5为刘贺长子刘充国墓。这几座墓，墓道尽头直通墓底，为中小型“横葬制墓”。[⑥]

---

① 高至喜：《长沙西汉早、中期墓分类研究》，见湖南省博物馆编：《湖南省博物馆馆刊》（第12辑），岳麓书社，2016年。

② 罗炯炯：《湖南西汉墓葬研究》，硕士学位论文，湖南大学，2009年。

③ 刘慧中：《生死观视野下的江西汉代墓葬分析》，《南方文物》2015年第3期。

④ 江西省文物管理委员会：《江西南昌老福山西汉木椁墓》，《考古》1965年第6期。

⑤ 江西省博物馆：《南昌东郊西汉墓》，《考古学报》1976年第2期。

⑥ 江西省文物考古研究所、南昌市博物馆、南昌市新建区博物馆：《南昌市西汉海昏侯墓》，《考古》2016年第7期。

11.安徽地区

李湘的《安徽地区汉代墓葬研究》，余静、滕铭予的《安徽淮河以南地区两汉墓葬的分期》，邱少贝的《安徽江淮地区汉墓初步研究》分别对安徽汉墓进行了系统研究。[①]安徽汉墓以淮河为界，可分为南、北两大区域，墓葬形制总体上经历了从西汉早期的竖穴土坑墓向砖室墓和石室墓的演变，这个转变过程大致发生在西汉晚期前段。

2013年出版的《庐江汉墓》专本报告发表了135座汉墓资料，可作为淮河以南地区汉墓的代表。[②]这批墓葬大部分为土坑（无棺椁或有棺椁）墓，少数为砖室墓。报告以墓为单位做了详细介绍并附图，本文依据原报告的年代分期就墓葬形制做了进一步的细分。报告将年代清楚的113座墓分为四期。第一期（西汉早期）3座墓：无墓道长方形土坑竖穴墓1座，斜坡墓道土坑墓（墓道下部高出或与椁顶大体齐平）2座，即均为“竖葬制墓”。第二期（西汉中期）31座墓：无墓道长方形土坑竖穴墓12座，斜坡墓道土坊墓（墓道下部高出或与椁顶大体齐平）14座，为“竖葬制墓”；斜坡墓道土坊墓（墓道下部略高于墓底或与墓底齐平）5座，为“横葬制墓”。第三期（西汉晚期）45座墓：无墓道土坑竖穴墓21座，斜坡墓道土坊墓（墓道下部高出或与椁顶大体齐平）13座，为“竖葬制墓”；斜坡墓道土圹墓（墓道下部略高于墓底或与墓底齐平）10座，砖室墓1座，为“横葬制墓”。第四期（新莽至东汉早期）34座墓：无墓道土坑竖穴墓23座，斜坡墓道土圹墓（墓道下部高出或与椁顶大体齐平）5座，为“竖葬制墓”；斜坡墓道土圹墓（墓道下部略高于墓底或与墓底齐平）4座，砖室墓2座，为“横葬制墓”。

安徽淮河以南地区西汉早期均为“竖葬制墓”，西汉中期出现“横葬制墓”，但直至新莽至东汉早期仍以“竖葬制墓”为主，“横葬制墓”则逐渐增多，砖室墓出现于西汉晚期。

12.江苏地区

江苏汉墓可分为苏北和苏南地区，苏北以徐州汉墓、连云港汉墓为代表。

---

① 李湘：《安徽地区汉代墓葬研究》，硕士学位论文，安徽大学，2010年；余静、滕铭予：《安徽淮河以南地区两汉墓葬的分期》，《东南文化》2008年第6期；邱少贝：《安徽江淮地区汉墓初步研究》，硕士学位论文，安徽大学，2015年。

② 安徽省文物考古研究所：《庐江汉墓》，科学出版社，2013年。

刘尊志的博士学位论文《徐州汉墓与汉代社会研究》[①]第三章中，将徐州中小型汉墓分为六大类：石（土）坑墓、石椁墓、竖井墓道洞室墓、石室墓、砖室墓、砖石混筑墓。根据其分类，前三类为“竖葬制墓”，后三类为“横葬制墓”。该文指出，西汉时期徐州地区的大型墓葬较早地完成了从竖穴墓向横穴墓的转化，而中小型汉墓，西汉时期以石（土）坑墓、石椁墓、石坑竖穴洞室墓为主，东汉时期则以石室墓、砖室墓和砖石混筑墓等横穴式墓葬占主导地位。骆琳的《连云港市的汉代墓葬形制研究》一文总结出，西汉时期是以竖穴为原理的木椁墓为主，西汉中晚期时出现了砖木混构墓，这是木椁墓向砖室墓过渡的特殊形制。西汉晚期画像石墓开始出现，这时期的画像石墓是以竖穴单室石结构墓的形制出现。进入东汉以后，以使用木材为主的木椁墓明显减少，盛行以砖石为主要构筑材料的画像石墓和砖室墓，墓室的顶部构造以券顶和穹隆顶为主。[②]

苏南地区以扬州汉墓为代表。扬州地区地处江淮东部，西汉时期该区先后属荆、吴、江都、广陵国，其间有数次国除归于广陵郡。刘松林的《扬州地区西汉墓葬研究》对此进行了研究。[③]扬州汉墓数量多，随葬品丰富，除诸侯王级的大型、次大型墓外，中小型墓多为无墓道的土坑竖穴木椁墓或木棺墓，即均为“竖葬制墓”。

13.岭南地区

《广州汉墓》[④]发掘报告中，属于西汉前期的墓葬共182座。其中，无墓道的竖穴土坑墓21座（I型），无墓道的竖穴土坑木椁墓118座（Ⅱ型1、2、3式），带斜坡墓道的土圹木椁墓30座（II型4、5式），而规模较大且带斜坡墓道的分室木椁墓共13座（Ⅲ型）。这种带斜坡墓道的中小型土坑（木棺）墓或属于中型的土坑分室木椁墓，其斜坡墓道尽头均稍高于墓底或与墓底齐平，墓室采用“封门”式结构，即椁室靠墓道一端做敞门式结构，门洞用若干根木柱直竖封堵，所以凡采用椁口封门结构形式的必有墓道。《广州汉墓》发掘报告中，属于西汉早期的这种带斜坡墓道“横葬制墓”总计43座，约占总墓数的23.6%。1973年发掘的广州淘金坑汉墓，属于

---

① 关于徐州汉墓的研究，参见李银德：《徐州汉墓的形制与分期》，见徐州博物馆编：《徐州博物馆三十年纪念文集（1960—1990）》，北京燕山出版社，1992年；刘尊志：《徐州汉墓与汉代社会研究》，博士学位论文，郑州大学，2007年。

② 骆琳：《连云港市的汉代墓葬形制研究》，见湖南省博物馆编：《湖南省博物馆馆刊》（第7辑），岳麓书社，2011年。

③ 刘松林：《扬州地区西汉墓葬研究》，硕士学位论文，安徽大学，2012年。

④ 中国社会科学院考古研究所、广州市文物管理委员会、广州市博物馆：《广州汉墓》，文物出版社，1981年。

西汉早期的20座墓中，无墓道竖穴土坑墓（或有木椁）15座，带斜坡墓道的土坑木椁墓5座，后者占总墓数的25%[①]，大致与《广州汉墓》报告比例接近。此外，广西贺县高寨M5、M9及贺县铺门河东金钟M1等与之相同。总之，除大型墓外，岭南地区南越国时期中小型墓葬“横葬制墓”也较多见。

《广州汉墓》报告中属于西汉中期的墓计64座，其中，无墓道的小型竖穴土坑墓8座，斜坡墓道单室墓26座（Ⅱ型5式，部分墓道被破坏），斜坡墓道双层分室木椁墓30座（Ⅲ型3式）。有斜坡墓道的木椁墓墓道尽头略高于墓底或与墓底齐平，均有墓门，也就是说，“横葬制墓”约占了总数量的87%。属于西汉中期的这批墓规模及随葬品不及西汉前期墓，属中小型墓。

《广州汉墓》报告中属于西汉后期的墓计32座，均为斜坡墓道土圹木椁墓，其中，斜坡12座、斜坡墓道分室木椁墓（Ⅲ型3式）17座、斜坡墓道双层横前堂墓（Ⅲ型4式）3座。

岭南地区南越国时期王侯级别的大型墓多为带斜坡墓道的“横葬制墓”，但中型墓也多为这种带斜坡墓道的土圹木椁墓。

四、东汉时期“横葬制墓”的普及与特点

与西汉墓葬各地差别较大不同，东汉墓葬总体上已较为接近，也就是说“横葬制墓”已基本普及。本文选取具有代表性的地区略述如下。

1.西安地区

《西安东汉墓》发掘报告收录98座墓，其中91座墓为长斜坡墓道“横葬制墓”，并以斜坡墓道砖室墓为主。吉林大学杨旭的硕士学位论文《西安地区东汉时期墓葬形制研究》将截至2012年西安地区已发掘的245座东汉墓葬分为横穴洞室墓和竖穴土坑墓两大类，论文指出：“竖穴土坑墓中绝大多数是规模较大的砖室墓，墓室也砌成横穴洞室的形状，除了墓室是大揭顶向下挖成竖穴后修建的以外，其他特征与砖砌的洞室墓基本相同。”[②]然而，他所谓的竖穴土坑墓只是从开挖方式来区分的，这类墓均有长斜坡墓道，且墓道尽头与墓底大体齐平，设置有墓门、甬道，均属于“横葬制墓”。按照杨旭的分类，西安地区东汉时期的墓葬形制可分为四个大类：甲类为主室方形墓（穹隆顶墓），共有154座，占墓葬总数的62.86%；乙类为主室顺长方形墓（券顶墓），共有75座，占墓葬总数的30.61%；丙类为主室横长方形墓，共5座，占墓葬总数

① 广州市文物管理处：《广州淘金坑的西汉墓》，《考古学报》1974年第1期。
② 杨旭：《西安地区东汉时期墓葬形制研究》，硕士学位论文，吉林大学，2014年。

的2.04%；丁类为主室梯形墓，共11座，占墓葬总数的4.49%。

2.洛阳地区

《洛阳烧沟汉墓》三型Ⅰ式墓出现于王莽前后，东汉早中期仍流行；三型Ⅱ式墓出现并流行于东汉早中期。第四型为双穹隆顶砖室与土坊抛物线顶墓，23座，有竖井墓道以及竖井墓道加阶梯墓道两种，后者5座，第四型墓出现于东汉早中期，流行于东汉中晚期。第五型为前堂横列小砖墓，7座，其中，有竖井墓道的3座，竖井墓道加阶梯墓道的1座，斜坡墓道的3座，第五型墓主要流行于东汉晚期。凡是有竖井墓道的墓葬均为“竖葬制墓”，而带阶梯或斜坡墓道的墓则属于“横葬制墓”范畴。

洛阳一带带阶梯或斜坡墓道的“横葬制墓”在新莽至东汉早期出现，东汉中晚期成为主流。新莽至东汉早期墓葬形制的显著变化是出现了前堂后室的布局，墓室顶部开始出现穹隆顶，墓内空间进一步加大。东汉中期开始，耳室逐渐退化，斜坡墓道经过新莽至东汉早期的过渡，在该时期已完全成型。一些规模较大的墓葬开始出现多室，侧室取代耳室，前堂后室的布局仍为主流，但前后室之间开始出现甬道，前室的形制开始由方形转变为横堂式。

3.山东地区

据前引刘剑的《山东地区汉代墓葬的考古学研究》一文，鲁北地区西汉末及东汉早期大型、次大型墓葬新出现了斜坡墓道的砖室墓，中小型墓葬仍多见无墓道砖椁墓，新出现了斜坡墓道单室砖室墓；东汉晚期大型墓葬多为长斜坡墓道前、中、后室的砖石墓，中小型墓葬以斜坡墓道单砖室墓和前后室、前中后室砖石墓为主。鲁中南地区西汉晚期到东汉前期大型墓出现了斜坡墓道、竖穴凿岩墓圹的横前室多后室的平顶石室墓，小型墓以长方形竖穴石椁墓为主。东汉早期斜坡墓道砖室墓逐渐增多，但石椁墓、砖椁墓数量也占相当比例。东汉晚期大中型墓以斜坡墓道砖室墓、石室墓、砖石合构墓为主要形态，石室墓、砖石合构墓中画像石发达。

4.京津冀地区

接续前引姜佰国的《京津冀地区汉代墓葬研究》一文，该文将京津冀地区东汉墓葬分为两大群（区）：D群“东汉墓幽州南部分布区”和E群“东汉墓冀州分布区”。

东汉早期（第五期）：D群（幽州南部分布区）以D型土坑墓、Aa型砖室墓为主；E群（冀州分布区）以Ca型砖室墓、Aa型砖室墓为主。除D型土坑墓外，余均为“横葬制墓”。东汉中期（第六期）：D群（幽州南部分布区）主要有E型土坑墓、Ab型砖室墓、Ba型砖室墓；E群（冀州分布区）以Ca型砖室墓、Aa型砖室墓和Ba型砖室墓为主。除D型土坑墓外，余均属于“横葬制墓”类。东汉晚期（第七期）：D群（幽州南部分布区）以Ca型砖室墓、D型砖室墓、Ba型砖室墓为主，E群（冀州分布区）以Ca型砖室墓、D型砖室墓、Aa型砖室墓为主，即均属于“横葬制墓”类。

5.晋陕北部及内蒙古中南部地区

据《山西朔县秦汉墓发掘简报》，西汉末至东汉初期墓葬新出现MI型斜坡墓道砖室墓；东汉中晚期33座墓均为带斜坡墓道的砖室墓，可分为Ⅷ型前室穹隆顶后室券顶墓、IX型单室穹隆顶墓、X型多室穹隆顶墓。

陕北、晋西北地区东汉时期画像石墓多见，主要有石室墓和砖石合构墓两大类，除东汉早期仍有少量竖井墓道砖券墓外，绝大部分为长斜坡墓道的“横葬制墓”。

据《内蒙古中南部汉代墓葬》，东汉前期墓葬形制有单室穹隆顶带小耳室砖室墓以及仿穹隆顶墓的土洞墓，均为长斜坡墓道。东汉后期均为带长斜坡墓道的砖室墓，有单室穹隆顶多耳室墓、多主室穹隆顶墓、中轴线布局穹隆顶墓等。

6.三峡地区

据前引蒋晓春《三峡地区秦汉墓研究》一文，三峡地区东汉前期（第四期第一段）的墓葬有24座，形制明确的有16座。其中，A型土（石）坑墓5座，为“竖葬制墓”；Ab、Ac、B型砖（石）室墓共10座，崖（洞）墓1座，为“横葬制墓”，占比达68%以上。东汉中期（第四期第二段）的墓葬有52座，在46座形制清楚的墓葬中，A型土（石）坑墓1座、Aa型砖（石）室墓2座，属于“竖葬制墓”；Ab、Ac、B型砖（石）室墓，崖（洞）墓及洞室墓共计43座，为“横葬制墓”，占比达93%以上。东汉晚期（第四期第三段）形制清楚的墓葬有52座，其中无墓道的Aa型砖（石）室墓2座，属“竖葬制墓”；其余的共计50座，均属于“横葬制墓”，占比达96%以上。

7.岭南地区

《广州汉墓》发掘报告中属于东汉前期的墓葬共41座，其中2墓破坏严重，形制不详，其余墓葬中，土圹单室木椁墓（Ⅱ型5式）4座，分室木椁墓（Ⅲ型3、4、5式）25座，直券顶砖室墓（Ⅵ型）9座，横前堂砖券墓（Ⅴ型）1座。凡保存较好者皆有斜坡墓道，墓道底部与墓底高度接近（双层木椁墓的上层）。东汉后期墓葬有90座，81座保存较好[①]，以砖室墓为主，约占十分之七。其中，带墓道分室木椁墓（Ⅲ型4、5式）13座，直券顶砖室墓（Ⅳ型）14座，横直券顶（横前堂）砖室墓（Ⅴ型）13座，前穹隆顶后券顶砖室墓（Ⅵ型）36座，双穹隆顶砖室墓（Ⅶ型）5座。需要说明的是，部分墓葬的墓道因工程关系或盗扰严重而未发掘，但从已发掘者看均为斜坡墓道。

黄秋红的《广西东汉墓的考古学研究》将广西东汉墓分为土坑墓、木椁墓、砖木合构墓、砖石合构墓、砖室墓等几大类。其中，土坑墓均为小型墓，无墓道者43座，有斜坡墓道者127座；木椁墓33座，多为中型墓，其中，无墓道者8座，有斜坡墓道的25座；砖木合构墓7座，均有斜坡墓道；砖石合构墓1座，有斜坡墓道；砖室墓100座，其中单室券顶墓42座（无墓道的4座，带墓道的38座），斜坡墓道分室直券顶墓58座；斜坡墓道穹隆顶加券顶墓26座；石室墓17座。[②]以上各类墓，土坑墓和木椁墓流行于东汉早中期，晚期则基本被砖室墓取代，但土坑墓仍占有一定比例。砖室墓主要发现于桂南地区，又以合浦、贵港居多，年代大多数为中晚期。桂东北的阳朔、昭平等地除砖室墓外，中晚期还多见石室墓。

东汉墓葬总体上有以下几个特点：

其一，除岭南地区木椁墓延续时间较长外，全国各地均以砖室墓为主；苏鲁豫皖邻近地区、南阳地区、陕北及晋西北地区石室或砖石合构的画像石墓发达；西南地区崖洞墓盛行；壁画墓在北方地区分布较广。

其二，东汉时期除去部分低等级的小型墓仍为无墓道“竖葬制墓”外，大部分为带长斜坡墓道的砖室墓、石室墓、砖石合构墓、崖洞墓等，也就是说“横葬制墓”已基本普及。

其三，东汉时期，特别是东汉中晚期，由于大土地所有制的发展，地方高官豪强的墓葬规模与诸侯王、列侯不相上下。夫妇合葬从西汉武帝时的中小型汉墓扩展至东汉帝陵。同时，家庭多代合葬墓亦占有一定比例，墓葬规模也相应扩大。

五、“横葬制墓”从出现到流行的原因及意义

包括秦东陵一号陵园一号黄肠题凑大墓、秦始皇陵园西墙外一号大型斜坡墓道土圹木椁墓、临潼上焦村6座中小型斜坡墓道洞室木椁墓在内，战国晚期至秦代，秦都咸阳附近的“横葬制墓”已非孤例，而在关东六国地区尚无发现。因而，有理由认为“横葬制墓”起源时间不晚于战国晚期至秦代，起源地域为秦国都城咸阳附近。

① 报告原文为79座，今据报告中各型墓葬数量及“东汉后期墓葬形制表”改。

② 黄秋红：《广西东汉墓的考古学研究》，硕士学位论文，广西师范大学，2012年。

汉承秦制，属于西汉时期的“横葬制墓”多发现于汉长安都城一带，即今西安及其邻近地区。其中，除西汉帝陵大型黄肠题凑墓见于文献记载但尚未发掘外，列侯、高官、高等级贵族的大型、次大型斜坡墓道土圹木椁墓不仅时代多偏早，且发现的数量也多于全国其他地区。

从前面的分析看，关中以外地区西汉早期的大型、次大型“横葬制墓”主要有三类。一类为诸侯王级别的大型黄肠题凑墓，诸侯国“宫室百官，同制京师”，诸侯王级别的黄肠题凑墓与西汉帝陵相同但规模略小。从文献记载看，黄肠题凑葬制很可能需要皇家恩赐，也就是说其源头应为帝都长安。第二类为大型、次大型斜坡墓道土圹木椁墓，这类“横葬制墓”多与列侯级别有关。文献记载，西汉初年被分封的首批列侯多居于长安不就国，文帝前元二年（前178）下诏“令列侯之国”。居于长安的列侯、高官、贵族死后多陪葬帝陵，而首批就国列侯以及后来新分封的列侯则居于封地，死后葬于当地，从而将长安都城大型、次大型“横葬制墓”及葬埋理念带到了汉域各地。例如，湖南一带西汉早期包括大墓在内，多为传统的“竖葬制墓”，但虎溪山一号大墓一反传统，不仅斜坡墓道直通墓底，且墓壁“人”字形阶梯设置也与关中西汉早期大墓常见的做法类同。[①]第三类为大型横穴式崖洞墓，西汉早期见于徐州楚国王陵、永城梁国王陵，应属于本地起源，但与诸侯王、列侯大墓多采用“横葬制墓”及葬埋理念不无关系。至于西汉中晚期新出现的斜坡墓道砖室墓、石室墓则是建筑技术进步与横葬制理念结合的产物。

前面已经提到，黄晓芬曾认为南方战国时期楚式墓在木椁上绘制或雕刻门窗，由此可能演变为具有真正墓门的横穴式墓，但考古发现并不支持这一观点。其实，长江中下游原楚文化核心区域，不仅战国晚期没有出现这种变化，直至西汉早期诸多大型、次大型或中型墓斜坡墓道底部与椁室顶部大体齐平，无墓门设置，仍为传统的“竖葬制墓”形态，如长沙马王堆3座轪侯家族墓[②]、长沙砂子塘M1[③]等。南方楚式墓葬在木椁上绘制或雕刻门窗，尽管战国时期就较多见，但这种门窗只具有第宅象征意义，并没有演变为具有真正墓门或封门的“横葬制墓”，而当地以黄肠题凑墓为代表的“横葬制墓”的来源应是帝都长安。

① 湖南省文物考古研究所、怀化市文物处、沅陵县博物馆：《沅陵虎溪山一号汉墓发掘简报》，《文物》2003年第1期。该墓未发表剖面图，关于墓道是否直通墓底这一情况，笔者曾咨询了发掘者郭伟民先生。

② 湖南省博物馆、中国科学院考古研究所、文物编辑委员会：《长沙马王堆一号汉墓发掘简报》，文物出版社，1972年；湖南省博物馆、湖南省文物考古研究所：《长沙马王堆二、三号汉墓》，文物出版社，2004年。

③ 湖南省博物馆：《长沙砂子塘西汉墓发掘简报》，《文物》1963年第2期。

总之，“横葬制墓”起源于战国晚期至秦代的秦都咸阳一带，西汉时期首先在长安都城附近高等级大型、次大型墓葬中广为流行，随着诸侯王、列侯的分封就国而传播或影响至汉域各地。然而，与大型、次大型墓葬不同，中小型“横葬制墓”取代“竖葬制墓”则经历了一个较长的发展过程，即从战国晚期至秦代开始出现，西汉早期有所发展，西汉中晚期逐步增多，直至东汉时期才最终完成了这一变革。俞伟超在《考古学中的汉文化问题》一文中指出：“汉初六七十年时间内的文化，其中的政治制度承自秦制，并一直维持到汉末；社会思潮的主流，则是来自楚地的黄老思想；其社会习俗，虽然各地都有自身特点，但从总体面貌看，则是六国文化的复活。”[①]葬习俗属于社会习俗的一部分，而社会习俗特别是埋葬葬俗一般来说具有保守性，新的葬俗被接受，特别是被普通民众所接受，通常需要经历较长的时段。就全国而言，西汉时期中小型“横葬制墓”替代“竖葬制墓”经历了一个漫长的过程，与大型、次大型墓葬相比，具有滞后性与发展的不平衡性，并呈现出一定的规律性。即原来六国文化发达的中心区域，如三晋两周地区的豫西、豫北、晋南地区，整个西汉时期基本沿袭了战国以来无墓道长方形竖穴墓以及竖井墓道洞室墓的传统，“竖葬制墓”始终占据统治地位；长江流域的楚文化分布区域，包括两湖、皖赣、江浙在内，除去诸侯王、列侯的大型、次大型及部分中型墓外，西汉时期大多数中小型墓仍保留了楚文化的传统，即以“竖葬制墓”为主；山东齐鲁文化区的情况亦大致相似，“横葬制墓”也是在东汉时期才占据主导地位。与上述情形相反，在原六国文化的边缘地带以及汉代新开辟的疆域，如长城沿线地区、河西走廊一带，“横葬制墓”出现较早且数量较多，西汉中晚期至新莽时期逐步占据了主流地位。这种状况，显然与移民戍边，长安都城墓葬文化向外传播有着直接关系。

这里需要特别讨论的是，岭南地区属于西汉早期的南越国这种“横葬制墓”已较为多见，不仅出现了大型石室墓，还有多座大型斜坡墓道土圹木椁墓，特别是在南越国都城“番禺”一带，即今广州地区具备“横葬制墓”特征的中型斜坡墓道土圹木椁墓所占比例相对较高。那么，其究竟是本地文化传统还是外来文化影响所致呢？我们知道，西汉早期南越国墓葬的葬俗与随葬品呈现出土著的越文化与中原汉文化相结合的特点。就墓葬形制而言，南越国时期大型墓葬普遍为墓道直通墓底的“横葬制墓”，而西汉早期中小型“横葬制墓”的比例也高于同期关中长安都城之地，西汉中期以降所占比例则更高。因而，南越国时期的“横葬制墓”可能并非受中原文化影响，而是源于当时的越文化葬俗。近期，广州陂头岭的考古新发现为探

① 俞伟超：《考古学中的汉文化问题》，见《古史的考古学探索》，文物出版社，2002年。

寻岭南地区“横葬制墓”的来源提供了重要线索。陂头岭位于广州市黄埔区龙湖街黄田村西北，由两个小山岗相连组成。2016年6月至2017年3月，广州市文物考古研究院为配合基本建设进行了抢救性考古发掘，清理战国墓19座、西汉早期墓2座。2020年10月起进行了第二期发掘，除发掘新石器时代墓葬、窖穴、灰坑外，还清理了战国中晚期至西汉初期墓葬39座。这批墓葬，小型墓均为长方形竖穴土坑墓，大中型墓均为带墓道的“凸”字形墓，地表封土明显，保存较好。大中型墓均被盗，劫后余存的随葬品均为陶器，以米字纹、方格纹、弦纹、水波纹以及素面的硬陶瓮、罐、甑、盂、盒、杯为主，也有少量泥质软陶的罐和甑，具有典型的越文化特征。值得注意的是，据发表的图片观察，并咨询曾前往考察的一些学者得知，这批大中型带墓道的墓（近20座）墓道底部均直通墓底，与墓室底部大体持平。发掘者称：“陂头岭遗址发现的战国中晚期至西汉初期墓群是目前岭南地区数量最多、规模最大、封土保存最为完整的高等级越人墓地。其中，位于陂头岭北部山顶的M30，地表封土南北长约30米、东西宽约25米、残高约1.2米，是岭南地区目前所知封土保存最为完整、封土保存规模最大的战国晚期墓葬。地表有相对高大的封土、墓葬顺山体走势排列、墓穴埋深较浅、墓坑底铺石床等具有明显江浙土墩墓的遗风，反映出强烈的越文化的族属特征。而部分大中型墓葬的棺椁设置可看到岭北楚文化的影响，反映出楚越交融的态势。”①

下面讨论“横葬制墓”出现并流行的原因，综合来看主要有四点：便利化需求、宅第化趋势、合葬墓盛行、筑墓技术的进步。

首先，“横葬制墓”为何发生在秦汉都城之地的关中地区，并且首先在高等级的大型、次大型墓葬中流行呢？我们知道，从春秋早期礼县大堡子山秦公大墓、春秋晚期凤翔雍城秦景公大墓，再到战国秦王陵、秦始皇陵，其墓葬规模与同时代之列国国君大墓相比，都要大得多。这与秦国君主权力高度集中、中间等级不发达有关，也与秦人好大喜功、以大为美的传统思维不无关系。战国时期秦国国君称“王”后，拥有四条墓道，且墓葬规模显著扩大以及高大坟丘的出现需要解决墓室回填土及封土的承重问题，而黄肠题凑墓的题凑墙正可满足这种需求。从考古发现看，传统的大型木椁墓因为木椁用材及葬具结构决定了承载力有限，墓室越大越容易朽毁坍塌，而黄肠题凑葬制则因为棺椁四周垒砌的题凑木墙整体承载力及抗腐蚀性远强于一般木椁墓，因而不易塌陷。凤翔雍城春秋晚期秦景公一号大墓的木椁枋木用材四出榫头加长了数十厘米，从而向外形成一周看起来颇为特殊的框式规范，

① 广州市文物考古研究院官网（新闻动态）：《黄埔陂头岭发现新石器时代晚期遗存和战国至南越国时期高等级越人墓地》，2021年4月13日。

故有人称之为黄肠题凑，但这种木椁结构与真正的题凑墙“木头皆内向”本质上不同，还不能称之为黄肠题凑。然而，这种木椁用材四出榫头加长的做法客观上可能为后来题凑墙“木头皆内向”的出现提供了某种暗示。或许，这正是黄肠题凑葬制在战国时期首先在秦国国君大墓中出现的原因吧。

黄肠题凑葬制之题凑木墙一旦出现，承重问题得到解决，便可提前回填墓室填土及墓上封土，并加快大型墓葬的建设进度，于是直通墓底的长斜坡墓道、墓门、甬道的设置自然同时发生。此外，大型墓葬棺柩大，随葬品多，采用传统的下葬方式多有不便，横向进入墓室则完美地解决了这些问题。也就是说，便利化需求是“横葬制墓”出现的第一要素。

至于秦国大型、次大型带斜坡墓道木椁墓以及中小型斜坡墓道土洞木椁墓采用“横葬制墓”形式，或是受到黄肠题凑墓的影响而出现。此外，秦始皇陵陵园内外的兵马俑坑、石铠甲坑、马厩坑、百戏俑坑等众多陪葬坑，均采用了斜坡坑道底部与坑底齐平的方式，这样方便出入。也就是说，包括黄肠题凑墓以及秦俑坑在内，这种构筑方法及其理念一旦形成，则对墓葬埋藏方式具有示范意义。

关于宅第化趋势。墓葬为死者的地下居室，是地上宫室、宅院建筑的象征，这在文献记载及考古发现中有很多例证可以说明。例如，为死者选择墓穴位置所进行的占卜，称为“卜宅”；商系墓葬流行的腰坑实质上是地上建筑奠基坑的模拟；曾侯乙墓、天星观楚墓等在棺椁上彩绘门窗图案，显然表示棺椁为死者的室宅；楚式墓葬的椁室分箱，学者均认为体现了宫室第宅建筑的等级特征。把地下墓室建造成生前居室状，在汉代有了更充分的发展。汉代帝王生前居住在宫殿中，死后安葬之所被称为“地宫”，棺柩被称为“梓宫”。满城汉墓的后室用石板材搭建成房屋形，南北耳室、中室都有瓦顶的木结构建筑。汉画像石墓中的题刻有直接称墓为“室”或“宅”的，如陕北绥德王得元墓的纪年刻铭为“永元十二年四月八日，王得元室宅”，绥德郭稚文墓为“圜阳西乡榆里郭稚文万岁室宅·永元十五年三月十九日造作居”；米脂官庄牛文明墓为“永初元年九月十六日牛文明千万岁室，长利子孙”等。汉代以降墓室中往往彩画、土雕、石雕或砖雕出斗拱、梁架、门窗等结构，更是逼真地表现了墓葬作为死者地下室宅的功能特征。先秦时期，由于受当时生产力发展水平和建筑技术的影响，墓葬形制多为较单一的长方形竖穴土坑墓，或是斜坡墓道与椁室顶部大体齐平的“竖葬制墓”，这种方式较节省资源和人力。无论是先秦还是两汉，葬埋观念均是“事死如事生”，地下墓室既然是地上居室的模仿，那么按照生前居室的原理及结构建造地下墓室迟早会发生，而地上建筑都是通过门道横向进入的，一旦技术条件成熟，具有斜坡或平行墓道及墓门的“横葬制墓”迟早会发生。这种“横葬制墓”一经出现，逐步成为墓葬形制的主流是必然的。不过，这一过程首先在大型、次大型墓葬中出现，而中小型墓葬除了受传统文化制约外，还因为“竖葬制墓”比较省时省力，因而经历了一个较长的发展过程，近现代平民阶层的小型墓仍多为无墓道的“竖葬制墓”。

关于“横葬制墓”从出现到逐步流行与筑墓技术进步的关系问题。黄肠题凑墓虽然仍是木结构墓，但题凑墙很好地解决了填土与封土的承重问题，自然也是筑墓技术的一大进步。两汉时期，铁器的广泛使用使得凿山为藏的崖洞墓成为可能，而空心大砖、各型小砖以及石材的广泛应用，对于扩大墓室空间、改变墓室结构发挥了重要作用。西汉晚期以及东汉时期筑墓材料与技术的进步促进了“横葬制墓”的发展。

此外，“横葬制墓”从产生到普及还有另一层原因。先秦时期均为“单葬墓”，汉代，特别是汉武帝以后逐步流行“合葬墓”（夫妇合葬乃至家庭多代合葬）。“单葬墓”死者一次性被掩埋，不需要二次打开墓室；而“合葬墓”之“夫妇合葬”或是“家庭多代合葬”，死者一般不会同时死亡，需要两次或多次打开墓室，因而具有斜坡墓道、墓门结构的“横葬制墓”显然比较方便。《广州汉墓》发掘报告曾指出：“井椁”式的结构、周壁密闭，下葬时椁板、棺具与随葬物品只能由上往下悬吊；封门式则不同，一切可从墓道运入。合葬墓可分先后二次入葬，第二次入葬只需把墓道的填土挖开，当中的封门木柱就可以逐根拆移，入葬后再行封堵。《广州汉墓》发掘报告的这一论述道出了“横葬制墓”在汉代逐步流行的动因之一。此外，墓内设奠祭祀的出现也是合葬制发展的需要。合葬墓二次或多次进入墓室会打搅死者，因而需要在墓内设奠以祭祀墓主。《汉墓的考古学研究》一书曾认为“椁墓”向“室墓”变化的内在原因之一是墓内祭祀空间的兴起，但这种说法不符合汉代墓内祭祀及墓型发展的实际情况。事实上，中国古代墓葬祭祀，最早并不在墓内进行。先秦时期祭祀祖先在宗庙进行，而宗庙在城内。自汉惠帝开始“陵旁立庙”，祭祀挪至陵墓旁。至于在墓中设奠祭祀要到王莽前后才出现，即在墓内摆放杯盘案几等祭奠器。蒋若是在北京大学讲学时曾提到，洛阳汉代早期墓只能爬着进去，中期弯着腰进去，晚期可以站直了进去。也就是说，墓室空间由低矮向高大发展，王莽前后乃至东汉时期流行前室穹隆顶、后室券顶，或者前后室均为穹隆顶的砖室墓、石室墓，正是为适应合葬制与墓内设奠需要而建造的，墓内祭祀空间的兴起是墓型发展的结果而不是原因。

诚然，“横葬制墓”从出现到流行，并非与合葬墓的盛行、筑墓技术（砖石的应用）的进步保持同步发展，而是存在滞后效应。例如，合葬墓以及砖石墓出现于西汉中晚期，但中小型“横葬制墓”的流行要到西汉晚期乃至东汉时期；至于帝王级别的大型合葬墓则要晚至东汉时期才出现。也就是说，合葬墓的盛行、筑墓技术（砖石的应用）的进步只是促进了“横葬制墓”的发展，而便利化需求、宅第化趋势才是“横葬制墓”出现并流行的主要动因。

综上所述，商周至秦汉的埋葬习俗与制度，经历了从“周制”到“汉制”的重大变革，而体现在墓葬形制方面，前者为“竖葬制墓”，后者则以“横葬制墓”为代表。然而，从“周制”到“汉制”，墓葬形制的变化仅是一个方面，其他诸如墓地制度、合葬制度、葬品制度、祭祀制度、观念信仰等都发生了一系列变革。因此，要弄清从“周制”到“汉制”的变革，还需要从多方面入手，这篇文章只是触及了一个侧面而已。

不仅如此，埋葬习俗与制度的变革又与社会转型的时代大背景紧密联系。从商周到秦汉，国家形态从诸侯林立的方国、王国转变为中央集权的大一统帝国，以分封世袭为特征的血缘政治转变为以郡县治理为主的地缘政治，农业社会最基础的土地制度从公有制转变为私有制，这些变革无不对埋葬习俗与制度产生了重大影响。有关这方面的研究，史学界已经取得诸多成果，而考古学者从考古发现，特别是从极为丰富的墓葬资料入手，或可对古代社会转型提供考古学独特的观察视角。

原载《古代文明》2021年第15辑

（赵化成，北京大学考古文博学院教授）

西安地区西汉墓文化因素分析

张翔宇

西安地区是目前国内公布汉墓资料最丰富、最系统的地区之一，尤其是《西安南郊秦墓》[①]《西安龙首原汉墓》[②]《西安北郊郑王村西汉墓》[③]《长安汉墓》[④]《西安东汉墓》[⑤]《白鹿原汉墓》[⑥]等考古报告的出版，为汉代墓葬的研究提供了丰富的资料。本文拟以已公布的资料为基础，结合前人的研究成果，对西安地区西汉墓反映的周、秦、楚等文化因素进行简要分析，并对西安地区汉代葬制的特征与形成做进一步探讨，不妥之处，敬请指正。

一、“周”文化因素

周代礼制对中国传统文化的影响是很深远的，它是两周时期人们的行为准则，东周时期“礼崩乐坏”主要表现为礼制的僭越，但礼制对社会的影响并没有减弱，直到西汉时期周代礼制的影响还是很大的，西汉初期叔孙通治礼的主要依据仍是周礼。丧葬礼制是周礼的重要内容，西汉时期的墓葬中仍可看到许多周代丧葬礼制的内容。

墓葬形制。周制均为竖穴土圹墓，周王的墓圹规模宏大，四面各有一条斜坡墓道，诸侯的墓圹规模要小于周王，墓圹一侧或两侧有斜坡墓道，对于一般的贵族和平民只能使用无墓道的竖穴土圹墓。如2004年陕西省考古研究院在周公庙勘探调查中发现22座大型西周墓葬，均为土圹墓，其中四条墓道者10座，三条、二条和一条墓道者各4座。西汉帝、后陵墓墓圹均为方形竖穴土圹，四侧各有一斜坡墓道。等级

① 西安市文物保护考古所编著：《西安南郊秦墓》，陕西人民出版社，2004年。
② 西安市文物保护考古所编著：《西安龙首原汉墓》，西北大学出版社，1999年。
③ 陕西省考古研究院编著：《西安北郊郑王村西汉墓》，三秦出版社，2008年。
④ 西安市文物保护考古所编：《长安汉墓》，陕西人民出版社，2004年。
⑤ 西安市文物保护考古所编著：《西安东汉墓》，文物出版社，2009年。
⑥ 陕西省考古研究所编著：《白鹿原汉墓》，三秦出版社，2003年。

稍低一些的高级贵族、官吏墓葬也多为竖穴土圹墓。有两条墓道者，如阳陵北区的2座陪葬墓M1、M2墓圹的东、西两侧各有一条墓道。[①]有一条墓道者，如咸阳杨家湾M4、M5[②]，“利成”积炭墓[③]，等等。中小型墓葬有的形制为长方形或方形竖穴土圹，无墓道，如三店村西汉墓[④]、西北医疗设备厂M12等[⑤]。这些墓葬形制均与周代墓葬相同，应是周制在汉代的延续。

棺椁制度。周代礼制对棺椁的使用有着明确的规定，《礼记·檀弓上》：“天子之棺四重。”郑玄注：“诸公三重，诸侯再重，大夫一重，士不重。”《礼记·檀弓上》：“椁周于棺。”西汉时期，棺椁在大中型墓葬中是非常普遍的。“利成”积炭墓的棺椁结构较为复杂，它由一个棺箱、三个头箱、三个足箱和两个边箱组成[⑥]，国棉五厂M95的棺椁由外椁、棺箱、边箱和棺组成[⑦]，西北医疗设备厂M120的棺椁为一椁一棺，西北医疗设备厂M42的棺椁为二椁一棺[⑧]。或许西汉时期的棺椁制度已与周代不同，等级无法与棺椁的重数对应，还有多椁箱等，但重数的多少是与墓主人的身份相关的，结构也与周制有较多相似之处，所以西汉时期的棺椁制度也应是对周代的继承。

明器制度。墓葬中随葬礼器是周代葬制的重要内容，周代的礼器主要表现在用鼎的数量上，《公羊·桓公二年》何休注“天子九鼎，诸侯七，卿大夫五，元士三”。西周时期的用鼎制度是相当严格的，这些已经得到考古材料的证实。西汉时期，墓葬随葬铜礼器或仿铜陶礼器非常普遍，尤其是大中型墓葬，如“利成”积炭墓随陶鼎5件[⑨]，西安北郊枣园大型西汉墓随葬铜鼎4件[⑩]，西安市图书馆M2随葬5件釉陶鼎[⑪]，西安张家堡M115随葬9件大型鼎（铜鼎5件、陶鼎4件）和13件小釉陶鼎[⑫]，小型墓葬中也多有完整的仿铜陶礼器组合，一般为鼎、盒、壶（钫、蒜头壶）。西汉

---

① 焦南烽：《阳陵从葬坑初探》，《文物》2006年第7期。

② 陕西省文管会、博物馆、咸阳市博物馆杨家湾汉墓发掘小组：《咸阳杨家湾汉墓发掘简报》，《文物》1977年第10期。

③ 郑洪春：《陕西新安砖厂汉初积炭墓发掘报告》，《考古与文物》1990年第4期。

④ 朱捷元、李域铮：《西安东郊三店村西汉墓》，《考古与文物》1983年第2期。

⑤ 西安市文物保护考古所编著：《西安龙首原汉墓》，西北大学出版社，1999年。

⑥ 郑洪春：《陕西新安砖厂汉初积炭墓发掘报告》，《考古与文物》1990年第4期。

⑦ 陕西省考古研究所编著：《白鹿原汉墓》，三秦出版社，2003年。

⑧ 西安市文物保护考古所编著：《西安龙首原汉墓》，西北大学出版社，1999年。

⑨ 郑洪春：《陕西新安砖厂汉初积炭墓发掘报告》，《考古与文物》1990年第4期。

⑩ 西安市文物保护考古所：《西安北郊枣园大型西汉墓发掘简报》，《文物》2003年第12期。

⑪ 西安市文物保护考古所编：《长安汉墓》，陕西人民出版社，2004年。

⑫ 西安市文物保护考古所：《西安张家堡新莽墓发掘简报》，《文物》2009年第5期。

墓中随葬礼器的组合更多地与秦及其他六国相似，与周礼中的规定有较大差异，但就随葬礼器组合这方面而言应是沿袭周制的。

车马埋葬。车马埋葬习俗出现甚早，在商代的高级墓葬中已很流行，但形成严格的等级礼制应在西周时期。周人对不同等级用车的数量有明确的规定，《周礼大行人》云："上公贰车九乘，侯伯贰车七乘，子男贰车五乘。"《仪礼·既夕礼》贾疏曰："依正礼，大夫以上有贰车，士卑无贰车。"这些有关车马埋葬的礼制得到了考古材料的证实。汉代车马埋葬习俗仍然非常流行，西汉帝王陵均有大量的陪葬坑，这些陪葬坑中可能有大量的车马陪葬，阳陵部分陪葬坑的发掘已证实这一点。规模较大的中型墓也有车马陪葬，杨家湾四号墓3座车马坑中陪葬马车15辆。[①]小型墓也多有车马明器随葬，《西安龙首原汉墓》《长安汉墓》录入的181座中小型汉墓中有32座出土有车马明器。汉代的车马埋葬习俗已与周代礼制中车马埋葬有较大的区别，但这种习俗的来源应与周制密切相关。

乐器。周代文明又称为礼乐文明，《周礼》中对乐器的使用也有着明确的规定。《周礼·小胥》载天子墓可在圹之四面悬挂乐器，诸侯三面，卿大夫两面，士仅可在一面悬挂乐器。考古材料证明，两周时期的大型墓葬中多有乐器随葬。西汉时期，大中型墓多有成组的乐器随葬，如杨家湾五号墓[②]、新安砖厂"利成"积炭墓[③]、北医疗设备厂M120和M92均随葬有编钟、编磬；有些墓还随葬有琴，如陈清士墓[④]、窦氏墓[⑤]等；小型墓中有随葬铜铃者，《西安龙首原汉墓》和《长安汉墓》公布的墓葬中有8座墓随葬小铜铃。西汉墓葬随葬乐器应是对周代礼乐文明的延续和发展。

汉墓对周制的继承应该说是框架性的、间接的。周制是西周的礼制，东周时的"礼崩乐坏"是指礼制的僭越，作为礼制的物质载体非但没有消亡，反而更加盛行，东周各国的礼制仍是周代礼制，只不过已不那么严格而已。西汉继承的周制正是东周各国的"周制"。

---

① 陕西省文管会、博物馆、咸阳市博物馆杨家湾汉墓发掘小组：《咸阳杨家湾汉墓发掘简报》，《文物》1977年第10期。

② 陕西省文管会、博物馆、咸阳市博物馆杨家湾汉墓发掘小组：《咸阳杨家湾汉墓发掘简报》，《文物》1977年第10期。

③ 郑洪春：《陕西新安砖厂汉初积炭墓发掘报告》，《考古与文物》1990年第4期。

④ 西安市文物保护考古所编著：《西安龙首原汉墓》，西北大学出版社，1999年。

⑤ 西安市文物保护考古所：《西安东郊窦氏墓（M3）发掘报告》，《文物》2004年第6期。

二、“楚”文化因素

东周各国沿用周礼，又对周礼有所发展和创新，从而形成各自的文化特点，楚文化就是在周制影响下产生的最具特征的地方文化。西汉王朝是刘邦楚人集团建立的国家，所以汉文化对楚文化的继承与吸收也是很多的，这在墓葬中有充分的体现。

墓葬形制。楚人墓葬无论是大型墓或是小型墓均为竖穴土圹，大、中型墓多带有斜坡墓道，墓道、墓圹开口向下常设多层台阶，这就形成了楚墓自身的特点。西汉时期，西安地区的大中型墓葬不少吸收了这一特点，墓圹自开口向下多有数层台阶，墓葬规模越大，台阶的数量也越多。杨家湾四号墓形制为斜坡墓道土圹墓，墓道开口向下有四至六层台阶，墓室开口向下也有六层台阶，五号墓墓圹开口向下有五层台阶。[①]“利成”积炭墓墓道和墓圹自上而下有三层台阶，各层台阶之间有阶梯相连。[②]大、中型墓墓圹和墓道的多台阶很可能与楚墓的多台阶有关。

墓葬方向。据张正明统计，1418座方向明确的楚墓，南向者1056座，占74%，东向者222座，占16%，北向、西向者140座，占10%。[③]可见楚墓的方向以南向为主，其次为东向。西安地区汉墓的方向变化由以西向为主逐渐变为以东向、南向为主，这种变化也应与楚文化的影响有关。

棺椁制度。棺椁制度本是周代葬制的重要内容，但楚人对之进行了革新，即椁内隔成若干个独立单元，级别的高低不是棺椁的重数，而是表现为椁箱的多少，一般由棺箱、头箱、边箱、足箱组成，也有的有多个头箱或足箱。西安地区西汉早中期的大中型墓棺椁多为多椁箱形式，“利成”积炭墓的棺椁由一棺箱、三头箱、两边箱和三足箱组成，国棉五厂M95由棺箱、一头箱和两边箱组成。西安地区大中型墓的多椁箱棺椁形制应是受楚文化的影响。

随葬器物。西安地区西汉墓的随葬品组合分为两大部分，即仿铜陶礼器和生活明器，仿铜陶礼器鼎、盒、钫是西汉早、中期最常见的组合形式，这种组合形式很可能是受楚国葬制的影响，战国晚期各国墓葬的随葬组合中仿铜陶礼器均以鼎、盒、壶为主，但楚墓中钫似乎出现得最早，也比较普遍。湖南常德跑马岗M21，时

---

① 陕西省文管会、博物馆、咸阳市博物馆杨家湾汉墓发掘小组：《咸阳杨家湾汉墓发掘简报》，《文物》1977年第10期。

② 郑洪春：《陕西新安砖厂汉初积炭墓发掘报告》，《考古与文物》1990年第4期。

③ 张正明：《楚墓与秦墓的文化比较》，《华中师范大学学报》（人文社会科学版）2003第4期。

代为战国中期，出土陶鼎2件、陶敦2件、木钫2件等。[①]

在用鼎数量上楚墓多用偶数，这已成为学界的定论。西安地区西汉早期墓中也有诸多墓用鼎为偶数，西安北郊枣园M1出土铜鼎4件[②]，“利成”积炭墓出土陶鼎6件[③]，西安东郊窦氏墓用鼎2件[④]，《西安龙首原汉墓》公布的42座西汉早期墓中出土2鼎者9座、4鼎者1座，《长安汉墓》公布的139座西汉中期至新莽时期的墓中用2鼎者7座、4鼎者1座。西安地区汉墓中用鼎为偶数的习俗应是受楚地葬制的影响。

西安地区西汉早期的大中型墓出现的一种方形或长方形陶灶，如西北医疗设备厂的M14、M42、M58、M92、M170[⑤]及白鹿原M95[⑥]出土的陶灶均为长方形，后壁及一侧有挡板，灶面三釜，这种灶不同于西安地区常见的前方后圆的马蹄形灶，与楚地西汉早期的长方形灶有相似之处，很可能是受楚地影响的结果。

西安地区西汉早期大中型墓随葬陶俑的流行与楚地以俑随葬的习俗有着密切关系。楚墓中以俑随葬大概出现于战国早、中期，战国晚期已经非常流行，小型墓随葬木俑也很普遍。汉代之前，西安地区以俑随葬的葬俗似乎并不流行，只有秦始皇陵随葬大量陶俑，中小型墓随葬俑者较为少见。西汉时期，大、中型墓中开始普遍随葬陶俑，一方面可能是受秦始皇大量随葬陶俑的影响，另一方面也与楚人以俑随葬的习俗有关。西汉早期，汉王朝的许多高级官吏都是楚人，他们的丧葬礼制可能直接受到楚俗的影响，所以随葬大量的陶俑也是情理之中的事。从目前的考古材料看，西汉早期出土的陶俑，如阳陵、霸陵及部分大型墓葬中出土的裸体俑，身体修长，加装木臂，与楚人的木俑在形体上较为相似，更有随葬木俑者，如咸阳马泉西汉墓出土木男俑1件，出土木羊俑70多件，[⑦]很明显是受楚地风俗的影响。

随葬泥质或陶质冥币是楚人葬制的重要特征，战国时期楚人就以泥郢金随葬，西汉时期，以泥半两、泥五铢钱随葬更为流行，以泥金饼随葬也多有发现。西安地区部分规模较大的西汉墓也常见随葬仿金饼——陶饼，《西安龙首原汉墓》和《长安汉墓》公布的181座西汉墓中有11座墓葬出土91件陶饼，形制大小与金饼基本

---

① 常德市博物馆：《湖南常德跑马岗战国墓发掘简报》，《江汉考古》2003年第3期。

② 西安市文物保护考古所：《西安北郊枣园大型西汉墓发掘简报》，《文物》2003年第12期。

③ 郑洪春：《陕西新安砖厂汉初积炭墓发掘报告》，《考古与文物》1990年第4期。

④ 西安市文物保护考古所：《西安东郊窦氏墓（M3）发掘报告》，《文物》2004年第6期。

⑤ 西安市文物保护考古所编著：《西安龙首原汉墓》，西北大学出版社，1999年。

⑥ 陕西省考古研究所编著：《白鹿原汉墓》，三秦出版社，2003年。

⑦ 咸阳市博物馆：《陕西咸阳马泉西汉墓》，《考古》1979年第2期。

相同，有泥质灰陶者，有釉陶者，这种随葬陶质冥币的习俗应是受楚俗影响的结果。

西安地区西汉中至西汉晚期，部分墓葬还出土有半釉原始瓷器，器类尤以壶多见，其次为瓿、罐等，主要有西安三兆M1出土的1件投壶、97方新村开发公司M16出土的1件圈足壶、陕西省交通学校M246出土的1件壶[①]、西安北郊M11出土的3件壶和1件瓿[②]、西安净水厂M55出土的1件瓿[③]、西安财政干部培训中心M31出土的4件壶[④]、国棉五厂M1出土的双耳陶罐[⑤]、曲江花园M9出土的1件壶和1件双耳罐[⑥]等等。这些器类无论是器型还是装饰上均与楚地的同类器物相似或相同，很有可能是楚地制作的商品传到西安地区。有些器物可能是受其影响本地制作的，如陕西省交通学校M3出土的壶和樽[⑦]，器型与本地无异，只是在装饰上使用了楚地流行的多重水波纹。

西汉早、中期墓葬中出土的陶器多饰彩绘图案，以云气纹为主，与楚地漆器流行图案极为相似，可以说西安地区陶质明器彩绘装饰的流行很大程度上与楚文化的影响是分不开的。

三、“秦”文化因素

西安地处秦之腹地，所以本地区西汉墓中的秦文化因素也最为浓厚，在许多方面都是直接具体地吸收。下面从墓葬形制、墓葬方向、随葬品组合及器型特征方面做一简要分析。

墓葬形制中小型秦墓的形制以土洞墓为主，有墓道与墓室方向一致的直线型洞室墓，有墓室开凿于墓道一侧的偏洞室墓（平行线洞室墓）。《塔尔坡秦墓》公布的381座战国晚期至秦代墓中有洞室墓281座，占73.8%，281座洞室墓中直线型洞室215座，占76.5%，偏洞室墓66座，占23.5%。直线形洞室墓中，墓道为方形或长方形竖穴土圹，其宽度远远大于墓室。西安地区汉初至西汉早期，中小型墓以洞室墓为主，大部分为墓道宽于墓室的竖穴墓道土洞墓。西安南郊潘家庄公布的19座秦末

---

① 西安市文物保护考古所编：《长安汉墓》，陕西人民出版社，2004年。

② 中国社会科学院考古研究所唐城队：《西安北郊汉墓发掘报告》，《考古学报》1991年第2期。

③ 陕西省考古研究所配合基建考古队：《西安净水厂汉墓清理简报》，《考古与文物》1990年第6期。

④ 西安市文物保护考古所：《西安财政干部培训中心汉、后赵墓发掘简报》，《文博》1997年第6期。

⑤ 陕西省考古研究所编著：《白鹿原汉墓》，三秦出版社，2003年。

⑥ 西安市文物保护考古所编著：《西安东汉墓》，文物出版社，2009年。

⑦ 西安市文物保护考古所编：《长安汉墓》，陕西人民出版社，2004年。

汉初墓葬中有16座为墓道宽于墓室的竖穴土洞墓，占84%。[1]《西安龙首原汉墓》公布的42座西汉早期墓中有墓道宽于墓室的竖穴墓道土洞墓21座，占50%。西安地区西汉早期这种墓道宽于墓室的竖穴墓道土洞墓是从战国晚期的直线型洞室墓直接继承而来的。墓葬封门，西安地区西汉早期的土洞墓绝大多数是木板封门，而战国晚期洞室秦墓的封门均为木板封门，这两者有明显的承袭关系。

墓葬方向。秦墓方向大部分为西向。《塔尔坡秦墓》公布的381座墓葬中西向者271座，占70%；北向者66座，约占17%。据张正明统计，595座方向明确的秦墓，西向者456座，占77%；北向者82座，占14%；东向38座，占6%；南向者19座，占3%。[2]西安地区西汉初、早期，墓葬方向也以西向为主，西安南郊潘家庄公布的19座汉初墓葬中，西向者14座，占73.6%；东向者5座，占24.4%。[3]《西安龙首原汉墓》公布的42座西汉早期墓中，西向者15座，占35.7%；东向者11座，占26.2%；南向者12座，占28.5%。可见，西安地区西汉早期墓葬的方向以西向为主是与秦墓的影响分不开的。

随葬器物。首先是礼器组合，西汉初期的礼器组合为鼎、盒、蒜头壶，与战国末至秦代相同。西安南郊潘家庄公布的62座战国晚至汉初的墓葬中有35座随葬的仿铜陶礼器组合为鼎、盒、蒜头壶，其中战国末至秦代的24座，秦末汉初的11座，其区别仅是器型的不同。[4]

西汉初期的生活明器组合也与战国末至秦代的基本相同，主要有釜、缶、罐、囷、盆、甑等。有些器类形制与秦器无异，如夹砂红陶釜、折腹盆等；有些器类只是器型发生了变化，但其承袭关系非常明显，如缶、茧形壶等。

蒜头壶，典型秦器，出现和流行于战国末至秦代。咸阳塔尔坡秦墓出土3件[5]，西安南郊茅坡秦墓中出土4件，西安南郊茅坡光华胶鞋厂秦墓出土10件，西安南郊潘家庄秦墓出土25件。[6]汉初墓葬中仍出有大量蒜头壶，如西安南郊潘家庄19座汉初墓葬有17座出土蒜头壶计18件[7]。战国末至秦代的蒜头壶多为长颈、深鼓腹，中腹多折成宽带状。汉初的蒜头壶多为短颈、宽扁腹，腹部宽带不明显或无宽带。

---

① 西安市文物保护考古所编著：《西安南郊秦墓》，陕西人民出版社，2004年。

② 张正明：《楚墓与秦墓的文化比较》，《华中师范大学学报》（人文社会科学版），2003年第4期。

③ 西安市文物保护考古所编著：《西安南郊秦墓》，陕西人民出版社，2004年。

④ 西安市文物保护考古所编著：《西安南郊秦墓》，陕西人民出版社，2004年。

⑤ 咸阳市文物考古研究所编著：《塔尔坡秦墓》，三秦出版社，1998年。

⑥ 西安市文物保护考古所编著：《西安南郊秦墓》，陕西人民出版社，2004年。

⑦ 西安市文物保护考古所编著：《西安南郊秦墓》，陕西人民出版社，2004年。

夹砂红陶釜（鍪），战国中晚期秦墓中最常见的炊具，如咸阳塔尔坡秦墓出土90件[①]，西安南郊茅坡秦墓出土127件[②]，等等。汉初墓葬虽然出现了陶灶，但夹砂红陶釜仍较为常见，西安南郊潘家庄19座汉初墓葬中有11座随葬陶釜（鍪）[③]。汉初的釜或鍪与秦釜或鍪形制上基本相同，无明显差别。

缶，典型秦器，流行于战国晚期至秦代。如咸阳塔尔坡秦墓出土4件，南郊茅坡秦墓出土2件，西安南郊茅坡光华胶鞋厂秦墓出土17件，西安南郊潘家庄秦墓中出土26件[④]，等等。缶在汉初至西汉早期的墓葬较为常见，如西安南郊潘家庄19座汉初墓中有18座随葬缶计27件[⑤]，《西安龙首原汉墓》公布的42座西汉早期墓有15座随葬陶缶计19件，《长安汉墓》中有2座西汉中期墓出土陶缶计2件。秦缶肩部略弧，折肩不明显或不折肩，下腹多弧收，少斜直或内屈者。汉初陶缶肩多斜直，折肩或肩腹之间竖直呈环带状，下腹斜直或内屈，肩与下腹的夹角近于90度。西汉早期肩腹夹角近于90度者仍大量流行，稍晚出现肩略鼓和肩与下腹夹角大于90度的陶缶。

茧形壶，典型秦器，流行于战国晚期至秦代。如咸阳塔尔坡秦墓出土茧形壶12件[⑥]，高陵益尔公司秦墓出土6件[⑦]，西安南郊潘家庄秦墓出土2件[⑧]。西安地区西汉早期的部分墓葬中仍有随葬茧形壶者，西安北郊枣园大型西汉墓中出土虽形壶5件[⑨]，杨家湾四号墓出土茧形壶18件[⑩]，临潼岳家沟M2出土1件[⑪]，西安北郊北康村M5出土1件[⑫]等。西汉早期墓中随葬茧形壶是受秦文化影响的结果。

折腹盆，秦墓中的常见器型，形制直口或敞口，折腹，上腹较直或内屈，下腹斜直收或内屈收，平底。这种盆可能由盂发展而来的。塔尔坡秦墓中出土27件[⑬]，西

① 咸阳市文物考古研究所编著：《塔尔坡秦墓》，三秦出版社，1998年。

② 西安市文物保护考古所编著：《西安南郊秦墓》，陕西人民出版社，2004年。

③ 西安市文物保护考古所编著：《西安南郊秦墓》，陕西人民出版社，2004年。

④ 西安市文物保护考古所编著：《西安南郊秦墓》，陕西人民出版社，2004年。

⑤ 西安市文物保护考古所编著：《西安南郊秦墓》，陕西人民出版社，2004年。

⑥ 咸阳市文物考古研究所编著：《塔尔坡秦墓》，三秦出版社，1998年。

⑦ 陕西省考古研究所：《陕西高陵县益尔公司秦墓发掘简报》，《考古与文物》2003年第6期。

⑧ 西安市文物保护考古所编著：《西安南郊秦墓》，陕西人民出版社，2004年。

⑨ 西安市文物保护考古所：《西安北郊枣园大型西汉墓发掘简报》，《文物》2003年第12期。

⑩ 陕西省文管会、博物馆、咸阳市博物馆杨家湾汉墓发掘小组：《咸阳杨家湾汉墓发掘简报》，《文物》1977年第10期。

⑪ 王学理：《秦始皇陵园汉墓清理简报》，《文物》2004年第5期。

⑫ 陕西省考古研究所：《西安北郊北康村汉墓清理简报》，《考古与文物》2003年第4期。

⑬ 咸阳市文物考古研究所编著：《塔尔坡秦墓》，三秦出版社，1998年。

安南郊茅坡秦墓出土41件[①]，西安南郊潘家庄秦墓出土24件[②]。西汉时期这种折腹盆大量沿用，其变化是大部分器型变小，西安南郊潘家庄19座汉初墓中有6座出土计9件大折腹盆和6件小折腹盆，形制与本墓地秦墓出土的折腹盆几乎完全相同[③]，《西安龙首原汉墓》公布的西汉早期墓中出土折腹小陶盆12件，《长安汉墓》公布的西汉中期至新莽时期墓葬中出土折腹小陶盆113件。战国晚期至秦的折腹盆器型较大，折腹位置偏上；汉初大型折腹盆与战国、秦相同，流行与灶配套的小折腹盆；西汉早期主要为折腹小陶盆，形制与汉初相同；西汉中期以后均为折腹小陶盆，折腹位置下移，折棱也越来越不明显。

汉对秦的继承还表现在陶器的修坯方面。秦墓出土的器物中器壁近底处多有削痕，器类以盆、甑、钵等多见，次为罐、盒、壶、鼎等，如《塔尔坡秦墓》《西安南郊秦墓》等考古报告中公布的秦墓资料底部有削痕的陶器数量就很多。这种修坯工艺在汉初仍相当流行，如西安南郊潘家庄汉初墓中出土的陶器中下腹有削痕者就相当普遍，器类有鼎、盒、盆、甑等。[④]

器型方面，肩、腹交界或上腹竖直呈环带状是秦器的一个重要特点，常见器类有盒、壶、罐、缶等。这一特点在汉初的部分器类中仍然沿用，如缶、大口矮领罐等，西安南郊潘家庄汉初墓中出土的陶缶和大口矮领罐大部分肩、腹交界处有一周环状宽带。[⑤]西汉早期，部分大口矮领罐上腹仍有环状宽带，如龙首原军干所M14出土的2件大口矮领罐上腹的环状宽带非常明显，且在上、下边缘各饰一周指甲纹以示界线。[⑥]

周、秦两种文化的融合在西安地区的汉墓中也有体现，如木椁洞室墓。土洞墓是秦制的特点，棺椁制度则是周制的重要内容。在秦墓中使用洞室墓者大多地位较低，葬具仅用棺而无椁，地位较高多使用竖穴土圹墓；西汉早期一些身份地位较高的人也开始使用洞室墓，体现身份地位的棺椁制度也就搬进了土洞墓之内。目前西安地区这类墓葬发现不少，主要集中在西汉早期，《西安龙首原汉墓》公布的西汉早期墓有21座竖穴墓道木椁土洞墓，有一棺一椁者，也有一棺二椁者，大多数情况下是在土洞之内沿壁、顶与底用木板构筑成椁室，再在椁室之内置重椁或棺。

---

① 西安市文物保护考古所编著：《西安南郊秦墓》，陕西人民出版社，2004年。
② 西安市文物保护考古所编著：《西安南郊秦墓》，陕西人民出版社，2004年。
③ 西安市文物保护考古所编著：《西安南郊秦墓》，陕西人民出版社，2004年。
④ 西安市文物保护考古所编著：《西安南郊秦墓》，陕西人民出版社，2004年。
⑤ 西安市文物保护考古所编著：《西安南郊秦墓》，陕西人民出版社，2004年。
⑥ 西安市文物保护考古所编著：《西安龙首原汉墓》，西北大学出版社，1999年。

四、其他文化因素

西安地区汉墓除周、秦、楚三个主要的文化源头之外，在汉制的形成与发展过程中还有诸多其他方面的文化因素的渗入，这些文化因素虽未对汉制产生决定性影响，但却体现了西安地区汉文化与周邻地区文化的影响与交流，所以有必要做一分析。

北方少数民族文化因素。北方少数民族主要指匈奴、鲜卑等，由于各少数民族之间的文化特征不太容易区分，在此通称北方少数民族文化因素。目前西安地区发现的具有北方少数民族的文化遗存还是比较多的，有的墓主人可能就是北方的少数民族，也有的墓主人是汉人，只是使用了具有北方民族特征的用品。

目前西安地区发现的匈奴人墓葬主要有客省庄M140①、北郊一号工区M13②和南郊马腾空2001XRGM·M15等③。客省庄M140，竖穴土圹墓，单人仰身直肢，头向北，出土透雕铜牌饰2件、透雕圆环2件、金丝圈1件、铁刀1件等，时代为西汉早中期。西安北郊M13，竖穴墓道土洞墓，南向，单人侧身屈肢，随葬有鹿头、羊头、陶罐2件、双耳铁釜1件、金镯2件、银镯2件、铁镜1件，时代大概在东汉中晚期。2001XRGM·M15，斜坡墓道拱顶土洞墓，墓向北，墓室长5米、宽2.35米，斜坡墓道残长7.5米、宽0.92米。墓室内骨架1具，男性，仰身直肢，殉马6匹，1只完整，5只为马头，该墓被盗，出土陶钟1件、金牌饰1件、陶豆1件、铜柿蒂形棺饰1件。④从这3座墓的随葬特征看，2座墓主应是匈奴人。另外，经科学发掘出土的具有北方少数民族风格的文物还有西安南郊三店村王许墓出土2件鎏金铜牌饰。⑤三店村墓主人王许不是北方少数民族，但从墓葬规模和随葬器物的规格看应是一位高级贵族或官吏，随葬的2件铜牌饰或许是少数民族的馈赠之物。

西安文物库房还收藏多件具有北方少数民族风格的青铜器。主要有在西安六村堡征集的兽咬鹿纹铜牌，西安市内收购的双驼铜牌、铜兽牌饰、铜豹牌饰、双耳深腹铜鍑，西安大白杨仓库征集的双羊铜牌、双兽铜牌、羊牌饰、铜马形坠饰、5件深腹高圈足铜鍑，西安东郊纺织城收购的铜马饰片，西安西郊出土的虎咬马纹铜牌，

① 中国科学院考古研究所编著：《沣西发掘报告：1955—1957年陕西长安县沣西乡考古发掘资料》，文物出版社，1963。

② 陕西省考古研究所：《西安北郊一号工程Ⅲ区13号墓发掘简报》，《考古与文物》2002年第1期。

③ 王育龙、肖健一：《西安新出土的汉代金牌饰》，《收藏家》2001年第11期。

④ 王育龙、肖健一：《西安新出土的汉代金牌饰》，《收藏家》2001年第11期。

⑤ 朱捷元、李域铮：《西安东郊三店村西汉墓》，《考古与文物》1983年第2期。

西安市北郊汉城乡出土的虎牛斗纹牌饰，西安市东门外水暖商店收集的鸟形纹带扣，西安市南郊丈八沟村出土双耳深腹铜鍑，西安市纺织四厂厂区出土长方形高圈足铜鍑，等等。[①]这些具有北方少数民族风格的青铜器大部分应出土于西安地区或邻近地区，其出土的单位已不可考，大部分应出土于墓葬之中，其主人可能是居住于长安的北方少数民族，也可能是爱好这些精美饰件的汉人。

西安地区汉墓随葬的俑或人物形象中常有胡人形象。阳陵南区2号坑内出土的部分骑马女俑颧骨高高凸起，长眼内斜，显然不是汉人。[②]墓葬出土鼎足、仓足、仓塞、樽足也有模印成胡人形象者，如西安北郊方新村开发公司97M9的仓足、97M31的樽足、雅荷M29的樽足、雅荷M134的仓足、交校M47的仓足、电信M28和M164的鼎足[③]，足面人物均颧骨高凸，眼窝深陷。这些人物形象均为胡人，其种族还有待于进一步研究。

西安地区汉墓还出土有双系、三系陶罐。如雅荷M58出土的三系罐，侈口，束颈，垂腹，平底，颈部对称置三个竖耳，器表饰竖绳纹。[④]咸阳马泉西汉墓出土的双系陶罐形制与雅荷M58出土的三系罐形制相同，唯颈部两系。[⑤]西安财政干部培训中心M33出土的双系陶罐与咸阳马泉西汉墓出土的完全相同。[⑥]这种双系或三系陶罐在西安地区的汉墓发现不多，而关中地区西部或西北地区发现相对较多。如陇县店子村6座墓出土的8件单耳罐器形上与西安地区发现的3件双系或三系罐相同，也为侈口，束颈、圆腹或垂腹，平底，器表饰绳纹，唯颈部为单耳[⑦]，甘肃武山东旱坪M43、M69各出土1件双系罐[⑧]。这种单耳、双耳、多耳是我国西北地区少数民族文化的一个重要特征，如齐家文化、卡约文化等。汉代这种大耳罐可能也与西北少数民族文化的影响有关。

---

① 王长启：《西安市文管会藏鄂尔多斯式青铜器及其特征》，《考古与文物》1991年第4期。

② 王保平主编：《汉阳陵博物苑》，文物出版社，2006年。

③ 西安市文物保护考古所编：《长安汉墓》，陕西人民出版社，2004年。

④ 西安市文物保护考古所编：《长安汉墓》，陕西人民出版社，2004年。

⑤ 咸阳市博物馆：《陕西咸阳马泉西汉墓》，《考古》1979年第2期。

⑥ 西安市文物保护考古所：《西安财政干部培训中心汉、后赵墓发掘简报》，《文博》1997年第6期。

⑦ 陕西省考古研究所宝中铁路考古队：《陕西陇县店子村汉唐墓葬》，《考古与文物》1999年第4期。

⑧ 甘肃省文物考古研究所：《甘肃武山县东旱坪战国秦汉墓葬》，《考古》2003年第6期。

五、汉代葬制的形成

这里讲的“汉制”主要是西安地区汉代葬制。西安为西汉的京畿之地，是当时的文化与礼仪中心，汉文化是在周、秦、楚等文化的基础上发展而来的，具有独自特征的新文化，葬制是汉文化的一个重要内容。下面从墓葬形制、器物组合、器型特征等几个方面对西安地区汉代葬制的特征与形成做一分析。

墓葬形制。帝、后陵形制沿用了周制的四斜坡墓道土圹木椁结构，墓圹之上多有覆斗形封土，内部为黄肠题凑、梓宫、便房，墓圹四周及外周有象征宫观百官的陪葬坑及陵寝建筑，敛服应为“珠襦玉柙”。但帝王陵的具体葬制还有待于以后的考古工作。列侯、高级官吏墓葬形制，西汉早、中期多用一条或两条斜坡墓道土圹木椁墓，墓圹之上封土或为覆斗形或为圆丘形，棺椁结构多采用多椁箱形式；中晚期以后多用单斜坡墓道土圹砖（石）室墓，棺椁制度逐渐退出历史舞台，地位高者有用玉衣做敛服的。小型墓形制大量流行洞室墓，规模稍大者多为斜坡墓道，规模较小的多用竖穴墓道，墓室结构有土洞者，也有砖室者，墓圹之上应有封土，其形状多已无法搞清。

随葬器物组合与器形特征。西安地区汉墓的随葬器物组合主要有仿铜陶礼器鼎、盒、钫（壶）和生活明器罐、仓、樽、灶、釜、盆、甑、灯等，另外还有乐器、车马器、铜镜、铜钱、九窍塞等。墓葬的规模越大、等级越高，其随葬品的数量越多、制作越精美。器形方面，陶器多为泥质灰陶，器表多饰彩绘云气图案，釉陶明器开始出现。鼎，均为浅腹圜底，盖浅钵形，部分顶有乳突，蹄形足，足根圆鼓。盒，盒身盆形，平底，盖覆碗形，盖有短捉手。壶，敞口，束颈，圆鼓腹，矮假圈足。樽，深直腹，蹄形足。罐，形体较小，双唇或圆唇，矮领或短束颈，圆肩，下腹弧收，平底。仓，小口，折肩，圆直筒腹，三踞熊足。灶，马蹄形，无底，灶面两釜或三釜。铜镜，主要有草叶纹镜、星云纹镜、日光镜、昭明镜等。钱币大量流行五铢钱。

西安地区汉代葬制形成的时间大体在西汉中期，即武帝后期至昭帝时期。前面的分析可知，西汉初期葬制中有更多的秦制因素，如墓道宽大的竖穴土洞墓，方向以西向为主，器物组合中鼎、盒、蒜头壶完全同于战国晚期至秦代墓，生活明器中夹砂红陶釜、缶、茧形壶等均为典型秦器，器表多素面、上腹的环带状特点也是秦的风格。西汉早期，秦制因素开始减少，首先是礼器组合以鼎、盒、钫为主，蒜头壶少见，生活明器中夹砂红陶釜少见，茧形壶仅见于规模较大的墓中。同时楚制因素明显增多，如用鼎多为偶数、随葬俑开始流行、多椁箱棺椁、彩绘装饰的流行等等。西汉中期，文化面貌发生较大变化，墓葬形制已形成独自的风格，墓室宽于墓道的洞室墓和斜坡墓道洞室墓成为小型墓最普遍的形制，尤其是砖室墓的出现，完全不同于秦、楚的墓葬，棺椁使用几乎完全摆脱周制的影响，多重棺椁很少见到。车马明器大量出现于小型墓中，则进一步说明周制影响的衰弱。随葬陶质明器的组合中，礼器虽然还很普遍，但生活明器很明显开始占据主导地位。首先是器类的增多，如出现酒樽；其次数量开始增多，仓多为五个一组，陶罐的数量明显多于西汉早期。礼器组合中钫虽然占主导地位。但壶数量开始增多，生活明器中秦器缶少见，樽成为最普遍的器类。这种器类不见于秦，也少见于楚，以五个为一组的折肩圆腹三足仓成为随葬器组合中最醒目的器物，从西汉中期出现到东汉中期以后衰落，流行近二百年，成为汉墓中最有代表性的器类。大量流行的双唇陶罐不见于秦、楚文化的同类器。陶器的装饰方面，虽彩绘仍很流行，但已出现衰退趋势，如色彩单一，最重要的是釉陶器的出现，开创了两汉陶质明器的先河。铜镜已经完全脱离战国镜的影响，镜体由薄而平直变得厚重外凸，镜钮由三弦钮转变为半球形钮，素面镜和装饰繁缛的羽状底纹镜、菱形纹镜等战国镜类不见，大量流行铭文镜等。随葬的铜钱由半两变为五铢钱，可以说这是汉制形成的标志。

西安地区汉代葬制是在周、秦、楚等葬制的基础上发展而来的，对周制的继承多是框架性的、间接的，对秦、楚葬制的继承则是直接的、具体的。秦文化因素在西汉初期最多，之后逐渐减少，西汉中期典型的秦器已较少见到。楚文化因素在西汉早期较多，但不如秦制因素具体，西汉中期除大中型墓外，楚文化因素也大为减少。周文化因素在西汉初至西汉早期还是较为普遍的，但到西汉中期以后很快消退。在汉制形成的过程中，帝王及高级贵族官吏的葬制更多地受到旧有制度的影响，其变革的进程较慢，中下阶层的葬制变革速度较快。总之，西安地区汉代葬制是在周、秦、楚等文化的基础上经过近百年的发展与扬弃而形成的一种独具特色的文化体系。

原载《考古与文物》2013年第5期

（张翔宇，西安市文物保护考古研究院研究员）

关中地区隋代墓地分布研究

刘呆运

公元581年隋代周建国至公元618年唐灭隋，历时38年。虽立国短暂，然墓葬形制和出土文物具有鲜明的时代特点，其丧葬制度为后世奠定了基础。纵观隋代墓葬，其埋葬地域有一定的规律性。本文拟就关中地区发现的隋代墓地分布特点及规律做初步的研究。

本文讨论的关中地区指陕西中部，其范围界定为南到秦岭，北至铜川，西到宝鸡，东至潼关一带。

一、关中地区隋代墓葬的发现

20世纪50年代初始，隋代墓葬已陆续发现。截至目前，关中地区已发掘清理隋代墓葬120余座，其中纪年隋墓约37座，主要分布于隋大兴城郊区，包括南郊少陵原、凤栖原、高阳原，东郊的白鹿原，西郊的枣园一带。另外，咸阳的洪渎原、潼关的税村、宝鸡的凤翔、关中北部也分布有零星的隋墓（图1）。

（一）大兴城郊区

大兴城郊区隋墓分布于东郊的白鹿原、铜人原、龙首原南部，南郊的少陵原、凤栖原、高阳原，西郊的三民村墓地等。

1. 东郊

（1）白鹿原。位于浐灞二水之间，南连秦岭，北达霸岸，东西宽约5公里，南北长约20公里。

1954年，第三届考古人员训练班在西安东郊半坡村的白鹿原上发掘隋墓4座，其

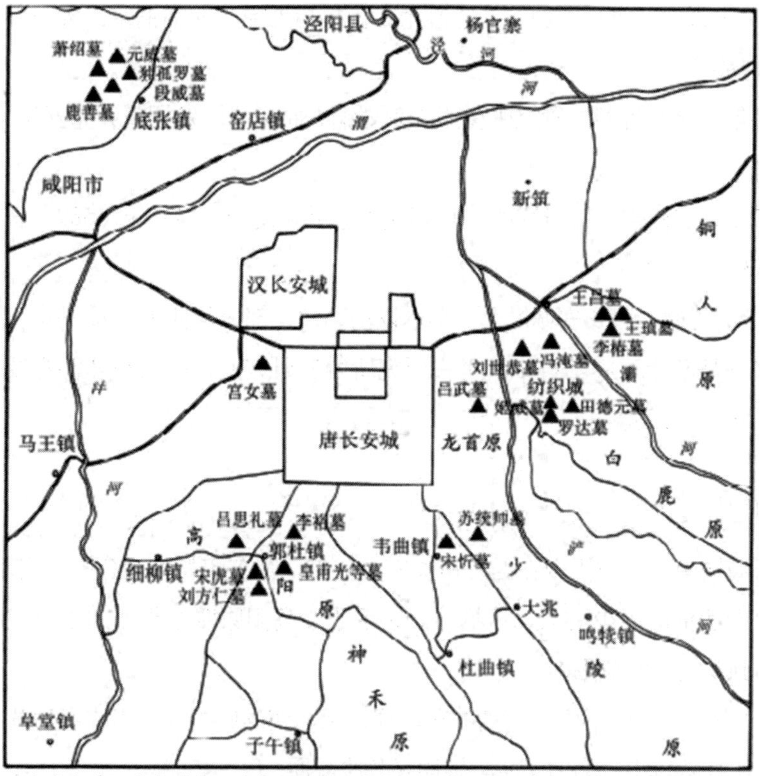

注：▲皇甫光墓、皇甫谦墓、皇甫九会墓、郁久闾可婆头墓、李子顺墓、田悦墓、牛谯州墓

图 1　西安郊区隋代墓地分布图

中有大业十一年（615）的刘世恭墓、冯淹墓。①

1954年，陕西省文管会在西安东郊白鹿原西麓郭家滩发掘隋大业七年（611）田德元墓②，大业十二年（616）田行达墓③。

1959年，陕西省文管会在西安东郊白鹿原郭家滩发掘隋大业六年（610）姬威墓。④

1982年，陕西文管会及博物馆在西安东郊白鹿原的郭家滩西北国棉五厂内，发掘开皇十六年（596）罗达墓。⑤

另还有郭家滩的M418⑥，白鹿原汉唐墓地的M2、M20、M61⑦。

---

① 俞伟超：《西安白鹿原墓葬发掘报告》，《考古学报》1956年第3期。

② 陕西省文物管理委员会：《西安郭家滩隋墓清理简报》，《文物参考资料》1957年第8期。

③ 孙秉根：《西安地区隋唐墓葬形制》，见《中国考古学研究》编委会编：《中国考古学研究——夏鼐先生考古五十年纪念论文集》（2），科学出版社，1986年。

④ 陕西省文物管理委员会：《西安郭家滩隋姬威墓清理简报》，《文物》1959年第8期。

⑤ 李域铮、关双喜：《隋罗达墓清理简报》，《考古与文物》1984年第8期。

⑥ 中国科学院考古研究所编著：《西安郊区隋唐墓》，科学出版社，1966年。

⑦ 俞伟超：《西安白鹿原墓葬发掘报告》，《考古学报》1956年第3期。

（2）铜人原。唐长安城东北之高地，南接白鹿原，北临渭水。灞河以东今洪庆一带为墓葬密集区。

1984年，陕西省考古研究所在西安东郊铜人原庆华厂发掘隋大业五年（609）李椿夫妇墓。①

1997年，陕西省考古研究所在东郊铜人原洪庆发掘开皇九年（589）王瑱墓、王昌墓及M3、M7、M8。②

（3）龙首原：唐长安城以北、渭水以南高地，部分延伸至东郊一带。

1956—1957年，中国科学院考古研究所西安研究室在西安东郊韩森寨发掘开皇十二年（592）吕武墓。③

2. 南郊

大兴城城南郊，位于现在西安市长安区一带，其东西长约30公里、南北3—10公里。从东向西依次由少陵原、凤栖原、神禾原、高阳原四个相连的土原组成。部分区域延伸到雁塔区的范围内。

（1）少陵原。位于西安南郊的东南部，又名鸿固原。汉宣帝许皇后葬于杜陵之南，其坟比杜陵较小，名曰少陵，该原又称少陵原。

2009年，陕西省考古研究院在西安南郊少陵原，长安区韩家湾村发掘大业四年（608）苏统师墓。④

（2）凤栖原。唐京兆府万年县韦曲附近的高地，位于少陵原和高阳原之间，北部延伸到雁塔区南部。

1990年，陕西省考古研究所在长安区韦曲镇东街砖厂内，清理隋开皇九年（589）宋忻夫妇墓。⑤

（3）高阳原。由长安区韦曲镇西到郭杜镇西，东西距离有8—10公里，南北距离有3—5公里，高差10米左右。其东侧为凤栖原，即现在的韦曲北原。

2002—2006年，陕西省考古研究院在西安南郊高阳原发掘隋开皇三年（583）皇甫光墓，开皇五年（585）皇甫谦墓、皇甫九会墓、宋虎墓，开皇六年（586）刘

---

① 陕西省考古研究所：《西安东郊李椿夫妇墓清理简报》，《考古与文物》1986年第3期。

② 陕西省考古研究所：《西安洪庆北朝、隋家族迁葬墓地》，《文物》2005年第10期。

③ 中国科学院考古研究所编著：《西安郊区隋唐墓》，科学出版社，1966年。

④ 陕西省考古研究院：《西安南郊隋苏统师墓发掘简报》，《考古与文物》2010年第3期。

⑤ 陕西省考古研究所隋唐研究室：《陕西长安隋宋忻夫妇合葬墓清理简报》，《考古与文物》1994年第1期。

方仁墓、田悦墓，开皇十一年（591）刘世清墓①，开皇十二年（592）吕思礼夫妇墓②、郁久闾可婆头墓，开皇十七年（597）牛谯州墓，大业五年李子顺夫妇墓③，仁寿四年（604）李裕墓④、斐氏墓⑤。另有陕西师范大学新校区的M135、M139、M143、M144、M145、M147、M148、M162、M163、M167，二十所雷达测试站的M1，西北大学长安校区的M11。

2006年，陕西省考古研究院在西安南郊高阳原傅村发掘了M2、M9。⑥

3. 西郊

1956—1957年，中国科学院考古研究所西安研究室在西安玉祥门外隋代长安县休祥里万善道场内发掘大业四年（608）李静训墓。⑦

20世纪50—60年代，中国科学院考古研究所西安研究室在西安西郊客省庄发掘的M113、M109，张家坡发掘的M213。⑧

1990年，西安市文物管理处在西安西郊简家村南西安热电厂发掘隋开皇十年（590）梁瓷墓及M20、M67。⑨

2005年，陕西省考古研究院在西安西郊西安印钞厂发掘隋仁寿元年赫连山妃墓。⑩

2013年，陕西省考古研究院在西安西郊枣园三民村发掘隋代小型墓葬M1—M30共30座。⑪

（二）咸阳洪渎原

洪渎原是渭、泾水的分水岭，南北数十里，东西百余里，原上有西汉五陵及北

---

① 陕西省考古研究院：《高阳原隋墓考古发掘报告》，文物出版社，2021年。

② 陕西省考古研究所：《隋吕思礼夫妇墓清理简报》，《考古与文物》2004年第6期。

③ 陕西省考古研究院：《高阳原隋墓考古发掘报告》，文物出版社，2021年。

④ 陕西省考古研究院：《西安南郊隋李裕墓发掘简报》，《文物》2009年第7期。

⑤ 陕西省考古研究院：《高阳原隋墓考古发掘报告》，文物出版社，2021年。

⑥ 陕西省考古研究院：《西安南郊傅村隋唐墓发掘简报》，《考古与文物》2010年第3期。

⑦ 中国社会科学院考古研究所编著：《唐长安城郊隋唐墓》，文物出版社，1980年。

⑧ 中国科学院考古研究所编著：《西安郊区隋唐墓》，科学出版社，1966年。

⑨ 西安市文物管理处：《西安西郊热电厂基建工地隋唐墓葬清理简报》，《考古与文物》1991年第4期。

⑩ 陕西省考古研究院2005年西安西郊发掘，资料待刊。

⑪ 陕西省考古研究院：《西安西郊三民村隋代墓葬发掘报告》，《考古与文物》2015年第5期。

周帝陵。

1950—1960年，陕西省文管会发掘仁寿元年宇文氏墓，开皇十五年（595）段威夫妇墓，开皇二十年（600）孤独罗墓。[①]

1986—1990年，陕西省考古研究院在洪渎原发掘开皇三年王士良和董氏墓，开皇四年（584）侯子钦墓，仁寿元年（601）尉迟运和贺拔氏墓。[②]

2000年，陕西省考古研究所和咸阳市文物考古研究所在洪渎原发掘隋仁寿三年（603）萧绍墓。[③]

2008—2011年，陕西省考古研究院在洪渎原边方村发掘隋开皇十五年鹿善夫妇墓[④]，在底张村发掘隋仁寿元年元威夫妇墓[⑤]及M104[⑥]。

（三）关中东部

隋越国公杨素墓，位于潼关县亢家寨，1967年出土墓志及随葬品等。[⑦]

2005年，陕西省考古研究院在陕西潼关县税村发掘隋代壁画墓一座，该墓时代约在隋大业初年。[⑧]

（四）关中北部

1964年，陕西省文管会在陕西三原县双盛村发掘开皇二年（582）隋李和墓。[⑨]该墓斜坡墓道五天井的单室土洞墓，有石门及石棺，地面存在封土及石羊一对。

（五）关中西部

陕西凤翔隋唐墓地，发掘隋墓有M93、M294、M296、M297、M298、M299、

---

① 孙秉根：《西安地区隋唐墓葬形制》，见《中国考古学研究》编委会编：《中国考古学研究——夏鼐先生考古五十年纪念论文集》（2），科学出版社，1986年。

② 负安志编著：《中国北周珍贵文物——北周墓葬发掘报告》，陕西人民美术出版社，1993年。

③ 咸阳市文物考古研究所：《咸阳隋代萧绍墓》，《文物》2006年第9期。

④ 陕西省考古研究院、咸阳市文物考古研究所：《陕西咸阳隋鹿善夫妇墓发掘简报》，《考古与文物》2013年4期。

⑤ 陕西省考古研究院：《隋元威夫妇墓发掘简报》，《考古与文物》2011年第5期。

⑥ 2009年机场二期，陕西省考古研究院发掘，资料待刊。

⑦ 吴钢主编：《潼关碑石——陕西金石文献汇集》，三秦出版社，1999年。

⑧ 陕西省考古研究院：《陕西潼关隋代壁画墓发掘简报》，《文物》2008年第5期。

⑨ 陕西省文物管理委员会：《陕西三原县双盛村隋李和墓清理简报》，《文物》1966年第1期。

M301、M302、M303、M335、M336。①

二、关中地区隋代墓地的分布规律

就目前发掘的隋代墓葬来看，大部分集中于大兴城东郊、南郊、西郊，咸阳的洪渎原、潼关税村、三原双盛村、凤翔等地。根据墓主人的身份和官阶不同，大致可分为皇族墓葬区、贵族墓葬区、平民墓葬区和宫女墓葬区。

（一）皇族墓地

目前发现的唯一一处皇族墓葬区位于潼关税村一带，发掘墓葬一座。该墓为长斜坡墓道多天井和小龛单室砖券墓，平面呈“甲”字形，坐北朝南。由长斜坡墓道、7个过洞、6个天井、4个壁龛、砖券甬道和墓室等部分组成，水平总长63.8米、深16.6米。随葬器物252件（组），陶器为大宗，其次有金带铐、鎏金铜铺首，线刻石棺等。

壁画内容出行有仪仗、阙楼、列戟等。根据墓葬形制和《列戟图》壁画判断，墓主人系杨隋皇室成员，最低为亲王，不排除生前做过太子的可能。

比邻该墓东北1000米处的亢家寨，有隋越国公杨素墓。1967年村民取土，将墓志取出，后收藏于潼关县博物馆。1996年，在亢家寨又出土了《杨敷妻萧妙瑜墓志》。②杨敷为杨素之父，死于北周，其母萧妙瑜死于隋大业三年（607）。

该地应为华阴弘农杨氏的墓地，也是杨隋皇家唯一的墓葬区。

（二）贵族墓地

主要分布于大兴城的东郊、南郊，咸阳的洪渎原、三原县双盛村等地。

1. 东郊

白鹿原墓地有姬威墓、罗达墓、田行达墓、田德元墓、冯淹墓以及刘世恭墓。其中姬威墓的等级和规模仅次于潼关税村的隋代壁画墓，其墓道长46.75米、宽2.05米，有7个天井，2个壁龛，出土文物300余件。姬威为隋金紫光禄大夫、备身将军、司农卿敦煌太守，位居从一品。罗达为使持节行军总管、齐州刺史、巴渠伯，从三品。田行达正三品，田德元、冯淹正七品。

---

① 陕西省考古研究院、西北大学文博学院编著：《陕西凤翔隋唐墓：1983—1990年田野考古发掘报告》，文物出版社，2008年。

② 吴钢主编：《潼关碑石——陕西金石文献汇集》，三秦出版社，1999年。

铜人原墓地有李椿夫妇墓、王昌墓、王瑱墓。李椿为骠骑将军、开府仪同三司、河东郡开国公，位居从一品。王昌、王瑱父子死于北周，隋代迁葬于此。

龙首原墓地有吕武墓。吕武为大都督左亲卫车骑将军，正五品。

2. 南郊

凤栖原墓地有宋忻夫妇墓。宋忻为使持节、上开府幽州总管、潞州诸军事、潞州刺史、宜迁县开国公，从一品。

高阳原墓地有李裕墓、宋虎墓、郁久闾可婆头墓、皇甫光墓、皇甫谦墓、刘方仁墓、刘世清墓、吕思礼夫妇墓、李子顺夫妇墓。李裕为猗氏县公，正二品。宋虎为使持节、仪同三司、内常侍、新太县开国伯，从三品。郁久闾可婆头为大将军九陇公，从一品。皇甫光、皇甫谦正四品，刘方仁从四品，刘世清正四品，吕思礼正三品，李子顺从七品。

3. 咸阳洪渎原

洪渎原墓地有段威夫妇墓、孤独罗墓、王士良和董氏墓、尉迟运和贺拔氏墓、萧绍墓、鹿善夫妇墓、元威夫妇墓。段威正七品，孤独罗正三品，王士良正三品，尉迟运从一品，鹿善从一品，元威从四品，萧绍从六品。

4. 关中北部

有三原双盛村的李和墓。李和为上柱国、使持节、司徒公，位居正一品。

（三）平民墓地

平民墓地散布于西安东、南、北三郊各个原上，纪年墓有白鹿原的刘世恭墓。刘世恭为左备身府骁果，是隋炀帝的侍卫禁军，虽无品级，但从墓葬形制看，亦非普通的平民。少陵原有苏统师墓，高阳原有田悦墓、牛谯州墓，西安西郊有梁瓮墓、赫连山妃墓等。咸阳洪渎原、凤翔等地也分布有数量不少的平民墓葬。

（四）宫女墓地

2013年，在西安西郊三民村一带发现30余座隋代小型墓葬。这批墓葬均为斜坡墓道的土洞墓，而且墓室底部多数不平，木棺顺斜坡放置。墓内随葬品较少，除铜钱外，有小瓷盒等化妆用具，可判断为女性墓葬。结合此前在其南侧大马路村发现的唐代宫女墓区来看，该地应为隋代的宫女葬地。

三、关中地区隋代墓葬葬地讨论

古人选择墓地，多以地势较高的土原作为首选。其次，路程的远近和家族的血亲关系也起着一定的作用。同时，各个时代的墓葬所居地域也或多或少影响后世墓地的选择。

首先来看家族墓地。古人的家族血亲观念根深蒂固，不管身居何处，死后都会被迁回故里，归葬祖茔。有史为据，《隋书》卷四二《列传第七》李德林传载：“年十六，遭父艰，自驾灵舆，反葬故里。”

咸阳洪渎原的独孤氏家族墓地就是典型一例。该墓地葬有独孤罗，其父为北周上柱国独孤信，独孤信死后葬于洪渎原北周皇族墓葬区的南侧。除了独孤罗外，我们还发现了独孤宾墓。独孤宾本姓高，是隋代著名宰相高颎的父亲。高宾背齐归周，投入独孤信门下，被赐姓独孤，卒后也作为独孤一族入葬祖茔。这一带可以确定为独孤氏家族的墓地。

高阳原墓地的皇甫光、皇甫谦、皇甫九会同属一个家族。皇甫谦为皇甫九会的伯父。皇甫光虽然墓志中无记述其血亲关系，但从姓氏判断，为同家族之人无疑。

此外，南郊少陵原、凤栖原分别分布有汉宣帝杜陵及其陪葬墓，汉代的张安世家族墓地，汉代、十六国北魏时期的韦氏家族墓地。目前发现的十六国、北魏、北周韦氏家族的大型墓葬就有十余座，占据了主要区域。同时发现了其他大家族的墓地。而高阳原东部主要为战国、秦时期的大型墓葬，汉代中型墓葬分布区。

上述各个区域发现了不同历史时期的家族墓地和大中小型墓葬，隋代在选择墓地时，以这些区域为鉴，中小型墓葬多处于各原的边缘地带。在高阳原中部以西，因前朝大型墓葬较少，这里便成了隋代贵族、高中等级官吏死后理想的埋葬地。故高阳原隋墓的集中发现，比较合乎情理。

隋代因历时较短，尚未形成完善的丧葬制度，我们只能从墓葬所在区域及墓主人的身份和生卒年份来分析、探寻规律。

东郊的白鹿原、龙首原南部距离隋大兴城较近，此处背靠秦岭，面临浐灞二水，是隋代冢茔的黄金之所，代表高等级墓葬的姬威墓便在此地。姬威本是太子杨勇的幸臣，但和杨素关系极好，成为亲信。后联手谋害太子，投靠杨广，显赫一时。大业六年卒，杨广赐其超等级的墓葬规格，并葬于白鹿原墓，可以认定此处是隋代高等级的墓地之一。

隋初的皇城，仍沿用了北周的旧都城，即汉长安城北部的皇城。汉长安城北临渭河，越过渭河即为洪渎原。洪渎原的南部为西汉帝陵及陪葬墓所占，北周皇室以洪渎原的中部作为皇室的埋葬区域。近年考古发现的北周帝陵及皇族墓葬以今咸阳国际机场为中心东西向分布。在机场的两次建设中，发现北周高等级的墓葬20余座，有谯忠孝王宇文俭、冀国恭康公宇文通，王妃权白女、乌六浑氏，北周大将军叱罗协等。北周之后的隋代，部分墓葬也选择此处。一是祖茔在此，继续使用；二是二次合葬，如鹿善墓等。鹿善在北周为官，周武帝平齐时领兵作战，死于并州战役，武帝特恩准葬于北周的皇族墓葬区，其夫人于开皇十五年合葬于此。[①]

大兴城西郊的墓葬以小型墓葬为主，按照古代堪舆学的观念，西方是最次的选择。2005—2012年，在西郊的枣园、大马路村一带，发掘唐代小型墓葬60余座，据墓志可知均为唐代的宫女。2013年，在大马路村的北侧三民村又发现30座小型隋墓，且墓葬形制和葬式特殊，均出土有隋代的五铢铜钱，个别墓葬出土有小件瓷器，为女性常用的化妆用具。两者比对，我们判定为隋代宫女墓地，是隋唐时期专葬宫女的墓地，名为“宫人斜”。

潼关税村隋代壁画墓的墓主人，根据墓葬形制、出土器物、壁画内容和布局，初步认定为废太子杨勇之墓，也是关中地区规模最大、等级最高的隋代墓葬。该墓所处位置为弘农杨氏的传统墓地，隋代杨素墓在距该墓的东北方向约1000米处。杨勇埋在此处，与其被废、被杀关系重大。

凤翔发现的隋代墓葬均为小型墓葬，应是当地平民选择就近而葬，是一处典型的平民墓地。

四、余论

从各个墓地分布的情况看，有贵族墓，也有平民墓。东郊白鹿原上的姬威墓是除税村隋墓之外等级最高的。李椿和姬威同级，但铜人原的李椿墓墓葬规模显然比不上姬威墓。仁寿以后，隋代的墓葬制度更加完善，通过墓葬形制基本可以判断出墓主人的身份等级。

李和卒于开皇二年，葬于三原双盛村，其官阶是北周时所封，不能和姬威墓相提并论。而李和葬于三原，可能和北周皇族葬地有关。

高阳原发现的隋墓较多，最高等级的郁久闾可婆头墓只有三个天井，其实职相当于正四品的官职，与姬威墓规格相差甚远。

洪渎原的最高等级墓葬为鹿善墓，然鹿善乃北周的官吏，葬于北周，其夫人后合葬于隋代。我们在讨论墓葬等级等有关问题时，要考虑到墓葬年代上下限的差

---

① 刘呆运：《鹿善墓葬地研究》，《考古与文物》2013年第4期。

异。王士良、尉迟运均属此类情况。

凤翔墓地远离京城，不仅未有墓志出土，而且均为小型墓葬，应是典型的平民墓葬区。

通过以上论述，我们可以得出如下结论：

第一，隋代由于历时较短，还未形成固定的皇族墓地。

第二，高等级官吏及贵族墓葬以白鹿原、铜人原为主。

第三，中小官吏墓葬目前主要发现于高阳原、龙首原和洪渎原区域。

第四，平民墓葬多选择就近埋葬，京郊各个原上均有分布，凤翔墓地最为典型。

第五，宫女墓葬集中于西郊枣园、三民村一带，即唐代诗词里所言的“宫人斜”。

原载《考古与文物》2015年第5期

（刘呆运，陕西省考古研究院研究员）

略论关中地区隋墓陶俑的演变

张全民

北周消灭北齐，统一北方仅四年之后即为隋所取代。隋朝虽国祚短暂，统治仅37年，但承前启后，影响深远。隋都大兴城位于关中平原中部，受其辐射影响，关中地区隋代俑群迅即效仿东魏、北齐样式，进而取代西魏、北周的传统样式，表现出融会统一的趋势，并在此基础上发展出一些新样式，同时战国以来传统的木俑工艺得以恢复光大，形成隋朝崭新的风格特征。

一

据不完全统计，关中地区已发掘的隋墓达100余座，主要集中于隋大兴城郊区。[①]隋俑大多出自等级较高的墓葬，具有明确纪年。这些俑群大致沿袭了西晋以来形成的组合，按功能可分为镇墓、出行仪仗、侍仆舞乐和庖厨操作四组。[②]综合隋代墓葬各组陶俑的样式及制作工艺的发展演变轨迹，大致可分为前后两期。

前期大致在隋文帝在位的开皇（581—600）至仁寿（601—604）年间。尽管早在开皇二年（582）李和墓[③]中已出现北周样式与北齐样式相掺杂的情况，但总体来说，开皇初年陶俑多为纯粹的北周样式，只是偶有新引进的北齐样式。直至开皇中期，北周和北齐两种样式并行的情况开始多见。进入开皇末期和仁寿年间，北周样式基本淡出，为北齐样式所替代。

镇墓俑包括镇墓兽和武士俑。北齐样式或有高大的门吏俑，完整者皆为一对。北周样式的镇墓兽做四肢匍匐状，背不带脊刺，如西安高新区开皇七年（587）刘恭墓[④]出土的一对镇墓兽，皆作伏卧状，龇牙咧嘴，面目狰狞。其一抬首，顶生弯

---

① 刘呆运：《关中地区隋代墓地分布研究》，《考古与文物》2015年第5期。

② 杨泓：《北朝陶俑的源流、演变及其影响》，见《中国考古学研究》编委会编：《中国考古学研究——夏鼐先生考古五十年纪念论文集》，文物出版社，1986年。

③ 陕西省文物管理委员会：《陕西省三原县双盛村隋李和墓清理简报》，《文物》1966年第1期。

④ 西安市文物保护考古研究院资料。

曲的双角，长18.5厘米、高7.5厘米（图1）；另一伏首，头颈鬃毛上竖，长20.5厘米、高8厘米（图2）。北齐样式的镇墓兽作蹲坐状，一为人面，一为兽面，大致可分为两型。一型直接继承东魏、北齐，只是将背上所插脊刺减少至两根，如开皇九年（589）宋忻夫妇合葬墓[①]，该墓陶俑是基本采用北齐样式较早的一例。其中人面者头顶生圆柱形小髻，高29厘米（图3）；兽面者头顶贴塑双角，高31厘米（图4）。另一型是在东魏、北齐样式影响下的本地新出样式，后背无脊刺，下部多不带薄底板。如开皇十二年（592）吕武墓[②]，尚存两种样式的陶俑，但其镇墓兽已为新形制。其中人面者顶髻增大，呈圆锥形；兽面者顶生双角，颈上鬣毛有的呈盘状凸出。北周样式的武士俑仅存端立的形制，皆身着铠甲，身躯敦厚矮壮，其一头戴尖顶兜鍪，另一头戴圆顶兜鍪，顶分三瓣。如开皇六年（586）侯子钦墓[③]出土的两对武士俑，以上类型各出2件，其中头戴三瓣圆顶兜鍪的一件高23.5厘米（图5）；又如张綝夫妇合葬墓[④]开皇九年随葬的一对武士俑，形制相同，皆头戴尖顶兜鍪，高29厘米（图6）。北齐样式的武士俑皆头戴平顶兜鍪，身着明光铠，身材高大壮硕。门吏俑身着大袖褒衣，外罩裲裆，身材修颀，仅见于李和墓和开皇十二年郁久闾可婆头墓[⑤]，高达1米（图7）。

图 1　隋开皇七年刘恭墓抬首镇墓兽

图 2　隋开皇七年刘恭墓伏首镇墓兽

① 陕西省考古研究所隋唐研究室：《陕西长安隋宋忻夫妇合葬墓清理简报》，《考古与文物》1994年第1期。

② 中国科学院考古研究所编著：《西安郊区隋唐墓》，科学出版社，1966年，第37、38页。

③ 贠安志编著：《中国北周珍贵文物——北周墓葬发掘报告》，陕西人民美术出版社，1993年，第148页。

④ 张綝于开皇九年下葬，夫人薛世兰于大业三年（607）与之合葬，故随葬陶俑分为两批。参见西安市文物保护考古研究院：《西安长安隋张綝夫妇合葬墓发掘简报》，《文物》2018年第1期。

⑤ 刘呆运：《关中地区隋代墓葬形制研究》，《考古与文物》2012年第4期；李明：《西安高阳原隋唐墓》，见王炜林主编：《留住文明——陕西“十一五”期间基本建设考古重要发现（2006—2010）》，三秦出版社，2011年。

图 3　隋开皇九年宋忻墓人面镇墓兽

图 4　隋开皇九年宋忻墓兽面镇墓兽

图 5　隋开皇六年侯子钦墓武士俑

图 6　张綝夫妇合葬墓隋开皇九年武士俑

出行仪仗类俑数量众多。前方导引的鞍马和牛车皆有所发现，木质牛车或已腐朽无存，仅存身躯肥壮、昂首站立的牛。常见随行的驮物马、载物骆驼。牵马、牵驼或引驾的人物俑亦有发现，但面相姿态缺乏显著特征，不见高鼻深目络腮胡的典型胡人形象。多见头戴小冠、风帽、笼冠等各种冠帽的男立俑，幞头俑开始出现，双手多中空握拳，推测手中原执有仪仗等物。骑马俑包括鼓吹骑马俑，头戴笼冠或风帽，分别握持不同乐器；甲骑具装俑，是骑士与马匹皆施铠甲的重装骑兵；还有一种头戴卷沿平顶帽、衣服上满缀摇叶的骑马俑，原为北齐晋阳地区所特有的样式，如西安长安区仁寿二年（602）长孙妻薛氏墓[1]出土的一件骑马俑，后背缀摇叶，高25.1厘米（图8）。骑马女俑在文帝末年开始出现。

侍仆舞乐俑数量很少，北周样式可见头梳双丫髻的侍女，个别墓葬发现男子伎乐俑孑遗，头戴小冠，跪坐演奏。北齐样式的女侍俑多头梳低平髻，或从中分为两瓣。

庖厨操作俑常见执箕、盆女俑，跪姿。常见鸡、狗、猪、马、牛、羊等家禽家畜，其中猪可见子母猪和卧猪两种形式。模型明器有井、仓、灶、磨、碓等。

隋代前期，北周样式和北齐样式的陶俑共存，多种风格掺杂在一起。从造型上来说，隋代前期北周样式的人物俑多为汉人装扮，或威武，或安详，一改北朝时期浓郁的胡气，姿态端正，面相多清瘦，体形大多匀称。也有部分颀长者，少见矮壮、臃肿者，较之北齐样式显得稍矮小，如张綝夫妇合葬墓开皇九年随葬的小冠俑（图9）、风帽俑（图10、图11）、笼冠俑等，高约16厘米，可以作为这一时期北周样式人物俑的代表。北周样式的骑马俑身躯多直挺匀称，或有体形粗矮者，缺乏动态变化，马四蹄粗短，制作粗糙，缺乏生气。北齐样式的人物俑面相多清瘦，总体较之北周样式稍显高大颀长。男俑也有圆脸盘者，体形以匀称或修长为主，偶有明显受北周样式影响的臃肿者，如宋忻夫妇合葬墓出土的一批小冠俑、风帽俑、笼冠俑，高约20厘米。女俑面目清秀，溜肩瘦削，如长孙妻薛氏墓出土的女立俑，高19厘米（图12）。北齐样式的骑马俑动态明显，马的造型给人以匀停厚壮之感。

图7　隋开皇十二年郁久闾可婆头墓门吏俑

图8　隋仁寿二年长孙妻薛氏墓骑马俑

① 西安市文物保护考古研究院资料。

图 9　张綝夫妇合葬墓隋开皇九年小冠俑

图 10　张綝夫妇合葬墓隋开皇九年风帽俑

图 11　张綝夫妇合葬墓隋开皇九年风帽俑

图 12　隋仁寿二年长孙妻薛氏墓女立俑

从工艺上来说，两种样式皆使用了彩绘工艺，彩绘尚不够细致。北周样式以大量使用单模工艺为特征，除镇墓兽、武士俑以外，人物俑多为实心，背部扁平，制作较粗糙。北齐样式则完全使用了合模工艺，人物俑为空心，俑头与俑身分体制作，头颈内包铁芯，插于体腔内，做工较精致。从胎质来说，北周样式的陶俑以灰陶为主，北齐样式则以红陶为主。

二

大致从隋炀帝大业年间（605—618）开始，北周样式陶俑已基本消亡，在以北齐样式为主的基础上，萌生出隋代特有的新样式。

镇墓兽沿袭前期北齐样式一作人面、一作兽面的形式，变化不大。其中直接继承北齐的镇墓兽依然盛行，受北齐样式影响的本地新样式也仍有延续。大业元年（605）李裕墓①出土的一对镇墓兽，与前述吕武墓所出同属于后者，其中人面者，高22.6厘米（图13），兽面者，高20.4厘米（图14）。武士俑头上所戴的兜鍪与前期一样低平，动作依然是一手按盾，一手在体侧握拳，但身上的明光铠有的出现了纵束甲绊，俑身形壮实且增高，两武士的面目塑造和刻画不再完全雷同，出现细微变化。如西安长安区大业十二年（616）韦裔墓②出土的一对武士俑，皆彩绘描金，一件画出络腮胡，高37厘米（图15），另一件则塑出胡须。完全承袭北齐样式的门吏俑已消失不见。

图 13　隋大业元年李裕墓人面镇墓兽

图 14　隋大业元年李裕墓兽面镇墓兽

前方导引的鞍马和牛车持续被发现，牛耳、牛角和牛尾多有圆孔，原应插接其他材质构件，牛车亦腐朽不存。随行的驮物马、载物骆驼仍常见，只是在张綝夫妇合葬墓大业三年随葬的俑群中，驼囊上新出现模塑有希腊酒神狄俄尼索斯及希腊罗

① 陕西省考古研究院：《西安南郊隋李裕墓发掘简报》，《文物》2009年第7期。

② 西安市文物保护考古研究院资料。

马建筑的图像。[1]牵马、牵驼或引驾的人物俑虽姿态不明显，但出现极个别蓄络腮胡的胡人。头戴小冠、风帽、笼冠、幞头等各种冠帽的男立俑依然流行，手中持握的仪仗等物不存。鼓吹骑马俑、甲骑具装俑继续流行，日常出行的骑马俑比前期增加。除了头戴幞头骑马男俑之外，还新出现了顶髻平齐、上有圆孔的骑马女俑，原或配有其他质地的笠帽。那种身着缀摇叶服饰的骑马男俑至大业初年或有孑遗，随即便不见踪迹。

图 15　隋大业十二年韦裔墓武士俑

侍仆舞乐俑中女俑的数量有所增加，新出现了女子舞蹈、伎乐俑。如韦裔墓出土的2件女舞俑，头梳宽博的双髻，身着广袖衫，下着长裥裙，相向翩翩起舞，舞姿优雅（图16）；同出的9件伎乐女俑，跪坐在地，发髻宽博，略低平，眉清目秀，演奏排箫、琵琶、筚篥等乐器，其中一件演奏琵琶的女俑彩绘保存尚可，凤眼柳眉，妆容姣好，表情含蓄，高16.8厘米（图17）。庖厨操作俑样式变化不大。

图 16　隋大业十二年韦裔墓女舞俑

在北周和北齐两种样式融合的基础上，隋代后期陶俑终于初步形成自己的风格。从造型上来看，隋代后期陶俑大致是对北齐样式的继承和发展，其中吸收了北周系统造型平实的特点。隋俑形体上比较写实，不似东魏、北齐那般修长夸张。隋

① 西安市文物保护考古研究院：《西安长安隋张綝夫妇合葬墓发掘简报》，《文物》2018年第1期。

后期男俑仪态比较端庄平和，身形多匀称或较修长，这从李裕墓出土的一件笼冠俑可以窥知（图18）。潼关税村壁画墓①推测为隋文帝长子杨勇之墓，时代大约在开皇末年至大业初年。该墓出土的陶俑体现了北周、北齐两种样式在关中融合以后的风采，如该墓出土的一件鼓吹骑马俑，骑者身躯直挺，双手屈举，做击鼓状，姿态开始生动起来，马保持四蹄站立，匀停厚壮（图19）。载物骆驼多作昂首站立状，造型厚重结实，比例较匀称，如韦裔墓出土的一件背上载毡帐支架和驮囊的骆驼，高40.7厘米（图20）。这一时期女俑多梳宽博低平的发髻，面相典雅清丽，身着窄袖襦，下着曳地长裥裙，肩披帔帛，身材苗条修长。

从工艺上来说，此时期陶俑塑造较前期略精致，彩绘装饰也更华丽，同时新出少量使用传统木俑工艺的着衣式陶俑，主要为头梳低平髻的女俑，如西安长安区大业二年（606）柴恽墓②出土的无臂女俑，下着红白相间高腰长袴，足蹬短靴，体态修长，臂根部有圆孔，原或装木臂，外着丝织衣物已不存，高25.6厘米（图21）。此时期也出土有作跪坐姿势的无臂女俑，与上述侍立女俑工艺相同。此外，大业三年张綝夫妇合葬墓随葬物有仅存头部的女俑。女俑梳宽博低平的发髻，或中分为二，面相清秀，发髻残存金箔装饰，高8.3厘米。头下皆呈圆锥形，内带铁芯，原应插于木质体腔内，或外穿华丽的丝绸服装（图22）。在大业四年（608）李静训墓③中还发现有木马遗迹。

图 17　隋大业十二年韦裔墓弹琵琶女俑

图 18　隋大业元年李裕墓笼冠俑

① 陕西省考古研究院编著：《潼关税村隋代壁画墓》，文物出版社，2013年。

② 西安市文物保护考古研究院资料。

③ 中国社会科学院考古研究所编著：《唐长安城郊隋唐墓》，文物出版社，1980年，第23页。

图 19　隋开皇末至大业初潼关税村壁画墓鼓吹骑马俑

图 20　隋大业十二年韦裔墓载物陶骆驼

图 21　隋大业二年柴恽墓着衣女俑

图 22　隋大业三年张綝夫妇合葬墓女俑头

三

隋文帝承北周基业，立国之初，“悉用东齐仪注以为准，亦微采（南齐）王俭礼”①，颁行天下，继而于开皇九年灭陈，南北复归一统后，“命牛弘、辛彦之等采梁

① 《隋书·礼仪志》，中华书局，1973年，第156页。

及北齐仪注，以为五礼云”[①]。故史学巨擘陈寅恪指出：“隋唐之制度虽极广博纷复，然究析其因素，不出三源：一曰（北）魏、（北）齐，二曰梁、陈，三曰（西）魏、周。”[②]墓葬是丧礼的主要物质载体，随葬陶俑作为文物典章一个小的组成部分，却形象地反映出隋代礼仪制度统合演进的历程。隋朝立国之初，关中地区随葬陶俑迅即采用东魏、北齐样式，扬弃原有的西魏、北周样式，正是基于隋朝礼仪制度的导向。

东魏、北齐形成邺和晋阳两处政治中心，至于陶俑的造型风格和细部刻画，两地并不完全相同。邺城附近地区的陶俑塑工较细致，面相较清秀，比例较匀称。晋阳附近地区的陶俑塑工远逊于邺城附近的出土品，俑的面相浑圆，体形显得臃肿，不够美观。[③]隋代关中东魏、北齐样式的陶俑形制和制作工艺都模自邺城。特别是蹲坐式的镇墓兽、持盾而立的武士俑，许多细节都与邺城地区出土物神似，就连制作工艺方面也几乎照搬。如人物俑颈下常见使用铁芯连接，风帽俑较为特殊地采用头身一体式合模制作，这些都符合邺城地区的工艺特点，而与晋阳地区不同。[④]仅个别头戴卷沿平顶帽、衣服缀满摇叶的骑马俑造型来自晋阳地区。《隋史》载：“初，齐亡后，衣冠士人多迁关内，唯技巧、商贩及乐户之家移实（相州）州郭。”[⑤]但从出土陶俑来看，并非尽然如此。关中隋俑与直接继承东魏、北齐邺都衣钵的相州（今安阳）隋俑多所相似，当有该地区技巧工匠的参与。可能在衣冠士人入关的同时，亦有一些技巧之家随之迁入关内。

在大业年间新出现了女子舞蹈、伎乐俑，与文帝“不好声技”而炀帝时“异技淫声咸萃乐府，皆置博士弟子，递相教传，增益乐人至三万余”[⑥]的情况相符。同样在大业年间，魏晋迄北朝长期湮没无闻的木俑工艺与陶俑工艺相结合而得以复兴。此种身着丝织衣物的俑比之普通陶俑更为鲜丽，在“戒奢崇俭”的隋文帝时期未见，而在“帝时侈靡，声色滋甚”的大业年间出现似乎不是偶然。

统观全国范围隋墓所出的陶俑，关中与关东交界地带一些隋初的陶俑还保持

① 贠安志编著：《中国北周珍贵文物——北周墓葬发掘报告》，陕西人民美术出版社，1993年，第148页。

② 陈寅恪：《隋唐制度渊源略论稿》，中华书局，1963年，第1页。

③ 杨泓：《北朝陶俑的源流、演变及其影响》，见《中国考古学研究》编委会编：《中国考古学研究——夏鼐先生考古五十年纪念论文集》，文物出版社，1986年。

④ ［日］小林仁：《中国北齐随葬陶俑两大样式的形成及其意义》，李娜译，《文物世界》2012年第1期。

⑤ 《隋书·梁彦光传》，中华书局，1973年，第1675页。

⑥ 《隋书·裴蕴传》，中华书局，1973年，第1574、1575页。

着北周样式，如开皇三年（583）河南陕县刘伟夫妇墓[①]陶俑，但很快也为北齐样式所取代；原属北齐统治地区的河南、山西、山东、河北等省所出的陶俑依旧延续了北齐样式，并有所发展，如开皇十五年（595）安阳张盛墓[②]出土有立于覆莲座上拄持仪刀的门吏瓷俑和甲胄武士瓷俑，还有手执香熏的僧人陶俑，造型、质地罕见，显示出受到佛教文化的影响；原属南朝统治地区的安徽合肥[③]、江苏茅山隋墓[④]所出陶俑，明显受到了北齐样式的影响，还出现了特有的人面鸟身的“千秋”“万岁”形象；长江中游的湖北、湖南除北方常见的陶俑外，还出土有身着袍服的兽首人身十二生肖俑，如武汉周家大湾241号隋墓[⑤]、湖南湘阴大业六年（610）墓[⑥]等处都有发现，该地区陶俑衣纹和面目采用刻画方式，与北方地区使用彩绘不同。

原载《文物》2018年第1期

（张全民，西安市文物保护考古研究院研究员）

① 黄河水库考古工作队：《一九五六年河南陕县刘家渠汉唐墓葬发掘简报》，《考古通讯》1957年第4期。

② 考古研究所安阳发掘队：《安阳隋张盛墓发掘记》，《考古》1959年第10期。

③ 安徽省展览、博物馆：《合肥西郊隋墓》，《考古》1976年第2期。

④ 徐州博物馆：《江苏铜山县茅村隋墓》，《考古》1983年第2期。

⑤ 湖北省文物管理委员会：《武汉市郊周家大湾241号隋墓清理简报》，《考古通讯》1957年第6期。

⑥ 熊传新：《湖南湘阴县隋大业六年墓》，《文物》1981年第4期。

唐长安城太极宫承天门形制初探

罗瑾歆

唐长安城的宫城太极宫正门为承天门，门外设有双阙、朝堂、肺石、登闻鼓。承天门始建于隋开皇二年（582），初名广阳门，仁寿元年（601）改名为昭阳门，后又名显阳门；唐高祖武德元年（618）改名为顺天门，中宗神龙元年（705）改名为承天门。[①]1959—1962年，中国科学院考古研究所西安唐城发掘队对长安城城垣、市坊、街道等进行整体勘察时发现了承天门遗址。该遗址位于今西安市莲湖公园内莲湖池南岸，东城墩已全部破坏，仅西城墩残长7米余，西城墩东侧尚存门道三条，门道之间有隔墙。三条门道中，西侧门道宽6.2米，中间门道宽8.5米，东侧门道宽6.4米。西隔墙厚6.8米，东隔墙厚6.5米。门道进深19米。门址东侧被破坏殆尽，是否还有门道已无法得知。因此，整座承天门遗址东西残长41.7米，至少有三个门道。[②]由于材料有限，几乎不见关于承天门的专门研究，提及承天门时，多从功能、性质等方面强调承天门作为外朝的重要意义。那么，承天门作为隋大兴城、唐长安城的宫城外朝，其形制布局究竟如何?

萧默在20世纪80年代考证了隋唐时期承天门门前有双阙，平面呈“凹”字形，并认为承天门有三个门道。[③]徐龙国在对中国古代都城门道进行综合研究时亦提及承天门为三门道。[④]他们的依据皆为20世纪50年代的调查结果。20世纪70年代发现明德门遗址为五门道城门，但并未引起太多注意。实际上，直到2005—2006年考古发掘

---

① 显阳门之名见于《隋书·五行志上》：“大业十二年，显阳门灾，旧名广阳，则帝之姓名也。”可知大业十二年（616）时，广阳门称为显阳门，是否由昭阳门改之，不得而知。另外，隋唐时期宫城正门经历过多次改名，为便于论述，本文将隋唐时期长安宫城正门称为承天门，洛阳宫城正门称为应天门。只有在特指隋代两京宫城正门时以广阳门、则天门名之。

② 中国科学院考古研究所西安唐城发掘队：《唐代长安城考古纪略》，《考古》1963年第11期。

③ 萧默：《敦煌建筑研究》，机械工业出版社，2003年。

④ 徐龙国：《中国古代都城门道研究》，《考古学报》2015年第4期。

得知大明宫丹凤门亦为五门道城门，一门五道形制作为最高等级的城门形制才引起学界关注。此后，因明德门、丹凤门采用一门五道形制，有部分学者认为承天门也应该是五门道城门。

本文试图对隋唐时期都城、宫城城门进行比较，并梳理历代城门形制，从承天门的门道、平面布局两方面对承天门的形制做一初步探索。

一、承天门的门道

城门的主体结构是城门墩台，一般由东西两侧的城墩、中部的门道和隔墙构成。隋唐都城的宫城南墙正中一门为宫城正门。唐承天门沿用隋广阳门，始建于隋开皇二年，其后并未进行改建。若要对承天门的门道问题进行研究，必须将其放在隋唐都城城门体系中进行综合考察。承天门既是都城城门体系中的一员，也是宫城正门。从礼制角度讲，承天门又具有一定特殊性，需要选择一定的参照物进行比较。隋唐时期长安、洛阳并称两京，洛阳城门及其宫城正门应天门同样始建于隋并沿用至唐。隋炀帝兴建洛阳城时始有迁都之意，武则天建立大周定都神都洛阳。从洛阳城的营建意图到使用过程中的地位与形制来看，洛阳宫城正门应天门可以看作承天门的重要参照物。另外，考虑到大明宫同样作为唐长安三大内之一，也是唐代中后期长安城中主要使用的宫城，大明宫正门丹凤门也是一个重要的比较对象。

大明宫丹凤门始筑于唐高宗龙朔二年（662），因高宗“病风痹”，太极宫低湿，命司农少卿梁孝仁建造大明宫时所建，为大明宫南墙正门。唐至德三年（758），改丹凤门为明凤门，不久又改回丹凤门。[①]20世纪50年代，陕西省文物管理委员会对唐长安城的布局做初步勘探时曾调查过丹凤门遗址，钻探的结果是丹凤门有三个门道。[②]2005年，中国社会科学院考古研究所西安唐城工作队对丹凤门遗址进行考古发掘，了解到丹凤门遗址实际有五个门道。整座城门墩台东西长74.5米，南北宽33米，现存高度2米。五个门道大小、形制都相同。每个门道宽度按隔墙间距计算为9.4米（按门道础石间距计算则为8.5米），南北进深33米，四道隔墙

① 〔清〕徐松撰，李健超增订：《增订唐两京城坊考》，三秦出版社，2006年。《长安志》中先记高宗龙朔三年（663）大加兴造蓬莱宫，后又记其正殿含元殿修建年代为龙朔二年。《旧唐书·高宗纪上》：“（龙朔二年）夏四月……辛巳，造蓬莱宫成，徙居之。”因此，龙朔二年应是大明宫的修建年代。“龙朔三年，大加兴造”可能是记录、传抄时出现了笔误。

② 陕西省文物管理委员会：《唐长安城地基初步探测》，《考古学报》1958年第3期。

宽均为3米[①]。

隋唐长安城的外郭城南面正门明德门始筑于隋开皇二年[②]，又名太阳门[③]，隋末曾增修外郭城一次；唐永徽五年（654）冬十一月第二次增修外郭城时对明德门进行了修缮[④]。《册府元龟》记载这次修缮活动“九门仍各施观，明德门一观至五门”[⑤]。其中似已提及明德门为五门道。1972—1973年，中国科学院考古研究所西安工作队对唐明德门遗址进行了考古发掘。经发掘，明德门城门墩台平面呈长方形，东西长55.5米，南北宽17.5米，包砖壁厚约0.5米，共有五个门道。每个门道宽5米，进深18.5米，各门道间隔墙宽2.9米。这次发掘仔细解剖了东边第一门道的北部。在唐代路土层之下是一层夯土，在此夯土层下，又有一层早期路面，路面上有清晰的车辙痕迹，并且路面被火烧过。发掘者据此推测，早期路面大致可认为是隋代至唐永徽五年的路面。从火烧的痕迹来看，永徽五年以前的城门可能已被烧毁。永徽五年大修外郭城时，重修了明德门门道的木结构和城门楼观[⑥]。这与文献中永徽五年大修外郭城的记载可以相互印证。

丹凤门建于唐高宗龙朔二年。明德门遗址现存五门道的形制，至迟是高宗永徽五年重修外郭城时的遗存。也许可以推测，丹凤门五门道的直接源头可能是明德门，与明德门遥相呼应。明德门五门道形制出现的时间至关重要，涉及承天门的门道数目以及对隋唐长安城城门形制变化的阐释。如果明德门五门道形制出现在高宗永徽五年，仅早于丹凤门八年时间，那么高宗必然是有意识地将明德门修为五门道。希望重新发掘明德门遗址时能够解决这一问题，尤其是隋代明德门的形制与门道问题，亟待解决。

洛阳应天门隋代名为则天门，于唐高祖武德四年（621）被毁，唐高宗显庆初年重修。神龙元年因避讳武后尊号改“则天”为“应天”，后又避讳中宗尊号改为神

---

① 中国社会科学院考古研究所西安唐城队：《西安市唐长安城大明宫丹凤门遗址的发掘》，《考古》2006年第7期。

② 〔唐〕韦述撰，辛德勇辑校：《两京新记辑校》，三秦出版社，2006年。

③ 辛德勇：《隋大兴城坊考》，见《纵心所欲：徜徉于稀见与常见书之间》，北京大学出版社，2011年。据该文考证，“明德门在隋时又称太阳门。《隋书·礼仪志二》：隋五时迎气……赤郊为坛，国南明德门外道西，去宫十三里。高七尺。此即明德门之称隋已有之”。

④ 《旧唐书·高宗纪上》，中华书局，1975年。《长安志》“外郭城”条下宋注“永徽四年率天下口税一钱更筑之”，永徽四年（653）或为笔误。

⑤ 《册府元龟》卷一四，凤凰出版社，2006年，第145页。

⑥ 中国科学院考古研究所西安工作队：《唐长安城明德门遗址发掘简报》，《考古》1974年第1期。

龙门，不久又改回应天门。天祐二年（905）改为五凤楼。1949年以后，对应天门遗址进行过五次考古工作，确认其为一座三门道城门。

那么，承天门的门道是否与应天门相同，同样是三条门道？还是采用明德门、丹凤门五门道的形制？

表1中所列唐长安城外郭城各城门数据除明德门外，均来自《唐长安城地基初步探测》。该简报各数据为钻探结果，其中并未提及隔墙宽度。隔墙宽度是按唐长安城各门探测平面图（图1）的比例尺计算得出的数据[①]。明德门的数据目前有两组，一组来自《唐长安城地基初步探测》，门道宽6.5米，隔墙宽2米，城门墩台宽52.5米；另一组数据是经过考古发掘后的实测数据。表1采用了第二组数据。比较两组数据可知，考古钻探数据与考古发掘后的实测数据存在一定误差。《唐长安城地基初步探测》一文中的钻探数据只能用作参考。表2所列数据来自《隋唐洛阳城：1959—2001年考古发掘报告》。长夏门的数据采用唐代早期遗址数据。长夏门和建春门的城门墩台宽度根据遗址平面图的比例尺计算得出[②]。现将经过考古勘探与发掘的隋唐长安城和洛阳城外郭城城门尺寸进行比较，可以发现以下两种情况。

第一，以《唐长安城地基初步探测》一文报道的数据对唐长安城外郭城各城门进行比较。明德门为五门道，春明门为一门道[③]，其余各门均为三门道。以城门墩台规模来看，明德门规模远大于其他各门，但是其门道宽度小于安化门和延平门，隔墙宽度也小于其他几个城门。仅比较南墙三门，明德门隔墙宽度仅为安化门的一半。将明德门与西墙中门金光门比较，明德门的门道略宽于金光门，而隔墙厚度则远小于金光门。外郭城南墙、西墙、东墙各中门明德门、金光门、春明门的门道宽度皆小于其两侧的安化门、延平门、延兴门。外郭城南墙三门、西墙二门进深都为10余米，东墙二门进深为20余米，东墙二门进深甚至大于规模最大的城门明德门，大抵是由于唐朝中后期曾于东墙增筑夹城的缘故。除去特殊的东墙城门进深，无论是城门门道与隔墙总宽、城门墩台宽度还是城门进深，明德门的规模都是唐长安城外郭城各城门之最。

---

① 陕西省文物管理委员会：《唐长安城地基初步探测》，《考古学报》1958年第3期。

② 中国社会科学院考古研究所编著：《隋唐洛阳城：1959—2001年考古发掘报告》，文物出版社，2014年。

③ 《唐长安城地基初步探测》（《考古学报》1958年第3期）报道春明门发现时已被工程破坏大部分，仅存一残部，据钻探为一门道。马得志在《唐长安与洛阳》（《考古》1982年第11期）中提到春明门是三门道，并未深入说明。因此，虽然笔者认为春明门可能是三门道，但由于只有一门道的数据，在表格中仍然采用了一门道的观点。虽然城门墩台宽度可能有误，但城门进深的数据可略作参考。

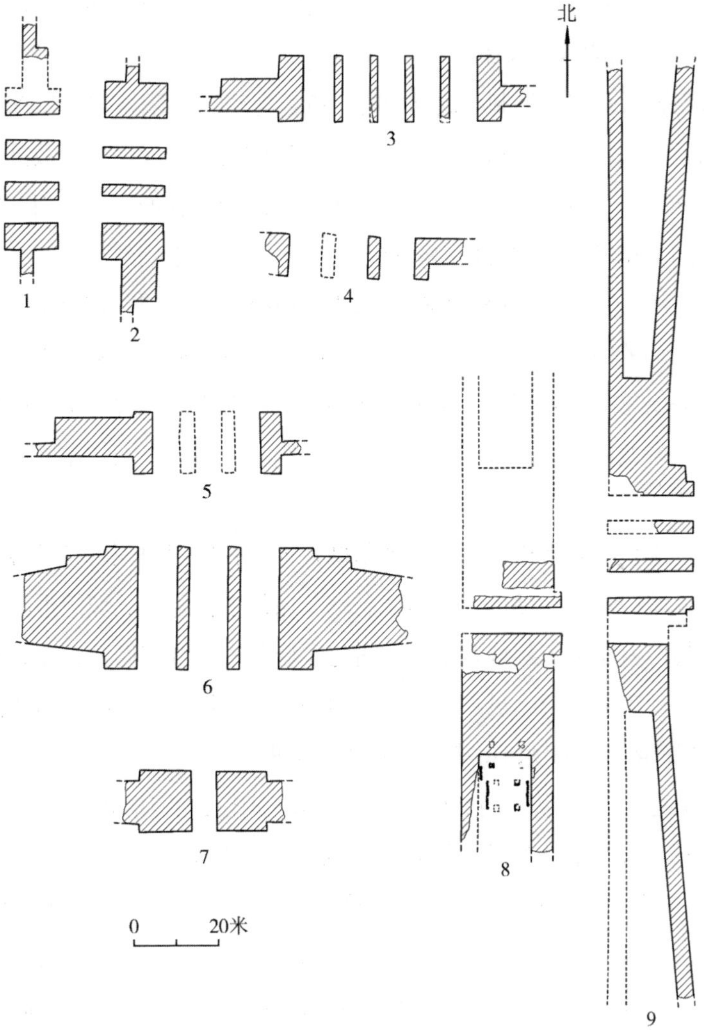

1. 金光门　2. 延平门　3. 明德门　4. 安化门　5. 启夏门　6. 丹凤门

7. 元武门（大明宫）　8. 春明门　9. 延兴门

图1　唐长安城各门探测平面图

（改绘自陕西省文物管理委员会：《唐长安城地基初步探测》，《考古学报》1958年第3期。图中斜线表示夯土）

第二，对唐洛阳城外郭城经过考古调查与发掘的各城门数据进行比较，五座城门中厚载门和建春门仅做过考古调查和钻探，定鼎门、长夏门、永通门则经过考古发掘。其中厚载门残存两排基石，门道间距按5.45米比较可靠①。建春门遗址受破坏

① 洛阳博物馆通讯组：《洛阳发现唐城厚载门》，《考古》1960年第5期。1960年做了简单调查，门址为三门道，残存基石两排，间距5.45米。

较严重，其钻探数据可能存在一定误差[①]，而长夏门因保存状况较差，隔墙形制不甚规整[②]。这两座城门的数据仅作参考。

五座城门皆为三门道形制。定鼎门的门道宽为5.8米，隔墙宽为5.6米，门道宽度约等于隔墙宽度。比较外郭城南墙三门，定鼎门的门道和隔墙宽度数据最大，不过定鼎门、厚载门、长夏门的门道宽度差距不大。比较外郭城东墙二门，城门的门道宽度近乎相同，东墙南门永通门的隔墙宽度略大于东墙中门建春门。将五座城门数据进行排比，其门道宽度为4.8—5.8米，规模差距不大；定鼎门隔墙最宽，长夏门、建春门、永通门的隔墙宽度为2.7—3.6米，规模差距也不大。从门道宽度、隔墙宽度、门道与隔墙总宽、城门墩台宽度、城门进深五个方面来说，定鼎门都是规模最为宏大的外郭城城门。其余城门规模相当，隔墙宽度略小于门道宽度，都小于定鼎门的规模。

通过以上比较不难看出，隋唐时期都城外郭城各城门中正南门是规模最大的城门。这里所说城门规模包括门道与隔墙总宽、城门墩台宽度、城门进深三个方面。理论上讲，其门道宽度、隔墙宽度、门道与隔墙总宽、城门墩台宽度、城门进深五个方面的数据都应是各门之最。但按明德门的实际数据来看，明德门的门道和隔墙宽度均未达标，隔墙宽度尤小，其特殊性引人深思。

在此基础之上，可以横向比较唐长安城和洛阳城的宫城正南门、大明宫正南门，以及唐长安城和洛阳城外郭城正南门的各项数据（表3）。在进行分析之前，需要对表3中的数据加以说明。承天门从隋代一直沿用至唐代，并无大修记载，其数据或为隋代至唐时的数据。应天门采用早期遗址数据，即隋至初唐时期门址的数据。据此，似乎可以认为承天门和早期应天门都具备隋代始建时的形制，其数据也具有可比性。丹凤门建于唐高宗时期并沿用至唐末，并无修补迹象。根据文献记载和明德门的发掘情况，唐玄宗时期修筑外郭城可能只补筑了城墙，并未补筑城门。因此，明德门遗址的情况也当与唐高宗永徽五年修筑后的城门相当。定鼎门采用盛唐前期的数据，该期门址保存状况良好且数据比较完整。也就是说，丹凤门、明德门与定鼎门均为盛唐时期的数据，同样具有可比性。

---

① 根据郭城建春门遗址1959年钻探遗迹分布图，比例尺为1：363.64，图上北墩台夯土南北宽约2.75厘米，实际宽度约为10米。进深按北墩台东西残长计算，因其与定鼎门进深相差无几，应当可以作为城门进深。城门墩台残宽约34米，如按照南、北墩台对称来进行计算，则城门墩台宽约41米，略小于定鼎门。

② 根据郭城长夏门遗址唐代早期门址平面图，比例尺为1：185.19，图上城门墩台宽19厘米，实际宽度约为35.2米。

表1　唐长安城外郭城城门规模大小统计表

城门名称	门道数量（个）	门道宽（米）	隔墙宽（米）	门道与隔墙总宽（米）	城门墩台宽度（米）	城门进深（米）
明德门（南墙中门）	5	5	2.9	36.6	55.5	18.5
安化门（南墙西门）	3	7.2	4	29.6	42.5	10
启夏门（南墙东门）				24.67	35	15
金光门（西墙中门）	3	5.2	4.67	24.94	37.5	11
延平门（西墙南门）	3	6.7	2.67	25.44	39.2	15
开远门（西墙北门）						
春明门（东墙中门）	1	5.33			15	23.6
延兴门（东墙南门）	3	6			42	21
通化门（东墙北门）	3					

表2　唐洛阳城外郭城城门规模大小统计表

城门名称	门道数量（个）	门道宽（米）	隔墙宽（米）	门道与隔墙总宽（米）	城门墩台宽度（米）	城门进深（米）
定鼎门（南墙中门）	3	5.8	5.6	28.6	44.5	21.04
厚载门（南墙西门）	3	5.45				
长夏门（南墙东门）	3	5.25	2.7	21.15	35.2	18.5
建春门（东墙中门）	3	5	3	21	残宽34	17
永通门（东墙南门）	3	4.8，4.95，4.8	3.6，3.55	21.7	残宽29.75	残长13

表3　唐长安城与洛阳城宫城、外郭城及大明宫正南门规模大小统计表

城门名称	门道数量（个）	门道宽（米）	隔墙宽（米）	门道与隔墙总宽（米）	城门墩台宽度（米）	城门进深（米）
承天门	≥3	6.4，8.5，6.2	6.5，6.8	34.4	残宽41	19
明德门	5	5	2.9	36.6	55.5	18.5
丹凤门	5	9.4	3	59	74.5	33
应天门	3	5	5	25	51	26.1
定鼎门	3	5.8	5.6	28.6	44.5	21.04

首先，承天门遗址东部被破坏，西城墩尚存，自西向东有三条门道，分别宽6.2米、8.5米、6.4米。承天门自西向东第二条门道宽8.5米，远大于另外两条门道的宽

度。假设承天门为五门道，那么自西向东第三条门道应当为中门道，也就是最宽的门道。但实际上，承天门自西向东第二条门道为现存最宽的门道。也就是说，从门道宽度来看，承天门应当为三门道。

其次，应天门与定鼎门为三门道，而丹凤门与明德门为五门道。从门道与隔墙宽度比来看，应天门门道与隔墙宽度的比值为1，定鼎门门道与隔墙宽度的比值约为1.04。因此，三门道城门的门道与隔墙宽度的比值约为1。五门道城门如丹凤门的门道与隔墙宽度比值为3.13，明德门门道与隔墙宽度的比值约为1.72。也就是说，丹凤门门道宽度是隔墙宽度的三倍，明德门门道宽度接近隔墙宽度的两倍。因此，五门道城门最突出的特征为门道宽度是隔墙宽度的倍数，而三门道城门的门道与隔墙宽度基本相同。

承天门中门道略宽于东门道与西门道。中门道宽度与隔墙宽度的比值为1.31，东门道与隔墙宽度的比值约为0.98，西门道与隔墙宽的比值为0.91。承天门的东、西两门道与隔墙宽度的比值约为1。中门道与隔墙宽度的比值略大于1，中门道宽度略大于隔墙宽度。宫城中门道的宽度大于东、西两侧门道的宽度并非个例。明清时期紫禁城午门的中门道（5.43米）也宽于东（4.89米）、西（4.9米）两侧门道。此处以承天门东、西两侧门道与隔墙宽度的比值（0.98和0.91）与明德门、丹凤门、应天门、定鼎门进行比较，承天门门道与隔墙宽度的特征更接近于三门道城门。

再次，与明德门相比，承天门门道与隔墙的总宽度比明德门小2.2米，承天门的进深则比明德门大1.5米。二者规模差距不大。

与定鼎门相比，应天门的门道与隔墙总宽度比定鼎门小3.54米，应天门的进深则比定鼎门大4.96米。二者的大小变化规律与承天门、明德门相同，规模相差也不大。虽然应天门门道与隔墙总宽度小于定鼎门，但应天门城门墩台的宽度大于定鼎门。相应地，承天门城门墩台的宽度也应大于明德门，即承天门城门墩台的宽度应大于55.5米。

与明德门、应天门和定鼎门相比，在门道宽度、隔墙宽度、门道与隔墙总宽度、城门墩台宽度等方面，承天门的规模均更大。在前文所述诸城门中除丹凤门外，承天门是规模最大的城门，也是唐长安城宫城的正门。

最后，将丹凤门与承天门、明德门、应天门、定鼎门进行比较，除隔墙宽度外，丹凤门的门道宽度、门道与隔墙总宽度、城门墩台宽度、城门进深诸方面都要大于其他四座城门。从各个角度来看，丹凤门的规模与体量都是唐代最大的城门。

上述数据对比显示，承天门的各项数据都更接近三门道形制的城门。无论是从文献记载、考古遗迹上观察，还是对承天门进行数据分析，都可以推断出唐代承天门应为一门三道的城门。

二、宫城正门的类型

北魏洛阳城阊阖门、隋唐洛阳城应天门是经过系统考古发掘的都城宫城正门，明清都城北京的宫城（紫禁城）正门午门则保存至今[①]，这三座宫城正门的形制清楚，均为门外两阙，一门三道之制。这三座宫门，按照门阙与宫墙的连接方式不同可分为两类。

第一类是宫墙与阙相连，城门墩台位于宫城南墙缺口以北，北魏洛阳城阊阖门即采用这种形制（图2）。阊阖门由城门墩台、墩台南侧双阙及墩台东西两侧院落构成，形制新颖独特。东墩台东西宽6.8米、南北长19.5米，西墩台东西宽6.7—6.8米、南北长19.5—19.6米。墩台间是三条门道和两道隔墙。门道宽度基本相同。中门道为4.8米，东、西门道均为4.7—4.8米，门道南北长度均为8.6—8.8米。东隔墙东西宽6.8—7米、南北长8.8—8.9米，西隔墙东西宽6.9—7.1米、南北长8.6—8.7米。值得注意的是，东西隔墙的宽度远大于三条门道的宽度。城门墩台东西两侧各有一座院落。东院西墙和西院东墙将城门墩台与东、西两阙相连。东、西双阙的地下基址均为规模庞大的曲尺形结构。其中，东阙地下基址东西宽36米、南北长37—37.5米，西阙地下基址东西宽36.5米、南北长约37.5米。阙台建筑应建于各自地下基址的中部。两阙台为东西对称，平面呈曲尺形，一母二子的子母阙形制。东阙东端与宫城南墙西端相接，西阙西端与宫城南墙东端相接，以此将城门墩台、东西双阙和宫墙衔接为一个整体。城门墩台两侧的东、西院墙和宫城南墙即通过子阙与阙台相连。[②]

第二种是宫墙与城门墩台直接相连，阙台位于城门以南。隋唐洛阳城的应天门、明清北京城的午门即采用这种形制。

应天门是一组由城门墩台、朵楼、阙台、飞廊组成的城门建筑。应天门遗址分为早、中、晚三期，早期为隋代则天门遗迹，中期为唐高宗武则天时期的应天门遗

① 午门门道数目为明三暗五，如平面示意图所示，午门城门墩台上有三条门道，左右两观下各修一道掖门，是为暗门。算上暗门，午门实际有五条门道，但正面城门墩台实际只有三条门道。因此，笔者以正面三条门道计为宫门的门道数目。这种“明三暗五”的门道形制应当是午门秉承一门三道，也就是继承北魏、隋唐制度并结合宋、元五门道改建而成，是明清时期宫城正门形制的又一创造。

② 中国社会科学院考古研究所洛阳汉魏故城队：《河南洛阳汉魏故城北魏宫城阊阖门遗址》，《考古》2003年第7期。

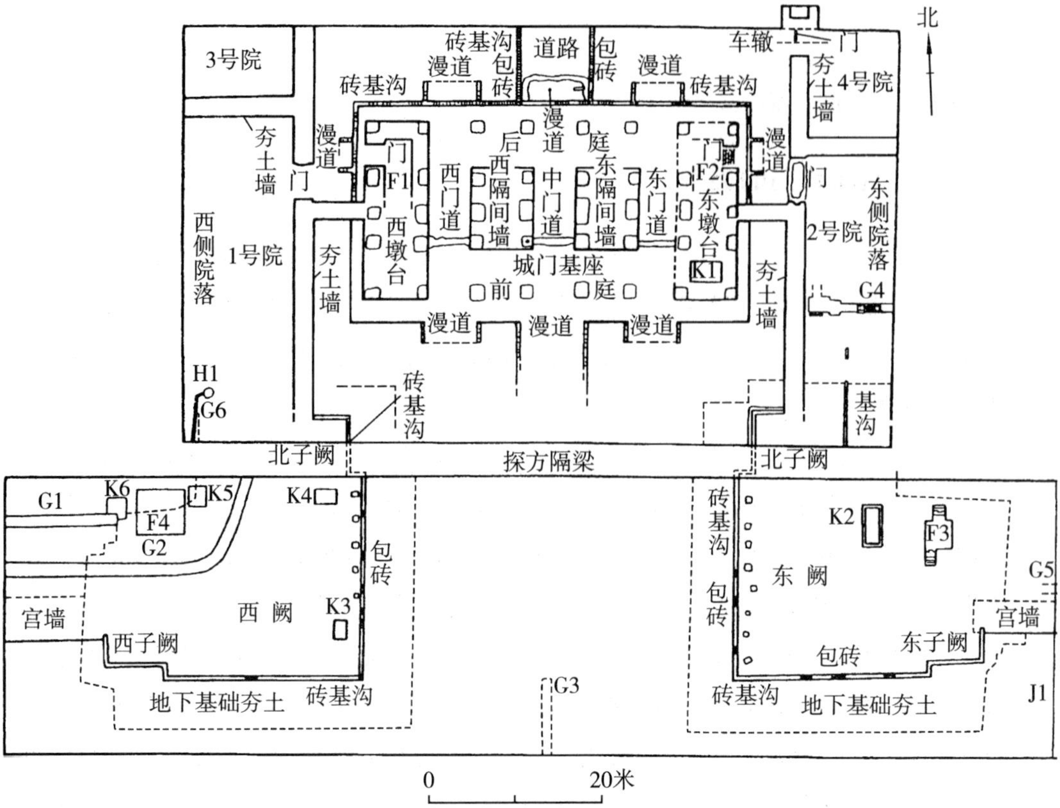

图2 阊阖门遗址平面图

（出自中国社会科学院考古研究所洛阳汉魏故城队：《河南洛阳汉魏故城北魏宫城阊阖门遗址》，《考古》2003年第7期）

迹，晚期为唐天佑年间至宋末的五凤楼遗迹。[1]早期城门的阙台基址平面为长方形，东西残长21.3—21.7米、南北残宽15.3米，规模与含元殿两阁相当。推测隋代则天门可能为单向三出阙。中期城门形制发生变化，规模变大，连接朵楼与阙台的飞廊变长，阙台变为双向三出阙。晚期城门的城门墩台加大，门道和隔墙变宽，东门道的东壁东移。门道东、西墩台比前两期规模小。朵楼平面近方形，阙楼规模加大。晚期城门是三期中规模最大的城门。从文献记载和历次发掘情况看，唐高祖初年毁废则天门，唐高宗时期重建应天门，主要是针对应天门双阙进行破坏与改建，城门墩台可能并未发生变动。[2]也就是说，隋代则天门城门墩台东西宽51米、南北进深26.1米，为一门三道，门道与隔墙的宽度均为5米。城门墩台东西两侧各有平面呈长方形的朵楼一座，每座朵楼南侧各有一座东西向三出阙的阙台。城门墩台与朵楼、朵楼与阙台以飞廊相连。唐高祖武德四年（621）因其太奢华而烧毁城门楼观与双阙。

① 中国社会科学院考古研究所洛阳唐城工作队等：《河南洛阳市隋唐东都宫城核心区南部2010—2011年发掘简报》，《考古》2019年第1期。

② 由于应天门遗址的五次发掘均为局部发掘，笔者曾向2010—2011年度发掘领队韩建华求证应天门遗址早、中、晚期城门墩台与阙台的时代关系，韩建华对此做出相应答复。

高宗显庆初年重修应天门，将朵楼与阙台间的飞廊向南延伸，双阙改建为双向三出阙。唐昭宗天祐元年（904）朱温重修应天门，扩建了城门墩台、朵楼和阙楼。这座城门一直沿用至北宋时期，尤其高大壮丽。

明清时期北京城的宫城紫禁城正门午门建成于明永乐十八年（1420），清顺治四年（1647）重建。北京午门的形制是按照明南京宫城午门的形制修建，而南京宫城午门的形制则可追溯至明中都凤阳城午门。[①]北京紫禁城午门为一门三道，并在城门墩台的东西两侧翼之以两观，即两阙（图3）。午门的两阙犹如城门墩台的两翼，故又称为“雁翅楼”，也由此沿用了北宋以来宫城正门“五凤楼”的称谓。从午门的平面示意图不难看出，午门基本保持了以城门墩台为主体，由城门墩台东西两侧向南延伸出两阙的形制。但是，隋唐至宋元时期宫城正门的城门墩台两侧皆各建有一座朵台，朵台由南伸展，以飞廊与三出阙相连。午门不仅简化了朵台，只在城墙之上建立了方亭，城墙并没有向南、北凸出，而且将三出阙也简化为方亭。阙台上的方亭与原朵楼位置的方亭形制相同。[②]午门对前朝门阙形制进行了简化并加以改建，是隋唐以来宫城正门门阙形制的一种变体。

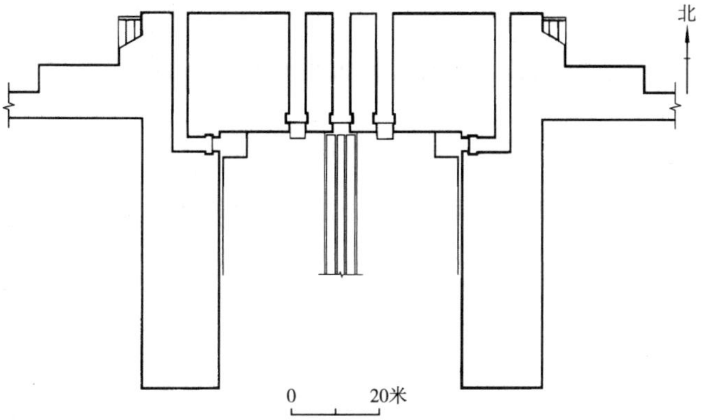

图3　明清北京紫禁城午门平面示意图
（改绘自李德山：《紫禁城城墙——宫城城墙之典范》，天津大学出版社，2016年，第40页图22）

三、承天门及其附属建筑

《唐六典》记载大明宫含元殿和洛阳城应天门皆有如承天之制[③]。现在已经确

---

① 单士元：《北京明清故宫的蓝图》，见《建筑史专辑》编辑委员会编：《科技史文集》（第5辑），上海科学技术出版社，1980年。

② 李德山：《紫禁城城墙——宫城城墙之典范》，天津大学出版社，2016年。

③ 《唐六典》，中华书局，2014年。宋敏求所撰《长安志》（三秦出版社，2013年）记载了含元殿“一如承天之制”。

认，应天门由城门墩台、朵楼、阙台和飞廊组成。20世纪50年代、60年代和90年代分别对含元殿遗址进行过三次考古勘探与发掘，虽然保存状况较差，但是这三次发掘仍基本厘清了含元殿的布局和形制。经过调查和发掘确认，含元殿是一组由殿堂、大台、两阁、飞廊、殿前广场、龙尾道和角楼构成的建筑群（图4）。含元殿前的翔鸾阁和栖凤阁相当于双阙。含元殿东侧的翔鸾阁又称东阙，现仅残存母阙和母阙东侧的一个子阙。基本可以确定，翔鸾阁、栖凤阁为单向三出阙形制。翔鸾阁东南发现了东朝堂遗址，与其相对称处，栖凤阁西南有西朝堂遗址。东朝堂分为早晚两期，早期东朝堂的平面形状呈长方形，东西长73米、南北宽12.34米。晚期东朝堂向东移出16米，向北拓宽4米；其基址平面东西长68米、南北宽16米，并在其西端向北处新建一组东西宽10.4米、南北残长43米的廊庑。①

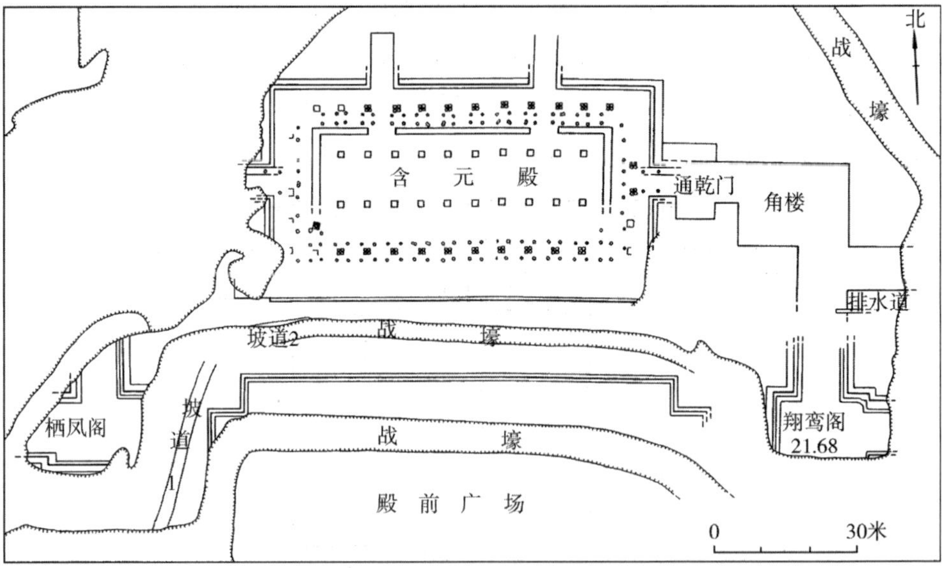

图4　含元殿遗址平、剖面图

（改绘自中国社会科学院考古研究所西安唐城工作队：《唐大明宫含元殿遗址1995—1996年发掘报告》，《考古学报》1997年第3期）

从应天门和含元殿双阙的形制看，隋唐时期宫城正门的双阙有单向三出阙和双向三出阙两种形制。隋代则天门双阙为单向三出阙，唐代显庆初年改建为应天门双向三出阙。兴建于唐龙朔三年（663）的含元殿则采用单向三出阙的形制。虽然北魏阊阖门已使用双向子母阙的形制，但其城门墩台与阙台、阙台与宫墙的连接方式与应天门不同，可以认为应天门这种双向三出阙的形制乃由唐代创建。结合《旧

① 中国社会科学院考古研究所西安唐城工作队：《唐大明宫含元殿遗址1995—1996年发掘报告》，《考古学报》1997年第3期。

唐书》《新唐书》和唐宋以来的地理志的记载，整个唐朝未对承天门加以改建。是故，隋广阳门很有可能一直沿用至唐末宫城遭到废弃之时。从隋代则天门的形制看，隋广阳门双阙亦应为单向双出阙，即东西向三出阙。相应地，唐承天门双阙亦为单向双出阙。其双阙形象可以参见唐懿德太子墓壁画中的三出阙（图5）。承天门朝堂的形制或与含元殿朝堂早期的形制相类。

《两京新记》载“正南承天门，门外两观、肺石、登闻鼓、朝堂”。门外两观即指双阙，另附有朝堂、肺石和登闻鼓。唐初承天门并未设置肺石、登闻鼓，唐高宗显庆五年方立。不久后兴建的含元殿模仿承天门的形制，也配置了肺石、登闻鼓。在含元殿遗址殿前广场西南发现两处夯土台基遗存，第一处夯土台基东西长3.6米、南北宽1.5米，其北壁距含元殿第一层大台的南壁82.3米，东壁距含元殿的中轴线22.5米。第二处夯土台基由条砖包砌，平面呈正方形，边长1.7米，位于第一处夯土台基以北14米处。发掘者认为这两处台基可能是为大陈设时放置礼仪性用品设置的[①]，笔者更倾向于认为这两处基址可能是放置肺石、登闻鼓的台基。承天门外肺石在东，登闻鼓在西。

图5　唐懿德太子墓壁画上的三出阙

（出自 Fu Xinian，Nancy S. Steinhardt，Alexandra Harrer，*Traditional Chinese Architecture*：*Twelve Essays*，Princeton：Princeton University Press，2017）

① 〔宋〕宋敏求：《长安志》，辛德勇、郎洁点校，三秦出版社，2013年。

四、余论

隋唐时期长安城外郭城各城门除明德门外均为一门三道的形制。明德门一门五道的形制最晚建成于唐高宗永徽五年。丹凤门修建于唐高宗龙朔二年，其一门五道的形制可能直接来源自明德门。龙朔二年大兴土木修建大明宫时，丹凤门选取明德门的五门道形制，并将其修建得雄伟壮丽，规模与体量远大于承天门和长安城的其他城门。但是，在新修筑的宫城中建造这种超乎寻常的大体量城门，将带阙的宫城正门内移转变为殿，即含元殿，正衙与常朝亦相应后移。这种做法，并非完全模仿太极宫，直接建造一座带阙的宫门，门内紧连大朝正殿与常朝，恰好证明大明宫的等级略低于太极宫。因此，只有通过超大体量的城门设计，以及与中轴线南端外郭城门遥相呼应的手法，来提升丹凤门的地位，强调丹凤门的重要性，彰显大明宫在高宗与武后时期政治生活中的重要性。

相应地，城门的门道数目与规模可能并非等级的象征。如果宫城、皇城、都城的城门门道数量真的那么重要，《长安志》《唐两京城坊考》等地理志可能就应当明确注明门道数量，或者，至少应当标注明德门和丹凤门特殊的五门道形制。与此相反，任何一本地理志都明确指出承天门、应天门门前有高耸的双阙。这些证据都指向一点，双阙才是最高等级城门的象征，唯有宫城正门才能使用门前双阙的形制。而通常情况下，宫城正门也是规模最大的城门。

这种唯有宫城正门使用双阙的制度大致形成于隋唐时期。目前最早的城门阙台遗迹见于东周曲阜鲁城南垣东门，城门南口两侧分别向外伸出一条夯土台基，是为鲁故城南东门的双阙。南垣西门南侧两端也各有一条向外伸出的夯土台基，是西汉时期曲阜鲁城的双阙。[①]西汉长安城外郭城东墙的宣平门和霸城门，以及未央宫东门和北门都筑有双阙，双阙形制与鲁城形制相似，皆由城门两端向外伸出两道夯土台基。[②]建章宫双凤阙形制比较特殊，位于建章宫前殿东侧，却是东西并列的两座夯土台基。[③]十六国时期长安城西宫正南门外建有双阙，一直沿用至北周时期。西安市未央区楼阁台遗址被发掘者认为是西宫城前殿遗址，也有学者认为是十六国至北朝时

---

① 山东省文物考古研究所、山东省博物馆、济宁地区文物组等编：《曲阜鲁国故城》，齐鲁书社，1982年。

② 王仲殊：《汉长安城遗址的发掘与研究》，见刘庆柱主编：《考古学集刊》（17），科学出版社，2010年；中国社会科学院考古研究所：《汉长安城未央宫》，中国大百科全书出版社，1996年。

③ 刘庆柱、李毓芳：《汉长安城》，文物出版社，2005年。

期的西宫城正南门。[1]北魏宫城南宫门和西宫门则采用了宫墙与阙台相连、城门墩台位于内侧的特殊形制。[2]东魏、北齐邺城宫城正门的情况虽然不清楚，但内城南门朱明门使用了城门墩台、朵楼、双阙、飞廊的形制。[3]从隋唐开始，都城中只有宫城正门可以采用城门墩台、朵楼、双阙、飞廊的形制。其余城门皆不使用阙台，只能建成平面呈长方形的城门。北宋晚期将三门道改成五门道，金、元沿用北宋的门道形制，明清又在宋元基础上对朵楼、阙台的形制进行简化，最终形成后来故宫午门的形制。

由此可以看到，秦汉至明清时期的宫城正门的形制演变大致可分为两个阶段，第一阶段是秦汉到魏晋南北朝，第二阶段为隋唐至明清。

第一阶段宫城正门的发展演变序列目前仍然比较模糊。早期的城门与双阙形制比较简单，城门外缘两侧各有一道夯土墙向外延伸，使城门平面呈凹字形。这两道向外延伸的夯土墙就是早期的双阙。春秋战国时期曲阜鲁城的南墙东门、西汉长安城的宣平门和霸城门及西汉曲阜鲁城的南墙西门皆采用了这种形制。先秦至秦代宫城正门是否有阙，阙台形制如何，这些问题都尚不清楚。但可以明确的是，西汉时期不仅宫城正门有阙，都城外郭城也有门阙。而且，重要的地方城址如曲阜鲁城的郭城城门也有双阙。这一时期的门阙之制，不仅限于宫城可以使用，都城外郭城重要的城门也可使用。东汉时期城门门阙形制也不清楚。从十六国时期长安楼阁台遗址、北魏洛阳阊阖门和西宫门、东魏北齐邺南城朱明门的城门形制来看，魏晋南北朝时期城门门阙形制多样，处于过渡时期。不仅宫城正门使用门阙之制，有的内城正门也带门阙。

第二阶段，北宋、金、元、明、清时期宫城正门的形制对隋唐宫城正门的布局形制具有明显的继承性。它们的平面形状皆呈“凹”字形，由城门墩台、朵楼、阙台、飞廊组成。隋唐时期宫城正门为三门道双阙，北宋晚期改为五门道双阙，金、元沿袭北宋形制，明清午门则采用明三暗五的形式。从北宋开封宣德门到金、元、明、清的宫城城门有非常清晰的演变脉络，后几者明显与前者一脉相承。

从宫城城门制度的角度看，过去的城门都是单体建筑，隋唐长安城的承天门是

---

① 中国社会科学院考古研究所汉长安城工作队：《西安市十六国至北朝时期长安城宫城遗址的钻探与试掘》，《考古》2008年第9期；刘庆柱：《古代门阙遗址的考古发现与研究》，见中国社会科学院考古研究所编著：《新世纪的中国考古学——王仲殊先生八十华诞纪念论文集》，科学出版社，2005年。

② 中国社会科学院考古研究所洛阳汉魏故城队：《河南洛阳汉魏故城北魏宫城阊阖门遗址》，《考古》2003年第7期。

③ 中国社会科学院考古研究所、河北省文物研究所邺城考古工作队：《河北临漳县邺南城朱明门遗址的发掘》，《考古》1996年第1期。

第一座明确以组合建筑形式出现的城门，创建了一种以飞廊连接城门墩台和朵楼、朵楼和双阙的城门范式，也是第一座真正实现三出阙的城门（图6）。因此可以说承天门上承汉魏，下启宋明，开启时代之新风。

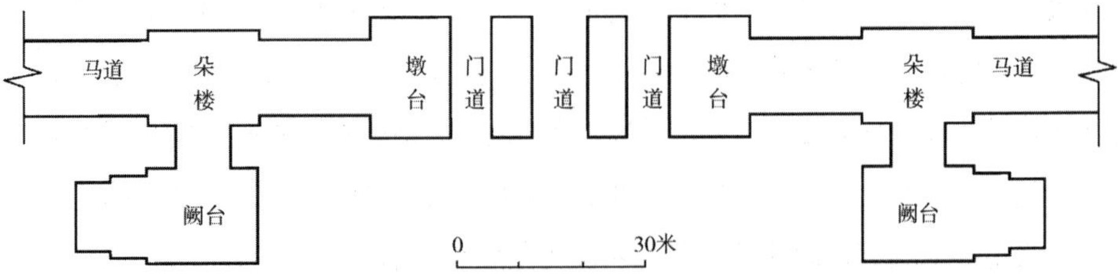

图6　唐长安城太极宫承天门形制复原示意图

原载《考古》2019年第12期

（罗瑾歆，浙大城市学院艺术与考古学院讲师）

唐大明宫“三朝五门”布局的考古学观察

何岁利

“三朝五门”制度来自周礼，是中国古代都城宫室规划的重要内容，历朝对此都有不同程度的诠释。大明宫“三朝五门”布局则是唐代遵从这一制度并比附到宫城规划空间上的一种体现，为我们理解唐代大明宫政治空间格局以及宫城形制布局提供了一种考察视角。

目前历史学界对唐长安太极宫、大明宫三朝制度及其与周礼古制之间的关系，已经有较系统的论述。①诸位学者的论述主要通过总结历史文献中唐太极宫、大明宫内不同空间位置所举行的各种政治以及礼仪活动，来判别其在古礼三朝中的具体角色，还有学者通过唐代君臣直接将宫城的殿、门比附三朝五门的一些文献记载来分析唐长安三朝五门的布局。这些使得我们对唐长安太极宫、大明宫三朝五门布局的认识日渐明晰。但需要指出的是，考古资料所反映出的三朝五门布局似乎并没有引起学界充分的注意与重视。大明宫考古所获得的一些宫城形制布局方面的资料，是唐代对于周礼三朝五门制度最直接的认识与体现。既往的研究中，虽有学者注意到了相关考古资料的运用，但涉及不多，所关注的相关考古资料也过于陈旧。运用大量最新考古发现与研究成果分析、探讨唐大明宫三朝五门空间布局显得更为重要。

中国社会科学院考古研究所自20世纪50年代末起，就对唐长安大明宫进行系统的考古勘探、发掘与研究。在半个多世纪以来的宫城考古中，大明宫遗址成果最为

① 贺业钜：《中国古代城市规划史》，中国建筑工业出版社，1996年，第481、482页；陈涛、李相海：《隋唐宫殿建筑制度二论——以朝会礼仪为中心》，《中国建筑史论汇刊》（第1辑），清华大学出版社，2009年；刘思怡、杨希义：《唐大明宫含元殿与外朝听政》，《陕西师范大学学报》（哲学社会科学版）2009年第1期；杜文玉：《唐大明宫含元殿与外朝朝会制度》，见杜文玉主编：《唐史论丛》（第15辑），陕西师范大学出版总社，2012年；杜文玉：《大明宫宣政殿与唐代中朝制度研究》，见樊英峰主编：《乾陵文化研究》（7），三秦出版社，2012年；杜文玉、赵水静：《唐大明宫紫宸殿与内朝朝会制度研究》，《江汉论坛》2013年第7期；庞骏：《经学诠释与三朝五门制度：以隋唐宫室制度为例》，《扬州大学学报》（人文社会科学版）2013年第5期；贾鸿源：《唐长安三朝五门布局考》，见杜文玉主编：《唐史论丛》（第25辑），三秦出版社，2017年。

丰富，资料涉及大明宫宫墙、宫门、宫殿、池苑、道路、水系等。近些年，大明宫南五门中丹凤门、建福门、望仙门、兴安门遗址的考古发掘，含元殿、宣政殿、紫宸殿遗址的考古新成果，含元殿遗址以南唐代水渠的考古新发现等，所获新资料均与大明宫南部朝政区形制布局密切相关，也是大明宫三朝五门空间布局考古研究的重要资料。

一、大明宫的三朝五门制度

唐代三朝制度与周礼三朝的对应关系，最初集中体现在太极宫的形制布局上。《唐六典》李林甫注解中就明确记述了太极宫承天门、太极殿、两仪殿分别比附外朝、中朝、内朝。对于大明宫的三朝制度，《唐六典》仅以注文的形式，揭示了含元殿作为外朝以及紫宸殿作为内朝的情况。

> （太极宫）宫城在皇城之北，南面三门：中曰承天，……若元正、冬至大陈设，燕会，赦过宥罪，除旧布新，受万国之朝贡，四夷之宾客，则御承天门以听政（原注：盖古之外朝也）。其北曰太极门，其内曰太极殿，朔、望则坐而视朝焉（原注：盖古之中朝也……）。……又北曰两仪门，其内曰两仪殿，常日听朝而视事焉（原注：盖古之内朝也……）。

> （大明宫）丹凤门内正殿曰含元殿（原注：……今元正、冬至于此听朝也〔外朝〕），……宣政北曰紫宸门，其内曰紫宸殿（原注：内朝正殿也）。[①]

《唐六典》对于唐代三朝制度注解的理论依据，应是来自汉代郑玄关于三朝五门的注解。

《周礼·秋官·朝士职》郑玄注："天子诸侯皆有三朝：外朝一、内朝二。其天子外朝一者，在皋门之内、库门之外，大询众庶之朝也，朝士掌之。内朝二者，正朝在路门外，司士掌之。燕朝在路门内，大仆掌之。诸侯之外朝一者，在皋门内、应门外。内朝二者，亦在路寝门之外内，以正朝在应门内，故谓应门为朝也。"[②]

郑玄所云三朝位置，由外向内依次为外朝、正朝、燕朝。天子五门由外向内依次为皋门、库门、雉门、应门、路门。[③]此观点可与唐代具有典制准则性质的《通

---

① 《唐六典》卷七《尚书工部》，中华书局，1992年，第217—218页。

② 《尔雅注疏》卷五《释宫第五》，北京大学出版社，1999年，第130、131页。

③ 郑玄注"天子五门：皋、库、雉、应、路"。参见《礼记正义》卷三一《明堂位第十四》，北京大学出版社，1999年，第942页。

典》相类比。

《通典》卷七五载："周制，天子有四朝（原注：恒言三朝者，以询事之朝非常朝，故不言之）。一曰外朝（原注：在皋门内，决罪听讼之朝也），……左嘉石，平罢人焉。右肺石，达穷人焉（原注：……王之五门，雉门为中门，雉门设两观，与宫门同……）。二曰中朝（原注：在路门外）。……公卿大夫辨色而入应门，北面而立……。三曰内朝，亦谓路寝之朝。人君既从正朝视事毕，退适路寝听政。使人视大夫，大夫退，然后适燕寝释服。四曰询事之朝（原注：在雉门外），小司寇掌其政，以致万人而询焉。"[①]杜佑虽然提出周制天子四朝之说，但是其实质仍然是郑玄的三朝划分法。

关于天子五门，《通典》亦载："天子路寝门有五焉：其最外曰皋门，二曰库门，三曰雉门，四曰应门，五曰路门，路门之内则路寝也。皋门之内曰外朝，……雉门之外，有两观连门；观外有询事之朝，在宗庙、社稷之间。……应门内曰中朝，……燕朝者，路寝之朝。群公以下，常日于此朝见君。……唯询事之朝，非常朝之限，故不与三朝同。"[②]

不难看出，唐代对于三朝范围的认识通过五门的界定，更加明确，即皋门与应门之间为外朝，应门与路门之间为中朝，路门之内为内朝。

值得一提的是，宋人叶梦得在《石林燕语》中对大明宫三大殿分别对应周礼三朝有较为详细的记述。其文载："唐以宣政殿为前殿，谓之'正衙'，即古之内朝也；以紫宸为便殿，谓之'上阁'，即古之燕朝也，而外别有含元殿。古者，天子三朝：外朝、内朝、燕朝。外朝在王宫库门外，有非常之事，以询万民于宫中。内朝在路门外，燕朝在路门内。盖内朝以见群臣，或谓之路朝；燕朝以听政，犹今之奏事，或谓之燕寝。郑氏《小宗伯》注，以汉司徒府有天子以下大会殿，设于司徒府则为殿，则宜有后殿。大会殿设于司徒府，则为外朝；而宫中有前后，则为内朝、燕朝，盖去周犹未远也。唐含元殿，宜如汉之大会殿，宣政、紫宸乃前后殿，其沿习有自来矣。方其盛时，宣政盖常朝，日见群臣，遇朔望陵寝荐食，然后御紫宸；旋传宣唤仗入阁，宰相押之，由閤门进，百官随之入，谓之'唤仗入閤'。紫宸殿言'閤'，犹古之言'寝'，此御朝之常制也"[③]。

叶梦得对大明宫三朝的空间划分，依次为含元殿外朝、宣政殿内朝、紫宸殿燕

① 〔唐〕杜佑：《通典》卷七五，王文锦等点校，中华书局，1988年，第2039—2040页。

② 〔唐〕杜佑：《通典》卷七五，王文锦等点校，中华书局，1988年，第2040—2041页。

③ 〔宋〕叶梦得：《石林燕语》卷二，宇文绍奕考异，侯忠义点校，中华书局，1984年，第19页。

朝，其所云内朝又称中朝，燕朝又称内朝或者路寝。[①]如此，叶梦得的观点，就与《唐六典》紫宸殿“内朝正殿”的礼制地位解读是相符的。

同时，宋代礼学权威对于大明宫含元殿、宣政殿、紫宸殿三座宫殿直接对应周礼三朝也有所赞襄。据《续资治通鉴长编》载，宋太宗淳化二年（991）右谏议大夫张洎在参与制定入閤礼仪时，曾云：“窃以今之乾元殿，即唐之含元殿也，在周为外朝，在唐为大朝，冬至、元日，立全仗，朝万国，在此殿也。今之文德殿，即唐之宣政殿也，在周为中朝，在汉为前殿，在唐为正衙，凡朔望起居及册拜妃后、皇子、王公、大臣，对四夷君长，试制策举人，在此殿也。今之崇德殿，即唐之紫宸殿也，在周为内朝，在汉为宣室，在唐为上閤，即只日常朝之殿也。”[②]

大明宫的建筑布局基本沿袭了太极殿前朝后寝的形制并形成三大殿制度，已得到学界多数学者的认可，并且指出含元殿、宣政殿、紫宸殿分别对应外朝、中朝、内朝。[③]此外，也有学者注意到大明宫将太极宫承天门外朝的传统，如外朝活动、门（殿）前置登闻鼓、肺石等，转移至含元殿，并通过大赦、改元等礼仪程序，将丹凤门、含元殿在空间上结合，共同作为外朝。[④]

大明宫三大殿对应外朝、中朝、内朝，学界的认识已较为明晰。但针对大明宫哪些门址位置比附天子五门，此方面的研究相对较少，文献中亦无明确记载。仅有学者提出丹凤门的位置应该比附五门中的应门[⑤]，但对于天子五门中其他几座门址（皋门、库门、雉门、路门）的位置在大明宫中比附所对应的门址至今鲜有论述。

我们通过分析《通典》中三朝五门的记述基本可以梳理出大明宫中天子五门的比附对应位置。据《通典》所述，皋门与应门之间为外朝，应门与路门之间为中朝，路门之内为内朝。也就是说，应门应该是外朝与中朝的分界线，路门是中朝与

---

① 杜文玉、赵水静：《唐大明宫紫宸殿与内朝朝会制度研究》，《江汉论坛》2013年第7期。

② 〔宋〕李焘：《续资治通鉴长编》卷三二，中华书局，2004年，第725—726页。

③ 贺业钜：《中国古代城市规划史》，中国建筑工业出版社，1996年，第481—482页。〔日〕妹尾达彦：《大明宫的建筑形式与唐后期的长安》，《中国历史地理论丛》1997年第4辑；刘思怡、杨希义：《唐大明宫含元殿与外朝听政》，《陕西师范大学学报》（哲学社会科学版）2009年第1期；杜文玉：《唐大明宫含元殿与外朝朝会制度》，见杜文玉主编：《唐史论丛》（第15辑），陕西师范大学出版总社，2012年。

④ 杜文玉：《唐大明宫含元殿与外朝朝会制度》，见杜文玉主编：《唐史论丛》（第15辑），陕西师范大学出版总社，2012年；庞骏：《经学诠释与三朝五门制度：以隋唐宫室制度为例》，《扬州大学学报》（人文社会科学版）2013年第5期。

⑤ 贾鸿源：《唐长安三朝五门布局考》，见杜文玉主编：《唐史论丛》（第25辑），三秦出版社，2017年。

内朝的分界线。大明宫南部朝政区建筑布局目前通过多年的考古研究已较为清楚，是由丹凤门—含元殿—宣政门—宣政殿—紫宸门—紫宸殿作为中轴线，形成东西对称“建中立极”的建筑格局，这种宫城布局最早可溯源至曹魏洛阳城。[①]不仅如此，大明宫同时也形成了一种正门对正殿（丹凤门正对含元殿、宣政门正对宣政殿、紫宸门正对紫宸殿）的三大殿朝政格局。依此，可以基本认为大明宫中天子五门的比附对应关系为：丹凤门比附皋门（“皋门之内曰外朝”），宣政门比附应门（“应门内曰中朝”），紫宸门比附路门（“路门之内则路寝也”）。同时，这也与郑玄所注《周礼·秋官·朝士》中天子五门位置基本相符。

另外，对于有学者提出丹凤门比附应门的问题[②]，笔者认为应结合唐代后期的政治历史情况区别看待。

不可否认，丹凤门在唐代后期亦为举行改元、大赦场所，具备外朝性质，这一点也为宋代吕大防所持说。[③]大明宫在唐代后期类似因政治需要改变宫门性质或变更朝政与政治礼仪场所的事例很多，历史学界已有较多研究。[④]丹凤门之所以具备外朝功能，应是唐代后期为了适应政治需要而在宫门礼仪制度上的一种变化。也就是说，丹凤门最初不具备外朝功能，至唐代后期为了适应政治需要，在宫门制度上增加了改元、大赦等外朝性质的礼仪功能。因此，丹凤门宫门礼仪制度的变迁，应该与大明宫最初建筑三朝五门布局规划区别看待。

唐代后期为适应政治需要而改变宫门制度，这种现象在大明宫考古发掘中也找到了证据。2009年，考古工作者对大明宫西南隅的兴安门遗址进行了考古发掘，获得翔实的考古资料。兴安门作为大明宫南墙最西端的门址，最初为隋大兴城唐长安城北城墙上一座城门，为了适应大明宫的修建，被归入大明宫门址之列，是为大明宫宫门中南五门之一。[⑤]发掘表明，兴安门为了适应从城门到宫门的转化，将一门三

---

① 钱国祥：《中国古代汉唐都城形制的演进——由曹魏太极殿谈唐长安城形制的渊源》，《中原文物》2016年第4期。

② 贾鸿源：《唐长安三朝五门布局考》，见杜文玉主编：《唐史论丛》（第25辑），三秦出版社，2017年。

③ 庞骏：《经学诠释与三朝五门制度：以隋唐宫室制度为例》，《扬州大学学报》（人文社会科学版）2013年第5期。

④ ［日］妹尾达彦：《大明宫的建筑形式与唐后期的长安》，《中国历史地理论丛》1997年第4辑。

⑤ “大明宫在禁苑之东南，……南面五门：正南曰丹凤门，东曰望仙门，次曰延政门，西曰建福门，次曰兴安门（原注：南当皇城之启夏门。旧京城入苑之北门，开皇三年开，余四门并与宫同置）。”参见《唐六典》卷七《尚书工部》，中华书局，1992年，第218页。

道易制为一门二道，同时改变了门址的朝向。①不仅如此，在门址礼仪制度上，兴安门从长安城城门归入大明宫宫门后，最初也并无政治礼仪活动，可能只用作通行而已。文献记载兴安门举行“受俘”仪式最早是在唐代后期宪宗元和元年（806）②，唐初高祖、太宗、高宗时期，长安城“受俘”仪式多在太庙举行。也就是说，兴安门具备“受俘”的政治礼仪功能是在高宗龙朔二载（662）建成大明宫之后的145年。大明宫虽然于高宗时建成并开始听政，但其实直到安史之乱后，才成为唐朝政治的核心。③因此，大明宫最初的建筑布局，与唐代后期大明宫成为政治核心后缘于统治阶级政治需要对一些建筑所附新的政治礼仪功能，二者之间应有区别。

同时，丹凤门在唐代后期为了适应政治需要而具备外朝功能，可能也与唐代后期对于特殊建筑空间恢复古代礼制有关。

研究表明，大明宫的三殿建筑布局所比附的三朝制度，与唐代以前礼制略有不同，主要表现在大明宫把含元殿作为举行外朝的场所。这一点与周代在库门之外举行外朝颇不一致，与汉代在司徒府大会殿举行外朝也不相同，与隋唐太极宫在承天门举行外朝也有区别。因此，唐大明宫的三朝制度虽然是沿袭古代礼制而来的，但在建筑格局方面却与周汉隋之制并不完全相同，反倒是在太极宫举行的三朝活动在建筑格局方面（一门二殿对应三朝）更接近于周汉之制。或许正因为如此，为了使在大明宫举行的三朝活动更加符合古代礼制，唐朝晚期才把含元殿与丹凤门共同作为举行外朝活动的场所。④

三朝五门制度所包含的礼仪制度深邃繁复，后世对其所涉及礼仪的实际应用在认识上也存在较多差异。鉴于学界对此已有较深入的研究，本文不再对此制度本身做细致考论，仅以考古资料为视角，对唐大明宫三朝五门比附所形成的空间布局进行观察与分析。

---

① 中国社会科学院考古研究所西安唐城工作队：《西安市唐长安城大明宫兴安门》，《考古》2014年第11期。

② “元和元年十月，东川节度使高崇文，平西蜀，生擒逆贼刘辟以献，上御兴安门观之，命中使诘其叛状。”参见〔宋〕王溥：《唐会要》卷一四《献俘》，中华书局，1955年，第322页。

③ ［日］妹尾达彦：《大明宫的建筑形式与唐后期的长安》，《中国历史地理论丛》1997年第4辑。

④ 杜文玉：《唐大明宫含元殿与外朝朝会制度》，见杜文玉主编：《唐史论丛》（第15辑），陕西师范大学出版总社，2012年。

二、大明宫内部三道宫墙及含耀门遗址

（一）大明宫南部朝政区考古发现与三朝空间格局

从20世纪50年代至今，大明宫的考古勘探、发掘与研究已厘清了大明宫的建筑布局基本是延续了周礼“前朝后寝”格局，南部为朝政区，北部为生活区（图1）。大明宫最初的考古工作，基本都是围绕宫城形制布局展开，而南部朝政区的一些主要考古工作和发现均与三朝空间格局密切相关。

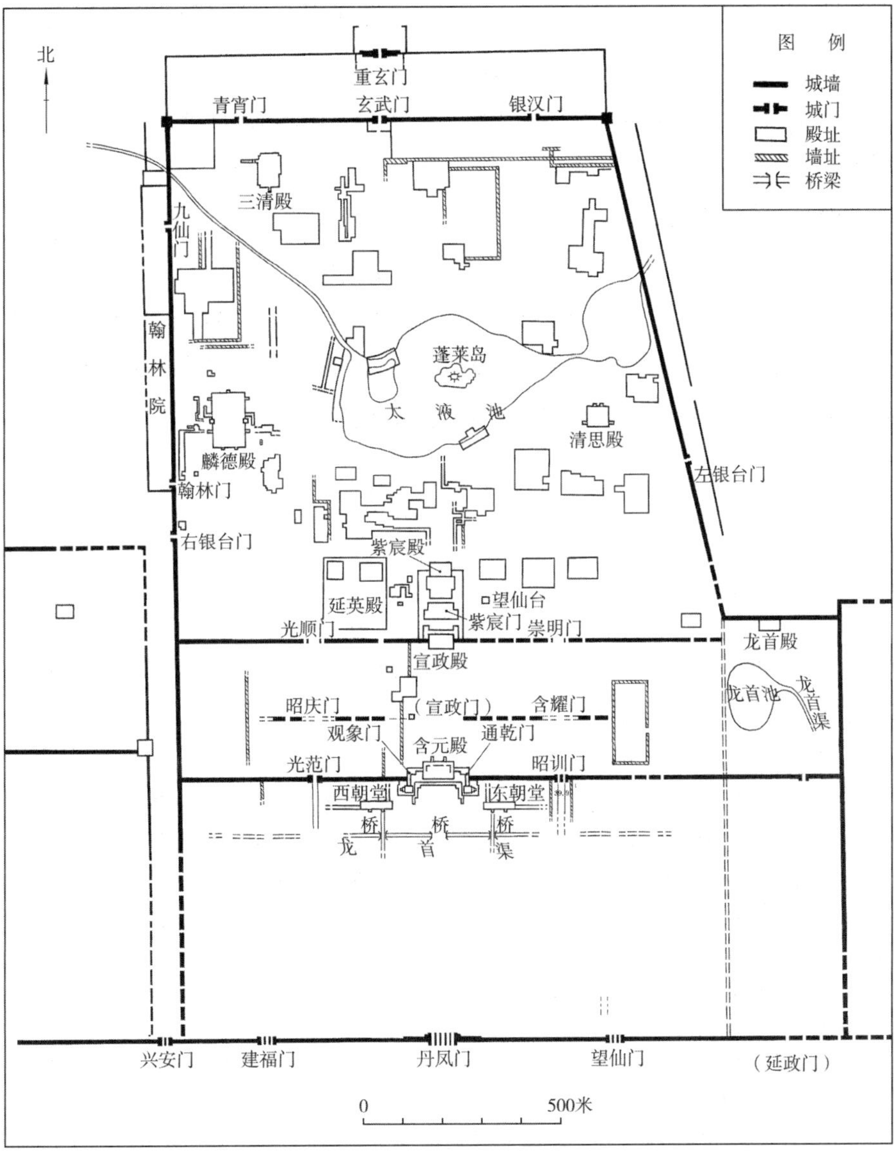

图1　唐大明宫遗址平面图

1957—1959年，通过大规模考古勘探基本查清了大明宫宫城范围与形制，同时，含元殿、宣政殿和紫宸殿三大殿的位置范围也基本确定，丹凤门、宣政门、紫宸门的位置也首次探查到。在这一时期，更重要的收获就是在三大殿范围勘探发现了三道东西向宫墙。[①]首次宏观认知了大明宫南部朝政区以丹凤门—含元殿（外朝）—宣政殿（中朝）—紫宸殿（内朝）为中轴线，以三道宫墙将三大殿前后相隔为三个独立空间区域，形成前朝、中朝、内朝的三朝格局雏形。

1959—1960年，含元殿遗址第一次发掘，揭露了殿址和两阁，基本搞清其形制。[②]1982年，含元殿东朝堂考古发掘，揭露出早晚两期遗址。[③]1995—1996年，含元殿遗址第二次发掘，大面积揭露出含元殿的柱网布置、大台形制、龙尾道位置、建殿时的砖瓦窑址、殿前广场、第二道宫墙等遗迹。[④]

1987年，含元殿东侧的含耀门遗址考古发掘，发掘出门址墩台、门道、第二道宫墙等。[⑤]

2005年，丹凤门遗址考古发掘，确认丹凤门形制为一门五道且门址位于大明宫南北中轴线南端中央，[⑥]同时解决了争论多年的学术难题。

2006年，含元殿遗址南部新发现唐代水渠道、桥梁、道路等重要遗迹。[⑦]因新发现的唐代水渠道遗迹位置恰是20世纪50年代勘探出的第一道宫墙所在位置，由此引发对大明宫南部三道宫墙具体位置、宫墙上含耀门遗址的再认识。

（二）大明宫内部三道宫墙及含耀门遗址

1.大明宫内部三道宫墙

1957—1959年，在三大殿范围勘探发现三道东西向宫墙，由南向北分别位于含元殿以南、含元殿两侧以及宣政殿两侧。

---

① 中国科学院考古研究所编著：《唐长安大明宫》，科学出版社，1959年，第1—32页。

② 马得志：《1959—1960年唐大明宫发掘简报》，《考古》1961年第7期。

③ 马得志：《唐长安城发掘新收获》，《考古》1987年第4期。

④ 中国社会科学院考古研究所西安唐城工作队：《唐大明宫含元殿遗址1995—1996年发掘报告》，《考古学报》1997年第3期。

⑤ 中国科学院考古研究所西安唐城工作队：《陕西唐大明宫含耀门遗址发掘记》，《考古》1988年第11期。

⑥ 中国社会科学院考古研究所西安唐城队：《西安市唐长安城大明宫丹凤门遗址的发掘》，《考古》2006年第7期。

⑦ 中国社会科学院考古研究所西安唐城队：《西安市唐大明宫含元殿遗址以南的考古新发现》，《考古》2007年第9期。

第一道宫墙位于含元殿南边120米（至含元殿前沿）处，南距丹凤门490米。墙东西残存长近1000米。

第二道宫墙位于含元殿遗址东西两侧，与第一道宫墙相距145米。此墙保存较好，仅在含元殿两端相接处各残缺了70—80米。含元殿以西的一段长480余米，西端与西城相接。含元殿以东的一段长870米，东端与东面的城墙相接。

第三道宫墙位于含元殿以北300米处宣政殿两侧。宫墙东部多破坏，仅在宣政殿以东300余米处和接近东城处，还残存有60余米和117米的两段。宣政殿以西的一段保存较好，向西与西城相接，长620米；在此进行了三处小规模考古发掘。①

对于上述三道宫墙，吕大防在《长安图碑》大明宫部分也有清晰描绘，即第一道宫墙位于含元殿两侧，第二道宫墙位于宣政门两侧，第三道宫墙位于宣政殿两侧（图2）。不难看出，考古发现的三道宫墙与《长安图碑》中所描绘三道宫墙具体位置差别较大。需要注意的是，当时考古发现的三道宫墙除对第三道宫墙进行了发掘确认外，其余两道宫墙只进行了考古勘探。

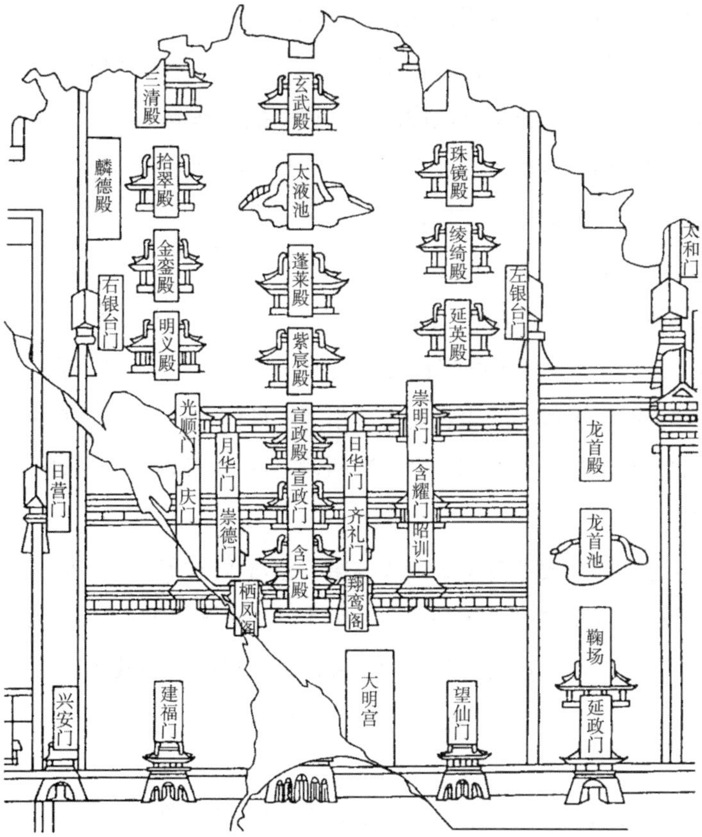

图2 北宋吕大防《长安图碑》所绘大明宫布局

① 中国科学院考古研究所编著：《唐长安大明宫》，科学出版社，1959年，第10—11页。

2006年，考古工作者在含元殿遗址一层大台以南130米处（含元殿前沿以南120米处，原含元殿遗址保护范围南围墙南侧）新发现一条东西向唐代水渠道，勘探发掘长度400余米，走向与含元殿南沿基本平行。[①]新发现的唐代水渠道遗迹位置恰是20世纪50年代勘探出的第一道宫墙所在位置。笔者有幸全程参与了此次考古工作，当时经过反复勘探和多部位、多阶段的考古发掘，确认20世纪50年代勘探认为的第一道宫墙实为唐代水渠道疏浚时将河道内淤土堆积在地势相对较低的河道南岸，长时期反复堆积而形成类似于夯土的层状淤泥堆积，因考古勘探工作的局限性，当时可能将此层状堆积误认为是夯土宫墙残迹。

由于20世纪50年代考古勘探出的含元殿南部“第一道宫墙”不存在，因此，宋敏求《长安志》所载“含元殿南去丹凤门四百（《长安志》作“十”，误）余步，中无间隔”[②]，所谓“中无间隔”之说应是可靠的。

目前已知大明宫三大殿范围考古发现的宫墙只有两道，即含元殿和宣政殿东西两侧的宫墙，且这两道宫墙均已得到考古发掘的确认。

但笔者认为，大明宫三大殿范围内依然应有三道宫墙。三道宫墙的具体位置很可能正如《长安图碑》中所描绘，第一道宫墙位于含元殿两侧，第二道宫墙位于宣政门两侧，第三道宫墙位于宣政殿两侧。这一推断基于三点，一是含元殿和宣政殿东西两侧两道宫墙已得到考古发掘确认，二是大明宫多年的考古工作在紫宸殿以北区域再未发现相类似的宫墙遗址，三是北宋吕大防《长安图碑》和《三宫图碑》（太极宫、大明宫和兴庆宫）史料记录的可靠性。

《长安图碑》《三宫图碑》是吕大防在唐代韦述《两京新记》和当时尚存的“长安故图”的基础上，实地勘察长安旧地所完成[③]，故《长安图碑》保存了关于唐代长安的重要资料，历代关注唐长安者多引述图碑内容；而《三宫图碑》中所描绘的一些内容如大明宫丹凤门形制、含元殿两侧宫墙、宣政殿两侧宫墙等，均已为考古发掘所证实。

第一、三道宫墙已被考古发掘证实。第二道宫墙之所以至今未被发现和证实是因为宣政门所在区域及周边在1949年前后因生产建设大量取土，此范围内的遗存已被破坏殆尽。另外，目前宣政门东西两侧分别为现代村庄和城区道路，考古工作几乎无法涉及。第二道宫墙的发现与证实还有待以后的考古工作去完成。

---

① 中国社会科学院考古研究所西安唐城队：《西安市唐大明宫含元殿遗址以南的考古新发现》，《考古》2007年第9期。

② 〔宋〕宋敏求：《长安志》卷六，成文出版社有限公司，1970年，第138页。

③ 李芳瑶：《长安图碑新考》，《文献》2012年第3期。

2.含元殿东侧含耀门遗址

1987年，考古工作者对含元殿东侧的含耀门遗址进行了考古发掘。该门址的发掘对于认识三大殿东西两侧南北街上的其他宫门遗址的形制与位置提供了重要参考资料。三大殿东西两侧南北街上的宫门按照设置，形制应该一致。东侧南北街门址由南至北依次为昭训门、含耀门、崇明门，西侧南北街门址由南至北依次为光范门、昭庆门、光顺门。不仅如此，因该门址位于含元殿东侧的宫墙与含元殿东侧南北街交叉位置，该门址的考古资料对于了解和认识大明宫三道宫墙的形制、南北街范围和形制提供了重要依据，也为三大殿三朝空间格局的东、西范围界定等提供了考古学资料。另外，含元殿至宣政殿区域因故破坏严重，区域内诸多遗址已无从考证，含耀门遗址作为目前此区域唯一发掘的遗址，其考古资料对研究复原大明宫三大殿区域格局和大明宫三朝布局就显得格外重要。

含元殿东侧含耀门遗址最初的定名源于20世纪50年代对大明宫三道宫墙位置的认识，即含耀门遗址当时认定是在大明宫含元殿两侧第二道宫墙之上。随着2006年含元殿遗址南部唐代水渠道等考古新发现的公布，大明宫三道宫墙位置可能需要重新考虑，含元殿东西两侧的宫墙实为大明宫三道宫墙中的第一道宫墙。由此引发了对含元殿东侧含耀门遗址的重新审视。

唐代文献对于含耀门的记载不是很多，在《唐六典》中的记载也很简略："丹凤门内正殿曰含元殿，……其北曰宣政门；门外东廊曰齐德门，西廊曰兴礼门；内曰宣政殿。殿前东廊曰日华门，门东门下省，省东南北街，南直含耀门，出昭训门。宣政殿前西廊曰月华门，门西中书省，省西南北街，南直昭庆门，出光范门。……宣政北曰紫宸门，……（紫宸门）左曰崇明门，右曰光顺门。"①

可以看出，含耀门作为含元殿东侧南北街的中间门址，向北直对有崇明门，向南直对有昭训门，《唐六典》对于含耀门的记述也是建立在描述宣政门的参照之上。另外，在《唐六典》所附《阁本大明宫图》中就明确将含耀门并列绘于宣政门东侧。不仅如此，吕大防《长安图碑》中亦将含耀门清晰地绘于宣政门东侧（第二道宫墙上），后世程大昌《雍录》、李好文《长安志》、徐松《唐两京城坊考》、董佑诚《咸宁县志》、沈青崖《陕西通志》等中大明宫图部分皆沿袭这一记述，将含耀门并列绘于宣政门东侧。

随着含元殿东西两侧宫墙确认为大明宫三大殿范围内第一道宫墙，依照文献记

① 《唐六典》卷七《尚书工部》，中华书局，1992年，第218页。

载并结合《唐六典·阁本大明宫图》、吕大防《长安图碑》中所描绘含耀门的位置信息，含耀门遗址实应位于宣政门东侧的第二道宫墙之上。含元殿东侧第一道宫墙上的门址应为昭训门遗址。也就是说，1987年在含元殿东侧考古发掘出的门址并非含耀门遗址，而可能是昭训门遗址。

三、大明宫三朝五门布局的考古学观察

1.大明宫三朝形制的空间格局

大明宫南部朝政区的格局依照最新考古资料，呈现出以丹凤门—含元殿—宣政殿—紫宸殿为中轴线，以三道宫墙为隔界，严格划分成了前、中、后三个独立空间，即第一道宫墙以南区域（丹凤门至含元殿）、第二道宫墙北至第三道宫墙南区域（宣政门至宣政殿）、第三道宫墙以北区域（紫宸门至紫宸殿）。

可以看出，这三个独立空间又以门、廊、殿、院、墙等相间隔构造出正门对正殿的三大空间格局，即第一道宫墙以南的丹凤门至含元殿区域、第二道宫墙以北的宣政门至宣政殿区域、第三道宫墙以北的紫宸门至紫宸殿区域。

另外，据1987年含耀门遗址考古发掘资料可知，含元殿东西两侧南北街为宽39.9米的封闭式街道。[①]这样一来，就形成了南起含元殿，北至紫宸殿，东至东侧南北街，西至西侧南北街，以三大殿为中心，以南北三道宫墙和东西两侧南北街所封闭的独立三大空间格局。这三大空间格局也就是大明宫外朝、中朝、内朝空间格局所在。当然，我们也注意到，大明宫的其他场所如延英殿等在不同时期也有朝政活动，但这与传统的三朝建筑有所区别，应当别论。

2.大明宫南部区域空间的考古实测

大明宫三朝形制格局的空间与大明宫南部区域空间密切关联，依照现有的考古实测数据与资料，基本可以复原大明宫南部区域空间：南起大明宫丹凤门所在的南宫墙沿线，北至紫宸殿北沿[②]，东至含元殿东侧南北街，西至含元殿西侧南北街（图3）。为了便于整体观察，此处考述兼顾大明宫朝政区东西边缘空间，即东至东内苑西墙，西至大明宫西侧宫城墙。现将南部区域空间一些考古实测数据梳理如下。

---

① 中国科学院考古研究所西安唐城工作队：《陕西唐大明宫含耀门遗址发掘记》，《考古》1988年第11期。

② 紫宸殿周边应该设有回廊或类似殿院，最北范围应延伸到紫宸殿以北的殿院北沿。考虑到没有可靠的参考资料，故仍以紫宸殿北沿为最北界线。

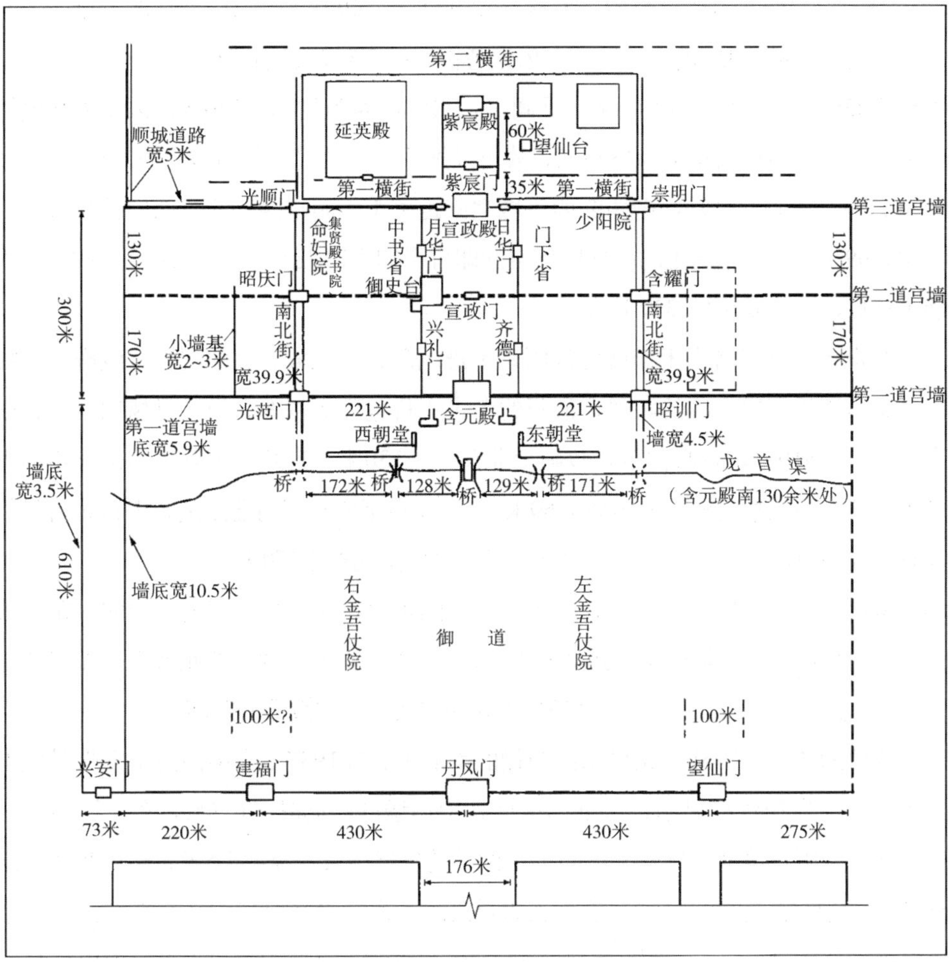

图3　大明宫南部区域建筑布局平面示意图

（改绘自陈扬：《唐太极宫与大明宫布局研究》，硕士学位论文，陕西师范大学，2010年，第54页图2-24、第55页图2-25、第58页图2-26）

南部区域空间东西范围（东内苑西墙至大明宫西侧宫墙）考古实测距离为1355米。①南北范围虽没有直接的实测数据，但可以推算得出。丹凤门至含元殿实测距离为610米，含元殿至宣政殿距离为300米，宣政殿至紫宸殿距离为95米②，故南北范围（丹凤门至紫宸殿）考古实测距离为1005米。如果算上紫宸殿殿院北部以及紫宸殿北的第二横街南北宽度，则南部朝政区域空间南北范围还要略广些。

2008—2009年，在大明宫国家遗址公园考古工作中，考古工作者相继对建福

① “宫城的范围，据实测南北长（以西城为准）2256米，东西宽北端是1135、中部1355、南部1674米。城周围是7628米。”参见中国科学院考古研究所编著：《唐长安大明宫》，科学出版社，1959年，第12页。

② 中国科学院考古研究所编著：《唐长安大明宫》，科学出版社，1959年，第30—32页。

门、望仙门、兴安门遗址进行了勘探与发掘，加上2005年丹凤门遗址的发掘，大明宫南五门已有4座门址进行了发掘。依据考古发掘资料，建福门和望仙门距丹凤门距离皆为430米（门址中心点间距，下同），兴安门西距建福门220米，因东内苑西墙至大明宫西宫墙东西距离为1355米，故可以推算出望仙门至东内苑西墙的距离为275米。另外，大明宫西宫墙以西的西夹城空间距离（大明宫西宫墙至西内苑东墙），依照2009年兴安门发掘出的门址所处空间即可得知为73米（考古报告中为73.3米，为便于计算，此处取整数73米）[①]。

20世纪50年代考古工作就已经明确了丹凤门、含元殿、宣政门、宣政殿、紫宸门、紫宸殿等门殿之间的距离，最新的考古资料也证实基本无误。丹凤门至含元殿南北距离为610米，宣政门至宣政殿南北距离为130米，宣政殿至紫宸门南北距离为35米，紫宸门至紫宸殿南北距离为60米。[②]含元殿至宣政门南北距离，考古报告虽然没有明确指出，但依照以上考古数据，可推算出南北相距170米。

依照上述含元殿、宣政门、宣政殿之间的距离，即可推知三道宫墙的间距。第一道宫墙与第二道宫墙的南北距离170米（亦即含元殿至宣政门的距离），第二道宫墙与第三道宫墙的南北距离应为130米（亦即宣政门至宣政殿的距离）。

《唐六典》中所载含元殿东西两侧的南北街，在1987年含耀门遗址发掘时就得到了证实。发掘资料显示，含耀门南面，由门墩两端向外各6.7米，东、西各有一道向南去的版筑墙址，墙的北端与门址两端的宫墙衔接。墙厚4.5米，两墙东西相距39.9米。这两墙之间，形成一条南北胡同式的街道，严密而封闭，将左右的建筑予以隔绝，从而更突出了大明宫中轴线的形制。[③]含耀门南侧的封闭式南北街应该是含元殿东侧的南北街向南延伸的潜行通道。含耀门北侧的南北街道形制应该与此类似。含元殿西侧的南北街道虽没有考古资料，但形制应与东侧南北街相同。

3.外朝区域空间（丹凤门至含元殿）

南起丹凤门，北至含元殿，东至望仙门内大街，西至建福门内大街。该范围实测距离南北（丹凤门至含元殿）为610米、东西（望仙门至建福门）为860米左右。

丹凤门至含元殿区域宽阔无间隔，基本已被考古发现证实。此区域考古发现的

---

① 中国社会科学院考古研究所西安唐城工作队：《西安市唐长安城大明宫兴安门》，《考古》2014年第11期。

② 中国科学院考古研究所编著：《唐长安大明宫》，科学出版社，1959年，第30—32页。

③ 中国科学院考古研究所西安唐城工作队：《陕西唐大明宫含耀门遗址发掘记》，《考古》1988年第11期。

建筑遗址主要有丹凤门、建福门、望仙门、含元殿（含翔鸾阁、栖凤阁、通乾门、殿前广场等）、含元殿东侧昭训门（1987年发掘的所谓含耀门）、含元殿南东西朝堂与步行砖道、龙首渠、龙首渠上三座桥梁、含元殿前御道、望仙门内大街、建福门内大街、龙首渠南侧道路等。

（1）丹凤门。考古发掘的丹凤门由东、西墩台和5个门道、4道隔墙，以及东、西两侧的城墙和马道组成。整个门址基座东西长74.5米、南北宽33米，门内东西两侧的马道均长54米，门址规模东西近200米，在中国古代城址城门考古中史无前例。发掘还表明，丹凤门门址中心恰与含元殿中轴线的方向一致。[①]2008—2009年，考古工作者还对丹凤门遗址两侧阙台遗址进行了探查，在丹凤门西马道以西的30—60米处，发现城墙有加宽3—4米的现象，对于探究丹凤门门阙提供了参考。

（2）含元殿。发掘表明含元殿作为一组建筑群，包括殿堂、两阁、飞廊、大台、殿前广场和龙尾道。整个建筑群主次分明，层次丰富。最主要的建筑是殿堂，位于中心最高处的三层大台之上，高出殿前广场10余米。主殿台基东西长76.8米、南北宽43米。殿堂柱网清楚，面阔11间，四周有围廊。次建筑是两阁，分别建在殿堂的东南和西南，并有飞廊将主次建筑相连。大台之南的平地是殿前广场。自广场平地逐层登殿的阶道位于东西两阁的内侧，即文献所记的从两阁下盘上的龙尾道。[②]

含元殿东侧昭训门（1987年发掘的所谓含耀门）详见上述。

（3）朝堂。大明宫东、西朝堂分别位于含元殿南翔鸾阁、栖凤阁下南侧30余米，且东、西相对。发掘显示东朝堂遗址有早、晚两期遗迹叠压在一起。早期朝堂只是一座大型庑殿，基址东西长73米、南北宽12.5米，面阔15间，进深约2间，南侧有踏步三个。晚期的朝堂是在早期的基址上重建的，东西长68、南北宽16米，面阔约为13间，进深约3间。南侧沿用了早期的两个踏步，为左、右二阶。东端向东去的版筑土墙改建为一长廊道，基础宽7.5、东西长73米。百官入朝时可由长廊直达朝堂。[③]

（4）步行砖道。2006年在含元殿西朝堂南发现了南北向的步行砖道，可分为早、晚两期。早期砖道在含元殿前唐代水渠道西侧桥址的南北两侧均有分布，在南侧的发掘长度南北为5.6米，路宽1.1米。路面铺设打磨光滑的青掍方砖，中间杂以

---

① 中国社会科学院考古研究所西安唐城队：《西安市唐长安城大明宫丹凤门遗址的发掘》，《考古》2006年第7期。

② 中国社会科学院考古研究所西安唐城工作队：《唐大明宫含元殿遗址1995—1996年发掘报告》，《考古学报》1997年第3期。

③ 马得志：《唐长安城发掘新收获》，《考古》1987年第4期。

莲花纹方砖，路两侧有侧立砖。晚期砖道仅在渠道以北有残留，残长28.5米、宽1.2米。路面铺砖大部分无存，仅遗留少量路基垫底砖。路两侧亦有侧立砖和顶缝砖。[①]该步行砖道北端不远处就是西朝堂所在，应与朝堂南北相通。朝堂有步行砖道，历史文献有相关记载[②]，考古发现与之相符。

（5）含元殿。殿前御道为唐代皇帝专用，南起丹凤门，北至含元殿。2005—2006年考古发掘出路土厚度为15—31厘米。御道南北范围为610米（丹凤门至含元殿）。东西范围依照《长安志》所载“左右宽平，东西广五百步（约合735米）”[③]，具体数据可做如下推算：如果东西宽度以望仙门中心至建福门中心（望仙门大街中心至建福门内大街中心）计算则为860米；如果东西宽度以望仙门内大街西侧边沿至建福门内大街东侧边沿计算则约760米，对照文献所载，显然东西宽度760米比较符合。

（6）望仙门内大街。1991年，中国社会科学院考古研究所西安唐城队在配合大明宫东南部生产村基本建设时，在望仙门内100米处发现并发掘了部分望仙门大街遗址。道路上车辙密集，应使用频繁，发掘宽度15米，应是道路中心。另外，在车辙以东35米处，又发现了东西宽3.5米、深1.3米的道路东侧路沟，当系望仙门内大街东边沿所在。依据考古发掘的情况推算，望仙门内大街的东西宽度当在100米左右。2006年含元殿御道考古，2009年大明宫国家遗址公园考古时，也曾在此区域北部发现类似路土，当是望仙门内大街无疑。

（7）建福门内大街。2008年大明宫国家遗址公园考古中，曾在建福门内拆迁后的建筑区勘探出多处唐代路土，保存较差，未寻得道路边沿，但可推断当系建福门大街。参照望仙门内大街的考古数据，建福门内大街东西复原宽度亦应为100米左右。

（8）龙首渠、渠上桥梁与南岸东西向道路。2006年，考古工作者在含元殿南部新发现了一条东西向唐代水渠道，其规划整齐、布局清楚，可能就是文献中所载的龙首渠。水渠道上还发现了三座桥梁（中央桥梁、西侧桥梁、东侧桥梁），中央桥梁（桥梁基础东西长约17米、南北宽约4.3米）正对含元殿，初步推测可能是“御桥”。在中央桥梁西128米处发现的西侧桥梁遗迹（基础南北长4.65米、东西宽

---

① 中国社会科学院考古研究所西安唐城队：《西安市唐大明宫含元殿遗址以南的考古新发现》，《考古》2007年第9期。

② “朝日，……文武班于两观，检察御史二人立于东西朝堂砖道以莅之。平明，传点毕，内门开。检察御史领百官入”，参见《资治通鉴》卷二四五《唐纪六十一》，中华书局，1956年，第7914页。

③〔宋〕宋敏求：《长安志》卷六，成文出版社有限公司，1970年，第138页。

6.85米）、中央桥梁东129米处发现的东侧桥梁遗迹，可能是文武百官上朝之“下马桥”。此外，在上述新发现的龙首渠南侧岸，还发现了一条沿渠道分布的东西向道路，已发现的道路东西长约400米、南北宽约15米。道路上唐代车辙痕迹明显。[①]相关迹象表明，含元殿前的龙首渠上，在中央桥梁以东300米左右，向北正对含元殿东侧昭训门处的水渠道上，应该还设有桥梁。过桥北上，就是含元殿东侧南北街，入昭训门、含耀门，前往门下省、史馆、弘文馆、待制院等区域。同样，在中央桥梁以西300米左右，向北正对含元殿西侧光范门处的水渠道上应该亦设有桥梁。过桥北上，就是含元殿西侧南北街，入光范门、昭庆门，前往中书省、御史台、命妇院、亲王待制院等区域，或再向北过光顺门进入第一横街、延英殿、第二横街等后宫区域。也就是说，含元殿南龙首渠上至少有五座桥梁。

4.中朝区域空间（宣政门至宣政殿）

此区域空间南起宣政门，北至宣政殿，东至宣政门东侧南北街，西至宣政门西侧南北街。其范围南北为130米、东西为600米（含元殿至东侧含耀门距离为300米，自含元殿中心算起）[②]，可推知含元殿东西两侧南北街相距为600米。

此区域内遗址破坏严重，考古发现仅明确了宣政门、宣政殿遗址。

宣政殿位于含元殿正北300米处。殿址东西长近70米、南北宽40余米，殿址两侧有东西向的宫墙（第三道宫墙）。在宣政殿南130余米处，有些小片的夯土基址，但多已断续不接，疑宣政门址或在此处。20世纪50年代，在三道宫墙之间，还发现一些宽2—3米的墙基，都是门、道与各殿之间的隔墙和围墙。如在宣政殿南边西侧，有房屋或廊的基址以及南北向的墙与含元殿和宣政殿的宫墙相接，此与《唐六典》中记载宣政殿前东廊有日华门，西廊有月华门等情形相合。在西侧探得的房址和南北向的小墙，可能就是所谓的廊与月华门以及宣政门西侧的兴礼门（或作齐礼门）残址。但文献所载日华门以东的门下省、史馆、弘文馆、少阳院和昭德寺以及月华门以西的中书省、命妇院和亲王待制院等遗址均未发现。[③]近几年，考古工作者正在对大明宫内官署区进行有计划的发掘，相信不久就会有此区域的考古新资料。

---

① 中国社会科学院考古研究所西安唐城队：《西安市唐大明宫含元殿遗址以南的考古新发现》，《考古》2007年第9期。

② 中国科学院考古研究所编著：《唐长安大明宫》，科学出版社，1959年，第10、11页。

③ 中国科学院考古研究所编著：《唐长安大明宫》，科学出版社，1959年，第11、30、32页。

5.内朝区域空间（紫宸门至紫宸殿）

此区域空间南起宣政殿，北至紫宸殿，东至宣政殿东侧南北街，西至宣政殿西侧南北街。其范围南北为95米、东西为600米。

此区域内遗址破坏严重，考古工作仅明确了紫宸门、紫宸殿遗址。另外，紫宸殿廊院也有些许线索，但《唐六典》中所载“东西上閤门”却没有发现。

紫宸门南距宣政殿仅35米许，紫宸殿在紫宸门以北60米处，南至宣政殿95米，紫宸殿址破坏严重，殿基南北宽近50米。①另外，2004年在太液池遗址南岸发现的一组大型廊庑建筑遗迹。这组建筑遗迹位于大明宫的南北中轴线上②，与南面的含元殿、宣政殿、紫宸殿三大殿以及北面的蓬莱岛基本上成一直线，究其具体位置，此大型廊庑遗迹实际上毗邻紫宸殿北部，或为紫宸殿廊院的一部分。

四、结语

大明宫三朝五门格局，作为唐代统治阶级政治中枢空间，实质是展示唐王朝礼仪的舞台，这种带有强烈意识形态的空间从宫城建设规划之始就和国家的统治密切结合在一起。考古工作所揭示的大明宫内部以三道宫墙为框架，并以含元殿、宣政殿、紫宸殿为中心形成外朝、中朝和内朝三朝区域格局，是唐代对于传统三朝五门礼制的新诠释。三殿辅以三道宫墙加上含元殿东、西两侧的南北街相隔形成的独立三朝空间，也体现出唐代对于传统三朝五门制度在宫室规划上的遵从与创新。尤其是含元殿外朝空间的创立，突破了周、汉、魏、晋、北周以及隋代以来外朝在门址等非宫殿场所举行的传统，开创了三殿对应三朝的新体制，并为后世历朝所效仿。大明宫宫城建筑布局同时呈现出重三朝轻五门的礼制现象，天子五门比附对应关系在唐代文献和文学作品中几无提及，而提及大明宫五门之说皆指宫城南墙上的南五门或单指丹凤门（一门五道）。③唐后期丹凤门外朝功能的增设，从建筑格局体现出对于古礼的恢复与折中，以此形成统治阶级对国家统治的实质空间与载体。古代国家主要强调的是统治者和天的关系，极力维护的就是统治者作为“天子”的正统性

---

① 中国科学院考古研究所编著：《唐长安大明宫》，科学出版社，1959年，第32页。

② 中国社会科学院考古研究所西安唐城队：《西安唐大明宫太液池南岸遗址发现大型廊院建筑遗存》，《考古》2004年第9期。

③ 杨军凯：《唐大明宫“五门”考》，《文博》2012年第4期；中国社会科学院考古研究所西安唐城队：《西安市唐长安城大明宫丹凤门遗址的发掘》，《考古》2006年第7期。

和合法性。[1]因此，宫城的空间建构以及在宫城空间上的国家礼仪和朝政制度就发挥了重要作用。宿白曾指出大明宫的建造以及朝会移至大明宫，最值得重视的是出于当时政治斗争的需求[2]。大明宫三朝建筑布局的出现与统治阶级的政治需求密不可分，而这也是大明宫三朝五门空间结构和布局的意义所在。

大明宫的考古工作至今已持续了六十余年，通过几代人的努力，取得了丰硕成果，为我们认识唐代宫城三朝五门布局提供了重要资料，也为大明宫和唐长安城以及中国古代都城研究提供了丰富的考古资料。同时，我们也应该看到，大明宫的考古工作与研究，对于系统认识大明宫历史面貌来说，还较为有限，也尚存诸多未解的学术问题，如大明宫的官署区的布局、后宫区域空间结构、内部道路与水系、历史时期植物环境问题等。因此，大明宫的考古工作与研究，任重而道远。

原载《考古》2019年第5期

（何岁利，中国社会科学院考古研究所副研究员）

① ［日］妹尾达彦：《长安的都市规划》，高兵兵译，三秦出版社，2012年，第97—98页。

② 宿白：《隋唐长安城和洛阳城》，《考古》1978年第6期。

唐长安城太仓位置及相关问题*

徐龙国

2012年8月，中国社会科学院考古研究所汉长安城工作队在西安市未央区梨园路中段北侧抢救发掘了一处粮仓遗址（图1）。该遗址位于唐长安城外西北部，遗址北部紧邻唐代梨园遗址，应在唐代禁苑之内，已发掘4座粮仓，还在周围探出6座粮仓。[①]粮仓底部和残存的炭化谷物中出土了手印砖和“开元通宝”钱，谷物和仓底防潮层内出土了布纹瓦。手印砖、布纹瓦与唐代含嘉仓遗址出土的同类器物[②]相同，粮仓的形状、建筑方法也与已经发掘的洛阳隋代回洛仓[③]、含嘉仓和浚县隋唐黎阳仓[④]相近。据此判断，粮仓的时代应为唐代。这是西安地区首次发现唐代粮仓遗址，对研究唐代太仓的位置、粮食储存技术、粮食供应保障、漕渠运输系统、禁苑功能以及都城布局等有重要价值。

一、唐代粮仓的性质

梨园路大白杨唐代粮仓虽然仅发掘4座、钻探发现6座，但根据粮仓的分布规律推算，至少应有3排24座，大部分被现代道路和建筑硬面占压而无法钻探。以往在修建大白杨小学、未央宫街道办事处办公楼及北二环路时都曾发现粮仓遗存，它们距离这次发掘地点不远，可以连成一片，据此推测这里曾有一座规模巨大的仓城。仓城位于当时的皇家禁苑之内，南距唐代太极宫墙直线距离约1460米，东南距玄武门

---

* 感谢葛承雍先生对本文的指导。本文为2016年中国社会科学院考古研究所汉长安城工作队成立60周年纪念文章之二。

① 中国社会科学院考古研究所汉长安城工作队、西安市文物保护考古研究院：《西安市未央区大白杨唐代粮仓的钻探与发掘》，《考古》2016年第1期。

② 河南省博物馆、洛阳市博物馆：《洛阳隋唐含嘉仓的发掘》，《文物》1972年第3期；余扶危、贺官保：《隋唐东都含嘉仓》，文物出版社，1982年。

③ 谢虎军、张敏、赵振华：《隋东都洛阳回洛仓的考古勘察》，《中原文物》2005年第4期；洛阳市文物工作队：《河南洛阳市东北郊隋代仓窖遗址的发掘》，《考古》2007年第12期。

④ 杜洁芳：《黎阳仓：千年粮仓重见天日》，《中国文物报》2013年3月28日第3版。

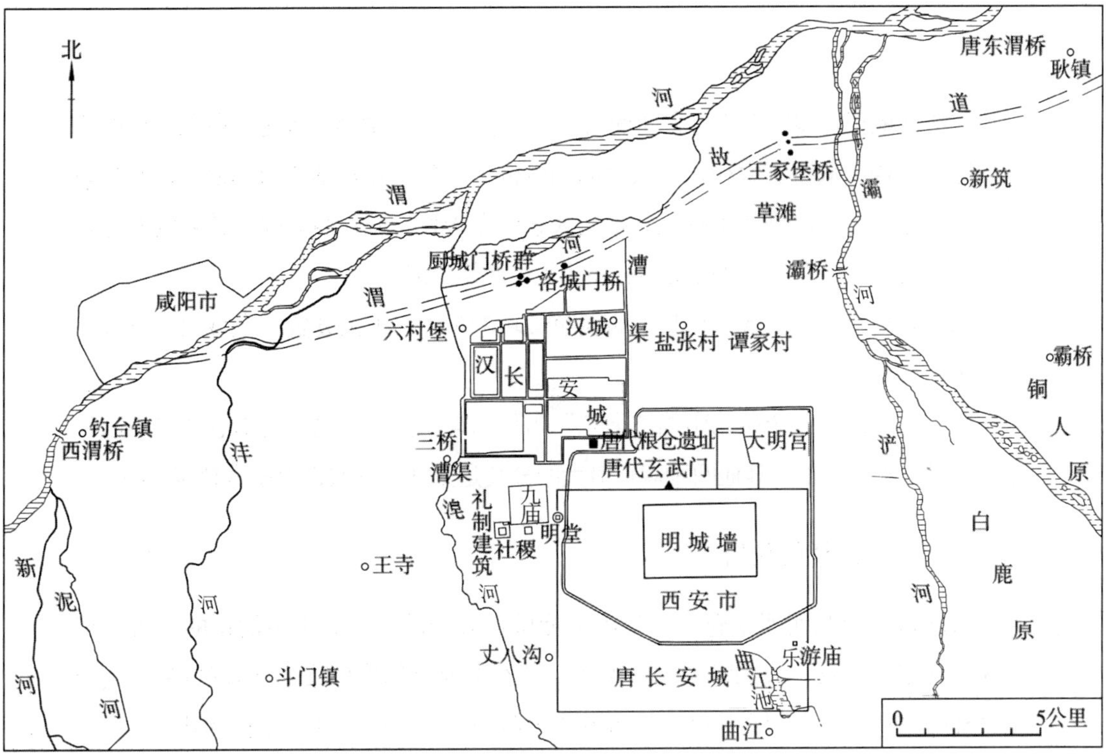

图1 唐代粮仓遗址位置图

约3000米，其性质应为国家大型粮库，笔者认为正是唐代太仓。

（一）有关太仓位置的主要观点

关于唐代太仓的位置，文献记载不清，后来的考证分歧较大，主要有以下三种观点。

一是太仓位于宫城之内。宋代吕大防石刻《长安城图》宫城及皇城的摹本把太仓刻在宫城之内，位于玄武门以西、芳林门以东、掖庭宫以北。[①]宿白也推测太仓在太极宫内西侧、掖庭宫北部，并认为掖庭宫和太仓皆宽702.5米。[②]张弓认为如果太仓设在宫城外面，则宫内用粮仍需到宫外提运，徒增烦费，应以设在宫城内为便。[③]

二是太仓位于禁苑西部。宋代宋敏求《长安志》卷六载："唐禁苑在宫城之北。东西二十七里，南北三十三里。东接灞水，西接长安故城，南连京城，北枕渭水。苑西即太仓，北距中渭桥与长安故城相接。"[④]宋代程大昌《雍录》提到中渭桥位置

① 杨鸿勋：《宫殿考古通论》，紫禁城出版社，2001年，第366页。
② 宿白：《隋唐长安城和洛阳城》，《考古》1978年第6期。
③ 张弓：《唐朝仓廪制度初探》，中华书局，1986年，第58页。
④ 〔宋〕宋敏求：《长安志》，成文出版社有限公司，1932年，第133页。

时说“约其地望，即唐太极宫之西而太仓之北也”[①]。因中渭桥未定，所以太仓的位置也比较模糊。从所言太极宫与太仓的相对位置推测，亦属禁苑西部说。葛承雍先生对宫城之内的说法进行了批驳，推测太仓应在唐长安城外西北隅、禁苑内西部，并指出传太仓砖铭出土于今西安市北郊盐张村西侧一带。[②]

第三种观点见于清代张穆校《唐两京城坊考》，其把太仓置于皇城内、承天门街之东。[③]

张穆错将出土太仓砖铭中的“街东”当作承天门街东，这在含嘉仓砖铭中已经十分清楚，不足再论。其他两种观点最大的分歧是太仓在宫城之内还是禁苑之内。

（二）中渭桥的位置

宋敏求说禁苑西即太仓，并指出中渭桥在太仓以北。关于中渭桥的位置，现在还存在很大争议。战国时秦国或秦始皇曾在渭河上修造桥梁。[④]西汉景帝、武帝为修建陵墓也先后在渭水建桥。景帝五年（前152）“三月，作阳陵、渭桥”[⑤]，武帝建元三午（前138）修建便门桥[⑥]。因此，至迟到汉武帝时，渭河上已有了3座渭桥。《三秦记》记载：“汉之东渭桥，汉高帝造，以通栎阳道。”[⑦]《史记·张释之冯唐列传》亦载：“顷之，上（汉文帝）行出中渭桥，有一人从桥下走出，乘舆马惊。”集解：“张晏曰：‘在渭桥中路。’瓒曰：‘中渭桥两岸之中’”。索隐：“张晏、臣瓒之说皆非也。案：今渭桥有三所。一所在城西北咸阳路，曰西渭桥；一所在东北高陵路，曰东渭桥；其中渭桥在故城之北也。”[⑧]如果《三秦记》所载无误，汉文帝时已有3座渭桥，亦有中渭桥之称了。

唐代关于中渭桥的记载较多。《旧唐书·职官志》载：“木柱之梁三，皆渭川，便桥、中渭桥、东渭桥也。”《雍录》载：“秦汉唐架渭者凡三桥，在咸阳西十里者名便桥，汉武帝造；在咸阳东南二十二里者为中渭桥，秦始皇造；在万年县东四十里者为东渭桥，东渭桥也者，不知始于何世矣。”[⑨]司马贞认为：“中渭桥在古城

---

① 〔宋〕程大昌：《雍录》，黄永年点校，中华书局，2002年，第125—126页。

② 葛承雍：《唐代太仓试探》，《人文杂志》1985年第4期。

③ 〔清〕徐松：《唐两京城坊考》，张穆校，中华书局，1985年，第11页。

④ 《史记·刺客列传》，中华书局，1959年，第2535页。

⑤ 《史记·孝景本纪》，中华书局，1959年，第443页。

⑥ 《汉书·武帝纪》，中华书局，1962年，第158页。

⑦ 刘庆柱：《三秦记辑注》，三秦出版社，2006年，第92页。

⑧ 《史记》，中华书局，1959年，第2755页。

⑨ 〔宋〕程大昌：《雍录》，黄永年点校，中华书局，2002年，第124页。

（指汉长安城）之北也。”文献中多把横桥称为中渭桥。[①]有人认为厨城门桥和洛城门桥均称中渭桥[②]，也有人认为厨城门桥为中渭桥[③]。古代桥梁多为木构，极易毁坏，重建与再建时有发生，要确定各座渭桥的具体地址，还需要依据考古材料判定。

2012—2013年，汉长安城北渭河上发现三组7座古桥遗址。2012年4月，汉长安城北面厨城门外发现一组5座古桥，洛城门外发现1座。2012年10月，西安未央区草滩镇翠湖王家堡小学附近发现1座古桥遗址[④]。此外，1986年，咸阳钓台乡马家寨还发现2座古桥遗址。根据最新的渭桥遗址发掘资料及年代检测结果，厨城门一号桥年代为战国至西汉早期，补建的桥桩年代为东汉到魏晋时期。洛城门桥年代为西汉晚期至东汉早期，可能是汉代的东渭桥。厨城门四号桥年代偏早，可至战国晚期。因此，厨城门一号桥可能为汉代的中渭桥[⑤]，而王家堡桥的检测结果尚未公布。1967年，高陵县耿镇白家嘴村挖沙时发现1件唐开元九年（721）“东渭桥记”残碑，明确记载高陵耿镇白家嘴桥为唐之东渭桥[⑥]。厨城门三号桥年代大体相当于唐代，当为唐代的中渭桥。大白杨唐代粮仓遗址位于太极宫以西、中渭桥以南、唐代禁苑之内，与“（禁）苑西即太仓，北距中渭桥与长安故城相接”的记载亦相符。

（三）出土遗物的佐证

1978年，西安第二机床厂基建工地发现一通“唐重修内侍省碑”，碑文云“内则内园、客省、尚食、飞龙、弓箭、染房、武德留后、大盈琼林、如京营幕等司，并命妇院，高品、内养两院；外则太仓、庄宅、左右三军、威远教坊、鸿胪、牛羊等司，并国计库、司天台”。该碑刻于唐昭宗光化二年（899），是关于唐代太仓

---

① 《元和郡县图志》卷一作“中渭桥，汉末为董卓所烧，魏文帝更造”。参见陈直校证：《三辅黄图校证》，陕西人民出版社，1980年，第139页。

② 梁云、游富祥、郭峰：《汉渭河三桥的新发现》，《中国国家博物馆馆刊》2013年第4期。

③ 刘瑞、李毓芳、张翔宇等：《西安发现迄今最早最大木梁柱桥——秦汉“渭桥”》，《中国文物报》2012年5月25日第8版。

④ 陕西省考古研究院、中国社会科学院考古研究所、西安市文物保护考古研究院渭桥考古队：《西安市汉长安城北渭桥遗址》，《考古》2014年第7期。

⑤ 陕西省考古研究院、中国社会科学院考古研究所、西安市文物保护考古研究院渭桥考古队：《西安市汉长安城北渭桥遗址》，《考古》2014年第7期。

⑥ 孙德润、李绥成、马建熙：《渭河三桥初探》，见《陕西省考古学会第一届年会论文集》，《考古与文物》编辑部，1983年。

位置的最早记录。[①]碑文中所谓内、外，即指宫城（太极宫）内外，明确说明太仓在宫城外。碑文还提到"昔乾元元年，移永宁坊司天台于秘省南置，甚谐法度。应彼太微，今之再修，兼归旧地"。秘书省在皇城内，乾元元年把司天台迁回秘书省南，位在太极宫西南，同太仓一样在太极宫之外，所以碑文曰"外则太仓……司天台"。徐成还考证，碑文中所提到的教坊、鸿胪、牛羊司、庄宅、威远军监军使等机构行使职能的地点当均在宫禁之外。[②]宦官李升荣在会昌三年（843）"又除总监使，署连禁苑"[③]。说明总监使（兼知太仓）之署在禁苑之内。大白杨遗址发掘区附近即为唐代梨园遗址[④]，该遗址因唐玄宗教乐工子弟而得名[⑤]。梨园在唐代禁苑之内[⑥]，现在的梨园路也得名于此。

葛承雍认为太仓不在宫城之内，而在禁苑之内，且在唐长安城外西北隅。这种判断非常正确，但他推测太仓在今盐张村西部则略有偏差。盐张村在凤城七路与文景路交会处附近，位于唐代粮仓发掘区东北，二者直线距离5440米，南北距离4760米，当时的粮仓规模恐怕不会如此之大，况且，盐张村已在龙首原之下，不符合粮仓选择高爽之地的一般要求。

清嘉庆二十二年（1817），汤景于西安市内购得贞观十四年（640）和贞观二十二年（648）"和籴粟窖砖"各1块。两年后，又购得大中十年（856）、大中十一年（857）"和籴粟窖砖"和贞观八年（634）"敖仓粟砖"各1块。相传这些遗物均出于西安城西北隅。[⑦]结合梨园路大白杨唐代粮仓遗址的材料，推测它们应出土于遗址发掘区及其附近。《通典》载："凡天下仓廪，和籴者为常平仓，正租为正仓，地子为义仓。"发掘区各粮仓出土的炭化谷物，经中国社会科学院考古研究所考古科技实验研究中心鉴定均为粟，不仅可与以往发现的砖铭印

---

① 保全：《唐重修内侍省碑出土记》，《考古与文物》1983年第4期。

② 徐成：《〈唐重修内侍省碑〉所见唐代宦官高品、内养制度考索》，《中华文史论丛》2014年第4期。

③ 《李公（升荣）墓志铭》，见陈尚君辑校：《全唐文补编》卷七三，中华书局，2005年，第907页。

④ 李尤白：《梨园考论》，《人文杂志》1988年第5期。

⑤ "玄宗又于听政之暇，教太常乐工子弟三百人为丝竹之戏，音响齐发，有一声误，玄宗必觉而正之，号为皇帝弟子，又云梨园弟子，以置院近于禁苑之梨园。"参见《旧唐书·音乐志》，中华书局，1975年，第1051页。

⑥ "梨园在光化门北……则梨园在太极宫西禁苑之内矣。"参见〔宋〕程大昌：《雍录》，中华书局，黄永年点校，2002年，第197页。

⑦ 宿白：《隋唐长安城和洛阳城》，《考古》1978年第6期。

证，也说明官仓收纳的粮食，除政府的正租，还兼纳和籴粟米及义仓地税。[①]上述证据表明，梨园路大白杨唐代粮仓遗址应是唐代的太仓。

（四）关于北太仓与西渭桥仓

《旧唐书·职官志》载，唐代设三个太仓令，比隋代多出一个。[②]但另有文献记载唐长安城内只有两个太仓，即太仓和东渭桥仓。[③]东渭桥仓建于唐咸亨三年（672），根据监察御史王师顺的奏请而置，当时该仓长官为东渭桥给纳使，仓址在长安城东九里长乐坡下，主要吸纳广运渠运来的粮食、布匹等。[④]东渭桥仓有时也称“东渭桥太仓”[⑤]。

有学者认为，唐《水部式》残卷载禁苑内有“北太仓”，说明太仓有南、北两处。掖庭宫北侧的应是“南太仓”，规模较小，禁苑西北角的则是“北太仓”，规模较大。为了与宫城中的太仓相区别，禁苑内的太仓被称作“北太仓”，也就是中渭桥仓，其渭河运输的码头在中渭桥边。《新唐书·食货志》记载，贞元初，韩滉、杜亚运送江南粮米至“东、西渭桥仓”。西渭桥仓未见其他文献记载，所以这里的“西渭桥仓”很有可能就是“中渭桥仓”的错讹，指的就是北太仓。北太仓的地位和作用似乎远远不能与东渭桥仓相比，大多数漕船还是停泊在东渭桥仓下。[⑥]

《括地志》载“（龙首山）山首在长安故城中，自汉筑长安城及营宫殿，咸以堙平，其余即今宫城之太仓以东是也”[⑦]。《雍录》云：“按《括地志》者，太宗子魏王泰所为也，作记之时，唐只有西内，未有东内，其谓余山之在太仓以东者，其后大明宫据以为基者也，说皆相应也。若太极宫在未央之东南，大明宫之东北，而遂卑湿不爽者，盖其基在南，舍山而就平地也。以方求之，太极宫进前而在大明西

① 沧清：《略谈隋唐时期的官仓制度》，《考古》1984年第4期。

② “太仓署：令三人，从七品下。”参见《旧唐书·职官志》，中华书局，1975年，第1886页。

③ 贞元二十一年“甲午，度支使杜佑奏：太仓见米八十万石，贮来十五年，东渭桥米四十五万石，支诸军皆不悦”。参见《旧唐书·顺宗本纪》，中华书局，1975年，第408页。

④ “于长安城东九里长乐坡下、浐水之上架苑墙，东面有望春楼，楼下穿广运潭以通舟楫，二年而成。”参见《旧唐书·韦坚传》，中华书局，1975年，第3222页。

⑤ “输东渭桥太仓米至凡百三十万石，遂罢南路陆运。”参见《新唐书·食货志》，中华书局，1975年，第1370页。

⑥ 辛德勇：《西汉时期陕西航运之地理研究》，见中国地理学会历史地理专业委员会、《历史地理》编委会编：《历史地理》（第21辑），上海人民出版社，2006年。

⑦〔唐〕李泰等著，贺次君辑校：《括地志辑校》，中华书局，1980年，第11页。

北角，则其低可想矣。”[①]这说明太仓在龙首原上，也说明宫城内确有一太仓。但这个太仓可能指太仓署，而非粮仓。真正的太仓位于禁苑西部，即梨园路大白杨唐代粮仓。东渭桥位于今高陵区耿镇白家嘴村西南，距今渭河河床约2.5公里。太仓位于西南，东渭桥仓位于东北，因而东渭桥仓有时被称为北太仓。[②]张弓也持此观点，不过他认为东渭桥仓由输场和仓室两部分组成，输场受纳，仓室收贮，北仓专指东渭桥仓的仓室部分。太仓仅供给天子六宫之膳及充做百官俸禄等，北仓所贮供给百司诸卫、转输诸军以及备荒。[③]

唐玄宗天宝八年（749），全国主要大型粮仓储粮12656620石，含嘉仓就有5833400石，占了将近二分之一，在天下粮仓中规模最大。[④]它还是关东和关中之间的漕米转运站。隋时东南漕米都先集中在洛口仓，唐前期洛阳以东的租米先集中在含嘉仓，再由此陆运至陕州，循河、渭入长安。随着官僚机构扩大，长安“府库及仓，庶事实缺，皆籍洛京转输”，运输量增大，运输也因河渠淤塞及三门之险愈加困难，所以高宗及武则天时多数时间不得不就食洛阳。[⑤]因此，含嘉仓亦应属唐代太仓之一。根据上述记载，唐代三个太仓令可能分别为北仓令、太仓令及含嘉仓令[⑥]。

二、太仓的位置优势

唐代太仓遗址所处的龙首原横亘于今西安市北郊，龙首起光大门，尾抵三桥镇以南，其西北地势较低平，越向东南地势越高。根据1977年出版的地形图[⑦]，从西向东海拔高度依次为：正对汉长安城覆盎门遗址的大白杨村399—401米、马乎沱村398—406米、枣园南岭404—405米、龙首村404—411米，由此向东海拔高度又依次递减。龙首原东部南坡是隋唐长安城遗址，明西安城基本叠压在隋唐长安城皇城和宫城遗址上。龙首原西部北坡则是汉长安城遗址。龙首原地势高爽，能够及时排走雨水，保持周围干燥，十分利于粮食储存。地势与粮食储存时间密切相关，高爽之

① 〔宋〕程大昌：《雍录》卷三，黄永年点校，中华书局，2002年，第57页。

② 葛承雍：《唐代太仓试探》，《人文杂志》1985年第4期。

③ 张弓：《唐朝仓廪制度初探》，中华书局，1986年，第58页。

④ 〔元〕马端临：《文献通考·市籴考二》，中华书局，1986年，第205页。

⑤ 邹逸麟：《从含嘉仓的发掘谈隋唐时期的漕运和粮仓》，《文物》1974年第2期。

⑥ “皇朝署太仓令三人，东都则曰含嘉仓。”参见［日］广池千九郎训点，［日］内田智雄补订：《大唐六典·寺农司》卷一九，三秦出版社，1991年，第374—375页。

⑦ 陕西省革命委员会测绘局，1974年绘，1976年6月校绘。

地“粟藏九年，米藏五年；下湿之地，粟藏五年，米藏三年”[①]。

隋唐时期龙首原大部分位于都城禁苑之内。《雍录》载：“（太极）宫之北有内苑，有禁苑，而宫居都城之北，内苑又居宫北，禁苑又居内苑之北也。禁苑广矣，西面全包汉之都城，东抵霸水，其西南两面搀出太极宫前，与承天门相齐。承天门之西排立三门，皆禁苑门，曰光化，曰芳林，曰景耀，皆南向。此西内太极宫及宫北内苑、禁苑地望之详也。”[②]《读史方舆纪要》载：“又有苑城，本隋大兴苑也，唐曰禁苑，亦曰三苑，苑城东西二十七里，南北三十二里，周回一百二十里。东接霸水，西接长安故城，南连京城，北枕渭水。”[③]粮仓设在禁苑内，对保证粮仓安全具有重要作用。

太仓靠近漕渠，运输便利。唐朝汉长安城西有名为“漕河”或“漕水”的水道，在城西南从现在的皂河上分出，沿汉长安城南城墙和东城墙北流入渭河[④]。辛德勇认为，该渠主要通过堰流渭河水通漕。“唐韩辽复开漕渠时称‘旧漕在咸阳县西十八里……自秦汉以来疏凿，其后堙废’。可知汉、隋、唐漕渠渠首段基本一致，具体引水地点在咸阳西十八里，唐名兴城堰，当今咸阳钓鱼台附近。其地河道狭束，便于筑堰引水。漕渠东行经滈池北、磁石门南，又在汉长安城西南角外由三桥下穿过唐开远门至咸阳间大道（汉时则当通过揭水陂），沿汉长安城南城墙东行。”[⑤]据今汉城南护城壕的考古钻探材料，汉代护城壕南确有一条唐代漕渠，由西南三桥方向而来，在城墙西南角与汉代护城壕并行向东，局部稍偏南改道，该漕渠疏浚汉代护城壕而成。今发掘的唐代太仓位于该漕渠南部，二者相距不足600米。如果今西安市北二环也存在粮仓的话，粮仓与漕渠几乎比邻。《类编长安志》记载：“永安渠，隋开皇三年引交水西北流入城，经大通、信义、永安、延福、崇贤、延康六坊之西，又经西市之东，北流经布政、颁政、辅兴、崇德四坊及兴福寺之西，又北入芳林园，又北入苑，注之于渭。”[⑥]禁苑及西市附近漕渠相通，交通十分方便，西市内的深潭还储存过木材。

太仓距太极宫、皇城、西市较近，方便宫城、皇城及其他政府人员的粮食供应。长安百司京官的俸禄都由太仓每月按班分批发给。三省六部、九寺五监、御史台、京兆府等上旬供给，王府、禁军、京都总监、内坊等中旬供给，公主府邑、太

---

① 《新唐书·食货志》，中华书局，1975年，第1344页。

② 〔宋〕程大昌：《雍录》，黄永年点校，中华书局，2002年，第49页。

③ 〔清〕顾祖禹：《读史方舆纪要》卷五三，中华书局，1955年，第2307页。

④ 〔宋〕宋敏求：《长安志》，成文出版社有限公司，1932年，第265页。

⑤ 辛德勇：《古代交通与地理文献研究》，中华书局，1996年，第168页。

⑥ 〔元〕骆天骧：《类编长安志》卷六，黄永年点校，三秦出版社，2006年，第181—182页。

子东宫、京畿府官与无额准的余司皆下旬供给。凡给领公粮者，皆凭尚书省符为发证。从正一品到九品，领取粮食的数量都有严格界定。食太仓者到太仓领粮要查契符，凡置木契二十只，十只与太仓署合，十只与导官署合。司农寺置九雄一雌，司农主簿掌雄，太仓署管雌，勘验相合，允许出给。[①]

三、粮仓的建筑技术

关于隋唐时期全国的粮食运输，有学者曾做过详细研究[②]，兹不赘述。现结合发掘情况，就粮仓的建筑技术进行简单论述。我国古代的仓储建筑有仓、廪、囷、京及窖、窦等，仓、廪、囷、京为地上建筑，窖、窦为地下建筑。[③]《农书》记载，地下粮仓“既无风雨雀鼠之耗，又无水火盗贼之虑，虽箧笥之珍，府藏之富，未可埒也”，因此成为古代储存粮食的主要形式。“夫穴地为窖，小可数斛，大至数百斛，先投柴棘，烧令其土焦燥，然后周以糠，稳贮粟于内。五谷之中，唯粟耐陈，可历远年。”[④]

大白杨唐代粮仓即为地下窨藏建筑。解剖发掘发现此处唐代粮仓的建造过程与《农书》所记十分相似。虽然各仓稍有不同，但大体上都经过以下几道工序。首先挖坑造穴，夯打坑底，然后烘烤窖壁和窖底。在底部的烘烤面上铺垫草木灰、白灰、红烧土块等，在周壁铺设木板及席子，最后存放粮食。窖底的处理非常认真，至少经过三次防潮处理，每次处理都包含垫土夯打、抹泥烘烤、铺设木板等工序，有的还垫一层木炭灰或红烧土块，有的铺席或秸秆。[⑤]底部木板紧贴在粮仓周壁上，粮仓底部很可能还有“十”字形木架结构，以通风、散热、散潮。从粮仓周壁残留的木板灰及白色痕迹推测周壁曾铺设木板、席子及植物秸秆等物以隔绝粮食接触窖壁。这也见于洛阳地区的隋唐粮仓。

四、结论

根据目前的考古材料推知，梨园路大白杨唐代粮仓分布集中，面积较大，仓窖

---

① ［日］广池千九郎训点，［日］内田智雄补订：《大唐六典·寺农司》卷一九，三秦出版社，1991年，第375页。

② 邹逸麟：《从含嘉仓的发掘谈隋唐时期的漕运和粮仓》，《文物》1974年第2期。

③ 沧清：《略谈隋唐时期的官仓制度》，《考古》1984年第4期。

④ 〔元〕王祯：《农书》卷一六，中华书局，1956年，第311页。

⑤ 含嘉仓发掘报告认为，多次防潮处理是多次使用的结果，即上层窖底是在下层窖底废弃后填土筑成的。参见河南省博物馆、洛阳市博物馆：《洛阳隋唐含嘉仓的发掘》，《文物》1972年第3期。

周围应存在仓城围墙。我们曾在遗址东南部钻探到两块南北向的夯土，南北长约19米、东西宽约5米，尚不能判明是否为仓城城墙。因现代建筑占压，无法探得仓城四至、粮仓数量和布局。但根据考古发现和文献及前人研究成果，可确认大白杨粮仓遗址即唐代太仓所在地。唐代太仓占据了龙首原高地，处在唐代禁苑内，又靠近漕渠，不但有利于粮食储存，交通便利，也有安全保障。唐长安城内及其附近共有两座太仓，另一座位于东渭桥的太仓，有时也称北太仓，而太极宫内的所谓太仓应为太仓官署。

原载《考古》2016年第6期

（徐龙国，中国社会科学院考古研究所研究员）

唐长安城圜丘的天文意义 *

曲安京　陈镱文

1999年，中国社会科学院考古研究所西安唐城工作队对陕西师范大学校园内的一处古代遗址进行了发掘，该遗址被称为唐长安城圜丘。①圜丘，元代以后称作天坛，是古代皇帝祭天的场所。这种重要礼仪建筑的设计，一定有一些特别的天文意义。

不过，迄今为止，针对唐长安城圜丘的研究，大体上都在说明此圜丘应是史籍中记载的唐代皇帝祭天的圆丘，很少有人对圜丘的实测数据与历史文献记录的显著误差产生的原因做出深刻的分析和质疑，也似乎未见有文章对圜丘可能代表的天文模型进行深入的讨论。

一、问题的提出

根据唐长安城圜丘的发掘简报，可知圜丘现存的基本状况。史学界对唐长安城圜丘也有一些专门的论述。②关于圜丘的文献记载，在简报和后来的研究论著中都有比较详细的引述。根据这些记载，学者们认定发掘的唐长安城圜丘应是唐代皇帝郊天的礼制建筑的遗存。③

历史上，圜丘亦称圆丘。唐长安城圜丘遗址的实测数据与隋唐时期典籍中记录的圆丘数据并不是很吻合，为了有所区别，本文在不作特殊声明处，通常用“圜丘”代表在陕西师范大学内发掘的遗址，而用“圆丘”代表隋唐时期典籍中描述的

---

* 本文是国家社会科学基金重大项目“中国历法通史研究”（编号15ZDB029）的阶段性成果。

① 中国社会科学院考古研究所西安唐城工作队：《陕西西安唐长安城圜丘遗址的发掘》，《考古》2000年第7期。

② 安家瑶：《西安隋唐圜丘的考古发现》，《文物天地》2001年第1期；赵永磊：《隋唐圜丘三壝形制及燎坛方位探微》，《考古》2017年第10期。

③ 安家瑶：《唐长安城的圜丘及其源流》，见中国社会科学院考古研究所编：《21世纪中国考古学与世界考古学》，中国社会科学出版社，2002年；王仲殊：《论唐长安城圆丘对日本交野圆丘的影响》，《考古》2004年第10期。

礼制建筑。

关于圆丘和方丘的形制与功能的记述，历代典籍中皆有保存。例如，有关隋唐时期皇帝郊天的礼仪制度，《旧唐书·礼仪志》等正史中都有详细记载，从中可见与唐长安城圜丘直接关联的文字。

> 武德初，定令：每岁冬至，祀昊天上帝于圆丘，以景帝配。其坛在京城明德门外道东二里。坛制四成，各高八尺一寸，下成广二十丈，再成广十五丈，三成广十丈，四成广五丈。①

据简报的测算，圜丘遗址距唐长安城明德门东南方950米左右。按隋唐时期的1里约为530米，其位置与文献记载的圆丘接近。圜丘的主体由四层同心圆和十二陛构成，其形制与史籍中圆丘的描述也非常相似。《新唐书·礼乐志》有类似的记录：

> 依古四成，而成高八尺一寸，下成广二十丈，而五减之，至于五丈，而十有二陛者，圆丘也。②

学者们据此认定，唐长安城圜丘应是隋唐时期皇帝郊天的圆丘。由于文献描述的圆丘的相关尺寸基本上是以“丈”为单位给出的，为了说清楚唐长安城圜丘与文献记载的隋唐圆丘之间的差距，我们需要先介绍隋唐时期尺与丈等单位的换算问题。

按照曾武秀的研究，南北朝时期有大尺、小尺两种尺度：1小尺=0.246米，1步为6小尺；1大尺=0.296米，1步为5大尺。据目前出土的隋唐时期各种材质尺子的实物，当时1尺的长度在29—31厘米。大致说来，隋及唐初的官定尺长为29.6厘米，中唐以后，稍有增加，至晚唐达到31厘米左右。这些尺子基本上都是大尺。③

由此可知，隋唐时期的标准尺长大体为29.6厘米，即1大尺的长度。由于1丈=10大尺=12小尺，因此，无论是采用大尺或小尺，南北朝及隋唐时期1丈的长度，基本上都是2.96米。

我们知道，《新唐书》等文献记载的圆丘主体，是由四个直径依次为20丈、15丈、10丈、5丈的同心圆坛垒叠而成。由于隋唐时期1丈=2.96米，可据此对上述四个尺寸进行换算。如将简报中给出的唐长安城圜丘的四层同心圆直径的实际测量结果，取圜丘每层直径的平均值，与史籍记载的圆丘直径（换算为米）罗列出来，可对照如下（表1）：

---

① 《旧唐书·礼仪志》卷二一，中华书局，1975年，第820页。

② 《新唐书·礼乐志》卷一二，中华书局，1975年，第325页。

③ 曾武秀：《中国历代尺度概述》，《历史研究》1964年第3期。

表1　圜丘与圆丘主体尺寸对照表　（单位：米）

	一层	二层	三层	四层
圆丘直径	59.2	44.4	29.6	14.8
圜丘直径	52.8	40.5	28.4	20.2
绝对误差	6.4	3.9	1.2	−5.4
相对误差（%）	10.8	8.8	4.1	36.5

令人感到诧异的是，隋唐文献中的圆丘与唐长安城圜丘之第一、四两层直径的绝对误差分别达到6.4米与−5.4米，而第四层直径的相对误差甚至超过了35%。

无论是绝对误差还是相对误差，这个结果都远远超过了一个普通建筑可控制的精度范围，更遑论皇帝祭天的礼制建筑。但如此显著的误差，居然被人们忽略不计了。

那么，文献记载与考古遗存之间的这个误差是否是修缮增补或遗存损毁等历史、自然甚或人为的原因造成的呢？根据简报，因遭自然力的侵蚀破坏，在隋唐300余年间对唐长安城圜丘进行过多次维修，不过，这些破坏及修缮对圜丘的基本形制，没有产生大的改变。[①]

这就给我们提出了一个问题：既然唐长安城圜丘的主体形制基本上保持原始的状态，那么，它与隋唐文献记载的圆丘直径之间的明显误差，究竟是如何产生的？将此归咎于当初建筑施工不够精确所致，显然是难以令人接受的。

那么，是否有这样的可能，唐长安城圜丘并不是按照《新唐书》等史籍记载的数据构建的？如果真的如此，这个圜丘所代表的天文意义是什么？它与史籍中记载的圆丘在天文模型上有什么区别？

二、唐长安城圜丘的基本结构

下面的讨论，是基于这样的基本假设：简报有关唐长安城圜丘的探测数据，大体上反映了圜丘的原始建造状态；这个状态，在精度上基本保持了设计者的建筑方案。在此前提下，根据简报提供的数据，试图揭示圜丘设计者的理念究竟是什么；在其设计方案中，是否存在着一个合理的天文模型。

因此，让我们先看一看唐长安城圜丘发掘简报所提供的信息。

据简报，唐长安城圜丘的形制基本保存完整。圜丘主体的大致形状，是一个四

① 中国社会科学院考古研究所西安唐城工作队：《陕西西安唐长安城圜丘遗址的发掘》，《考古》2000年第7期。

层的同心圆，每层的高度大体相同，各层基本上呈正圆的形状（图1）。我们根据简报，将圜丘各层圆面的直径与层高数据列成表2所示。

图 1　唐长安城圜丘

（出自中国社会科学院考古研究所西安唐城工作队：《陕西西安唐长安城圜丘遗址的发掘》，《考古》2000 年第 7 期）

表2　唐长安城圜丘主体的基本数据

层	圆径（米）	圆径（米）	圆径（尺）	半径（单位）	层高（米）	平均（尺）
一	52.45—53.15	182.1	182	13	1.85—2.1	6.8
二	40.04—40.89	139.5	140	10	1.7—1.85	6.1
三	28.35—28.48	98	98	7	1.45—1.75	5.5
四	19.74—20.59	69.5	70	5	1.75—2.25	6.9

注：圆径与层高两列数据采自发掘简报。1尺=0.29米，1单位=7尺。

如前所述，根据出土的隋唐时期各种材质尺子的实物，可知唐代的1尺，大体在29—31厘米。如1956年出土于河南陕县会兴镇唐墓的一把铜尺，长29厘米。[①]

以下为了方便起见，我们统一采用1尺=29厘米进行归算。有必要指出的是，由于我们关注的是各种数据之间的比例关系，选择标准尺的换算长度，不会影响后面的讨论结果。

根据简报，圜丘各层的圆面直径（圆径）与层高，都给出了一个范围，见表2第2、6列。按照1尺=0.29米，将表2中这两列数据的平均值，换算成相应的尺数，分别列在第3、7列，第4列给出了圆径平均值的整数尺数。

① 黄河水库工作队：《一九五六年河南陕县刘家渠汉唐墓发掘简报》，《考古通讯》1957年第4期。

简报称，“从残存状况推测，圜丘总高最大可达8.12米”①。如果换算成尺，以0.29除之，得数为28=（4×7）尺。平均每层的高度正好为7尺。现存圜丘各层高度的实测数据，略小于这个结果。如将7尺折合为1个单位，则圜丘各个层高大约近似为1个单位。

按7尺=1单位，根据表2第4列圜丘各层圆径的尺数，可得到相应各层圆面的半径的单位数，如第5列所示。

三、圜丘蕴含了一个三圆三方的宇宙模型

根据对北大秦简“鲁久次问数于陈起”原文的解读，我们发现，秦汉时期可能存在一个鲜为人知的盖天说的宇宙模型，这个模型不同于《周髀算经》记载的盖天说的七衡六间模型②。按陈起的说法，我们称之为“三圆三方模型”。陈起模型是由三个同心圆构成的，由于这三个同心圆是通过内接与外切三个正方形彼此嵌套而得到的，因此，按照中国古代数学家“方五斜七”的认识（相当于取$\sqrt{2}=1.4$），可得到这三个圆的半径之比为5∶7∶10。

三圆三方宇宙模型的中心为天北极，内圆表示夏至日太阳轨道，中圆表示春秋分日太阳轨道，外圆表示冬至日太阳轨道。

根据表2中四个圆的半径的比例，可将唐长安城圜丘的模型绘制如图2所示。其中内侧的三个同心圆的半径之比，正好是5∶7∶10。显而易见，这三个同心圆构成了一个标准的三圆三方模型。

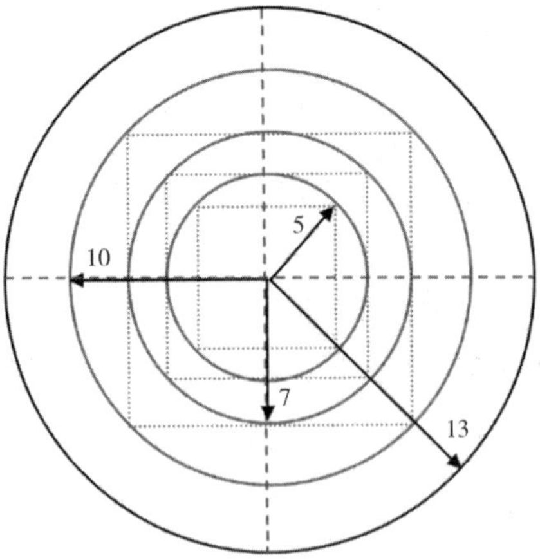

图2　圜丘四层同心圆的半径比例

在中国古代的传世文献中，未见“三圆三方模型”的记载。因此，在实际的考古发掘中，考古学者们也很少对相关的文化遗址进行类似的联想。大约只有冯时先生在讨论红山文化圜丘的数学结构时，提到过这个模型③。或许是当时尚缺乏出土资料的支撑，冯时的观点未得到考古学界

① 中国社会科学院考古研究所西安唐城工作队：《陕西西安唐长安城圜丘遗址的发掘》，《考古》2000年第7期。

② 陈镱文、曲安京：《北大秦简〈鲁久次问数于陈起〉中的宇宙模型》，《文物》2017年第3期。

③ 冯时：《红山文化三环石坛的天文学研究——兼论中国最早的圜丘与方丘》，《北方文物》1993年第1期；《中国天文考古学》，中国社会科学出版社，2010年，第459—480页。

足够的回应。在汉代以后的大型遗址发掘中，基本上也从未见到有关“三圆三方模型”的报道。

通过上面的讨论，我们可看到，唐长安城圜丘内侧的三个同心圆的确是吻合了三圆三方的模型，这是否是一种数字上的巧合。如果根据三圆三方宇宙模型的意义，将唐长安城圜丘的第二至四层的三个圆，分别看作是代表冬至、春秋分、夏至日太阳的轨道，那么，第一层的圆又代表了什么？它是否体现了圜丘设计方案的某种特殊的含义？

这是揭示唐长安城圜丘之天文意义的关键所在。

四、圜丘外圆代表恒隐圈

我们知道，在中国古代的星图画法中，有一种叫作“圆图”。圆图中通常都画出三个同心圆，分别称为内规、中规、外规。其中，中规代表天赤道，或者春秋分日太阳的视运动轨道，其半径约为91度（90度）。内规表示恒显圈，恒显圈的半径就是北极出地的高度，即所在地的地理纬度ϕ。外规表示恒隐圈，外规之外的星空，在地理纬度ϕ的地区是常隐不现的，因此，可视为所在地星空视野的边界，或者其宇宙的边界。

一行在《新唐书·天文志》中，给出了中国古代星图之“圆图”的画法。

> 削篾为度，径一分，其厚半之，长与图等，穴其正中，植针为枢，令可环运。自中枢之外，均刻百四十七度。全度之末，旋为外规。规外太半度，再旋为重规。以均赋周天度分。又距极枢九十一度少半，旋为赤道带天之纮。距极三十五度旋为内规。[①]

据上述画法，我们可知在一行的星图中，内规、中规、外规的半径分别为35度、91.25度、147度。这个结果是按照唐代长安地区的地理纬度计算的，如果令中规半径约为91度，则182度≈180度，于是，内规半径为ϕ=35度，外规半径为182−ϕ=147度。

根据表2归算的结果，我们可得到唐长安城圜丘的数据模型。在这个模型中，圜丘各层圆半径的单位数，由外向内依次为13、10、7、5。为醒目起见，我们将这些同心圆半径的单位长度，表示如图3。

① 《新唐书·天文志》卷三一，中华书局，1975年，第811页。

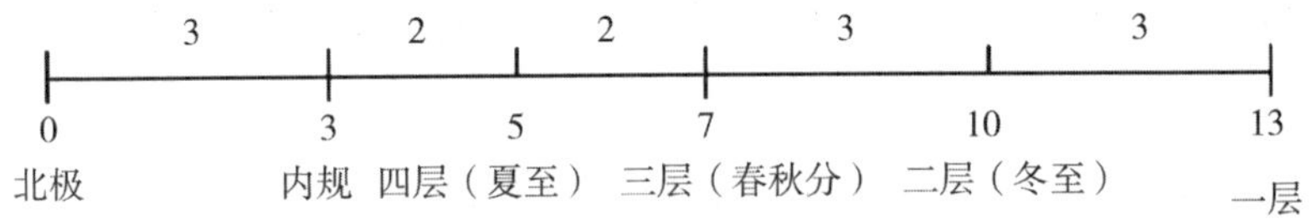

图3　圜丘各层圆面的半径（单位）

据此可知，第一层圆与第二层圆的半径差为3个单位，与冬至日到春秋分日太阳轨道的半径差相同。假设在第四层圆的内部，存在一个内规，根据对称性，它与第四层圆的半径差，应该与夏至日到春秋分日太阳轨道的半径差相同，均为2个单位。由此，可得到内规的半径为3个单位。

如前所述，在一行给出的星图画法中，内规，即恒显圈的半径为35度，外规，即恒隐圈的半径为147度，如图4所示。

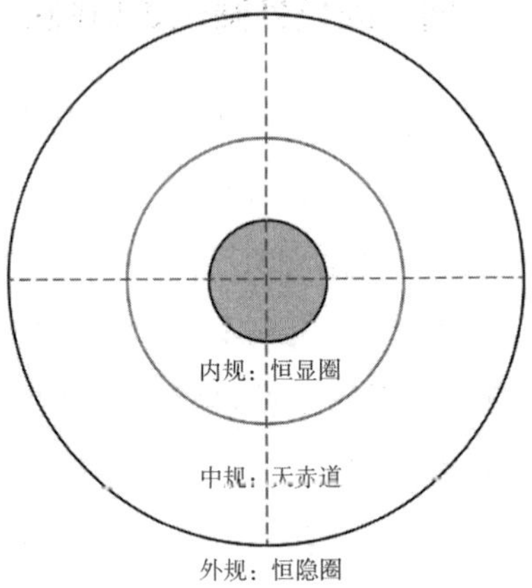

图4　中国古代的星图结构

假设内规表示恒显圈，第一层圆表示恒隐圈，第二层圆表示冬至圈，第三层圆表示春秋分圈，第四层圆表示夏至圈，则恒隐圈到恒显圈的距离，共10个单位。于是，春秋分到二至圈的平均距离为5个单位。

由于恒显圈的半径为3个单位，按照春秋分日太阳轨道半径为91度，合8个单位，由此可归算出内规的半径如下：

$$\phi=\frac{3}{8}\times 91=34.125\text{度}$$

此计算结果刚好约等于一行给定的唐代长安地区的地理纬度35度，与恒显圈的半径基本吻合。

由于圜丘的第一层圆的半径为13个单位，也可归算出第一层圆到北极的距离如下：

$$182-\phi=\frac{13}{8}\times 91=147.875\text{度}$$

此计算结果正与一行给定的中国古代星图中的外规（即恒隐圈）的半径147度相同。

由此，基本上可以断言，唐长安城圜丘中的第一层圆，应该就是表示的恒隐圈。这一点一旦确认，可从另一方面支持前面的推断：圜丘的第二、三、四层圆，分别代表冬至、春秋分、夏至日太阳的轨道，而且这三条轨道是用三圆三方的模型构造出的，这些同心圆的半径依次为10、7、5个单位。

五、唐长安城圜丘可能不是《隋书》中的圆丘

圆丘与方丘，是古代皇帝郊天的礼仪建筑。圆丘又称圜丘。唐长安城圜丘，是现存唯一保存较完整的宋代以前的都城郊天礼制建筑。关于圆丘与方丘的形制，在古代典籍中多有记载，也有学者对此进行了论述。①

图 5　圜丘模型的天文意义

如前所述，唐长安城圜丘的探测数据与唐代文献的记录不太吻合。通过上面的讨论，我们可知唐长安城圜丘具有非常明确的天文意义，其天文模型如图5所示。那么，历史文献记载的隋唐时期的圆丘，又体现了怎样不同的天文意义？

目前正史中记载的隋唐时期圆丘与方丘的形制尺度，基本上是一致的。例如，《隋书·礼仪志》有如下的记载：

> 高祖受命，欲新制度。乃命国子祭酒辛彦之议定祀典。为圆丘于国之南，太阳门外道东二里。其丘四成，各高八尺一寸。下成广二十丈，再成广十五丈，又三成广十丈，四成广五丈。②

根据上述记载，可知隋高祖杨坚称帝后，让国子祭酒辛彦之制定新的皇帝郊天的制度。辛彦之设计了圆丘与方丘两个祭天的礼仪建筑，分别在冬至日与夏至日，成为皇帝郊天祭祀的场所。

辛彦之设计的圆丘，是由四层圆坛垒叠而成，每层高8.1尺。这个尺寸，应是所谓的小尺，即1小尺=0.246米。按1大尺=1.2小尺=0.296米，将圆坛的层高折合成大尺，每层高度应是6.75大尺。因此，辛彦之设计的圆坛四层高度合计为27大尺=7.99米。

如果将唐长安城圜丘四层高度实测值的最大值加起来，得数为7.95米，几乎与之吻合。

不过，辛彦之设计的圆丘，其四层圆径的尺度依次为5丈、10丈、15丈、20丈。这个结果与长安城圜丘有明显的差异。那么，圆丘的这四个直径可能代表的意义又是什么呢？

① 姜波：《汉唐都城礼制建筑研究》，文物出版社，2003年，第199—205页。

② 《隋书·礼仪志》卷六，中华书局，1973年，第115、116页。

如果我们取黄赤大距为24度，则根据唐一行的星图（圆图）的画法，将各个节点罗列出来，可得到图6。有趣的是，图6中最重要的三个数据35、91、147，都是7的倍数。倘若以7除以图6中的数据，可得到如下的结果（表3）。

其中，表3最后一行是辛彦之圆丘的直径数。我们可看到，在这组成等差数列的数字中，如果以5代表恒显圈的直径，则20应是对恒隐圈直径的近似。在确定了这两个数据后，10和15就可分别近似地表示夏至日与冬至日轨道的直径了。

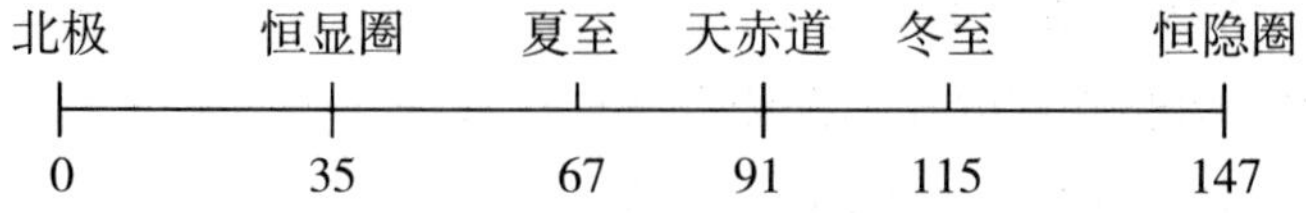

图6　唐代一行星图上的一些平行圈的半径（度）

表3　唐代一行星图的平行圈半径处理结果（除7）

北极	恒显圈	夏至	天赤道	冬至	恒隐圈
0	35	67	91	115	147
0	5	9.6	13	16.4	21
0	5	10		15	20

这个事实表明，辛彦之设计的隋代圆丘中的四个“成广”，与前文讨论的唐长安城圜丘的四个“圜径”，在结构上是不同的。它们所对应的圆，是有明显差异的。

因此，隋代辛彦之的圆丘模型，虽在总高度上与唐长安城圜丘的实测结果相当吻合，但在形制上却有着较大差异，应是两个不同的建筑代表的天文模型是不一样的。

唐代的文献应是沿袭《隋书》中辛彦之的设计方案，来描述圆丘与方丘的形制。不过，是否根据辛彦之设计的方案进行了实际建设，暂且存疑。

我们据此得出的结论是，现存唐长安城圜丘，可能不是根据辛彦之的设计建造的。换句话说，唐长安城圜丘至少从数据上看，应不是《旧唐书》或《新唐书》所记录的圆丘，虽然这个圆丘在地理位置上与唐长安城圜丘大约相近。

六、结语

本文的主要结论有二：第一，复原了唐长安城圜丘的天文模型；第二，唐长安城圜丘可能未按照隋代辛彦之的方案设计建造。

据唐长安城圜丘的天文模型（图5），由外向里，圜丘的第二、三、四层圆，是一个三圆三方的宇宙模型。第一层圆是恒隐圈，也就是唐长安地区星空视野的边界，在此之外的星空，对于唐长安地区的人们来说，是常隐不现的。因此，这个圆可视为宇宙的边界。

第四层平台上的恒显圈，与第三层圆和第一层圆，共同构成中国古代星图中的内规、中规、外规。这三个圆分别代表着唐长安地区星空视野中的恒显圈、天赤道、恒隐圈。它们的半径，在数值上与一行在《新唐书·天文志》中给出的数据是吻合的。

在宇宙模型的构建中，宇宙的边界，即恒隐圈，是重要的。太阳视运动平行圈周而复始的边界，即夏至与冬至日太阳的轨道，是重要的。天赤道，即春秋分日太阳的轨道，是重要的。相较而言，恒显圈所指代的天文现象就不是那么明显可以认证的。这或许是为什么唐长安城圜丘没有内规，只有这四层圆的原因。

值得强调的是，图5中蕴含的三圆三方模型，在中国古代大型的天文遗址中是比较罕见的。在发现北大秦简中描述的三圆三方的宇宙模型之前，只有冯时曾经指出，红山文化圜丘具备了三圆三方的结构。[①]这种盖天说的宇宙模型，与《周髀算经》的盖天说模型是不同的。文献的记录，目前仅见北大秦简。在汉代以后的天文遗址中，唐长安城圜丘中蕴含的这个天文模型，应是迄今为止的首次发现。

在搞清唐长安城圜丘的天文模型后，就可看出圜丘的历史地位与作用了。不过，由于该模型与现存古代文献记录的圆丘的模型显然是不一致的，这就引发了一系列值得进一步探讨的问题。例如，谁设计了唐长安城圜丘？为什么这个方案在历史文献中没有记录？如果唐长安城圜丘就是唐代皇帝冬至郊天祭祀的场所，为什么新旧《唐书》要用辛彦之的方案来描述唐长安城圜丘的形制？

原载《考古》2019年第8期

（曲安京，西北大学科学史高等研究院教授；
陈镱文，西北大学科学史高等研究院教授）

---

① 冯时：《中国古代的天文与人文》，中国社会科学出版社，2006年，第286—344页。

唐长安城西市考古新发现与相关研究

何岁利

唐长安城西市，位于廓城偏北皇城之西南，其位置与东市（位于皇城之东南）东西对称（图1）。长安城东市和西市[①]，初建于隋开皇二年（582），时称都会市和利人市，唐代称为东市和西市，规模相当庞大。

东市和西市，是唐长安城最为繁华的商业活动场所和国家经济活动中心，也是7—9世纪最大的国际经济贸易中心和商品的集散地，更是闻名于世的丝绸之路的起点和重要标志之一。

中国社会科学院考古研究所自20世纪50年代末起，就开始对包括东市、西市在内的唐长安城进行系统考古勘探、发掘与研究，至今已走过半个多世纪，通过几代人的努力，获得了大量珍贵的考古资料。东、西两市的考古资料，内容涉及市场范围、坊墙、坊门、街道、水系、十字街、店肆、作坊以及市署等。考古资料是东市和西市当时社会生产、生活的实证，也是当时人类活动最客观、最直接的体现。随着考古工作与研究的深入，我们对于长安东、西市历史面貌的认识日渐明晰。

东、西两市的考古工作，西市开展得相对较多，资料也较为丰富。特别是近些年，西市遗址通过多次多区域的考古勘探与发掘，又有许多重要的考古新发现，如东北十字街、西北十字街、骨器作坊、经幢等。考古新资料对西市以及唐长安城的研究来说，十分重要。笔者近些年有幸多次参加西市遗址的考古勘探、发掘与资料整理工作。现就西市考古新发现与相关研究拙笔成文，以就教于方家。

一、西市历年考古工作概况

中国科学院考古研究所（1977年后称中国社会科学院考古研究所）于1957年起，即派工作队对唐长安城开始专门进行考古工作勘察、发掘和研究，逐渐积累了

① 《隋书》卷二八："太府寺既分为少府监，而但管京都市五署及平准、左右藏等，凡八署。京师东市曰都会，西市曰利人，东都东市曰丰都，南市曰大同，北市曰通远，及改诸令为监，唯市署曰令。"参见《隋书》，中华书局，1973年，第798页。

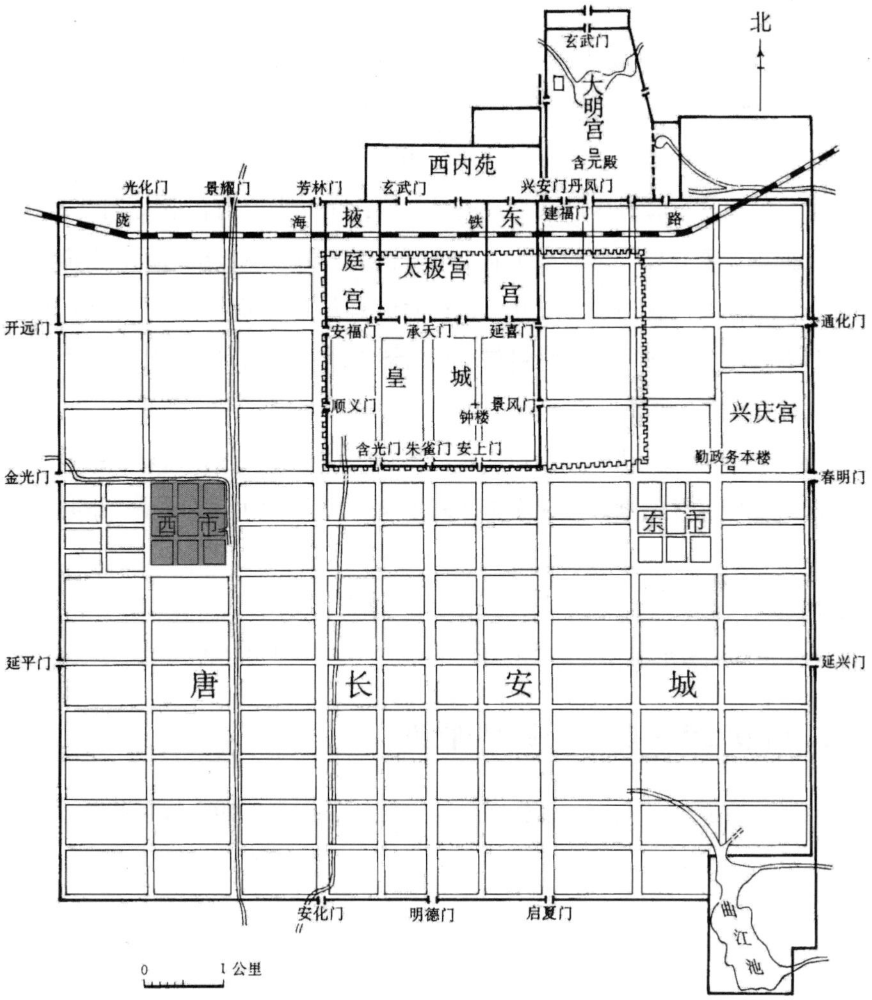

图1　唐长安城平面图

丰厚的学术资料与基础。有关西市历年来的考古勘察与发掘工作如下：

1957—1959年，主要对长安城的东西两市及部分的街道和里坊进行勘察，并且也做一些小规模的发掘来核实勘察的情况。①另外，西北大学历史系考古专业1957届学生也于20世纪60年代进行过西市的调查工作。②

1960年底起至1962年底，西市遗址发掘了3处，发掘的规模都不大，在房址及其上部的堆积层中，出土了大量的砖瓦和陶、瓷器残片、铁钉、铁棍与小铁器的残块

① 中国科学院考古研究所西安唐城发掘队：《唐代长安城考古记略》，《考古》1963年第11期；中国社会科学院考古研究所西安唐城工作队：《唐长安城西市遗址发掘》，《考古》1961年第5期。

② 宿白：《隋唐长安城和洛阳城》，《考古》1978年第6期。

和一部分石刻，以及其他遗物等多件。[①]

1975年前后，北京大学历史系考古专业1975届同学曾对西市进行过调查。[②]

2005—2006年，西安唐城队在配合大唐西市的考古工作中，对西市遗址中部偏东区域，进行了大规模考古勘探，面积达20余万平方米。同时进行了局部发掘，面积在6000平方米左右，其中收获最大的是对西市东北十字街和南大街区域进行的部分考古发掘。发现并发掘了西市东北十字街遗址、街北石板桥遗存、街道两侧砖砌水渠以及部分商业店铺遗迹等。此外，在西市南大街北部还发掘了一处规模较大的手工业骨器作坊，出土了大量骨料与少量骨器半成品，为研究唐代骨器手工业与市场结构和布局提供了珍贵资料。[③]

2008—2009年，大唐西市项目建设过程中，西市文物保护修复小组又在西市遗址西北区域，发现并发掘西市北大街西段道路、北大街中段石涵洞、水井、砌砖水涵洞等遗存。[④]

2016年，西安唐城队又在配合大唐西市三期考古工作中，对西市西南部进行了大规模的考古勘探与发掘，也发现了作坊遗址并出土少量骨料与骨器半成品。[⑤]

二、西市既往主要考古成果与收获

西市既往主要考古成果与收获多是20世纪50年代末、60年代初勘探、发掘取得的，主要包括西市范围、坊墙、街道、街道两侧店铺等的勘探、测量与发掘。这些成果与收获，开创了西市系统考古研究的先河，为西市的研究奠定了坚实基础。

（一）西市的范围

考古勘察表明，西市遗址范围在今西安市莲湖区中国航空器材公司西北分公司以南，东桃园桥以北，东桃园以东，糜家桥以西范围。平面呈长方形，范围实测南北1031米、东西927米[⑥]，“南北占两坊之地，东西南北各六百步（合892米），四面

---

① 中国科学院考古研究所西安唐城发掘队：《唐代长安城考古记略》，《考古》1963年第11期。

② 宿白：《隋唐长安城和洛阳城》，《考古》1978年第6期。

③ 中国社会科学院考古研究所陕西第一工作队：《大唐西市2006年考古发掘报告》，见胡戟主编：《西市宝典》（上），陕西师范大学出版社，2009年，第25—39页。

④ 左崇新：《大唐西市2008—2009年考古工作简报》，见胡戟主编：《西市宝典》（下），陕西师范大学出版社，2009年，第434—450页。

⑤ 何岁利、盖旖婷：《唐长安西市遗址制骨遗存与制骨手工业》，《南方文物》2022年第4期。

⑥ 中国科学院考古研究所西安唐城发掘队：《唐代长安城考古记略》，《考古》1963年第11期。

各开二门，（市内）定四面街各广百步”①，面积达0.96平方千米。

（二）坊墙与坊门

1959—1962年考古发掘时，在西市的北面、东面尚有夯筑的坊墙基址，墙基皆宽4米许②。西市四周的坊墙，东、西坊墙实测南北1031米，南、北坊墙实测东西927米。

关于西市门址（坊门），考古工作虽未发现有市门的遗迹，但据市内街道的分布情况，并参照已明确的汉长安城东、西市均一市八门的形制③，唐长安城西市也应是如文献所记载的“四面各有二门”（一市八门）。

（三）西市的街道

20世纪50年代末、60年代初考古工作重要的收获之一，就是对西市“井”字街道构架的考古成果与认识。考古工作表明，西市内有南北向和东西向的平行街道各两条，均宽16米，四街纵横交叉成“井”字形，将整个市内划分成九个长方形区域（图2）。这也充分说明文献中所载“市内四街”是可靠的。西市内的四条街道，以“井”字形的排列状况，依次又可称为东大街（“井”字形

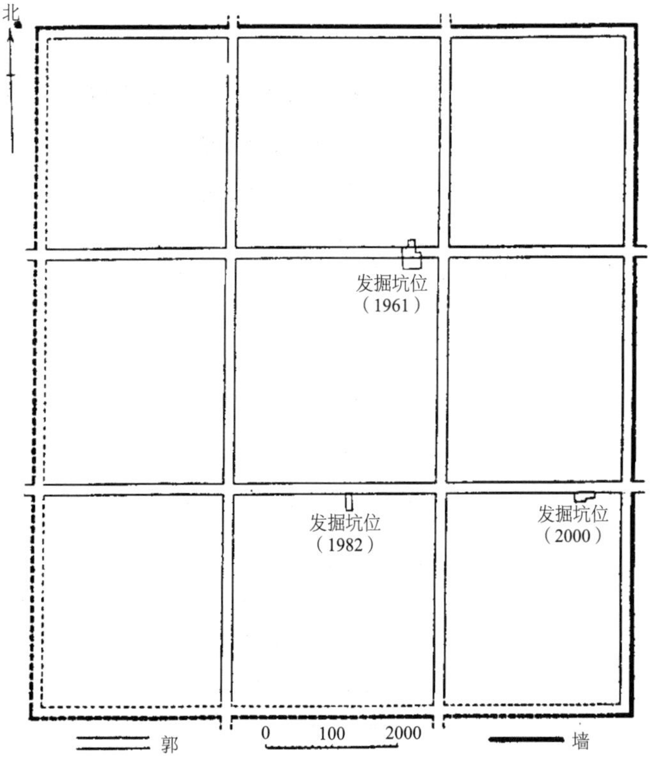

图2　西市遗址考古平面图

① 〔清〕徐松：《唐两京城坊考》卷三，中华书局，1985年，第75页。

② 中国科学院考古研究所西安唐城工作队：《唐长安城西市遗址发掘》，《考古》1961年第5期。

③ 刘庆柱、李毓芳：《汉长安城》，文物出版社，2003年，第161页。

街道中偏东侧的南北向大街）、西大街（偏西侧的南北向大街）、南大街（偏南侧的东西向大街）和北大街（偏北侧的东西向大街）。“井”字形的北大街位于西市北坊墙以南336米，东大街位于西市东坊墙以西293米，南北向二街相距309米，东西向二街相距327米，另外在西市四周围墙内侧也有沿坊墙平行的街道，街宽14米许。

（四）西市街道两侧的店铺

西市在临街的部分，考古发掘还发现有一部分房屋建筑遗址，房屋均沿街分布，保存较差，多数仅存一部分墙基或居住面。从发掘来看，房屋的规模不大，面阔4—10米（约合一间至三间），进深3米多。从位置来看，应是当时的一些临街商业店铺无疑。西市内商业店铺的整体布局目前尚不确定，只知“（西）市内店肆如东市”[①]。

已经考古发掘和调查的店肆遗迹计有下列5处：

西市南大街东端街南、北大街中部街南、南大街中部街南、东大街南部、西大街中部（表1）。

表1　既往考古工作发现的店肆遗迹

序号	地点	遗迹与遗物情况	性质推测	备注
1	西市南大街东端街南	瓮、罐及三彩陶器残片，并且有大量瓷碗、盆等残片，其中以厚胎白釉低圈足碗、盆为多，同时出有“开元通宝”和“乾元重宝”等铜钱及少许铁块，在房址内还发现有石臼、石杵。在遗址南侧临街的地面上发现有小圆坑数处，并埋有酝和罐	推测这可能为饮食业的所在地	1960年发掘
2	西市北大街中部街南	为数不少的铁钉、铁棍与小铁器的残块和一部分石刻。石刻有僧像头部和石刻卧牛	铁器店铺和石刻店铺的遗址（？）	1961年发掘
3	西市南大街中部街南	大量骨制的装饰品（梳、钗、笄及刻花的骨饰等）、料珠、珍珠和玛瑙、水晶等制的装饰品。此外，还出土了少许金饰品和两件骨制的标识书笈的“牙签”（？）及大量的骰子与制作骨器的骨料等	似珠宝商的遗址	1962年发掘
4	西市东大街南部	在近代修掘的沟壕壁面上，发现长约5米，厚有10—30厘米的陶器层，内出有捺印“刑（邢）娘”两字的陶片	陶器店铺的遗址（？）	西北大学历史系考古专业1957届同学调查

① 〔清〕徐松：《唐两京城坊考》卷四，中华书局，1985年，第118页。

续表

序号	地点	遗迹与遗物情况	性质推测	备注
5	西市西大街中部	在现代修掘的窖穴积土中，发现唐后期的残陶俑和陶俑头部	“凶肆”的遗址（？）	北京大学历史系考古专业1975届同学调查

资料来源：

宿白：《隋唐长安城和洛阳城》，《考古》1978年第6期。

（五）西市街道两侧的水沟与市内水渠

在街的两侧，均有与街平行的水沟。水沟大致可分早晚两次修建，上下重叠在一起。早期的沟较窄。早期沟底宽0.75米、上口宽0.9米，沟壁未砌砖，沟两壁均附有木板，木板之外竖有立柱，以此来防止沟壁坍塌。晚期沟的两壁均砌以长方砖，沟上部多已破坏，沟壁的砌砖已无存。沟底平铺素面方砖（大都被破坏无存）。沟口与沟底的宽度都是1.15米，深0.65米。沟口与晚期街面平。晚期砖砌水沟，1960年、1961年、1962年在南街东端。北街所发掘的情况相同。[①]

考古工作在对西市以及附近里坊进行勘察和钻探时，发现永安渠流经西市东侧的时候，有沿西市南大街北侧向西又伸出一段长约140米、宽约34米、深约6米的支渠，横贯市内。这条支渠可能就是《长安志》卷一〇所记“（西）市西北有池，长安中（公元701至705年）沙门法成所穿，支分永安渠以注之，以为放生池”中的水渠道遗迹。[②]

三、西市近些年的考古新发现

西市近些年的考古新发现主要是在2006年、2016年大唐西市考古项目中取得的。另外，2008—2009年大唐西市基建工程还随工清理出土一些重要遗迹遗物，内容涉及十字街与石板桥、石涵洞、街道和水沟、木板桥、砖砌水涵洞、水井、灰坑、骨器作坊以及一些佛教遗物等。

---

① 中国科学院考古研究所西安唐城发掘队：《唐代长安城考古记略》，《考古》1963年第11期；中国科学院考古研究所西安唐城工作队：《唐长安城西市遗址发掘》，《考古》1961年第5期。

② 宿白：《隋唐长安城和洛阳城》，《考古》1978年第6期。

（一）东北十字街与西北十字街

1.东北十字街与石板桥

东北十字街，即西市东大街（南北向）与北大街（东西向）交会的十字路口。2006年7—8月，笔者带队进行了考古发掘，发掘面积2500余平方米。发掘显示：十字街埋藏在地表下1.8米，东大街与北大街街道宽度皆为16米，街道路面保存相对较差。在街道两侧，还发掘出一些小隔间的建筑遗存基址，基址进深约3米，保存较差，格局已不甚清楚，应是临街的店铺遗存（图3、图4）。

值得一提的是，在东北十字街北侧（北大街北侧与东大街交汇处），还发掘出一处石板桥遗存（图5）。桥东西残长5.5米、南北1.75米，是十字街北侧东西向路沟上部过路（南北通行）用的石板桥。石板桥做工讲究，桥两端侧壁均用巨大的条石

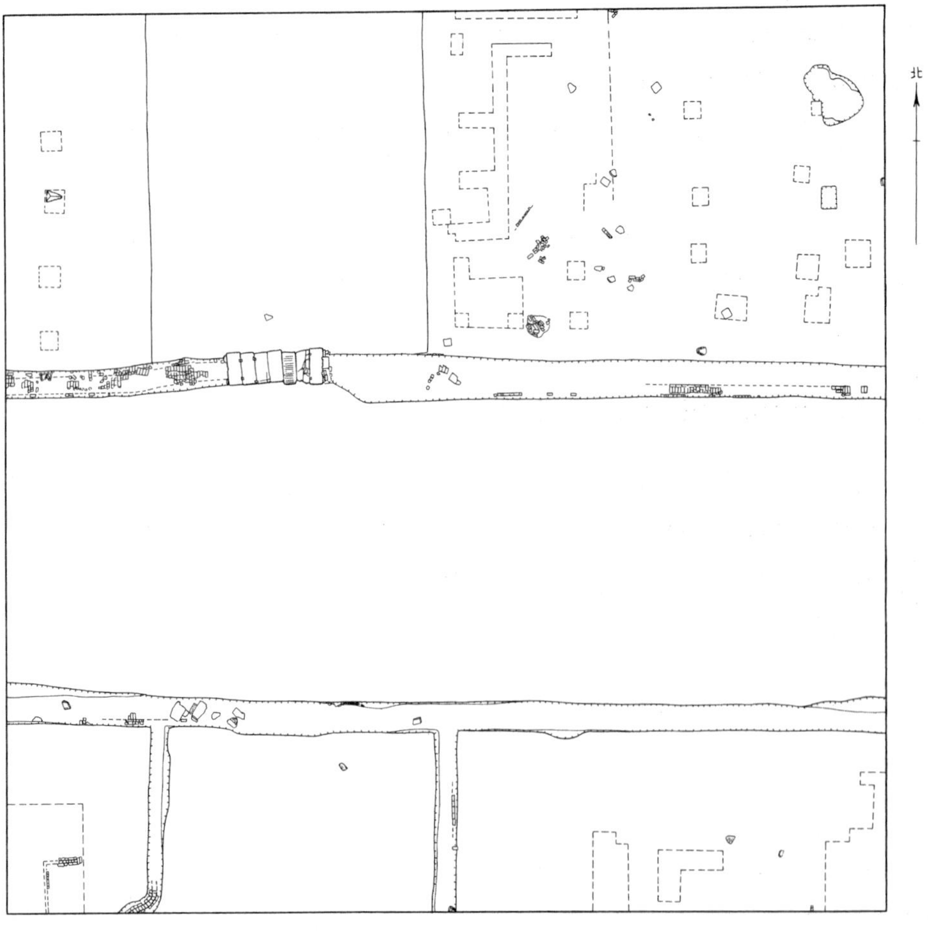

图3　西市东北十字街考古平面图

横放铺砌，内侧壁中部则均用竖立的两块方形石板砌成，底部铺砖石，上部再加盖石板。所盖石板体形较大，南北放置，东西铺开，整体呈倾斜状，南高北低。桥面石板共计铺设有7块，每块石板长1.75米、宽0.75米、厚0.25米，石板间边沿连接处又有蝶形凹槽，槽内有明显的铁锈痕迹，应是固定石板的铁卡遗痕。石板桥东西两端与街道北侧的砖砌水沟相接，其功能又相当此处路沟的一段过水涵洞，涵洞内宽0.9米，高1.25米左右。①

图4　西市东北十字街（东北—西南）

图5　西市东北十字街北侧石板桥（西—东）

另外，我们在东北十字街南侧（北大街北侧与东大街交汇处南侧）的水沟中，还发掘了一些较大的青石块，材质与石板桥砌石相同，青石块发现位置正好与北侧发掘出的石板桥遗存南北对应。结合西北十字街南侧也发掘出石板桥遗存（详见下述）等综合判断，推测东北十字街南侧也应设有石板桥，只不过已破坏殆尽。

2.西北十字街

西北十字街，即西市西大街（南北向）与北大街（东西向）交会的十字路口。2006年，笔者带队对上述东北十字街勘探发掘的同时，对西北十字街进行了勘探试掘，发掘出西北十字街南侧街道路面与水沟局部。发掘显示：十字街埋藏在地表下1.6米，南北向的西大街道路宽度为16米，东西向的北大街仅揭露了局部，其街道路面的宽度应该与发掘出的东北十字街处北大街宽度同为16米，西北十字街破坏严重，保存

① 中国社会科学院考古研究所陕西第一工作队：《大唐西市2006年考古发掘报告》，见胡戟主编：《西市宝典》（上），陕西师范大学出版社，2009年，第25—39页；何岁利：《考古学视野下的唐长安东市和西市》，见中国古都学会编：《中国古都研究》（第35辑），陕西师范大学出版总社，2018年，第109页。如今的西市东北十字街上已经建立起大唐西市博物馆，并对十字街遗址进行了原址保护与展示。

较差。经考古实测，发掘出的西北十字街与东北十字街东西距离为305米，与既往考古实测基本一致。

（二）北大街中段石涵洞

2008年，在大唐西市项目一期住宅基坑内东北部，随工清理出一处东西向“唐代石板桥遗址”遗存（图6），该遗存埋藏在地表下1.5—2.5米，东西残长5.6米、南北宽1.70米、高1.58米。两侧壁均用巨大的条石横放铺砌，底部铺石，顶部再加盖石板。所盖石板体形较大，南北放置，东西铺开。南北两侧立壁砌石保存较好，但顶部破坏严重，仅残存一块石板，石板长1.72米、宽0.7米、厚0.25米左右[①]，总体来看看，做工讲究，但所用石材，大小不一，多块砌石为建筑石材二次再利用。

图6　北大街中段石涵洞（西—东）

有关唐代石板桥遗址的年代，清理者依照地层堆积并结合东北十字街发现的石板桥相关情况，认为是唐代晚期，这也与西市历年的考古发掘情况相符。

有关唐代石板桥遗址的性质，清理者认为是“西市西北十字街南侧石板桥遗址”，这一点值得商榷。西市内部“井”街道的结构与位置较为清楚，南北方向二街（东大街与西大街）东西相距305—309米，东西方向二街（北大街和南大街）南北相距327米也已被多年的考古工作证实。考古实测后发现，该遗存位于2006年发掘出的东北十字街（原址现保留展示于大唐西市博物馆）以西约210米，西北十字街以东约100米，所处位置为西市北大街中段稍偏西位置。不可否认，该遗存确实位于西市北大街道路南侧，但位置却并非西北十字街。还有，从形制来看，该遗存顶部所盖石板为平铺，与东北十字街北侧发现的石板桥顶部石板南高北低倾斜铺设稍有不同，更像是作为一处过水涵洞。因此，该遗存的性质是作为北大街中段道路南侧一处暗藏的过水涵洞，问题不大。或是作为石板桥在使用，间或是附属于周边大型建筑建设的配套设施而在此设置，暂不能定论。西市包括北大街在内的其他主要街道道路两侧，晚期水沟多为砖砌，特殊地点才会有所不同，比如东北十字街处，

① 左崇新：《大唐西市2008—2009年考古工作简报》，见胡戟主编：《西市宝典》（下），陕西师范大学出版社，2009年，第434页。该遗存于2008年11月30日发现并发掘，资料现存于大唐西市。

只是在十字街北侧局部采用石砌，设置石板桥。北大街中段道路南侧发现的该石涵洞，其设置的特殊性毋庸置疑，但具体性质还有待进一步分析，故暂时称之为“北大街中段石涵洞”。

（三）街道与水沟

2006年，考古勘探确认了西市北大街535米的一段，东大街和西大街370米的一段，并进行了局部发掘。结果显示：晚期（相当于晚唐时期，以下同）街道表面距地表1.5—1.8米，南北宽16米，路土厚0.3米许，路面车辙痕迹较明显。在街道的两侧，还设有水沟。水沟分早、晚两次修建，并有复建和修补痕迹。早期（相当于隋至盛唐时期，以下同）水沟沟壁附有木板，在木板之外竖有立柱，以此来防止沟壁坍塌，如今尚遗留有部分已朽的木板以及柱洞等痕迹（图7）。晚期水沟为砖砌而成，是在早期沟的上面改建或移位而建的。

1.晚期街道与水沟

（1）南大街中段砖砌水沟。2006年，考古工作者在南大街中段街道北侧，挖掘出一段东西向晚期砖砌水沟。水沟埋藏在地表下1.5米，沟宽0.9—1.0米，深1米左右，水沟两侧立壁砌砖、底部铺砖，做工讲究。从发掘出的遗迹现象来看，水沟两侧立壁的砌砖方式明显不同，其中，水沟北立壁全为横铺砖砌成，南立壁则为底部“一丁一竖”上部再横铺砖砌成（图8），这应是砖砌水沟在使用过程中经历过修缮所致。结合以往的考古发掘成果，上述街道与砖砌水沟，应是西市晚期遗存。

（2）东北十字街处道路两侧的水沟。2006年，考古发掘出的东北十字街处，在东西、南北交会的街道两侧（北大街东段和东大街北段局部）均发现了晚期砖砌水沟，但保存较差。其中，在十字街北侧，即北大街北侧的水沟保存相对较好，东西

图7　北大街东段早期水沟立壁的木桩洞与挡板残迹（北—南）

图8　西市南大街北侧的砖砌水沟（西—东）

发掘长20余米，分为东西两段，东段与十字街石板桥东端相接，西段与十字街石板桥西端相接。水沟宽1.0—1.1米，深1米左右。两侧立壁砌砖、底部铺砖断续残存。在十字街南侧（北大街南侧）、十字街东侧（东大街东侧）、十字街西侧（东大街西侧）的水沟，破坏极为严重，仅发现零星砌砖残迹。

2.早期街道与水沟

（1）北大街中段的街道与水沟。2008年，在大唐西市项目一期住宅基坑内东北部，上述北大街中段石涵洞遗址以西30米左右，发掘出了一段车辙路面与水沟。考古实测后发现，此遗存位于东北十字街正西240米左右，实为西市北大街中段街道与水沟的一部分。路面埋藏在地表下4米左右，南北宽16米，东西发掘长度5米。路面上车辙分布密集、辙印清晰，均呈东西向，或平行或交错，车辙间距大致为1.3米左右（图9）。从考古解剖情况来看，此大街路面做工考究，先是将黄生土上部地面进行平整或填垫形成路基（厚0.2米左右），再在路基上平铺一层较为纯净的黄土形成路面（0.15—0.3米）。路面部分经过长期踩踏、碾轧，土质异常硬实。另外，在此段路面的南北两侧还发现了路沟遗迹，路沟均为土沟，上口宽1.3米、底宽1米左右，在沟内两侧还发现有木质挡板与木桩痕迹，挡板和木桩已朽无，仅残留少量朽迹与桩洞。由此不难判断，此段街道与土状水沟，应是西市早期遗存。①

图9　西市北大街早期路面上的车辙痕迹（东北—西南）

（2）北大街中段以南的水沟和木板桥。2008年，在大唐西市项目一期住宅基坑内东北部，上述北大街中段石涵洞以南，发现两处水沟遗存，均为南北向，且东西平行。为便于描述，按照发现早晚，分别简称为“北大街南水沟1”和“北大街南水沟2”。

① 左崇新：《大唐西市2008—2009年考古工作简报》，见胡戟主编：《西市宝典》（下），陕西师范大学出版社，2009年，第435页。关于车辙路面的位置，笔者查阅了原始发掘记录，应是位于西北十字街石板桥西侧20余米，而石板桥的位置应是位于西北十字街南北向西大街中心偏南，如果再算上十字街南北向西大街10米左右的西半幅街面距离，那么车辙路面位置应该位于西市西北十字街以西10米左右，毗邻西北十字街西侧。故发表资料中提及车辙路面“位于西市遗址西北十字街西侧20余米”处有误。

北大街南水沟1。位于北大街中段石涵洞南侧以西30米处，发掘长度南北37.5米。水沟为南北向，埋藏在地表下4米，沟上口残宽0.6米、沟残深0.6米。沟内两侧沿着沟壁位置还发现有较多排列整齐的木桩洞，其中西壁为一排，东壁中段10余米范围为二排，二排范围再向南北延伸却又成一排。木桩洞间距0.2—0.4米，洞径5—8厘米，木桩洞外侧见挡板残迹，挡板已无存，仅见黑褐色朽木灰迹。据现场发掘出的残存木灰痕迹判断，木挡板厚2—3厘米，高约0.25米。另外，在水沟中段偏北位置，水沟上部表面还发现残存有平铺木板的痕迹，铺设的木板范围南北约10米，应是供通行之用的简易木板桥。在木板桥南端的水沟1东壁，还发现一小型排水口，该排水口由立面为四块砖简单砌成，其中两块砖斜立成侧壁，底部和顶部各铺盖一单砖。在木板桥南端的水沟1西壁，与小型排水口东西相对应位置，还发现一段砌砖，砌砖有5层，残高0.27米。砌砖内侧紧贴沟壁，砖外侧见有木桩洞，砖下可见黑褐色淤泥，故该段砌砖应是水沟使用过程中修缮加固所致（图10）。

水沟1发掘过程中，出土陶瓷片较多，器形见有陶盏、陶罐、陶砚、陶弹丸、瓷盏、白瓷碗、黄釉瓷碗等，其中陶盏、瓷盏、白瓷碗为最多，各发现达10余件。另外，在水沟表面还发现两件胡人头，一件为三彩，一件为素面。胡人头顶及两颊部均各有一穿孔，头顶穿孔相对较大，造型别致，似为可以吹奏的乐器（陶埙）。其中，三彩胡人头梳辫发，深目高鼻，鸭状嘴。头高0.35米、宽0.3米，头顶孔径7毫米，颊部孔径4毫米。素面胡人头为一半成品坯胎，未上釉，仅模印出头部前半部分面目、半头顶形状，后半部分的脑后形状尚未模印加工。模印出的面目为头发中分，深目高鼻，面容慈祥。坯胎头通高0.65米、通宽0.5米，头顶孔径7毫米，颊部孔径3.5毫米。

北大街南水沟2。位于北大街中段石涵洞南侧以东3米处，北大街南水沟1以东30米处，发掘长度南北40米。水沟亦为南北向，且与北大街南水沟1东西平行分

图10　水沟1西壁残存的砌砖、木桩洞与木板残迹（南—北）

布。水沟亦埋藏在地表下4米，上口残宽0.5米、残深0.5—0.8米。因破坏严重，仅在水沟部分段落见有木桩洞和挡板痕迹，挡板和木桩已朽，可见木灰残迹。水沟内残存较多砖瓦残块、陶瓷片，器形见有陶盆、陶罐、陶盏、陶羊、陶砚、瓷碗等，在水沟北端还发现有骨饰残块数件。另外，在水沟南部靠近东壁发现大量唐三彩残片，堆积范围东西0.3米、南北5米。这些唐三彩残片器形见有豆、钵、枕等。另外还发现有鸡、骆驼等动物形象。

（四）砖砌水涵洞

2008年，在大唐西市项目一期住宅基坑北端偏西，西市北大街南侧石涵洞西南70余米位置，发掘出一处砖砌水涵洞遗存。该遗存南北残长13.65米、东西内宽1.2米、残高1.5米，埋藏在地表下4.5米左右，南北走向，整体长方砖砌成，大致可分为券顶、两侧立壁和底面三部分。其中，券顶为单砖平铺横立拱券，破坏较为严重，仅在东壁顶部中间位置残存4—6层拱券砖迹；两侧立壁砖为横向铺叠，上下层层压缝砌立，立壁砌砖尚保留有10层，东西厚度0.38米、高1米；涵洞底面平铺单层砖，南高北低，砌法规整，做工考究（图11）。涵洞各部分砌砖规格相同，均为长方形素面绳纹砖。砖长38厘米、宽19.5厘米、厚9.5厘米。另外，水涵洞北端两侧立壁砌砖向北稍微斜出，略呈喇叭状。此外，在水涵洞西壁偏北处还发现有一处南北宽约1米的东西向砖砌水渠道，与涵洞立壁和底面相接，破坏较甚，时因东西向砖砌水渠道上部有现代建筑叠压，故未清理发掘。

图 11　西市早期砖砌水涵洞（北—南）

考古实测发现，该砖砌水涵洞位于西市西北十字街以南70米左右，毗邻西市西大街（南北向）东侧。另外，水涵洞所用砌砖均为长方形素面绳纹砖，明显带有隋至唐初风格。结合地层堆积以及以往发掘成果初步判断，此水涵洞应是西市遗址西大街中段、西北十字街以南一处早期（隋至唐初）规模较大的地下水涵洞。①

① 左崇新：《大唐西市2008—2009年考古工作简报》，见胡戟主编：《西市宝典》（下），陕西师范大学出版社，2009年，第435页。

（五）水井与灰坑

2008年，在大唐西市项目一期住宅基坑随工考古清理中，还发现了许多水井和灰坑遗迹，其中唐代水井47处、灰坑12处。[①]

笔者现将几处较重要的遗存资料摘出，主要说明遗存发现地点、遗迹单位、遗物种类、发掘清理情况等，希望对西市综合研究提供更多参考资料。

1.水井

（1）23号水井（编号2008TCXJ23）。位于北大街中段南侧水沟1南端偏东2.7米处，开口于地表下3.5米。发现时井口用陶缸口朝下覆盖，陶缸为平沿、曲腹、小平底，缸口直径1米。23号井从井口向下发掘清理0.5米，西侧井壁见有一段砌砖（应为加固井壁所用），砌砖壁高1.4米、面宽1.1米。砖面有明显的烟熏痕迹，应该为废弃后经焚烧所致。井沿外侧向下清理0.2米，发现井壁外东、西两侧各有一个早期灰坑均被井打破，西侧灰坑平剖面平面呈不规则圆形，南北0.85米、东西0.6米，坑内距井口0.5米处发现可修复陶罐2个、三彩罐1个，并散见陶瓷片、铜钱等。东侧的灰坑平面呈方形，边长1.8米，坑内距井口0.4米处，发现一件较完整的三彩胡人头，梳辫发，深目圆眼，高颧骨，鹰钩鼻，头顶及两颊部各有一穿孔，头顶穿孔相对较大，造型别致。胡人头高3.5厘米、宽3厘米，头顶孔径7毫米，颊部孔径4毫米，似为可以吹奏的乐器（陶埙，图12）。另外，在井北壁外侧向下清理至距井口沿0.3米处的填土中，还发现一较完整的石鱼，造型肥美，鱼长8厘米、宽4厘米。

1、2 于北大街南侧水沟 1 出土；　3 于水井中（J23）出土

图 12　胡人头陶埙

---

① 左崇新：《大唐西市2008—2009年考古工作简报》，见胡戟主编：《西市宝典》（下），陕西师范大学出版社，2009年，第436页。

（2）26号水井（编号2008TCXJ26）。位于砖砌水涵洞东北部。井暴露口发现于地表下7米，上部已破坏无存。暴露口平面呈不规则状，东西长1.7米，南北宽1.4米，残余深度1.5米。井壁未发现砌砖，暴露口向下0.2米至井底1.3米深度，埋藏有大量遗物，器形见有陶罐、陶扑满、陶砚、石纺轮、莲花瓦当等，其中以灰陶罐为最多，多达20余件（图13）。

图 13　26 号水井出土的部分遗物

（3）38号水井（编号2008TCXJ38）。位于北大街中段南侧水沟1北端偏东4米处，井暴露口发现于地表下7米，上部已破坏无存。暴露口平面呈圆形，内径0.95米，残余深度2.9米。井壁砌砖，砌砖规格较统一，砖长31.5厘米、宽14.5厘米、厚4.5厘米。井内填土松软，包含较多砖瓦。暴露口向下1.1米，发现1件方砖，砖边长36厘米、厚7厘米。暴露口向下1.2—1.3米，发现方形础石1件，边长38厘米、厚9厘米；圆形石杵1件，长45厘米、底径13.5厘米；石杈1件，桥形纽，球腹圆形底，通高22厘米、腹径18.5厘米、底径16厘米，重9.6公斤；铜钱百余枚，多为开元通宝，还见有隋五铁、乾元重宝等；铁斧1件，已锈，斧面长10厘米、宽7厘米（图14）。清理至暴露口以下2.7米处，见大量黑色小炭块，土呈红褐色，井壁也有明显的烟熏痕迹，应为火烧所致。再向下清理至井底见砂土并见大量铁器，锈蚀严重，可辨器形有1件六边形铁环、回形铁箍、铁链等。

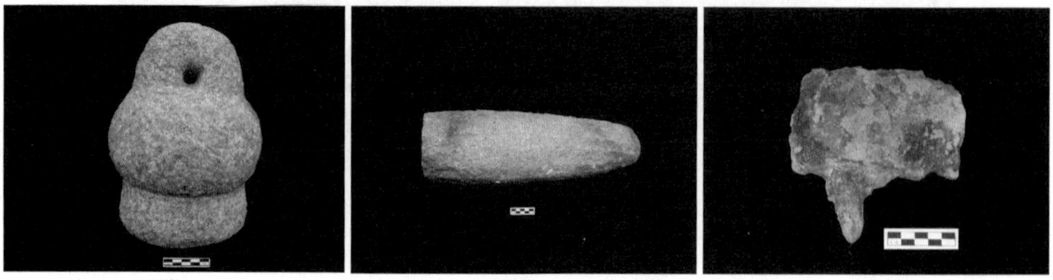

石杈　　石杵　　铁斧

图 14　38 号水井出土的部分遗物

2.灰坑

（1）1号灰坑（编号2008TCXH1）。位于上述北大街中段早期车辙道路以东3米的西市北大街道路中心。开口埋藏在地表下3.5—4.0米，平面呈“之”字形，实为南北两个方形坑相连形成的灰坑。北侧方坑平面呈正方形，边1.5米，南侧方坑平面长方形，东西1.4米、南北0.9米，深度均为1.5米左右。灰坑内填土多为绿色水锈土，土质疏松。南侧长方形坑开口下1.1米发现大量兽骨堆积，堆积层厚3—4厘米，多为兽角、腿骨、脚骨、骨材下脚料等。北侧方形坑开口下1.15米，与南侧坑几乎相同深度，亦发现大量废弃骨料堆积，堆积层厚3—4厘米，多为条形骨材、锥形骨材以及大量黄色骨粉。另外，在南侧坑南壁、北侧坑北壁以及南北坑连接口三处位置的骨料周边还各发现了1件瓷盏。不难看出，此灰坑应是西市早期道路中心一处骨器废料坑。

（2）7号灰坑（编号2008TCXH7）。位于上述北大街南水沟2中部以西12米处。暴露口埋藏在地表下4米左右，发现时已被破坏。发掘得知，此灰坑实为早期一圆形土井，暴露口径0.95米、底径0.6米、残深2.05米。井内填土松软，包含较多陶缸残片、小陶球。小陶球发现最多，其中，直径3.2厘米小陶球发现3枚，直径1.8厘米的小陶球发现近60枚（图15）。小陶球大部分经过烧制，多呈绿色、红色，陶球面饰有环状纹。另有部分未经烧制的陶球泥坯多枚，呈褐色，素面无纹饰。推测应是附近手工业作坊遗弃的成品、半成品和泥坯。

图15　7号灰坑出土的部分小陶球

（六）骨器作坊

1.南大街北侧骨器作坊

2006年，在西市西大街中部偏南的东侧不远处，考古发掘不仅出土了较多精美的骨器，还发现有大量的加工骨器的遗迹以及专门的骨器废料堆积场所等。推测此处可能是西市一处规模较大的加工、制造骨器的作坊。[①]笔者作为发掘者之一，于2017年邀请中国社会科学院考古研究所科技中心对出土的骨器与骨料进行了整理。现将部分发掘与骨料整理情况概要介绍如下。

西大街中部偏南的东侧不远处骨器作坊，实测位于西市南大街中段偏西的道路北侧20米左右、西市西南十字街东北60米左右。考古工作者在该范围地表下1.8—2.5米，发现有大量砖、瓦以及较多的圆形、方形坑、水井、建筑遗址残迹等，南北纵深达40余米。在建筑遗迹的北部，还发现了一处骨器废料堆积场所，出土了较多精美的骨器（骨簪、骨卡、刻花骨饰等）以及大量兽角、兽骨等多种骨器废料残件。另外，还出土了用于加工制作骨器的工具等。

整理查明，本次出土制骨相关遗物1412件，包括成品、原料、坯料、余料和半成品，以及食余垃圾等遗物。其中，可鉴定种属的制骨遗物总计1237件，分别属于黄牛、马、驴、山羊、绵羊、鹿、双峰驼、羚牛、象和蚌，共10种（具体数量及比例见表2）。

表2　制骨遗物所属种属统计表

种属	黄牛	象	马	山羊	驴	绵羊	鹿	双峰驼	羚牛	蚌
数量（件）	518	306	157	109	107	18	12	5	4	1
比例（%）	41.88	24.74	12.69	8.81	8.65	1.46	0.97	0.4	0.32	0.08

本次发掘仅发现1件铜质雕刻器制骨工具，其他制骨工具并未发现。通过对加工痕迹的观察，并结合唐代金属冶炼技术水平，推测制骨中的片状切割工具应为铁锯。此外，根据骨器表面光滑程度，推测该时期应有磨石等打磨器。发现的成品骨器20余件，半成品2件，残次品1件，边角余料近30件。成品骨器有骨簪、骨钗、象牙篦、骨珠（疑似纺锤）等。初步判断，此处应是西市一处规模较大的手工业作坊遗址，是加工、制造骨器的重要集散地之一。值得一提的是，这处骨器加工作坊亦位

① 中国社会科学院考古研究所陕西第一工作队：《大唐西市2006年考古发掘报告》，见胡戟主编：《西市宝典》（上），陕西师范大学出版社，2009年，第29页。

于西市南大街北侧临街店铺之北，应是市场临街骨器店铺内部的加工作坊。从可鉴定标本数来看，总体而言，黄牛数量最多，象牙、马和山羊其次，其余动物种属数量较少。

2.南大街南侧骨器作坊

2016年，西安唐城队为配合大唐西市三期项目工程，对西市西南部进行了勘探与发掘。其中，在西市南大街西端道路南侧，也发掘出少量兽角、兽骨骨料与骨器半成品，发掘情况与2006年类似，但规模明显小得多。依据发掘情况综合判断，此处应存在一处骨器店肆与骨器手工业作坊。

（七）佛教遗物

西市遗址在近些年考古发掘过程中，还出土了一些佛教遗物，较为重要。

1.善业泥佛像

2008年发现于西市一期基坑中部11号水井（编号2008TCXJ11），实测位于西市遗址北大街南侧水沟2以南10余米。佛像为竖长方形，红陶质，高15.5厘米、宽13.6厘米、厚3厘米（图16）。呈沙门形，背面光平，无纹饰，正面单龛，模制佛像。龛内佛像饰圆形身光和头光，上有饰以流苏的宝盖，面向左侧。着袒右肩式袈裟，贴肌透体，左手抚膝，右手平托一宝珠，右腿下垂座下，形体清瘦，舒坐于束腰须弥座上。佛像左右两侧，呈放射状伸出六条云状蔓枝，枝条间有结跏趺坐的佛、合掌跪拜者、狮子、恶鬼等。从龛内佛像造型与内容判断，应是地藏菩萨与六道图（天、人、阿修罗、地狱、饿鬼、畜生）相结合。

图16　西市遗址出土善业泥佛像

2.铜造像

2008年发现于西市一期基坑中部7号水井（编号2008TCXJ7），实测位于西市遗址西大街中段以东40米左右。7号水井为一早期唐代水井，与铜造像一起出土的还有2件青瓷执壶、3件红陶小罐和1件玩具小瓷狗。铜造像锈蚀严重，面容不清。

造像由佛身和方形底座两部分组成，通高约10厘米，底座边长2.5厘米。佛像为立佛，着袈裟，形体清瘦，立于四足方座之上，饰桃形背光（图17）。

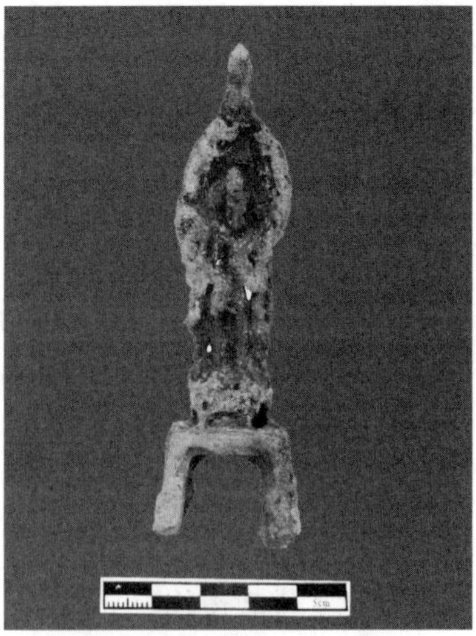

图 17　西市遗址出土铜造像

3.石刻经幢

2009年发现于西市二期基坑西南（东桃园村东南角），实测位于西市遗址西南角。八棱状，上线刻《佛说面燃饿鬼（甘）□（露）味大陀罗尼》经文。刻文占据四个棱面，另外四个棱面素面无经文。通高117厘米，棱面宽约8厘米（图18）。

图 18　西市遗址出土石刻经幢［元和十四年（819）］

经幢原文：

佛说面燃饿鬼甘□（露）味大陀罗尼。大德三藏□（跋）木珂译，从大本中略出。即诵□（召？）请妙言曰：/那慕菩布哩。一。伽哆唎。二。怛他伽耶。三。须至心念七遍。饮食甘露美味，尔时即诵开咽喉真言。佛告月受（爱？）菩萨召请彼已。尔时十/方一切六趣饿鬼悉皆赴进瞻仰。即诵召请妙言曰：唵。_（一）。引。菩布哩。二。伽哆唎。三。怛他伽哆耶。四。须至心念七遍。佛告月受（爱？）菩萨/言诵此妙言已。是诸饿鬼以此呪力咽喉通息，猛火息灭，身心泰然。尔时行者当先施水，每于晨朝或日中日没时取□（水），面向东方，加/□（掬）七遍，洒于空中。其水一谛（滴？）堕地，变成十斛甘露浆。诸鬼神等充足饱满。即说妙言□（曰）：那莫□（素）噜皤耶。一。怛他蘖哆耶。二。怛崛他。三。/唵。四。素噜素噜。五。皤啰薛溥。引六。贺。引七。是诸饿鬼呪人边合掌仰观于行者，如见父母。即称南无□（哲？）。即诵妙言三遍。时观一切饿鬼悉集。/南无多宝如来真言曰：□谟婆諴嚩帝。一。跋啰步哆。引。枳帝。二。唵。三。婆啰婆啰。四。二婆啰。三婆啰。吽。牛音引。诵七遍。称妙胜如来名号已。/即诵妙言曰：（曩？）谟□□怛他。引。蘖跢。南无如色身如来真言曰：（曩?）谟婆諴　帝。一。素噜播也。引一。南无广博身如来其言。/（曩？）谟婆諴　帝。一。尾补何諴。引。从此大甘露味经略出。其要有坚学请悉之。谁（惟？）有智者。见如是利而不受持者。当知此人失大利□（者）。/超越六十亿劫生死之□，于弥勒前决定授记。善男子行观音行。一切贤圣视□（之）如子。此人功德如弥勒菩萨。天王真言曰：/　谟□□多没南唵。引。室伐啰摩咤野婆　。□。贺。引。/元和十四年岁次巳（己）亥三月廿五日建立众生台弟子张远。弟士清。

四、相关问题的探讨

（一）西市考古新资料反映出的店肆与作坊

既往发现的西市商业遗存中店肆遗迹计有5处：西市南大街东端街南、北大街中部街南、南大街中部街南、东大街南部、西大街中部。

近些年西市诸多的考古工作和新发现，其中也包含了对诸多新的店肆、作坊等商业遗存的新认识。主要有东北十字街饮食业店肆，东北十字街东饮食业店肆，南大街中段骨器店肆与作坊，北大街中段玩具、乐器、食货行店肆，西大街北段陶器店肆，南大街西段骨器店肆与作坊等（表3）。

不难看出，上述8处店铺遗迹分属不同行业，这也就证实了文献中记载的市内按行分区的布局。

关于西市内的行业，记载有220行之多，如西市北大街有王会师店（《法范珠林·眷属篇之余感应缘》引《冥报拾遗》）、“市署前大衣行，杂糅货卖之所”（《西京新记》卷三）、酒肆（《广记》卷七六引《国史异纂》及《纪闻》）、胡姬酒肆（《李太白集》卷六《少年行》）、秋啬行（《广记》卷一五七引《逸史》）、卜者（《广记》卷二一六引《原化记》）、卖药人（《唐国史补》卷中）、卖饮子药家（《广记》卷二一九引《玉堂闲话》）、药行（《入唐求法巡礼行记》卷四）、油靛店、法烛店、煎饼擂子店、秤行、绢行（《广记》卷三六三引《干撰子》）、鼓行（《广记》卷四三六引《续玄怪录》）、衣肆（《广记》卷四五二引《沈既济任氏传》），还有收宝物的胡商（《酉阳杂坦续集》卷五《寺塔记》）和波斯邸（《广记》卷一六引《续玄怪录》）等。具体更多的行业，妹尾达彦已有全面详细的研究。[①]故不在此再重复讨论和叙述。

表3　近年新认识和发现的店肆与作坊

序号	地点	遗迹与遗物情况	性质推测	备注
1	东北十字街	发掘出大量瓷碗、盆、壶等残件，陶盆、罐、陶砚及三彩陶器残片，同时出有“开元通宝”铜钱等。临街还发掘出一些小隔间的建筑遗存基址，基址进深约3米，保存较差，格局已不甚清楚，应是临街的店铺遗存	可能多有饮食业店肆？	2006年发掘
2	东北十字街东道路北侧	发掘出石杆、石臼多件	可能有饮食业店肆？	2006年发掘
3	南大街中段街北	发现有大量砖、瓦以及较多的圆形、方形坑、水井、建筑遗址残迹等，南北纵深达40余米。在建筑遗迹的北部，还发现了一处骨器废料堆积场所，出土了较多精美的骨器（骨簪、骨卡、刻花骨饰等）以及大量兽角、兽骨等多种骨器废料残件。出土制骨相关遗物1412件，包括成品、原料、坯料、余料和半成品，以及食余垃圾等遗物	骨器店肆（临街开店，店后为作坊）	2006年发掘

① ［日］妹尾达彦：《唐代长安的东西与西市》，《乾陵文化研究》2008年第4期。

续表

序号	地点	遗迹与遗物情况	性质推测	备注
4	北大街中段	北大街道路中心发现南北两个方形坑相连形成的灰坑，有大量兽角、腿骨、脚骨、骨材下脚料等骨器废料堆积	骨器店肆（临街开店，店后为作坊）	2008年发掘
5	北大街中段道路南侧	北大街南唐代水沟1出土成品、半成品胡人头陶埙，7号灰坑出土近60枚小陶球。大部分经过烧制（成品），另有部分未经烧制的陶球泥坯多枚（半成品），应是附近手工业遗弃的成品、半成品和泥坯。北大街南侧水沟1、水沟2为制造、加工提供了便利	唐三彩玩具、乐器店肆（临街开店，店后为作坊）	2008年发掘
6	北大街中段道路南侧	北大街中段南侧38号水井发现圆形石杵1件、石杈1件、铜钱百余枚、铁斧1件，六边形铁环、回形铁箍、铁链等	麸行？食货行?	2008年发掘
7	西大街（近西北十字街）路东侧	井底埋藏有大量遗物，器形见有陶罐、陶扑满、陶砚、石纺轮、莲花瓦当等，其中以灰陶罐为最多，多达20余件	陶器店肆	2008年发掘
8	南大街西端路南侧	发掘出少量兽角、兽骨骨料与骨器半成品	骨器店肆（临街开店，店后为作坊）	2016年发掘

（二）西市内部空间规划的再思考

西市内部规划基本为九宫格局，这一点无论从文献还是考古成果来看，基本一致。西市占有二坊之地的庞大面积，内部建筑规划布局、行业分布等尚不明晰，考古资料也仅限于坊墙、两纵两横4条“井”字形的主干道（街道）、路沟以及临街店铺遗存等。虽然一些研究者根据历史文献、建筑布局对市内规划进行了复原，但终究缺少考古实证资料。

随着考古资料的积累，西市内部空间结构也更多地呈现出来。包括店铺分布地点、店铺性质，十字街、建筑遗址、水井及一些重要出土遗物所反映的形制布局信息等，也为西市空间格局的认识提供了有力实证。2006年，西市考古发掘出2处十字街道、街道旁边早晚期水沟（早期为木质挡板加木柱；晚期为砖砌水渠）且涉及了“井”字形的主干道（街道）框架内部及外沿纵深区域。2006年，西市南大街中段北侧，临街发现有大量砖、瓦建筑遗存，残迹南北纵深达40余米，这些建筑遗存北端还发现了一处骨器废料堆积场所，出土制骨相关遗物千余件，包括成品、原料、坯料、余料和半成品以及食余垃圾等。2008年，北大街中段南侧发现大量骨器废料，街道南侧发现三彩成品、半成品。还有北大街南侧水沟1、水沟2，东西平行，且与北大街纵横相接（实为曲巷道路水沟），均是西市内部街道规划布局的实证资料。2015年，考古工作者在东市中部偏东处发掘出了3条唐代道路、店肆及作坊遗迹等。3条唐代道路南北走向，也可能为市内曲巷道路。在道路的东侧发现了密集分布的水井、窖井、渗井、灰坑和卧泥池等遗迹，并出土砺、石臼、骨器残料、玉石废料等，推测此处可能是东市内一处玉器和骨器店肆及加工作坊所在。以上有关主干道框架内的规划布局虽收获有限，但印证了在主干道框架内的规划布局中曲巷街道与主干道规划布局基本类似，同为临街设店铺，店铺后为加工作坊的整体布局模式。

西市临街设店铺，店铺后为作坊这一整体布局，如今已被2006年、2008年、2016年多地点的发掘结果证实。这种临街开店，店后配套规模大小不一的作坊，构成了临街开店且店内（店后）制造加工一条龙的“前店后坊”格局。这一格局也说明了西市（东市类似）不仅是商品交换与贸易的集散地，而且是加工（手工业作坊）、住宅（波斯邸、北坊新宅等）、娱乐（杂戏、胡姬酒肆等）、漕运等集于一体的大型商业综合体，是古代中国最大、世界最早的Shopping Mall！其功用、规模、国际影响等在世界中古时期无有能比、无所能及。

另外，现藏于碑林博物馆《鲁谦墓志》①记载反映了西市规划布局的一些重要线索内容，有比较重要的研究价值。志文大意为鲁谦之父鲁璠是西市行医之人，大中十一年（857）四月十日亡故。鲁谦因痛惜父亲的去世，身染重疾，并于当年六月廿一日逝于西市锦行里私第，年仅18岁。墓志中提到的“锦行里”一词，有可能是西市二坊之地的其中一坊的名称，也不排除西市内多个坊里名称中的一个。虽然至今对“锦行里”一词尚无深入研究与学术定论，但至少可以说明，西市内部庞大面积仍有里的规划所在，这对于我们研究东、西二市内部规划布局有重要参考价值。

对于东、西二市内部规划布局细化及相关研究还有待考古新发现与新资料的获取。

① 此墓志为1952年段绍嘉先生赠于陕西省博物馆，出土地点不详，现藏于碑林博物馆。

（三）西市新发现佛教遗物考略

1.西市石刻经幢的初步考识

从刻文可知，经幢为唐宪宗元和十四年（819）张远、张士清所立。从经文内容看，所刻经文为唐跋（陀？）木珂译本《佛说面燃饿鬼甘口（露）味大陀罗尼经》。以此相比，现有唐跋陀木阿译本《佛说施饿鬼甘露味大陀罗尼经》与此经文内容比较一致，另有唐实叉难陀译本《佛说救面然饿鬼陀罗尼神咒经》和唐不空译本《佛说救拔焰口饿鬼陀罗尼经》的内容也比较接近。

值得注意的是，此经幢线刻经文刻工潦草，文中可能还有错字或漏字，如译者木珂可能就是木阿，字形相近。另外，“南无如色身如来真言曰”一句中，怀疑“南无如”后有漏字。

这件经幢中的部分内容，如多宝如来、色身如来的真言见于《佛说救拔焰口饿鬼陀罗尼经》。另外，天王真言可能与《供养护世八大法》中的帝释天王真言相似。以上经文均可从《大正藏》第21册中找到。

需要说明的是，西市遗址发现的这件经幢刻文中说，经文均从大本（《甘露味经》）中辑出，那么，如果所说无误，现在认为出自三部经文中的内容在唐代时可能是属于同一本《佛说面燃饿鬼甘露味大陀罗尼经》。还有，经文中真言的梵音用字有些与今本有所不同，这可能也说明唐代有不同译本存在，不排除线刻人员人为原因所形成的错字、别字。

西市经幢制作设立与有关法事的原因，可从《佛说施饿鬼甘露味大陀罗尼经》卷一经文中说明：

> 佛告月爱。若有人天意乐受行我大悲法门者。彼人应当于白月八日或十五日。香汤沐浴涂诸妙香。着白净衣食三白食（谓奶酪粳米食或云大麦）起悲伤心。于诸众生愿誓安乐。于东方日出时。或夜月圆满时。于清净处。或月夜露地。当作三肘香水曼荼罗（云坛地也）以香泥涂地。除去恶磠。坛开四门（若用日初出肘。当作四方坛。若以月夜盛时。当作满月形）须四钵乳安其四角。又须四瓶盛满香水亦着四门以随时五色草木花安其瓶口。须五炉香四角布列一炉安中心。又以一灯其灯用苏安着中座。复取四钵盛花水及粳米饭。于坛中心作一莲花座。杂色婉綖敷其台上。安置佛形或观世音像。此门安置阎罗等。东门安置天主等。略说。以种种幡盖交映严饰。烧香唯得用阿迦噜香（唐云沈水香）如法结已。行者向西

门面向南。于座前置一火炉烧竖勒炭。先取苏酪蜜和着器中。行者先请十方佛及住大地菩萨金刚天龙鬼神已。系心不乱想六趣众生种种苦恼。如向所说。既见此已。悲泣盛彻欲救护。复想己身乘宝花台飞到其所。调身按摩流泪如雨。欲灭其火陪复悲哽。痛彻骨髓（若心不相应者。当想一切饿鬼如己所爱父妻子）如是作观十四遍已。即于定中得如来极爱一子之地。想了出观。面对东方。召请十方一切饿鬼。诵此召请呪满十四遍已。复想诸鬼遍满阎浮。次为开咽令得解脱。即呪坛中香水乳饭香花等。用食呪还着本处。行者尔时即取一撮奶酪。诵施食呪。呪三遍一掷火中。如是满足千遍已。尔时此处有无量百千那由他十方饿鬼。一切集聚间无空缺。欢喜饮食。即现其身与行者语。随行者意一切施与不违逆。行者即为示教利喜令得解脱。当尔之时。十方刹土现在诸佛遥赞行者。复与遥授菩提之记。一切菩萨欢喜爱念。一切天龙各各将香花璎珞种种妓乐遥施行者。行者由行威神力故。不起于座即得百千那由他陀罗尼门。百千俱胝三昧门。善男子。举要而言。是人现身火不能烧。水不能溺。毒不能害。刀不能伤。转坐受身即十住成如来地。佛告月爱言。是名施甘露味大坛场法。若欲速疾一子地三昧陀罗尼等及阿耨菩提者。要须入大曼荼罗。若为事弊不能成办者。但如上所说依法受行。一切成验也。[①]

不难看出，西市经幢制作与设立的原因，应是特定的人在西市特定场所行法事，为逝者超度，也为生者祈福，这一点应该与唐长安城其他场所理佛、行法事而设立经幢基本相同。同时，这说明了唐代崇尚佛教，长安城内佛教盛行的事实。西市经幢、铜造像、陶佛龛的发现，反映了西市不只是贸易场所，也是长安城内理佛场所之一，为我们了解唐代西市人的生活，提供了新的实物研究资料。

2.西市善业泥佛像考略

西市新发现的善业泥佛像，从龛内佛像造型与内容判断，应是地藏菩萨像。同类善业泥佛像，1956年在西安市土门村有出土[②]，1986年在西市北邻的醴泉坊醴泉寺遗址也有出土[③]。相类似的佛像造型，见于20世纪70年代在醴泉坊醴泉寺遗址出土的

---

① 《大正新修大藏经》（第21册），财团法人佛陀教育基金会出版社，1990年，第484—487页。

② 赵青：《西安土门村出土善业泥像考略》，《文博》2017年第4期。

③ 王长启：《唐长安醴泉寺遗址出土的鎏金铜造像》，《考古与文物》2004年第3期；王长启：《礼泉寺遗址出土的佛教造像》，《考古与文物》2000年第2期。

鎏金铜造像。

地藏，是大乘佛教中的大菩萨。玄奘译《大乘大集地藏十轮经》谓其“安忍不动，犹如大地，静虑深密，犹如秘藏”。故而得名。

地藏菩萨专门解脱轮回于六道众生。对地藏菩萨的信仰，自玄奘于永徽二年（651）译出《地藏十轮经》以来，便在中国流行起来，随之也引发了信徒们造地藏立像以求无上功德之举。[①]

现存有纪年最早的地藏造像见于麟德元年（664）龙门药方洞[②]，此后地藏像大量出现。地藏的形象主要有沙门形和菩萨形。沙门形在北凉译本及玄奘译本的《十轮经》中皆有表述，“是地藏菩萨作沙门像”，并提到其两手有“如意珠”。菩萨形在不空译《八大菩萨曼荼罗经》记有，地藏菩萨头戴冠，身披璎珞，“左手安脐下拓（托）钵，右手覆掌向下”。唐代地藏造像较为集中的龙门石窟、敦煌石窟、川北石窟和川中石窟地藏造像主要以菩萨形与沙门形出现，手中持物多为宝珠、锡杖，以舒坐姿较为多见。[③]西市发现的此款善业泥地藏像应是沙门像，地藏左右两侧六种图像应分别代表六道中的天、人、阿修罗、地狱、饿鬼、畜生道。地藏菩萨与六道图相结合，也应与地藏化度六道众生有关。

因此，西市发现的此善业泥为地藏与六道题材无疑。善业泥从初唐开始，制作兴盛起来。究其原因，主要是崇信佛教之风极盛，信众们争相制像以表达虔诚。另外，还因为唐初铜料主要用于铸钱、铸镜，其他一切器物能避免用铜者概不用铜。用泥造像取材容易，工艺简便，也便于大量制作。[④]唐长安城作为唐代政治、文化中心与佛教兴盛之地，出土的善业泥数量众多，内容也最为丰富。从出土地点来看，遍布长安各处，有寺院、宫城、里坊等。西市善业泥佛像的发现，为唐长安城善业泥研究提供了新资料，也为我们研究西市佛教活动、唐长安城佛教文化发展提供了不可缺少的实物资料。

（四）西市内部的佛教遗存

唐代是中国佛教的繁荣期，以西市为中心，包括皇城以西和以南的坊里，是

① 常青：《龙门石窟地藏菩萨及其有关问题》，《中原文物》1993年第4期。

② 常青：《龙门石窟地藏菩萨及其有关问题》，《中原文物》1993年第4期。

③ 白文：《关中唐代地藏菩萨造像研究》，《西北大学学报》（哲学社会科学版）2010年第4期；王惠民：《唐前期敦煌地藏图像考察》，《敦煌研究》2005年第3期；常青：《龙门石窟地藏菩萨及其有关问题》，《中原文物》1993年第4期；丁明夷：《川北石窟札记》，《文物》1990年第6期。

④ 赵青：《西安土门村出土善业泥像考略》，《文博》2017年第4期。

唐长安城佛教寺院分布最为密集的地区，这一地区拥有长安城近三分之二的佛教寺院。[①]西市为京城提供了最重要的公共活动空间，除商业设施之外，西市还有佛堂、放生池。据《宋高僧传》周京师《法成传》载："长安中，于京兆西市疏凿大坎，号曰海池焉（《两京新记》亦作'海池'）。支分永安渠以注之，以为放生之所。池上佛屋经楼，皆成所造。"[②]

西市放生池的位置，首见《两京新记》卷三："市西北有海池，以为放生之所。"《长安志》卷一〇也记载了西市西北有放生池："（西）市西北有池，长安中沙门法成所穿，支分永安渠以注之，以为放生池。"[③]

西市放生池上"佛屋经楼"遗存如今尚未有明确的考古资料。但西市作为唐长安城一处重要的公共活动空间，市内的佛教活动频繁也必不可少。西市遗址新近发现的铜造像、善业泥佛像、石刻经幢等佛教遗物就是西市佛教活动的实证。

西市遗址新近发现的这几件佛教遗物出土于西市不同地点。其中，铜造像出土于西大街中段以东，善业泥佛像出土于北大街南侧，这二处地点均为西市西北部，距离放生池非常近，发现铜造像、善业泥的位置在西市西北区域店铺之内，但此区域市民的理佛活动除了自身原因，或与西市西北放生池一系列的理佛活动有关也未可知。另外，石刻经幢的出土地点，考古实测位于西市西南角。西市西南角未见有寺院的记载，但西市西南邻近的崇化坊却有祆寺一处。据西安发现的天宝三载（744）《唐故米国大首领米公（萨宝）墓志》[④]所载，与《西溪丛话》卷上的记录相对照，可知西市西南邻崇化坊有祆寺一处。西市经幢发现地点应该存在一处较有规模的敬佛场所，但这与西南紧邻崇化坊的祆寺有无关联亦不可知。

如上所述，西市周围还有波斯胡寺、祆寺等中亚、西亚外族的宗教活动场所。西市附近各坊，自唐初武德四年（621）即兴建了中亚、西亚一带人民信奉的拜火教的庙宇——胡祆祠或波斯胡寺，此后陆续增建，到开元十年（722）韦述所撰的《两京新记》卷三中，即著录了四所之多（布政坊有胡祆祠，义宁坊有祆祠，醴泉坊有波斯胡寺和祆祠）。由此可知，西市及其附近集居了为数不少的中亚、西亚人，他

---

① 介永强：《唐都长安城的佛教寺院建筑》，《长安大学学报》（社会科学版）2014年第2期。

② 〔清〕徐松撰，李健超增订：《增订唐两京城坊考》，三秦出版社，2006年，第233页。

③ 〔宋〕宋敏求：《长安志》，辛德勇、郎洁点校，三秦出版社，2013年，第337页。

④ 何遂：《唐故米国大首领米公墓志铭考》，《国立北平图书馆馆刊》1932年第2期。

们有的是跋涉兴贩的“商胡”“胡客”，也有的早已定居这里，成为内地的居民。[1]这些定居或兴贩内地的中亚、西亚人民，在佛教盛行的长安城，在西市周边与内部进行宗教活动也不可避免。

（五）考古学视野下西市的繁荣与变迁

西市又有“金市”之称，贞观以来，即为聚钱之所。龙朔以后，西市的繁荣更远远超过了东市，至唐后期则达到了极盛，这一点在西市的考古发掘中也得到了证实。据西市发掘出的道路（街道）、房址遗迹来看，在早期的路面和房基之上，还叠压有中期、晚期的路面和房基各一层。早期路面上的出土物多为盛唐遗物，另出有“乾元重宝”铜钱，可见早期路面一直使用到安史之乱以后的肃宗之时。这样看来，中、晚期两层的形成，均应在肃宗之后。晚期路面两侧的水沟，不仅被加宽而且增筑了砖壁和砖底，晚期的水沟与街巷中的砖砌暗水渠道相连。可见，唐晚期对西市排水系统（随之可能同时对区划和布局）做了比较完备周密而又全面的改进，以适应当时之需，这也无疑表明了唐后期西市工商业的繁荣发展。[2]

唐长安城西市和东市，从形制上来说，均属于中国古典市制中封闭式的集中市制，也就是将若干个同类的商品聚集起来，以“肆”为单位组成，设有专门的管理机构，并集中在一个四面都筑有围墙的场所内，开设市门，形成一个完整的较为封闭的商业区。唐长安城中东市和西市就是以“肆”（如帛肆、酒肆、衣肆、凶肆等）或相当于“肆”的“行”“店”（如铁行、肉行、绢行、药行、油靛店、法烛店等）为单位组成的，市同样设有专门的管理机构——市局和平准局。

其实，这种封闭式的市制是与发展中的城市经济活动完全相悖的。在新王朝创立之初，当战乱刚刚平息，社会生产尚未恢复，城市经济还不是很活跃的时候，将商业活动限制在固定的市坊区域，按时启闭，是完全可行的。但随着城市经济的繁荣和发展，靠封闭的坊墙来限制商品交换的地点，已与社会现实相违。特别是在唐长安这样一个封建社会鼎盛时期的国际大都会，随着国力的发展与中外交流的增

① 崇仁坊祆寺和下述西市附近的“胡客”“商胡”诸项，参看向达《唐代长安与西域文明》，该文收入同名的论文集（生活·读书·新知三联书店，1957年）。1955年，在西安西郊土门村发现咸通十五年（874）火祆教徒波斯人苏谅妻马氏墓志（汉、婆罗钵文合璧）。土门村所指的土门，即唐长安外城西壁最北的城门——开远门的遗迹。因此，估计苏谅一家居住在距西市不远的长安的西半部。参见陕西省文物管理委员会：《西安发现晚唐祆教徒的汉、婆罗钵文合璧墓志——唐苏谅妻马氏墓志》，《考古》1964年第9期。

② 宿白：《隋唐长安城和洛阳城》，《考古》1978年第6期。

强，社会经济异常活跃，城市贸易特别频繁，由官府设市，将千百个肆行店铺、堆积如山的货物限制在一个固定区域，定时进行交易的旧市制已严重阻碍了商品流通。旧的市制成为城市生活和经济发展的障碍，货物买卖突破坊墙的固定限制自由交易，已是形势必然。也就是说，当一项制度由最初的完备而走向极盛，很可能也预示着其走向解体边缘。

唐代中期，扩大市场已成为当时的普遍要求，无论是长安城还是一般城市，都出现了突破旧市制的趋向。例如开元二十九年（741）禁九品以上置客舍邸店的诏中就指出一些官员在长安东、西市的"近场处"广造店铺出租。唐玄宗下诏只批评了他们，并未撤除，可见这是迫于形势的必然。[①]地方城市附近的水陆交通要口也逐渐出现了桥市、鱼市。

晚唐时，扩大市场的要求则更加紧迫，破坏旧市制的事情层出不穷。这主要表现为京城与一些地方城市除了已有的市场之外，一些里坊内也相应开设了店铺，市场的交易呈现出自由化。再有就是夜市的出现。

冲破旧的市制所出现的商业活动，不仅方便了城市居民的生活，也适应了日益繁荣的城市经济，促进了社会经济的发展。于是京城长安的宣阳坊内就有了彩缬铺，丰邑坊有租赁丧葬器物的店铺，长兴坊的毕罗店是经营西域风味的食品店，辅兴坊的胡麻饼和颁政坊的馄饨都是著名的食品，永昌坊的茶肆不仅专门经营茶叶而且还设有茶座。东市西北的崇仁坊，已"一街辐辏，遂倾两市"[②]，西市东北的延寿坊，也被"推为繁华之最"[③]。另据《唐两京城坊考》和《酉阳杂俎》记载，除两市之外，通化门至开远门、春明门至金光门两条大道附近的里坊内，也是商业的主要分布地。这表明京城长安的市场趋于自由。地方城市中，唐宣宗大中七年（853）便废除了州县的市印[④]，地方城市的市场也趋于自由。近几年唐代扬州城的考古工作也表明，晚唐时已可以临街开店[⑤]。

唐代是中国古典封闭式的集中市制发展到极盛并开始转向变革的重要时期。这种变革，是社会经济发展的必然，也是历史的必然。唐末五代，临街盖店已成了合法行为。宋代，随着商品经济的飞跃发展，商会组织、行业街市相继确立，在居民坊巷内设置生活日用必需品的店铺以及瓦子酒肆茶楼遍布全城。"全城皆市"的新

① 贺业钜：《唐宋市坊规划制度演变探讨》，《建筑学报》1980年第2期。

② 〔清〕徐松：《唐两京城坊考》卷三，中华书局，1985年，第53页。

③ 〔清〕徐松：《唐两京城坊考》卷四，中华书局，1985年，第106页。

④ 《册府元龟》卷五〇四，中华书局，2006年，第5734页。

⑤ 王勤金：《江苏扬州市文化宫唐代建筑遗址发掘简报》，《考古》1994年第5期。

型市制登上了历史舞台。

后记：本文的写作过程中得到了安家理先生、赵超先生、龚国强先生、左崇新先生的指导与帮助，在此一并致谢！文中线图为李振远绘制，照片为何岁利、左崇新拍摄。

原载《南方文物》2021年第3期

（何岁利，中国社会科学院考古研究所副研究员）

唐代帝陵陵园形制的发展与演变

张建林

2006年开始的“唐陵大遗址保护”考古调查项目，历经7年，先后对唐高宗乾陵、唐肃宗建陵、杨氏顺陵、唐德宗崇陵、唐宣宗贞陵、唐睿宗桥陵、唐玄宗泰陵、唐宪宗景陵、唐穆宗光陵、唐高祖献陵进行了地面调查、考古钻探、局部发掘和全面测绘，唐中宗定陵、唐武宗端陵的考古钻探和测绘也已完成。唐代帝陵陵园不同时期的布局和结构逐渐清晰，这对于进一步探讨唐代帝陵陵寝制度以及陵园设计理念提供了重要资料。特别是众多新的考古发现，使我们有条件对唐代帝陵形制进行分析，并总结其演变轨迹。

以往学界对唐代陵墓有多种分类方法：一是简单地以择地及构造方式分类，将唐代帝陵分为封土为陵和因山为陵两种。其中，第一种包括献陵、端陵、庄陵、靖陵4座，第二种包括昭陵、乾陵、定陵、桥陵、泰陵等14座。①二是以陵主身份分类，将所有唐陵分为唐祖陵、唐帝陵及太子和贵戚陵等三类。②三是以平面形状分类，分为方形、六边形、多边形三种。其中，六边形的有乾陵、崇陵、景陵、贞陵、简陵，多边形的有桥陵、建陵，余者均归为方形。③四是以陵主身份、陵园平面、石刻组合及陪葬墓分类，分为追改坟墓为“陵”（分为2组）、唐代皇帝陵（分为5组）、葬时谥帝号的陵（分为2组）。④只有后两种方法讨论了陵园形制。

本文讨论唐代帝陵陵园形制，仅限于唐高祖献陵至唐僖宗靖陵等18座皇帝陵。

---

① 此种分类最为常见，参见刘庆柱、李毓芳：《陕西唐陵调查报告》，见《考古》编辑部编：《考古学集刊》（第5辑），中国社会科学出版社，1987年，第244页；贺梓城：《“关中唐十八陵”调查记》，见《文物资料丛刊》，文物出版社，1980年，第139页；孙迟：《略论唐帝陵的制度、规模及文物》，见陕西省文物事业管理局：《陕西省文博考古科研成果汇报会论文选集》，1982年，第327页；陈安利：《唐十八陵》，中国青年出版社，2001年，第7页。

② 王子云：《也谈唐陵石雕艺术兼述中国陵墓雕刻中的瑞兽（附：唐陵名称及陵前石刻类别简记）》，《美术》1989年第4期。

③ 沈睿文：《唐陵的布局：空间与秩序》，北京大学出版社，2009年，第193页。

④ 沈睿文：《唐陵的布局：空间与秩序》，北京大学出版社，2009年，第194—204页。

唐昭宗和陵、唐哀帝温陵因没有发现确切的陵园遗址，形制不明，不参与讨论。本文以唐高祖献陵、唐太宗昭陵、唐高宗乾陵、唐睿宗桥陵、唐玄宗泰陵、唐德宗崇陵、唐宣宗贞陵为不同时期的典型个案，根据近年考古调查和勘探的新资料，充分考虑陵区的地形选择、总体布局、陵园平面形状、陵园石刻配置、寝宫（下宫）平面布局结构以及陪葬墓等诸多因素，具体分析唐代帝陵陵园形制的发展演变过程。

一、考古勘探资料所见唐代帝陵陵园的不同形制

1.献陵陵园形制

根据2011—2012年的考古调查和勘探，陵园以封土为核心，四周修筑夯土墙垣，墙垣四面正中辟门，门址外各有石虎1对、门阙1对。陵园南门外为向南延伸的神道，神道两侧列置石犀牛和石柱各1对。下宫位于陵园西南约1260米。陵园以北距北门址180米发现一处宫殿建筑群遗址，暂名献陵北遗址。陪葬墓区位于陵园东北，分布区域略呈三角形，东西约5公里、南北约2公里。

覆斗形封土位于陵园中部略偏东，南部钻探出两条并列的墓道，均长约61米，两墓道间距10.7米，西侧的墓道略宽，东侧的略窄。

陵园平面形状略呈方形，方向为北偏西1°，南北451米、东西448米。陵园四角有曲尺形的夯土角阙基址。陵园墙垣四面中间辟门，形制、规格相同，均由门址、门阙、门外石虎构成。东门址保存较完整，南北长26米、东西宽14米，门阙为夯土筑就，平面为三出阙形制，石虎距离门阙125米，两石虎间距33米。

南门石虎与石柱之间的陵园神道长度404米，两石柱间距37米。现存东侧石虎、石柱各1件，另有石虎、石犀各1件现存碑林博物馆，经钻探发现石犀残躯1件、西侧石柱残座和柱身残部。石虎与石犀牛形体高大，均为站立姿态；石柱的台座上雕刻两条头尾相接的盘龙，石柱的顶端雕刻蹲踞的石兽。

下宫遗址位于乳阙以南1210米，偏西370米处，现为三原县长城长食品工业有限公司厂址，仅在四周发现少量夯土基址和大量砖瓦堆积，遗址整体面貌不清楚。

献陵北遗址位于献陵陵园东北，其西侧围沟恰好位于北司马道中线，遗址南垣墙与陵园北门石虎间距46米。

献陵陪葬墓分布于献陵北部和东北部的富平县吕村乡一带，其范围东西约5000米、南北约2000米。共发现289座墓葬，其中93座墓葬依据其墓园结构和墓葬形制、规格，可以确定为献陵陪葬墓。陪葬墓的特征是规模较大，外有围沟，墓葬有长斜坡墓道和数量不等的天井、过洞，28座尚存封土。陪葬墓墓园外围基本都以围沟为

界，绝大多数墓园内只有1座墓葬，个别墓园内有2座或3座葬墓[①]。

2.昭陵陵园形制

昭陵是唐太宗生前选定的陵址，修建在礼泉县北的九嵕山上。通过2002—2005年的调查、勘探、发掘，基本探明了陵园遗址的布局。现知陵园周围没有墙垣环绕，只在九嵕山南侧偏东的山梁上建造南司马门，在北侧山坡上建造北司马门，在西南侧的平缓台地上建造寝宫。此外，还有山腰南侧和东侧的石窑、石室等遗迹。九嵕山南侧和东侧的山坡及山下东、南部的开阔平原地带是昭陵的主要陪葬墓区，西南和北面有个别陪葬墓。

昭陵北司马门建筑遗址是一组完整的南北向轴对称建筑群，分布于九嵕山北侧山坡的3个小台地上，由南向北逐渐升高，建筑遗迹依次为三出阙的台基1对、推测为列戟廊的廊址1对、北围墙外的小型建筑4座、殿堂式门址和北围墙、砖砌排水沟等。第二台地以上仅残存西侧建筑遗迹，从南向北依次为偏殿、方形小建筑、阶梯状长廊等。建筑群外环绕夯土墙。殿堂式门址东西25.8米、南北12.6米。从现存遗迹分析，门址进深两间、面阔五间，中间三间为三个门，东西两间分别有隔墙分为南北间，门址东西两端紧接夯土围墙。在三出阙的南侧各一长方形建筑台基，介于阙和门之间，推测很可能是门外放置列戟的廊房。原放置“六骏”和“十四国蕃君长”石雕像的长廊基址呈阶梯状，由北向南渐次升高，进深一间、面阔七间，南北29米、东西10.2米，残存有10个柱础石和4个置于原位的石人像座，北端一间保存有“六骏”之一的完整基座。

昭陵寝宫遗址位于九嵕山南麓皇城村东侧的开阔缓坡地带，2004年进行了钻探、调查和局部试掘。寝宫为一组完整的宫殿建筑，外周为长方形的宫城城墙，南北304米、东西238.5米，夯土城墙厚2.5米左右。寝宫北部用一道东西向内城墙隔出南北宽47.5米的夹城。宫城东西两面未发现城门，南北两面辟城门，夹城城墙上与北门相对的位置又设一重门。3座门址虽破坏较严重，但总体结构仍大体可辨，门的基址均为包砖的夯土台，与陵园北司马门已发掘的门址结构大体相同。其中南门址东西23.2米、南北13米，夯土台基原高1.2米左右，周有砖铺散水。北门址形制、规模与南门址相当；北重门门址较小，结构亦相同。城墙范围内经初步钻探，发现南北分布的3组夯土基础和纵横分布的夯土墙体，其间有大量砖瓦堆积。可以看出，宫

---

① 陕西省考古研究院：《唐高祖献陵陵园遗址考古勘探、发掘简报》，《考古与文物》2013年第5期。

城中原有3组大型建筑和多座中小型建筑，其中大型建筑中有1座应为寝殿。[①]

陵园石刻主要集中在北司马门，有“昭陵刻石文”碑、“昭陵六骏”、“十四国蕃君长”石像。20世纪70年代在九嵕山南9公里的后寨村发现石走狮，现在还难以确认是否为昭陵陵园石刻组合的一部分。日本学者所说的东门蹲狮有误，根据照片辨认，应为乾陵东门石狮。[②]

九嵕山南侧和东侧的山坡及山下东、南部的开阔平原地带是昭陵的主要陪葬墓区，西南和北面有个别陪葬墓。陪葬墓的数目无论文献还是先后数次调查均有较大出入，依据1972年昭陵博物馆的调查资料计有167座，据近年昭陵博物馆的调查，确认有193座属于昭陵的陪葬墓（包括宫人墓）[③]。

3.乾陵陵园形制

乾陵位于乾县以北的梁山，由陵园、神道、下宫、陪葬墓区组成。经2006年、2011年两次考古勘探，陵园布局较以前更为清楚，并有新的发现。陵园以梁山主峰为中心，城垣环绕山峰四周，平面略呈方形，西南角受地形限制向内收缩。南墙大部分为东西直线，西端向北折，再向西北折至当地称之为棒槌岭的山梁上与西南角阙相接，全长1450米；东墙南北直线延伸，分别与东南角阙、东北角阙相连，全长1528米；北墙东西直线延伸，全长1450米；西墙南北直线延伸，全长1438米。城垣四角各有角阙，1961年曾发掘东南角阙，曲尺形，两端呈三出结构。四面设四门，从钻探的北门门址平面分析，结构为殿堂式。四门外两侧建造双阙，1995年发掘的南门双阙均为三出阙。

乾陵下宫遗址位于第一重阙与第二重阙之间中轴线西侧，周围地势开阔，坡度平缓。总体平面近似方形，周围是夯土筑成的宫城外墙，东西379.7—380米、南北382—383米。下宫南门位于南墙中部偏东，门宽12.5米。宫城之中又有内城，内城平面总体呈长方形，南北295米、东西284米。内城范围内共发现各类遗迹60处，其中夯土遗迹44处、踩踏面遗迹6处。下宫内外城之间也有大量建筑遗存分布，北侧的内外城之间和西侧内外城之间分布较为密集，且明显可以分为几组，东侧内外城之间发现遗迹遗存较少。

乾陵石刻组合：神道石刻从南至北依次为石柱、翼马、鸵鸟各1对，仗马与牵

---

① 陕西省考古研究所、昭陵博物馆：《2002年度唐昭陵北司马门遗址发掘简报》，《考古与文物》2006年第6期；张建林、王小蒙：《对唐昭陵北司马门遗址考古新发现的几点认识》，《考古与文物》2006年第6期。

② 沈睿文：《唐陵的布局：空间与秩序》，北京大学出版社，2009年，第193页。

③ 李昊阳主编：《昭陵文史宝典》，三秦出版社，2006年，第21页。

马人组合5对（各10件），石人10对（20件），无字碑1通，述圣记碑1通，蕃酋像61件。四门石狮各1对，均为蹲狮。北门门阙以北原知有仗马及牵马人各3对（各6件），2007年的发掘表明，门阙与仗马之间原有2对石刻，石座旁还配置有方形小石座，其中北侧的1对为站立的石虎，另1对可能亦为石兽。

乾陵陪葬墓分布在陵山东南的台原，2010年对已知的17座陪葬墓进行考古勘探，发现每座墓均有围沟或围墙的墓园建筑遗迹。

4.桥陵陵园形制

桥陵因山为陵，由陵园、神道、下宫、陵园石刻组成。陵园平面大部分呈方形，只有西北部因山势向外突出，几经曲折形成不甚规则的多边形。范围包括整个丰山和尖山、赵家山两座小山。陵园的墙垣环绕山麓建造，个别部分越山跨沟。南墙和西墙均为直线，分别长2820米、2813米；东墙在东门以北向东折，继而北折，与东北角阙相接，全长2655米；北墙在东半部先向北折，继而东折，然后向南、东南两次转折，与东北角阙相接，全长4944米。陵园四角各有角阙，四面设门，门外1对门阙。2008年对南门门址、南门外西侧阙址、蕃酋殿建筑遗址进行了发掘。虽然遗址破坏严重，但残存的夯土基址和柱础石仍可看出是殿堂式建筑；门阙为三出阙，结构与乾陵南门阙相同；蕃酋殿建筑平面为曲尺形。从南门向南660米的神道南端现存乳台阙址，阙址东西29—29.6米、南北16—16.5米，两阙台间距180米；从乳台阙址向南2700米残存鹊台阙址，据1993年钻探，两阙台间距190米。

桥陵下宫遗址总体平面呈长方形，由内外两重宫城组成，外城南北515米、东西401米。外城正门位于南墙中部偏东，门址东西约23米。内城整体位于外围墙内偏东北位置，总体平面呈长方形，南北290米、东西252.5米。内城范围内共发现建筑夯土基址28组，每组由两条至多条夯土基础构成，可分为南北两组建筑，每组又各有围墙环绕，中央偏北有大型建筑基址，可能是寝宫建筑遗址，两侧分布附属建筑基址。在一些建筑基址上发现有柱础石。内外城之间也发现有建筑遗迹，西侧内外城之间建筑遗迹较少，只是在北部探明有一组建筑，南部未发现夯土遗迹。东侧内外城之间没有发现建筑遗迹。①

桥陵石刻组合：神道石刻由南向北依次为石柱1对、麒麟1对、鸵鸟1对、仗马5对10件（现存9件）、石人10对20件（现存16件），神道的蕃酋殿遗址曾出土蕃酋像残躯3件。四门外各有石狮1对，北门外还有仗马3对6件。北门外西侧曾发现牵马人

---

① 陕西省考古研究院唐陵考古队：《唐睿宗桥陵考古调查勘探简报》，《考古与文物》2011年第1期。

残躯1件和身份不明的小型石人残躯1件。

桥陵陪葬墓分布在陵园的东南方向，经2009年勘探，探明共有陪葬墓12座，其中墓主明确的有王贤妃、金仙长公主、鄎国公主、凉国公主、代国公主、惠庄太子、云麾将军等。据文献记载尚有惠文太子、惠宣太子。陪葬墓均有墓园建筑。

5.泰陵陵园形制

泰陵陵园由三座山峰组成，金粟山居后，西南有敬母山，东有卧虎山。地表现存乳阙遗址、角阙遗址和各门前土阙及地面石刻。

城垣四面原辟四门，受地形限制，四门选址因地而宜，并非对称布局。除南门位于山前缓坡地外，东、西、北三门均筑于山脊或山坡台地上，地域狭小。东、西两门直线间距1168.8米，南、北两门直线间距1133.8米。城垣四角各有角阙，角阙之间距离悬殊，如西南角阙至东南角阙直线距离1176.9米，而西北角阙至东北角阙直线距离仅为765.3米。若将探明的垣墙和角阙相连，城垣平面约略呈不规则的五边形。除南垣墙较直外，其他三面的墙垣都非直线延伸。北垣墙由西北角阙开始折向东北方向与北门相接后，再与距离较近的东北角阙相接；西垣墙修建在山梁西侧的坡地上，大致呈弧形；东墙垣基本沿着山脊走向蜿蜒起伏，呈蛇行状。

泰陵下宫遗址位于蒲城县椿林乡石道村南部的台地上，地势北高南低。下宫北垣墙东端距西乳阙直线距离为990.4米。垣墙基址保存较好。下宫的宫城平面呈长方形，方向北偏西7°，南北162.5米、东西143米。下宫宫城内共发现夯土墙基4条。2条东西向墙址位于宫城内中部，较短，宽度不一；2条南北向墙址位于宫城内西部，东西排列，长度较长，宽度均匀。因东部破坏严重，未探出墙址。下宫遗址内共发现夯土基址16处，大部分分布于宫城内中部位置，大小不一，多为较规整的长方形，最大的一处夯土基址位于宫城北部中间。①

泰陵石刻组合：神道石刻从南至北依次为石柱1对（现存1件）、翼马1对、鸵鸟1对、仗马及牵马人5对（现存仗马5件、牵马人3件）、石人10对（现存19件），最北端的石人与门阙之间的东西两侧发现蕃酋石像残躯11件，其中2009年在西侧发掘出土4件。四门外各1对石狮（西门外南侧石狮不存）。北门门阙之间及以北原应有仗马及牵马人各3对（现存仗马4件、牵马人3件）。石刻体量变小，石人高2.50—2.75米，四门外的石狮高1.56—1.65米；石人始分文武两类，东侧是持笏的文官，西侧是拄仪刀的武官。

① 陕西省考古研究院、蒲城县文物局：《唐玄宗秦陵陵园遗址考古勘探发掘简报》，《考古与文物》2011年第3期。

6.崇陵陵园形制

崇陵陵园地处嵯峨山东侧，南北跨越泾阳、三原两县，陵园内自然地貌复杂，沟壑交错。地表仅存乳阙遗址、角阙遗址和门前土阙及地面石刻。

经2007—2008年调查、勘探，陵园布局基本清晰。陵园城垣环绕陵山而建，城垣四面设四门，除南门位于陵山南部台地，地势较平缓外，东、西、北三门均筑于山脊的平缓处或山坡台地上。东、西两门直线间距1625.4米，南、北两门直线间距1638.3米。城垣四角角阙之间距离悬殊，西南角阙至东南角阙直线距离为2503.6米，西北角阙至东北角阙直线距离为1511.3米，西南角阙至西北角阙直线距离为1705.1米，东南角阙至东北角阙直线距离为1707.6米。若将探明的垣墙和角阙相连，城垣平面南宽北窄，呈不规则的梯形。除南垣墙较直外，东、西、北三面垣墙走向皆依山势起伏蜿蜒。

崇陵下宫遗址位于泾阳县蒋路乡孟下村南的台地上，下宫东南角距乳阙直线距离为1824.4米，自然地势北高南低，坡度较缓。下宫宫城整体平面呈长方形，方向北偏东1°，南北310.4米、东西195.8米。下宫城垣内共发现夯土基址9处，多为长方形，大多分布于城垣内的中部位置，其中两组较大的夯土基址位于城垣中部偏北，可能是寝殿等主要建筑的基址。

崇陵石刻组合：神道石刻自南向北依次为石柱1对、翼马1对、鸵鸟1对（现存东侧1件）、仗马及牵马人各5对（现存仗马6件、牵马人2件）、石人10对（地表现存11件，新发现4件），在南门阙以南的东西蕃酋殿遗址发现石像残躯25件。四门外各有1对石狮（现存4件），北门仗马4件、牵马人1件。石刻组合与泰陵相同，雕凿较粗糙，石人高度与泰陵相若，2.66—2.78米。

7.贞陵陵园形制

贞陵陵园南北跨泾阳、淳化两县。陵园内地貌复杂，山势陡峭，地表仅存鹊台遗址、角阙遗址和各门前土阙及地面石刻。

经2007年调查、勘探，陵园布局基本清晰。陵园的城垣环绕北仲山而建，四面辟四门，除南门位于北仲山南麓，地势较平缓外，东、西、北三门均筑于山脊上，地域狭小。城垣四处角阙及现存垣墙均已探明，西南角阙至东南角阙直线距离1760.5米，西北角阙至东北角阙直线距离为3448.88米。城垣平面呈南北狭长的不规则形状，南窄北宽。南垣墙地处山下较为平缓的地带，呈直线延伸；西墙垣从西南角阙向北沿山脊蜿蜒通向西门，然后向西北方向沿山脊与西北角阙相接；东墙垣从东南角阙向北坡度较缓，取直线通向东门，东门以北则沿山脊蜿蜒至东北角阙；北墙垣地形最为复杂，西部明显向西南的山脊延伸，与东北、西北角阙连接均需经陡坡和沟壑，起伏较大。

唐贞陵下宫遗址位于泾阳县白王镇庙背后村北部的台地上，东南距西鹊台遗址299.24米，地势北高南低。宫城整体平面呈长方形，方向北偏西8°，南北248.39米、东西172.11米，仅在南面正中设门。建筑遗迹破坏较为严重，较大的夯土基址有两处，一处位于宫城南门内，一处位于宫城中部，两处建筑基址与南门均在宫城的中轴线上。

贞陵石刻组合：神道石刻自南向北依次为石柱1对、翼马1对、鸵鸟1对（现存东侧1件）、仗马及牵马人各5对（原应各10件，现存仗马6件，新发现牵马人2件）、石人10对（原应20件，地表现存11件，新发现4件），在南门阙以南的蕃酋殿建筑遗址出土蕃酋石人像6件。北门石刻组合：除石狮1对，应有3对仗马及牵马人（地表现存仗马4件，新发现牵马人1件）。石刻雕凿较为粗糙。

贞陵无陪葬墓。

二、不同时期唐代帝陵形制的特征

初唐时期高祖献陵、太宗昭陵，布局设计“斟酌汉魏”制度，同时吸收南北朝帝陵的不同传统，试图探索建立唐代帝陵的新形制。

唐高祖献陵在建造之前，曾有廷议。高祖李渊遗诏中提出“其园陵制度，务从俭约，斟酌汉魏，以为规矩”的原则，但究竟按照汉魏的哪一种规矩则有不同意见。[①]太宗“诏山陵一准汉长陵故事，厚送终礼”，秘书监虞世南谏曰：“臣之愚计，以为汉文霸陵，既因山势，虽不起坟，自然高显。今之所卜，地势即平，不可不起，宜依《白虎通》所陈周制，为三仞之坟，其方中制度，事事减少。事竟之日，刻石于陵侧，明丘封大小高下之式。”[②]太宗一时难以决断，“付所司详议”，房玄龄等谓：“谨按高祖长陵高九丈，光武陵高六丈，汉文魏文并不封不树，因山为陵。窃以长陵制度，过为宏侈。二丈立规，又伤矫俗。光武中兴，明主多依典故，遵为成式，实谓攸宜。伏愿仰尊顾命，俯顺礼经。”[③]太宗最后看来是依岑文本

---

① 〔宋〕宋敏求：《唐大诏令集》卷一一，中华书局，1959年；〔唐〕杜佑：《通典》卷七九，中华书局，1988年。唐太宗“诏定山陵制度，令依汉长陵故事，务存崇厚”。

② 《旧唐书》卷七二，中华书局，1975年，第2569页。

③ 《全唐文》卷一三七，中华书局，1983年，第1385页。

的意见设计和修筑献陵的。[①]墓上筑覆斗形封土，封土现高约18米，合唐尺六丈余。周环方形墙垣，四面辟四门，陪葬墓分布于陵园东侧及东北，这些特点与汉陵相同。唯陵园四门及神道石刻为汉陵所无。[②]四门所立石虎取站立姿势，造型与西魏永陵之神兽类似；神道所立石柱则明显仿照南朝陵墓造型，石柱座上雕刻两条盘绕的龙，石柱顶部雕刻蹲兽等特征无不与南朝陵墓石柱相仿[③]。献陵陵园北部偏东探出的建筑遗址紧邻陵园，坐北向南，周环墙垣和隍沟，整组建筑呈轴对称布置。中轴线上安排两进院落，并有大型建筑基址，应该是一座礼制建筑。遗址出土的砖瓦、瓦当等建筑材料与献陵南门遗址完全一致，说明建造年代相同。推测这处建筑很可能是献陵最初的寝殿建筑群。这种将陵寝建筑紧邻陵园的做法也与汉陵相仿。

唐太宗昭陵开唐代"因山为陵"之先河，虽然也声称参照了汉代陵寝制度（文献透露出模仿汉文帝霸陵之意）[④]，但在具体的设计和布局上多有创新，与献陵几无相似之处。因山势在九嵕山南面悬崖开凿玄宫，南北山梁上分别建造南北司马门，东西不设门，也没有环绕的城垣。在西南面的平缓开阔地带建造寝宫。北司马门从外向内（从北向南）依次为三出阙、列戟廊、殿堂式大门。寝宫宫城的平面布局刻意仿照长安城的宫城设计，南面为宫城正门，北面有夹城，形成两道北门，主体建筑沿南北中轴线依次排列，布局与大明宫极为相似。陪葬墓主要分布在南面及东南面。陵园石刻完全不同于前朝，北司马门竖立具有纪念碑意义的"昭陵六骏"石屏，前无古人。写实性的"十四国蕃君长"石像具有记功宣威的功能，有学者认为此种做法可能源自突厥陵墓石人。[⑤]

盛唐的高宗乾陵、中宗定陵、睿宗桥陵是唐代帝陵形制确立的阶段。自乾陵开始，陵园环绕陵山一周修筑平面方形的城垣（唐代文献称之为"壖垣"或"行

① "今便敬依来议。于是山陵制度，颇有减省。"参见〔宋〕王溥：《唐会要》卷二〇，中华书局，1955年。

② 虽然《封氏闻见记》载，"秦汉以来，帝王陵前有石麒麟、石辟邪、石象、石马之属；人臣墓前有石羊、石虎、石人、石柱之属；皆所以表饰坟垄，如生前之象仪卫耳"，一些学者如宫大中也推测在洛阳等地发现的石刻可能属于东汉陵园，毕竟未得到证实。参见宫大中：《东汉帝陵及神道石刻》，见中国古都学会编：《中国古都研究》（第4辑），浙江人民出版社，1989年。

③ 朱偰：《建康兰陵六朝陵墓图考》，中华书局，2006年。

④ "十八年，太宗谓侍臣曰：昔汉家皆先造山陵，既达始终，身复亲见，又省子孙经营，不烦费人功，我深以此为是。古者因山为坟，此诚便事……汉氏将相陪陵，又给东园秘器，笃终之义，恩意深厚。"（〔宋〕王溥：《唐会要》卷二〇，中华书局，1955年）太宗遗诏："陵园制度，务从俭约。昔者霸陵不掘，则朕意焉。"

⑤ 葛承雍：《唐昭陵、乾陵蕃人石像与"突厥化"问题》，见余太山主编：《欧亚学刊》（第3辑），中华书局，2002年。

墙”），四面辟四门。由南向北布置三重门阙，第一对阙台（宋代称之为“鹊台”）通常距第二对阙较远，相距1000—2000米，有些超过2000米，其间中轴线的西侧建造下宫，东侧分布陪葬墓。第二对阙（宋代称之为“乳台”）距离南门阙一般不超过1000米，两者之间的神道两侧对称排列石刻。陵园四门由外及里依次筑三出阙、列戟廊和殿堂式大门，南门外还修建放置蕃酋像的建筑（蕃酋殿）。这里需要注意的是蕃酋殿的位置曾发生变化，乾陵将之安排在南门与南门阙之间，桥陵及以后则将其移至南门三出阙以南。

四门门阙及第一、二对阙均为三出阙，三出的转折较大，30—60厘米，阙台底部外周有石块基础，夯土台基外包砌砖壁。

寝宫（后称下宫）位于第一对阙（鹊台）与第二对阙（乳台）之间的西侧，宫城规模较大，乾陵下宫面积145000平方米，桥陵下宫面积206515平方米；平面呈方形或长方形，有内外两重城垣；较大的建筑基础为数条平行的夯土基构成。

陵园石刻从乾陵开始形成定制，四门外各立石蹲狮1对，北门阙以外再立石马和牵马人各3对（乾陵北门外还有石虎1对、尚不明确的石刻1对），南门阙以外神道两侧由南向北依次立石柱1对、翼马（或麒麟）1对、鸵鸟（或鸾鸟）1对、仗马和牵马人各5对、石人10对以及数量不等的蕃酋像。石刻体量高大，如门外石狮高达2.7—3米，石人高达4米左右；10对石人均为手拄仪刀的武将形象，乾陵石人头戴小冠，定陵、桥陵则头戴鹖冠；鸵鸟较为写实，颈、腿细长。还有一种石刻值得注意，乾陵南门门址两侧现存1对石座，其上有石人的残脚，应该是守门武士石像。

以上可以看出，乾陵—桥陵的总体设计布局和石刻组合分别吸收献陵、昭陵两者的设计理念，基本呈方形的陵园墙垣（乾陵陵园西南角和定陵、桥陵陵园东北角因地形限制内收或外扩，但仍为直线转折），神道石刻最南端为1对石柱，四门外设置1对石狮等源自献陵（献陵为1对石虎）；因山为陵，北门外设置6匹石马，南门外设置蕃酋石像（昭陵蕃酋石像设在北门内），门外设三出阙及列戟廊等均源自昭陵。还有学者认为高宗太子李弘（谥号孝敬皇帝）恭陵的神道石刻组合和造型对乾陵神道石刻制度有很大影响。[①]无论如何，乾陵陵园形制标志着唐代帝陵制度的正式形成，此后的唐代帝陵陵园基本按照这一布局设计建造。

中唐的玄宗泰陵—穆宗光陵延续盛唐时期帝陵形制，略有变化。其仍然是“因山为陵”，但陵园平面多随山势而定，除了南墙垣地处平地或缓坡呈东西直线外，其他三面墙垣多沿山梁蜿蜒曲折，平面形状大多不规则。东西两门以及东北、西北

① 沈睿文：《唐陵的布局：空间与秩序》，北京大学出版社，2009年，第212—224页。

角阙的地点选择只能依据不同地势，往往顾此失彼，难以对应。门阙及乳台阙、鹊台阙虽仍为三出阙，但三出的内折部变小，一般在10—20厘米，不再用砖包砌，只在夯土台基表面施白灰墙皮。

下宫规模减小，如泰陵下宫宫城面积23100平方米，崇陵下宫宫城面积26800平方米；宫城平面多为长方形，不再是内外两重城垣，北面不设门。

陪葬墓急剧减少，甚至没有陪葬墓。

从泰陵开始，石人体量变小，分为左文右武，东侧为手持笏的文官，西侧仍为手拄仪刀的武将。鸵鸟不再采用写实手法，逐渐失去鸵鸟原型，颈、腿变得粗短，或许这一时期的应当称之为“鸾鸟”更为合适。翼马定型化，不再出现兽头的麒麟。蕃酋像更为注重表现不同民族的服饰差异，尤其出土蕃酋像数量较多的泰陵、崇陵，不同的蕃酋石像可以看出北方民族、中亚民族、南亚民族的多种特征。在建陵陵园城垣附近发现的马头人身石像和猴头人身石像，显示着这一阶段还曾流行在陵园周圈埋设十二生肖石像的制度。

晚唐的敬宗庄陵—僖宗靖陵，陵园形制与前一阶段相比变化不大，但呈现出不稳定的状态。有3座陵园采取久已不用的封土为陵（敬宗庄陵、武宗端陵、僖宗靖陵）的设计。陵园规模逐渐变小（贞陵是一个例外），尤其是3座“封土为陵”的陵园，边长仅500米左右，“因山为陵”的章陵边长也不过800余米。

陵园石刻的种类不见减少，但在数量上有减少的趋势，在体量上有变小的趋势。到唐末的僖宗靖陵，石人高度不足2米，与前一阶段的蕃酋像大小相差无几。

或仅有1座陪葬墓，或没有陪葬墓。

这一阶段中，贞陵是一个特例。陵园规模巨大，南北门之间的间距达3500米，在所有唐代帝陵中是最大的。下宫宫城规模也较崇陵要大些。陵园石刻出现一些不同于其他陵的种类，南门门址残存4个石座，从石座的结构分析，其上原可能是4个守门武士的雕像。南门外两侧还发现一个较大的石座，座上正中残存有榫眼，座上原来的石雕应为一形体高大的雕像。蕃酋像重新变得程序化，服饰不再多样，稍显雷同。个中原因，容另文详述。

三、结语

综上所述，可将唐陵陵园形制的发展演变分成如下四个阶段：

第一阶段初唐两座帝陵，属于借鉴汉魏帝陵制度的探索阶段。这一时期陵园布局尚未形成定制，两座陵园采用两种截然不同的形制。但这两个陵园的设计对后来诸陵园仍产生较大影响。如昭陵开创了唐陵“因山为陵”的风气，“昭陵六骏”

和“十四国蕃君长”石像则开此后历代唐陵陵园石刻中置蕃酋石像及北门石马的先例。献陵的方形陵园、神道石刻的石柱、陪葬墓分布在陵园东侧，也都被后来的帝陵采用。

第二阶段的乾陵、定陵、桥陵，标志着唐代帝陵陵园形制的正式形成。陵园平面布局尽量设计成方形，局部因地势稍做调整。神道向南设置三重阙（南门阙、乳台阙、鹊台阙），下宫安排在乳台阙与鹊台阙之间的神道西侧，陪葬墓分布在神道东侧。陵园石刻组合基本形成定制，种类、数量急剧增加，形体高大，排列有序。第二阶段的帝陵石刻继承了第一阶段帝陵石刻体量较大的特点，南门狮一般高2.7—3米，石人通常高4米左右。这一阶段最初的乾陵最为重要，是唐帝陵形制变化的一个转折点，形成的“乾陵模式”对后来诸帝陵影响深远，为此后诸唐陵设计的楷模。

第三阶段基本沿袭盛唐时期的陵园布局——乾陵模式，又发生一些调整和变化。从某种意义来讲，泰陵也是唐代帝陵形制的一个转折点。从泰陵开始，“因山为陵”的陵园平面不再追求方形布局，因地势调整，往往呈不规则形状。神道两侧的石人分为左文右武。石刻个体变小，如门外石狮高1.5—1.7米，石人高度多在2.5—2.9米。下宫规模减小，陪葬墓数量减少。

第四阶段唐代帝陵制度逐渐走向衰微。除贞陵外，陵园规模逐渐变小。门阙等阙台不再使用三出阙形式。石刻组合基本稳定，石刻体量更趋变小，至靖陵时，石狮高度不足1米，石人高度不足2米。陪葬制度渐趋消失。

原载《考古与文物》2013年第5期，收入本书时删去了原文图片

（张建林，陕西省考古研究院研究员）

“斟酌汉魏”还是“唐承隋制”
——唐高祖献陵与隋文帝泰陵的比较

张建林

关于唐代初期帝陵制度的创立，学界往往采用唐高祖李渊遗诏“斟酌汉魏”、唐太宗遗诏“依汉长陵故事”的说法[①]，认为唐代帝陵制度主要源自汉魏陵墓制度，或谓“汉制”。学者多持此说[②]，并且认为唐代帝陵制度在长达200余年间一直将汉魏制度奉为圭臬[③]，笔者也曾持此观点[④]。近年陕西省考古研究院对隋文帝泰陵、唐高祖献陵进行全面考古调查与勘探，陵园布局、形制大体了然。两者相比较，覆斗形封土、并列两墓道、方形陵园、四面四门及门阙形制等特征极为相似，使得我们有可能重新考虑唐初帝陵制度的来源。

一、隋文帝泰陵的陵园形制

隋文帝泰陵位于陕西省杨凌区五泉乡双庙坡村，是隋代开国皇帝杨坚与独孤皇后的合葬陵，地处渭北台原的南缘，地势较为平坦。1970—1984年，文物工作者对泰陵做过多次踏勘工作，大致明确了陵园和隋文帝祠的位置和大体范围。[⑤]2010年，陕西省考古研究院对泰陵陵园遗址做了全面的考古勘探和调查，对其布局有了较为清晰的认识。[⑥]（图1）

---

① 〔宋〕宋敏求：《唐大诏令集》卷一一，中华书局，2008年，第66—67页。

② “也有少数陵墓如高祖的献陵、武则天母亲的顺陵、唐敬宗的庄陵、唐武宗的端陵、唐僖宗的靖陵在平地上起正方形的陵台，沿用汉代陵墓以方形为贵的制度。”（杨宽：《中国古代陵寝制度史研究》，上海人民出版社，2003年，第57页）“献陵的形制是‘积土为陵’，是仿照秦汉的陵寝制度而建的。”（巩启明：《唐献陵陵踏查记》，《文博》1999年第1期）

③ “可见，汉魏陵园之制在唐代园陵（陵园）制度中确实已经成为不变之规矩。”参见沈睿文：《唐陵的布局：空间与秩序》，北京大学出版社，2009年，第10—11页。

④ “初唐时期高祖献陵、太宗昭陵，布局设计‘斟酌汉魏’制度，同时吸收南北朝帝陵的不同特点以及周边民族王陵墓特点，试图探索建立唐代帝陵的新形制”。参见张建林：《唐代帝陵陵园形制的发展演变》，《考古与文物》2013年第5期。

⑤ 罗西章：《隋文帝陵、祠勘察记》，《考古与文物》1985年第6期。

⑥ 陕西省考古研究院：《隋文帝泰陵考古调查与勘探简报》，《考古与文物》2021年第1期。

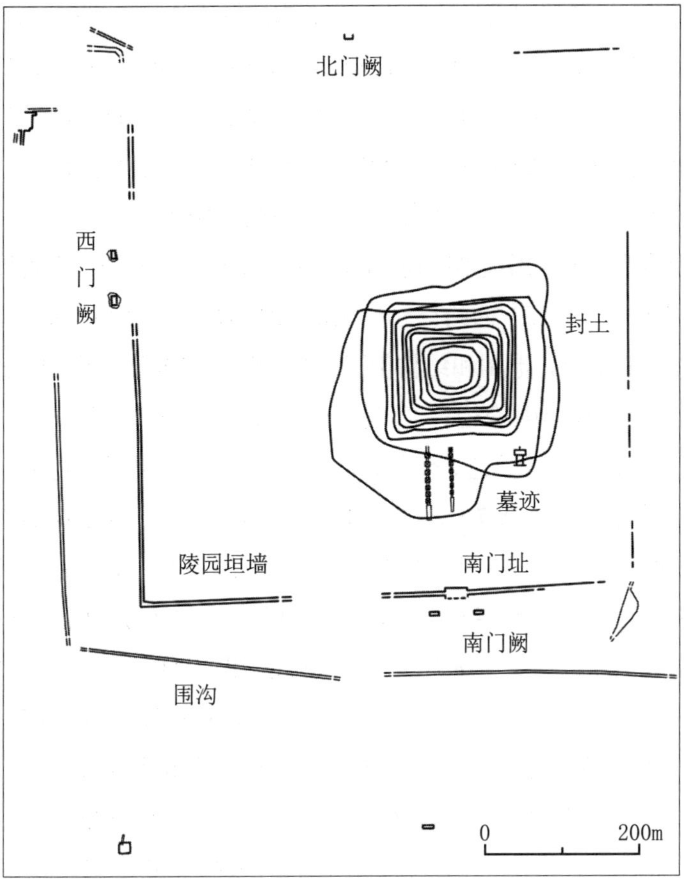

图 1　隋泰陵陵园平面形制图（张博绘）

泰陵由陵园遗址和东南的隋文帝祠遗址构成。陵园平面呈长方形，南北628.9米、东西592.7米。现已探明的迹象有封土、玄宫墓道、四门门址、门阙、垣墙和围沟。经勘探发现，陵园夯筑墙垣的东墙址和北墙址大部分压于公路下，南墙址和西墙址保存状况较差。依据勘探所发现的9段夯土墙址，墙址宽度0.5—4.4米，大体可以勾勒出陵园垣墙的走向与结构。垣墙之外的西侧和南侧还发现有围沟。

陵园垣墙四面正中各有一门址，门外有一对平面呈梯形的门阙，除南门门址和门阙、西门门阙、北门西门阙保存较好外，其余门址和门阙已破坏不存。保存较好的南门址位于陵园南墙址中部，平面呈长方形，东西长25米、南北宽13米，东、西两端与陵园垣墙相接，门址周围地层内发现大量砖瓦残块和白灰墙皮。此门址平面形制、尺度与唐代帝陵门址极为接近，如昭陵北司马门遗址“庑殿式门址东西25.8米、南北12.6米，残存夯土台基、夯土墙、砖铺散水、柱础石、门砧石等遗迹。……根据残存石柱础的间距，可知作为大门的庑殿进深两间、面阔五间，中间的三间设门，东西两间分别有东西向隔墙将之分为南北间。庑殿东西两端有山墙，与夯土围墙相连接”[①]。桥陵陵园南门址东西26米、南北11.3米，东西两侧与陵园南墙垣相接，从残存的柱础石、柱础坑、山墙等遗迹分析，亦为面阔五间的殿堂式大门。[②]由此可以推定，隋文帝泰陵的陵园大门实为一座殿堂式建筑，面阔五间。南门门址南部约18米处有门阙1对，东、西两阙相距约42米。东西两阙平面均呈梯形，东西长约10米、内端南北宽约4米、外端南北宽约5米。两阙形制规模相同。

泰陵封土位于陵园内中心略偏东南部，夯土结构，在原地表上直接夯筑而成。现存封土呈覆斗形，底部东西约155米、南北宽153米、现高25.1米。在封土南部发现2条东西并列的墓道，形制和结构相同，东西间距23.8米。封土底部呈不规则的“凸”字形，向南延伸覆压墓道，表明封土是在墓主入葬后夯筑的。

M1位于封土南部，由墓道、天井、过洞、墓室四部分组成，除墓室压于封土下未勘探外，其余部分全长78.7米，方向180°。长斜坡墓道平面呈梯形，南北长约17米、南端宽3.4米、北端宽2.7米。天井共7个，平面均呈梯形，深浅、长宽不等，南北长4.6—5.4米、东西宽3.5—4.9米。M2位于M1西，结构及方向相同，除墓室压于封土下未勘探外，其余部分全长78.7米，长斜坡墓道平面呈梯形，南北长约17米、南端宽3.4米、北端宽5.6米。天井7个，平面均呈梯形，长宽不等，南北长4.7—6.1米，东西宽4—5.2米。两墓葬的墓道、天井、过洞结构相同，只是位置和规模不同，M1大体居中，长度和宽度都比M2略小。M1、M2已探明的墓道、天井、过洞形制，与以往发现的关中地区大型隋墓并无二致，有学者将隋墓中全长40—50米、具有3—7个天井的大型墓葬列为第一等级。[③]这些隋墓均为长斜坡墓道，多天井的形制。2005年发掘的潼关税村隋代大墓全长63.8米，有6个天井，为迄今发掘规模最大者[④]，其总长度仍不及隋文帝泰陵的M1、M2。

所谓隋文帝祠遗址为一夯土构筑的城址，平面呈长方形，南北长约384米、东西宽约354米。西墙宽10.9—12.8米、南墙宽约10.1米、东墙宽约16.4米、北墙墙址宽约9.8米，南墙外侧有4处马面，北墙外侧有2处马面。城址中今存“大宋新修隋文帝庙碑”1通，螭首龟趺，碑文漫漶严重，无法释读，碑侧有宋人题刻。罗西章认为是“隋代所制祠庙之碑”，系宋人利用原碑改为隋文帝庙碑[⑤]，此说或可商榷。从保存

---

① 张建林、王小蒙：《对昭陵北司马门遗址考古新发现的几点认识》，《考古与文物》2006年第6期。

② 陕西省考古研究院：《唐睿宗桥陵陵园遗址考古勘探、发掘简报》，《考古与文物》2011年第1期。

③ 申秦雁：《论中原地区隋墓的形制》，《文博》1993年第3期。

④ 陕西省考古研究院：《陕西潼关税村隋代壁画墓发掘简报》，《文物》2008年第5期。

⑤ 罗西章：《隋文帝陵、祠勘察记》，《考古与文物》1985年第6期。

至今的唐泰陵“大宋新修唐元宗庙碑铭”、唐景陵“大宋新修唐宪宗庙碑”、唐贞陵“大宋新修唐宣宗庙碑”的形制及尺寸来看，均应为宋开宝六年（973）所立。此处城址的城墙结构与泰陵陵园墙垣迥异，城墙基础厚达10米左右，最厚处达16.4米，特别是马面的设置更像是军事防御性质的小城，时代尚难断定，有待于进一步的考古调查与发掘。城址中出土砖瓦、瓦当多为宋代，未发现隋代砖瓦，很可能是宋代建造隋文帝庙利用以前的城址所为，当称隋文帝庙遗址为宜。

二、唐高祖献陵的陵园形制

唐代开国皇帝李渊的献陵位于陕西省三原县城东北部约20公里处的徐木塬上。陵园封土、南神道位于咸阳市三原县徐木乡永合村地域内，下宫遗址位于塬下的徐木乡唐村；陵园北门位于渭南市富平县华庄子村，献陵陵园北建筑群遗址和陪葬墓区位于富平县吕村乡新庄村。

2010—2012年，陕西省考古研究院的唐陵大遗址考古项目对献陵遗址开展全面调查、勘探和局部发掘，所发表的简报刊布了此次调查的新资料。[①]献陵遗址由陵园、封土、神道、陵园北建筑基址、下宫遗址、陪葬墓区构成，属于唐代帝陵中四座平地起冢的陵园之一。（图2）

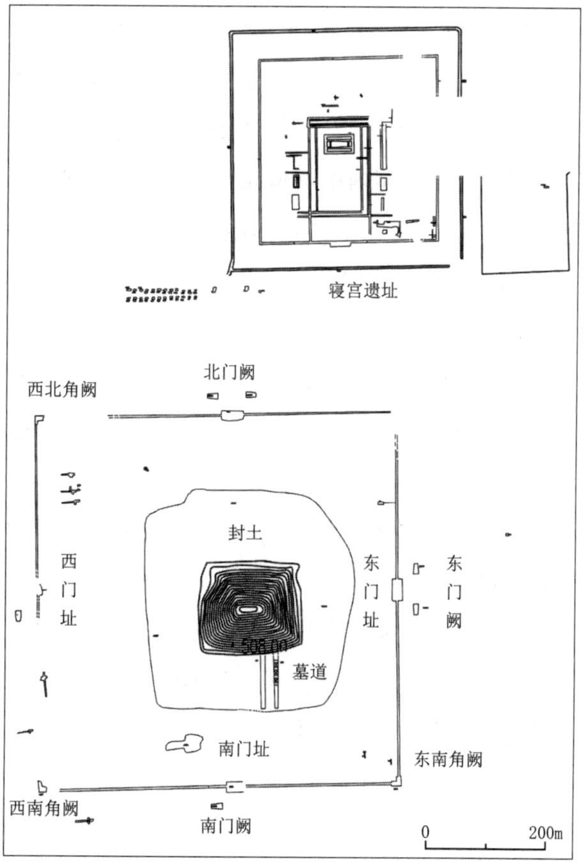

图2　唐献陵陵园平面形制图（田有前绘）

陵园四周修筑夯土墙垣，墙垣四面正中辟门，门址外各有石虎1对、门阙1对。陵园南门外为向南延伸的神道，神道两侧列置石犀牛和石柱各1对。下宫遗址位于陵园西南约1260米。陵园以北距北门址180米发现一处宫殿建筑群遗

① 陕西省考古研究院：《高祖唐献陵陵园遗址考古勘探与发掘简报》，《考古与文物》2013年第5期。

址，暂名献陵北遗址。陪葬墓区位于陵园东北，分布区域大致呈三角形，东西长约5000米、南北长约2000米。

陵园平面形状略呈方形，方向为北偏西1°，墙垣南北长451米、东西宽448米。墙垣底宽2—2.5米，夯层厚12—20厘米。垣墙基址两侧地面可见大量瓦片及白灰墙皮残片，瓦片中板瓦较多，筒瓦较少，偶有莲花瓦当残块发现。陵园墙垣四角筑有曲尺形的角阙夯土阙台，其中东南角阙基址保存较好。陵园墙垣四面中间原分别建有门，各门址保存情况不同，形制和规格相同，均由门址、门阙、门外列置石虎构成。西门址、南门址、北门址保存状况较差，唯东门址相对较完整，南北长26米、东西宽14米，南北两侧与墙垣相接。门址外有门阙1对，现存夯土基础，外侧两次内收成三出阙的形制，南北长12.7—12.9米、内侧宽7米、外侧宽5.2米。

南门的门址与南门外西阙曾做发掘，门址破坏严重，仅存东西19米、南北12米的夯土基础。门址北部清理出两处砖砌台阶或漫道迹象，西侧一处仅剩东侧边缘，依现存遗迹分析，并参考已发掘的昭陵北司马门遗址、崇陵陵园南门遗址，原献陵南门应为殿堂式大门。南门西侧门阙夯土基址东西长14.5米，阙体东边宽7米、西边宽5.6米，由东向西分三段渐次收窄，形成三出阙结构。

封土位于陵园内中部偏东，呈覆斗形，夯筑而成。底边东西长140米、南北长110米、高约20米。在封土南部探出2条东西并列的墓道，方向181°，西侧为M1，东侧为M2，长度均为61米，两墓道间距为10.7米。两条墓道大部分压于现代建筑和水泥路面之下，但仍可探出墓道基本形状。西侧墓道略宽，4.9—5.5米，东侧墓道略窄，4.0—4.8米。东侧墓道上勘探出3个天井，西侧墓道因现代建筑覆盖无法钻探，天井数目及结构不详。但这足以证实文献记载贞观九年（635）十月高祖葬献陵时，太穆皇后同时“祔于献陵”①。

南门与石柱之间为陵园神道，长度404米，石柱与石虎之间有1对石犀牛，两石柱间距37米。

以往调查所标明的下宫遗址位于乳阙以南1210米、偏西370米，现为三原县长城长食品工业有限公司所占压。2010年调查勘探时，仅在四周发现少量夯土基址和大量砖瓦堆积，遗址整体面貌尚不清楚。原有“大宋新修唐高祖庙碑”1通，今不存。②

在献陵陵园东北发现一组建筑遗址，2012年陕西省考古研究院对这处遗址做全

① 《全唐文》卷一四三《李百药·太穆皇后哀册文》，中华书局，1983年，第1453页。

② “献陵的形制是‘积土为陵’，是仿照秦汉的陵寝制度而建的。”参见巩启明：《唐献陵陵踏查记》，《文博》1999年第1期。

面勘探和局部发掘，得知遗址平面形状为方形，垣墙为夯土结构，南北长223米、东西宽221米，垣墙外围有一圈围沟，距离垣墙30米，围沟上口宽2米，遗址的西侧围沟与北司马道中线重合。南垣墙中间偏西辟门，门址距离西南角88米，距离东南角108米。门址仅发现两道东西向夯土基槽，东西26米、南北6米，其中南侧基槽凸出垣墙，北侧基槽与垣墙连为一线。

献陵陵园外北侧发现的大型建筑遗址在所有唐陵中为仅见，建筑群坐北朝南，周环墙垣和隍沟，整组建筑呈轴对称布置。中轴线上安排两进院落，并有大型建筑基址，应该是一座礼制建筑。遗址出土的砖瓦、瓦当等建筑材料与献陵南门遗址完全一致，说明建造年代相同。我们推测这处建筑很可能是献陵最初的寝殿建筑群。依《唐会要》关于太宗亲谒陵的描述，可以见其端倪：

> 贞观十三年正月一日，太宗朝于献陵。先是日，宿卫设黄麾仗周卫陵寝。至是质明，七庙子孙及诸侯百寮、蕃夷君长，皆陪列于司马门内。太宗至小次，降舆纳履，哭于阙门，西面再拜，恸绝不能兴。礼毕，改服入于寝宫，亲执馔，阅视高祖及先后服御之物，匍匐床前悲恸，左右侍御者，莫不歔欷。初，甲辰之夜，大雨雪。及太宗入陵，悲号呜咽，百辟哀恸。有顷，云出于邱陵之上，俄而弥布，天地晦冥。礼毕，太宗出自寝宫，步过司马门，泥行二百余步，于是风静雪止，天色开霁，咸以为孝感之所致焉。①

太宗先到陵园阙门，拜祭后即改服入寝宫，阅视高祖及先后服御之物后出寝宫，步过司马门，又进入陵园，整个程序连贯，表明寝宫当与陵园紧邻，不可能是远在陵园西南数公里的下宫。这处下宫有可能是之后从陵北寝宫移下来的。寝宫置于陵园之北，皇帝亲谒陵、公卿巡陵须穿过或绕过陵园，十分不便，后来搬至徐木原下的可能性很大。此外我们还注意到，陵园北寝宫遗址仅存基础，夯土包砌砖及散水铺砖人为拆除较彻底，不像年久圮毁的状态，或可作为佐证。

寝宫设陵园北侧做法与西汉帝陵相仿，西汉武帝茂陵、元帝渭陵、哀帝义陵的寝殿建筑均位于陵园之北侧。②虽文献中未见到献陵寝宫搬迁信息，但有昭陵寝宫因火灾及供水不便搬至山下的记载。③昭陵以后，唐陵的寝宫均建于陵的西南，距陵园

---

① 〔宋〕王溥：《唐会要》卷二〇，中华书局，1960年，第400页。

② 焦南峰：《西汉帝陵形制要素分析与推定》，《考古与文物》2013年第5期。

③ 〔宋〕王溥：《唐会要》卷二〇，中华书局，1960年，第398页。

南门1—2公里，晚唐以后称“下宫”。[①]

三、“斟酌汉魏”还是“唐承隋制”

从以上隋文帝泰陵陵园与唐高祖献陵陵园的考古发现，很容易看出两者极为相似：第一，两者均为方形陵园，夯土构筑墙垣，前者南北628.9米、东西592.7米，后者南北451、东西448米。第二，方形陵园墙垣正中均有门，前者门址面阔25米、进深13米，后者面阔26米、进深14米。第三，门外有门阙1对，前者长10米、宽4—5米，后者长12.7—12.9米、宽5—7米。第四，封土均为覆斗形，前者底边长152—155米，后者边长110米。第五，封土南侧均有两条长斜坡墓道，西侧墓道规模较东侧稍大。两者不仅整体布局和结构相同，规模也相差不大。

关于隋文帝丧葬，《北史》《隋书》均记载简略，大同小异。《北史》卷一一《隋本纪》载：

> （仁寿四年）秋七月乙未，日青无光，八日乃复。甲辰，帝疾甚，卧于仁寿宫，与百僚辞诀，上握手歔欷。丁未，崩于大宝殿，时年六十四。诏曰：嗟乎！自晋室播迁，天下丧乱……国家大事，不可限以常礼，既葬公除，行之自昔，今宜遵用，不劳改定。凶礼所须，才令周事，务从节俭，不得劳人。……十月己卯，葬于太陵，同坟而异穴。士庶赴葬者，皆听人视陵内。[②]

《隋书》卷二《帝纪第二·高祖下》载：

> （仁寿）二年……八月己巳，皇后独孤氏崩。（闰十月）壬寅，葬献皇后于太陵。
>
> （仁寿四年）秋七月……甲辰，上以疾甚，卧于仁寿宫，与百僚辞诀，并握手歔欷。丁未，崩于大宝殿，时年六十四。遗诏曰：嗟乎！……但国家事大，不可限以常礼，既葬公除，行之自昔，今宜遵用，不劳改定。凶礼所须，才令周事，务从节俭，不得劳人。……乙卯，发丧。……八月丁卯，梓宫至自仁寿宫。丙子，殡于大兴前殿。冬十月己卯，合葬于太陵，同坟而异穴。[③]

《北史》《隋书》记载中有两个关键词：一是隋文帝所葬之陵名原为“太

---

① 张建林：《唐代帝陵的寝宫——考古新发现与文献的再梳理》，见《庆贺徐光冀先生八十华诞论文集》，科学出版社，2015年，第483—498页。

② 《北史》卷一一，中华书局，1974年，第427—428页。

③ 《隋书》卷二，中华书局，1973年，第47—48、52—53页。

陵”，而非后代所称的“泰陵”。唐初武德七年（624）高祖幸楼观，以太牢祭隋文帝陵，太宗贞观十五年（641）遣使以太牢祭隋文帝陵，均直称“隋文帝陵”[①]。《唐六典》说到“凡京畿充奉陵县及诸陵墓及庙邑户”，也是称为“隋文帝陵”[②]。二是隋文帝与独孤皇后合葬，而且是“同茔异穴”。独孤皇后崩于仁寿二年（602）八月，当年闰十月葬于太陵，当时任命尚书左仆射杨素“营建山陵”，事成之后曾获褒赏。[③]两年后的仁寿四年（604）七月隋文帝崩，十月葬于太陵。

隋文帝遗诏中交代后事，“凶礼所须，才令周事，务从节俭，不得劳人”，至于陵园制度则只字未提。从考古勘探资料来看，择地于高敞的原上，筑覆斗形封土，方形陵园墙垣，墙垣四面正中设四门并有门阙，整体布局及结构显然源自汉代帝陵。但与西汉帝陵也有不同之处，明显的区别在于两点：一是陵园四门的门阙不像汉陵那样与门和墙垣连为一体，即连墙阙，而是离开门与墙垣筑于门外，即独立阙。二是不像汉陵皇帝、皇后各有一座陵园，而是在一座封土下有两个并列的玄宫，“同茔异穴”。两个墓道规模稍有差别，西侧的M1总长度（不包括墓室和甬道）78米、墓道南端宽3.4米。基本居中的M2长度、宽度均小于M1。依帝后的尊卑，显然M1应该是隋文帝玄宫，M2是独孤皇后玄宫，从这一点来说，与西汉帝陵陵园中帝陵居西，皇后陵偏东北的情况略同。另，依勘探资料，封土南部压在两座墓道北侧的天井上，显然是隋文帝葬入之后才筑封土的。独孤皇后先葬，玄宫居中，可能当时并没有考虑到文帝将来是否与之合葬，所以两年之后文帝合葬时只能偏向西侧。

关于唐高祖丧葬，《旧唐书》《新唐书》的高祖本纪、太宗本纪都只有寥寥数语，如《旧唐书》卷一《高祖本纪》：“（贞观）九年五月庚子，高祖大渐，下诏：‘既殡之后，皇帝宜于别所视军国大事。其服轻重，悉从汉制，以日易月。园陵制度，务从简约。’是日，崩于太安宫之垂拱前殿，年七十。群臣上谥曰大武皇帝，庙号高祖。十月庚寅，葬于献陵。”[④]“其服轻重，悉从汉制”，而“陵园制度”只是说“务从简约”。《唐大诏令集》所收录唐高祖遗诏却明确有“其园陵制度，务从俭约，斟酌汉魏，以为规矩”[⑤]句。

究竟以汉魏的何种制度来建造高祖陵墓？《唐会要》卷二〇《陵议》详细记

---

① 《册府元龟》卷一七三，中华书局，1960年，第2099页。

② 《尚书户部》载：“周文帝、隋文帝陵各置二十人。”参见《唐六典》卷三，中华书局，1992年，第78页。

③ 《隋书》卷四八，中华书局，1973年，第1287页。

④ 《旧唐书》卷一，中华书局，1975年，第18页。

⑤ 〔宋〕宋敏求：《唐大诏令集》卷一一，中华书局，2008年，第67页。

载了唐高祖献陵建造之前在朝廷展开的一场讨论：“贞观九年，高祖崩。诏定山陵制度，令依汉长陵故事，务在崇厚，时限既定，功役劳敝。”于是秘书监虞世南谏曰：“臣之愚计，以为汉文霸陵，既因山势，虽不起坟，自然高显。今之所卜，地势即平，不可不起，宜依《白虎通》所陈周制，为三仞之坟，其方中制度，事事减少。事竟之日，刻石于陵侧，明丘封大小高下之式。”太宗一时难以决断，“付所司详议”。司空房玄龄等议曰：“谨按高祖长陵高九丈，光武陵高六丈，汉文魏文并不封不树，因山为陵。窃以长陵制度，过为宏侈。二丈立规，又伤矫俗。光武中兴明主，多依典故，遵为成式，实谓攸宜。伏愿仰遵顾命，俯顺礼经。诏曰：朕既为子，卿等为臣，爱敬罔极，义犹一体，无容固陈节俭，陷朕于不义也。今便敬依来议，于是山陵制度，颇有减省。”[①]这场议论一波三折，各执一端，太宗最后的决断似乎是依原陵故事。高祖葬献陵时，窦皇后从寿安陵迁来祔葬。[②]封土南侧探出的两条墓道正是高祖与窦皇后玄宫的“隧道”。

两汉帝陵陵园形制经多年考古工作已基本清楚。“西汉前期，帝后陵居同一个陵园，一般为长方形，面积较大。阳陵以后，帝后各置陵园，间距一般在450—700米，平面方形，帝陵边长400米左右，后陵陵园边长约350米。陵园四周筑夯墙，每面垣墙中央各辟一门。”[③]光武帝原陵及东汉诸陵封土均为圆形，封土下只有一座墓，陵园呈长方形，四面辟门。陵园内封土南侧、东侧或陵园外东侧有寝殿、钟虡、园寺吏舍等建筑。[④]以此来看，唐高祖献陵与两汉帝陵的陵园布局与形制相左之处颇多。正如上文与隋文帝陵考古发现的对比，献陵陵园周环方形墙垣，四面辟四门；门为面阔五间的殿堂式，两端与陵园垣墙相接；门阙内宽外窄；墓上筑覆斗形封土，封土南有两条墓道，西侧墓道较宽较长。这些特点与隋文帝陵相同。唯陵园四门外置石虎及神道列置石犀牛、石柱为隋文帝泰陵所无。四门所立石虎取站立姿势，造型与西魏永陵之神兽类似；神道所立石柱则明显仿照南朝陵墓造型，石柱座上雕刻两条盘绕的龙，石柱顶部雕刻蹲兽等特征无不与南朝陵墓石柱相仿，如萧绩墓石柱[⑤]。献陵陪葬制度源自汉陵，文献有明确记载，“十月癸丑，赐先朝谋臣武将

---

① 〔宋〕王溥：《唐会要》卷二〇，中华书局，1955年，第393—395页。

② 《旧唐书》卷五一，中华书局，1975年，第2163—2164页；《全唐文》卷一四三《李百药·太穆皇后哀册文》，中华书局，1983年，第1453页。

③ 焦南峰：《西汉帝陵考古发掘研究的历史及收获》，见西北大学考古学系、西北大学文化遗产与考古学研究中心编：《西部考古》（第1辑），三秦出版社，2006年。

④ 陈长安：《洛阳邙山东汉帝陵试探》，《中原文物》1982年第3期。

⑤ 朱偰：《建康兰陵六朝陵墓图考》，中华书局，2006年，第79页。

及亲戚亡者茔陪献陵”[①]，“汉氏使将相陪陵，又给以东园秘器，笃终之义，恩意深厚，古人岂异我哉”[②]。

在制度层面上唐承隋制历代史籍均有提及。《唐会要》卷三七《五礼篇目》：“武德初，朝廷草创，未遑制作，郊祀享宴，悉用隋代旧制。至贞观初，诏中书令房玄龄、秘书监魏徵、礼官学士备考旧礼，著吉礼六十一篇、宾礼四篇、军礼二十篇、嘉礼四十二篇、凶礼六篇、国恤礼五篇，总一百三十八篇，分为一百卷。”[③]其中有凶礼六篇。《新唐书》卷一一《礼乐志》：“唐初，即用隋礼，至太宗时，中书令房玄龄、秘书监魏徵与礼官、学士等因隋之礼，增以天子上陵、朝庙、养老、大射、讲武、读时令、纳皇后、皇太子入学、太常行陵、合朔、陈兵太社等，为吉礼六十一篇，宾礼四篇，军礼二十篇，嘉礼四十二篇，凶礼十一篇，是为贞观礼。”[④]其中有“凶礼十一篇”。虽两者凶礼的篇数记载不一，武德初年“悉用隋代旧制”，贞观初年“因隋之礼”，所制贞观礼有凶礼是毋庸置疑的。

关于初唐袭用隋代礼制，陈寅恪有精辟论述：“《唐会要》及《旧唐书》之所谓古礼，参以《新唐书》之文，足知即为隋礼。然则唐高祖时固全袭隋礼，太宗时制定之贞观礼，即据隋礼略有增省，其后高宗时制定之显庆礼，亦不能脱此范围，玄宗时制定之开元之礼，及折中贞观、显庆二礼者，故亦仍间接袭用隋礼也。”[⑤]

从以上考古资料和文献的分析，隋文帝陵很大程度上模仿的是西汉帝陵陵园布局，但在玄宫、陵园门及门阙等方面多有变通。唐高祖献陵虽声称“斟酌汉魏”，“悉从汉制”，实际上直接以隋文帝陵为范本修建陵园，“同茔异穴”、殿堂式陵园大门形制、独立门阙的形制可为明证。陪葬制度源自汉陵，四门石虎及神道石犀、石柱则综合吸收南朝、北朝陵墓石刻做法，立为新制。可以说，唐高祖献陵近仿隋文，远追汉魏，综合了前朝诸多因素，为初唐陵寝制度奠定了基础。

原载《考古与文物》2021年第1期

（张建林，陕西省考古研究院研究员）

① 《新唐书》卷二，中华书局，1975年，第37页。
② 《旧唐书》卷三，中华书局，1975年，第47页。
③ 〔宋〕王溥：《唐会要》卷三七，中华书局，1960年，第669页。
④ 《新唐书》卷一一，中华书局，1975年，第308页。
⑤ 陈寅恪：《隋唐制度渊源略论稿》，中华书局，1963年，第61页。